# DER EDELMANN

# NACHDRUCKE
# DEUTSCHER LITERATUR
# DES 17. JAHRHUNDERTS

Herausgegeben von
BLAKE LEE SPAHR

Bd. 64

PETER LANG
Bern - Frankfurt am Main - New York - Paris
1988

Paul Winckler

# DER EDELMANN

Faksimiledruck
der Ausgabe von 1697

Herausgegeben und eingeleitet
von
LYNNE TATLOCK

PETER LANG
Bern - Frankfurt am Main - New York - Paris

CIP-Titelaufnahme der Deutschen Bibliothek

**Winckler, Paul:**
Der Edelmann / Paul Winckler. - Faks.- Dr. d. Ausg. von 1697 /
hrsg. u. eingel. von Lynne Tatlock. - Bern; Frankfurt am Main;
New York; Paris: Lang, 1988.
(Nachdrucke deutscher Literatur
des 17. [siebzehnten] Jahrhunderts; Bd. 64)
ISBN 3-261-03879-9

NE: GT

Herausgeber und Verlag danken der Beinecke
Rare Book and Manuscript Library, Yale University Library,
New Haven, die freundlicherweise ihr Original (Nürnberg 1697)
für diesen Nachdruck zur Verfügung gestellt hat.
Die Reproduktion erfolgte in Originalgrösse.

ISSN 0171-6808

© Verlag Peter Lang AG, Bern 1988.
Nachfolger des Verlages der Herbert Lang & Cie AG, Bern

Alle Rechte vorbehalten.
Nachdruck oder Vervielfältigungen, auch auszugsweise,
in allen Formen wie Mikrofilm, Xerographie,
Mikrofiche, Microcard, Offset verboten.

Druck: Slatkine Reprints, Genève

Meinen Eltern,
Jeanette Busing Tatlock und Kenneth L. Tatlock

Ich möchte vor allem meinen Kollegen und Freunden Joseph F. Loewenstein, George Pepe, Alexander Schwarz, Michael Sherberg, und Gerhild Scholz Williams für wertvolle Ratschläge und Hinweise danken. Für bibliographische Hilfe gilt mein Dank Erika Rother (Institut für Leihverkehr und Zentralkataloge der Deutschen Staatsbibliothek DDR), Christa Sammons (Beinecke Library) und der Fernleihe der Washington University. Auch danke ich der Beinecke Library, der Herzog August Bibliothek, der Cleveland Public Library, der Humboldt-Universität und der Universitätsbibliothek München. Für finanzielle Unterstützung bin ich folgenden Stiftungen sehr zu Dank verpflichtet: American Council of Learned Societies, American Philosophical Society, National Endowment for the Humanities. Professor Blake Lee Spahr bin ich für die Förderung dieser Ausgabe und deren Aufnahme in die Reihe „Nachdrucke deutscher Literatur des 17. Jahrhunderts" sehr verbunden. Professor Hugh Powell, meinem Kollegen und Freund, gilt mein besonderer Dank für unermüdliche Hilfe und Unterstützung. Ohne seine Ermutigung hätte ich dieses Projekt nie angefangen.

EINLEITUNG

I.

*Wincklers Leben und Werk*

Da Wincklers Lebensgeschichte schon oft erzählt worden ist, und äußerst beredt von ihm selber, werde ich mich im folgenden auf die äußeren Tatsachen beschränken. Allgemein läßt sich sagen, daß es sich um einen unruhigen, äußerst unternehmungslustigen Mann handelt. Wincklers beruflicher Erfolg muß überraschen, wenn man seine kümmerlichen Anfänge bedenkt. Sowohl Wincklers Karriere als auch sein Bewußtsein sind geprägt von seiner Situation als Protestant in einem protestantischen Land unter der katholischen Dynastie der Habsburger, die die Gegenreformation unterstützte und gerade zu Wincklers Lebzeit Maßnahmen ergriff, um Deutschland für den Katholizismus zurückzuerobern.

Paul Winckler, Kurfürstlicher Rat, Advokat, Schriftsteller, Mitglied der Fruchtbringenden Gesellschaft, wurde am 13. November 1630 zu Groß-Glogau in Schlesien geboren als Sohn von Paul Winckler, einem Kaufmann, und seiner Frau Anna Winckler, geb. Greif, der Schwester von Andreas Gryphius. Die Eltern gehörten der Augsburger Konfession an, aber das Kind mußte trotzdem katholisch getauft werden. Aus Mangel an evangelischen Schulen wurde Winckler zu Hause „in allen Christlichen Tugenden selbsten unterwiesen". 1634 starb der Vater und 1641 die Mutter, die in der Zwischenzeit einen gewissen George Kariß geheiratet hatte. Als der Stiefvater kurz darauf wieder heiratete, wurde Winckler nach Fraustadt zu Mathias Nitsche, einem Mälzer, geschickt, der sich um das Kind kümmern sollte. Obwohl Nitsches Sohn Wincklers Schwester geheiratet hatte, vernachlässigte Nitsche seinen Schützling. Winckler vekümmerte, bis ein Zufall dazu führte, daß sich der Rektor der Fraustädtischen Schule seiner annahm; dies gerade in dem Augenblick, in dem man das Kind einem polnischen Offizier als Knecht anvertrauen wollte.

Also ging Winckler im Frühling 1645 mit vierzehn Jahren zum ersten Mal in die Schule. Latein lernte er erstaunlich schnell, und am 1. Januar 1647 konnte er in die erste Klasse versetzt werden. Gleichzeitig arbeitete er bei Christianus Curaeus als Hauslehrmeister für dessen einzigen Sohn. Im April 1649 immatrikulierte er sich an der Universität Frankfurt an der Oder. Sein Geld ging ihm jedoch schnell aus, und nachdem er die Universitäten Leipzig und Wittenberg kurz besucht hatte, begab er sich im Herbst 1650 wieder nach Hause. Er bekam einen Posten als Lehrer bei einem Adligen, George von Glaubitz, in der Nähe von Glogau, bis er sich 1653 aus Angst, daß er an den Zechereien seines Patrons, die er andauernd mitmachte, zugrunde gehen würde, und trotz dringlichen Abratens seines Onkels Andreas Gryphius wieder auf den Weg machte und über Frankfurt a.d. Oder, Küstrin, Stettin, Greifswald, Rostock, Stralsund, Wismar, Lübeck, Hamburg und Magdeburg nach Leipzig wanderte. Von Leipzig zog er im Juli 1653 nach Regensburg, wo er die Krönung des römischen Königs Ferdinand IV. miterlebte und wo er hoffte, eine Stelle als Sekretär zu finden. Geldmangel trieb ihn weiter nach Ingolstadt und von dort nach Augsburg. Im Herbst zog er über Ulm und Tübingen nach Straßburg, wo er ohne Geld und ohne Freunde krank wurde. Mit Hilfe seines Wirts gelangte er wieder nach Stuttgart. Über einen Schlesier namens Christoph Kirchner, den Winckler in Stuttgart kennengelernt hatte, lernte er Johann Heinrich Calisius kennen, der wiederum ein Bekannter von Sigismund von Birken war.

Als Johann Wilhelm von Stubenberg Birken 1654 eine Stelle als Hauslehrmeister für seinen Sohn Rudolf Wilhelm anbot, empfahl Birken ihm Johann Heinrich Calisius. Dieser mußte das Angebot auch ablehnen, schlug aber seinen Bekannten Winckler vor. Winckler nahm an und begab sich trotz körperlichen Leidens zu Fuß nach Schallaburg in Österreich, wo er schwer krank und völlig erschöpft ankam.

Durch die Fürsorge von Frau von Stubenberg genas er innerhalb eines Monats. Bald darauf verlangte eine kaiserliche Kommission die Ausweisung aller nicht katholischen Bediensteten aus Österreich, und Winckler wurde ins Kloster Melk bestellt, wo er in der katholischen Lehre unterwiesen werden sollte. Winckler wehrte sich dagegen, aber erhielt den Rat, sich zumindest einige Male bei einem Priester in Loosdorf zur Unterredung zu melden. Winckler und der Pfarrer verstanden sich bestens, feierten zusammen, und Winckler erhielt die erforderliche Bestätigung seiner Unterweisung in der katholischen Religion. Im Zeugnis stand aber, er bliebe seinen religiösen Überzeugungen treu. Stubenberg mußte ihn also wenigstens vorläufig aus dem Land schicken.

So reiste Winckler mit Frau von Stubenberg, Rudolf und deren Dienern nach Ungarn. In Preßburg erlebten sie im Juli 1655 die Krönung Leopolds I. zum ungarischen König, aber während ihres Aufenthaltes brach die Pest aus, und die Gesellschaft suchte Zuflucht in einem Dorf auf der Donauinsel Schütt. Dort organisierte Winckler zum Zeitvertreib eine „Schäffer-Gesellschaft" und verliebte sich in eine Adelige, die er seine Hirtin Dorinda nannte. Dank dieser geselligen Tätigkeit empfahl Stubenberg Winckler sechs Jahre später im Jahr 1661 zur Aufnahme in die Fruchtbringende Gesellschaft. Winckler erhielt das Kennzeichen „der Geübte in der Haushaltung" und den Lein zum Gemälde. Im Herbst ging Winckler mit Rudolf auf Umwegen heimlich zurück nach Schallaburg, wo er den Winter verbrachte. Im Frühling bat Winckler um seine Entlassung, denn es trieb ihn nach Preßburg, zu seiner Hirtin. Stubenberg schrieb an Birken: „Paul Winkler [sic] ist gewisslich ein gelehrter Kerl, aber die Jugendbelehrung seinem Weltsinne zu verdriesslich" (Bircher, S. 147). In Preßburg weilte Winckler, bis „Dorinda" einen Kaufmann aus Wien heiraten mußte. Winckler reiste darauf nach Wien und von dort über Prag, Dresden und Wittenberg nach Kiel, wo er einen Posten bei einem Adligen suchen wollte.

Schließlich wurde er Sekretär eines dänischen Offiziers Joachimb von Diebern [sic]. Erst zwei Jahre später wurde er auf seinen Wunsch entlassen und begab sich 1658 zurück in die Heimat. Der Anblick von Glogau wirkte so unangenehm auf ihn, daß er gleich weiter nach Wien ziehen wollte. Er landete aber in Breslau, wo er der Rechtsberater von Hans von Schönaich wurde. 1659 trat er dieses Amt an und mußte schon im Mai in Sachen Schönaich nach Wien an den kaiserlichen Hof reisen. Die Reise sollte er in den folgenden Jahren wiederholt machen, wenn nicht im Namen Schönaichs, dann als Advokat für verschiedene schlesische evangelische Gemeinden, die aufgrund ihrer Religion von der kaiserlichen katholischen Obrigkeit verfolgt wurden. Es gelang Winckler erstaunlicherweise immer wieder, von Kaiser Leopold I. Konzessionen zu erlangen. Diese Konzessionen sind zum Teil in seiner Selbstbiographie aufgeführt.

1664 kündigte Winckler und zog in die Stadt Breslau, wo er eine juristische Praxis aufbaute. Als der Syndikus in Breslau Andreas Gryphius 1664 starb, und die Wiener Kommission darauf bestand, daß sein Nachfolger Wolff Alexander von Stosch abdankte und daß ein Katholik, Erasmus Krug, das Amt bekleidete, reiste Winckler wieder nach Wien und sorgte dafür, daß der Protestant das Amt behielt. In den Jahren 1666-68 bekam Winckler von allen Seiten Aufträge. 1668 gab er eine Zeitlang seine Privatpraxis auf und nahm eine Stelle bei dem Grafen George Leonhardt Colonna an, was er bald bereute. Im Frühling zog er nach Breslau zurück, wo es ihm beruflich glänzend ging. 1671 bekam er eine Audienz bei dem Großen Kurfürsten Friedrich Wilhelm in Berlin und wurde anschließend im Februar 1672 zu dessen Agenten ernannt. Am 23. Dezember 1678 erhielt Winckler vom Kurfürsten den Titel „Kurfürstlicher Rat".

Winckler hatte sich 1664 dazu verleiten lassen, sich mit Christina Bergmann, geb. Wend, einer wohlhabenden Witwe, zu verloben, aber es gelang ihm 1667, die Verlobung offiziell zu lösen. 1668 heiratete er Christina von Logau, eine entfernte Verwandte des berühmten Poeten Friedrich von Logau. Seine Frau bekam am 12. April 1669 eine

Tochter, Anna Christina, am 27. November 1672 einen Sohn, Christian Wilhelm, und am 20. März 1676 einen zweiten Sohn, Ferdinand. Christian Wilhelm starb im Alter von vier Jahren am 4. September 1677, und ein Jahr später am 20. August 1678 starb Wincklers Frau. Winckler heiratete am 9. Februar 1680 Maria Aßmann, und am 20 Mai 1681 wurde eine Tochter geboren, die in jungem Alter starb. Von seinen Kindern wissen wir, daß Anna einen Fridrich [sic] von Gladis heiratete und daß Ferdinand studierte, sich im Krieg versuchte, Gladis' Schwester heiratete und viel herumzog.

Nach einem langen und schmerzhaften Gicht-Leiden starb Winckler am 1. März 1686 in Breslau. Sein Vetter Christian Gryphius gedachte seines Schmerzes in einem Leichen-Gedicht für Wincklers zweite Frau.[1]


II.

## Werke

Obwohl Winckler sicher viele Gelegenheitsgedichte verfaßt hat, und auch wenn er dank seiner juristischen Tätigkeit viel schreiben mußte, besteht das überlieferte Werk lediglich aus einer 1676 erschienenen Erinnerungsschrift, aus zwei in lateinischer Sprache verfaßten Reden, einem Gedicht zum Tod des Andreas Gryphius, das sowohl Stosch als auch Caspar Knorr publizierten, einem Sonett, das in Stubenbergs *Geteutschter Samson* (1657) erschien, seiner Autobiographie, einer Aphorismen-Sammlung und deren Fortsetzung und dem *Edelmann*. Möglicherweise kann man auch

---

[1] „Bey Fr. M. geb. A. Hn. P. W. Wittiben" in: *Poetische Wälder.*, 2. Auflage, S. 496-99. Briele erwähnt ein zweites von Christian Gryphius verfaßtes Gedicht, das Wincklers Kinder verherrlichen soll, aber zitiert seine Quelle leider nicht (S. 30). Daher konnte dies nicht bestätigt werden.

eine weitere Publikation *Discursus Academicus Historico-Politicus de Duello* (1649) hinzurechnen.

Die Selbstbiographie wurde erst 1860 nach drei mit einander völlig übereinstimmenden Manuskripten gedruckt. Sie ist Wincklers Kindern Anna und Ferdinand gewidmet und wurde angeblich zwischen dem 25. April 1678 und dem 1. Juni 1679 geschrieben — so datierte Winckler zumindest Anfang und Ende. Sie öffnet und endet mit Gedichten, die den erzieherischen Zweck des Unternehmens und Wincklers Todesahnungen zum Audruck bringen. Gedruckt beträgt sie 50 Seiten.

Die Aphorismen-Sammlung *Zwey Tausend gutte Gedancken zusammengebracht von dem Geübten* (1685) erschien noch vor Wincklers Tod. Eine Fortsetzung *Guter Gedancken Drittes Tausend* erschien im selben Jahr und ist manchmal mit den *Zweytausend Gedancken* zusammengebunden. Eine spätere Auflage ist bei Zedler (irrtümlich?) verzeichnet, scheint aber verschollen zu sein.

Erst 1696, zehn Jahre nach Wincklers Tod, erschienen zwei Titelauflagen von *Der Edelmann*, eine bei Riegel in Frankfurt und Leipzig und eine bei Lipper in Lüneburg. Schon im folgenden Jahr 1697 wurde der Roman bei Riegel in Nürnberg neuaufgelegt. Nur Hayn erwähnt eine dritte Auflage von 1709. Eine Zeitlang wurde das Werk irrtümlich Ehrenfried Walter Graf von Tschirnhausen zugeschrieben, doch gilt aufgrund biographischer Daten im Text selber und der Angaben im *Schlesischen Robinson* (siehe unten) Wincklers Verfasserschaft als endgültig bewiesen. Griffin verweist jedoch auf die Möglichkeit, daß nach Wincklers Tod ein zweiter oder mehrere Autoren an der Herstellung des Buches beteiligt gewesen seien oder daß der unbekannte Herausgeber dem Werk einiges hinzugefügt habe. Er vermutet die Beteiligung Christian Knorrs von Rosenroth am Roman, denn seine Übersetzung von Thomas Brownes *Pseudodoxia Epidemica* wird teilweise wortwörtlich im dritten und vierten Buch wiedergegeben. Ferner hatte Knorr ausgerechnet diese Übersetzung bei Riegel publiziert. Laut Griffin ist das große Interesse an englischen Schriftstellern und Historikern, das der Roman bezeugt, eventuell auf Knorr von Rosenroths England-Aufenthalt zurückzuführen (S. 215f.). Gegen diese Schlußfolgerung spricht aber die Tatsache, daß weder Henry More noch Franciscus Mercurius von Helmont, die Knorr in England kennengelernt hatte und die ihm zu Freunden, Führern und Erziehern geworden waren, eine Rolle im *Edelmann* spielen.[2] Knorr hatte schon 1683 des Vaters Jan Baptista von Helmonts *Aufgang der Artzneykunst* übersetzt, dessen bahnbrechende Erkenntnisse über die Verdauung und den Kreislauf in der Behandlung eben dieser Themen im Wincklerschen Roman gar nicht berücksichtigt worden sind (Winckler, S. 437-42). Da Knorr schon 1689 starb, ist es unwahrscheinlich, daß er das Buch für den Druck vorbereitete, wenn er es auch zu Ende hätte schreiben können. Mag die Form der gelehrten Gespräche die Beteiligung mehrerer erlaubt haben, muß doch betont werden, daß Anfang und Ende des Buches zusammenhängen, d.h. derselbe Georg Thran/Voglenbach taucht in den letzten Seiten noch einmal auf, und Florissohn, der Holländer, dessen Finanzen Thrans Zahlungsunfähigkeit gefährdet hat, setzt seine Reise fort. Bemerkenswert ist auch, daß ausgerechnet in den letzten Seiten sich einige Bemerkungen finden, die juristische Kenntnisse voraussetzen.

Wie lange und wann Winckler an diesem Wälzer gearbeitet hatte, ist nicht endgültig festzustellen. Briele vermutet den Zeitraum 1684-85 (S. 32), Griffin 1681-82 (S. 107). Beide beziehen sich auf „autobiographische" Stellen im Text. Da die Chronologie nicht konsistent ist und da es sich nicht um eine Selbstbiographie handelt, ist ein solches Verfahren irreführend. Festgestellt werden kann, daß das Werk 1682 noch nicht fertig war, da der Reichsabschied von 1682 gegen Ende des Buches (S. 7[9]3 [=803]) zitiert wird. Daß das Werk nicht in Schlesien erschien, überrascht kaum, denn der Breslauer Adel wäre wegen der satirischen Schilderung des schlesischen Adels gewiß beleidigt gewesen, be-

---

2  Kurt Salecker. *Christian Knorr von Rosenroth (1636-1689)*. (=Palaestra 178). Leipzig: Mayer & Müller, 1931. S. 38.

sonders da, wie die Kritik vermutet, einige Porträts wahrscheinlich noch erkennbar waren. Nach Gervinus wurde das Werk sehr geachtet (S. 384) und nach Kahlert weit und breit gern gelesen (1838, S. 520) — daß eine Neuauflage schon im folgenden Jahr erschien, scheint dies zu bestätigen.

Der Katalog der British Library verzeichnet den 1649 erschienenen *Discursus Academicus Historico-Politicus de Duello*, dessen Verfasser „Paulus Winckler Lipsiensis" ist, als Werk desselben Paul Wincklers. Diese Kopie des Werks ging bei den Luftangriffen im Zweiten Weltkrieg verloren, eine zweite befindet sich noch in Berlin in der Bibliothek der Humboldt-Universität. Die Männer, die auf dem Titelblatt dieser Publikation erscheinen und vor denen der Autor seine Ansichten über den Zweikampf bekanntgegeben und verteidigt haben soll, waren nachweislich Leipziger Professoren. Der *Discursus* ist also durchaus ernst zu nehmen. Ob es sich aber hier tatsächlich um denselben Paul Winckler handelt, ist zweifelhaft.

Für die Urheberschaft des Breslauers sprechen jedoch die Tatsachen, daß der Autor des *Discursus* Jura studiert zu haben scheint und daß das Titelblatt keinen akademischen Grad angibt. Winckler studierte anderthalb Jahre und erwähnt keinen Universitätsabschluß. Er schreibt in der Selbstbiographie: „... die entgehenden Mittel [riefen] mich nach Hause ..., woselbsten ich auch, nachdem ich zuvor die zwei Universitäten Leipzig und Wittenberg besucht, mit dem Herbste des 1650sten Jahres ankam ..." (S. 90) Tatsächlich war er also Ende 1649 oder Anfang 1650 in Leipzig und könnte Beziehungen zu den genannten Leipziger Professoren angeknüpft haben. Die Tatsache, daß der Autor sowohl viele lateinische Quellen als auch zeitgenössische juristische Traktate und Romanliteratur zitiert, schließt auch nicht aus, daß dieser Paul Winckler der Breslauer war, denn das, was den reifen Winckler kennzeichnet, sind seine Belesenheit und sein enormes Wissen. Ferner erscheinen einige Passagen aus Limnäus' *Ivris pvblici Imperii Romano-Germanici* (1629-66), die im *Edelmann* in Übersetzung zitiert sind (S. 318-21, 324), auch im *Discursus* (S. E4b-F1a). Zu bedenken ist auch die wichtige Rolle, die ein Duell in Wincklers satirischem Zeitporträt des schlesischen Adels spielt und daß sowohl er als auch der Autor des *Discursus* gegen den Zweikampf gewesen zu sein scheinen. Mögen diese Indizien auch für den Breslauer sprechen, ist der *Discursus* doch eher einem zweiten Paul Winckler zuzuschreiben, nämlich einem Leipziger Paul Winckler, der am 31. Januar 1650 die Magisterwürde erlangte. Zu lesen ist im ersten Band der *Jüngeren Matrikel der Universität Leipzig 1559-1809* (Leipzig 1909) folgender Eintrag: „Winckler Paul. al. Winclerus Lipsen. n. 16gr. i S 1635 M 112, iur. R.D.Q. Schachero 1646, b.a. 14.XI.1646, m. 31.I.1650" (S. 501). Bei dem *Discursus de duello* handelt es sich wohl um die Magisterarbeit.

III.

*Allgemeines zur Winckler-Forschung*

Martin Bircher stellte 1976 fest: „W. è stato finora quasi completamente ignorato nel quadro della più recente ricerca sul Barocco, in parte a causa della straordinaria rarità delle sue due opere maggiori" (S. 1299). Er behauptet ferner, eine kritische Edition des Gesamtwerks könnte Material ans Licht bringen, was vieles zur Erläuterung des Romans zwischen dem Spätbarock und der Aufklärung beitragen könnte (1299). In der Tat handelt es sich um einen äußerst dürftigen Bestand an Sekundärliteratur: zwei Dissertationen, einige Aufsätze — die meisten davon erschienen im 19. Jahrhundert —, flüchtige Bemerkungen in Literaturgeschichten und bibliographische Notizen. Wir haben es hauptsächlich dem Bemühen der Schlesier um die eigene Geschichte zu verdanken, daß überhaupt etwas über Winckler bekannt ist, denn die ersten längeren Beiträge zur Winckler-Forschung stammen von vier eifrigen Schlesiern: vom unbekannten Verfasser der Robinsonade *Der schlesische Robinson* (1723/24, zur Identität des Autors siehe unten!); von Gustav Freytag, der Auszüge aus dem *Edelmann* in seine *Bilder aus der deutschen Vergangenheit* aufgenommen hat; von August Kahlert, der als erster die Selbstbiographie kommentierte und zum Druck gab; und von Karl Konrad, der in den 30er Jahren zwei Artikel über Winckler verfaßte — einer davon wurde in den stark nationalsozialistischen *Schlesischen Monatsheften* publiziert, aber in dem Aufsatz selber lassen sich keine nationalsozialistischen Tendenzen, wenn auch nationalistische, nachweisen. Trotz des großen Interesses am Roman und an der Romantheorie im 17. Jahrhundert während des letzten Jahrzents ist seit 1976 so gut wie nichts über Winckler erschienen.

IV.

*Wincklers Selbstbiographie*

In der Winckler-Rezeption steht die Selbstbiographie verständlicherweise im Zentrum des Interesses. Längere Auszüge erscheinen im *Schlesischen Robinson*, bei Bircher (*Johann Wilhelm von Stubenberg [1619-1663] und sein Freundeskreis*, 1968), Kahlert und Freytag. Sowohl Brieles als auch Griffins Dissertation enthalten biographische Skizzen, die im Grunde genommen die Selbstbiographie nacherzählen. Auch Konrad verläßt sich stark darauf in seinem Artikel zum 250. Geburtstag Wincklers. Die Autobiographie zitiert Hippe als Hauptquelle für seinen in der *Allgemeinen Deutschen Biographie* erschienenen Beitrag über Winckler.

Man kann sich in der Tat dafür leicht begeistern, denn, wie Bircher richtig bemerkt, ist es „uno dei pochissimi documenti di questo genere che ci siano stati lasciati da scrittori tedeschi del XVII secolo ... e si distingue da tutti gli altri per la sua viva e realistica narrazione dei vari avvenimenti; una vetta isolata nella letteratura autobiografica"

(S. 1298). Arno Lubos betont sogar den literarischen Wert: „Diesen mit unglaublichen Begebnissen gefüllten und auch in der Aussage dichterisch gelungenen Lebensbericht (1679) darf man gleichfalls als ein Romanwerk ansprechen" (S. 169). Trotzdem liegen noch keine wissenschaftlichen Analysen dieses äußerst spannenden Zeitdokuments vor. Man hat die erzählten Begebenheiten zum größten Teil unkritisch akzeptiert als „der Wahrheit getreu geschildert." Wincklers Natürlichkeit betonend, stellt beispielsweise Kahlert die Autobiographie dem Lesepublikum vor als ein „frisches, den Ausdruck der Natürlichkeit tragendes Sittenbild" (1860, S. 84). Briele spricht von „der ehrlichen und sachlichen Selbstbiographie" (S. 35). Nur Freytag hat die etwas zweideutige Bemerkung gemacht, daß Winckler gewiß manche Abenteuer erlebt habe, „deren geheimste er dem Leser seiner Biographie wahrscheinlich vorenthalten hat" (2.19 [1860], S. 345f.) — die Selbstbiographie ist schließlich Wincklers Kindern gewidmet. Sowohl Kahlert als auch Briele haben das in der Selbstbiographie erschienene Sonett gelobt, aber sind weder auf die anderen Gedichte noch auf den möglichen rhetorischen Wert solcher poetischen Einschübe eingegangen (Briele, S. 14; Kahlert, 1859, S. 643).

Eigentlich nur Kahlert hat sich mit dem Stil und Inhalt des Dokuments kritisch befaßt, wenn auch für unsere Begriffe etwas oberflächlich. Obwohl er selber die Selbstbiographie im folgenden Jahr herausgeben sollte, befürchtete Kahlert 1859, daß „das Ganze, das über hundert Folioseiten füllt, für heutige Leser zu weitschweifig sein möchte ..." (1859, S. 641), und hatte schon 1838 behauptet, daß Winckler aus seinen Feldzügen einige Anekdoten mitteile, „die indessen unwichtig genug sind" (S. 435). Er verwies auf Wincklers „Sentimentalität" (1838, S. 433) und vor allem ablehnend auf seinen sogenannten Aberglauben: „Bei der Bildung und der frommen Gesinnung des Verfassers müssen die zahlreichen Züge von Aberglauben, oft der gröbsten Art, auffallen, doch sind auch sie Kennzeichen jenes Zeitalters, worin das Hexenwesen noch ein bedeutendes Ansehen genoß" (1860, S. 85). Wahrscheinlich Kahlert folgend, erwähnt auch Hippe Wincklers Aberglauben (S. 455). Beide scheinen von diesem Aspekt peinlich berührt zu sein; eine nähere Beschäftigung damit käme nicht in Frage. Kahlert findet stattdessen die Tatsache besonders wichtig, daß es im 17. Jahrhundert offensichtlich leicht war, ohne eine besondere Ausbildung Karriere zu machen (1838, S. 436f.): „Lebensprüfungen wirkten damals noch mehr als Staatsprüfungen" (1859, S. 641). Freytag greift im folgenden Jahr einen ähnlichen Gedanken auf, wenn er behauptet: „... was sein Leben für uns vorzugsweise lehrreich macht, ist der Umstand, daß er bis in die Mannesjahre alle Erfolge den Connexionen verdankte, die er sich durch sein einnehmendes Wesen zu verschaffen wußte ..." (2.19 [1860], S. 331f.).

Obwohl hier nicht näher darauf eingegangen werden kann, sei bemerkt, daß dieses Selbstzeugnis unser Interesse nicht nur als Zeitdokument, sondern auch als schriftstellerisches Unternehmen verdient. Winckler erzählt die Geschichte eines Selfmademans im Wirrwarr der sozialen und politischen Verhältnisse in Schlesien in und nach dem Dreißigjährigen Krieg. Es wäre aber irreführend, zu glauben, daß es sich hier einfach um eine „ehrliche und sachliche Selbstbiographie" handelt, denn Winckler gestaltet seine Erzählung derart, daß gewisse Aspekte seines Lebens und gewisse Charakterzüge betont werden. Außerdem handelt es sich um eine interessante Mischung von für seine Karriere wichtigen Ereignissen und von Anekdoten und Abenteuern, die eher wegen ihre Pikanterie der Autobiographie beigefügt worden sind. Jene werden zum größten Teil historisch belegt, d.h. Winckler hat die betreffenden Dokumente, meistens Briefe, wörtlich in sein Manuskript aufgenommen. Unter anderem finden wir das Zeugnis seiner Unterweisung in der katholischen Religion, das Patent der Fruchtbringenden Gesellschaft, das Stubenbergsche Gutachten, seinen Abschiedsbrief von Joachimb von Debbern [sic], einige schriftliche Konzessionen von Leopold I., die Urkunde vom großen Kurfürsten, die Winckler den Titel „Kurfürstlicher Rat" verleiht, die offizielle Lösung der Verlobung von Christina Bergmann. Wir haben hier gewiß mit einer Schreibart zu tun, die Winckler von seiner juristischen Praxis her kannte. Die pikanten Anekdoten dagegen kann er nicht dokumentieren, aber er ist bemüht, seinen Lesern klarzumachen, daß es Abenteuer sind, die er selber erlebt hat, oder die ihm von einem zuverlässigen Augenzeugen erzählt worden sind. Auch wenn Hippe und Kahlert auf seinen Aberglauben verweisen, müssen wir feststellen, daß diese für die Gegenwart unglaubwürdigen Anekdoten durchaus als wahre Geschichten dargestellt werden. Zu fragen wäre, ob diese abenteuerlichen Anekdoten nicht das Interesse der Leser erwecken und deshalb konstitutiv für Wincklers Erzählweise sind, ferner, ob sie die Dimensionen des Selbstbildnisses nicht irgendwie vergrößern und verstärken und damit der Selbstdarstellung dienen. Wir sehen ab und zu, daß der Erzähler Winckler bewußt gewisse Begebenheiten aussortiert oder Zeiträume überspringt, weil, wie er im Text selber behauptet, sie nicht von Interesse sind oder zuviel Platz einnehmen. Ferner kann man in diesem scheinbar einfach geschriebenen Werk Züge erkennen, die auch im *Edelmann* eine Rolle spielen. Einige Anekdoten werden noch einmal verwertet und in das spätere Werk eingefügt.

IV.

*Wincklers Aphorismen*

Mit Wincklers *Zwey Tausend gutte Gedancken* hat sich die Kritik kaum befaßt. Morhof notiert die Aphorismen kurz als „elegantes et argutae" (S. 256), und Zenner findet sie „von nicht geringerm *Igenio* und Verstand" (S. 188). Auch Koberstein und Gervinus nehmen sie zur Kenntnis, aber ohne die Sammlung weiter zu kommentieren. Nach Riemmann sei das Werk mit „Gefälligkeit und Vergnügen der Gelehrten" aufgenommen worden (S. 71). Konrad nennt es eine „lebenshaltige Spruchsammlung" (1936, S. 106), während Hippe von einer „Sammlung von Aphorismen, unter denen viele Goldkörner" zu finden seien (S. 455), spricht. Auch Kahlert beurteilt sie positiv: „... die drei kleinen Bändchen fesseln noch heute den Leser durch die Fülle von Erfahrung, die in dieser schmucklosen Form niedergelegt ist" (1859, S. 649). Er behauptet ferner, man könne nicht entscheiden, „was aus seinem eigenen Kopfe gekommen, was Frucht der Lectüre oder mündlicher Unterredung sein mag" (1859, S. 649). Briele ist besonders von der Bündigkeit dieser Aphorismen beeindruckt, die er für ein Zeichen Wincklers „künstlerisch formale[n] Können[s]" hält (S. 92). Briele hat die Weitschweifigkeit des *Edelmanns* offensichtlich beunruhigt, denn zu den *Gedancken* bemerkt er: „Diese gut geformten, kernigen, derben, witzigen und lebensklugen Sprüche ründen ganz das persönliche und literarische Porträt Wincklers. Hier zeigt er seine natürliche Kunst ohne gespreizte Gelehrtenpose und läßt noch einen Reichtum an Schaffenskraft ahnen, den sein früher Tod zerstörte" (S. 93). Dieser Gedankensammlung spricht er ferner „innere Realistik und Schärfe des Verstandes" zu (S. 92). Auch Wolfskehl erkennt ihr ein gewisses Können zu: „Sie sind gescheit, ohne tief zu sein, aber weltkundige menschenverachtende, manchmal zynische Einfälle eines Praktikers" (S. 81). Bircher, der sie auch originell und gedankenreich findet, fordert zu einer Neuwertung von Wincklers Aphorismen im Kontext seiner Zeit auf: „Sarebbe necessaria ed urgente una classificazione storico-letteraria dell'opera ... ed una valutazione in confronto ad altre opere simili dello Zincgref, di Harsdörffer e di altri" (S. 1298f.). Bis jetzt liegt sie nicht vor.

Während hier eine solche Neubewertung kaum in Frage kommen kann, wird doch kurz auf den möglichen Einfluß von Erasmus und den Zusammenhang mit dem Wincklerischen Roman hingewiesen. Wer sich mit Wincklers Gedankensammlung befaßt, muß eigentlich zwangsläufig an Erasmus' *Adagiorum Chiliades* (1508) denken. Trotz klarer Unterschiede — Wincklers *Gedancken* werden nicht kommentiert und stammen nicht unbedingt aus der Antike – könnte Erasmus' sprachliche Fundgrube Wincklers Aphorismen-Sammlung direkt inspiriert haben. Erstens sind die Titel sehr ähnlich, und zweitens wird im *Edelmann* (S. 586f.) ein Teil von Erasmus' Sprichwörter-Sammlung (*A mortuo tributum exigere*) ausführlich auf Deutsch zitiert. Ferner handelt es sich sowohl im *Edelmann* als auch in den *Gedancken* wie bei Erasmus um eine Sammlung, die ins Unendliche fortgesetzt werden könnte, d.h. im *Edelmann* werden Anekdoten und gelehrte Gespräche aneinandergereiht, in den *Gedancken* Lebensweisheiten, die in der Tat mit dem *Dritten Tausend* fortgesetzt werden. Auch wichtig für die Erläuterung der *Gedancken* scheint uns, Erasmus' archäologisch-restauratives Motiv, denn, wenn es auch unartikuliert bleibt, scheint ein ähnliches Motiv eine Rolle bei Winckler gespielt zu haben, sowohl in der Gedanken-Sammlung als auch im Roman. Bei Winckler geht es aber im Gegensatz zu Erasmus nicht nur um die schriftlichen kulturellen Artifakte aus der Antike, sondern auch um die Produkte der Neuzeit, ja sogar der Gegenwart, und um die (oft satirische) Aufnahme des Alltags. In der Zueignung erklärt ,,der Geübte", daß er seine Schulden mit diesen ,,Müntzen" begleichen wolle: da Gedanken zollfreie, straflose und nicht versicherungsbedürftige ,,Güter" seien, verhindere eine solche Bezahlungsweise, daß er Bankrott machen müsse. Diese ,,Güter" habe er in seinen Büchern statt Geld gefunden.

Wie der Roman ist die Aphorismen-Sammlung eklektisch. Man findet Beispiele, Bilder und sprachliche Wendungen aus diversen Bereichen und Quellen. Einige scheinen originell zu sein – zumindest sind sie in Wanders *Deutsches Sprichwörterlexikon* allein Winckler zugeschrieben. Andere kommen in vielen Sprachen vor oder zeigen den Einfluß der Fabeln Aesops. Viele waren schon in den Sprichwörter-Sammlungen des 16. und 17. Jahrhunderts erschienen, wie zum Beispiel Agricolas *Dreyhundert Gemeyner Sprichwörter* (1529), Francks *Sprichwörter, Schöne, Weise, Herrliche, Clügreden etc.* (1541) und Egenolffs Neuausgabe derselben *Sprichwörter, Schöne, Weise, Klügreden* (1560), Paulis *Postilla* (1572), Lehmanns *Florilegium Politicum* (1630), Henisch' *Teutsche Sprach und Weißheit* (1616) und Schottelius' *Ausführliche Arbeit von der Teutschen HaubtSprache* (1663). Manche „Gedanken" werden dem Leser bekannt vorkommen, wenn sie auch nicht wörtlich mit den im 20. Jahrhundert noch gebräuchlichen Sprichwörtern übereinstimmen: „Man kan aus einer Tauben keinen Sperber / und aus einem Schweinsohr keinen saubern Beutel machen" (IX.45), „Wer sich die Nasen abschneidet / schändet sein Angesicht" (VII.45), „Der schlimmste Hund bekommt offters das beste Bein" (IX.2), „Es ist besser / eine Feder in der Hand / als ein Vogel in der Lufft" (VII.89), „Man sol keine Thüre auffmachen / die man nicht wieder zuschliessen kan" (V.28), „Wer mit Hunden zu Bette gehet / stehet mit Flöhen auf" (V.69), „Weise einem Bauer einen Finger / so wil er die gantze Hand haben" (XVI.45), „Wer ein Haupt von Glase hat / muß nicht mit Steinen fechten" (VI.69). Einige Bilder rühren aus dem bäuerlichen Alltag her, während andere aus dem Kaufmännischen oder Juristischen stammen: „Es ist nicht alles Butter was von Kühen kommt" (VII.41), „Fette Küehen machen magere Testamenter" (X.49), „Ich und Du / Mein und Dein / machen die gröste Händel in der Welt" (XIII.79). „Staats-Regeln seyn wie die Belägerungs-Hölen (Minen) welche / so bald sie entdecket / auch zernichtet seyn" (IV.32). Manche Aphorismen sind derb, während andere poetisch sind: „Es ist kein Weib so kranck / daß sie nicht könne auff dem Rücken liegen" (XIII.32), „Die Begierde ist ein Land / da das Korn allezeit in der Saat / der Wein im Trauben / die Bäume im blüen / die Vogel in Schalen seyn / sie ist ein Traum ohne Schlaf / und das Land des verlohrnen Sohnes / da allezeit Hunger ist" (VIII.72), „Die Worte eines Weisens / sind wie ein kostbares Edelgestein / das zu rechter Zeit und Ort / vermittelst einer verborgenen Krafft Wunder-Wercke von sich spüren läst" (XV.100). In einigen Fällen geht es Winckler einfach um interessante Wendungen, wie zum Beispiel „Er hat mehr zu thun / als der Backofen am Ostertage" (X.94), „Nicht so viel haben / als eine Fliege mit dem Fusse wegtragen könne" (XI.93). Diese Form erinnert an Erasmus' "kleine Juwelen". Wie die Diskurse im *Edelmann* kommentieren die Aphorismen manchmal sehr spitz sowohl das politische und soziale Leben als auch das Privatleben: "Zu Hofe gibt man viel Hände / aber wenig Hertzen / man küsset bißweilen die Finger / die man doch lieber abbeissen wolte" (IV.15). "Die Warheit ist bey Hofe das gröste Wildpret" (XIV.54), "Bey Hofe ist täglich Fast-Nacht / in der ein jeder verlarvet gehet" (XIV.68), "Der Frantzose gedenckt auf das gegenwertige / der Spanier auf das Künftige / und der Teutsche auff das vergangene" (XIV.30), "Die Gedult-Schule hat mehr Freyheiten / als alle Hohe-Schulen in gantz Deutschland" (XIV.38), "Offtmals wieget eine Untze Gold mehr / als ein Pfund Warheit" (VII.9), "Schimmlich Geld macht Edel" (IX.6), "Im Alter wil man ins gemein GOtt die Beine geben / woraus der Teuffel in der Jugend das Marck gesogen hat" (IV.63), "Thue keinem etwas böses, der dir was ärgers beweisen kan" (XIII.7), "Es ist kein geringes Stücke der Thorheit / allen Leuten gefallen wollen" (XIII.49), "Gott giebt wol den Vögeln ihre Kost / sie müssen aber darnach fliegen" (I.3), "Wenn man eine Jungfrau nicht mehr lieben wil / so sol man sie heyrathen" (IV.67). Die Sammlung enthält viele frauenfeindliche Aphorismen, darunter einige sehr gehässige. Solche Gesinnungen sind aber bei Winckler im allgemeinen weniger stark vertreten, als sonst typisch für die Zeit. Weiter betont werden Lebenserfahrung, Realismus und gesunder Menschenverstand. "Es braucht lange Zeit / der Welt recht an den Puls zu fühlen" (VII.42), "Es ist besser schimpflich geflohen / als ehrlich gestorben" (XII.3), "Besser Dienstbarkeit im Frieden / als Freyheit im Kriege" (XIII.75). Das Buch rät zur Sparsamkeit, Vorsicht, Verschwiegenheit und Selbstkontrolle. Vor allem darf man sich nicht klein kriegen lassen: "Wer da liegt / über den laufft alle Welt hin" (I.2), "Wer sich zur Tauben macht / den fressen die Falken" (V.85), "Wer sich selber zu Honig macht / wird von Bienen aufgefressen" (V.87).

## V.

### Der Edelmann

### Zur Gattung des *Edelmanns*

In der Winckler-Forschung taucht stereotyp die Frage nach der Gattung des *Edelmanns* auf, ja die Frage, ob Wincklers umfangreiches Buch überhaupt als Roman gelten kann. So pedantisch uns solche Anliegen auch vorkommen mögen, müssen wir uns von vornherein darüber im klaren sein, daß wir es hier mit einem Werk zu tun haben, das sich in der Tat schwer kategorisieren läßt, ferner daß das Werk unserer Auffassung vom sprachlichen Kunstwerk als organische Einheit keineswegs entspricht. Wie sowohl Kahlert als auch Griffin schon bemerkt haben, könnte es „ins Unendliche fortgesetzt werden" (Kahlert 1859, S. 653; Griffin S. 215). *Der Edelmann* ist eine Mischung aus verschiedenen Schreibarten, nicht nur aus dem belletristischen Bereich. Auch bringt das Buch nicht nur Erfundenes, sondern auch, und vielleicht vorwiegend, nach dem damaligen Empfinden Tatsächliches. In seinem Aufsatz „Der höfisch-historische satirische galante landstörtzerische Staats-Helden-Liebes-Barock-Roman or the Babel of Genre in the Seventeenth Century German Novel" (1980) befaßt sich Giles Hoyt generell mit dem Problem der Kategorisierung der Romane des Barock und weist auf die Gefahr hin, daß eine willkürliche Klassifikation zur Verkennung der vielfältigen Prosaformen des 17. Jahrhunderts führe.[3] Ergo: in der Winckler-Rezeption herrscht Verwirrung.

Viele Literaturhistoriker unterscheiden zwischen Roman und Satire. Blankenburg zitiert den *Edelmann* als Beispiel einer Satire (Sp. 77b). Auch Mylius, Niemetz und Flögel gebrauchen die Bezeichnung „Satire". Runge hält

---

[3] Giles Hoyt. „Der höfisch-historische satirische galante landstörtzerische Staats-Helden-Liebes-Barock-Roman or the Babel of Genre in the 17th Century German Novel." *Colloquia Germanica* 13 (1980), 323-33.

Wincklers Werk für „historicam satiricam" (S. 157). Koch verzeichnet es sowohl unter der Rubrik „Satire" als auch unter „Roman – Liebesgeschichte". Nach Flemming bildet das Romanhafte „nur den Rahmen für die kulturerziehliche Darlegung und für satirische Beispiele" (S. 402). Während einige Kritiker die satirischen Züge betonen und den *Edelmann* „einen satirischen Roman" nennen, gilt das Buch bei Goedeke als Gesellschaftsroman (Bd. III, S. 10), bei Eichendorff als galanter Roman (S. 224), bei Scherer als Reiseroman (S. 384), bei Rötzer als politischer Roman (S. 118f.), bei Wolfskehl als Zeitroman (S. 81). Bobertag meinte, es wäre „mit den Schriften Willenhags [Johann Beers] verwandt" (S. 144), Rehm andererseits verweist auf den „Bildungsroman" Christian Weises (S. 64); laut Lubos verbindet Winckler Grimmelshausen mit Weise (S. 168). Kahlert meint: „Sein Buch ist nicht sowohl Roman als eine Reihe von Novellen, gereiht an einen mitunter allzu weit ausgesponnen dialogischen Faden" (1859, S. 651). Wenn Kahlert auch in einem späteren Artikel Wincklers Werk als Roman gelten läßt, äußert er sich zur Frage der Gattung zurückhaltend und spricht bald von einem „Buch" „in Memoirenform" (1838, S. 520), bald von einer „Enzyklopedie" (1838, S. 520), auch von der „satyrische[n] Richtung", die Winckler vorwalten lasse (1838, S. 521). Seiner Meinung nach wäre es verkehrt, den *Edelmann* als Satire abzustempeln, denn die „satyrischen Seitenhiebe sind die Nebensache; auf ergötzliche Weise einen großen Vorrath von Erfahrungen und Kenntnissen zu verbreiten, war der Hauptzweck der Winklerschen [sic] Arbeit ..." (1838, S. 521). In seiner 1918 erschienenen Dissertation zeigt sich Briele der Gattungsproblematik bewußt, warnt vor der Aufführung des Werkes „nur als Satire" und betont stattdessen seine nahe Verwandtschaft mit den „Bildungsromanen" Weises. *Der Edelmann* sei schließlich ein „politischer, satirischer Roman" (S. 83).

Cohn lehnt Brieles Ergebnisse völlig ab. Er meint, „Derartige Werke, weil sie bisweilen auch Novellen oder Schwänke mitführen, als Romane einzureihen, kann doch unmöglich im Interesse einer präzisen Terminologie liegen" (S. 197). Cohn meint ferner: „Fraglos gaben ihm des Lassenii 'Adeliche Tischreden' eine spezielle Anregung" (S. 197).[4] Cohns scharfe Kritik zur Kenntnis nehmend bemerkt Meid vorsichtig, es sei „umstritten", ob das Werk „zum politischen Roman oder zur Dialogliteratur zu rechnen sei" (S. 83). In der Tat scheint *Der Edelmann* zum Teil in der Tradition von Ciceros *De oratore*, Athenäus' *Deipnosophisti* und Castigliones *Il cortegiano* geschrieben zu sein. Besonders die Sprechsituation und der Inhalt des dritten und vierten Buches des *Edelmanns* erinnern an die Athenäsische Tischgespräche.[5] Daß Winckler die *Deipnosophisti* kannte, geht aus dem *Edelmann* hervor, wo Athenäus' „Bericht" gelegentlich mal erwähnt wird.

Obwohl Griffin den möglichen Einfluß von Lassenius' *Tischgespräche* zuläßt und obwohl auch er die Brielesche Dissertation kritisiert, distanziert er sich von Cohn und behandelt den *Edelmann* als Roman. Er kommt in seiner Dissertation zum folgenden sich von Briele doch nicht wesentlich unterscheidenden Schluß:

> Winckler's use of the travel and review techniques, his depiction of a middle-class milieu, his repeated condemnation of the „Näscher" type, his emphasis upon pragmatic morality and the stress in *Der Edelmann* on the here-and-now, clearly indicate that *Der Edelmann* is a novel in the seventeenth-century sense of the word. In fact, in both structure and subject matter, *Der*

---

4  Es sei bemerkt, daß Cohn Briele überhaupt scharf kritisiert, nicht ganz zu Unrecht. Cohn hielt offensichtlich die Fehler, die dem 24-jährigen Briele unterlaufen waren, und dessen mangelhaften Kenntnisse der Barockzeit für völlig unakzeptabel, auch bei einem Anfänger.

5  Bei Athenäus lädt ein reicher Römer Experten, unter anderen einen Poeten, einen Arzt, einige Philosophen, einen Rechtsanwalt, zu einem Festessen ein, die Gesellschaft bespricht alle möglichen Themen, Hunderte von Werken werden zitiert und viel Wissen ausgekramt.

*Edelmann* can be considered an excellent example of the political novel of the period. (S. 220)

Also doch ein Roman!

Man muß sich in der Tat fragen, warum dieses höchst heterogene Werk nicht als Roman gelten soll. Die Gattung Roman hat sich von Anfang an schwer abgrenzen lassen. Sie ist außerdem historisch und kulturell bedingt, und man wird immer wieder von „Randerscheinungen" sprechen müssen. Auch ist es kaum sinnvoll, zwischen dieser Art von Roman und der Satire klar unterscheiden zu wollen, denn sowohl Satire als auch Roman haben historisch als Bezeichnungen gegolten, die die Heterogenität eines Werks andeuten. Der Drucker der *Satyre Ménippée* behauptete z.B. 1594: „... le mot de satyre ne signifie pas seulement un poeme de mesdisance pour reprendre les vices publics ou particuliers de quelqu'un ..., mais aussy toute sorte d'escrits remplis de diverses choses et de divers arguments, meslez de proses et de vers entrelardez, comme entremets de langues de boeuf salees."[6] Ein sinnvolleres Unternehmen ist eine Auseinandersetzung mit eben der Heterogenität dieses dicken, teils fiktiven, teils faktischen, teils erzählerischen, teils diskursiven Buchs, das sich mit der Zeitgeschichte und dem Alltag befaßt. Gerade das ergäbe ein Bild einer der Verwandlungen des Romans im 17. Jahrhundert und erläuterte die Mentalität der Zeit.[7]

6  *La satyre ménippée ou la vertu du catholicon.* Eingeleitet v. M.Ch. Read. Paris: Librairie des Bibliophiles, [1876]. S. 11f.
7  Englischsprechenden Germanisten mag Northrup Fryes Terminus „anatomy", den er für die sogenannte Menippäische Satire anwendet, der auf Rabelais, Swift, Voltaire und Burton zutreffen soll und der Sternes Romane beeinflußt haben soll, als eine provisorische Lösung dienen. Northrup Frye. „Rhetorical Criticism: Theory of Genres." In: *Anatomy of Criticism: Four Essays.* Princeton: Princeton University Press, 1957. S. 243-337. Eine zweite Möglichkeit wäre die Bezeichnung „novel of contemporary life," die auf das Ausschlaggebende an diesem Roman aufmerksam macht, eben sein Interesse am Zeitgeschehen.

## VII.

### Der schlesische Robinson

Aufgrund der Rolle des 1723-24 erschienenen Romans *Der schlesische Robinson* in der Winckler-Forschung liegt es nahe, darauf näher einzugehen. Der Roman wird oft als der endgültige Beweis dafür zitiert, daß Winckler der Verfasser des *Edelmanns* ist. Ferner rechnet Horn „den ungenannten Verfasser des Schlesischen Robinson" zu „den vielen Nachahmern" Wincklers (S. 306). In dem Robinson-Roman, der sich in der Vorrede den „Gelehrten und Geschichteliebenden Leser[n]" (Bd. I S. ):(3b ) als „keines weges ertichtet, sondern als *Memoires*" (Bd. I. S. ):(5b ) empfiehlt, erscheint Winckler selber als erfahrener und weiser Weltmann, Mentor des Helden Frantz Anton Wentzel von C\*\*. Frantzens Vater lernt Winckler ca. 1658 in Hamburg kennen und begegnet ihm zwei Jahre später in Wien, wo den beiden viel Abenteuerliches passiert (Bd. I, S. 63ff.). Über dasselbe Abenteuer berichtet Winckler in seiner Selbstbiographie (S. 118f.). Wenn der Roman den Wincklerischen Text auch nicht wortgetreu wiedergibt, wie fälschlicherweise oft behauptet worden ist, hält sich der Roman doch ziemlich genau an seiner Quelle; nur werden die Gefahr und der Schrecken pointierter wiedergegeben. Erfunden sind Frantzens Eltern, die Winckler ins Theater begleitet haben sollen, und die Reaktion der beiden Männer auf dieses Ereignis, d.h. auch sie sollen ihre Degen zum Schutz der Dame gezogen haben. Winckler hingegen berichtet in der Selbstbiographie, daß er einfach nach Hause gegangen sei (S. 118). Ca. 20 Jahre später lernt der Sohn Winckler in Breslau kennen. Wincklers Name ist ihm nicht unbekannt, denn „die *renommée* dieses gelehrten Mannes [war] Stadt-kündig" (Bd. I, S. 143). Wie ferner berichtet wird, erzählt Winckler von seiner Zeit bei den Dänen, von seinen Reisen und Abenteuern, von seiner Bestallung beim Haus Schönaich, von seiner Audienz beim Kurfürsten von Brandenburg, von seinem Aufenthalt auf der Insel Schütt in Ungarn während des Pestzustands, von seinen Beziehungen zu Stubenberg, vom Tod seiner Frau und von seiner schrecklichen Gicht. Sämtliche Themen basieren auf Erlebnissen in der Selbstbiographie. Die Geschichte vom gefährlichen Schneesturm wird mit einigen stilistischen und orthographischen Änderungen in dem Roman vollständig wiedergegeben (*Selbstbiographie*, S. 94f.; *Robinson*, Bd. I, S. 153f.). Der Erzähler scheint auch über Wincklers Werke bestens informiert zu sein, denn er erwähnt die „herausgegebenen drey tausend guten Gedancken" (Bd. I, S. 143) und berichtet weiter:

> Unser Frantz hatte sich von den Wincklerischen klugen *Axiomatibus* ein gantzes Buch zu Hause voll *noti*ret, und bey seiner Türckischen Gefangenschaft den Verlust desselben mehr als fast seine eigene Freyheit bejammert. Den Nahmen Winckler hat er weder in Ost- noch West-Indien vergessen; wie ihn denn auch der Herr Winckler *vice versa* innig liebte, ihm das geschriebene Concept von seinem Satyrischen Buche der Edelmann genannt, zum Lesen *communiciret* den Schlüssel zu denen darinn enthaltenen Nahmen gewiesen, den Aufsatz seines eigenen Lebens-Laufs vorgelesen, ihn an einige andere vornehme und brave Leute recommandiret, und in Summa, so viele Freundschaft an ihm ausgeübet, daß deren Andencken in einem danckbaren Hertzen unsterblich bleiben müssen. (Bd. I, S. 149)

Schließlich stimmen sämtliche Zeitangaben mit der Selbstbiographie überein. Am Anfang des zweiten Teils berichtet der Erzähler von Wincklers Tod und Beerdigung, von der Heirat der hinterlassenen Tochter mit einem Herrn von Gladis und von der des Sohnes mit der Schwester desselben Herrn von Gladis. Wie schon bemerkt, stimmen diese Angaben, zum Teil bis in die Formulierung, genau mit den drei Zetteln überein, die dem Manuskript der Selbstbiographie, das seinerzeit in der Bernhardinbibliothek vorhanden war, beigelegt waren. Dies hat Wattenbach zum Schluß geführt, daß die drei handgeschriebenen Nachfragen nach Informationen über Winckler von dem Verfasser des *Schlesischen Robinsons* herrührten (Wattenbach, S. 221). Darauf kommen wir später zurück.

Was den Forscher vielleicht noch mehr reizt, ist das in dem Roman vorhandene Material über Winckler, das sonst nicht belegt werden kann. Wir lesen nämlich von einer lebhaften Korrespondenz zwischen Winckler und Frantz, die zum Teil aus Beschreibungen der Auswirkungen der Pest 1679 in Wien bestanden haben soll. Erwähnt wird ein langer Brief, ,,dessen Original unter den Wincklerischen Scripturen weyland befindlich gewesen" (Bd. I, S. 158). Nicht nur soll Winckler einige ihm von Frantz zugeschickte Werke kommentiert haben, sondern der Erzähler will ,,etliche an den Herrn Winckler übersendete [Briefe] davon" in den Roman aufgenommen haben (Bd. I, S. 207). Außerdem soll Frantz aus türkischer Gefangenschaft an Winckler geschrieben haben, mit der Bitte, daß dieser dem Wiener Professor Paul von Sorbait[8] 1000 Florin als Lösegeld schicke (Bd. I, S. 332, 358) — erst später erfährt der Held von Wincklers Tod und erkennt somit den Grund seines Schweigens. Ferner lesen wir von einem gewissen Herrn D. Geißler, der mit Winckler ,,brüderlich bekannt" gewesen sein soll (Bd. I, S. 172) und werden über Wincklers Ansichten über das Elisabeth Gymnasium zu Breslau und dessen Rektor informiert (Bd. I. S. 146). Schließlich bietet Winckler dem Helden seine Bücher an, damit er in der Schule Versäumtes nachholen kann. Der Erzähler berichtet:

> Er [Winckler] hielt gleichsam ein *Collegium privatissimum* mit ihm, examinirte ihn über alles, was *ad vitam practicam* eines Menschen von *Distinction* gehörig, *applici*rte ihm die Exempel der alten *Historie* mit den neuen Begebenheiten des jetzt-herrschenden *Europae* ... Das eintzige Jahr dieses *practice* gehaltenen Umganges war ihm ersprießlicher, als ein anderwertiges *Quinquennium Gymnasticum*. (S. 148f.)

8 Frantz soll auch durch seine vielen Fragen über die Pest Sorbait veranlaßt haben, sein Werk *Consilium medicum, oder freundliches Gespräch über den betrübten und armseligen Zustand der kayserl. Residentz- und Hauptstadt Wien, bey dieser gefährlichen und vorhero nie erhörten Contagion* (1679) zu verfassen (Bd. I, S. 158).

Wenn es sich hier um Tatsachen handelte, stellte sich dem Winckler-Forscher die Aufgabe, diese Spuren zu verfolgen, aber man darf nicht ohne weiteres annehmen, daß es Tatsachen sind. Schon Freytag hat in seinen *Bildern aus der deutschen Vergangenheit* die Schwierigkeiten beim Erschließen dieses Textes ausgesprochen. Freytag behauptet, daß der Verfasser Winckler persönlich gekannt zu haben scheine, daß seine Hauptquellen aber vermutlich andere autobiographische Aufzeichnungen eines schlesischen Adligen gewesen seien: ,,Es ist sehr zu bedauern, daß das interessante Detail dieser Biographie in einer Form überliefert ist, in welcher wirklich Erlebtes und vom Verfasser Erfundenes nicht immer mit Sicherheit getrennt werden kann" (3.19 [1860], 5). Allerdings versichert uns der ,,Verleger" des *Schlesischen Robinsons* im Vorbericht, daß der Inhalt des Romans faktisch sei, insofern als

... alles mit der *Chronologi*schen Ordnung des verwichenen *Seculi* völlig *accordi*ret, die darinnen erzehlten Dinge in vielen Schlesischen Orten und Familien satsam kundig, in dem *Contextu* selber keine ertichtete, sondern Geschicht-kundigen Lesern gar wohl bekante Nahmen gebraucht, [Historische Namen werden im Roman sogar fett gedruckt! L.T.] vieles mit öffentlich gedruckten *Documenten* als lebendige Wahrheit zu behaupten, und selbst noch viel *allegir*te Personen würcklich am Leben, die an Wahrheit der Erzählung nichts auszusetzen, sondern sie zu vertheidigen Ursache genug finden sollen ... (Bd. I, S. ):(5$^b$f.)

Doch ist der Handlungslauf letztendlich unglaubwürdig und gewiß mehreren Quellen entnommen — sie werden zum Teil im Text selber genannt. Zudem dürfen wir nicht vergessen, daß die Anwesenheit Frantzens Vater bei der Komödie in Wien erwiesenermaßen erfunden ist.

Die Sache ist aber doch komplizierter, da im *Schlesischen Robinson* ein Kaufmann, ein gewisser Herr von Voglenbach (zu Belißa! [Bd. I, S. 124]), auftritt. Im Jahre 1681 macht dieser Bankrott und verschwindet; der Held verliert dabei den größten Teil seines Vermögens. Dieser neuadlige

Kaufmann scheint derselbe Voglenbach zu sein, dessen Lebenswandel im *Edelmann* so scharf kritisiert wird. Der Snobismus seines Sohnes, die Kleidersucht seiner Frau, die Verschwendung in seinem Haushalt, seine Betrügereien bilden den Hauptteil der Satire im Wincklerschen Roman. Obwohl wir nicht genau feststellen können, wann Voglenbach im *Edelmann* Bankrott gemacht haben soll, weil der Roman in der Darstellung der erzählten Zeit nicht konsistent ist, vermuten wir das Jahr 1674, denn wir wissen, daß Ludwig XIV. zwei Jahre zuvor, die Niederlande angegriffen hatte und daß eben deshalb Florissohn schon seit zwei Jahren unterwegs gewesen war, als er in Belissa ankam (Griffin, S. 113f.). Hat der Autor des *Schlesischen Robinsons* einfach eine Romanfigur übernommen, oder dürfen wir annehmen, daß hinter diesem Porträt eine historische Persönlichkeit steckt? Schon Konrad hat einen möglichen Prototyp in Hieronymus Vogel vermutet, der um 1670 tatsächlich in Breslau Bankrott gemacht und viele Gläubiger hineingerissen hat (1936, S. 109). Wenn Voglenbach wirklich existiert hätte, wäre er eben einer von denen gewesen, die sich vom *Edelmann* zutiefst beleidigt gefühlt hätten, aber, wie in der Vorrede versichert wird, sei „der von Voglenbach entlauffen" (S.   ) (4b).

Die verwickelten Beziehungen zwischen den beiden Werken hören aber nicht mit solchen Übereinstimmungen auf. Sie spielen eine Rolle in der Erschließung der Autoren beider Werke. Wie oben bemerkt, glaubte man, der *Schlesische Robinson* liefere den endgültigen Beweis für die Verfasserschaft des *Edelmanns*. Die Frage nach dem Autor des anonymen Robinson-Romans erwies sich jedoch als etwas schwieriger.

Kleemann und Ullrich zitieren beide Mylius No. 2276, der Christian Stieff (1675-1751) als Autor dieser Robinsonade angibt.[9] Durchaus plausibel erscheint Stieffs Urheber-

---

9 Kleemann, Selmar. „Zur Geschichte der Robinsonaden." *Euphorion* 1 (1894), 604. Ullrich, Hermann. *Robinson und Robinsonaden. Bibliographie, Geschichte, Kritik.* Teil I. (=Litera-

schaft in der Tat, wenn man Stieffs bibliothekarische Tätigkeit bedenkt, was ihm Zugang zu den vielen Quellen, die dem *Robinson* zugrunde liegen, hätte gewähren können. Außerdem läßt Stieffs buntes Werk *Schlesisches historisches Labyrinth, oder kurzgefaste Sammlung von hundert Historien allerhand denckwürdiger Nahmen, Oerter, Personen, Gebräuche, Solemnitäten und Begebenheiten in Schlesien* (1737) vermuten, daß der Breslauer Schulrektor das Interesse an so einem Roman, dessen Materie angeblich „aus lauter *serieusen* Dingen" (S. ):(3ᵇ) bestehe, hätte aufbringen können. Auffallend ist es andererseits, daß weder Gottscheds Nachruf von 1751 noch Markgraffs Beitrag über Stieff in der *Allgemeinen Deutschen Biographie* von diesem Werk wissen.[10] Auch beunruhigt z.b. der Hinweis im *Dizionario critico della letteratura tedesca* (1976) auf „suo [Wincklers] amico Christian Stieff" (S. 1299), da Stieff zur Zeit Wincklers Todes erst elf Jahre alt war. Wer war also der Autor vom *Robinson*, und in welcher Beziehung stand er zu Winckler?

Da Freytag fest überzeugt war, daß der Verfasser Winckler gut gekannt haben müsse, vermutete er, daß Paul Wincklers Sohn Ferdinand nicht nur den *Schlesischen Robinson* geschrieben, sondern auch den *Edelmann* zum Druck gegeben hatte (2.19 [1860], 348). Diese 1860 in den *Grenzboten* geäußerte Mutmaßung hat Freytag in der folgenden Ausgabe dieser Zeitschrift wiederholt, aber gleichzeitig selber in Frage gestellt: er meint, die berühmten drei Zettel, die Wattenbach nach vom *Robinson*-Verfasser herrührten, könnten unmöglich vom Sohn stammen, denn die-

    rische Forschungen VII. Heft). Weimar: Emil Felber, 1898. S. 227. Kleemann zitiert *Stolles* „Bibliotheca anonymorum et pseudonymorum". Dabei scheint er Mylius gemeint zu haben; Stolle hat nur die Vorrede geschrieben. Ullrich bezieht sich auf Kleemann, aber schreibt für Stolle Mylius.

10  Gottsched, Johann Christoph. „Leben des seligen Herrn Rectors, Christian Stieffs, in Breslau." *Das Neueste aus der anmuthigen Gelehrsamkeit 1751-62.* 12 Bde. Leipzig: Bernhard Christoph Breitkopf. Bd. I, S. 717-34.

ser hätte solcher Informationen nicht bedurft (3.19 [1860], 5). Aber, wenn der Verfasser überhaupt solche Auskünfte gebraucht hätte, hätte er Winckler kaum persönlich gekannt, seine Kenntnisse wären lediglich Wincklers Selbstbiographie und vielleicht „einigen anderen Papieren aus der Hinterlassenschaft" entnommen (3.19 [1860], 5). Eben dies will Freytag aufgrund der Hochachtung, mit der der Erzähler von Winckler spricht, nicht wahrhaben. Briele glaubt mit Freytag, daß der Verfasser Winckler persönlich gekannt haben muß, da dieser „so lebendig und charakteristisch geschildert" sei (S. 38). Jedoch erwägt er in einer Fußnote die Möglichkeit, daß wir im Winckler-Porträt eigentlich „Anregungen seines [Stieffs] verehrten Lehrers und väterlichen Freundes Christian Gryphius' finden, der Wincklers Vetter war und viel bei diesem verkehrte" (S. 32.) Schließlich äußert sich Briele aber „recht skeptisch" zu der Autorschaft Stieffs, zumal Stieff in seinen biographischen Fragmenten Winckler nicht erwähnt und auch gute Bekannte von Stieff den Robinsonverfasser nicht zu kennen scheinen (S. 34). Konrad andererseits, der meint, Stieff käme als möglicher Verfasser nicht mehr in Frage, „weil seine Feder für derlei Unterhaltungsschrifttum viel zu schulmeisterlich spröde war" (1938, S. 206), stellt die kühne, doch problematische Theorie auf, daß es sich beim *Schlesischen Robinson* mindestens um zwei verschiedene Autoren handele und daß im ersten Teil Paul Winckler selber die Hand im Spiel gehabt habe, allerdings „weniger als Verfasser denn als Ordner" (1938, S. 211). Mag diese These uns anfangs auch unwahrscheinlich vorkommen, so dürfen wir nicht vergessen, daß im *Schlesischen Robinson* Wincklers eigene „Scripturen" als Fundgrube historischer Dokumente beschrieben werden. Es stellt sich erneut die Frage, ob es sich im Roman um Tatsachen, Fiktion oder eine Verquickung beider handelt. Während uns Stieffs Verfasserschaft trotz allem noch plausibel scheint, kann sie nicht als endgültig bewiesen gelten. Bis weitere Quellen oder zeitgenössische Zeugnisse gefunden werden, bleiben sowohl der Ursprung des Robinson-Romans als auch dessen Beziehungen zu Wincklers Leben und Werk im Dunkeln.

## VII.

*Quellen*

Obwohl die Kritik Wincklers Gelehrsamkeit, sein enzyklopädisches Wissen, oft notiert, hat ihr Hauptinteresse selten diesem Aspekt des Romans gegolten. Während die Literaturhistoriker darauf hinweisen, daß Wincklers Selbstbiographie als Quelle gedient hat, befassen sie sich kaum mit den anderen Quellen, weder mit den spezifisch zitierten noch den unauffällig eingeflochtenen. Es ist Griffins großer Verdienst, daß er eine der wichtigsten, wenn nicht die wichtigste Quelle für das dritte und vierte Buch aufgedeckt hat: Knorr von Rosenroths Übersetzung von Thomas Brownes *Pseudodoxia Epidemica or Enquiries into Very Many Received Tenents and Commonly Presumed Truths* (1646; Übersetzung 1680, [Griffin S. 209-18]).[11] Wie Griffin richtig bemerkt, prägen Brownes Empirismus, sein Glauben an die menschliche Vernunft und sein Skeptizismus der Antike gegenüber die Weltanschauung dieser Bücher und somit die des ganzen Romans, der die Gegenwart und ihre neue Technologie der Wahrheit bejaht. Von Browne in den Roman aufgenommen sind S. 379-92, 394-411 (Browne, Buch I. Kap. x-xi); S. 411-26 (Browne, Buch III. Kap. xxv); S. 622-36 (Browne Buch I, Kap. vi); S. 332ff. (Winckler hat Brownes Buch III, Kap. xvii hierfür bearbeitet, aber nicht Wort für Wort aufgenommen); S. 339f. (Es handelt sich um einen Auszug aus Buch II, Kap. vi); S. 636f. (Winckler listet

---

[11] Griffin behauptet, daß Winckler mit Ausnahme von kleinen Änderungen, die die Erzählstruktur des Romans nötig machen, Auszüge aus Knorrs Übersetzung wortwörtlich eingesetzt habe. Tatsächlich stimmt der Wortlaut zum größten Teil mit dem der Knorrischen Übersetzung überein. Die Texte unterscheiden sich aber sehr in der Orthographie und Interpunktion. Die Tatsache, daß die Brownischen Passagen, die Griffin in seiner Dissertation mit dem Wincklerschen Text vergleicht, aus einer englischen Fassung stammen, läßt vermuten, daß Griffin die Übersetzung gar nicht eingesehen hat.

die meisten Titel der Kapitel im dritten Buch auf); S. 636 (Winckler listet die meisten Themen des 13. Kapitel im fünften Buch auf); S. 681 [=691 l] (Die Beispiele entsprechen Beispielen in den folgenden Kapiteln des fünften Buches: i, ii, iv, v, vi, viii, xi, xvii und wahrscheinlich auch xiii).[12] Es sei bemerkt, daß eben diese „entlehnten" Passagen, im Gegensatz zu vielen anderen in diesen Romanteilen, sich auffallend leicht lesen lassen. Wie Griffin feststellt, weist Winckler nur einmal auf Brownes Werk hin (S. 637). Sonst fügt er diese Auszüge unauffällig in das gelehrte Gespräch ein, als artikulierten die Romanfiguren ihre eigenen Bemerkungen.

Da Winckler oft seine Quellen zitiert, war uns noch möglich, andere Passagen als authentische Zitate zu belegen, z.B. das Erasmus-Zitat aus *Chiliades adagiorum* (S. 586f.) und den Auszug aus Giovanni Francesco Loredanos *La Dianea* (1627; Deutsch [Diederich von dem Werder], 1644 [S. 570ff.]) Die Geschichte des Clytus (S. 151-54) ist auch ziemlich genau von Plutarch übernommen. Ferner könnten die Cardano-Zitate (S. 112ff., 373-76) echt sein, aber Winckler nennt die genauen Quellen nicht. Sowohl Zrinyis Rechtfertigung und Gnadengesuch (S. 494-517) als auch die Anklage des Erzbischofs von Polen, Prazmowski, gegen König Michael 1672 vor dem Szlachta (S. 477-87) basieren möglicherweise auf historischen Dokumenten.[13] Olivier Le-

---

12  Diese Angaben unterscheiden sich in einigem von denen, die bei Griffin zu finden sind, aber es handelt sich hauptsächlich um kleine Unachtsamkeiten. Griffin glaubt, daß die Besprechung der Tiere auf S. 355 auch Browne entnommen sei, was uns zweifelhaft scheint, denn die Besprechung des Hirsches – Griffin irrt sich, wenn er Buch I, Kap. x angibt; es handelt sich um Buch III, Kap. ix – hat wenig mit dem Sinn dieser Passage zu tun und könnte ebensogut einer anderen Physiologie entlehnt sein.

13  Wenn man den Gnadengesuch Zrinyis mit der Urkunde Nr. 611, einer „Exkulpationsschrifft", bei Racki vergleicht, ergibt sich, daß die Einzelheiten der Wincklerschen Version mit diesem historischen Dokument übereinstimmen, aber nicht mit dessen

dains Grabschrift (S. 220-26) stützt sich vielleicht auf eine echte Publikation — Winckler kannte zumindest Philipp Comines' *Chronique et hystoire faicte et composée par messire Philippe de Comines* (1524), die über Ledain, den berüchtigten Günstling Ludwigs XI., berichtet.[14] Es ließen sich noch viele unauffällig eingeflochtene Passagen aufdekken, wenn man die zitierten Quellen mit dem Wincklerschen Text vergliche. Sinnvoll wäre eine Analyse der zitierten Autoren zur Klärung von Wincklers Interessen und Anschauungen, möglicherweise auch ein interessanter Beitrag zur Forschung der Rezeption europäischer und englischer Schriftsteller der Renaissance im deutschsprachigen Raum in der zweiten Hälfte des 17. Jahrhunderts.

Selbstverständlich werden auch klassische Autoren häufig zitiert, aber auch oft in Frage gestellt. Besonders wichtig für diesen Roman war Wincklers Tacitus-Lektüre. Von den

---

Wortlaut. Während Wincklers Text auf dieser Urkunde basieren kann, lassen die sprachlichen und inhaltlichen Unterschiede vermuten, daß Winckler eine andere Quelle benutzt hat oder daß er diese Bittschrift selber gedichtet hat. Fr. Racki. *Acta coniurationem bani Petri a Zrinio et com. Fr. Frangepani illustrantia*. Zagreb: Stamparija Dragutina Albrechta, 1873. S. 466-94.

14 Winckler verweist S. 133 und S. 281 auf Comines. Die Grabschrift ist aber dieser Quelle nicht entnommen. Im *Edelmann* wird dieses lateinische Epitaph jedoch so vorgestellt, als stamme es von einer seltenen Biographie des französischen Königs: „Ich weiß / sprach Florissohn / daß der Herr Bruder allemal ein Liebhaber seltener Bücher gewesen / und finde schon etwas allhier / das ich in gantz Franckreich nicht anzutreffen vermogte / nemlich das Leben deß König Ludwigs des XI. welches noch ein gewisses von dem Olivier *le Daim* übriges Geschlecht zur Auslöschung ihres Anherrn darinnen befindlichen Schimpffs und Grabschrifft so untergedruckt / daß wenn ich gleich zu Pariß ein par Pistolen darfür hätte geben wollen / selbiges dennoch nicht haben können" (S. 219). Caspar von Barth hatte übrigens Comines' *Memoires* schon 1629 ins Lateinische übersetzt.

vielen lateinischen Zitaten im *Edelmann* stammen mehr als zwei Drittel von Tacitus, zum größten Teil aus den *Annalen* und den *Historien* (nicht aus der *Germania*, wie man vielleicht erwartet). Im langen politischen Gespräch im zweiten Buch des *Edelmanns* (S. 123-97) gilt Tacitus als „der große Estats-Protocollist" (S. 173). Von ihm stammen die „zehn Gebote" des „Politischen Catechismus" (S. 175ff.), die Lord Felddon „die umgewendeten Taffeln-Mosis" nennt (S. 178). Also erscheint Tacitus im Munde des vermeintlichen Kanzlers als der Vertreter einer berechnenden Realpolitik. Dieser Kanzler, für den Julius Cäsar den größten General darstellt, entpuppt sich später als ein katholischer Pfarrer, der mit Lord Felddon nach dem Leben des englischen Königs trachtet.

Dieses lange politische Gespräch weist auch den Einfluß Machiavellis auf, sowohl des *Prinzen* (1532) als auch der *Discursi sopra la prima deca di Tito Livio* (1531), wenn Machiavelli selber auch nur einmal flüchtig erwähnt wird (S. 184). Besonders die Frage nach dem Nutzen von Festungen (S. 161-66) verdankt beiden Werken viel — das Beispiel Ottaviano Fregoso (S. 163) ist direkt aus den *Diskursen* (Buch II, Kap. 24) übernommen. Tatsächlich soll die Verbindung von Tacitus mit Machiavelli zu dieser Zeit weit verbreitet gewesen sein. Gegen Ende des 16. Jahrhunderts soll Tacitus sogar als Ersatz für den auf den Index gesetzten *Prinzen* gedient und somit als eine Apologie für den Absolutismus gegolten haben.[15]

Wenn diese Interpretation auch noch lange die übliche blieb, gewann eine zweite Auslegung des Tacitus im Laufe des 17. Jahrhunderts an Einfluß: viele Humanisten, und besonders die nördlich der Alpen, sahen in Tacitus den Ver-

---

15 Siehe Else-Lilly Etter *Tacitus in der Geistesgeschichte des 16. und 17. Jahrhunderts*. (= Baseler Beiträge zur Geisteswissenschaft 103) Basel und Stuttgart: Helbing & Lichtenhahn, 1966 und Jürgen von Stackelberg: *Tacitus in der Romania. Studien zur literarischen Rezeption des Tacitus in Italien und Frankreich*. Tübingen: Niemeyer, 1960.

teidiger der altrömischen Freiheit, den Gegner des Principates (Etter, S. 1). Tacitus ist hier nicht derjenige, der die Berechnung der Tyrannen billigt, sondern derjenige, der sie entlarvt. Wincklers Interesse an Tacitus kann auch diese zweite Tacitus-Auffassung zugrunde gelegen haben. In der Vorrede zum Wincklerschen Roman wird Traiano Boccalini (1556-1613), einer der wichtigsten Tacitisten, — die beiden einzigen Drucke seiner *Commentarii sopra Cornelio Tacito* erschienen 1677 und 1678 — erwähnt und auf dessen Werk *Ragguagli di Parnaso* (1612-13) angespielt, wo Tacitus selber auftritt. Ausgerechnet Boccalini, ein Widersacher der spanischen Habsburger und deren politischen Ziele, hat zum Teil in seinen *Ragguagli* die zweite Tacitus-Auffassung vertreten (Etter, S. 97ff.). Winckler, der die Ansprüche der Habsburger in Schlesien und deren Glaubensverfolgung am eigenen Leib zu spüren bekommen hatte, könnte sich eben diese Interpretation des Tacitus zu eigen gemacht haben. Wenn auch Wincklers Tacitus-Auffassung nicht eindeutig aus dem *Edelmann* hervorgeht, sei doch bemerkt, daß eben Lord Felddon und der portugiesische Geistliche, die beiden Katholiken, die mit der bei Tacitus und Machiavelli erörterten „klugen" Staatskunst verbunden werden und die die englische Regierung umstürzen wollen, entlarvt und bestraft werden.

VIII.

*Schlüsselroman, Realismus, Tatsächlichkeit*

Daß *Der Edelmann* auch als Schlüsselroman verstanden werden kann, hat man schon immer vermutet, denn die satirischen Passagen im ersten Buch lassen auf persönliche Eindrücke und Erfahrungen schließen. Wie oben erwähnt, meint die Kritik, daß der Roman erst zehn Jahre nach Wincklers Tod im Ausland erschienen ist, eben weil es tatsächlich einen Voglenbach, einen Oberwitz, einen Knausenburg, eine Frau von der krummen Breche gegeben hat. Winckler selbst tritt als der Advokat Hülffrecht auf, dafür sprechen biographische Details — der Beruf, die Träume, das Geburtsdatum, die Kriegserfahrungen, der Tod seiner Frau, die Anekdoten, die Gicht stimmen mit der Selbstbiographie Wincklers überein. Auch müssen wir für Belissa Breslau und für Vindabona Wien lesen. Wie schon angedeutet, glaubt Konrad im Breslauer Kaufmann Vogel Voglenbachs Prototyp gefunden zu haben. Ferner legt Griffin überzeugend dar, daß Lord Felddon den berüchtigten zweiten Duke of Buckingham darstelle (S. 162).[16] Griffin vermutet Wincklers Bekannten Christian Knorr von Rosenroth im Pastor Eusebius (S. 212), da ihm Auszüge aus der Knorrschen Browne-Übersetzung in den Mund gelegt werden. Einen reichen Bestand an Autobiographischem darf man dem Roman also nicht absprechen.

Während Bircher sowohl das Satirische als auch das Tatsächliche noch im Auge behält, wenn er von ,,la rappresentazione storicamente puntuale e rivelatrice, in parte satirica dei nobili di compagna" (S. 1299) spricht, hat die Erkenntnis des Faktischen verständlicherweise viele Kritiker dazu geführt, die Wichtigkeit der satirischen Aspekte herunterzuspielen und stattdessen von Wincklers ,,Realismus" zu sprechen. Freytag schreibt: ,,Seine Erzählung ist durchaus keine Satire, wie sie wohl genannt worden ist, und die Schilderungen, welche hier mitgeteilt werden, machen den Eindruck besonders genauer Porträts ... Er erzählt lebendig und mit innerer genauer Freiheit, was er etwa selbst geschaut hat, nicht vieles, nichts Besonderes, glatt und geradezu" (Bd. XX, S. 319). Freytag, dem es in seinen *Bildern aus der deutschen Vergangenheit* darum ging, die *deutsche* Geschichte neu zu entdecken und ,,nach dem Bedürfniß und den Forderungen [der] eigenen Zeit" zu re-präsentieren (Bd. XXI, S. 492), um ,,die merkwürdige Erhebung des deutschen Volkes", das ,,Wachstum und [die] Befreiung

---

16 Griffin erwähnt nicht, daß der Name Felddon vom Mörder des ersten Herzog von Buckingham, John Felton, stammt.

des deutschen Bürgers" darzustellen (Bd. XXI, S. 491) und dabei dessen Nationalstolz zu erwecken, kamen eben solche Genrebilder sehr gelegen. Diese hinterlassen sowohl den Eindruck des Persönlichen als auch des Wirklichkeitstreuen und waren deshalb seinen Lesern leicht zugänglich. Auch Briele betont, was er den realistischen Kern nennt: „Man darf den Wert dieses realistischen Kerns der Handlung auch literarhistorisch keineswegs unterschätzen, denn er sichert Paul Winckler eine isolierte Stellung unter den Romanschriftstellern der Zeit" (S. 60). Faber du Faur hingegen scheint den *Edelmann* keineswegs für ein isoliertes Phänomen zu halten, denn er gruppiert den Roman mit denen von Beer, Riemer, Printz und anderen unter der Rubrik „The Beginnings of Realism in the Novel". Zum *Edelmann* behauptet er: „This novel is highly important as a document for the history of culture; it is in part really amusing and probably exaggerates only slightly" (Bd. I, S. 306). Sich an Faber du Faur anschließend, stellt sich Griffin die Aufgabe, die Aspekte des *Edelmanns*, die als „incipient realism" betrachtet werden könnten, aufzuweisen. Als „realistisch" versteht er aber letztendlich mehr Wahrscheinlichkeit, was ihn dazu verleitet, die Abschnitte hervorzuheben, die eine Nachahmung einer Handlung sind. Also lobt er Wincklers künstlerisches Können, wenn dieser in einer kurzen Jagdszene alle möglichen Tatsachen über die Tierwelt vorführt, oder wenn die Krankheit der Tochter der Gastgeber, über die wir so gut wie nichts wissen, dazu dient, Fieberkrankheiten zu erörtern. Griffin hält die Essens-, Schlafens- und Flanierpausen für einen Versuch, eine „realistische" Handlung aufzubauen: „Although the final three books of *Der Edelmann* are less refined than the first, Winckler consciously employs a number of narrative techniques that add verisimilitude to the work and which further enliven the events and characters portrayed" (S. 179f.). Griffin mag Recht haben, aber in den letzten drei Büchern des Romans bestehen diese Versuche „at verisimilitude" zum größten Teil aus zwei Zeilen bis zwei Seiten, dies in einem umfangreichen Roman. (Außerdem sind die Pausen nichts Neues;

auch bei Castiglione, ja sogar bei Cicero, macht man Pausen.) Ferner hat Griffin anscheinend nicht zur Kenntnis nehmen wollen, daß der Handlungsaufbau des Romans recht unwahrscheinlich ist, denn sowohl der Gebrauch der Pronomen, also die Erzählperspektive, als auch die Erzählzeit und die erzählte Zeit sind nicht konsistent. Auch zitieren die Sprecher seitenlange Texte, darunter sogar einen Katalog, angeblich aus dem Gedächtnis, was kaum als eine wahrscheinliche Handlung gelten kann.

Statt der endlosen Realismusdebatte wäre es ergiebiger, sich gründlich auf die Rolle des Tatsächlichen (der historischen Wahrheit) sowohl im Aufbau als auch in der narrativen Logik dieses Romans zu konzentrieren. Damit ist Wincklers offensichtliches Interesse am Zeitgeschehen gemeint, am spezifisch Schlesischen (Krippenreutern, Münzfälschung, Adelsucht, Bankrotteuren) an der Weltgeschichte, bzw. an der europäischen, und an den schriftstellerischen Produkten seiner Zeit. Auch sein sogenanntes „enzyklopädisches" Interesse ist damit gemeint, ferner die Einsetzung der eigenen Selbstbiographie, die Aufnahme von fremden Texten in den Romantext, z.B. die Aufnahme des Katalogs der kaiserlichen Schatzkammer; von Zeitungsartikeln, Flugblättern, Pasquillen, Epigrammata; von Auszügen aus der Münzordnung, aus Limnaeus' *Ivris pvblici Imperii Romano-Germanici* und aus Erasmus, Cardenus und Loredano; die Aufnahme von Peter Zrinyis Rechtfertigungsschreiben und von Prazmowskis Anklage; auch die ausführliche Beschreibung von Thomas Burnet's *Telluris Theoria Sacra* (1681) und die Verarbeitung der Knorrschen Übersetzung von Brownes *Pseudodoxia Epidemica*. Zur Fixierung auf Tatsächlichem gehören auch die vielen Listen von Speisen, Chemikalien, Pflanzen, Tieren, Büchern, Namen, Methoden der Münzfälschung. Ferner sei hingewiesen einerseits auf die Wichtigkeit des Augenzeugen und andererseits auf die des schriftlichen Belegs. Der Roman ist so aufgebaut, daß es sich bei der Mehrzahl der Anekdoten um vom jeweiligen Erzähler Erlebtes handelt und daß es vorwiegend um Ereignisse geht, die sowohl in der Lebzeit Wincklers als auch in der Lebzeit seiner Romanfiguren stattgefunden haben sollen. Daher herrschen Formulierungen wie „gestern", „verwichener Tagen", „zu meiner Zeit", „vor etlichen Jahren", „vor kurzer Zeit", „zur Zeit eures Vaters und eurer Jugend", „wie ich mich denn erinnere" vor. Auch fällt die große Anzahl der Geschichtsschreiber, die zitiert werden, von Livius bis William Camden, auf. Tatsächliches, also historisch Belegtes oder Selbst-Geprüftes oder Erlebtes, steht im Zentrum des Romans, ja macht ihn zum Wälzer, der er geworden ist. Es handelt sich um eine Aneinanderreihung, eine Aufstellung, eine Taxonomie, die die Welt außerhalb des Romans nicht *beschreibt*, sondern *einschließt*. Der schriftstellerische Impuls beim *Edelmann* gilt weniger der Nachahmung der Welt als dem Umfassen, dem Aneignen, dem Einnehmen. Wie Rosalie Litell Colie bezüglich der Renaissanceprosa treffend bemerkt: „... actual historical events significantly rearrange themselves into a work of art, and by so doing validate [art] as 'true'."[17]

IX.

*Der Blattweiser und die Kupfer*

Als Postskriptum müssen noch zwei Aspekte des Romans kurz behandelt werden, die wahrscheinlich eher der Aufmachung des Buches, also dem Verleger, zu verdanken sind als Winckler selber: der Blattweiser und die siebzehn Kupfer. Beim Blattweiser handelt es sich um ein alphabetisches Sachregister, eine zu der Zeit nicht ungewöhnliche Erscheinung sowohl bei nicht literarischen als auch literarischen Prosatexten. Wenn der Blattweiser den Roman auch übersichtlicher machen sollte, ist er schließlich genau wie der

---

17 Rosalie L. Colie. *The Resources of Kind. Genre-Theory in the Renaissance.* Hrsg. Barbara K. Lewalski. Berkeley: University of California Press, 1973. S. 102.

Text, nicht hierarchisch, sondern eine Liste von Themen, die oft miteinander wenig zu tun haben, die beliebig erweitert werden könnte. Unter „M" findet man z.B. gleich hintereinander „Mäuse / wodurch sie sich vertreiben lassen", „Magd / ein teufflisches Gespenst gewesen / dienet in einem Wirthshaus", „Mahler / begehen viel Fehler / bey Vorstellung geistlicher Geschichte". Die Magd erscheint zweimal, einmal unter „M" und einmal unter „G" als „Gespenst dienet als eine Magd". Sinnvoll wäre so ein Blattweiser nur für den Leser, der das Buch schon gut kennt, denn wer käme sonst auf die Idee, eine Schauergeschichte unter „M" nachzuschlagen?

Der Ursprung der siebzehn Abbildungen ist unbekannt — weder wer sie bestellte noch wer sie herstellte, konnte bisher ermittelt werden. Es ist möglich, daß der Verleger sie zur Ausschmückung des Bandes in Auftrag gegeben hat. Andererseits kann mit Sicherheit behauptet werden, daß es sich keineswegs um schon vorhandene Kupferstiche handelt, die der Verleger dem Buch beliebig beilegte, denn die Bilder beziehen sich alle speziell auf den Text, sind sogar mit der betreffenden Seite vermerkt und mit wenigen Ausnahmen eben dieser Seite gegenüber im Buch eingebunden.[18] Die Kritik hat sie unterschiedlich beurteilt. Sowohl Kahlert als auch Briele finden sie „selbst für die Zeit sehr mangelhaft" (Kahlert, 1838, S. 520; Briele, S. 39). Dagegen meint Wolfskehl, sie seien „kulturhistorisch merkwürdig und dabei von hoher Qualität" (S. 81). Während eine kunsthistorische Beurteilung dieser Kupfer aus dem Rahmen dieser Einleitung fällt, sei kurz auf die mögliche Bedeutung dieser Buchillustrationen für die Geschichte des deutschen Romans hingewiesen.

Von diesen siebzehn Kupfern kann man nur bei dem Titelkupfer von einer Allegorie sprechen. Es stellt die vielen

---

18 In der zweiten Auflage ist die Abbildung, die sich auf S. 212 bezieht und die auch so bezeichnet ist, irrtümlicherweise S. 221 gegenüber eingebunden. Siehe auch das Wolfenbütteler Exemplar der Lipper-Ausgabe.

Themen, die in das Werk aufgenommen werden, allegorisch dar. Zu sehen sind Gegenstände, Schwert, Wiege, Zirkel, Kompaß, Gießkanne, Globus, Spaten, Beil. Eine mit Lorbeer gekrönte Frau repräsentiert die Weisheit des echten Edelmanns. Zu ihren Füßen liegt ein Schild mit den griechischen Buchstaben Chi Rho, Hinweis auf den christlichen Glauben des wahren Adligen und die Pflichten des christlichen Ritters. Dieser Schild lehnt an eine Truhe mit einem Totenkopf, Zeichen der menschlichen Sterblichkeit, aber auch der Erlösung durch Jesus Christus. Die weiteren sechzehn Kupfer — sechzehn Kupfer bilden einen Bogen! — stellen jedoch spezifische Begebenheiten dar, die weder im Text noch im Bild einen ausgesprochen allegorischen Wert haben. Diese Ereignisse gehören eher zum Zeitproträt. Also sehen wir Voglenbach bei der Vorbereitung zum Duell, den als Soldat verkleideten Wirt auf der Flucht vor seinem bösen Vater, seine zweite Frau, die ihm die Schlüssel zu ihrem ganzen Schatz überreicht, die Frauen der „Pfeffersäcke", die aus der im Kot steckengebliebenen Kutsche aussteigen, den mit dem Wildschweinkopf stolpernden Hans Märten. Das merkwürdigste Kupfer ist die Darstellung von Hülffrechts Traum. Wir sehen Hülffrecht mit Schlafmütze im Himmelbett träumen, rechts daneben schwebt ein Perser mit einer Sonne. Diesen Traum kennen wir aber schon aus der Selbstbiographie als *Wincklers* Traum. Was als Traum eines Durchschnittsmenschen beginnt, wird dreimal bearbeitet, einmal als Traum eines wirklichen Menschen in dessen Autobiographie, einmal in den Mund einer Romanfigur gelegt und schließlich als Bild dargestellt.

Der Charakter dieser Kupfer unterscheidet sich wesentlich vom emblematischen Charakter der 20 Illustrationen zum sogenannten Barock-Simplicissimus (1671), so wie Grimmelshausens Romantext sich von dem späteren Romanversuch Wincklers unterscheidet. Es scheint sich in der Tat beim *Edelmann* um eine andere Art Buchillustration zu handeln. Diese Kupfer lassen sich eher mit den 24 Abbildungen zu Beers Willenhag-Romanen (1682, 1683) vergleichen. Die Illustrationen zum Wincklerschen Roman stellen

Romanbegebenheiten dar, die im Kontext des Romans nicht allegorisch ausgelegt werden können, sondern einfach als Beschreibungen einer Handlung verstanden werden müssen. Die Bilder selber sind indikativ, d.h. sie weisen auf den Sachverhalt, die äußere Handlung des Romans hin, und sind nicht von der komplexeren Modalität des Subjunktiven, des Allegorischen oder des Emblematischen.

Die Barockforschung hat sich bekanntlich und zurecht hauptsächlich mit der Emblematik beschäftigt und auf dieser Basis das Verhältnis von Bild zu Text erforscht. Die Geschichte der Romanillustration im 17. Jahrhundert ist aber noch nicht zu Ende geschrieben. Beim *Edelmann* liegt die Frage nahe, ob eine solche „indikative" graphische Darstellungsweise nicht Hand in Hand mit einer neuen Schreibweise ginge, und ob sie gar eine neue Blickrichtung signalisierte.

## BIBLIOGRAPHIE

### I.

*Texte*

Die Standorte der Werke, die in den einschlägigen bibliographischen Handbüchern nicht verzeichnet sind, sind angegeben.

Der | Edelmann. | Lüneburg | Bey Johann Georg Lipper. | *Anno* 1696. |

Der | Edelmann. | Franckfurt und Leipzig / | In Verlegung Christoph Riegel | *Anno* 1696. |

Der | Edelmann | Nürnberg / | In Verlegung Christoph Riegels. | Anno 1697. |

[Hayn verzeichnet eine weitere Ausgabe (Nürnberg 1709), die nicht bestätigt werden konnte.]

Auszug in: Gustav Freytag. „Aus dem Leben des niedern Adels". In: *Bilder aus der deutschen Vergangenheit. Dritter Band. Aus dem Jahrhundert des großen Krieges.* (1898) Bd. XX von *Gesammelte Werke*. 22 Bde. Leipzig: S. Hirzel. 1896-98. S. 320-36. [Zuerst erschienen unter dem Titel „Bilder aus der deutschen Vergangenheit. Pfeffersäcke und Krippenreiter um 1660." *Die Grenzboten. Zeitschrift für Politik, Literatur und Kunst* 3.19 (1860), 1-26.]

Ehren-Gedächtnis | Des | weyland Hoch- und Wolgebohrenen Herrn / | Herrn | Hansens von Schönaich / | Freyherrens zu Beuten / Carolath / Ambtitz / | Mellendorf / Schlaupitz / und Tarnau / etc. | Lobwürdigsten Andenckens. | 1676. | [Vorhanden in der Stolberg-Stolberg'schen Leichenpredigten-Sammlung im Staatsarchiv Düsseldorf.]

Fama | Lotharingica, | sive Serenissimi Principis et Domini, | Domini | Caroli V. | Lotharingiae Ducis, Burriae Domini. | Trophoea. | Aeternitati. Suspensa. | structore Paulo Wincklero, | Serenissimi Elector: Brandenb. | Consiliario. | Ligniti | Literis Christoph Waetzoldi. | [1683]. [Nach Briele war diese *oratio* 1918 in Breslau vorhanden (S. 94). Sie scheint aber mittlerweile verschollen zu sein.]

„Gryphius ut cecidit, Cytharam projecit Apollo." In: Last- und Ehren- | auch | Daher immerbleibende | Danck- und Denck-Seule / | Bey vollbrachter Leich-Bestattung | Des Weiland | Wol-Edlen / Groß-Achtbarn und Hochgelehrten | Herrn | ANDREAE GRYPHII, | Des Fürstenthums Glogau | treugewesenen von vielen | Jahren SYNDICI, | In einer Abdanckungs-*Sermon* | auffgerichtet | von | Baltzer Siegmund von Stosch. | o.O., 1664. S. 81f.

„Gryphius ut cecidit, Cytharam projecit Apollo." In: SIGNACULUM DEI, | Das ist | Der hochschaetzbare Pitschafft-Ring Gottes. | aus dem Propheten Hagg. II. v. 24. | Bey des Wol Edlen Groß Achtbahren | und Hochgelahrten | Hn. ANDREAE | GRYPHII, | JCti und des Großglogauischen | Fuerstenthumes wolmeritireten | Land-Sindici, | Beerdigung. | Der Freyherrl. Hoch-Adlichen und hochan- | sehnlichen Trauer-Versammlung | d. 27. Jul. O. 7. p. Trinit. bey der Grufft in der | Evangel. Lutherischen Kirchen vor | Groß-Glogau | in einer Station | gezeiget | und auff Begehren den Hochleidtragenden | übergeben | von | Caspar Knorren / Diac. daselbst. | Gedruckt 1685. | S. 81f.

„Paul Winckler's Selbstbiographie." Hrsg. August Kahlert. *Zeitschrift des Vereins für Geschichte und Altertum Schlesiens* 3 (1860), 82-146.

Auszüge aus der Selbstbiographie in Gustav Freytag. „Bilder aus der deutschen Vergangenheit. Fortüne eines Bürgerlichen nach dem dreißigjährigen Kriege." *Die Grenzboten. Zeitschrift für Politik, Literatur und Kunst* 2.19 (1860), 329-48. Dieses Kapitel erscheint nicht im Buch *Bilder aus der deutschen Vergangenheit*.

Discursus Academicus | Historico-Politicus | De | DUELLO | Tam in genere, quàm de diversis ejusdem | speciebus: Probationis putà, Rei & publ. & privatæ | defendendæ, gloriæ quoq; & gloriationis | causâ commissis. | Ovem | D. O. M. A. | Permissu verò & consensu inclyti Senatûs Philosophici in | Almâ Philurea | Sub Præsidio | VIRI CLARISSIMI EXCELLENTISSIMI atq | EXPERIEN-TISSIMI | DN. ANDREAE RIVINI, | PHILOSOPHIAE ET MEDIC. D. P. P. | C. P. CAES. Collegii Principis Subseni- | oris & Academiæ Decemviri, | Præceptoris atq Promotoris sui | devenerandi: | Ad diem X. Novemb. horis & loco solennibus | Ventilandum proposuit defendendumq | suscepit | PAULUS Winckler Lipsiensis. | LIPSIAE, | Typis haeredum Timothei Hönii. | [1649]. [Verfasserschaft zweifelhaft; vorhanden in der Universitätsbibliothek der Humboldt-Universität, Berlin.]

„Sonneto." In: Johann Wilhelm von Stubenberg. Geteutschter | Samson / | Des | Fürtrefflichsten Ita- | liänischen Schreiber- | Liech- | tes unserer Zeiten / | Herrn *Ferrante* | *Pallavicini*. | Durch | Ein Mitglied der Hochlöbli- | chen Fruchtbringenden Ge- | sellschaft | Den Unglückseligen. | Nürnberg / gedruckt und verlegt von | Michael Endter / 1657. | S. [12]a-[12]b.

Statua | Triumphatrici | Fortissimorum | Viennen − | sium, | constantiae | a | Paulo Wincklero Sereniss. Elect. | Brandenb. Consilario | posita. | Lignicii, | Literis Christoph Waetzold. | 1683. | [Vorhanden in der Biblioteka Uniwersytecka in Wrocław. Briele erwähnt eine zweite Auflage (S. 90), die nicht bestätigt werden konnte.]

Zwey Tausend | Gutte Gedancken / | zusammen gebracht | von | Dem Geübten. | Görlitz / | Zufinden in Friedrich Kurtzens | Buchladen. | Gedruckt von Christoph Zippern. | Anno 1685. | [Vorhanden in der Herzog August Bibliothek Wolfenbüttel; Briele verweist auf eine verschollene Leipziger Ausgabe von *Zwey Tausend Gutte Gedancken* (S. 95).]

Guter | Gedancken | Drey Tausend | zusammen gebracht | von | Dem Geübten. | Görlitz / | Gedruckt von Christoph Zippern. | Anno 1685. | [Als Fortsetzung gedacht und mit den *Zwey Tausend Gedancken* zusammengebunden; bei Wolfskehl, Nr. 446, als *Drittes Tausend Guter Gedanken* [...] verzeichnet.].

[Zedlers *Großes vollständiges Universallexicon* verzeichnet eine Ausgabe mit verändertem Titel *Gute Gedancken, bestehend in allerhand sinnreichen und curieusen Einfällen* Leipzig 1717, die nicht bestätigt werden konnte.]

[Briefe. Sechs Briefe von Winckler an Sigismund von Birken, die aus Schallaburg datieren, befinden sich im Archiv der Pegnitz Gesellschaft in Nürnberg (Spahr, S. 103). Mehrere Auszüge sowohl aus diesen Briefen als auch der Selbstbiographie erscheinen bei Bircher, *Johann Wilhelm von Stubenberg (1619-1663) und sein Freundeskreis*; siehe unten.]

## II.

### Sekundärliteratur

Andreae, Friedrich. „Aus der guten alten Zeit. 2. Urteile des Reichsfreiherrn Johann Michael v. Loen." *Schlesische Geschichtsblätter* (1916), 64-71.

Barthold, F.W. *Geschichte der Fruchtbringenden Gesellschaft. Sitten, Geschmacksbildung und schöne Redekünste deutscher Vornehmen vom Ende des XVI bis über die Mitte des XVII Jahrhunderts*. Berlin: Alexander Duncker, 1848. S. 290, 328.

Bircher, Martin. Hrsg. *Die fruchtbringende Gesellschaft, Quellen und Dokumente (Reprographischer Nachdruck)*. Bd. III: Georg Neumark. *Der Neu-Sprossende Teutsche Palmbaum*. München: Kösel, 1970. S. 412. [= 416].

—. *Johann Wilhelm von Stubenberg (1619-1663) und sein Freundeskreis.* (=Quellen und Forschungen zur Sprach- und Kulturgeschichte der germanischen Völker, N.F. 25). Berlin: de Gruyter, 1968.

—. „Paul Winckler (1630-1686)." *Dizionario critico della letteratura tedesca.* Torino, 1976. Bd. II, S. 1298f.

Blankenburg, Friedrich von. *Litterarische Zusätze zu Johann Georg Sulzers allgemeiner Theorie der schönen Künste* [...]. 3 Bde. Leipzig: Weidmann, 1796-98. Bd. III (1798), Sp. 77b.

Bobertag, Felix. *Geschichte des Romans und der ihm verwandten Dichtungsgattungen in Deutschland.* 2 Bde. Berlin: Leonhard Simion, 1881-1884. Bd. II, Zweite Hälfte, S. 144f.

Briele, Wolfgang van der. *Paul Winckler: Ein Beitrag zur Literaturgeschichte des 17. Jahrhunderts.* Rostock: Carl Hinstorff, 1918.

Cohn, Egon. *Gesellschaftsideale und Gesellschaftsroman des 17. Jahrhunderts.* (=Germanische Studien 13). Berlin: Emil Ebering, 1921. S. 196ff. Nachdruck Nendeln: Kraus Reprint, 1967.

Cysarz, Herbert. *Deutsche Barockdichtung. Renaissance. Barock. Rokoko.* Leipzig: H. Haessel, 1924. S. 268.

*Deutsches Sprichwörterlexikon. Ein Hausschatz für das deutsche Volk.* Hrsg. Karl Friedrich Wilhelm Wander. 5 Bde. Darmstadt: Wissenschaftliche Buchgesellschaft, 1964. [Siehe „Quellenverzeichnis", Bd. I, S. xlvi, und die einzelnen Sprichwörter.]

Dünnhaupt, Gerhard. *Bibliographisches Handbuch der Barockliteratur: Hundert Personalbibliographien deutscher Autoren des siebzehnten Jahrhunderts.* 3 Bde. Stuttgart: Hiersemann, 1980-81. III (1981), S. 1808.

Ebeling, Friedrich W. Hrsg. *Flögels Geschichte des Grotesk-Komischen.* 3. Auflage. Leipzig: H. Barsdorf, 1887. S. 423.

Eichendorff, Joseph. *Sämtliche Werke des Freiherrn Joseph von Eichendorff. Historisch-kritische Ausgabe.* Bd. X: *Geschichte der poetischen Literatur Deutschlands.*

Hrsg. Wolfram Mausser. Regensburg: Josef Habbel, 1970. S. 224, 621.

Faber du Faur, Curt von. *German Baroque Literatur.* 2 Bde. New Haven: Yale University Press, 1958, 1968. Bd. I, S. 154, 173, 300, 306.

Flemming, Willy. „Das Jahrhundert des Barock. 1600-1700." In: *Annalen der deutschen Literatur. Geschichte der deutschen Literatur von den Anfängen bis zur Gegenwart.* 2. Auflage. Hrsg. H.O. Burger. Stuttgart: J. B. Metzler, 1952. S. 402.

Flögel, Karl Friedrich. *Geschichte der komischen Literatur.* Liegnitz und Leipzig: O. Siegert, 1786. S. 442.

Freytag, Gustav. „Aus dem Leben des niedern Adels." In: *Bilder aus der deutschen Vergangenheit. Dritter Band. Aus dem Jahrhundert des großen Krieges.* (1898) Bd. XX von *Gesammelte Werke.* 22 Bde. Leipzig: S. Hirzel, 1896-98. S. 294-347. [Zuerst erschienen unter dem Titel „Bilder aus der deutschen Vergangenheit. Pfeffersäcke und Krippenreiter um 1660." *Die Grenzboten. Zeitschrift für Politik, Literatur und Kunst.* 3.19 (1860), S. 1-26.].

---. „Aus dem Leben des niedern Adels." In: *Absolutismus und Aufklärung.* Hrsg. Roland Vocke. Bd. III von *Bilder aus der deutschen Vergangenheit.* 3 Bde. Hrsg. Heinrich Pleticha. Hamburg: Albrecht Knaus, 1978. S. 11-50. [Diese drei Bände enthalten nur 31 Kapitel aus Freytags *Bildern*, denen die Herausgeber mit reichlichem Kommentar und Bibliographien versehen haben.]

---. „Bilder aus der deutschen Vergangenheit. Fortüne eines Bürgerlichen nach dem dreißigjährigen Kriege." *Die Grenzboten. Zeitschrift für Politik, Literatur und Kunst* 2.19 (1860), 329-48. Dieses Kapitel erscheint nicht im Buch *Bilder aus der deutschen Vergangenheit.*

*Gelehrte Neuigkeiten Schlesiens des Jahrs 1739.* Liegnitz, 1740. S. 347.

Gervinus, Georg Gottfried. *Geschichte der poetischen National-Literatur der Deutschen.* 5 Bde. Bd. III: *Vom*

*Ende der Reformation bis zu Gottscheds Zeiten.* 2. Auflage. Leipzig: Wilhelm Engelmann, 1842. S. 71.

Goedeke, Karl. *Grundriß zur Geschichte der deutschen Dichtung.* 2. Auflage. Dresden: Ehlermann, 1886. Bd. II, S. 17; Bd. III, S. 10, 260.

Gräße, Johann Georg Theodor. *Lehrbuch einer allgemeinen Literaturgeschichte aller bekannten Völker der Welt, von der ältesten bis auf die neueste Zeit.* (1837-1859) 4 Bde. Bd. III: *Das siebzehnte Jahrhundert in seinen Schriftstellern und ihren Werken auf den verschiedenen Gebieten der Wissenschaften und schönen Künste.* Dresden und Leipzig: Arnold, 1853. S. 209, 212.

Griffin, Terry Rey. „Paul Winckler's 'Der Edelmann.' A Study in a 17th Century German Novel." Dissertation University of Tennessee, 1976. [Masch.]

Grimm, Jacob und Wilhelm. *Quellenverzeichnis zum Deutschen Wörterbuch.* Göttingen: Huth, 1910. Sp. 1028.

Gryphius, Christian. „Bey Fr. M. geb. A. Hn. P. W. Wittiben." In: *Christiani Gryphii Poetische Wälder.* 2. Auflage. Frankfurt und Leipzig: Christian Bauch, 1707. Nachdruck hrsg. v. James N. Hardin und Dietrich Eggers. Bern: Peter Lang, 1985. S. 496-99.

Hankamer, Paul. *Deutsche Gegenreformation und deutsches Barock. Die deutsche Literatur im Zeitraum des 17. Jahrhunderts.* 3. Auflage. Stuttgart: Metzler, 1964. S. 494.

Hayn, H. and Gotendorf, A. *Bibliotheca Germanorum Erotica und Curiosa.* 3. Auflage. 8 Bde. München: Georg Müller, 1912-14. Erg.-Bd. (9) hrsg. v. P. Englisch, 1929. Nachdruck Hanau/Main: Müller & Kiepenheuer, 1968. Bd. II, S. 100.

Heinsius, Wilhelm. *Allgemeines Bücher-Lexikon oder vollständiges Alphabetisches Verzeichniß der von 1700 bis zu Ende 1800 erschienenen Bücher, welche in Deutschland und in den durch Sprache und Literatur damit verwandten Ländern gedruckt worden sind.* 4 Bde. Leipzig: Johann Friedrich Gleditsch, 1812. Bd. I, Sp. 734.

Hippe, Max. „Winkler [sic], Paul W." In: *Allgemeine Deutsche Biographie*. 56 Bde. Leipzig: Duncker & Humblot, 1875-1912. Bd. 43 (1898), S. 453ff.

Holzmann, Michael und Hanns Bohatta. *Deutsches Anonymen-Lexikon*. 7 Bde. Weimar: 1902-1928. Nachdruck Hildesheim: Olms, 1961. Bd. II, S. 3.

---. *Deutsches Pseudonymen-Lexikon*. Wien u. Leipzig, 1906. Nachdruck Hildesheim: Olms, 1961. S. 107.

Horn, Franz Christoph. *Die Poesie und Beredsamkeit der Deutschen von Luthers Zeit bis zur Gegenwart*. 4 Bde. Berlin: Thomas Johann Christian Friedrich Enslin, 1822-29. Bd. II (1823), S. 305ff.

Jöcher, C.G. *Allgemeines Gelehrten-Lexicon*. 4 Bde. Leipzig: Gleditsch, 1751. Nachdruck Hildesheim: Olms, 1960-61. Bd. IV (1961), Sp. 2010f.

Kahlert, August. „Paul Winckler. Ein Lebensbild aus dem 17. Jahrhundert." *Deutsches Museum. Zeitschrift für Literatur, Kunst und öffentliches Leben* 9 (1859), 641-53.

---. „Paul Winckler's Selbstbiographie." *Zeitschrift des Vereins für Geschichte und Altertum Schlesiens* 3 (1860), 82-146.

---. *Schlesiens Antheil an deutscher Poesie, ein Beitrag zur Literaturgeschichte*. Breslau: A. Schulz, 1835. S. 58.

---. „Paul Winckler. Ein Lebensbild aus dem siebzehnten Jahrhundert." *Schlesische Provinzial-Blätter* 107 (1838), 291-300, 432-40, 513-23.

Knorr von Rosenroth, Christian. *Des vortrefflichen Engelländers Thomae Brown, der Artzney Dr. Psevdodoxia Epidemica* [...] Frankfurt und Leipzig: Christoff Riegel, 1680.

Koberstein, August. *August Kobersteins Grundriß der Geschichte der deutschen Nationalliteratur*. 5. Auflage. 5 Bde. in 4. Leipzig: F.C.W. Vogel, 1872-73. Bd. II, S. 286.

Koch, Erduin Julius. *Compendium der Literaturgeschichte von den ältesten Zeiten bis auf das Jahr 1781*. Berlin: Verlag der königlichen Realschulbuchhandlung, 1790. S. 136.

—. *Compendium der Literaturgeschichte von den ältesten Zeiten bis auf Lessings Tod.* 2. vermehrte und berichtigte Ausgabe. 2 Bde. Berlin: Verlag der königlichen Realschulbuchhandlung, 1795, 1798. Bd. I, S. 180, Bd. II, S. 254.

Konrad, Karl. ,,Der 'schlesische Robinson' und sein Verfasser." *Mitteilungen der schlesischen Gesellschaft für Volkskunde* 37 (1938), 203-14.

—. ,,Paul Winckler. Zum 250. Todestag eines Schlesiers (1686 − 1. März − 1936)." *Schlesische Monatshefte* 13 (1936), 103-09.

Kosch, Wilhelm. *Deutsches Literatur-Lexikon.* 2. Auflage. 4 Bde. Bern: A. Francke AG, 1949-58. Bd. IV (1958), S. 3398.

Loen, Johann Michael Freiherr von. *Des Herrn von Loen gesammlete kleine Schrifften.* Hrsg. J. B. Müller. Frankfurt und Leipzig: Heinrich Ludwig Brönner, 1752. Bd. IV von *Des Herrn von Loen gesammlete kleine Schrifften.* Hrsg. J. C. Schneider. 4 Bde. Frankfurt und Leipzig: P. H. Hutter, 1751-52. S. 385.

Lubos, Arno. *Geschichte der Literatur Schlesiens.* 2 Bde. München: Bergstadtverlag Wilhelm G. Korn, 1960. Bd. I, S. 168f.

Maltzahn, Wendelin von. *Deutscher Bücherschatz des 16., 17. und 18. bis um die Mitte des 19. Jahrhunderts.* Jena und Frankfurt, 1875-1882. Nachdruck Hildesheim: Olms, 1966. S. 360.

Meid, Volker. *Der deutsche Barockroman.* (=Sammlung Metzler 128) Stuttgart: J. B. Metzler, 1974. S. 83, 90.

Morhof, Daniel Georg. *Danielis Georgii Morhofi Polyhistor, Literarius Philosophicus et Practicus* [...]. 3. Auflage. 3 Bde. in 2. Lübeck: Peter Boeckmann, 1732. Bd. I, S. 256.

Mylius, Johann Christoph. *Bibliotheca anonymorum et pseudonymorum.* Hamburg: C.W. Brandt, 1740. S. 1089f.

Nemeitz, Joachim Christoph. *Vernünftige Gedanken über allerhand historische / critische und moralische Ma-*

*terien, nebst verschiedenen Anmerckungen* [...] 6 Bde. in 2. Frankfurt a.M., 1739-45. Bd. V, S. 25.

Pyritz, Ilse. *Bibliographie zur deutschen Literaturgeschichte des Barockzeitalters. 2. Teil: Dichter und Schriftsteller. Anonymes. Textsammlungen.* Bern: A. Francke, 1985. S. 728f.

*Fr. Rassmann's kurzgefaßtes Lexicon deutscher pseudonymer Schriftsteller von der ältern bis auf die jüngste Zeit aus allen Fächern der Wissenschaften.* Eingeleitet v. J. W. S. Lindner. Leipzig: Wilhelm Nauck, 1830. S. 70, 246.

Rehm, Walther. *Geschichte des deutschen Romans.* 2 Bde. Berlin: Walter de Gruyter, 1927. Bd. I, S. 64.

Reimmann, Jacob Friedrich. *Versuch einer Einleitung in die Historiam Literariam.* 7 Bde. Halle: Renger, 1708-1713. Bd. IV (1710), S. 711.

Rötzer, Hans Gerd. *Der Roman des Barock 1600-1700. Kommentar zu einer Epoche.* München: Winckler Verlag, 1972. S. 118f., 153.

Runge, Christian. *Notitia historicorum et historiae gentis Silesiae.* Hrsg. Samuel Benjamin Klose. Breslau. G.T. Korn, 1775. S. 157.

Scherer, Wilhelm. *Geschichte der deutschen Literatur.* Berlin: Wiedmann, 1883. S. 384.

*Schlesischer ROBINSON oder Frantz Anton Wentzels v. C.\*\* eines Schlesischen Edelmanns Denkwürdiges Leben, seltsame Unglücks-Fälle und ausgestandene Abentheuer, Aus übersendeten glaubwürdigen Nachrichten, so wol zur Belustigung des Lesers, als Unterricht Adelicher Jugend in Druck gegeben.* 2 Bde. Breslau und Leipzig: Ernst Christian Brachvogel, 1723-24. [Christian Stieff wird meistens als der Verfasser angegeben. Betr. Winckler und dessen Werke siehe Bd. I, S. 60, 63ff., 124, 142-51, 153ff., 158, 172f., 207, 274, 278ff., 282, 332, 358; Bd. II, S. 1f.]

Schöffler, Herbert. *Deutsches Geistesleben zwischen Reformation und Aufklärung. Von Martin Opitz zu Christian Wolff.* Frankfurt am Main: Vittorio Klostermann, 1956. S. 53, 77.

Spahr, Blake Lee. *The Archives of the Pegnesischer Blumenorden: A Survey and Reference Guide*. (= University of California Publicatious in Modern Philology 5) Berkeley: University of California Press, 1960. S. 103.

Wattenbach, Wilhelm. „Miscellen. Noch etwas über Paul Winckler." *Zeitschrift des Vereins für Geschichte und Altertum Schlesiens* 3 (1860-61), 221f.

Weber, Ernst und Christine Mithal. Hrsg. *Deutsche Originalromane zwischen 1680 und 1780. Eine Bibliographie mit Besitznachweisen*. Berlin: Erich Schmidt, 1983. S. 133.

Wolfskehl, Karl. Hrsg. *Sammlung Victor Manheimer. Deutsche Barockliteratur von Optiz bis Brockes*. München: Karl & Faber, 1927. Nachdruck Hildesheim: Olms, 1966. S. 81.

Zacher, Julius. *Die deutschen Sprichwörtersammlungen nebst Beiträgen zur Charakteristik der Meusebachschen Bibliothek. Eine bibliographische Skizze von Julius Zacher*. Leipzig: T.O. Weigel, 1852. S. 20.

Zedler, Johann Heinrich. *Grosses vollständiges Universal-Lexicon aller Wissenschaften und Künste*. 64 Bde. in 48. Halle u. Leipzig: Johann Heinrich Zedler, 1732-50. Bd. 52 (1748), Sp. 593f.

Zenner, Gottfried. *Herbst-Parnaß / oder Abhandlung von viertzig galant-gelehrten Curiositäten / meist nach jetziger Zeit neuesten Begebenheiten*. Frankfurt und Leipzig: Augustus Boetius, 1692. S. 185-88.

## ZUM TEXT DER DREI AUSGABEN DES 'EDELMANNS'

Mir standen folgende Exemplare zur Verfügung: Riegel, 1696, Cleveland Public Library, Cleveland; Lipper, 1696, Herzog August Bibliothek, Wolfenbüttel und Riegel, 1697, Beinecke Library, Yale University, New Haven. Die zwei Ausgaben des Jahrs 1696 sind mit Ausnahme des Titelblatts identisch; es handelt sich also um Titelauflagen. Die Druckvorlage war das in der Beinecke Library vorhandene Exemplar von 1697. Obwohl die zwei Auflagen sich im großen und ganzen nicht wesentlich von einander unterscheiden, bevorzugte ich die zweite Auflage, weil das skurrile in lateinischer Sprache verfaßte ,,Epitaphium Oliverii Damae" (S. 220-25) in der zweiten Auflage sowohl grammatisch und orthographisch als auch inhaltlich verbessert worden ist. Beispielsweise gilt Olivier Ledain, der berüchtigte Barbier und Günstling Ludwigs XI., in der zweiten Auflage zu Recht als ,,tonsor" statt als ,,doctor". Andererseits fehlen dem Blattweiser der zweiten Auflage (S. 3F5$^a$) unter ,,Epicteti Rede von gelehrten Leute" die Worte ,,Knechts-Stand wird von Platone mit Dedicirung eines Buchs geehrt" und die Seitenangabe ,,254", während die Überschrift ,,P." (S. 3G1$^b$) dem Blattweiser der ersten Aufgabe fehlt.

I. Kollationen:

1. 1. Ausgabe (Riegel, 1696): 8°:)($^6$ A-3G$^8$ [$5 (- )(2, 3G5)] = 430 Blätter, i-xii, 1-649 640-810 811-838 [=12, 848; die letzten 28 Seiten sind unpaginiert] [S. 495 als '496' paginiert].

2. 1. Ausgabe (Lipper, 1696: Wie in der 1. Riegel-Ausgabe.

3. 2. Ausgabe (Riegel, 1697): 8°:)($^6$A-3G$^8$ [\$5 (- )(2, 3G5)]
= 430 Blätter, i-xii, 1-649 640-810 811-838 [=12, 848; die
letzten 28 Seiten sind unpaginiert] [S. 320 als '302', 541 als
'641', 604 als '504', 606 als '506', 619 als '529', 620 als
'602', 793 als '783' paginiert].

II. Kustoden:

Kustoden erscheinen auf allen gedruckten Seiten mit Ausnahme des Titelblatts und des Epigraphs. Oft dient nur ein Teil des Worts, das auf der nächsten Seite folgt, als Kustode. Solange bei solchen Kustoden die Interpunktion für die Silbentrennung angegeben ist, d.h. die Silbentrennung mit "=" vermerkt ist, werden solche Fälle hier nicht aufgenommen.

1. (Riegel, 1696): 20 nen] nen/ 21 Hand] Hand/ 24 Sohn] Sohn/ 108 dungs=]dungs 119 hätte ] hätte. 124 ste] ste/ 138 süch=] sichtigen 174 lichen] lichen/ 193 sen] sen/ 233 ubi] Ubi 306 wür=]dig 371 ein ] einäugig 397 Seth] Seth/ 409 hen/]hen. 422 met] met/ 426 vor] vorsetzen 473 den] den/ 496 [495] men] men/ 502 ach] achten 557 halff/]half/ 586 sonst] sonst. 608 Das] Der 615 Dar=] darvon 638 Von] Vom 641 hatten/] hatten. 646 Ord] Ordnung 646 [656] schön/] schön 673 [683] Tisch] Tisch/ 718 [728] het] het. 726 [736] bater ] bater/ 735 [745] drum] drum/ 803 [813] ten] ten/ [821] Aertzte] Aertzte/ [823] Brüste] Brüste/ [824] Danck] Danck/

2. (Lipper, 1696): Wie in der 1. Riegel-Ausgabe

3. (Riegel, 1697): 10 beken=] kennen 102 Zwey] Zwei 108 dungs=]dungs 119 hätte ] hätte. 124 ste] ste/ 173 Rath/] Rath 188 dere] dere/ 224 Gra] gra 234 tige=]tige 254 der=] der 293 weun] wenn 306 wür=] dig 328 wuste] wuste/ 397 Seth] Seth/ 409 hen/] hen. 411 uu] un 422 met] met/ 426 vor] vorsetzen 456 chen=] chen 495 men] men/ 586 sonst] sonst. 641 hatten/ ] hatten. 640 [650] Hertzog] Herzog 646 [656] schön/] 718 [728] het] het. 735 [745] drum] drum/ 765 [775] edi] die 790 [800] Wollte] Wolte 803 [813] ten] ten/ [824] Danck] Danck/ [825] Fa=] F. Fabel [840] Waf=] W. Waffen/

III. Inhalt:

1. (Riegel, 1696): )(2ª Titelblatt )(2ᵇ Epigraph )(3ª -)(7ª Vorrede [Geneigter und ungeneigter Leser] )(7ᵇ [leer] 1-102 Erstes Buch 103-327 Zweytes Buch 328-608 Drittes Buch 609-810 [820] Vierdtes Buch [821]-[842] Blatt=Weiser [843]-[848] [leer].

2. (Lipper, 1696): Wie in der 1. Riegel-Ausgabe.

3. (Riegel, 1697): )(2ª Titelblatt )(2ᵇ Epigraph)(3ª -)(7ª Vorrede [Geneigter und ungeneigter Leser] )(7ᵇ [leer] 1-102 Erstes Buch 103-327 Zweites Buch 328-608 Drittes Buch 609-810 [820] Vierdtes Buch [821] - [842] Blatt=Weiser [843] - [848] [leer].

IV. Kupferstiche:

1. (Riegel, 1696): Titelkupfer (Doppelblatt) + 16 Kupferstiche (S. 9, 21, 40, 62, 96, 102, 200, 202, 212, 217, 329, 358, 370, 450, 613, 775 numeriert und der betreffenden Seite gegenüber eingebunden)

2. (Lipper, 1696): Titelkupfer + Kupferstiche (Wolfskehl verzeichnet das Titelkupfer + 15 Kupfer; dem Wolfenbütteler Exemplar fehlen das Titelkupfer und die Kupfer, die 21 und 40 numeriert sind; Nr. 62, 96, 102, 200, 202, 212, 358, 370, und 450 sind der entsprechenden Seite gegenüber eingebunden; Nr. 9 ist S. 8 gegenüber eingebunden; 217, 216; 329, 328; 613, 614; 775, 774)

3. (Riegel, 1697): Titelkupfer (Doppelblatt) + 16 Kupferstiche (9, 21, 40, 62, 96, 102, 200, 202, 217, 212, 329, 358, 370, 450, 613, 775 numeriert und der betreffenden Seite gegenüber eingebunden; 212 ist S. 221 gegenüber eingebunden)

*Worterklärungen*

Die Herausgeberin ist sich wohl bewußt, daß man bei heutigen Lesern weder Latein- noch Fremdsprachenkenntnisse voraussetzen kann. Trotzdem mußte auf eine Übersetzung der vielen lateinischen Zitate und auch vieler Fremdwörter verzichtet werden. Dieser 820seitige Text ist sprachlich äußerst komplex aufgrund der Fremdwörter, des Dialekts und der Fachausdrücke aus allen möglichen Bereichen. Wenn alle solche Wörter berücksichtigt worden wären, wäre das Glossar riesig geworden und hätte somit den Rest der Einleitung beschränkt, daher mußte eine Auswahl getroffen werden. Aufgenommen sind die Wörter und Ausdrücke, die besonders wichtig zum Verständnis des Texts sind oder deren Seltenheit eine Erklärung besonders nötig macht. Bei Winckler liest man manchmal i oder ie für ü, häufig ü für i oder ie, gelegentlich e für o und umgekehrt, ü für ö und umgekehrt, u für o und umgekehrt, eu für ei und t für d und umgekehrt (Briele 78ff.).

)(3ª sich befahren: sich befürchten
)(4ª Krippenreuter (Krippenreiter): Spottname für einen armen Edelmann, der nichts weiter als ein Pferd hat, mit dem er gleichsam von Krippe zu Krippe reitet, d.h. ein Edelmann, der bei wohlhabenderen Edelleuten nach der Reihe Gastereien hält
)(4ª Candor illaesus, Cantor ille sus: Aufrichtigkeit unangefochten, der Cantor, jenes Schwein
)(4ᵇ Schrober (Schrubber): Geizhals
)(5ᵇ vorrücken: vorwerfen
)(6ᵇ Schöppen-Stul (Schöffenstuhl): Sitz eines Schöffen im Gericht, die Gerichtsbehörde, Stuhl des einzelnen Schöffen. Ein Schöffe ist ein Urteilfinder, Beisitzer eines Gerichts aus dem Volk. Die Bezeichnung findet sich seit den Tagen Karls des Großen, der das Schöffenamt geschaffen hat.
)(7ª hinter der Parnasischen Küche: hinter der poetischen Küche, d.h. man schafft selber nichts und beschäftigt sich nur mit dem, was andere gedichtet haben

5 Tertien (Terz): in der Fechtkunst die dritte Stoß- und Hiebart
5 Quarten: die vierte Bewegung der Faust und der dabei geführte Stoß oder Hieb in der Fechtkunst
5 Quinten: die fünfte Stoßart in der Fechtkunst
8 Sasa: Interjektion
9 rabatzen: sich abmühen, ref. lärmend und jagend, überhaupt in großer, wilder Bewegung sich belustigen, necken, sich herumbalgen, heftiges Geräusch machen, durcheinandermengen, mühsam trotten
10 Kobel: Stute
14 Tractament (Traktement): Bewirtung, Fest, Gasterei, Schmaus
15 Kretschmer-Häuser: Dorfschenke
15 Matzrauffer: Matz als Koseform von Matthäus, der irgend einen bezeichnet; jemand, der rauft
15 Kovent-Schläuche (Kofenschlauch): kräftiges Schlagwort für Magen (Grimm zitiert Winckler.)
16 Pfeffer-Säcke: verächtliche Bezeichnung eines reichen Kaufmannes, eines Krämers
16 Gosche zäumen: Maul halten
16 Kretschmer-Knecht: Schenk
16 geschmierter Wein: verfälschter Wein
18 unter dem Verlaß: Verabredung, Übereinkunft, mit dem Versprechen
19 auf Mecurialischen Grunde: auf einem Grund wie Quecksilber, also nicht fest
22 Kollet: Koller, lederner Brustharnisch, Wams
22 Kriegs-Gurgel: ein verächtliches Kraftwort für die Kriegsknechte
27 Postillen-Reuter: Postillant, Verfasser einer Postille
27 ausschwäntzend: stolzierend
29 Posamentierer: Bordürenmacher
29 dutzendlöthig: sehr schwer
33 Massager: Bote
37 Gold-Wurm: Bezeichnung für einen habgierigen Menschen
38 Kretschmer-Wittib: die Witwe eines Schenkwirts

39 Kretschem-Hause: Siehe 15 oben
39 Trappalier-Karten (Trappelier-Karten): Karten für ein tarockähnliches Spiel, das im 17. Jahrhundert eine beliebte gesellschaftliche Unterhaltung war
40 Dietrich: Nachschlüssel, Diebsschlüssel, Drahthake zum Öffnen von Schlössern
40 von dem Straßburgischen Strobeln: vielleicht mit Strophe verwandt, Bezeichnung für eine Liederart, etwa eine Ballade?
41 Korn-Hammer: Dreschflegel, als Schimpfwort wie auch Flegel für den Bauern als Drescher
42 Kipper: Münzfälscher, Münzbeschneider; von kippen „abschneiden", die Verringerung von Metallgeldstükken durch Beschneiden, Abfeilen, Umschmolzen und Umprägen, usw.
42 Wipper: in der Wendung Kipper und Wipper als eine verstärkende Doppelung; Münzbeschneider, von wippen „schnellen", „wägen"
43 Brau oder Kretschmer-Urbar: Urbar=Arbeit, Beschäftigung, Großhandel; also Brauerei, Weinschenke
44 Molcken-Supper: einer, der Molckensuppe ißt, d.i. eines Mannes unwürdig
44 Krippen-Reutherey: das Treiben der Krippenreiter (Grimm zitiert Winckler.)
44 Karne: Karre
44 Gartte: Hof
45 Rantzen: in grober Rede der Bauch
45 daß man die blauen Posamenten auf dem blossen Rücken sehen soll: Posament=Borte oder Besatz an Kleidern, Möbeln, usw.; daß er blaue Flecken auf dem Rücken hat
47 Minder-Sächsische Frist, 48 gedoppelte Sächsische Frist (sächsische Frist): eine vierzehntägige Frist oder eine Zeit von dreimal vierzehn Tagen; „Minder" deutet wohl auf die kürzere Periode
48 Malter Haber (Hafer): altes Getreidemaß (100-700 Liter)
48 Klag-Libell: die schriftliche Klage, Klagschrift

48 Stutzen: kurzes, gezogenes Jagdgewehr
52 Lacken-Haus: Leinenhandel, Tuchhandel
52 Monden-Dörffer: rückständige Dörfer; einsame, weit entfernte Dörfer
52 O mas aquas, o menos puntos: entweder mehr Wasser oder weniger Brücken
52 Frey-Werber: Brautwerber im Auftrag eines anderen
53 taffen: taften
56 Treber-Juncker: gemeint ist jemand, der einen Adelsbrief mit den Profiten einer Dorfschenke, bzw. einer Brauerei, gekauft hat
58 Nifftelgerade (Niftelgerade): im älteren deutschen Recht Bezeichnung für Eigengebrauchssachen der Frau, insbesondere Kleidung und Schmuck. Sie fielen beim Tode des Mannes als Witwengerade an die Witwe, beim Tode der Ehefrau als Niftelgerade an deren nächste weibliche Verwandte.
58 Klaustern (pl. schles.): alte Kleider, Lumpen, Fetzen, ärmliche Frauenröcke
60 dergleichen Füchse mehr gestreiffet hätte: solche List angewendet hätte
62 Kipperey: geringhältige schlimme Geldsorten an statt guter geben, Münzen fälschen
64 Strappacorda (Strapekorde): Strafe des Wippens mit dem Galgen, Torturstrafe, Schnell- oder Wippgalgen (ital. strappata di corda)
68 Weißbrodt-Kinder: Franzosen?, reiche Menschen?
72 Wippen: Münze fälschen
76 Prunck-Tocken: Modepuppen
78 Loter-Buben (Lotterbube): locker, leichtsinniger Mensch, Schelm, Taugenichts, zerlumpter Kerl
80 Buyse: Büse (Boot zum Heringsfang)
84 Spagliren: Spalier
93 Salvaguarde (salvaguardia): Heimatdienst, Schutz der Zivilbevölkerung oder gewisser Orte, die fern vom Krieg gehalten werden sollen
93 beflötiget: als Amme säugen, pflegen, verwöhnen? (Flöte [nach Mitzka] = armseliger Frauenrock)

93 Metze: altes Hohlmaß von 5 Litern, altes Trockenmaß, altes Holzspannmaß mit Bandeisenreifen
94 ausgeschmauchet (ausschmauchen): einen Fuchs durch dicken Rauch aus seinem Versteck treiben, ausrauchen
94 trillete: mishandelte, quälte
95 Bernhäuter (Bärenhäuter): dummer Mensch, ein vieldeutiges oft zur Schelte, aber auch gutmütig verwandtes Wort
96 Zincken (Zinken): Nase, krumme Nase, große Nase, spitze Nase
96 Sack-grob: sehr grob
97 Grind: Wundschorf, Hautausschlag mit Krusten- und Borkenbildung, Geschwür, auch verächtlich für Kopf
98 Weibertheidungen: Teydinge=Lärm, lärmender Zustand; so beschreibt der Erzähler die Plauderei der Damen
100 Voltisiren (Voltigieren): Fachwort der Reit- und Fechtkunst, drehen; mit dem Pferd, beim Fechten Volten schlagen
104 Licentiat: Inhaber des auf das Bakkalaureat folgenden Grads
106 Maul-Affen: Narr, Bild für einen gähnenden oder gaffenden Menschen
106 Mist-Hammel: für einen unflätigen oder unsauberen Menschen
106 Schlackenläufer: Taugenichts
120 Schul-Füchserey: Scholastizismus, schulmäßiges, pedantisches Wesen, wertlose gelehrte Kleinigkeit
127 aufgestengelt: aufgedonnert
127 alsdenn kreucht der Affe aus der Muffe: es kommt endlich ans Licht?
127 aufgeblasene Hinterballen / die von Glas sind: dickes Gesäß aus Glas, das also sehr zerbrechlich ist
129 Schul-Fuchs: Spottwort, Gelehrter, Pedant
132 Grillen-Fänger: Schwärmer, Tollkopf
141 Janitschar: türkischer Soldat
143 Laugen: das über Asche gestandene Wasser für das Bad oder die Wäsche

144 abzwagen: abwaschen
149 ausgefilzet: hart ausgescholten
158 Drey-zanck (Dreizack): eine Gabel mit drei Zinken, Symbol des Meergottes Neptun
194 sich ... nicht dauren lassen: nicht zögern
212 Wasen: Rasenstück
213 den Fuchsbalg anziehen: sich verstellen, listig sein
219 Statist: Staatsmann, Politiker, Weltman, Hofdiener
229 Pöfel: Pöbel
230 nachzuanten: nachzumachen, nachzufolgen, ähnlich zu handeln
230 Vorruck: Vorwurf
230 Hirnbruten (Hirnbrüten): Wahnsinn, stiller Wahnsinn
231 Ort, wo man auf die Wand den blossen Rücken kehret: Klosett, Abort
231 sich damit aufzustengeln suchen: versuchen, sich wichtig zu machen, sich aufzuputzen, sich aufzublähen
231 Bemüssungen: (von bemissen „jemanden zu etwas zwingen"), Anliegen, Angelegenheiten, Verpflichtungen?
231 Niese-Wurtzel (Nieswurz): bei den Alten ein vorzügliches Heilmittel besonders gegen Wahnsinn und fallende Sucht, die weiße als Brechmittel, die schwarze als Abführmittel angewendet, als Mittel gegen Wassersucht
231 Hecatombe: ein feierliches Opfer von hundert Ochsen oder anderen Tieren
233 Mamelucke (Mameluck): Abtrünniger; Sklave, Leibwache bei dem ägyptischen Sultan
236 seine Hoch Adeliche Ahnen mit Pfeffer-Staube zu besudeln: Pfefferstaub deutet auf Pfeffersack hin, d.i. sein adliges Blut durch die Einheirat in eine kaufmännische Familie zu verunreinigen
237 heckel: heikel, wählerisch, schwer zu befriedigen
238 Grillenfängerey: Schwärmerei
238 Hilpers-Griffen (Hilpertsgriff, Hilpersgriff): Hildebrandsgriff; schlaue, ränkevolle Handlungen, tückischer Griff

239 Hudler: Mensch von lumpigem Äußern, verlumpter, herabgekommener Kerl, ein Landsknecht, der bei dem Schießen nach dem Ziel immer schlecht und neben vorbei geschossen hat; der da quält und peinigt; unleidlicher Mensch, der andere hudelt, achtlos behandelt, quält
244 Obereltester (Oberältester): Sprecher im Gesellenverband
245 Bettel: Kram, Plunder, Kleinigkeit
246 belauffen: behandeln
249 antimonisieren: widersprechen
249 abstreigeln: ausschelten
257 in glückseliger Daurung bestehen: in glückseliger Dauer bestehen, d.h. lange und glücklich bestehen bleiben
261 Fron-Bote: zu Gebote stehender öffentlicher Diener, Unterbeamter
262 Zungendrescher: ein tobender, schreiender Sachwalt
262 durchhecheln: völlig in allen Teilen durch die Hechel ziehen, mit Schärfe, Spott, Bitterkeit in unwürdigen Ausdrücken beurteilen und bis ins einzelne tadeln
262 die Hand mit im Sode haben wollen: (der Sod=Brühe, Suppe) die Hand im Spiel haben wollen
263 Stümpler (Stümpeler): unerfahrener Pfuscher, Stümper
268 Orlog-Schiff: Kriegsschiff
269 Kalmäuser: als eine Art Schmarotzer, der heimlich und unehrenhaft von andern zehrt, Bücherwürmer, Gelehrte, Stubenhocker, Professoren, Philister, Kopfhänger
272 Laßdünckel: Einbildung, Anmassung, Arroganz
272 Venus-Ritter: Frauenheld
275 deß Lövensteinischen Recessus (Rezeß): Lövenstein= Loevestein, (niederländ.) Partei, die gegen die Orangisten war, die sogenannte Partei der wahren Freiheit; gemeint ist entweder das *Edictum perpetuum* von 1667, das den Prinzen von der Statthalterschaft in Holland ausschloß, oder die sogenannte Harmonie von 1670, bei der das Amt eines Provinzialstatthal-

ters für unvereinbar mit der Würde eines Generalkapitäns der Union erklärt wurde: Jan de Witt hatte beides durchgeführt, in der Hoffnung, daß er dadurch die niederländische Republik vor der Herrschaft von Wilhelm III von Oranien schützen könnte.

279 Stüber: Scheidemünze
279 Brant-Röther: Brandstifter
280 Capozaum (Kappezaum): Kopfhalter, Zaumzeug mit Nasenband aus Leder bei Ochsen und Kühen
280 aushecheln: durchhecheln, bespötteln, bekritteln
299 Untersasse: eine von den verschiedenen Formen rechtlicher oder obrigkeitlicher Abhängigkeit
299 vierahnicht: vier adlige Großeltern besitzend
300 taxa: Abgabe, Steuer
301 la verge anoblit: der Stab veredelt
303 indigenat: Heimatrecht, Staatsbürgerschaftsrecht
303 Zischmacher: Stiefelmacher
303 Zischma (ungar. csizma): Stiefel
304 Valvasores: Vasall, der von einem anderen Vasall abhängig ist
305 Ehrenveste (Ehrenfest): mannhaft, alte Anrede edler Männer
306 eine Krone von den allerfeinesten Nürnbergischen Schellen: Narrenkappe?
309 Bassa: Pascha, hoher türkischer Offizier oder Beamter
321 beraset: bekleidet
315 Steuber: Jagdhund
326 corrent: aktuell, neu
326 Laggio (ital. Dialektform für Aggio): Zins
330 trassirete (tirassieren): schießen
335 Ballichen (Bällchen): Testes
340 Clystier: Klistier
340 Bähen: wärmen und trocknen, dürren
340 alcalisch (alkalisch): laugenhaft, basisch
351 Beunmüssigung: freies Leben, frei herumlaufen können, Leben ohne Zwang?
353 Capo-Zaum der Forcht: Zügel der Furcht (Siehe 280 oben.)

373 Kugel-Büchse: Blunderbüchse, Donnerbüchse; altes, wenig brauchbares Gewehr
373 laßt mich ungehudelt: verspottet mich nicht, verhöhnt mich nicht, laßt mich in Ruhe
416 Beniemung: Benennung, Bezeichnung
452 Vorspockungen: Omen, Vorzeichen, eine Vorbedeutung
456 Vorspügnuß: Erscheinung, Vorzeichen
462 anten: ahnen
467 Podesta: Bürgermeister
467 Cavallo: Familienname, Pferd
467 Cornarin: eine Frau aus der Familie Cornaro, Wortspiel mit dem Wort Horn (corno); sie macht einen Hahnrei aus ihrem Mann
468 Caesar cave, ne Roma fiat republica: Caesar treffe Vorsichtsmaßnahmen, damit Rom nicht zu einer Republik wird.
470 ein Wittisches Tractament: ermordet, gelyncht werden; bezieht sich wohl auf die niederländischen Brüder Jan (1625-1672) und Cornelius de Witt (1623-1672); Cornelius war angeklagt, dem Prinzen Wilhelm III. von Oranien nach dem Leben getrachtet zu haben, und zur Verbannung verurteilt worden. Als Jan seinen Bruder am 20. August 1672 aus dem Gefängnis holen wollte, kam es zu einem Auflauf, bei dem beide ermordet wurden.
472 Nachlebung: Befolgung
473 hinter den Trencheen ligen: hinter Wall und Graben liegen
524 Käuler: Wildschwein (Hauzahn des Wildschweines)
528 Duplonen führen: spanische Münze, statt Kanonen Geld gebrauchen
540 aufgequeichelt: weichlich
558 ausfiltzen: ausschelten
558 abgeisseln: einem die Haut mit der Geisel abhauen
558 abkarbatschen: abprügeln
563 entbeut (entbieten): einem etwas melden, sagen lassen

569 Gehasianer: vermutlich von Gehasi, studentisch als wäre es italienisch im 17. Jahrhundert
575 Galleren: Galeere
594 Kalendermachen: Astrologie; im 17. Jahrhundert enthielten Kalender sowohl astrologisches als auch climatologisches und medizinisches Wissen und wurden oft als Erbstücke geschätzt.
595 Miedling (Mietling): Tagelöhner
615 Trappen (der Trapp): Pute
625 rülzen: rülpsen
626 Scarteken (die Skarteke): ein unbrauchbares Buch, spöttisch von einem Buch.
639 dahingegen hatten die Herren selbsten kein Bedencken / ihre Hände in den kostbaren Weinbergen und Baum-Wercken zu beunmüssigen: beschäftigen, sich die Hände schmutzig machen mit
642 Spaglieren (Spalier): Rebgelände
643 [653] Werck-schuen: altes Längenmaß der Werkleute
671 [681] Allmern (die Almer): Schrank Kleiderschrank, Wandschrank, Truhe zum Aufbewahren der Kleider
671 [681] Pusikanen (ungar. Puska, schles. Puschke): Gewehr
678 [688] Kasel: armloser Umhang, der zum Meßgewand gehört
687 [697] Coischen (Koisch): von der Insel Kos, im Altertum und frühen Mittelalter Gewänder aus florartigen auf der Insel gewebten Stoffen, meist eintönig gefärbt
689 [699] Byssus: ein Leingewächs, aus dem ein besonders zarter und gelblicher Stoff hergestellt wird; nur die Antike soll dieses Gewächs gekannt haben
713 [723] Hasen-Panier: das Banner, das der Hase trägt; der Schwanz, der er beim Fliehen in die Höhe reckt; das Zeichen eines Feiglings
729 [739] Climacters: eine gefahrvolle Epoche im menschlichen Leben (nach dem Glauben der Alten die Jahre 7, 14, 21, 28 usw.)
746 [756] Stock-Fisch: getrockneter Dorsch; von Menschen, welche mit Vorsicht und Überlegung ihren Weg

durchs Leben nehmen, ohne doch ihr Gewissen durch Übeltaten zu beschweren; dummer, ungelenker Mensch, Narr

750 [760] vollbrätig: üppig, schwelgerisch, verwöhnt in Speise und Trank

750 [760] Plautzen (poln.): Eingeweide, bzw. die Lunge

750 [760] Zugemüsse (Zugemüse): Beilage

756 [766] Mespel (Mispel): die Frucht oder für die Schmarotzerpflanze Mistel

756 [766] eine welsche Nuß: Walnuß

785 [795] Falliment: Bankrott, Zahlungsunfähigkeit

788 [798] Elen-Fechter: Zusammensetzung von „Ellen" (Rute) und „Fechter"; vielleicht ein Hinweis auf Bürgerliche, die die ritterlichen Turniere mit Fechterspielen nachahmen; hier sind Soldaten gemeint, die nichts taugen

789 [799] Lätare-Ritter: (Lätare=freue dich) Genießer?, Stutzer?, Angeber?

791 [801] Rabenstein: alter Hinrichtungsplatz, vergl. Faust I „Was weben die dort um den Rabenstein?"

783 [803] Granuliren (Granulieren): schmelzbare Metalle in Körnerform bringen, granulieren im Sinne einer Fälscherpraktik, die den Münzwert verringert

783 [803] Körnen: Granulieren

783 [803] Seigen (Seigern): mit der Münzwage (dem Seiger) Münzen prüfen; bezeichnet aber besonders eine immer aufs Neue verbotene Manipulation im Geldverkehr, nicht das Anwenden einer falschen Münzwage, sondern das Aussondern vollwichtiger Stücke, die man dem Verkehr entzog und nur gegen Aufgeld weggab

794 [804] verkippen: stehlen, kippen

802 [812] Vindication (Vindikation): Anspruch auf Herausgabe von Eigentum gegenüber dem Besitzer

802 [812] particulier: privat

803 [813] Cessions- oder Alterminations-Abstands- und Terminus-Brief: freiwillige Abtretung eines Schuldners von seinem ganzen Vermögen an einen Gläubi-

ger, um so sowohl die Verletzung seiner Ehre als auch das Gefängnis zu vermeiden.
803 [813] particulier-Schulden: Schulden eines Privatmannes
804 [814] erbietig: ehrenhaft
804 [814] solvendo: solvent, zahlungsfähig

# Der Edelmann.

Nürnberg/
In Verlegung Christoph Riegels.
Anno 1697.

Edel / und Unedel Blut ist von einer Farbe / ist nun unsere Wiege nicht edel gewesen / so last uns dahin trachten / daß unser Grab Durchleuchtig werde ꝛc.

Niuno nominato, niuno ingiuriato.

# Geneigter
# Und
# Ungeneigter
# Leser.

Ch habe gegenwärtigen Edelmann zu meiner eigenen Belustigung aufgesetzt/ und weil mir niemand diese Müh belohnet/ mich auch nicht zu befahren/ daß sich jemand beschweren werde/ er habe sein Geld übel angewendet/ so wer-

werde ich auch ſelber wegen der darzu genommenen Zeit/ keine Rechenſchäfft geben dörffen/ weil ich insgemein die Hencker-mäſſigen Stunden/ in denen mich die Gicht auf der Folter gehalten/ in etwas damit gemildert/ und ſie derowegen zu nichts nutzbarerm anwähren können. Zu dieſem lebe ich itzo in einem ſolchem Stande/ daß man mich weder zu den Frantzöſiſchen Friedens-Handlungen nach Franckfurt/ noch zu dem Ungariſchen Kriegs-Rath beruffet/ und habe nichts minder als die Gedancken/ ein hohes Ehren-Amt zu erkauffen/ mein Hertze mit ſtinckender Hoffart/ den Beutel mit ungerechtem Golde/ und das Gewiſſen mit tauſend Höllen-riechenden Sünden zu beſchweren.

Dieſer Schmertzen-trächtige Zuſtand/ hat mir gleichfals nicht alle Einfälle gleiche werden laſſen/ und wo findet man auch einen Baum ohne Blätter/ ein Holtz ohne Wurm/und einen Fluß/in den kein trüber Bach mit einrinne? Zudem iſt mein eintziges Abſehen geweſen/ mir etliche verwichene

chene Eitelkeiten vorzuſtellen/ in denen ich theils ſelber geſchwärmet/ theils geſehen unterſchiedene groſſe Leute Schiff-Bruch leiden / und noch andere auf eben dieſem Meere / zwiſchen Klipp und Strande glei= che Gefahr lauffen / zu derer Anführung ich denn auch / weil ſie Menſchen ſind/ und insgemein groſſe Städte zu ihrem Schau-Platze haben/ Menſchen/ Städte/ und Dörffer/ wiewol mit ungewiſſen Namen/ aufführen müſſen. Derowegen denn derjenige / der Beliſſa in einer gewiſſen Landſchafft / die Herren von **Voglen-bach** / und **Oberwitz** / in einer gewiſſen Stadt/ den Wirth / bey dem guldnen Igel auf einer gewiſſen Gaſſen / und die Krip-pen-Reuter nur auf einer Land-Ecke auf-ſuchen wolte / die Thorheit jenes welſchen Cantors wieder auflegen würde/ der ei-nes Tugend-liebenden Wahl-Spruch über einen Diamant / Candor illæſus, mit dieſer Auslegung / Cantor ille ſus, auf ſich zog/ und ihn deswegen vor Gerichte beklagte.

)( 4    Zwar

Zwar muß ich gestehen/daß mich von Anfang das adeliche par Gebrüdere von Wippenbach / etlicher massen in Furcht gesetzt / biß ich mich besonnen/ wie ausser dem/ daß solches Gesindel in den Rechten Ehrloß/und einen ehrlichem Mann zu belangen/ untüchtig/ der von Oberwitz schon todt/ der von **Voglenbach** entlauffen/ der Herr **von Knausenburg** aber / ein solcher Schrober sey/ der nicht dem Teuffel ein Messer kauffte/ wolte er ihn auch gleich selbst damit schinden/wie solte er denn ein par Dutzend Ducaten darauf wenden/ dem Richter damit den rechten Bericht beyzubringen.

Solte aber die alte Frau von der **krummen Breche**/ oder weil sie auch schon vor längst nach der andern Welt abgesegelt ist / ihr Geist mich über ihren Schand-Flecken rechtfertigen/ so wolte ich auch ihn damit bescheiden / daß weil die Welt itzund so kützliche Ohren und Augen hat/ denen man nicht besser die Warheit/

als

als mit närrisch = juckenden Worten bey=
bringen kan/ ich derohalben die Kunst den
Quackſalbern abgelernet/die/damit ſie das
Volck vor ihren Kram zuſammen bringen/
Anfangs einen Affen oder Meer=Katze/
aufſtengeln/ alsdenn auch ſelbiges unter
ihren klug=vermeinten Reden zuſammen zu
halten/ einen Pickelhäring mit unterlauf=
fen laſſen/ und daß ich zu dem erſtern nie=
maud bequemers/ als ſie/mit ihren Jun=
gen Maul=Affen/ ſtatt des andern aber/
Juncker Hans Märten auffinden können.

Am allermeiſten aber proteſtire ich/
daß ich keinen ehrlichen Mann/ an ſeinen
Ehren/ wolerworbenen Adel/ Würden/
Amte/Wappen/und dergleichen/ angegrif=
fen/ weniger denen Potentaten eintzigen
Mangel an derer Ertheilung auszuſtellen/
geſonnen geweſen. Die ſchönen Worte
l. 2. C. de crim. ſacril. Diſputare velle
de principis poteſtate &c. ſind mir
genugſam/darbey aber auch dieſes bekandt/
das zum öfftern dergleichen Betrüger/
wenn ſie ſchon auf dem Sprunge ſtehen/

und

und allenthalben das Scham=Hütlein abziehen/ kein Bedencken haben/ mit erdichteten Verdiensten/die Majestäten selbst zu hintergehen/ und derohalben Ruthen und Kercker würdiger/ als dergleichen der Tugend ausgesetzten Gnaden/ denn auch selbiger Entdeckung secund. l. 1. C. de pet. bonor. sublat. keine Verbrechungen sind.

Wiewol wenn auch gleich diesem abgeholffen/ ich noch eintzige anderwärtige Ungelegenheit von meinen eigenen Ordens-Genossen vor mir sehe/ die mir vielleichte vorrücken werden/ daß ich mich nicht einer höhern Schreib=Art beflissen/ hin und wieder ein fremdes Wort mit unterlauffen/und die meisten Lateinischen Oerter unübersetzt gelassen/ die ich aber auch mit diesem abfertige/daß ich Früchte und keine Blühe/ als von denen man selten mehr träumet/ wenn man auf dem Schnee schläffet/ aufgetragen/ und mich der Wörter zur Ausdruckung meiner Meinung bedienet/keines weges aber ein Buch geschrieben/ abgefeilte Wörter/zur gelehrten Belachung zu pflan-
tzen\

tzen/und dieses um so vielmehr / weil ich in einem solchen Stande lebe / der mich von der Bottmässigkeit dieser Leute Urtheil/und die sich einbilden/ man werde ihnen ehestens zu Regenspurg einen Probier-Tag ansetzen / alle teutsche Wörter auf der Kapelle ihres Schwindel-süchtigen Gehirnes zu prüfen/ ob sie auch Hochteutsch/ Schrott- und Kornmässig genug sind / entfreyet; Ingleichen daß ich die Feder nach eines jedweden Maul geschnitten/ anderer Gestalt würde es keine geringe Schwachheit seyn / wenn ich denn gelehrten Engeländischen Lord mit eben dergleichen Zunge / wie den alten Juncker Hans Märten/oder die alte Frau von der krummen Breche/wie die Gräfin einführte. Jede Sprache hat ihre angeborne Lieblichkeit/ die sich mit der Ubersetzung verlieret/ und voraus der Tacitus etwas so besonders an sich/ daß wenn man ihn auch in seiner eigenen/ nur ein oder ander Wort verwechselt/ seine Meinung nicht so kurtz und rund herausser kommet. Zu dem ist es ja keine so ungemeine / oder unanständige Sache / daß man ein von
Teut-

Teutschem Stoffe gemachtes Kleid/ mit einem ausländischen hochfarbigem Bande ausmacht/und unstreitbar/ daß wenn wir alle Worte von unsrer Helden=Sprache ausmustern wolten/ die von den Fremden ihren Urquell haben/ uns in Warheit sehr wenig übrig bleiben/ sondern nothwendig etliche hundert/ derer Ursprung aus dem Hebräischen/Griechischen und Lateinischen herzuleiten ist/ auszustreichen seyn müsten. Sagen sie nun hingegen/ daß selbige das Teutsche Bürger=Recht gewonnen/so wird es auch nöthig seyn/ daß sie eine Rolle so naturalisirter Bürger heraus geben/ und den Schöppen=Stul anweisen/ wo man sich deßwegen anzumelden hat. Ingleichen wie Schrott und Korn-mässig solche Wörter seyn müssen/ damit sie nicht mit den verhaßten Latein von ihnen mit Ruthen ausgestrichen werden. Wiewol es besser wäre/ daß diese Teutsche Zunfft Meister den einfältigen Eyfer mässigten/ und selber etwas rechtschaffenes hervor brächten/ damit sie dermaleinst in die Zahl der Rechtgelehrten aufzunehmen
seyn

seyn mögten/ und sich nicht des Trajani Boccalini Meinung nach/hinter der Parnasischen Küche / mit dem aus selbiger dampffenden Feisten Geruche/abspeisen dörffen ꝛc.

Der

# Der Edelmann.

## Erstes Buch.

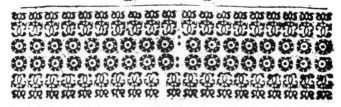Lorissohn / eines vermögenden Kauffmanns von Amsterdam Sohn / hatte seine erste Jugend auf den hohen Schulen seines Vaterlandes rühmlich angeleget / und hernach die benachbarte Königreiche / Engeland / Franckreich / Spanien / wie nicht weniger den Lust-Garten Europens / Welschland / nutzbarlich besichtiget. Der Geist des Menschen wird vermittelst des Reisens / ohne allen Zweifel / in viel bessere Vollkommenheit gesetzet / wenn er die Vernunfft zur Gefährtin hat; fehlet ihm aber diese / so ist er gleich dem Prediger von Ninive / der innerhalb viertzig Tagen einen grossen Weg in dem Wasser herum gelauffen / und doch endlich nichts mehr davon gewust / als daß er in dem Leibe eines grossen wilden Wasser-Viehes gewesen.

Die da vermeinen/sie haben ihrer Schuldigkeit auf solchen Reisen ein volles Genügen gegeben/wenn sie in Spanien den Auffzug des Hofes / und das kostbare *Escurial*, in Franckreich das prächtige *Louvre*, und in Welschland St. Petern mit den andern Lust-Gebäuen und Gärten, gesehen / oder auch wenns hoch kommt/ gelernet haben/ zierlich im Sattel zu sitzen / einen guten Degen zu führen/ wol zu tantzen/ und sich mit allen diesen Völckerschafften in ihrer Sprache zu unterhalten/verstehen in Warheit nicht/ daß daferne diese an sich selbsten löbliche und nützliche adeliche Ubungen ihnen schon genugsame Geschick-ligkeit beygeleget haben solten / den Estat ihres Vaterlandes zu unterstützen/ daß Bereiter / Fecht- Tantz- und Sprach-Meister ihnen hierinnen weit vorzuziehen/ und zu dergleichen hohen Ehren-Aemtern auffzusuchen seyn könten.

Weit bedächtiger legte unser tapfferer Holländer seine Zeit auf solchen Reisen dergestalt an/ daß er zwar an solchen Ritterlichen Ubungen nichts vergaß/vor- und neben selbigen aber ein kluges Buch/ und den Umgang mit den berühmtesten Leuten jedweden Orts/ seine angelegenste Sorge seyn ließ/ wodurch er auch seinen Verstand/ nach sechs-jähriger Abwesen-heit/ zu dergleichen Volkommenheit gesetzt/ daß er dafür hielt/ es würde nunmehro Zeit seyn/ sich wieder nach dem geliebten Vaterlande zu wenden/ und selbi-gem die edle Früchte des so öffters gelehrten Schweis-ses auffzuopffern/ als ihme ungefehr die traurige Zei-tung zugeschrieben ward/ wie der Herrschafft-süchtige König Ludwig sein geliebtes Vaterland/ ehe sichs jemand

mand vermutet/feindlich angefallen/ und unterschiedene von deſſen berühmten Veſtungen / von denen man geglaubet/ daß auch die geringſte kräfftig genug ſeyn würde / aller ausländiſchen Gewalt auf etliche Monat Trutz zu bieten/ in einem Tage weggenommen/ hierauf biß in das Hertze deß Eſtats gedrungen / und damit alles in ſolche Verwirrung geſetzt hätte / daß man noch nicht wiſſen könte/ ob ſich Amſterdam ſelbſten vor den ſo andringenden Fluten befreyen/ oder mit ſelben die gantze Holländiſche Freyheit zu Trümmern gehen würde.

Was für Beſtürtzungen ſo unglückſelige Briefe bey dieſem aufrichtigen Gemüte erreget/ iſt leichte zu erachten/ zumahlen wenn er betrachtete/ wie ſein Vater einer von den anſehnlichſten Handelsleuten des Landes wäre/ und ſolcher Geſtalt deſſen gantze Wolfart auf der Spitze des Verluſtes ſtünde; doch betrübte ihn ſolches nicht ſo hart/ als daß er bey allen dieſen Unfällen noch darzu vernehmen muſte/ wie der unverſtändige Pövel den Urſprung dieſer Unglücks-Fälle ſeinen zweyen Oheimen / nemlich den tapfferen Gebrüdern von Witten/ unvernünfftig beygemeſſen/ und ſie als Urheber ſolcher Unglücks-Fluten / ſo unmenſchlich/ als undanckbarer Weiſe ermordet hätte/ da ſie doch bedencken ſollen/ wie viel bey dergleichen Unglücke an verſtändigen Leuten gelegen/ daß ſelbe die Schluß-Steine an dem Eſtats-Gewölbe ſind/ welches/ wenn ſelbige heraus genommen/ nothwendig übern Hauffen fällt/ und daß/ wenn GOtt ſtraffen will/ Er insgemein zu erſt den Steuermann

mann über Boort reisset/woraus denn unfehlbar das Schiff zu scheitern gehen muß.

Diesem nach entschloß sich unser Florissohn/ diesem trüben Gewitter noch auf eine Zeit den Rücken zu kehren/ und indessen Teutschland/ nebenst den zwayen Nordischen Kronen/ wie ingleichen Pohlen zu besichtigen/ womit er auch biß zwey Jahr zubrachte/ und hernach über Belissa nach Wien zu reisen gedachte. Es war ohngefehr um das Mittel des Monats Augusti/ da er biß auf ein par Meilen vor dieser berühmten Stadt ankam/ als ihm von ungefehr in einem lettigten Dorffe der Schloß-Nagel an der zu Krackau aufgenommenen Kallesche entzwey gieng/ und er darüber genöthiget ward/ selben bey der darinnen befindlichen Schmiede wiederum ergäntzen zu lassen/ als er mittler Zeit sechs Personen zu dem Dorffe einreiten/ und in dem Wirthshause abtreten sahe/ derowegen er bewogen ward/ ihnen dahin nachzufolgen/ wo er denn die Diener mit den Pferden im Hofe/ die Herren aber selbsten in der Stuben unter diesem ernsthafften Gespräche antraff.

Ich bleibe noch darbey/ mein Herr/ (sagte der eine/ der ein Mann von gestandnen Jahren/ und dem Ansehen nach verständiger Cavallier/ wie auch so viel man hernach vermerckte/ Rittmeister unter denen damals im Lande stehenden Regimentern/ und dieweil sie unser Holländer in Französischer Sprache begrüsset/ nebenst den andern der Gedancken war/ daß er der Teutschen unkündig wäre) daß man zu dergleichen gefährlichen Tantze nicht Ursache vom
Zaune

Zaune brechen / sondern sowol den Zorn / als Pferde zäumen lernen solle / zumahlen keine Schulden leichter als die Verachtung zu bezahlen sind / und wenn man mit Ehren ausweichen kan / nicht alle Lumpen-Händel alsobald auf den Ausschlag der Klingen ankommen lassen soll; Mein Herr / fuhr er fort / ist noch jung / und wie ich vermeine / niemals darben gewesen / sondern verläst sich bloß allein auf die Klingen / die er bißhero auf dem Fecht-Boden verstehen lernen / der Meinung / daß weil sein Gegentheil keinen / oder doch schlechten Verstand darvon habe / es unschwer fallen werde / mit ihm nach Belieben umzuspringen / und solcher Gestalt entweder ihm das kalte Eisen in den Leib zu drücken oder ihn dahin zu zwingen / daß er das Leben von ihm bitten / und seine Worte widerruffen müsse. Womit es aber in Warheit noch nicht ausgemacht ist: Wer weiß was der ander kan / und ob er nicht als eine im Lande beruffene Hader-Katze unter so öffter Händeln gelernet / alle abgemessene *Tertien, Quarten* und *Quinten*, mit seinen unregelmässigen Stössen zu verstummen. Dieses rede ich aus eigener Erfahrung / und versichere meinen Herrn / daß ob ich gleich in meiner Jugend nicht wenige Zeit auf dergleichen Ritterliche Ubungen gelegt / und mich mit manchen rechtschaffenen Kerl herum geschmissen / dennoch niemals in grösserer Gefahr gestanden / als wenn ich dergleichen Leute vor mir gehabt. Wir schlagen uns nicht allemal / und voraus wenn die Beleidigung nicht darnach / sondern so beschaffen ist / daß man nur weisen muß / wie nahe uns die Ehre an der Seele liget / und also nur den

Ruhm

Ruhm eines rechtschaffenen Cavalliers zu erhalten/ dem Gegentheil unfehlbar den Hals zubrechen / und können / wenn ihrer zwen die beyde den Degen wol verstehen/gegeneinander stehen/gar wol mit Ruhm und ohne Gefahr aus dem Spiele kommen / das sich aber bey einem Unverständigen und dem die Thumkühnheit an statt aller Kunst-Stösse ist / nicht wol thun läst; dieser gehet blind hinein/und zernichtet mit seinen unregelmässigen Stössen Gegentheils Abmässungen dergestalt/daß nachdem dieser die Gefahr auf dem Halse siehet / auch wider seinen Willen / das äusserste thun/und mit einem Worte/will er nicht selber übern Hauffen gestossen werden/dem andern den Halß brechen muß. Solten nun/ wie es leichte geschehen kan/ auch diese Händel dergleichen Ausgang haben / so lasse ich meinem Herren selbst bedencken/ was er seinen werthesten Eltern damit für Hertzenleid verursachen / und ob sie nicht tausend anderer Schmertzen zu geschweigen / alles Unglück demjenigen auf den Halß wünschen würden/der ihren Sohn/ da er gekont/nicht von solcher Gefahr abgehalten hat/ darum rathe ich nochmals/ man lasse einmal sechs Monat für ein halb Jahr hingehen/ und bedencke/ daß man nicht allemal über demjenigen / was zwischen ein par Gläsern Wein oder Bier geredet wird/einen Krieg anfangen müsse/ sondern derjenige viel weißlicher thue/der Oel auf Essig/Honig auf Galle/Wasser auf starcken Wein/und auf scharffe Worte eine gelinde Antwort geust/ mit einem Worte / nochmals versuche / ob noch friedlich aus diesen Händeln zu gelangen/ und meines Herren Ehre ohne Gefahr

zu

zu erhalten ſey. Darzu iſt/ mein Herr/ verſetzte jener/ für dieſes mal kein ander Mittel/ der Kerls hat mich/ und mein gantzes Hoch-Adeliches Haus auf das höchſte mit dieſen ehrenrührigen Worten angegriffen/ daß er den von Kayſerlicher Majeſtät meinem Herrn Vatter/ und deſſen gantzem Geſchlechte ſo allergnädigſt verliehenen Adel/ nicht nur in Zweiffel gezogen/ ſondern ſich auch ausdrücklich verlauten laſſen/ daß/ wenn ich mich einen von Voglenbach rühmete/ er mir ſolche Einbildung mit einem par Dutzend Ohrfeigen von der Naſen abwiſchen wollte. Was ſoll ich nun hierbey thun? Soll ich dieſen Schimpff auf mir und meinem Geſchlechte erſitzen laſſen/ ſo würde ich gewiß ein ſchlechter Cavallier und ſo hoher Kayſerl. Gnaden unwürdig ſeyn. Nein/ in Warheit/ die Ehre und das Leben gehen in gleichem Gewigte/ ſo daß derjenige deß letzten nicht werth iſt/ der nicht für das erſte alles auffetzet. Was würden andere rechtſchaffene Edelleute von mir halten/ voraus wenn ich mich/ wie es ehſtens darob ſtehet/ mit einem anſehnlichen Ritter-Sitze belehnet machen/ und mit ihnen recht Adelich einlaſſen werde? hätte ich nicht zu gewarten/ daß wenn mich einmal dergleichen Krähe beſchmiſſen/ mir es hernach die Eulen nicht viel beſſer machen würden? derohalben iſt es hoch nöthig/ daß ich zu einem und dem andern mal zeige/ daß mir das Hertze am rechten Orte lige/ und ich kein ſolcher Kerle ſey/ der ſich ein &c. auf der Naſe kleben läſt. Zwar geſtehe ich/ daß was die Beſtürtzung meiner lieben Eltern betrifft/ daſern ſich einiges Unglück auf ein oder andern Seiten ereignen ſollte/ mich deſſen erwegung von Anfang etwas zurucke gehalten/ biß ich betrachtet/ daß es doch nicht anders seyn könne/ und die Meinigen diß zum Troste haben würden/ daß ihr Sohn recht adelich für die Ehre seines Hauses geblieben/ und also auf der Welt keinen rühmlichern Tod finden können. Stoße ich hergegen (wie ich denn verhoffe/ daß mir der Höchste die Gnade darzu verleihen werde) den Kerles nieder/ so habe ich hundert Ducaten/ ein par gute Pferde/ und getreuen Diener bey mir/ mit denen ich mich alsdenn zeitlich genug auf die Polnische Gräntze versichern/ und daselbsten so lange verbleiben kan/ biß mein Herr Vatter der Sachen mit ein kahler par tausend Ducaten abgeholffen hat. Ohne Zweiffel würde der zum Beystand erbetene Rittmeister so unbedächtige Jugend-Prahlerey weiter widerleget/ und diesen Herrn von Voglenbach von dem Balgen abgehalten haben/ wenn nicht der andere/ bißher am Fenster gesessene/ Stadt-Juncker ungefehr angefangen: Ist mir recht/ so kommet unser Gegentheil mit seinen Beyständen über Feld angezogen; Auf welche Worte der Herr von Voglenbach mit vollen Sprüngen an das Fenster kam/ und nachdem er sahe/ daß es also war/ alsobald anfieng: Sasa zu Pferde! woraufsie denn auch alle hren/ nachdem vorher oder Herr von Voglenbach dem Wirthe ein par Gülden-Stücke für den von den Dienern getrunckenen Brandwein auf den Tisch warff/ zu Pferde saßen/ und nach dem hinter dem Dorffe ausgesteckten Kanpff-Platze zuritten.

Meinethalben mögen sich diese Junckern so lange katzbalgen/ als sie wollen/ und täglich wieder kom-
men/

men/wenn sie mir nur allemal den Brandtwein so wol
bezahlen/ sagte der Wirth/ und wolte gleich hingehen
den Tantz mit anzusehen/ den aber Florissohn bat/
ihn gegen einem Trinckgeld mit dahin zunehmen/wo
er ohne der andern Beirrung solches auch mit ansehen
könte. Das kan leichte geschehen/ sagte jener/ kom=
met nur mit mir in den Garten/ denn weil sie sich ge=
meiniglich hinter dem Zaune rabatzen/so können wir
solches von dar aus so gut ansehen/ als wenn wir mit
hülffen zustechen. Hiermit giengen sie fort/ und funden
den von Voglenbach schon am Zaune angelehnet/
sich der Stiefeln entblößen zu lassen/ worauf er ein par
leichte Fecht-Schue anzog/ die Haare unter die Nacht=
Haube steckte/ einen von den mitgebrachten par
Schlag-Klingen erwählete/und sich in allem zu dem
für seine Adeliche Ehre unvermeidlichen Kampffe fer=
tig machte/ zu dem nunmehro auch Gegentheil/ ne=
benst zweyen andern Beyständen/ohne eintzigen Die=
ner ankam; diese waren rechte uralte wilte Edelleute/
aus derjenigen Land-Ecke/wo/dem gemeinen Sprich=
worte nach/ dem Teuffel/ als er aus der Nachtbar=
schafft etliche Krippen-Reuter anderwärts fortpflan=
tzen wollen/der Sack entzwey gerissen/ und er darüber
seinen gantzen Plunder ausgeschüttet hatte. Ihr
Auffzug war der andern sehr ungleiche/nemlich ein al=
ter grauer Regen-Rock/ sich nicht so wol damit/ weil
es wegen des schönen Wetters unvonnöthen/ für der
Nässe zu beschützen / als vielmehr theils den Abgang
des Unterrocks damit zu ersetzen / theils die zerrissene
lederne Hosen des dem Adel unanständlichen
Schimpfs zu entheben; ihre drey Pferde sahen denen

A 5 in

in den Vestungen vor dem *Corps des gartes* stehenden Zucht-Hengsten nicht ungleiche/ auf welchen/ wie man bemerckte/ nur der Kämpffer ein par Pistolen/ die andern zwey aber statt derer ein par auf solche Art ausgeschnizte Brügel in den aus alten Stiefeln *metamorphosir*ten Halfftern stecken hatten. In solchem alt Ritterlichen Auffzuge schwang sich nun der Principal von der Kobel herunter/ warff den Ober-Rock von sich/ und kam mit diesen Worten: hier hast du mich/ wie du mich gesucht/ auf den Stadt-Juncker loß/ der aber/ unerachtet er längst vor jenem fertig war/ dennoch zurücke trat/ und verlangte/ daß weil er sich bis auf das Hembde entblösset/ jener auch dergleichen thun/ und das graue Futter-Hembde ablegen solte / welches aber darauf/ nachdem man sahe/ daß es nichts dergleichen/ sondern zwar ein rechtschaffenes Leines-und nur dahero/ daß es bey nahe ein halbes Jahr nicht von seines Herrn Adelichen Leibe kommen/ einem Bleyfarbigen Kamisol ähnliches Hembde/ unvonnöthen ware. Nach Abthuung dieses Zweiffels nun/ gieng der wilde auf den zahmen Juncker mit dergleichen Ungestümm loß/ daß dieser bey Zeiten deß Rittmeisters Warnung gewahr ward/ indeme er nur Stoß auf Stoß satzte/ und sich darüber so bloß legte/ daß es dem jungen Herrn von Voglenbach unschwer fallen sollen/ ihn mit dem ersten Stoß über den Hauffen zu werffen/ gleichwol hielt er so viel möglich an sich/ und ließ ihn mit dem ersten Gange dergestalt ablauffen/ biß er hernacher sahe / daß sich sein Gegentheil schon den Sieg damit einbildete/ derowegen verlangte / das Leben zu bitten/ und sich für überwunden zu bekenkennen. Nein mein Kerls / sagte der Stadt-Juncker/es ist noch nicht so gemeinet / bißher habe ich deine Künste gesehen itzo wil ich dir auch meine weisen; mit diesem giengen sie wiederum auf einander loß/ und dieser jenem mit einer *passade* so nahe auf den Leib/daß ehe er sichs/oder seine Beystände versahen/ er ihm die Klinge aus der Hand rieß / und vor die Füsse schmieß / wie nicht weniger ihn selbsten in einem *tempo* übern Hauffen warf/daß der arme Krippen-Reuter alle Viere in die Höhe reckte. Itzo bitte du das Leben/sagte der junge Herr von Voglenbach/ ihm zugleich die Klinge an die Brust setzende / worzu es aber dessen Beystände nicht wolten kommen lassen/sondern vielmehr verlangten / daß er wieder aufstehen / und mit dem dritten Gange diesem Ritterlichen Handel das Ende geben mögte / das auch dieser endlich zugab / und genugsam von sich spühren ließ/ wie er ihm die letzte Abfertigung zu geben gesonnen/ das denn der Rittmeister leichte merckte / und nach gedämpffter Klinge anfieng:

Ihr Herren habt schon so viel dargewiesen/daß ihr benderseits rechtschaffene Cavalliere seyd/derohalben ich Bedenken habe/ euch ferner zusammen zu lassen/ ehe und bevor ich vernehme/was die eigentliche Ursache dieser Händel / und ob sie auch von dergleichen Wichtigkeit seyn/daß sich zwey so tapffere Kerles die Hälse drüber brechen müssen. Daß sich der Kauffmann meines Adels/Namens/und Wappen rühmet/sagte der wilde Juncker / welches ich in Ewigkeit nicht leiden werde/und solte ich mich ein halbes Jahr mit ihm herummer schmeissen. Es ist nicht wahr/ antwortete

jener

jener/daß ich deinen Namen und Wappen führe/daß ich aber ein Edelmann und des Namens von Voglenbach sey / werde ich weder dir noch eintzigem andern umstehen/sondern wo du weiter Lust zum Tantze hast/und deine Worte nicht widerruffst/dir solches mit dieser Klinge schon weiter bekräfftigen: Was? sagte jener/wilstu nicht Vogelbach heissen und führst du nicht drey Zeisichen im Wappen/die du nicht redlicher Weise aus meinem genommen hast/ im übrigen magst du ein Edelmann von oben / biß unten/ von Morgen biß Abend seyn.

Ich heiße weder Vogelbach/noch habe deine drey Zeisichen in meinem Schilde/sagte der ander/sondern von Voglenbach/mit den dreyen Canarien-Vögeln/die du und dein gantzes Geschlecht mir auch wol werden müssen bleiben lassen; wenn es denn so ist/fieng einer von deß Vogelbachs Beyständen/Juncker Hanß von der Flinde genant/ an/ so ist es ein blosser Mißverstand/und nicht nöthig/sich deßwegen weiter herummer zu schlagen / indem du Bruder Vogelbach schon hast/was du haben wilst und der Stadt-Juncker gestehet/daß er nicht dein Oheim seyn will / wormit auch dieser/nachdem sich jener nochmals erklärte/ daß er nicht Vogelbach / sondern Voglenbach hieße/ und seine Vögel nicht Zeisichen / sondern Canarien-Vögel wären / zu frieden gab/ und als er seinen Ritterlichen Rock mit den vier Bleyernen Knöpffen wieder angelegt / dem andern die Hand auf guten Vertrag/ und daß er ihn für einen Edelmann hielte/ hinreckte/in Meinung sich mit seinen Beyständen wiederum dahin zu begeben/wo sie hergekommen waren/als
vor-

vorgemelter Hanß von der Flinde anfieng: Ihr Herren/ es ist allemal unter Cavallieren der Gebrauch/ daß nach dergleichen Ehren-Tantze/ einer mit dem andern herum sauffet/ und alsdenn allererst recht vertrauliche Freundschafft machet. Wären wir nur etwas näher bey unsern Güttern/ so wolten wir die Herren auf ein gut Glaß Bier/und Pfeiffe Taback zu uns bitten; der Herr von Voglenbach kunte hieraus leichte mercken/wie ihm damit gepfiffen ward/ und weil er bereits damals von der Einbildung angesteckt/ sich in kurtzem auf dem Lande begütert zu machen/ also einmal dieser Leute Freundschafft vonnöthen hätte/ so fing er drauf an: ich weiß gar wol/was meine Schuldigkeit ist/bitte derohalben/daß weil es aus erheblichen Ursachen in meines Herzen Vatters Hause für dieses mal nicht die Gelegenheit gibet/sie wollen itzo gegen 12. Uhren in dem Wirths-Hause bey dem Blauen Igel/mit dem was man dar finden wird/vorlieb nehmen. Wir wollen schon zu rechter Zeit dar seyn/sagte der von Vogelbach/und ritten damit ihres/ wiewol den Verdacht dieser Händel zu vermeiden/unterschiedene Wege/worauf auch Florissohn sich wiederum nach dem ergäntzten Wagen begab/und so fort nach Belissa zufuhr. Er war nun daselbst vor dem Thor angelangt/und von der ausstehenden Wache so lange angehalten/biß man seinen Paß und mit selbem die Erlaubnuß eingelassen zu werden/zurücke brachte. Inmittelst dessen unterhielt ihn die Wach mit allerhand Gesprächen/ und fieng ihm an die Wirts-Häuser zu loben/einer wolte/er solte bey der güldenen Eulen/ der ander bey dem blauen See-

Hun-

Hunde/ der dritte anders wo einziehen/ woraus denn Florissohn leichte erachten kunte/ daß ein und andere von diesen Leuten von den Wirthen zu dergleichen Anlobungen erkaufft wären / dahingegen aber seinem Kutscher befahle/ geraden Weges auf den blauen Igel zu zufahren/ um daselbsten zugleich den Ausgang dieser Händel mit anzusehen. Es war bereits um die Mittag-Stunde/ als er daselbst abtrat/ und den Wirth mit seinem Gesinde sehr geschäfftig fand/ woraus er leicht schliessen kunte/ daß der junge Herr von Voglenbach schon da gewesen und das *Tractament* für seine wilde Gäste angedungen haben würde. Der Wirth/ der ein schlauer/ und nicht unverständiger Mann zu seyn schien / wieß dem Herren Florissohn ein bequemes Zimmer an / und bat ihn/ daß ob es gleich schon Zeit zur Mahlzeit wäre/ er sich doch wegen etlicher erwarteter Gäste noch eine halbstündige Gedult nicht wolte verdrüßlich fallen lassen / wormit auch dieser gar wol zu frieden/ und bald hernach deß Vogelbachs mit seinen 2. Beyständen ansichtig ward/ die denn getrost eintraten / und den Wirth befragten/ ob nicht ein guter Freund für sie das *Tractament* bestellet hätte. Ihr werdet schon finden/ was ihr suchet/ gab dieser mit dergleichen Gesichte zur Antwort/ daß es schien/ als wann ihm mit diesen Gästen nit viel gedienet wäre/ worauf auch kurtz hernach der junge Herr von Voglenbach mit seinem gewesenen Beystande/ der/ wie obgedacht/ ein Rittmeister/ und sehr beliebter *Cavallier* war / sich einstellete/ und zugleich nebenst einem andern alten berühmten *Cavallier* vom Lande/ der sich zum öfftern wegen seiner Landesdes Bedienung zu Velissa befand/ und seine gewöhnliche Einkehrung in diesem Wirthshause hatte/ nebst unserm Florissohn/ denn auch andern Gästen zu Tische saßen/ da es denn das Ansehen hatte/ als wenn die wilden Herren Krippen-Reuter einen Verdruß empfinden wolten/ daß der Wirth den Florissohn nebenst dem Rittmeister oben an der Taffel/ wo itzt gedachter alter Herr von Kronhof die erste Stelle bekleidete/ nöthigte/ und sie also etwas weiter unten Platz nehmen solten/ das sie aber gleichwol aus Ehrerbietigkeit gegen den alten Herrn nicht dorften blicken lassen/ zumalen dieser wol wuste/ daß dieses Wirtshaus kein ordentliches Tractament für ihre leere Beutel wäre/ sondern sie sich mehrentheils im geringen Kretschmer-Häusern behelffen musten/ derenthalben sie fragte/ wie sie so ungefehr daselbst zusammen kämen. Wir haben/ antwortete der wilde Vogelbach/ heute einen Pferde-Handel mit diesem Herrn gehabt/ zugleich auf den jungen Herrn von Voglenbach weisende/ und weil er einen sehr vortheilhafften Handel gehabt/ von ihm den Leihkauff zu geniessen; woraus es auch so lange die Mahlzeit währete/ und dieser aller Ehrerbietigkeit würdigste Rittersmann bey ihnen war/ noch so hingieng/ biß endlich der Tisch aufgehoben/ die andern Gäste abgetretten/ und diese liederliche Herren allein verblieben.

Hier solte man nun sein Wunder gesehen haben/ wie diese Matzrauffer mit dem edlen Weine/ der ihnen doch sonst selten vors Maul kam/ so liederlich umgiengen/ daß fast mehr davon auf dem Tische herummer schwam/ als sie in ihre überfüllte Kovent-Schläuche

mehr

mehr bringen kunten/ die feinsten Gläser flogen zum Fenster hinaus/ und der junge Herr von Voglenbach muste sichs für eine sonderbare Ehre schätzen/ daß sie mit ihm auf den Knien Brüderschaft soffen/ und aus lauter Muthwillen/ nur ihn desto mehr zu beschimpfen/ um zu verunkosten/ eine Flasche Wein nach der andern auf die Erde schmissen. Der Rittmeister/ der sich/ als ein bescheidener Mann/ bald Anfangs dergleichen versehen/ hatte sich zeitlich davon gemacht/ und dem jungen Herrn von Voglenbach einen Winck gegeben/ dergleichen zu thun/ darzu es aber jene nicht kommen lassen/ sondern nachdem ihnen der Wein/ Taback/ und der aufgesetzte Brandtwein ihre bißhero in dem Sau-Ställe ihres unflätigen Gehirnes noch zurucke gebliebene Säue/ so vollends herausser gelassen/ daß sie schon wiederum mit Pfeffer-Säcken und Herings-Nasen um sich zu werffen begunten/ und also augenblicklich neue Stänckeren zu besorgen war/ biß endlich der Wirth solcher gottlosen Verschwendung nicht länger zusehen kunte/ sondern mit diesen Worten darzwischen kam: Ihr Herren mögtet wohl dermahleinsten mit dem Schwärmen ein Ende machen/ und sonderlich ihr Vogelbach/ eure schmähsüchtige Gosche zäumen/ wollet ihr nicht/ daß man euch anderer Gestalt/ mit ein par Rotten Mußquetirer nach eurer gewöhnlichen Herberge weise.

Was sagst du Kretschmer-Knecht? antwortete dieser/ kanst du nicht leiden/ daß man dir deine geschmierte Weine aussaufft/ und sie dir dieser Pfeffer-Sack theuer genug bezahlen muß? Kaum hatte er dieses geredet/ als ihm der Wirth die Flasche Wein so lustig

stig ins Geſicht ſchmieß/daß die Scherben in der Stirne ſtecken blieben/ der Hauß-Knecht aber/ nachdem er ſahe/daß ſich beyde Kerles über den Wirth hergemacht/und mit ihm in der Stube herummer ſiehleten/eilends auf die Haupt-Wache zuſprang/ und von dar eine Rotte Muſquetierer brachte/die denn alſofort dieſe zwey Stäncker/nachdem ſie ihnen vorhero/wegen ihrer Gegenſtrebung/ die Muſqueten an den Lenden ziemlich abgeputzt/ in den gewöhnlichen Gewahrſam führeten. Der junge Herr von Voglenbach hatte ſich indeſſen bald Anfangs/ als die Wein-Granate dem Vogelbach um die Naſe geflogen/ auf des Wirths Winck fortgemacht/ und Florisſohn mittler Zeit herauſſen den alten Herrn von Kronhof/ als mit deſſen Sohne er in Franckreich in ſehr genauer Vertraulichkeit gelebt/ mit allerhand angenehmen Geſprächen unterhalten. Nachmals aber war er gantz alleine ausgegangen/ ſeine Wechſel-Briefe bey dem alten Herrn von Voglenbach abzugeben; dieſer hieß ſonſten Georg Thran/ und behielt auch nach ſeiner Adelung dieſen Namen bey ſeinen ausländiſchen Correſpondenten/ dannenhero Florisſohn nicht am wenigſten wuſte/ daß eben dieſer deß jungen Herrn von Voglenbachs Vatter war/ und derohalben/ als man ihm ſolches Haus angewieſen/ den vor der Schreib-Stube angetroffenen Handels-Jungen nur ſchlechthin befragte/ ob der Herr Thran zu Hauſe wäre? Hier ſolte man eine höhniſche kaltſinnige Antwort/ von dem überſei-

B nes

nes Herrn Anſehen und Adel enſrenden Buben geſehen haben. Ich weiß nicht/was ihr wollet/noch
wer der Geòrg Thrän iſt/ ſagte er/ und gieng dar-
von/biß endlich/nach langem Verweilen/ ein anderer aus der Schreib-Stube kam/ und nachdem ihn
Florisſohn auf eben vorige Weiſe befragte/ gleichwol etwas ehrerbietiger zur Antwort gab: Mein
Herr iſt gewiß ein Fremder/ und wird nach dem
Herrn von Voglenbach fragen/ worauf auch dieſer unverſehens heraus trat/ und zwar auch ſelbſten Anfangs den Herrn Florisſohn ziemlich kalt-
ſinnig/ ſo bald er aber die Brieſe durchleſen/ ſehr
höflich empfieng. Mein Herr vergebe mir/ ſprach
er/daß ich ihn Anfangs nicht bald gekennet/ich ſchä-
tze mich glücklich / eines ſo wertheſten Freundes
Herrn Sohn in meinem Hauſe zu ſehen/und werde
nicht unterlaſſen mit allem/ was er ſchaffen wird/
williğſt zu dienen/ wie er denn Patron über meine
Caſſa iſt; mit welchem Herr Florisſohn unter dem
Verlaß weiter aufzuwarten/ Abſchied nahm/ und
nachdem er dem Wirthe die Kurtzweil mit dem
Jungen/ dieſer aber ihm den luſtigen Abſchied mit
den Krippen-Reutern lachend erzehlet/ihn bat/weil
es noch ziemlich hoch am Tage war/ auf ein par
Stunden in = oder auſſer der Stadt mit ihm luſt-
wandeln zu gehen; Wie mein Herr befihlet/ ſagte
der Wirth/und hieng zugleich ſeinen Degen an/ſei-
nem annehmlichen Gaſte Geſellſchafft zu leiſten.
Sie giengen alſo anfänglich über den groſſen Ring/
woſelbſten ſich dieſer über die wolgeſetzte Ordnung

der

der Häuser verwunderte/ und unter selbigen eines bemerckte/ das vor kurtzer Zeit erbauet zu seyn schien/ hin und wieder zierlich verguldet/ und über dem Portal mit einem grossen in Stein ausgehauenen adelichen Wappen gezieret war. Dieses Hauses Herr/ sprach Florissohn/ muß ein reicher Mann/ und Liebhaber des Bauens/ im übrigen aber/ so viel ich von der Bau-Kunst verstehe/schlechter Baumeister gewesen seyn/ indem ich nicht geringe Fehler darinnen bemercke; das erste ist zweiffelhafft/ das andere wahr/ und das dritte nicht zu widersprechen/ antwortete der Wirth/ es sey ihm aber wie ihm wolle/ so hat es der Ausgang gewiesen/ daß er auch nicht das gemeine Sprichwort beobachtet/ daß derjenige der ein Haus zu bauen/ und selbiges lange zu besitzen gedencket/ den ersten Grund-Stein auf den Beutel legen muß/ angesehen auch selbiges seinen Herren/ nach kurtzer Besitzung/ bald wiederum ausgespien/ und dargewiesen hat/ daß es auf eben so *Mercurialischen* Grunde/ wie die meisten Häuser um den gantzen Ring/ stehe/ von denen ich wetten will/ daß nicht sechse vätterliche oder Großvätterliche Erbe darunter/ wie denn die meisten in kurtzer Zeit/ von einer in die andere Hand kommen sind/ und weil das Sprichwort: *De malè quæsitis non gaudet tertius hæres,* vorauß allhier zu Belissa *authentica* worden/ gar leichte zu erachten ist/ daß auch diese Schildwache/ wormit er zugleich auf einen im Wappen stehenden Mann/ mit einem Spiese/ wieß/ bald abzulösen seyn werde; wie so tief unter das Juristische Latein gerathen? sagte Herr Florissohn/ und warum nicht? anttwortete der Wirth/ meinet denn der Herr/ daß die Belissischen Bürger so kümme Leute sind/ oder ich meinen Schul-Sack so gar an die Wand gehenckt/ daß ich mich nicht noch bißweilen mit einem guten Lateinischen oder Französischen Buche belustige/ das auch meiner jetzigen Lebens-Art nicht so gantz entgegen ist/ angesehen/ jedweder tugendliebender Cavallier viel lieber bey einem ehrlichen Manne/ der noch etwas aus der Schulen behalten/ als denen ungeschliffenen Sauertöpffen einkehret/ damit aber mein Herr/ von diesem etwas genäuere Wissenschafft habe/ so wil ich ihm/ dafern es gefällig/ den Weg zu verkürtzen/ erzehlen/ welcher Gestalt ich nicht nur durch hiesige/ sondern auch etliche hohe Schulen gelauffen/ und endlich zu dieser Nahrung kommen bin. Mein Vater war alhier ein ehrlicher Burger/ und seines Handwercks ein Schneider/ den man insgemein den langen Meister Niclas nannte/ er lebte mit meiner Mutter/ was die Nahrung anbelangte/ indem der meiste Adel und vornehmsten Leute bey ihm arbeiten ließen/ in gutem / dahero aber schlechtem Vergnügen/ weil sie GOtt biß über das zehende Jahr mit keinem Ehesegen heimsuchte/ worüber sich denn absonderlich meine liebe Mutter sehr bekümmerte/ und in ihrem Gemüte das Gelübde that/ daß/ daferne GOtt auch ihr Gebet/ wie jener Israelitischen Hanna/ erhören/ und sie mit einem Sohn beseligen würde/ sie selbigen gleichsals Samuel nennen

nen/und dem Tempel des HErrn wiedmen/das ist/
einen Geistlichen werden lassen wolten. Was geschicht? GOtt erhöret und segnet sie mit mir/worüber denn bey meinen beyden lieben Eltern grosse Freude entstanden / und absonderlich von der Mutter nichts vergessen ward / ihrem Gelübde nachzukommen. Sie hielten mich derowegen zeitig zur Schulen/und Lesung der heiligen Schrifft/ darinnen ich auch dermassen zunahm / daß ich von meinen Lehr-Meistern geliebet/und wegen der Fertigkeit meines guten Gedächtnisses / zu den meisten Ausstellungen/die man in den Schulen/der Jugend Zunehmung zu untersuchen / zu halten pflegt/ hinzugezogen ward/mein Herz höre aber/wie eines und das andere ablief.

Einsmals stellte einer von unsern Ober-Schul-Lehrern ein Stück von der Belagerung Jerusalem unter dem berühmten Gottfried von *Bouillon* vor/ ich war darinnen der Christliche Ritter *Tancredo*, und spielte meine Person so wol / daß mir alle Zuschauer ein grosses Lob beylegten/ mein Vatter war auch darben/und ließ/als er mich so loben hörete/etliche Zähren herab auf den Kragen fliessen / welches seine Nebensitzer für Freuden-Thränen ausdeuteten / und nach geendigtem Lustspiel mich ermahneten / in solchem Soldaten Aufzuge nach Hause zu gehen/ meinen lieben Eltern die darüber empfundene Freude zu erlängern; ich that es denn und kam mit einem Hut voll Federn / den Degen in der Seiten/und einer Partisanen/an stat der Lantzen/in der

B 3          Hand

Hand/auf unser Hauß angetretten/ fand aber meinen Vatter bereits mit der langen Ele mich unter der Thüre so empfangen/ daß es nicht fehlete/ er hätte mir das Kollet von oben biß unten mit dichten Schlägen abgemessen. Packe dich/ du Kriegs-Gurgel/ mit deinen Halluncken-Possen oder ich wil dir die Thüre weisen/ sagte er/ ist dieses die Hoffnung/ die ich nebenst deiner lieben Mutter von dir gehabt/ daß du einen Leute-Plager abgeben/ und wir uns darüber vor der Zeit zu todte grämen sollen? komm doch du Land-Verderber/ und zeige dich deiner Mutter/ die nur vom hören sagen so sehr erschrocken ist/ daß ich nicht weiß/ ob ich ihr nicht noch heute den Sarg werde bestellen müssen. Er hätte unzweiffelhafft noch weiter auf mich loß gedonnert/ wenn nicht zugleich der darüber beruffene Artzt ankommen/ und von meinem Vatter/ mit grosser Wehmut/ in der Mutter Kammer geführet worden wäre/ ich aber gieng wie ein begossenes Hun zu meinem Lehr-Meister/ woselbst ich meinen unglücklichen Soldaten-Auffzug wieder ablegte/ und ihm zugleich erzehlte/ wie schlechte Ehre ich damit bey meinen Eltern aufgehoben hätte/ der denn zwar Anfangs solche Einfältigkeit redtschaffen belachte/ bald aber daraus den Mantel nahm/ und neben mir dahin ging/ ihnen so albern Wahn aus dem Kopffe zu bringen/ das ihn denn auch in Warheit Mühe genug kostete; denn ob er zwar vorgab/ es folge nicht/ daß ein Jüngling eben ein solcher Kerl werden müste/ den er bey dergleichen Schau-Spiel vorstellete/ und ich derowerowegen so wenig ein Soldat/ als sein Sohn ein König/ den er in deß Gottfrieds Person aufgeführet/werden würde/ so hielt doch alles dieses so wenig Stich / daß sich meine Mutter so offte aufs neue übergab/ so offte sie nur den Namen Soldat hörete/ ja ich glaube/ sie wäre auf der Stelle geblieben/ wenn sie mich in solchem Auffzuge selber hätte sehen sollen/ muste also nur der gute Herr *Magister* wieder abziehen/ und für dieses mal das gewöhnliche Ehren-Geschencke mit dem Rücken ansehen/ biß er übers Jahr diesen Fehler mit einem andern dergleichen *Actu* ausbesserte. Dieses Inhalt nun war das *Nicenische Concilium*, wo sein Sohn abermals den grossen Kayser *Constantin* und ich den Bischoff *Arrius* vorstellete/ sie hatten mir einen vollkommenen Priesterlichen Auffzug/ wie ihn unsere Geistliche allhier tragen/angelegt/und einen langen Griechischen Bart angesetzt; mein Vater/ den der Herr *Magister* persönlich eingeladen/ wolte lange nicht erscheinen/biß er es aus der gedruckten Einladungs-Schrifft augenscheinlich sahe/ daß ich eine Priesterliche Person vorstellen solte; er hätte gerne die Mutter auch mitgenommen/ es wolte sich aber/ ob man es gleich hin und wieder überlegte/durchaus nicht schicken/ derohalben kam er nur alleine/ und bezeigete mit viel Thränen seine Freude/ als er mich so tapffer *disputiren*/ und mit den andern Bischoffen herummer beissen hörete/so daß er kaum das Ende erwarten kunte/ daß er nicht so viel möglich nach Hauß eilete/ solche unaussprechliche Freu-

de der Mutter mitzutheilen/ und zu berichten/ wie
erbar / und zierlich ich mich zu solchem Priesterlichen Stande angestellet hätte das auch der Herr
*Magister* um so viel leichter merckte / als ihn kurtz
darauf der Lehr-Junge zum Mittagmahl einlud.
Er ermahnte mich deßwegen in solchem Priesterlichen Aufzuge nach Hause zu gehen/ und zu sehen/
wie sich diesesmal die liebe Mutter anstellen wür-
de/ das ich denn auch biß auf den Bart/ der mir zu
beschwerlich fiel/ that/ und über den grossen Marck
so Priesterlich daher trat/ daß sich alle Wag-Knech-
te in die Ordnung stelleten/ mich/ im vorbeygehen/
mit blossen Häuptern zu begrüssen.   Eben dieses
thaten die nicht weit darvon sitzende Fisch-Weiber.
Hilff ewiger GOtt! hub die eine an / ist das nicht
Meister Niclasen Sohn? wie glücklich sind diese El-
tern/ daß sie ihre Freude so zeitlich an ihm sehen/ er
ist gewiß heute *ordiniret* worden ; Ich lachte bey
mir selber der guten Leute Einfalt/ und noch mehr/
als ich den Lehr-Jungen / der mir bißhero allezeit
von ferne nachgefolget/ um zu hören/ was die Leuten sagen würden/ bey mir vorbey volles Sprun-
ges nach Hause zu eilen sahe / den meinigen solche
Freude zeitig anzuzeigen / ich folgte ihm sehr erbar
nach / und vermeinte/ der Vatter würde mir nun
wol diesesmal mit anderer Freundlichkeit als vorm
Jahre entgegen kommen/ der sich aber darzu nicht
Zeit nahm / sondern mit Zurichtung des Tisches
für die erbetene Gäste beschäfftiget war.   So ge-
fällst du mir/ und so erkenne ich dich für meinen
Sohn

Sohn/ sieng die aus der Kammer kommende Mutter mit unterbrochenen Thränen-benetzten Worten an / und wo muß der ehrliche Mann vorm Jahr die Gedancken gehabt haben / als er dich so zum Narren gemacht? Nun was hilffts / gescheide Leute fehlen auch / mehr durffte sie nicht sagen/ weil eben der Herr *Magister* und neben ihm meiner Mutter Bruder/ ein nicht unvermögender Kirschner/ nebenst seiner Frauen/ denn noch ein par andere Nachbaren mit ihren Weibern zur Thür hinein getretten kamen/ diese wünschten Anfangs meinem Vatter und Mutter/ und denn auch mir Glücke zu einem so hertzlichen Anfang meiner vermeinten Geistligkeit/ worüber mir beynahe das volle Lachen ausgebrochen wäre/ wenn mich nicht der Herr *Magister*, dem es doch eben so nahe lag / mit einem Winck davon zurücke gehalten hätte. Hierauf satzten wir uns zu Tische/ woselbsten nichts anders geredet ward/ als was ich für ein Licht der Kirche werden würde / der eine meinte / daß ich dem Herrn *Magister Cyprianus* zu St. Veit / nichts nachgeben würde/ und fast eine so grobe Stimme/ wie er hätte/ ein ander verglich mich dem vor diesem allhier berühmten *Doctor Ambrosius*, Meister Friedrich unser Nachbar der Buchbinder aber sagte/ es wäre GOtt nicht unmöglich/ gar einen neuen *Doctor* Luther aus mir zu machen; diese Gnade wäre zu viel/ für mich einfältigen Mann/ versetzte mein Vatter/ ich habe zu viel Sünden auf mir/ daß mich GOtt solcher hohen Wolthaten würdigen sollte.

Und warum nicht / fiel die Frau Kürschnerin darein / was solte wol *Doct.* Luthers Vatter / als ein gemeiner Berg=Knappe in einem so kleinen Städtlein besser / als ein ehrlicher Schneider oder Kirschner allhier zu Beussa gewesen / und also was daselbst möglich gewest / allhier unmöglich seyn? Ach meine liebe Kinder / sprach meine Mutter / die alles zum besten wenden wollte / nicht zu hoch! nicht zu hoch! mir genüget schon / wenn er nur ein *Philippus Melanchthon* wird / und mir GOtt so lange das Leben verleihet / daß ich ihn nur einmal auf der Cantzel zu St. Michael allhier / predigen höre / und wie kommt es doch Herr *Magister*, daß er sich nicht auch / wie andere Studenten in dem Spitalkirchlein übet? Ist er noch nicht tüchtig genug darzu? Mehr als genug / sagte dieser / der meine Meinung schon genug wuste / ich habe ihn aber die Warheit zu bekennen / bißhero selber davon abgehalten / weil ich vermercket / daß dergleichen unzeitiges Predigen / der Jugend mehr schäd=als nützlich sey / sie gehen hin / fuhr er fort / und lernen eine Predig aus einer Postill auswendig / versuchende / ob sie damit Mut gewinnen können / und ihnen das Handwerck von statten gehen werde / glückt es nun / so werffen sie die andern Bücher auf die Seite / und befleissigen sich nur solcher Postillen / setzen etwan derer drey oder vier zusammen / damit sie die fünfte Predig daraus machen können / und bilden sich hernach ein / daß wenn es nur die Bauren nicht mercken / sie schon nunmehro vollkommene Prediger sind /
daß

daß sie auch darauf auf der Univerſität nichts
mehr thun/ als ſo bald ſie dahin gekommen/ auf
den Dörffern herummer lauffen/ den Bauren eines
her predigen/ und ſich hernach mit den nachläſſigen
Pfarrern/die ſie vertretten/herummer ſauffen/ſich
auch bißweilen gar an ihre Töchter hängen/ und
mit ſich nach Hauſe bringen/ woraus denn folget/
daß weil ſie auch alsdenn ſchon in der Einbildung
erſoffen/ daß ſie ausgemachte Leute wären/ und
wann ſie hernach an einen Dienſt kommen/ auf
nichts weiter dencken/ als wie ſie nur ihr Hauswe-
ſen wol ausführen/ dem in der Hoffart erſoffenen
Weibe genugſamen Schmuck kauffen mögen/ und
zu dieſem Ende mehr auf das Amt des Geitzes/ als
des Geiſtes ſehen/ wir ſo viel ſtumpffe Poſtillen-
Reuter/ und ärgerliche/ ausſchwäntzende/ hoffärti-
ge/Ehrgeitzige(anderer Laſter zu geſchweigen)Prie-
ſter-Weiber im Lande haben; aus dieſen Urſachen
rathe ich meinen Untergebenen/ das frühzeitige
Predigen bleiben zu laſſen/ und vorhero auf den
Univerſitäten etwas rechtſchaffenes zu *ſtudiren*/
vornehmer Prediger Arten daſelbſten abzuſehen/
und ſich nicht etwan einer abgemerckten Predig/
wie Pickelhering ſeines Hutes/ auf allerhand Zufälle zu bedienen/ ſondern ſich ſelbſten aus ſo viel
herrlicher Gottesgelehrten Schrifften/ einer rechtſchaffenen Kern-Auslegung über den Text zu be-
fleiſſen/ wie nicht weniger des verdrießlichen Oh-
ren-peitſchenden Singens und Wörter-Zerrungen
abzugewöhnen.

Der

Der Herr hat recht/ sprach mein Vatter/ der Topff schmeckt doch allzeit nach der ersten Suppe/ das ich bey mir/ und meinem Handtwerck selber abnehmen kan/ denn ob ich mich gleich auf die neuesten Moden befleisse/ so fället mir doch noch bißweilen ein alter einfältiger Schnit ein/ dessen ich mich kaum und kaum zu enthalten vermag. Dessen allen ungeachtet aber/ wollte meine Mutter nicht absetzen/ ehe ich noch hinaus zog/ eine Predig von mir zu hören/ und versprach dem Herrn *Magister*, wenn er es darzu bringen könte/ ein halb dutzend alter dreyköpffigter Sächsischer Thaler/ zur danckbaren Erkentnis darfür/ der sich auch hierauf nicht saumte/ sondern selbsten eine nicht unebne Predig auffsetzte/ mich darinnen zum öfftern überhörte/ und nachdem er vermeinte/ daß es wol angehen würde/ damit in dem kleinen Kirchlein auftretten ließ. Hier sollte man nun wiederum gesehen haben/ was für Freude mein vätterliches Haus überschattete/ acht gantzer Nächte kunte meine Mutter dafür nicht schlaffen/ sondern zehlete Stunden und Minuten zu diesem glücklichen Sonntage/ der Vatter machte ihm gar ein neues Kleid/ worauf bey leibe kein etwa sonst übergebliebner Knopff oder Band/ aus Furcht/ daß solche Mäuse-Flecke dieses Gottselige Werck etwan entheiligen mögten/ kommen dorffte/ er bat abermals die meisten Nachbaren zu Gaste/ und beschloß diesen Tag mit solchen Freuden/ daß ich ihn niemals aufgeweckter gesehen habe/ so gieng auch mein Herr *Magister* dafür nicht

nur

nur mit den versprochenen sechs alten Sachsen/
sondern einem Chriſtlichen Räuſchlein/ und noch
mit einem nach Hauſe geſchickten Topff Wein/ und
groſſem Fiſche zur Danckbarkeit dieſer groſſen
Wunder-That/ durch.

Unterdeſſen aber wieder auf das erſte Gaſt-
Mahl zu kommen / ſo lief ſelbiges mit ſehr groſſem
Vergnügen unter meinen Lob-Reden/ und einem
Glaß Wein/ ſehr wol ab/ ich muſte in meiner *Reve-
rende* ſo viel möglich / erbar ſitzen / und ward ge-
wahr/ daß einsmals meine Mutter das Gläslein
Wein lange in der Hand hielt/ darauf endlich etwas heimlich dem Vatter in das Ohr ſagte/ dieſer
aber auffſtund/ und gar ſtille mit dem Herrn *Magiſter* darüber ſprachte/ er iſt doch einmal unſer Kind/
fieng der Vatter darauf an/ derowegen du kein Bedencken haben darffſt ihn zu dutzen/ biß er einmal
den Graden haben wird/ alsdenn wird es ſich wol
ſchicken; gar recht/ ſprach meines Vatters Gevat-
ter/ ein Poſamentierer/ mir aber ſtehet es frey/ ihn
als einem künfftigen *Magiſter* wol ſolcher Geſtalt eines zuzubringen/ worauf er mir auch ſein Glaß/ mit
dem Wunſch eheſtens ein ſolcher zu werden/ darreich-
te/ und damit keiner vor dem andern ein Narr ſeyn
dorffte/ alle miteinander ſo nachfolgten/ daß ich den
gantzen Tag über/ dieſer einfältigen Leute geiſtlicher
Affe in einer recht ernſtlichen Narrheit ſeyn muſte/
biß ſie endlich mit ſpaten Abend zimlich berauſchet/
und der Herr *Magiſter* mit einem dutzentlöthigen
ſilbernen Becher/ den ihm vorhero mein Vatter mit
einem

einem wol zehen Tage darüber *studirten* Schneidermäſſigen Wort-Gepränge/ voll Weins zugetruncken/nach Hauſe gieng.   Dieſes Silberſtücke brachte dem ehrlichen Manne den jährigen Soldaten-Verluſt wieder ein/ der hierauf künfftigen Tag nebenſt mir dieſe unſchuldige Einfalt meiner lieben Eltern nicht genug belachen kunte/ und alſobald obertwehnte Predigt mit mir anlegte/ im übrigen aber mich erinnerte/ ob er gleich wüſte/ wie ich gar keine Luſt zur Geiſtl. Kappe hätte/ſie nur indeſſen bey dieſen gutē Glauben bleiben zu laſſen/ biß die Zeit alß die Meiſterin aller Veränderung/dieſem ins künfftig ſchon am beſten zu rathen wiſſen würde. Solches geſchahe auch alſo/ und ſparten dieſe gute Leute keinen Fleiß/ das Sprichwort: wer nur ein Schwein hat/ der macht es feiſt/ und wer nur einen Sohn hat/ der macht ihm zum Narren/ an mir rechtſchaffen wahr zumachen/ am allerwenigſten aber die Unkoſten/nach dem ich mich nun auf die hohe Schul begeben ſolte; da es denn durchaus keine andere als Wittenberg ſeyn muſte.   Meine liebe Mutter gab mir zum Abſchiede die neueſte ausgegangene biß 24. Reichsthaler erkauffte Bibel/die ich aber zeitig darauf mit dem Buchführer zu Wittenberg auf Politiſche Bücher umſtach. Ich war ein junger noch unverſtändiger mit dem Beutel um den Halß gebor̄er Menſch/ und wüſte/ weil mir von Jugend auf nichts geſehlet/ nit was Geld war/ ſondern bildete mir ein/ daß/ weil ich bey dem Vatter etliche Säcke voll Geldes/ und bey der Mutter

un-

unterschiedene Gold-Stücke gesehen hatte/das alles zusammen etwan auf ein par tausend Thaler ausgetragen/ich würde inskünfftig Land-Güter zu erben haben/ dannenhero auch mein gantzer Zeit-Vertrieb auf dem Fecht-Boden bey dem Sprach-Meister/ und etwan ein-und anderm lustigen politischen Buche hinging; biß ungefehr nach zweyen Jahren mir die traurige Botschafft zukam/wie meine Mutter das Zeitliche gesegnet/ und es der Vater auch nicht lange mehr machen würde/ der sie denn auch kaum ein viertel Jahr überlebte. Ich war damals ein Kerls von etwa ein undzwantzig Jahren/ und befand/ daß nachdem meine Eltern ihre Augen geschlossen/sich meine besser zu eröffnen begunten/zumalen/ da mir meiner Mutter Bruder/ dem unterdessen die Obrigkeit die Obsicht meiner Verlassenschafft anvertrauet hatte/zeitig zuschrieb/ wie die vätterliche Mittel so groß nicht mehr wären/ als ich mir vielleicht einbildete/ sondern derer Barschafft fast vollends auf meine Unterhaltung/ und dero Begräbnis Unkosten aufgegangen/ dannenhero dahin stellende/wie ich meine Sache ferner anzustellen gedächte/denn einmal könte man mich/ ohne Veräuserung des Hauses/nicht über ein Jahr mehr daraussen halten. Hier sahe ich nun allererst/wie ich die Zeit so fruchtloß angeleget hatte/und daß kein ander Mittel wäre/ weil ich doch zu der Theologischen Facultät keinen Sinn hatte/die Juristische mit besserm Ernst anzugreiffen. Ich begab mich diesem nach auf Leipzig und hörte ein *Collegi-*
*um*

um über die *Institutiones*, wolte auch hierauf eines über des *Wesenbecii Paratitla* anfangen/ als mein Vetter abermal schrieb/ ich mögte thun was ich wollte/ so wären keine bahre Mittel mehr vorhanden/ und dannenhero unmöglich Kräen mit der Schleider ohne Steine todt zu werffen/ worüber mir nicht geringe Sturm-Winde im Gehirne aufstiegen. Ich schrieb ihm derohalben/ er solte nur noch ein par hundert Thaler auf das Hauß aufnehmen/ und mir sie zu guter letzt ehstens überschicken/ indessen machte ich mich fertig/ weil ich wol sahe/ daß es keine Zeit mehr wäre/ dem Juristischen *Studio* vollständigst nachzusetzen/ mich anderer Gestalt fortzubringen/ zu diesem Ende ließ ich mir ein schönes Stamm-Buch einbinden/ und die vornehmsten *Professores* ihre Namen einverleiben/ die denn/ weil ich mich allemal rühmlich/ und unter die Stutzer gehalten/ grosses Werck von mir machten/ und mit dem prächtigen Ehren-Titul/ als *Nobili Consultissimo Domino Possessori J. U. Candidato* und dergleichen/ den nachfolgenden/ den Weg wiesen / wie sie mich so ferner tituliren sollten. Mit diesem Stamm-Buch nun/ und ein par Dutzent politischen Büchern (die übrigen hatte ich schon nach Hause geschickt) reisete ich nach Ankunfft der zwey hundert Thaler/ nach Franckfurt am Mayn/ und von dar nacher Holland/ wo meine gröste Sorge war/ daß ich die damals berühmte zwey grosse Männer C. *Salmasium* und *Daniel Heinsium*, wie auch endlich den Printzen von
Oranien

Oranien selbsten / und etliche dessen vornehmste Estats-Räthe in solches Stamm-Buch bekommen konte / das mir denn auch daselbsten / und zu Londen / wohin ich mich nach der Zeit begeben hatte / so wol gerieth / daß ich / weil ich ein Kerl von Muthe / und nicht blöder Stirne war / hin und wieder mein Graß theurer / als andere ihre verdeckte Blumen / ausbrachte / und in der That erfuhr / daß es in Warheit eine grössere Kunst sey / die Unwissenheit zu bedecken / als den Unverstand an Tag zu geben / damit aber auch inskünfftig die Leute glauben mögten / ich wäre zu Orford gewesen / so schriebe ich selber mit eigner verzogener Hand etliche Namen bekanter *Professoren* hinein / *datirte* etliche Briefe von dar / und eilte so viel möglich auf Paris / wo ich gleichfals ein und andern berühmten Königlichen Estats-Diener / Abgesandten / und anderer vornehmer Leute Namen / in das Stamm-Buch bekam / und nach kurtzer Verweilung / zu meinem guten Glücke einen so genanten *Massager* antraff / der mich für zwantzig Reichsthaler zurücke nacher Straßburg führte / und kurtze Tage darauf zu einem Vornehmen vom Adel / als seiner Kinder Lehr-Meister / beförderte.

Dieses war es / worauf ich von Anfang gezielet hatte / ich schrieb aber meinem Vetter kein Wort darvon / sondern bald aus Paris / bald aus Lion / bald aus Orleans / des Inhalts / wie ich mich nun schon selber fortbringen könte / und keiner weitern Mittel von Hause mehr vonnöthen hätte / das

C denn

denn bey ihnen allerhand Gedancken/ und Urtheil erweckte/ was ich doch seyn müste/ einer gab vor/ wie er sichere Nachricht hätte/ daß ich geheimer Reise-Secretarius bey dem Schwedischen Gesandten wäre/ ein ander aus Franckreich kommender verschwur sich/ daß ich dieser Krone Residente wäre/ und er mich selber gesprochen hätte/ wo er denn zugleich auffschnied/ wie überaus stattlich ich mich hielte/ welche nutzbare Lügen sich auch alsobald zu Belissa ausbreiteten/ und wie ich hernach erzehlen will/ mir noch gute Zeit zu statten kamen. Indessen saß ich in Elsaß/ und lehrete Kinder/ behalff mich so gut ich kunte/ und gab mit allem Fleiß meinem Edelmanne keine Nachricht/ wo ich eigentlich her wäre/ wiewol ich auch daselbst keine Noth litte/ weil ich mit guten Kleidern versehen war/ genugsamen Unterhalts genoß/ und noch dieses zum besten hatte/ daß ich mich mit meinem ehrlichen Ritters-Manne in der Frantzösischen Sprache und dem Degen/ den er überaus wol verstund/ wie auch in der Laute diese Zeit über genugsam üben kunte/ biß zwey Jahr darüber hingiengen/ und ich endlich dafür hielt/ es wäre nunmehro Zeit/ nach Hause zu kehren/ und mein rechtschaffenes Glück daselbst zu befestigen/ zu diesem Ende schrieb ich abermals unter dem dato aus Lion an meinen Vettern/ wie ich gesonnen wäre/ mich dermaleinsten meinem Vatterlande zu zeigen/ und derowegen ehstens bey ihnen zu seyn/ von Gelde gedachte ich kein Wort/ sondern fand zu Straßburg schon auf ein

ein Jahr mit ein par hundert Reichsthaler-Credit/ davon ich mich fein sauber auf die neueste *Façon* kleidete/ und zu Fuß nacher Leipzig spatzierte/ dahingegen aber daselbsten/ weil es gleich Messe/ und viel bekandte Kauffleute von Belissa da waren/ einen Herrn=losen Diener mit sauberer *Livrée* auf ein par Tage besoldete/ mich in das beste Wirths-Haus einlegte/ und alsdenn mit der Post nach Belissa gieng/ woselbsten alle Leute glaubeten/ daß ich allererst über Paris daher käme/ und jedweder begierig war/ Meister Niclasen des Schneiders vornehmen gelehrten Sohn/ der so ein grosser Estats-Mann in Franckreich gewesen/ zu sehen/ und zu beehren/ worüber ich denn bey mir um so viel mehr lachte/ weil nicht nur gemeine/ sondern auch vornehme Leute ein so grosses Thier aus mir machten/ wie denn schwerlich ein Ort in der Welt/ als diese Stadt ist/ da man geschwinder auf etwas fällt/ und biß in den Himmel erhebet/ bald aber wiederum darauf/ wenn etwas neuers hervon kommet/ darvon absetzt/ und wenn es möglich in Koth tritt. Ich schwieg indessen/ und wolte Lügen zu vermeiden/ mit dem was ich doch eigentlich gewesen wäre/ und ferner angehen wollte/ nichts recht heraus/ ausser daß ich bißweilen von mir blicken ließ/ wie mein Vatterland kein Ort für mich/ sondern ich nur kommen wäre/ mein Vermögen in Richtigkeit zu setzen/ hernach aber mich wieder dahin zu begeben/ wo mich das Glück mit viel günstigern Augen anschauete/ das auch jedweder als

C 2

eine

eine unzweiffelhaffte Warheit annahm/ und hin und wieder vorgab/wie man gleichwol so einge=borne tapffere Stadt=Kinder zum Nutzen der Stadt bey sich behalten/und nicht den Ausländern gönnen sollte/ja es wäre eine Schande/daß man zum öfftern etliche junge Lappen/ die etwan ein par Jahre zu Paris gelernet hätten/wo die besten Pa=steten=Becker wohnen/oder aber wenns hoch käme/ den König einmal seine Groß=Musquetierer mu=stern gesehen/ so bald sie nur nach Hause kämen/ und mit einem neuen Muster von Frantzösischen Spitzen/und Kleidern/ mit Verstand und Wissen=schafft aber/ so reichlich als eine Schnecke mit Ge=hirn/oder der Frosch mit Haaren versehen/ wären/ dennoch alsbald andern vornehmen/ verständigern der Stadt so viel Jahr treue Dienste leistenden Leu=ten hervor ziehen/ und zu dem vornehmsten Ehren=Dienst beförderte/ da hergegen aber diesen von allen Ausländern so hochgeschätzten Belisser nur deßwegen so lange zuruck liesse/weil er eines gemei=nes Mannes Sohn wäre/ gleich als wenn diese nicht auch ehrliche Leute wären/das ihrige sowol als andere/ ja besser bey der Stadt gethan/ und da es ja endlich am Adel gelegen/ eben so leichte wie andere mit ein par hundert Gulden darzu ge=langen könten.

Absonderlich war ein vornehmer gelehrter Mann bey dem Regiment der Stadt/ der mich bey allen offentlichen Zusammenkunfften nicht ge=nugsam ausloben kunte/und weil er sich auch mein

Ver=

Vermögen grösser einbildete / oder daß ich mich ohne allen Zweiffel damit adlen / und auf dem Lande begütert machen würde / mir heimlich Anfangs seine eigene Tochter zudachte / von solcher Meinung aber so fort nachdem er vielleicht hinter mein Unvermögen kommen / sich auch mittler Zeit selber den Ritter-Stand / und noch eine andere Kayserliche Würde erkaufft hatte / also allerdings unanständig hielt / sein Adeliches mit Schneider-Blute zu vermischen / wiederum entschlug / und wo er nur kunte / sich meiner Gegenwart äusserte; gleichwol hielt noch ein ander über mir / und schlug mir / in Hoffnung eine ansehnliche Verehrung darvon zu bringen / eine reiche junge Wittib mit zehen tausend Reichsthalern vor / die mir auch nit abhold zu seyn schien / gleichwol aber ehe ich michs versahe / von einem reichgefütterten Gold-Wurm / und der noch darzu in einem ansehnlichen Ehren-Amte saß / vor der Nase weggefischet ward / so daß ich das Nachsehen haben / und in der That verspühren muste / daß / voraus bey den Weibern / der Hochmut und Reichthum die zwey Brüste sind / an denen alle saugen / und sich niemals davon wollen abgewähnen lassen / denn daß falsche eigennützige Freunde allerdings den Wasser-Blasen gleich sind / die nur wenn es regnet geboren werden / und denn auch keine boßhafftere Art von Leuten sey / als die / ungeachtet sie bey allen Leuten den Ruhm der Redligkeit haben wollen / und noch darzu besoldet werden / daß sie ehrlich / fromm / gerecht seyn / und andern Leuten dar-

darinnen mit guten Exempeln vorgehen sollen/ein solch verteuffelt Hertze haben/ daß ohnerachtet sie bißweilen versprechen, einen ehrlichen Mann zu befördern/ auch wol Geld dafür nehmen/ ihm endlich doch selbsten die Leiter unter den Füssen wegziehen; Uber solchem Berathen/Wehlen/Hoffen/ Versprechen/und Betriegen/vergiengen über zwey Jahr/ und mit selbigen auch allgemach mein so grosser Beruff/ so/ daß ich mit dem dritten besand/ daß jener nicht übel geurtheilet/ es wären die Gelehrten zu Belissa wie die Mielonen/ die da sehen müssen/wie sie sich innerhalb ein par Monaten zum Genuß anbrächten/ widrigenfalls würden sie faul/ stinckend und veracht.

Mein Vetter hatte mir nun schon bey zwölff hundert Reichs-Thaler auf das Hauß/ das nicht über zwey tausend werth war/ vorgeschossen. Derowegen war es hohe Zeit dermaleinst/ ehe ich vollends aufgeraumet/ auf ein sicheres Mittel zu gedencken/ bey einer austräglichen Heyrat unter zu kommen/ unter andern schlug er mir endlich eine Kretschmer-Wittib für/ worauf ich zwar ein verdrüßliches Lachen/daß ich itzo von so hohen Sprüngen/ auf einen Kretschmer abfallen solte/ entgegen setzte/ bald aber darauf/ nachdem er mir umständlich vorgewiesen/daß es eine Person von etwan vierzig Jahren/ und dergleichen Gestalt/ daß man ihr nicht abhold seyn dörffte/ im übrigen aber von guten Mitteln wäre/ anders Sinnes ward/ die kräfftigste Bewegungs-Gründe aber waren/ daß ich
mich)

mich sonsten nicht zu erhalten wuste/ und zur Vermeidung eines gäntzlichen Schiffbruchs/ alle Errettungs = Mittel für einen sichern Hafen halten muste/ ingleichen daß ich mich solcher Nahrung / die eintzig und allein durch das Gesinde bestellet werden könte/ nicht würde zu schämen/ sondern meine Gelegenheit in abgesonderten Zimmern/ bey einem Glaß Weine / und gutem Gerichte Essen/ auch wol die Hoffnung aus diesem Kretschem=Hause viel eher als sonsten auf das Rath = Haus zu steigen/ haben könte. Ich stellte diesem nach das gantze Werck meinem Vetter heim/ der es auch endlich dahin brachte/ daß ohnerachtet es/ gleich Anfangs/ indem mehr Meisen um diesen Käse=Korb herumer flogen/ nicht ohne Schwierigkeit abgieng/ ich endlich dennoch Hahn im Korbe ward/ das ist/ die reiche Kretschmer = Wittib hinweg kriegte.

Allhier befand ich mich in allem was mir der gute Mann vorgesaget/ unbetrogen/ und daß es zu einem geruhigen Leben viel besser sey/ bey Eulen gesessen/ als mit Falcken geflogen. Die erste von ihr genossene Wolthat war / daß sie kaum drey Wochen nach der Hochzeit die Schulden von meinem Haus abstieß/ und mich absonderlich in einem schönen saubern Zimmer sehr wol unterhielt/ daß ich niemals fragen dorffte/ ob man braute oder schenckte/ Hopffen oder Maltz vonnöthen hätte/ das beste Stück Wildpret/ und ein Glaß Wein/ eine Gesellschafft von ein par guten Freunden/ eine Trappalier=Karten/ und bißweilen die Laute/ waren meine

C 4

gantze

gantze Wochen-Arbeit/ voraus aber diese letzte der rechte Dietrich zu ihrem Geld-Kasten. Ich hatte ein par/ damals noch neue/ Stücke von dem Straßburgischen Strobeln/ in die sich das gute Weib so sehr verliebte/ daß wenn ich ihr nur nach Tische/ nach bereits von ein par Gläsern Wein aufgeweckter Anmut/ eines oder das andere herschlug/ Anfangs zwar ein Dutzent Ducaten/ nachmals aber die Schlüssel zu ihrem gantzen Schatze herausser kamen/ die ich ihr aber/ wol wissend/ daß mir dieses alles unverlohren seyn würde/ unversehret ließ/ und damit so weit ihr Hertze gewan/ biß ich erfahren muste/ daß die gute Zeit nur zu geschwinde den Halß bricht/ angesehen sie/ als ich kaum sechs Jahre mit ihr in so geruhiger Ehe gesessen/ eine so hitzige Krankheit überfiel/ daß ihr die Aertzte bald verlohren gaben/ derohalben sie bey so beschaffenen Sachen ihre erste Sorge seyn ließ/ ihren letzten Willen zu verfassen/ und mich nebenst ihrem aus der ersten Ehe erzeugten eintzigen Sohn zum Erben in gleiche Theil einzusetzen. Hiemit starb sie in meinen Armen/ und ich muß bekennen/ daß mich ihr Tod Anfangs so sehr betrübte/ daß ich noch biß itzo/ das allgemeine Sprichwort: Wie ein entflogener Sperling/ und verstorbenes altes Weib gleiches Leides würdig sind/ nicht durchaus wahr zu seyn erachte. Gleichwol aber währete auch diese Betrübnis nicht übergewöhnlich/ voraus da mir nun der Edelmann wieder in Kopff kam/ und der Kretschmer je länger je verächtlicher war. Denn ob ich gleich/ wie vorgedacht/

gedacht/ bey dieser Nahrung gute Tage/ und alles hatte/ was nur mein Hertze wünschte/ so schmertzte es mich doch/ daß unerachtet meiner Gelehrheit/ und am allermeisten wenn ich sahe/ daß ein und ander grober Korn-Hammer/ wenn er nur einen guldenen Stiel hatte/ und ausser so gemeiner Bürgerlichen Nahrung lebte/ unschwer zu dergleichen Dienste oder Amte gelangte/ das ihm bey den offentlichen Versammlungen die Vorstelle beylegte/ ich allenthalben nachgesetzt bleiben muste. Mein liebes Weib hätte gerne ein par hundert Ducaten nicht angesehen/ es ließ sich aber nicht anders thun/ als wenn ich etwan eine Officier-Stelle bey der Stadt erlangen könte/ darzwischen aber auch wiederum vielerley andere Verhinderungen/ und voraus dieses käm/ daß man allhier in dem unabbringlichen Wahn ist/ es sey kein Gelehrter wie geschickt und erfahren er immer seyn mag/ sondern nur bey der Kauffmanns-Elle und Gewichte aufgebrachte Leute/ wichtig und tüchtig darzu/ so daß jener nicht gar uneben darvon geurtheilet/ es kämen allhier die Esel auf der Post zur Beförderung/ die Tugend und Geschickligkeit aber/ mit dem Fuhr-Wagen hinten nach. Derowegen es damals nicht seyn kunte/ nunmehro aber auch nicht länger anstehen muste/ mich besser hinauf zu bringen/ weil ich gesonnen war/ mich ehstens wiederum mit einer anständigen Heyrat zu versorgen/ worzu denn aber weder mein noch junger gesunder starcker Leib/ indem ich damals kaum 33. Jahr hinter mich geleget/ weder der

E 5     mit

mit 9000. Reichsthaler gespickte Beutel/ nicht alles beytragen kunte/ dafern ich nicht auch nothwendig bey Zeiten auf erwähnten Ehren-Rgug für meine zukünftige Liebste bedacht wäre. Und in Warheit/ wenn mein Herz sehen solte/ was für närrische Eitelkeiten alhier bisweilen bey diesem unersättlichen Ehren-Durste vorgehen/ er würde sich darüber verwundern. Viel dergleichen nach solchen Vorzügen lechzende Weiber/ sehen deßwegen bey ihrer Verheyratung nicht an/ ob ihr künfftiger Ehe-Mann ein Tugend-oder Laster-Freund/ ein Kipper oder Wipper/ ein Hurer oder Schwelger/ ein Gottes-Verläugner oder Verschwender sey/ wenn sie nur/ vermittelst solcher Heyrat/ desto näher hinter der Leichen hertreten/ und bey den Hochzeiten oben ansitzen können; Etliche sehen keine Mittel an/ auch nur auffs wenigste bey ein-und ander Begebenheit dahin zu gelangen. Etliche geben aus Verdruß eher ihre gute Dienste auf/ und ziehen gar davon/ ehe sie einem andern nur ein par Schritte nachgehen solten/ zum öfftern kömmets/ daß sich die Weiber bey den Leich-Begängnussen mit Gewalt vordringen/ und nicht viel fehlet/ daß sie nicht mit Ohrfeigen um den Vortritt fechten/ so daß allhier die Christliche Lehre: Weiche diesem/ oder setze dich nicht oben an/ um so viel unmöglicher den Leuten einzupredigen ist/ weil bisweilen die Geistlichen selber an dieser Windsucht leiden/ und die Christliche Demut bey ihren Weibern eben so gemeine ist/ wie ein Hirschbraten in eines Bettlers Küchen. Diese Klippen nun zu

über-

überklimmen/ und mir den Weg damit zu einer ansehnlichen Heyrat zu bähnen/ war kein besser Mittel/ als mich adeln zu lassen/ und ein Stücke Land Gutes zu erkauffen.

Ich übergab diesem nach in der Theilung meinem Stieff-Sohn das Hauß/ mit dem Brau- oder Kretschmer-Urbar/ und ließ mich so weit mit einem Stück Geld abfertigen/ daß ich biß 9000. Thaler zusammen brachte/ die denn zwar ein schönes Geld/ zur Erkauffung aber eines rechtschaffenen Gutes/ viel zu wenig waren/ die bey meiner Kretschmerin genossenen Schlecker-Bißlein/ und guten Wein für mein verwehntes Maul damit fortzusetzen/ biß mir endlich ein nicht gar zu getreuer Freund einen Anschlag gegen diejenige Land-Ecke gab/ wo zwar die adelichen Ritter-Sitze in geringerem Preise/ darbey aber auch von schlechten Einkommen seynd; Ein ander guter Freund wiederrieth mir zwar solches/ und wieß mir was ich für Uberlast und Widerwertigkeit von den benachbarten Krippen-Reutern haben würde/ das ich mich aber nicht anfechten ließ/ sondern weil ich mich ihnen mit dem Degen schon genugsam gewachsen wuste/ so gute Warnung wiederum leichte aus dem Sinne schlug; mit kurzem ich kaufft ein Gut für 6000. Thaler/ ward aber bald gewahr/ daß/ als ich dem Donner entwichen/ unter den Blitz gerathen/ und mein guter Freund mit seiner Prophezeiung sehr nahe zum Ziel geschossen hatte/ daß da ich in Belissa Bedencken hatte/ einem andern gelehrten Manne nachzugehen/
ich

ich daselbst leiden muste / daß mir jeder Molcken-Supper vorgezogen ward. Denn als ich mich kaum halb und halb eingerichtet/ war dieser Vogelbach/der meinem Herren heute mit seiner Stänckerey gnungsam bekant worden / der erste / der mich nebenst ein par seines gleichen / wie sie es nenneten/ umstieß. Es war auf etwan eine halbe Meile mein Nachbar/nicht daß er damals/ noch itzund ein eigenes Gut hatte / sondern er säß nur auf einer etwan ein par hundert Reichsthaler würdigen Bauren-Wirthschafft/zu Miethe/und brachte/wie andere seines gleichen/ das Leben mit solcher Krippen-Reuterey zu/wie er sein Weib und Kinder aushält/weiß ich nicht/ ausser daß ich sie zum öfftern gesehen / mit einem Karne/ und ein par abgerissenen Kindern bey den vermögenden Edelleuten auf der Gärtte Getrende/Brod/Käse/Butter/und dergleichen einsamlen/welche Bettelschatzung sie denn auch insgemein monatlich einmal bey mir einforderten dieser Vogelbach nun war wie gedacht / der erste / der mir nebenst ein par seines gleichen/den Tisch zurücken einsprach/sie hielten sich das erste und andere mal noch zimlich bescheiden / wohingegen ich ihnen auch vorsatzte/was das Hauß vermogte / welches dann hergegen die Ehre der angetretenen Adelichen Brüderschafft/ ihrer Meinung nach/überflüssig ausgleichte/ biß endtlich der Stäncker in ihrem groben Gehirne unmöglich länger verarrestiret bleiben kunte. Es gi't dir denn Bruder Kretschmer; fieng er einmal an / als er sich den gantzen Tag über die Nase mit

Bier

Bier und Brand-Wein begossen hatte/das ich ihm aber mit einer unversehenen Ohrfeigen dergestalt gesegnete/ daß der gute Kerl mit dem Sessel biß mitten in die Stube übern Hauffen flog. Mein Reit-Knecht/ein Baum-starcker Kerl/ der vormals ein Soldat gewesen / und den ich mehrentheils zu dergleichen benöthigtem Schutz-Geiste aufgenommen hatte/als er dieses sahe/kriegte den andern Juncker Weidesporn bey dem Kragen/ daß er sich nicht rühren kunte. Was/sagte er/ ihr Halluncken/ ist es nicht genug/ daß man euch so offt ihr kommet/die hungrige Rantzen füllet/ und eure magre Mähren ausfretzet?wolt ihr meinen Herren dieses *Deo Gratias* geben?dieser/ und jener hole mich/ wo sich einer reget/ so wil ich ihm den Juncker-Rock so verbrämen/ daß man die blauen Posamenten sechs Wochen auf dem blossen Rücken sehen soll; Wir haben nichts mit diesen Händeln zu thun/antworteten die zwey/ hat Bruder Vogelbach was angefangen/ so wird er solches als ein rechtschaffener Cavallier auch schon auszuführen wissen/ der sich inmittelst wieder aufgerafft hatte/ und zum Degen greiffen wolte. Laß deine elende Blut-Peitsche stecken/ sagte ich/ oder ich will dir/ daferne du noch nicht völliges Maß hast/ mit dem darzu abgebrochenen Schemmel-Bein/solches gewiß genug ersetzen. Wormit er das Maul hielt/ und mit blau-gefärbten Augen/ nebenst seinen Ritterlichen Cameraden darvon gieng/zu Pferde sassen/ und zum Thor hinaus ritten. So bald sich aber diese drey Kerls in Sicherheit

heit hielten/ gieng allererst recht das Schmähen an/ hundertmal muste ich ihnen ein Kretschmer-Knecht seyn/ der eine bemühete sich die Postolen loß zu brennen/ kunte es aber/ weil ohne Zweiffel/ weder Hahn noch Rad am Schlosse war/ nicht darzu bringen/ biß sie endlich merckten/ daß ich im Anschlag hatte/ ihnen mit ein halb dutzent Bauren auf den Halß zu kommen/ dannenher sie sich eilends davon machten/ und ettwan 14. Tage darnach mir alle drey zugleiche ein Schlag-Kartel zuschickten/ der Meinung/ ich würde nimmermehr das Hertze haben/ mich mit ihnen im freyen Felde herummer zu schmeissen/ woran sie sich aber mercklich betrogen fanden; dieweil ich mich aber auch befahrete/ es mögte mir der gantze Schwarm der herumwohneten Krippen-Reuter über den Halß kommen/ und allgemeine Klopff-Nüsse geben/ als nahm ich ein halb dutzent von denen damals im Lande ligenden Reutern zu mir/ und gab dem Vogelbach im erstë Gange eine so dichte Schmarre über die Achsel/ daß er bald den Degen fallen ließ/ und die Faust nicht mehr brauchen kunte/ worüber Weidesporn alsobald den Mut so weit verlohr/ daß er zeitig das Reißaus nahm/ und im andern Gange Friede machte. Keiner hielt sich besser/ als Juncker Michael von Stölzenholtz/ den ich vorhin für den verzagsten angesehen. Er schmieß gut genug um sich/ biß endlich dieser dreyfächtiger Zwey-Kampff ein solches Ende nahm/ das sich zwar diese verglichen/ Vogelbach aber/ noch ein par Gänge zu Pferde/ so bald ihm der Arm würde geheilet

heilet seyn/vorbehielt/das er aber noch bis heutiges
Tages unausgeführet gelassen hat.

Auf solche Weise bekam ich zwar nicht von dem
Einlauff der Krippen-Reuter/ als an denen es niemals
mängelte/sondern nur für ihren Händeln Ruhe/bald
aber darauf eine viel grössere/und kostbare
Ungelegenheit. Es hatte mich mein Verkauffer
nicht nur am Verkauffe selbsten ziemlich geschnellet/
sondern mir auch einen hochaustragenden wiederkäufflichen
Zinß verschwiegen/ ingleichen bey weitem
nicht alles gewähret/was in dem Beylaß-Zettel
aufgesetzt/ dannenhero ich ihn nothwendig vor selbiger
Landes-Regierung verklagen/und mich eines
Advocaten darzu bedienen muste. Allhier gieng
es nun sehr langsam zu/ehe ich meinen Gegentheil zu
Stande bringen kunte/ als der immer eine Ausflucht
nach der andern ersonn/so schien es auch bey der Regierung/
als wenn man schlechte Lust hätte/ mir zu
helffen. Mein Advocat/ der am besten wuste/ wo
es fehlte/gab mir den Rath/den Herren Cantzler zu
gewinnen/ worauf es sich schon geben würde/ ich
merckte es leicht wohin er zielete/ und schickte ihm
Anfangs ein in Polen erkaufftes wildes Schwein/
nebenst ein par Tonnen Butter/ in die Küche/ die
denn das im Koth steckende Gerechtigkeits-Rad
dergestalt schmierten/daß ein Befehl an meinen Gegentheil
abgieng/mit mir abzukommen/oder daferne
er etwas erhebliches einzuwenden hätte/selbiges innerhalb
einer Minder-Sächsischen Frist einzubringen.
Wormit ich vors erste mal zu frieden seyn
muste/

muſte/ ward aber bald innen/ daß ehe noch ſolche Friſt verſtrichen/ auch das Wildpret mit der Butter ſchon verdauet/ und von keiner Erſcheinung oder Gegenbericht etwas zu hören war/ dahero nur meine *inſtanz* verdoppelt/ und weil der Frau Cantzlerin Erinnern nach/ die Butter ihrem Herrn ſo wol geſchmäckt/ daß er nach der Zeit keine andere genieſſen wolte/ wiederum ein par Tonnen/ nebſt einem Malter Haber/ und einem ſchönen Reh=Bock dieſe Straſſe gehen muſte/ woraus zwar bald ein neuer Befehl/ mein Gegentheil aber ſo lange nicht zu ſehen war/ biß endlich noch ein Malter Korn nachflog/ und es zwar zum Stande/ die Sache aber nur ſo weit brachte/ daß ihm/ nach angehörten Klag=*Libell interlocutorie* anbefohlen ward/ innerhalb gedoppelter Sächſiſchen Friſt zu *excipitiren*/ die ſich aber mit der *replica duplica*, und ehe man in der Sache geſchloſſen/ biß über zwey Jahr hinaus erſtreckte/ inzwiſchen aber weil dem Herrn Cantzler alles geſchenckte beſſer ſchmäckte/ als was er kauffte/ bald dieſes/ bald jenes/ zuzuſchicken ſeyn muſte. Abſonderlich wuſte er ein par ſchöne gezogene Stutzen bey mir/ die er auf ſolche Weiſe heraus brachte/ er käm unvermuthet ſelber zu mir/ und gab vor/ als wenn er in der nechſten Stadt geweſen/ und weil er ihm nicht biß nach Hauſe zukommen getrauete/ um ein freundliches Nacht=Lager einzuſprechen/ genöthiget würde; ich muſte mir dieſes für eine ſonderbare Ehre ſchätzen/ und bewirthete ihn ſo gut ich konte/ inmittelſt beſahe er mein Gewehr/ lobte die

Stu=

Stutzen/ und gab vor/ wie er ein sonderbarer grosser Freund dergleichen Sachen wäre/ dannenhero bittende/ dafern sie mir feil wären/ ihme entweder selbige gegen bare Bezahlung zu überlassen/ oder ein par dergleichen zu bestellen/ woraus ich denn bald mercken kunte/wohin er zielete/ muste also nur in einen sauren Apffel beissen/ und nicht nur dieses par Stutzen/ sondern auch noch etliche Monate darauf/ ein schönes silbernes Uhrlein/ wormit mich einsten meine liebe Kretschmerin angebunden/ und er ungefehr an der Wand hangen gesehen hatte/ auf Hoffnung eines guten Bescheids hinlassen/ worbey es aber noch nicht blieb/sondern es muste auch nach wenig Tagen/ vor dessen Eröffnung/ ein Stücke Silber herhalten. Es ist gleichwol ein schöner Groschen/ damit man einen Thaler gewinnen kan/ und bey meiner bißherigen *Parxi* genug bemercket/ daß selten in einen offenen Beutel ein schlimmes Urtheil fällt/ sagte mein Advocat/ darum sehe der Herr auch dieses zu guter Letze nicht an/ denn ob wir zwar eine gerechte Sache haben/so ist es doch damit nicht genug/ *quandoque etiam sub justo succumbimus clypeo*, stehet *in lege*, und in Warheit/ so bin ich ausser dem/ daß der Rechts-führende Beutel sowol als der Verliebten mit Spinnenweben zugeschnüret seyn müssen/ genugsam versichert/ daß der Herr Cantzler sich deß Hertzen aus allen Kräfften annimmt/und genug zu thun hat/die von einem gewissen Frauen-Zimmer gantz auf Gegentheils Seite gebrachte Hertschafft zu einem guten Urtheil zu bewegen/dieweil man aber mit einer guldenen Lantze auch den Stärckſten aus dem Sattel heben kan/ſo wird ſichs wol ſchicken/wenn ſich nur der Herꜩ noch zu letzt mit dieſem überwinden kan. Mit kurtzem eine vier Marck ſchwere überguldete ſilberne Flaſchen/ die mir vorhin meine liebſte Kretſchmerin auch einmal zum Neuen Jahr gegeben hatte/ gienge dem vorigen nach/ und erhielte doch nicht mehres/als das/da wir Kronen geſucht/Eſel funden/mit einem Worte dieſem Abſchied erhalten/ daß eh ſtens eine Commiſſion anzuſetzen/ und damit zu verſuchen ſeyn würde/ ob wir in der Güte von einander zuſetzen/ und die Hochlöbliche Regierung ſorthin von dieſen langen verdrüßlichen *Proceſs* zu entheben ſeyn könte. Wie ſehr mir dieſes zu Hertzen gegangen/ iſt leichte zu erachten. Ich verfluchte die Stunde in der ich auf das Land-Leben gedacht/ und verglich mich derohalben mehrere Unkoſten und Schmiereren zu vermeiden/ mit meinem Gegentheil ehe noch die Commiſſion angeſetzt war/ dergeſtalt/daß ich an ſtatt 1600. Reichsthaler/die ich mit allem Rechte von ihm zu fordern hatte/ 500. annahm/ und damit kaum die aufgewendeten Unkoſten zurücke bekam/ wobey er mir dann aufrichtig bekante/ das ihm an dergleichen Schmiralien auch nicht weniger/ als biß 300. Reichsthaler darauf gegangen/ und es alſo der beſte Weg geweſen/ wenn man ſich bald Anfangs in der Güte vertragen hätte. Alleine die Uberfahrt war ſchon verſäumet/ und ich nebenſt dieſem mit einem ſolchen

Hauß

Hauß-Creutze beläſtiget/daß mir viel näher als dieſer Proceſſ an die Seele ſchnied. Ich habe bißhero vergeſſen/daß ich mich bald ahfangs bey Erkauffung dieſes Gutes/wiederum/und zwar in ein alt Adelich Geſchlechte in der Nachbarſchafft verheyratet hatte/das mir denn ſo wol bekam/wie dem Eſel der Eiß-Tantz. Anfangs zwar hatte ich ſchlechten Sinn darzu/ſondern vielmehr Luſt/guter Leute Kinder aus der Stadt mit etliche 1000. Thalern zu nehmen/damit meine Wirthſchafft um ein groſſes zu verbeſſern/allein der falſche Freund/der mich zu dieſem Kauffe überredet/ſchlug mir auch alhier ein Bein unter/und rieth mir/aus nachfolgenden Urſachen/keine andere/als von guten alten Adel und zwar aus dieſer Nachbarſchafft zu nehmen; Anfangs/ſprach er/iſt es ſehr ungewis/ob der Herr zu Beliſſa eine reiche Partie antrifft/ob er ſich gleich darauf adeln laſſen/und damit den Kretſchmer abgewiſcht hat. Denn zugeſchweigen/daß auch der Stadt-Adel ſo hochmütig geſinnet iſt/daß wer nur 10. Jahr ſeinen Adels-Brief vor dem andern älter *datiret* hat/ſich ſchon um ein groſſes beſſer zu ſeyn dünckt/und den neuren keines weges/zumal wenn ſie noch ettwan darbey in einem Ehren-Amte ſitzen/für ſeines gleichen hält/wie er denn ohne allen Zweiffel zum öfftern/voraus von den Cantzeln wird gehöret haben/daß ſich ein Neu-geadelter nur Wol Edel muß nennen laſſen/dahingegen aber die andern/ohnerachtet/das Papier älter als ihre Ritterſchafft iſt/und man ſie noch wol vor weniger

Zeit unter dem Lacken-Hause den Bauren eine Elle Tuch für etliche Groschen abmessen gesehen / dennoch ihr Hoch-und Wol-Edelborne Gestrengigkeiten / mit noch so vielen anderwärtigen Titeln / heraus streichen lassen / daß man glauben solte / ihr Adels-Brieff wäre mit dem vorher verlesenen Evangelio von einer Feder und Dinten geflossen / wo denn fast das lächerlichste ist / daß manche mehr Titel und Monden-Dörffer als Thaler haben / und man so wol wie jener Spannier von der hundert tausend Ducaten kostbaren Brücke über den seichten Fluß zu Madrit / *O mas aquas, o menos puentos*, wol sagen könte / enttweder mehr Geld oder weniger Titel / so finden sich itzo gar wenige reiche *Partien* daselbst / und da ja etwas aufgehet / dergleichen älter vermeinte / mit Hülffe derer darzu erkaufften Patronen hinzugelangen / daß ein anderer Kerl wol das Nachsehen haben muß / zu diesem kommet / daß dergleichen geadelte Stadt-Damen / so viel Verstand von der Land-Wirthschafft haben / daß wenn sie hinaus kommen / nicht einmal wissen / was Kühe / oder Ochsen / Schafe / oder Ziegen / Käse / oder Quarck sey / dahingegen erfordert des Herren Wirthschafft gar andere Obsicht / und eine solche Wirthin die von Jugend auf darben erzogen / denn auch das eintzige Mittel ist / seinem von ihr als einer uralten adelichen Mutter erzeugte Kinder / mit der Zeit zu rechtschaffenen Land-Edelleuten zu machen.   Zu diesem Ende schlug er mir eine in der Nachbarschafft befindliche Dame für / und erbot sich selbsten einen verhoffentlich nicht unglücklichen Frey-Werber abzugeben.

Sie

Sie ist schöne/sagte er/eine gute Wirthin/von guten Mitteln/ und altem Hause/ welches alles der Herr unmöglich in der Stadt zusammen bringen wird. Als ich ihn nun hierauf fragte/ wie hoch sich ihre Mittel erstreckten/schnied er von 2000. Thl. her/ woran ich zwar bald damals desswegen zweiffelte/ weil solches auf dem Lande ein so grosses Henrath-Gut ist/darnach auch wol Freyherren schnappen/ und dannenhero wol schwerlich um diese Land-Ecke/wo ohne diß das Armut seine Hoff-Stadt hielt/ so lange für mich übrig geblieben seyn würde / doch ließ ich mich endlich/ weil die Dame nicht übel gebildet war/und der Edelmann mir alle gesunde Vernunfft aus dem Gehirne geschafft hatte/darzu bereden/ da ich denn zeitlich befand/ daß auch diese vermeinte Jungfer mit dem Bauche darzeigte/ daß sie im Hintern keine Kinder tragen/ ingleichen daß die vorgeschnittene 2000. Thaler biß auf 400. und die noch darzu in einem zweiffelhafften Proceß bestunden/ verschwunden/ und kaum so viel austragen würde/als noch darauf zu wenden wäre/ oder auch mich so adeliches Beylager gekostet hatte. Dessen allen unerachtet aber schlug ich mir solches aus Liebe/die ich Anfangs zu ihrer guten Gestalt hatte/ und noch darzu dieses aus dem Sinn/daß sie mir so gar nichts an Schmuck/ Kleidern/ und anderm Frauen-Geschmeide zubrachte/derowegen fragt ich einesmals meine Frau Schwieger-Mutter/ wo denn die Kettichen/ Ringen/ und par taffene Röcklein/mit denen ich gleichwol meine Liebste/als ich sie

D 3                        be-

bedienet/ angekleidet gefunden hätte/ geblieben wä&shy;re. Die mir aber drauß mit einem hönischen Geläch&shy;ter zur Antwort gab/ daß wenn ich sie gleich nur in blossen Hembde bekommen / dennoch damit zu frie&shy;den seyn/ und mich vergnügen solte/ daß sie so weit von ihrem adelichen Geschlechte abgesuncken/ und mir ihr Hoch=Adelich Kind gegeben hätte/ worüber sie denn noch Ungelegenheit genug haben würde/ ehe sie diesen Schimpff bey ihren Freunden/ als die sol&shy;ches durchaus nicht zugeben wollen / abwischen würde/ so viel aber die Kleider und Schmuck anbe&shy;langte/ müste ich wissen / daß sie noch mit mehrern Töchtern versehen / und auch selbige zu bedencken hätte / zumalen es selbigen Orts so der Gebrauch wäre / daß sie mit einem Kleide und Aufputzung 2. biß 3. Töchter zugleich versorgten/ dergestalt/ daß wenn eine von ihnen aufgeputzt/ die andere indessen der Wirthschafft obliegen / oder wenn Gäste kä&shy;men/ sich kranck stellen/ und so lange im Bette gedul&shy;ten müsten/ biß die Woche oder Ordnung auch an sie käme / wormit ich/ also nur zu frieden seyn/ und von meinen eignen Mitteln meine Liebste/ wolte ich mir sie nicht zum Schimpf gehen lassen/ mit vol&shy;ständigster Adelicher Kleidung und Schmucke/ so zu sagen/ von Fuß auf versehen muste/ worüber denn mein bares Geld um so vielmehr vollends dar&shy;auf gieng/ weil mich nicht nur die Hochzeit ausser dem/ daß mir fast die gantze Landschafft über vierze&shy;hen Tage/ mit Weibern/ Kindern/ Gesinde/ und Pferden/ über dem Halse geblieben/ und so lange sie

noch

noch etwas in Küchen und Kellern für sich gefunden / nit hinweg zu bringen gewesen/ sondern auch/ was ich auch für meine adeliche Gemahlin machen ließ / ihr und ihrer Mutter niemals reichlich und kostbar genug war / daß sie nicht selbigen Mängel auszustellen wusten/und alles vollständiger haben wolten.

Gleichwol überwand ich mich/ und würde keine Unkosten angesehen haben / wenn ich nur den geringsten Danck damit verdienet hätte/und nicht/ welches mich am allermeisten schmertzte / empfinden müssen / daß weder mein Weib noch ihre gantze Freundschafft meiner im geringsten achteten. Voraus aber war meine liebe Schwieger-Mutter ein grundböses hoffärtiges falsches Weib/und weil insgemein die Eyer wie der Vogel / und die Blätter wie des Baumes Wurtzel sind / ihre Tochter nicht um ein Haar besser/man sagte noch darzu/daß sie in ihrer Jugend gar gerne einem ehrlichen Kerl aus Noth geholffen / und nicht leicht in der Liebes-Hitze verschmachten laffen/ dahero leichte zu erachten/ daß auch ihre saubere Tochter/so bald ihr das mütterliche Hembde gerecht worden/ihren Gang angenommen / und weil ich ihr deßwegen nicht mehr huld seyn konte/ sondern mich so viel möglich ihrer entäusserte / wohl rechtschaffen wahr befand / daß eine Thüre die man nicht schmieret/ knarret / und ein Weib / das nicht eine süsse Nacht gehabt/ den gantzen Tag versaure/ angesehen/ zum öfftern mein Reit- und wol gar der Groß-Knecht annehm-
lichere

lichere Blicke/ als ich bekamen/ wormit ich mich aber/weil doch dergleichen Schmertzen und Hauß-Kummer nicht besser abgeholffen wird/ als wenn man ihn in ein betrübtes Schweigen verhüllet/ nur zu frieden geben muste. Im übrigen aber gar nitzu klagen hatte/ daß nicht ihre Hoch-Adeliche Freundschafft mehr als mir lieb war/ mein Haus besuchten/ und redlich/ was sie nur funden/ aufzehren halffen. Sie hätten sich aber eingebildet/ der Hencker würde sie von Stund an holen/ wenn sie mich Schwager oder Oheim geheissen/ die Brüderschafft muste alles verblümen/ und meine eigene Schwieger-Mutter gab wol Achtung/ daß absonderlich wenn etwan ein Fremder im Mittel war/ ihr nicht das Wort Sohn entfuhr. Doch waren sie niemals lieber beisammen/ als wenn ich mich etwan in Belissa oder sonsten abwesend befand/ da hatte alsdenn die Hoch-Adeliche Schwägerschafft die beste Gelegenheit/ auf recht adeliche sonder eingemischten Treber-Junckern/ auf meine Unkosten sich lustig zu machen/ worzu ihnen denn ein guter Trunck Wein/ von dem ich mir das bey meiner lieben Kretschmerin darzu angewehnte Maul noch nicht gäntzlich entwehnten konte/ und zu diesem Ende insgemein mit einem Flaschen-Futter von 3. biß 4. Töpffen/ für mich und meine Adeliche Frau Gemahlin/ versehen war/ so wol anstund/ daß wenn ich nach Hause kam/ selbiges gäntzlich geleeret fand/ doch gieng dieses auch noch hin/ wenn man mir nur nit auch das Getreide vom Bodem / ja Kühe und Kälber selbsten

ſten hinter meinem Vorwiſſen ausgefiſchet/ und der Adelichen Freundſchafft zugeſtecket/ im übrigen aber ſo gute Obſicht auf die Wirthſchafft gehabt hätte/ daß ich mir leichte die Rechnung machen kunte/ daß weil derjenige/ der vier Thaler einnimmt/ und ſechſe wieder ausgeben muß/ nicht Urſache habe/ ſich um einen Beutel zu bekümmern/ ich in kurtzen ein ſo guter Krippen-Reuter als meine Nachbaren werden würde/ dafern es GOtt nicht gefallen hätte/ mich endlich mit dem Tode meiner adelichen Liebſten/ als die mit dem/ ich weiß nicht ob dem erſten/ oder von wem empfangenen Kinde/ darauf gieng/ darvon zu erlöſen/ wiewol ich noch vor ſolcher gäntzlichen Ausheiterung einen harten Sturm mit meiner verdrießlichen Schwieger-Mutter ausſtehen muſte.

Dieſe erfüllte mit ihrem Geſchrey/ Himmel und Erde über ihrer Tochter Ableben/ und wolte alle Welt überreden/ es hätte ſich das gute Menſch zu Tode gegrämet/ daß ſie aus ihrem Stande verheuratet/ und ſie die Schwieger-Mutter/ alles deſſen Urheberin geweſen wäre. Ach hätte ich ſie Juncker Nickeln von der krumme Sichel gegeben/ ſchrie ſie/ ſo lebte noch dieſe Stunde mein Kind/ und hätte ſich nicht bey dieſem ungeſchliffenen Kretſchmer zu Tode grämen müſſen. O ich elendes Weib! was habe ich in Ewigkeit gethan/ daß ich das Ding nicht beſſer bedacht/ ich meine/ der Hopffen und die Treber werden ſo feſt an meinem adelichen Wappen ankleben/ daß ſie weder ich noch

meine

meine Kindes Kinder lange Zeit werden abwischen
können. Ich hörete ein Weile ihre Narrheit mit an/
un vertrug es auf Hoffnung/ daß das Spiel einmal
ein Ende haben würde/ so lange/ biß sie endlich noch
weiter herausser brach/ und allen von mir erkaufften Schmuck/ nebenst der Kleidung/ und was ich
sonsten unter ihrem Beschluß gehabt/ für ihre andere Töchter/ unter dem Vorwand der Nifftelgera-
de/ haben wolte/ wie auch/ daß ich sie mit HochAde-
lichen Ceremonien begraben lassen solte/ allein der
Müller und sein Esel/ haben nicht allemal gleiche
Gedancken.. Ich sagte derowegen/ HochEdelge-
borne Frau Mutter/ verstorbenen bösen Weibern
und zerbrochenen Gläsern/ kan nichts bessers gesche-
hen/ als daß man die Stücke ohne sonderbare Weit-
läufftigkeit nur bald zum Hause hinaus schmeisse/
warff ihr derohalben ein par mitgebrachte Klaustern vor die Füsse/ und ließ die Leiche in einem ehrlichen Sarge in ihre Adeliche Geschlechts-Grufft
setzen/ ohne daß ich weder die Schwieger-Mutter
noch eintzigen Freund darzu hat/ wol aber etliche
Tage darnach/ etliche gute Freunde aus der Stadt/
zu mir ersuchte/ mit selbigen mich recht lustig mach-
te/ und in der That erwieß/ daß kein lustiger Schau-
spiel gehalten werden kan/ als auf der Bahre eines
bösen Weibes. Jm übrigen mir vorsetzende/ das
Gut an den nechsten den besten zu erkauffen/ und
mich wiederum nach der Stadt zu begeben/ zu welchem mich auch nachfolgendes weiteres Unglücke/
kurtze Zeit darauf/ um so vielmehr anspornete. Ich
saß

saß einsmals gegen Abends voller Gedancken/am Fenster/ und sahe wie das Gesinde seiner Arbeit pflegte/als ich von ungefehr gewahr ward/ daß sich einer mit blossen Degen am Thore gegen die anlauffende Hunde beschirmete/ deßwegen ich das Gesinde anschrie/ das sie die Hunde abhalten/ und zusehen solten/wer da wäre/ worauf alsbald ein wolbekleideter Kerl mit grossen Complimenten und diesen Worten zu mir angetretten kam.

Mein Herr Oheim/ sprach er/ wird nicht ungeneigt aufnehmen/daß ich ihm nach Ritters-Art die Ehre gebe/ auf ein Nachtlager einzusprechen/ um darbey die Ehre seiner Kundschafft zu geniessen. Nicht im geringsten/ versatzte ich darauf/ wenn nur mein Herr beliebet/vorlieb zu nehmen/nöthigte ihn derohalben hinein/ und kunte aus dem/ daß dieser Cavallier so freygebig mit der Vetterschafft war/leichte erachten/daß er nicht aus der Nachbarschafft seyn müsse/ wie er denn auch bald herausser brach/daß er ein freyer Elsassischer Reichs-Ritter/ und von den Frantzosen in solchen Verderb gesetzet wäre/ daß er den Schluß fassen müssen/ eher seine abgebrannten Güter mit den Rücken anzusehen/ als sich ihrer unerträglichen Botmässigkeit zu unterwerffen/zu welchem Ende er denn gesonnen/ sich nach dem Kayserlichen Hofe zu begeben/ daselbsten Kriegs-Dienste zu suchen/ und was der Aufschneidereyen mehr waren/derer Nichtigkeit ich wol bald auch dahero abnehmen kunte/ weil er keiner vom Adel mit denen ich bey meiner oberwähnten zwey-

jäh-

jährigen Elsassischen Anwesenheit bekannt worden/ kundig war/ derowegen ich auch etwas behutsamer mit dem Kerls umgieng/ der aber im Gegentheil so unverschämte Freyheit spielete/ daß er mir es auf Brüderschafft zubrachte/ und darbey nicht dunckel verspühren ließ/ daß ich mich wol glückselig zu schätzen hätte/ einen so vornehmẽ Reichs-Edelman zum Bruder zu haben. Dessen allen unerachtet aber vermogte dieser Ehre nicht so viel/ daß ich ihn nach der Abend-Mahlzeit in ein sonderliches Gast-Zimmer angewiesen hätte/ sondern es muste der gute Reichs-Adeliche Herr Bruder nur mit einer Streu und Madratze/ nebenst einem Haupt-Polster/ unter der Entschuldigung/ wie es bey meiner Wirthin Abgange für dieses mal bey mir nicht besser zu finden wäre/ vor lieb nehmen/ der sich aber hierauf so wol hielt/ daß als ich deß Morgens früh auffstund/ weder Juncker noch Bettgewand mehr fand/ und noch darzu meinen in der Stube verlassenen Degen und Pistolen/ als die ihm einen Reiß-Gesehrten mit abgeben müssen/ vermissete. Geschwinde befahl ich hierauf meinen Knechten sich mit Prügeln auf die Pferde zu werffen/ und wenn sie den Halluncken angetroffen/ dichte abzuschmieren/ ihm meine Sachen wieder abzunehmen/ und hernach lauffen zu lassen/ indem ich mir leichte einbilden kunte/ daß der Kerl ein Beutelschneider wäre/ und dergleichen Füchse mehr gestreiffet hätte/ also dieses bey seiner Gefängnüs zum besten haben würde/ daß ich ihn noch mit einem kostbaren peinlichen Proceß würde hencken

cken lassen müssen/ die denn auch/ nachdem sie ihn mit seiner Beute im nechsten Holtze angetroffen/ solchem redlich nachkamen / und mir zwar meine Sachen wieder zurücke brachten/ die mich aber hernach sehr theuer ankamen / angesehen kaum vier Tage hernach/ mir / sonder Zweiffel von diesem Schelmen/ des Nachts das Gut auf dem Nacken angezündet ward/ so daß ich kaum das Wohn-Gebäude erretten kunte/ im übrigen aber zusehen muste/ wie innerhalb drey Stunden/ Scheuren und Ställe/ mit Getreide und Vieh in Grund abbrenneten.

Dieses Unglücke nun brachte mir das Land-Leben so gantz aus dem Kopffe/ daß ich nur wiederum ein par Ställe für das noch übrige Vieh aufbauete/ wenige Zeit hernach/ das für vier tausend Thaler erkauffte Gut für 3000. wieder weg ließ/ mit diesem Pflaster über die noch heilsame Wunde/ mich wiederum hieher begab/ bey wiederholter Heyratung die Augen etwas besser nach meines gleichen auffsperrete/ und diese Wirthschafft anfieng/ wo es mir zwar auch nicht an Mühe und Beschwerligkeit fehlet/ dennoch aber zum höchsten Trost ist/ daß ich von den verdammten Krippen-Reutern befreyet bin / als gegen die ich dergleichen unabläßlichen Haß trage/ daß es heute nicht viel gefehlet/ daß ich nicht dem Vogelbach/ voraus als er mir meine unbegrabene Liebste vorsties / den Degen durch die Rippen jagte. Ich weiß nicht ob der Wirth noch etwas weiter von dergleichen Materie hinzugesetzt hätte/

hätte / wenn sich nicht hinter ihnen ungefehr ein geh-
linges Weiber-Geschrey erhoben / wornach sie sich
bald umsahen / und gewahr worden / daß ein Kutscher mit einer schönen saubern Karrete in einen let-
tichten Sumpff verfallen/ und weil er die darüber
in Verwirrung gebrachte junge Pferde nicht/ ohne
Gefahr vollends umzuschmeissen / aus der Hand
lassen kunte / das in selbiger befindliche Frauen-
Zimmer erbärmlich um Hülffe rief / endlich auch/
weil der Kutscher/ wie gedacht / nicht von den Pferden durffte / zum höchsten Gelächter deß Wirths
biß an die halbe Schenckel im Kote herausser waten
muste / welches/ dem Ansehen nach/ unsern Florissohn in etwas verdroß/ und derowegen den Wirth
fragte / wie er so unchristlich seyn / und über seines
Nechsten/voraus aber eines schwachen Mitleidens-
würdigen Frauen-Zimmers Unfall frolocken könte? mein Herr/ antwortete dieser/ wenn solches meinem ärgsten Feinde begegnete/ so würde ich mich in
Warheit keines weges erfreuen/ daß es aber alhier
geschiehet/ rühret aus einem gleichsam angebornen
Hasse gegen die Wipper/ als allgemeine Feinde der
Christlichen Liebe/und unverschämte Unterdrucker
so vieler tausend nothleidenden armen Seelen her/
aus welcher Kipperey denn auch diese verguldete
Karette / samt den so mutigen Pferden / ja die vornehme anderwerts bey dem Schenck-Fasse aufgebrachte zärtliche Frau selbsten hervorgekrochen
ist / solte ich nun nicht lachen / daß sie ihre Hoch-
Adeliche Füsse so tief in den Lettig embalsamiren
müs-

müſſen / mit denen ſie ſonſten zu Hauſe nicht gerne einen ungediehleten Bodem / die Gaſſe aber gar nicht zu berühren gewohnet iſt. Damit ich mich aber nicht ſo gar alles Beylendes entäuſſere / ſo betraure ich in Warheit / die mit Diamanten verſetzten Schlöſſer auf den Gold-geſtickten Schuen / als die ohne Zweiffel eine ſchlechte *Foglie* in dem Kote werden bekommen haben. Solte ſie ſich auf ihrem Leibe ſo prächtig halten / ſagte Florisſohn / ſo muß ſie in Warheit eine reiche und vornehme Dame ſeyn. Das ſtehet dahin / fuhr der Wirth fort / denn ohne Mittel kan es ſchwerlich abgehen / ſich mit dem Silber-Werck ſo weit zu verſehen / daß man ſich auch aus dergleichen koſtbarem Metalle gemachter Nacht-Geſchirre bedienet / wiewol man auch nicht in gemein beobachtet / daß dergleichen Geſinde / wenn es ſchon auf dem *Banquerot* ſtehet / das Praſſen und Pralen deſto mehr hervor ſpielet / um ſeine Glaubiger deſto ſicherer zu betrügen. Mit einem Wort / ſie iſt des gröſten Geld-Wippers in dieſer Stadt Ehe-Weib / und iſt ihr Mann / ehe ſich die Gelegenheit zu dieſer Höllriechenden-Nahrung hervor gethan / ein ſo ſchlechter niemand weiß woher geflogener Kerl geweſen / dem ſchwerlich jemand ein par hundert Thaler getrauet hätte / nunmehr aber vermittelſt dieſes Galgen-würdigen Gewinſtes zu dergleichen Vermögen kommen / daß er ſich nicht allein ein anſehnliches Hauß und koſtbaren Garten geſchafft / ſondern auch adeln laſſen / und hierauf ſeinen Stand / wie mein Herr an ſeinem

Wa-

Wagen ſehen kan/ genugſam pralende ausführet/ deſſen ſich denn das liebe Schätzichen um ſo viel billiger für ihren Leib zubedienen hat/ weil ſie ihrem Herren Gemahl in ſolchen Diebs-Griffen über die maſſen wol an der Hand zuſtehen/ und wider das gute Geld den *Inquiſitions-Proceß* meiſterlicher und ſchärffer/ als die gröſten Ketzer-Meiſter in Spanien/ wiewol mit dieſem Unterſchiede zu verfahren weiß/ daß da ſonſten bey dergleichen Peinlichen *Inquiſitionen* das leichte und loſe Geſindel zu gebührender Straffe gezogen/ dahingegen aber/ was wichtig/ tüchtig/ und gerecht befunden/ entlaſſen wird/ allhier das gantze Wider-Spiel zu ſehen iſt/ ſo daß die wichtigſten Reichs-Thaler und andere gute ſilberne Sorten/ unangeſehen wes Standes/ oder Würden ſie/ das iſt von Kaysern/ Königen/ und Fürſten gepräget ſind/ ohne eintzige Barmhertzigkeit zum Feuer verdammet/ das Geld aber ins Elend/ nemlich in die Türckiſche Barbarey verwieſen wird/ ſo daß auch damit viel hundert tauſend guter Holländer nach Conſtantinopel und ſo weiter fort/ in unauflößliche *Sclaverey*, nachdem man ihnen noch darzu vorher wie auch denen zum Feuer verdammenten ſilbernen Reichs-Gliedern mehr als eine zehenfache *Strappacorda* über die Wippe gegeben/ wandern müſſen. Was meinet nun mein Herr/ ſolte man wol mit dergleichen/ nach Ausſpruch der Kayſerlichen Rechte und vieler andern heilſamen Reichs-Satzungen Henckerswürdigen Wipper-Geſindel groſſes Mitleiden haben/ wenn
man

man es auch gleich gar in Kote ersticken sehe. Der Herr gebe einen gar zu scharffen Zunfft-Meister ab/ wem muß aber die gegen uns ankommende schöne Karosse/ mit der saubern Livree seyn? fragte ferner Florissohn. Sonder allen Zweiffel antwortete der Wirth/ nachdem er die Augen dahin geschlagen/ auch einem von Wippenbach/ die dem Ansehen nach/ heute gar ausfliegen. Ich muß gestehen/ sagte Florissohn/ als der so genandte Herr von Knausenburg nebenst seiner Hoch-Adelichen Gestrengen Frauen Gemählin vorüber waren/ daß diese Nahrung etwas rechtschaffenes abwerffen muß/ dergleichen köstliche Karosse/ wolgeschirrte Pferde/ und bekleidete Leute zu unterhalten. Es ist nicht ohne/ sagte der Wirth/ daß/ wie vorgedacht/ dieses Gesindel das Marck des gantzen Landes an sich sauget/ und selbiges darüber in Grund verderbet/ daß aber mein Herr vermeinet/ wie dieser Auffzug so viel koste/ daß dem Wipper wieder ein grosses darauf gehen müste/ ist gantz irrig/ vielmehr wil ich versichern/ daß dieser Kerl der gröste Schrobber und ärgste Geitz-Hals in Belissa sey. Mit kurtzen/ er ist der noch vor kurtzer Zeit so genante Georg Wagebalcke/ itzo aber Herr von Knausenburg/ seines Gewerbs ein Kauffmann der mit Thran/ Hering/ Stock-Fisch/ *Materialien*/ und dergleichen handelt/ darneben aber auch ein sehr beruffener Wipper und Liebhaber der Pferde/ von deren es insgemein ein par Züge nebenst so vielen Karietten auf den Wiederkauff unterhält/ damit ihm selbige nun nicht das müssige Futter fressen/ so ge-
E braucht

brauche er sie theils zu seinen eigenen Angelegenheiten/theils läst er sie andern guten Leuten für die Gebühr/ Dienste thun/ als Holtzführen/ und dergleichen / jedoch ausgenommen den Sontag oder andere Feyertage/ in welchem sie seinen Estat ausführen/das ist/ den Cavallier nebenst seiner Hoch Adelichen Gestrengen Frauen Gemalin des Morgens nach der Kirchen / nach Mittags aber um die Stadt/ oder in den Garten desto mehr bewundert zu werden/bedienen müssen/worbey er denn/ damit ihm diese Hoffstatt nicht zu kostbar falle/ nachfolgende Sparsamkeit eingerichtet. Der Kutscher ist und bleibet Kutscher/ muß aber gleichwol/ wenn es mit den Rossen nichts zu thun gibet/ auch zu Hause die Hand mit an die Nahrung legen/ der ander in gleicher Livree / als Laquay beytrettender Kerls ist sein Brasilien-Holtz-Raspler/ der dritte sein Pfeffer-Stosser/ der vierdte ohne Livree/ als Kammer-Diener hertrettende/ sein Handlungs-Junge/und die zwey Pagen aus dem Kinder-Spittal gelehnte arme Knaben/ für die er solche Livree machen lassen/ und ihnen/ wenn sie Dienste thun/ einen Silber-Groschen zur Besoldung geben läst. So bald aber diese Spazierfahrt vorüber/ müssen sie alle/ als Kutscher/ Raspler/ und Stösser/ die Livereyen wieder ablegen/ und wie diese zu ihrer gewöhnlichen Arbeit/ also auch die Knaben dahin gehen/wo sie hergekommen/biß man sie wieder ruffen läst. Wie ich mich denn itzo lange nicht besinnen können/warum dieses Hoch Adeliche Paar heute

ter auſſer der Ordnung den Cavallier angezogen hat/ biß mir eingefallen/ daß ſie etwan auf einer Hochzeit werden geweſen ſeyn/ und ſich nun auf einerley Unkoſten zu zeigen/ dieſe Spazierfahrt vorgenommen haben.

Mit dieſem waren ſie nunmehro um die Stadt biß wiederum zum Thor eingetretten/ wo Florisſohn bemerckte/ daß die äuſſere Wach aufſchrie/ und die innere zur *Præſentation* deß Gewehres anmahnete/ derowegen weil er ſich einbildete/ dieſe Ehre zielete nach ihm/ bereits mit der Hand nach dem Sacke fuhr/ ein Gulden-Stück dafür hinzuwerffen/ das denn der Wirth leichte merckte/ und ihn mit dieſen Worten davon zurücke hielt: Mein Herr ſpahre der unnöthigen Unkoſten/ dieſe Ehrerbietigkeit iſt nicht auf uns/ ſondern den nachtrettenden vornehmen Kriegs-Officier angeſehen/ woraus ſich auch alsbald ein junger Kerls mit einem dichte ſilbern beſchlagenen Stabe/ und vier gewaffneten Leib-Schützen/ ſo trutzig hinter ihnen hervor thät/ als wenn er allererſt aus dem Lauff-Graben vor Maſtricht abgelöſet wäre. Wer iſt doch dieſer Cavallier? ſagte Florisſohn/ ein Hauptmann von der Stadt/ antwortete der Wirth/ unter deſſen ritterlichen Vorſichtigkeit wir die vergangne Nacht ſicher ſchlaffen können/ und der nun mit ſeinen Begleitern von einem Thor zum andern läufft/ dieſer Martialiſchen Ehrerbietigkeit darfür zu genieſſen. So wol/ ſagte jener/ ſo viel mich aber dünckt ſihet er noch ziemlich jung zu dergleichen Charge aus/ wol

E 2 und

und wie lange muß er gedienet haben? Iſt mir recht/ bey dem von Ehlenfeld/ verſetzte der Wirth/ und ſonder Zweiffel ſo lange es dieſer Handlungs-Dienſt erfordert. Ich frage nicht / ſprach Floris-ſohn/ nach Kauffmanns-Dienſten/ ſondern ob er im Kriege geweſen/ in/ oder vor Veſtungen gelegen/ denn auch einmal die Naſe auf die Wallſtatt ge-ſtrecket habe? Das iſt eine andere Art von Kreb-ſen/ ſagte der Wirth/ doch ſo viel ich mich beſinne/ hat der Herr von Ehlenfeld/ bey dem er gedienet/ ſo übel mit ſeinem Weibe gelebet / daß es faſt einen täglichen Hauß-Krieg gegeben / dannenhero kein Zweiffel/ daß dieſer Capitain die 6. Jahre durch/ bey ſelbigen zum öfftern/ und um ſo vielmehr werde ein-gemiſcht geweſen ſeyn/ weil man darfür hielt/ daß er groſſes Belieben hatte/ deß Nachts für ſeinen Obern die Bett-Runde zu thun/ und weil dieſer von keinem Lieutenant wiſſen wolte / der gröſte Urheber dieſes Krieges ſelber geweſen/ ſo iſt auch kein Zweiffel/ daß weil er bereits damals/ und noch/ nach der Leipziger Meſſe reiſet/ er nit nur zu Feldern/ ſondern auch zu Wäldern/ vor/ in/ und durch Veſtungen kommen/ ja nicht nur einmal auf der beruffenen Wallſtatt zu Lützen/ auf welcher der berühmte Nordiſche Held ſeinen letzten Sieg mit eigenem Blute verſiegelt/ werde geweſen ſeyn. Der Herr iſt ein Schalck/ ſag-te Florisſohn/ was ſolte man aber zur Zeit der Ge-fahr mit dergleichen Helden ausrichten? Eben die-ſes/ antwortete der Wirth/ was die Herren Hollän-der bey itzigem Kriege mit ihren Weißbrodt-Kin-
dern!

dern! und schritt also hinter ihm zum Hause hinein/ woselbsten sie von dem Hauß-Knecht verstunden/ wie deß Herrn von Vogelbachs Bedienter zum öfftern mal nach dem Herrn Florissohn gefraget hätte. Dieses wird morgen auf einen ansehnlichen Stadt-Adelichen Schmauß ausgehen/ sagte der Wirth/ und Florissohn/ daß ihm diese Zeitung den Schlaff am wenigsten benehmen würde/ wahin er sich auch nach kurtz genommener Mahlzeit/ in etwas ermüdet/verfügte/ und deß Morgens darauf/ als er sich kaum aus den Federn gemacht/ von seinem Bedienten erinnert ward/ wie schon eine gute Zeit deß Herrn von Voglenbachs Bedienter aufgewartet/den er denn unverzüglich vor sich ließ/und mit einem weitläufftigen Wort-Gepränge von Seiner Hoch Adelichen Gestrengigkeit dem Herren von Voglenbach/ und der Gestrengen Frau Gemahlin/ wie auch dem Gestrengen jungen Herrn/ nebenst Ablegung eines allerseits gehorsamen Befehls und Grusses/ auf ein Stücke Fleisch zum Mittags-Mahle eingeladen ward. Ich bin deß Herrn von Voglenbachs und dessen gantzen Hauses Diener/ sagte dieser/ und werde/ weil sie es so schaffen/solchem Befehl nachleben/ worauf er die par übrigen Stunden etliche Briefe abfertigte/ und endlich gegen halb zwölff Uhren/ von dem Wirth erinnert ward / daß des Herrn von Voglenbachs Kutsche schon über eine Viertel Stunde auf ihn wartete/ mit der er sich auch darauf dahin verfügte/ und in der Thüre von dem jungen Herrn von Voglenlenbach/ von dem Alten aber oberhalb der Stiegen/ auf das freundlichste empfangen/ und in ein solches Zimmer geführet ward/ woraus er bald sehen kunte/ daß dieser Herr nichts gespahret/ was den Pracht und die Annehmligkeit seines adelichen Hauses vermehren kunte. Mein Herr/ sagte er/ wird nicht übel aufnehmen/ daß ich ihn von einer annehmlichern Gesellschafft abgehalten/ und denn auch eine kleine Gedult/ biß sich noch ein par gute Freunde eingefunden/ nicht lassen zu wider seyn; worauf sie etwan eine halbe Stunde/ mit allerhand vertraulichen Gesprächen/ von des Florissohns Vatters Zustand/ und Handlung zubrachten/ biß sie endlich zweyer vornehmer Leute vor dem Zimmer gewahr wurden/ die einen langen Ehren-Streit unter sich hatten/ wer zuvor hinein tretten solte. Mein Hochgeehrtester Patron/ fieng der eine an/ muthe mir dergleichen Grobheit nicht zu/ mir solche ungebührende Ehrebenzumessen/ und der ander/ es ist nichts ungebührendes/ was die Schuldigkeit und der Vorzug an sich selbsten erfordert/ mit welchem wol zehenmal wiederholten Gegen-Satz/ sie so lange verfuhren/ biß endlich der Herr von Obertwitz sich überwinden ließ/ und mit ernsthafft angenommener Ehren-Begrüssung gegen dem Herrn von Voglenbach anfieng: Ich befinde mich gegen meinem Hochwerthesten Herrn Bruder mit höchstem Danck verbunden/ daß er mich heute seiner angenehmsten Bewirthung würdigen wollen/ dem ich auch/ unerachtet sich unterschiedene Cavalliere/ wie gewöhnlich/

lich/bey mir selbsten zur Taffel ansagen lassen/ hiermit nachkommen/ und deſſen Befehlen gehorsamen wollen/ und weil es ja so seyn muß/ sagte er ferner zu seinem Diener/ so gehe nach Hause/ und sage der Gestrengen Frauen/ daß sie sich auch nicht saumen/ dem Hoffmeister aber/ daß er indeſſen wol Achtung geben/ und die kleinen Junckern nicht auf der Gaſſen herumer spatziren laſſen/ solle/ so können ein par von euch/ gegen drey Uhren wieder hier seyn/ die übrigen aber ihres Thuns warten. Allem Ansehen nach/ kunte Herr Florisſohn hieraus schliessen/ daß dieses ein vornehmer Mann seyn müste/ ob er gleich an sich selber auch nichts anders/ als ein geadelter Garn-Händler/ hocherfahrner Wipper/ und einer von den gröſten Großsprechern in Betiſſa war. Mein wehrtester Herr Bruder/ fieng hierauf der Herr von Voglenbach an/ dieser Cavallier ist deß sonder Zweiffel wolbekandten Herrn Florisſohn zu Amsterdam Herr Sohn/ von dem ich heute die Ehre erbetten/ mit einem Stucke Fleisch vor lieb zu nehmen. Florisſohn/ fieng der Herr von Obertwitz an/ wie mich bedüncket/ soll mir dieser Name bekandt seyn/ es kan auch wol seyn/ daß ich damals deſſen Kundschafft gehabt/ ehe ich nunmehro die Handlung fast gantz ausgegeben/ und mich deß von Kayserlicher Majestät allergnädigst verlehenen Adel-Standes bediene/ wie mir denn die Warheit zu bekennen/ nachdem ich nunmehro meine Gedancken auf die Land-Güter gewendet/ und nur noch etwas weniges durch meine Leute in der Handlung thun laſſe/

laſſe/ dergleichen Leute faſt gantz aus dem Gedächtnus kommen. Florisſohn war nicht ſo einfältig/
daß er nicht bald merckte/ wie dieſer Kerls ein rechter Prahler wäre/ der er dann auch in Warheit/ und
etwan vor dreyſſig Jahren/ niemand weiß wo her/
zu Beliſſa eingeſchlichen/ und Anfangs/ vermittelſt
einer ſchlechten Handlung etwas erworben/ nachmals aber auch durch das Wippen zu dergleichen
Mitteln geſtiegen war/ daß er es weder dem Herrn
von Voglenbach/ noch oberwehnten Herrn von
Knauſenburg/ noch einigem andern in Beliſſa
darinnen etwas vorgab/ voraus aber war er ein
groſſer Prahler darbey/ der durchaus den Namen
eines Kauffmanns/ unerachtet er noch dem gemein-
ſten Handel oblag/ nicht leiden wolte/ wie nicht weniger ein ſolcher Praſſer/ dem man faſt nichts ſelt-
ſames und theuer genug auf den Marck bringen
kunte/ einen friſchen Hering für einen Reichsthaler/
oder ein 100. Auſtern für acht biß zehen Reichs-
Thaler zu bezahlen/ waren ihm/ wann ers nur für
andern haben kunte/ nichts zu theuer/ zu welchem
dann ſeine Hoch Adeliche Frau Ehe-Liebſte nicht
übel beyſchlug/ als der/ unerachtet ihr Groß-Vatter
ein Dreſch-Gärtner in einem unweit abgelegenen
Dorffe geweſen/ keine Spitzen auch nur auf dem
Vortuche anſtändig genug waren/ wenn ſie nicht
von Venedig oder Paris/ und die Elle auffs wenigſte
für zwantzig Reichs-Thaler kam/ anderer Uppigkeiten zu geſchweigen/ mit denen man ſich endlich
zur Taffel ſetzte/ und nach Eröffnung des Schenck-
Tiſches/

Tisches/ ein solcher Vorrath/ deß kostbarsten Silber-Wercks zu sehen war/ daß man vermeinen sollen/ man befindete sich bey dem Wienerischen Pfingst-Marckte auf dem Hofe/ oder zu Leipzig in dem so genannten Auerbachs-Hofe. Mit dem wir uns aber nicht aufhalten/ sondern nachdem man sich endlich mit vielfältig zum höchsten Verdruß wiederholten Ehren-Gepränge gesetzet hatte/ die Speisen etwas besehen wollen. Diese bestunden Anfangs in zweyen so grossen Schüsseln/denen fast die nicht zu kleineste Taffeln zu kurtz werden wolten/ in der ersten sahe man einem nach dem verjüngten Maß-Stabe angelegten Kasten Noah nicht ungleiche Pastete/ als in der durch eine augenehmste Vermischung allerhand kostbare Geschöpffe GOttes/ als Reb- und Hasel-Hüner/ Krammets-Vögel/ Austern/ Schnecken/ Kapaunen und Hecht-Lebern/ Karpffen-Zungen/ und dergleichen/ in der andern aber nur zweyerley Arten von Fischen/ als über die massen grosse Forellen und Grundeln waren/ nach welcher Abfertigung sich eine andere Art von eingeschlagenem Hirsch-Wildpret-Pastete/ und neben dem drey schöne wilde Schweins-Keulen in einer Schüssel/ darauf wiederum sechs/ theils in Pastete/ theils bloß eingelegte Reh-Schlägel/ dann ferner etliche Hasen/ und in einer Schüssel anderthalb Dutzent gantz junge Reb-Hüner und Schnepffen/ wie nicht weniger zwischen diesen Speisen allerhand welsche Salaten/ sehen liessen. Mein Herr muß die Wenigkeit

dieser Speisen nicht ansehen/ fieng der Herr von Voglenbach an/ sondern derer Abgang mit dem guten Willen/und einem Glaß Wein ersetzen/wormit er ihm zugleich ein über die massen kostbares geschnittenes Glaß zubrachte/ und zu seinem Gefallen stellete/ in was für Arten daselbst befindlicher Weine/ als Tockayer/ Canarien-Secken/ welschen Marzeminen/ Frontiniaquen/ oder Muscaten er Bescheid zu thun/ beliebte/ das denn dieser mit aller Höfflichkeit annahm/ und sich erklärete/ alles was man ihm befehlen würde/ so weit sich nur seine Kräffte erstreckten/ anzunehmen/ solches auch rechtschaffen that/ und von Herrn von Voglenbach / nachdem er gesehen/daß er sich/ voraus das Schweinen Wildpret so wol schmecken ließ/ freundlich erinnert ward/ sich nicht zu viel an diese grobe Speise zu halten/ sondern nach einem andern Trattament/ worzu ihn seine Liebste absonderlich eingeladen/ etwas Platz übrig zu lassen. Worauf sich auch alsofort drey schöne silberne Schüsseln einfunden/ in derer erstern zwey par Phasianen/ in der andern eine Anzahl über die massen schöner sehr subtil gespickter Krammet-Vögel/ in der dritten aber an statt deß Salats/ eine in Gestalt einer Pyramide aufgehäuffte Menge der schönsten Citronaten waren/ worbey ihm die Frau von Voglenbach selber vorlegte/ und sehr freundlich erinnerte/ mit diesem wenigen Tractament vor lieb zu nehmen/ und zu gedencken/ daß man zur Zeit zu Belissa nichts bessers aufzubringen wüste. Meine Frau/ antwortete
Flo-

Florisſohn / hat in Warheit keine Entſchuldigung/ ſondern wol ich der gröſten Danckbarkeit vonnöthen / als der ich nicht abſehen kan / was wol köſtlichers zu finden ſeyn könte. Es iſt nicht ohne / ſagte der neben ihm vorhin mit dem Herrn von Obertwitz angekommene Herr von Thierloch / der ein Gelehrter / und von dem Regiment der Stadt war / und ſollte man auch den groſſen Frantzöſiſchen Ludwig damit bewirthen. Ich gebe es zu / antwortete Florisſohn / und ſolte es auch bey einem ſonderbaren Feſte ſeyn / indem ſonſten dieſer großmütige König von ſo keinem ſonderbaren Appetit dergleichen Tractamenten iſt / ſondern ſich gar leichte an ein Dutzent gemeiner Schüſſeln vergnüget / dahingegen / fuhr jener fort / ſcheinets als wenn ſein Herrſchungs-Durſt ſo wenig zu ſtillen / daß auch Holland ſamt den Spaniſchen Niederlanden / ja der Po und Rhein nicht Waſſers und Bluts darzu genug haben / worbey ich mich denn über die maſſen wundere / daß es die ſonſt klugen Herren Holländer itzund ſo weit verſehen / und der gäntzlichen Meinung bin / daß dieſer groſſe Eſtats-Fehler mehrentheils daraus entſproſſen / daß ſie ſich nicht zeitig mit ausländiſchen Allianzen verſehen / voraus aber die *Triple-Alliance* zertrennen laſſen / und was das meiſte / ſo groſſe Undanckbarkeit gegen das Hauß Oranien verſpüren laſſen / als das ſie vor dieſem aus den Spaniſchen Drangſalen errettet / und zur gegenwärtigen Freyheit / auch mit Darſetzung ſeines eigenen Blutes verſetzet hat.

An

An dem erſten iſts nicht ohne / ſagte hierauf Floris-ſohn / daß einem rechtſchaffenen Printz der Länder-Durſt mit der Mutter-Milch / ſo angeboren wird / daß er ſich auch von dieſen Brüſten biß an ſeinen Tod nicht entwehnen laſſen kan. So viel aber die vermeinten Fehler meines geliebten Vatterlandes betrifft / ſo iſt mein Herr darinnen ſehr ſchlecht unterrichtet / und mit einem Worte / deſſen Grund-Regeln gantz unkündig / das Eſtats-Gebäude hengt mehr als an einem Nagel / die nicht allen zu Geſichte kommen / welches alhier weiter auszuführen / weder Ort noch Zeit iſt / angeſehen bey ſolchen ernſthafften Zeit-Anlegungen das löbliche Frauen-Zimmer / das doch ſonſten bey dergleichen Zuſammenkunfften allemal das beſte Augen-Tractament iſt / zu lauter Alabäſternen Bildern verwandelt zu ſeyn ſcheinet / damit ſchwerlich länger zu frieden ſeyn würde / wormit er ein Glaß-Wein ergrief / ſolches der Frauen von Obertwitz zu zubringen / in Meinung / eine Holländiſche oder Frantzöſiſche angenehmſte Freyheit hingegen zu empfangen / worinn er ſich aber merclich betrogen fand / angeſehen ſich die Hoch Adeliche Frau ſehr lange bedachte / ob ſie auch den bishero in unverrucktem Lager gehaltenen Mund aufthun ſolte / endlich aber doch mit ein par halb-gebrochenen Worten / niemand weiß / was / zwiſchen den Lippen hermurmelte daraus denn unſer freyer Holländer nicht anders / als eine Bäuriſche Stoltzheit abmercken kunte / woran er auch nicht irrete / angeſehen dieſe Prunck-Tocken ſo viel

Witz

Witz nicht haben/ einem rechtschaffenen Cavallier mit einem Tugendhafften Gespräche zu unterhalten/ denn auch noch wol dieses darzu kam/ daß sie zu tief in die Wein=Kanne geguckt hatte/ und in Furchten stehen muſte/ daß sie die ins Gehirne geſtiegene Hitze ſowol mit dem Maule/ als bereits erröthten Wangen/verrathen mögte.

Da hingegen liefen dieſer Erbaren Frauen Herzen Gemahls ſämtliche Worte/ auf nichts/ als Pralerey aus/ ich bedancke mich/ ſagte er zu der Frauen von Voglenbach/ mit zurücke genöthigtem Teller/ als sie ihm von ihrem Gerichten vorlegte/und nachdem sie mit weiterer Nöthigung ferner anhielt/ ich weiß gar wol meine HochAdeliche Frau Schweſter/ daß ſo wol die Reb=Hüner als Phaſianen kaponiret / und das seltsamſte Feder Wildpret seynd/ das man in diesen Landen auszubringen vermag/ ich muß aber bekennen/ daß mir meine Frau Gemahlin mit dergleichen gar zu offters aufgezogen kommt/ſo/ daß ich bereits einen Eckel daran empfinde/ und ihr ſchon öffters geſaget/ daß sie auf etwas seltsamers gedencken ſolte. Auf etwas seltsamers? Fieng ein unweit von ihm ſitzender Doctor der Artzney an/ und der dem Ansehen nach schon vorlängſt einen Verdruß über ſolcher Großſprecherey empfunden hatte; ich weiß in Warheit nicht/ ſprach er/ was man noch seltsamers erdenken könne/nachdem man in der Schleckerey ſo weit kommen/ daß man die Phaſianen und Reb=Hüner kaponiret / und dergleichen angenehm=

nehmsten Frissigkeit bringet/ daß wie ich mich erinnere / noch vor kurtzer Zeit ein par zur höchsten
Seltsamkeit für die Kayserliche Taffel hinaus geschicket worden/ es wäre denn daß man mit dem Römischen Loter=Buben oder Comödianten Aesopus
für zwantzig tausend Thaler vorhero zum künstlichen Singen und Reden angewehnte fremde Vögel aufsetzen/ und an stat des Getrancks sich grosser
in Essig zerlassener Perle bedienen wolte. Was
mich belanget/ so schlage ich selbige/ sagte er/ als ihm
die Frau Wirthin auch davon vorlegte/ nicht aus/
wenn ich sie umsonst geniessen kan/ für dergleichen
par Phasiane aber / bis 5. Ducaten *Species* zu bezahlen / würde meinem Beutel bey Zeiten die
Schwindsucht an Hals bringen/ derwegen ich kein
Bedencken habe/ für so theuren Speisen so wol die
Gurgel als den Beutel zu zuschnüren. So wil
ich dem Herren *Doctor* den Rath geben / sagte der
Herr von Oberwitz/ daß er mir wochentlich die Ehre anthue/ und ohne seines Beutels besorgliche Ohn-
macht/ bey meinem Tische darmit vorlieb nehme.
Ich bedancke mich/ sagte jener/ weiß aber nicht/ ob
ich mich so angebotener hohen Ehre / mein Maul
nicht darmit zu verwehnen / und meinem Herren
Unkosten damit zu machen/ bedienen werde. Für
das letzte darf mein Herr nicht sorgen/ versetzte die-
ser/ man hat ja noch GOtt Lob so viel/ daß man
wochentlich ein par Dutzent Reichs=Thaler zur
Vergnügung des Appetits nicht ansehen darff/
und GOtt zu dancken/ wenn man etwas auf dem

Marcke

Marcke findet/ sich damit/ seines Vermögens/ für dem gemeinen Manne zu bedienen/ ja ich versichere den Herrn/ daß mir zu gewisser Zeit/ und voraus wenn ich selbige eher/ als andere haben kan/ ein fri=
scher Hering viel lieber/ und ein Reichs=Thaler da=
für nicht zu viel ist.

Hier schiene es/ als wenn die überhäuffte Auf=
schneiderey unsern Florissohn ein hönisches La=
chen verursachen wolte/ welches jener bald merckte/ und ihn mit fast verdrüßlichem Gesichte fragte/ ob er wol daran zweiffelte. Nicht am wenigsten/ ver=
setzte Florissohn/ sondern ich lache nur darüber/ daß daferne dergleichen Appetit so allgemein seyn/ und ein Hering/ ich will nicht sagen einen Reichs=
Thaler/ sondern nur einen halben Holländischen Gulden gelten solte/ meine Landes=Leute nicht Ur=
sache haben würden/ dem Könige in Spanien seine *Americani*sche Gold=und Silber=Gruben zu benei=
den/ und solte er auch noch ein guldenes Castilien darzu erfinden/ angesehen jährlichen weniger nicht als 40. tausend Lasten unter Engeland/ ausser de=
nen so man im Texel fischt/ gefangen werden. Die zusammen die Last nur zu 200. Holländischen Gul=
den gerechnet/ eine Summa von acht Millionen austragen/ was solte nun nicht für ein Schatz her=
aus kommen/ wenn man jedwedes Stück zu einem halben Gulden ausbringen könte? Ist das mög=
lich/ sagte der Herr von Voglenbach/ daß so viel Millionen aus diesem Gewerbe auch bey *curren=
ten* Preiß zu ziehen sind/ so wundere ich mich nicht
daß

daß die Herren Engeländer darüber Eyfersüchtig worden/ und sie von ihren Küsten abzuhalten/ getrachtet haben / wiewol ich auch nicht eigendlich weiß/ob solcher Fang nur unter Engeland und nicht auch unter dem Holländischen Gebiete geschehe. Es ist nicht ohne/ antwortete Flotissohn/ daß diese Reiche-Fischzüge grösten Theils nur unter den Englischen Küsten gethan werden / und meinem Vaterlande ein so ehrliches austragen/ daß viel tausend ehrliche Leute damit ihr Brod verdienen. Man muß aber auch darbey bedencken/ daß wieder ein sehr grosses zu deren Unkosten/ und zwar weil insgemein 1000. Buyßen jede zu dreissig Lasten/ nebenst siebenzig andern Schiffen/ dahin gehen/ da denn weniger nicht/ als biß sechs Millionen darauf gewendet werden kan/ ja es bezeuget der Ritter Rawley in seinem Bericht an den König Jacob/ daß damals 50000. Menschen mit 3000. Schuyten unter den Engeländiš. Küsten gefischet hätten. So viel aber den Ort/ die Zeit/ wo und wenn sie gefangen werden/betrifft/so ist/ wie gesaget/ ausser allem Zweiffel/daß es mehrentheils unter Engeland/ und zwar des Jahrs solche Ausrüstung zu dreyen unterschiedenen malen geschiehet/ als erstlich von Johannis biß Jacobi / unter Hittland/ Pforge und Backeneß/ zum andern von Jacobi biß Creutz-Erhebung um Backeneß/ und Sevenios/ und dann von dar an/ biß Catharina und Yarmouth geschiehet/so ist auch nicht ohne/daß so wol die Engeländer als Frantzosen / mein liebes Vatterland um solche

Nah-

Nahrung zum enstrigsten beneiden/ und mehr als einmal getrachtet/ selbige in eigene Hände zu bringen/ darbey aber niemals auf den rechten Handgrif deß Einsaltzens kommen können/ sondern gestehen müssen/ daß des Höchsten Gnade solche Nahrung den Holländern alleine vergönnet/ und derofwegen die Engeländer nur den zehenden Hering von ihrem vermeintlichen eignen Zuwachs begehret/ ohne daß ich weiß/ ob er ihnen verwilliget/ dieses aber ist gewiß/ daß diese höchstnützliche Nahrung oder Einsaltzung dieser Fische allererst im Jahre 1500. von Wilhelm Beuckelßen von Biervliet/ erfunden/ und mit selbigen jährlichen biß drey hundert Last Fische von den Holländern gefangen worden. Unter dergleichen Großsprecherey/ und theils klugen Gesprächen/ lieff diese adeliche Tafel zum Ende/ die auch endlich mit einem vortrefflichen Genueser-Confect beschlossen/ und selbiges mehrentheils vor erwehnten stummen Frauen zur Ausbeute/ unserm Florissohn aber nach und mit denen vielfältigen Weinen/ und voraus dem zu der Frauen von Voglenbach eigenem Tractament hergelangten Gewächse vom Berge Libanon/ (so weit ist es mit der Wipperischen Uppigkeit zu Belissa kommen/ daß ihnen auch die herrlichsten Europäischen Weine zur Ausführung ihrer Schwelgeren/ ohne die Asiatischen Gewächse nicht genug sind) so eingeheitzet ward/ daß weil nun auch der Abend begunte einzubrechen/ er endlich Abschied nahm/ und daß seine Schwachheiten solchen andringenden Fluten

F nicht

nicht länger widerstehen könten / bekennen muste/ den er auch um so viel williger erhielt / weil so wol der Herr von Voglenbach selber / als die andern/ mehr als überflüssiges Maß hatten/ derowegen dieser nach höfflich genommenen Abschiede seinen wehrten Gast auf eben solche Weise wie er ihn abholen/ lassen / wiederum nach dem Wirthshause begleiten ließ/wo ihn denn der Wirth noch etwan eine Stunde mit guten Gesprächen unterhielt / und nachdem ihm Florissohn die grosse Freygebigkeit deß Herrn von Voglenbachs/wie nicht weniger deß Herrn von Obertwitz Prahlerey erzehlete / von ihm diesen weitern Unterricht bekam: Was diesen Narren angehet / sagte er / denn also mag ihn/ weil ein jedweder Hoffärtiger ein Narr / gleich wie ein jedweder Narr hoffärtig ist/ wol nennen / so glaube nur mein Herr / daß es eben in seinem Hause nicht so reichlich zugehet / wenn er nicht vorher weiß / wem er diese Schleckerey mit Ubersetzung seiner Wahren abschindet / welches eben auch deß Herrn von Voglenbach und vieler andern von dergleichen Leuten gewöhnlicher Handgriff ist / ihre Uppigkeiten auf ander Leute Beutel außzuführen / wie denn sonder allen Zweiffel der Herr zu unterst am Tische/wie ich schon weiß / ein par gemeine fremde Krämer aus einer Stadt gesehen haben wird / die selbigen Tag dem Herrn von Voglenbach an Gewürtze und andern Materialien dergleichen übersetzten Gewinn zugeschantzet / daß er gar wol auf ihren Beutel solches Panquet ausrichten können / und diese gute

Leute

Leute sichs noch für die gröste Ehre schätzen müssen/ wenn er ihnen von ihren eigenen Weinen ein und ander Glaß zugetruncken / ander Gestalt sind in Warheit diese gute Herren nicht von solcher Freygebigkeit/ wenn sie nicht wissen/ daß es auf andere Beutel ankommen muß / oder ihnen an statt eines Glaß Weines/ dreysächtige Dienste zu hoffen seyn/ und wo solten sie auch wol eine recht Adel-anständige Freygebigkeit/ als Leute die von keiner Sitten-Lehre wissen/ sondern nur bey der Gewinnsüchtigen Wage/ oder Elle/ aufgezogẽ worden/ uñ also Tag und Nacht auf nichts anders als Wucher und Gewinn dencken/ gelernet haben? worbey ich denn dem Herrn von dieses prahlenden Herrn von Oberwitz närrischer Einbildung noch dieses erzehlen muß/ daß als ihm neulich eines seiner Kinder erkrancket/ er diesen eigenen Auffsatz daß ein Hoch Adel. Haußvater nebenst seiner Hoch Adelichen Frauen Eh-Liebsten/ eine Christl. Fürbitte für ihr Hoch Adeliches Kind begehrten/ welches mit einem Hoch Adelichen Steck-Flusse behafftet wäre/ auf die Kantzel geschickt hat/ welchen Eyfer und Thorheit aber unser Florissohn mit einem Lachen beantwortete/ und sich damit zu Bette begab. Deß Morgens hierauf gieng unser Holländer mit sich zu rathe / wie er seine Sachen ferner anzustellen/ und ob er noch ein par Wochen in Belissa verbleiben / oder seine Reise nach Vindoboit fortsetzen wolte/ als von ungefehr ein junger Cavallier in das Zimmer tratt / und ihn mit diesen Worten empfieng: Treffe ich dich hier an du ehr-

licher

licher Florißsohn! Dem Himmel sey gedancket/ daß er mir deine Gegenwart noch eines gönnet/ derer ich mich denn auch rechtschaffen bedienen/ und wie ich nicht zweiffele/ du werdest mir ohn alles Bedencken die Ehre geben/ alsbald mit mir auf unsere unweit entlegene Güter zu reisen/ dich gewiß nicht eher entlassen will/ biß ich zuvor deiner/ wo nicht satt/ doch vergnüglich genossen habe. Florißsohn erkante bald/ daß es der junge Herr von Kronhof war/ und ward über der unverhofften Ankunfft eines so unschätzbaren Freundes überaus erfreuet/ zumalen da er verstund/ daß der alte Cavallier/ den er bald Anfangs in diesem Wirthshause angetroffen/ dessen Herr Vatter war/ und seinen Sohn solcher Anwesenheit verständiget hätte. Er machte also kein Bedencken/ sich alsofort zu erklären/ mit ihm auf seine vätterliche nur drey Meilen von dar entlegene Güter/ nachdem sie zuvor das Früh-Stücke im Wirthshaus eingenommen/ zu reiten/ wo sie auch noch bey guter Zeit zu Ritterfeld ankamen/ und Florißsohn von dem alten Herrn von Kronhof/ wie auch seiner Frau Ehe-Liebsten/ um so viel ehrlicher empfangen ward/ weil sie schon vorhero von ihrem Herrn Sohne dieses tapfferen Holländers ansehnlicher Mittel/ guten Herkommens/ und grossen Geschickligkeit verständiget worden.

Allhier sahe nun dieser gar eine andere vom vorigen weit unterschiedene adeliche Wirthschafft/ und zwar die Zimmer nicht/ wie bey dem Herrn von Voglenbach/ mit köstlichen seidenen Spaglüren und
Fen-

Fenſter: groſſen Venetianiſchen Spiegeln/ oder Silber-trächtigen Schenck-Tiſchen ausgekleidet/ ſondern an der er ſtatt ein ſauber ausgemauertes Zimmer/ an deſſen einer Seiten eine lange Reihe ſchönes Gewehr/ von Piſtolen/ Röhren/ Carabinern und dergleichen/ an der andern aber allerhand Weid-Geräthe/ als Jäger-Hörner/ Hirſch-Fänger/ Weide-Taſchen/ und dergleichen aufgehänget wären/ in welchen allen unſer Holländer ein rechtes Vergnügen fand. Hierauf führte ihn der junge Herr von Kronhof nach ſeinem Reit-Stalle und ließ ihm/ weil er wol wuſte/ daß er ein guter Reuter war/ etliche zugerittene Pferde vorführen/ worauf ſie ſich/ weil der Abend ſchier angebrochen/ zur Abend-Mahlzeit und nach ſelbiger zur Ruhe begaben. Des Morgens drauf fand ſich der junge Herr von Kronhof zeitig bey ſeinem Gaſte ein/ und entdeckte ihm/ wie ihm faſt verdrießlich fiele/ daß er bey ſeiner Zurückkunfft einen Gevatters-Brief von einem etwan ſechs Meilen entlegenen Cavallier vor ſich gefunden/ und aus gewiſſen Urſachen ſolcher Tauffe perſönlich würde beywohnen müſſen/ zu dieſem käme/ daß auch ſein Herr Vatter ſich zu einer gewiſſen Landes-Zuſammenkunfft auf ein paar Tage begeben würde; dannenhero zu des Herrn Florisſohn Belieben ſtellende/ ob er ihm bey ſolchem Spatzier-Ritte Geſellſchafft leiſten/ und ſolcher Geſtalt das Adeliche Land-Leben mit anſehen wolte. Das ſich auch dieſer leichte gefaſten ließ/ alſo beyde zu Pferde ſaſſen/ und nach etlichen Stunden

F 3 bey

bey einem ehrlichen/doch dem Anſehen nach/ſchlecht begüterten von Adel / nemlich dem von Brachkorn ankamen/ und ſehr wol empfangen waren/ woſelbſten ſie auch unterſchiedene andere vom Adel/ und unter ſelbigen etliche antraffen/woraus ſich der von Kronhof leichte die Rechnung machen kunte/ daß es ein rechte Krippen = Reuteriſche Geſellſchafft abgeben würde/ derowegen aus gar vernünfftigen Urſachen unſerm Florisſohn rathende/ er ſolte ſichs nicht laſſen zu wider ſeyn/ wenn er ihn für einen Obriſten Wachtmeiſter aus den Holländiſchen Dienſten ausgebe/ genugſam wiſſende/ daß ander Geſtalt theils dieſer adelichen Bauern kein Bedencken haben würden/ihn unangeſehen ſeiner hohen Geſchickligkeit/ und daß er ohne Empfindligkeit ſeiner Mittel/leicht ihre ſämtliche Güter bezahlen kunte/ keine andere als die letzte Stelle zu geben/ und nicht im geringſten zu achten; dahingegen waren ſie ſolcher Geſtalt nachdem ſie der Herr von Kronhof dieſer hohen Krieges=Charge/und daß er ein geborner vom Adel wäre/ verſichert/ ſehr ehrerbietig/ und dieſen Abend noch bey zimlicher Höfligkeit/ da hingegen gieng es des andern Tages nach vollbrachtem Tauff=Actu recht luſtig an/ ob zwar das Tractament ſo beſchaffen war/ daß man ſich nicht befahren durffte/die Taffel mögte etwan unter den ſchweren Schüſſeln zubrechen.   Ein gute Gerichte in einer gelben Zwieffel=Suppe gemeiner Speiſe Fiſche/etliche Stücke von einer abgenützten alten Kuhe/darauf alle *Regalien* eines Kalbes/ mit den gan-

tzen

ßen *pertinentien* eines Schweines/ als gebraten und gekochtes/der Kopff/die Füsse/und Würste/die Leber/das Gekröse/mit einem Worte/ so viel Glieder/so viel Speisen/endlich zwey par Gänse/und ein par Hasen waren der höchste Glantz der Taffel/ worauf ein rohes wasserhafftes Bier dem Magen so viel Unruhe macht/daß man bey Zeiten den nicht viel bessern Brandewein wider die Blähungen zu Hülffe ruffen muste. Nichts destoweniger war diese in etlichen zwantzig Personen bestehende Adeliche Gesellschafft rechtschaffen lustig/ und das Frauenzimmer viel aufgeweckter/ als die verziemte Frau von Oberwitz/ oder ihres gleichen.

Mein GOtt/ fieng die Frau von Ruhmstein an/nachdem die Taffel aufgehoben war/ und theils der Cavallieren nach dem Bocke und ein par Fiedeln lustig herummer sprungen/ theils das Zimmer mit Taback anstäuckerten/ es ist doch eine schöne Sache/ wenn man die liebe Kinder so weit bringet/ daß sie im Kriege so wol fort kommen/ und zu hohen Chargen gelangen/ wie ich mir denn meine Lust an diesem ausländischen Cavallier sehe/ und der Hoffnung bin/ daß auch mein Sohn der nunmehro auch Obrister ist/ an andern Orten eben so lieb und werth werde gehalten seyn. Ich bin liebste Frau Schwester/ fieng die Frau Ilse von der krummen Breche an/ hierbey gar anderer Meynung/ und habe mich nicht genug verwundern können/ wie sie es damals über ihr mütterliches Hertze zu bringen vermogt/ ihren Alexander/ als er kaum zehen Jahr

alt war/ unter die Krieges-Gurgeln zu verstossen/ ja ich meine / die Leute haben es ihr schöne ausgeleget / daß sie sich nicht befahret / daß er etwan erstochen / oder erschossen / oder von den Türcken und Tartarn gar gefressen werden dörffte; Nein in Warheit / ich schwöre bey meiner Sihle / daß ich nimmermehr so tyrannisch gegen die Meinigen seyn könte/ voraus weil ich höre/ daß sie bißweilen schlecht genug zu essen haben / viel Nächte in kein warmes Bette kommen / sondern unter dem freyen Himmel ligen müssen / und noch darzu niemanden haben / der ihnen deß Morgens ein warm Bier machte / oder ein Glaß Brandewein brächte / solte ich nun hören / daß ihn ein lang-hälsigter Tartar/ wie ich ihn neulich im Kretschem abgemahlet gesehen/ gar gefressen hätte / so wäre es mir unmöglich/ daß mich nicht der Kummer auf der Stelle erstickte / derowegen ich besser erachte / meinen Juncker Hanß Christoph daheime / und auf dem Gütlein so gut ich kan/ zu erhalten. Zwar muß ich bekennen/ daß er mich schon nicht ein geringes gekostet / ehe ich ihn Rittermännisch außstaffiret. Meine zwey besten Kühe giengen damals darauf / so / daß ich ihrer nur noch fünf habe/ und den Abgang der verkaufften noch nicht ersetzen kan. Nun was hilffts/ sehe ich mir doch auch meine Lust/ wie er sich in allem so Rittermännisch anzustellen weiß/ denn sehe sie nur liebe Frau Schwester/ kan er nicht so hurtig tantzen/ wie ein ander/ und die Dame herummer drehen/ daß es eine Art hat / so wird er auch gewiß
kei-

keinem ein Glaß Bier oder Brandewein abſchla⸗
gen/ der Taback iſt ſein eintziges Leben/ und er bey
allen Geſellſchafften ſo angenehm/ daß er bißwei⸗
len kaum in drey Wochen/ und gemeiniglich mit ei⸗
nem blauen Auge nach Hauſe kommt/ woraus ich
mir leichte die Rechnung machen kan/ daß er ſich
Reuteriſch herummer ſchlagen/ und wacker wehr⸗
ren muß/ und alſo wird auch dieſer Juncker Mar⸗
tin Andres werden/ (der indeſſen da ſtund/ und den
Kopff in der lieben Mutter Schloß legte) der loſe
Kirl weiß auch ſchon daß er ein Juncker iſt/ darum
begehret er nichts zu lernen/ wiewol es noch Zeit ge⸗
nug mit ihm hat/ indem er/ wenn wir wieder Miſt
führen werden/ allererſt funtzehen Jahre iſt/ ſon⸗
dern er reitet lieber mit den Roß⸗Jungen im Fel⸗
de herummer/ ja er darff auch wol ſchon auf die Ge⸗
dancken kommen/ eine Wehre zu haben/ welches mir
denn neuen Kummer macht/ indem ich mir leicht
die Rechnung machen kan/ daß es eben wol hernach
auf ein Pferd auslauffen wird/ da denn/ wo GOtt
nicht ſonderlich hilfft/ wiederum ein par Kühe dar⸗
auf gehen/ ſo werde ich ihm auch wol endlich ein
A. B. C. kauffen müſſen/ weil ſein Herr Vatter im⸗
mer gewolt/ daß er ein recht ſcharff gelehrter/ wie er
war/ werden ſolte/ ja wenn es nichts koſtete/ und die
gelehrte Kerls nicht ſo viel theure Bücher haben
müſten/ ſonſten ſiehet man wol ſeine Luſt an ihnen/
und gehen mir die Augen noch immer über/ wenn
ich gedencke/ wie ſein Herr Vatter ſo ſchöne abdanck⸗
te/ und es wol ſo gut/ als der Pfarrer machen kun⸗
te/

te/ auch einmal eine gantze halbe Stunde lauter Lateinisch/ ich weiß nicht was/ vor dem Fürsten hersagen muste. Eines gefället mir sehr wol von ihme/ daß er so einen verschlagenen nachdencklichen Kopff hat/ und mir selber an die Hand gegeben/ ihm bißweilen zu etwas Gelde dergestalt zu verhelffen/ daß ich ihm nemlich vergönne/ das auf meinem Acker gepfändete fremde Vieh lösen zu lassen/ und das Geld darfür zu behalten/ worauf er nun so verpicht ist/ daß er den gantzen Tag durch im Getreide auflauret/ ein par Schweine/ oder dergleichen zu erhaschen/ wormit er sich auch schon biß einen halben Thaler erworben/ so/ daß ich hoffe/ dafern er nur weiter fleissig ist/ und ihm das Glücke wol will/ er noch dieses Jahr so viel als zum Degen nöthig/ zusammen bringen werde.

Ich weiß nicht liebste Frau Schwester/ antwortete die Frau von Ruhmstein/ ob dieses ein so rühmliches Glücke/ und dergleichen Aufferziehung der Adelichen Geburt anständig sey. Jugend will so wol mit guter Zucht/ als ein Pferd mit dem Gebiß gezäumet seyn/ derowegen hielte ich dafür/ sie thäte besser; wenn sie zusehe/ wie sie ein und andern Sohn an höhere Orte überbrächte/ solte es auch gleich im Kriege seyn. Man stirbet nicht bald/ wenn man gleich nicht allemal ein Bette unter den faulen Rücken/ oder des Morgens eine Suppe für den Magen haben kan/ vielmehr wird dir Jugend bey dergleichen Diensten besser ausgehärtet/ lernet sich in die Leute schicken/ wenn es das

Alter

Alter erträget/der Welt recht an den Pulß greiffen/ und die Waffen als die recht adeliche Ubung so füh ren/daß sie nach rühmlichen Verhalten/zu hohen Chargen kommet/bey Fürsten und Herren gelie bet/und hernach dergestalt befördert wird/darü ber sie zu einem anständigen Unterhalt gelangen/ und sich nicht mit der verächtlichen Krippen-Reu terey behelffen darf/wie mich denn so wenig reuet/ daß ich damals auf guter Freunde Einrathen es dergestalt mit meinem Sohne angefangen/daß ich vielmehr itzo GOtt dafür dancke/der ihm so weit ge holffen / daß nachdem er sich etliche und 20. Jahr manchen sauren Wind unter die Nase gehen lassen/ und nicht nur einmal dem Tode das Blaue in den Augen gesehen/itzo Obrister/in einer vornehmen Vestung Commendant / wie nicht weniger von Kayserlicher Majestät wegen seiner guten Dien ste in den Frey-Herren-Stand gesetzet/und so wol verheyratet ist/daß ich nicht im wenigsten mehr für ihn zu sorgen/sondern vielmehr seine hohe Ehre zum Trost/und daraus auch noch diesen Vortheil habe/ daß er nicht das geringste von seiner vätterlichen Erbschafft verlanget / sondern alles seiner lieben Schwester geschencket hat / und uns noch darzu zum öfftern mit allerhand kostbaren Schmucke/ Kleidung/ und barem Gelde versiehet. Ist es mög lich/daß Juncker Alexander ein so grosser Herr wor den? sprach die alte Frau von der krummen Breche/ ich weiß mich seiner noch gar wol zu erinnern/ und daß es damals die Leute der Fr. Schwester sehr vor

übe-

übel hatten/ daß sie ihn so jung fort schickte/ und unter die Kriegs-Gurgeln verstieß. Mein GOtt ehr mir die Frau Käthe von der Kratze/ die sich auch überreden ließ/ ihren Juncker Carl Lorentz in Krieg zu schicken/ hernach aber/ nachdem sie vernommen/ daß er mit vor eine Vestung gemust/ weder essen/ trincken noch schlaffen kunte/ ja ihren Kopff nicht eher sanffte legte/ biß sie ihn auch mit Versetzung eines Stücke Gutes/ wieder nach Hause gebracht/ wo sie ihn nun um alle Gottes-Wunder nicht mehr von sich liesse/ und eine solche Abscheu vor den Soldaten hat/ daß wenn sie auch nur einen ungefehr siehet/ ihr alsbald so weit die Ohnmacht zuhenät/ daß sie immer ein Fläschlein Krafft-Wasser bey sich tragen muß/ dessen ungeachtet aber/ und dafern ich nur gewiß wüste/ daß meinem Juncker Hannß Christoph der Handel auch so angehen dörffte/ ich sehe schon ein Jahr nicht an/ und wie ich ihn darzu überredete/ wenn er nur auch gewiß hierauf Obrister/ und ein Freyherr würde/ auch eine reiche Dame kriegte/ doch müste sie mir bey meiner Sihle auch recht adelich seyn/ denn ander Gestalt schwöre ich/ daß sie mir nicht einmal unter die Augen kommen dörffte/ wenn sie auch gleich im Golde stünde biß über die Ohren/ und wer weiß es/ liebe Frau Schwester/ ob es auch allerdings richtig/ mit ihrer Frau Schnürche ist/ indem ich alle mein Täge gehöret/ daß es in andern Landen nicht so gute Edel-Leute/ als bey uns gibt/ und man in Holland die Weiber nacket und bloß/ wie sie der liebe
GOtt

GOtt geschaffen / nicht anders / als die Kühe zu Marckte treibet / worüber sich denn meiner seligen Frau Mutter Schwester/die liebe Frau Griete von der Trespe/als sie gehöret/wie ihren Sohn auch damals der Teuffel geritten / daß er ein solches wildes Weib mit nach Hause gebracht / so sehr gegrämet/ daß sie es nicht lange mehr gemacht/ und durchaus nicht zu bereden gewesen / daß sie dieses wilte Weib nur einmal angesehen hätte.

Aber wieder auf meinen Sohn / Juncker Hannß Christoph zu kommen / so stecket mir nur immer der langhalsichte Tartar im Kopffe / und wie meinet die Frau Schwester/ könte man es nicht bey ihrem Herren Sohne einrichten / daß er ihn zu sich nehme / und es so mit ihm machte / daß er nicht dahin käme / wo diese wilde Leute seyn / auch nicht Schild-Wache stehen dörffte / sondern ihn nur bald entweder zum Obristen Wachtmeister/ oder Corporal machte / oder auch so lange auf die *Salvaquarde* legte / biß er zum Freyherren fertig wäre / da ich denn meine alte Griete / die ihn gantz aufgezogen / und beflötiget hat / schon überreden wolte / daß sie auf ein Jahr mitzöge und Achtung auf ihn hätte/bißweilen den Kopff wüsche/des Morgens ein warm Bier machte / und die Hemder belausete / solte ich ihr auch noch eine halbe Metze Lein säen.

Allem Ansehen nach / würde die Frau von Ruhmstein diese Einfalt genugsam beantwortet haben / wenn sie nicht gleich damals / der Herr von

Kron=

Kronhoff zum Tantz auêgeführet / und die Alte allein gelassen hätte / zu der sich denn der anwesende Juncker Vogelbach mit einer fingerlangen Taback-Pfeiffe im Maule verfügte / und nachdem er sie vollends ausgeschmauchet / mit diesem adelichen Gespräche unterhielt.

Wie gehts / wie stets noch / um ein gut Leben / meine liebe Frau Muhme? ich mercke / daß sie ihre Lust an ihrem Juncker Hannß Christoph siehet / daß er es so lustig mit machen kan / und hole mich dieser und jener / er ist auch ein rechtschaffener Kerl / wünschen hätte ich mögen / daß er vor etlichen Tagen wäre mit gewesen / da ich mich mit einem Pfeffer-Sacke von Belissa herummer schlug / er solte sein Wunder gesehen haben / wie ich den Kerls trillete / daß ihm die schwere Angst darüber ankam / und das Leben von mir bitten muste / da er mir denn hernach nebenst meinen Secunden, als Juncker Baltzern von Weide-Sporn / und Martin Heinrichen von Schmaußloch / einen stattlichē Schmauß zum besten geben muste / worbey wir uns denn so lustig machten / daß der beste Wein in der Stube herummer schlwam / und die schönsten Gläser zum Fenster hinaus flogen / darbey der gute Kerl noch wol GOtt dancken muste / daß er nicht auch Nasen-Stüber darzu kriegte / fraget nur liebe Frau Muhme / wenn ihr es nicht glauben wollet / diesen Cavallier / der ist mit darbey gewesen / und hat es mit seinen Augen gesehen / wie ich den Pfeffer-Sack geschoren habe.

Flo=

Florißſohn der bißhero bey einer Pfeiffen
Taback dieſe adeliche Diſcurſe mit angehöret hatte/
verdroß es in der Seele/ daß dieſer Kerl ſo unver=
ſchämt daher log/ und ihn noch darüber zum Zeu=
gen ruffte/ er thät derowegen als wenn ers nicht hö=
rete/ biß die alte Frau von der krummen Breche da=
rauf antwortete: Es iſt euch gewiß eine ſchöne
Ehre/ daß ihr euch wegen eines Suffes Wein mit
den Bürgern ſo gemein machet/ und nicht bedencket/
daß ihr ein Edelmann ſeyd/ voraus aber ihr Jun=
ker Martin Heinrich / als dem nur immer das
Maul nach Wein ſtincket/ ſo/ daß wenn ihr nur ein
par Gläſer darvon erſchnappen könnet/ mit allen
Leuten / ſie mögen Bürger oder Edelleute ſeyn/
Bruderſchafft ſauffet/ auch wol gar/ wie ich mir ha=
be ſagen laſſen/ die Pfeffer-Säcke Oheim und Vet=
tern heiſſet/ ſolte ich das wiſſen / ſo ſchwöre ich/ daß
ich euch mein lebetage nicht mehr Vetter nennen /
es auch wol gar dahin bringen wolte/ daß euch die
Eurigen aus dem Geſchlechte ſtieſſen/ und ſagt mir/
was habt ihr wieder vor ein Schmarre auf der Stir=
ne? ohne Zweiffel habt ihr euch wieder gekatzebal=
get/ und eines bekommen/ das noch wol hingienge/
wenns euch nur nicht etwan die Bürger verſetzet
hätten.   Sehet ihr mich für einen Narren an?
ſagte Junker Vogelbach/ daß ich dieſe Kerl Oheim
oder Vetter nennen ſolte/ hätte ihnen der Kayſer
auch noch ſo einen groſſen Brieff gegeben/ Bruder
gehet wol hin/ ſo lange ſie luſtig Wein hergeben/ her=
nach aber heiſſet es/ laß den Bernhäuter gehen/ und
ich

ich wolte einen loben / der itzo in diese adeliche Zu-
sammenkunfft käme/ und mich Bruder hiesse/ oder
so viel Hertz hätte/ mir einen Stoß anzubringen/
was aber die Schramme anlanget/ so ist es ein
Schuß von einem Obristen Lieutenant mit dem
ich dieser Tagen Kugeln wechselte/ da er mich denn
wol rechtschaffen meinete/ dieweil mir aber damals
die Stirn für Zorn und Hitze so feste wie ein Harnisch war/ die Kugel weiter nicht/ als durch die Haut
dringen konte. Hingegen versetzte ich ihm eines/
daß ihm die Kugel bey dem lincken Ohre hinein/ und
zur rechten Ferse wieder herausser gieng / worüber
er auch noch die Zincken in die Höhe hebet/ daß niemand weiß/ ob er davon kommen werde oder nicht.
Kaum hatte der Auffschneider dieses geendet/ so kam
eines andern Edelmanns Knecht hinein/ und sagte
ihm etwas heimlichs ins Ohre/ worüber er nicht
wenig erschrack/ und ihn wieder kurtz abfertigte/
worauf es aber nicht lange anstund/ daß der Abge-
fertigte wieder kam / und kurtz darauf ein in dem
Dorffe einquartirter Reuter/ mit diesen Worten
hernach trat: Ich habe dir/du kahler Schufft/ schon
zu zweyen malen sagen lassen/ daß du mir meine
Stieffeln herausser schicken soltest/ weil ich einen
Ritt bekommen / und nicht warten werde/ biß es
dir gelegen ist/ wormit er ihn zugleich auf die Banck
stieß/ und mit Gewalt die Stiefeln von den Füssen
rieß. Da saß nun der Auffschneider mit einem par
nur die Helffte der Hoch-Adelichen stinckenden
Schenckel bedeckenden Sack-groben Strümpffen/
und

und durffte sich von dem Tische nicht weg machen/ biß Märt im Hause ein par alte Schlurffen auffgefunden hatte/ da ihm denn nun allererst die Lauß rechtschaffen übern Grind lief/ und er ein grosses Geschrey anfieng/ wie er den Reuter für so erwiesenen Schimpff in Stücken zerhauen wolte/ und was deß Schmähens mehr war.

Anderseits machten sich die Gäste theils mit Taback/ Brandtwein/ und Bier/ theils mit Tantzen/ und allerhand Gesprächen/ zimlich lustig/ worbey Florissohn merckte/ daß von deß Wirths zweyen nicht übel gebildeten Töchtern/ nur allemal eine am Reigen/ und deß eine in allen Stücken wie die ander vom Haupte biß zu den Füssen gekleidet waren/ worauff er sich deß Gast-Wirthes in Belissa Erzehlung von seiner damaligen adelichen Liebsten erinnerte/ und sich leichte die Rechnung machen kunte/ daß auch sich diese gute Mägdigen mit einerley Kleidung behelffen/ und wenn die eine im Zimmer tantze/ die ander indessen draussen abgelegt so lange der Gedult abwarten muste/ biß die Ordnung wieder an sie käm. Nichts desto weniger fieng derer Frau Mutter/ die sich nebenst ein par anderer Frauen nach Juncker Voglenbachs beschämten Abtrit/ zu der Frauen von der krummen Breche gesetzt hatte/ mit diesen Worten an: Sind das nicht liebe Kinder/ die sich in alles so adelich zu schicken wissen/ ich sehe mir ja meines Hertzens Lust/ wie ihnen alles so wol anstehet/ und ihr Juncker Hannß Christoph so wacker mit ihnen herummer springen kan.   Man sie-

siehet doch bald was recht adelich iſt/ und hätten die Pfeffer-Säcke in den Städten noch ſo viel Schmuck um ſich hencken/ ſo ſey es wie ihm wolle/ der Bürger blecket doch allemal herfür. Dahingegen wolte ich die beſte 2. Ziegen darum geben / wenn ihr ſeliger Juncker Heinrich aufſtehen / und ſeinem Sohne/ wie Rittermänniſch er ſich ſtellen kan/ zuſehen ſolte. Es iſt nicht ohne/ ſagte die ander/ das Hertze mögte mir im Leibe zerſpringen/ wenn ich bißweilen dieſe Leute in der Stadt in ſo prächtigen Kleidern und Schmucke auf güldenen Karreten herpralen ſehe/ pralet/ dencke ich alsdenn/ wie ihr wollet/ und wenn ihr auch gleich alle Tage an ſtat eures beſten Weines gar Perlen ſüffet/ ſo ſeid ihr Bürger/ bleibet/ Bürger/ und werdet es nimmermehr/ dahin bringen/ daß ihr uns gleiche ſeyn ſollet. Mit dergleichen und andern Weibertheidungen/ Lachen/ Jauchzen/ Tantzen/ und Springen/ war die Nacht eingebrochen/ und weil der von Kronhof leicht erachten kunte/ daß auch endlich dieſes Gelach mit den gewöhnlichen Stanck-Händeln würde beſchloſſen werden/ als gab er unſerm Florisſohn einen Winck / und machte ſich mit ihm auf die Seite zu einem bekandten Bauren/ woſelbſten ſie das Nachtlager auf einer Streu zubrachten / und des künfftigen Morgens von des Herren von Kronhots Reit-Knechte erinnert wurden/ im fall ſie einer dreyfachen Schlägerey/ worunter der Vogelbach der vornehmſte ſeyn würde/ zu zuſehen verlangten/ ſie alsbald aufſtehen/ und ſich auf die nahe an dieſem Dorffe ligende Pol-

Polnische Gräntze begeben müssen/ worzu aber keiner von ihnen Lust hatte/ sondern vielmehr ihren Leuten befahlen/ die Pferde fertig zu machen/ worauf sie auch kurtz hernach auffsassen/ und ihres Weges ritten/ unter welchem gleichwol Florissohn des Herrn von Kronhoffs Diener fragte/ was doch die Ursache dieser Stänckerey gewesen wäre? nichts anders/ sagte dieser/ als ihre gewöhnliche Auffschneiderey/ in welcher immer einer für dem andern der vornehmste Jäger seyn will/ da doch/ wenn es dazu kommt/ alle mit einander nicht einen krancken Hasen zu hetzen haben/ absonderlich aber/ sagte er/ schnied Juncker Vogelbach auf/ wie er so viel wilde Schweine geschossen/ und vor ein par Monaten einen sonderlichen Zufall mit einem grossen Bache gehabt hätte/ die ihm/ als er auf sie gezielet/ zwischen die Beine gerennet/ daß er auf sie zu reiten kommen/ und wol sechs Meilen mit ihr herummer durch das dickeste Gesträuche fortwandern müssen/ biß er sich endlich besonnen/ daß er ein Messer bey sich/ das er denn ergriffen/ und ihr so lange an der Kehle gefiedelt/ biß sie zu seinem Glücke zu nechste hinter seiner Scheuren/ wohin sie ungefehr kommen/ mit ihm umgefallen wäre/ hierauf hätte er sie mit Hülffe seiner Leute hinein gebracht/ und auffgehangen/ darbey ihm aber von diesem unsanfften Ritte die Lenden so wehe gethan/ daß er bey acht Tagen das Bette hüten müssen/ ehe er die Sau auffgeschlagen/ wo er befunden/ daß sie noch 10. lebendige Frischlinge im Leibe gehabt/ die denn/ nach der Eröffnung/

so hurtig zum Hofe hinaus gelauffen/ daß sie zwar der eine Hüner-Hund erholet/ darüber aber einen solchen Schlag von einem Frischling so ein junger Hauer gewesen/ bekommen/ daß ihm das Eingeweide zum Leibe herausser gehangen / und der arme Hund/ den er doch nicht für zwantzig Reichsthaler gegeben hätte/ auf der Stelle todt geblieben wäre. Das war ein Unglück/ sagte hierauf Hanniß von der Flintè/ sage mir aber mein lieber Bruder/ weil dir die Sau von vornen unter die Füsse gelauffen/ und du solcher Gestalt ohne Zweiffel rücklings zu sitzen kommen/ wie du dich so geschwinde wenden/ und ihr zur Kehle kommen können? Meinst du/ antwortete dieser/ daß ich mein *Voltisiren* gar vergessen habe? Sage mir aber Bruder/ wie stehets um dein Weidewerck? Sehr schlecht antwortete dieser/ ausser was ich bißweilen noch mit der Büchse thue/ da denn ein Ent-Vogel das meiste ist/ worbey ich eine absonderliche Lust mit denjenigen habe/ die alle Jahr auf meines grossen Hechtes Kopffe nisten/ wie? sagte Juncker Weidesporn/ hast du Bruder so einen grossen Hecht/ und wo ist derselbige? In meinem Teiche vor dem Hofe/ antwortete dieser/ und wie ich aus seinen Zähnen mercke/ über 1500. Jahr alt/ indem er so viel Moß aus dem Kopffe gewachsen hat/ darinnen ein par Ent-Vogel gar gemächlich nisten/ Eyer legen/ und ihre Jungen ausbringen können. Bekomme ich nun einen Gast/ oder brauche sonst ein Gerichte Fische/ so nehme ich nur meine Kugel-Büchse/ und schiesse ihn auf den

Kopff/

Kopff/ worüber er so erschrickt/ daß er über einen halben Zuber Speise Fische ausspeyet/ womit denn alle meine Leute genug haben. Sage mir aber Junker Melcher von der Kratze/ wie stehet es um deine Wirthschafft/ und was bringet dein Gut wol ein? Niemals über anderthalb hundert Thaler/ ich stelle es auch an wie ich wolle/ antwortete dieser/ meine beste Nutzung ist das Obst/ und voraus ein grosser Nußbaum/ der sich alle Jahr sehr wol hält/ und aufs wenigste dieses Jahr über dreyssig tausend Schock Nüsse hat. So hast du gut Narr seyn/ sagte Vogelbach/ und weist dein Vermögen selber nicht/ denn wenn dir allein dieser Baum dreissig tausend Schock Nüsse einbringt/ und jedes Schock nur einen Silber-Groschen gilt/ so hast du allein von den Nüssen tausend Reichs-Thaler/ wo bleiben nun die Schafe und das Getrayde? Ich habe es gesagt/ sagte Juncker Melcher von der Kratze/ und sage es noch einmal/ und werde es sagen/ daß ich so viel Nüsse habe/ und mir mein Gut nicht mehr/ als gedacht/ einbringet/ und bin kein solcher Auffschneider wie du mit deiner Sau/ oder du Bruder Hannß von der Flinte mit deinem alten Hechte; worauf man in einem Augenblick sahe/ wie Gläser/ Krüge/ Taback-Pfeiffen/ Licht und Leuchter in der Stuben herummer flogen/ und die drey Junkern einander bey den Köpffen kriegten/ worbey nichts lächerlichers war/ als daß die Frau von der krummen Breche ihren Juncker Hannß Christoph/ alsbald vom Tische hinweg rieß/ und Anfangs

fangs unter die Schürtze verstecktete/ nachmaß aber unvermerckt gar mit ihm zur Thür hinaus gieng/ und aus dieser Gefahr errettete/ solche Händel werden sie nun heute mit der Klinge vertragen / wormit ihm aber der von Kronhof / als der sich endlich solcher Lumpereyen seiner Landes-Leute selber schämete/ einen Winck gab/ daß er schweigen solte / und unter andern anmuthigen Gesprächen mit seinem Gaste in vollem Galop auf Ritterfeld wiederum zu ritten.

Zwey

## Zweites Buch.

Es war schon zimlich spät/ als der junge Herr von Kronhof mit seinem Gaste zu Hause wieder ankam/ und den alten Herrn nebenst der Frau Mutter bereits in der Ruhe antraffen/ weßwegen sie sich auch nicht lange aufhielten/ sondern gleichfals dem Schlaff ergaben/ dem auch Florissohn so ruhig nachgieng/ biß ihm die Sonne auf das Bette fiel/ und er von dem kurtz darauf ankommenden jungen Herrn von Kronhof befraget ward/ ob es ihm/ weil es Sonntag/ beliebete/ sich nebenst seinem Herrn Vätter/ deß Gottes-Dienstes in ihrer eigenen/ nahe vor dem Hofe liegenden/ Kirche zu bedienen/ das auch dieser bald für genehm hielt/ und nachdem er von dem alten Herrn mit einem glücklichen Morgen-Wunsche beehret ward/ mit ihnen sämtlich dahin spatzierte. Allhier hörten sie einen guten gelehrten Mann/ eine nicht zu hoch gestimmte/ sondern bey dem Evangelischen Text auf Trost/ Lehr/ und Warnung beruhende Predig machen/ nach welcher und völlig geendetem Gottes-

tes Dienst/ der alte Herr von Kronhof einen in der
Kirche bemerckten Cavallier/ der Obriste Lieutenant
von Waffenbesäß genannt/ nebenst dem schon vorhin zu sich erbetenen *Licentiat* Hilffrecht von Ga-
ber/ wie auch den Herrn Pfarrer zum Mittags-
Mahl einladen ließ/ wohin sie sich auch alle willig
einfunden/ und daselbst zugleich den Doctor Philo-
nius/ den die Frau von Kronhof zu ihrer krancken
Jungfer Tochter fordern lassen/ antraffen/ so/ daß
ihrer nunmehro in allem/ ohne einem alten Edel-
mann/ Juncker Hannß Merten genannt/ dem der
alte Herr von Kronhof schon lange Zeit Unterhalt/
und den Namen eines Forst-Meisters gegeben/ sieben tapffere gelehrte Leute von allen Professionen
beysammen waren/ und einander von allerhand
annehmlichen gelehrten Gesprächen genugsame
Materie geben kunten. Die Speisen waren zwar
keines weges mit der Voglenbachischen Schleckerey zu vergleichen/ sondern ein gutes Stücke Rind-
Fleisch/ mit sieben andern wol ergebigen Gerich-
ten/ als gekochte und gebratene Kapaunen/ ein
Schlegel von einem feisten Kalbe/ ein gutes Stück
Schwein Wildpret/ etliche par Reb-Hüner/ Hasen/
und dergleichen/ ihre nachfolgende Gespräche aber/
von weit grösserer Anmuth und adelicher Anstän-
digkeit/ als deß prahlenden Pfeffersäckischen Herrn
von Obertwitze Auffschneidereyen/ kurtz zu sagen/
die erste Frage war von der Frauen von Kronhof wie
es dem Herrn Floristohn auf der Kind-Tauffe gefallen hätte? So hin/ sagte dieser/ daß mich der ehrliche

liche Herr Wirth gedauert/ daß ich ihm die Unge-
legenheit/bey seinen ohne diß ziemlich wilden Gästen/
habe verdopplen helffen/worauf der junge Herr von
Kronhof ein und andere Begebnüß/ so von den unschuldigen Cavallieren als den Damen erzehlete/
worüber zwar alle/ sonderlich aber über deß Vogelbachs gelehrten Stieffeln/und der alten Frau von
der krummen Breche Affen-Liebe lacheten/ das a-
ber/ wie es schien/ dem alten Herrn von Kronhof/
nicht allerdings gefallen wolte. Ihr hättet wol/
sprach er zu seinem Sohn/den Herrn Florißsohn zu
anständiger adelicher Gesellschafft/ und nicht eben
an den Ort/wo gleichsam der Auswurff einer rechtschaffenen Ritterschafft beysammen gewesen/ führen können/ und was meinet ihr/daß unserm Elsi-
tischen Adel diese Stänckerey/bey den tapfferen Ausländern für Ehre abgeben werde? dafür ist nicht zu
sorgen/ sagte Herr Florißsohn/ der leichte mercken
kunte/ daß er auf ihn zielete/ ein jedes Land träget
Rosen und Disteln/Tugend- und Lasterhaffte Leute/
voraus aber dieses Elsissien so tapffere Cavalliere/
die sich bereits bey den Ausländern mit allen anständigsten Qualitäten dermassen berühmt ge-
macht/daß so wenig eine böse Blatter oder bedeckte
Narbe einem schönen Leibe das geringste benimmt/
also auch dergleichen Unartiger den rechten Ehrge-
wiedmeten in seinen Ritterständigen Gräntzen be-
ruhenden Adel nicht beschimpffen kan/ so ist auch
endlich diese Gesellschafft nicht so gar von den Ent-
wilderten gewesen/ daß sich nicht eine rechtschaffene

G 5 Tu-

Tugend-Blume an der Frau von Ruhmstein hervor gethan/ die mich denn in Warheit mit ihren klugen adeňmütigen Reden so vergnügt unterhalten/ daß ich weder auf der alten Frauen von der krummen Breche Einfältigkeit/ noch auch der andern Unanständigkeiten/ wenig Achtung gehabt. Hat das Unglück diesen alten Wolff auch dahin geführet? Fieng hierauf die Frau von Kronhof/ eine recht adeliche Tugend-ergebenste Hauß-Mutter/ an/ ich glaube in Warheit/ daß im gantzen Lande kein Gelach aufgehet/ daß sich nicht dieses runtzlichte Leder mit ihren Kindern auch ungebetten einsticket/ und nichts anders als von diesen Maul-Affen herzu sagen weiß/ so daß ihr die Närrin einbildet/ es seyn keine geschicktere oder mehr adeliche Junckern im gantzen Lande/ als diese Mist-Hammel. Gleichwol vergnüget mich/ daß mein Herr an der Frau von Ruhmstein dasjenige bemercket hat/ was sie auch mit Warheit besitzet/ und nichts mehr an ihr zu beklagen ist/ als daß sie mitten unter diesen Schlackenläuffern wohnen/ und viel Ungemach von ihnen ausstehen muß/ worzu sich aber auch vielleicht ehstens ein Veränderungs Mittel finden dörffte? Und warum erröthet der Herr Bruder/ fieng sie lächlende zu dem Herrn Obristen Lieutenant von Waffenhelm an/ über meine letzte Rede? Oder wenn ist man zu letzte zu Liebwitz gewesen/ und hat dieser guten Frauen und ihrer liebwürdigsten Jungfer Tochter Annehmligkeit genossen? der Hr. Bruder mag sich biß ich wieder komme/ auf eine gute Antwort

wort bedencken/wormit sie auffstund/und weitere
Speisen anzuordnen in die Küche gieng. Ich weiß
nicht/ sagte der alte Herr von Kronhof/ woher es
doch komme/ daß bißweilen die Kinder so gar aus
ihrer Eltern Art schlagen/ und denn auch/ bißweilen
ein geschickter *qualificirter* Cavallier so weit von
der Vernunfft absitcket/daß er sich an ein greuliches
abgeschmacktes widerwärtiges Weib verheyratet/
wie wir von einem und andern ein Exempel an dem
Ehrlichen von Wiesenfeld/ dieser alten garstigen
Frauen von der krummen Breche verstorbenen
Ehe-Herrn/ damals zu aller unserer Verwunderung gesehen haben/ dieser war ein rechtschaffener
ehrlicher wolgestalter Cavallier/der seine erste Jugend mit rühmlichem Fleiß auf den hohen Schulen
und den Reisen/ das männliche Alter aber mit nicht
weniger Ruhm in Kayserlichen Kriegs-Diensten
so angelegt hatte/ daß er die Rittmeister-Charge
davon brachte/ und jedweder im gantzen Lande dafür hielt/ daß ihm die vornehmste und reichste Dame unversagt seyn würde/ da man doch hierauf im
Gegentheil zu aller Verwunderung hören muste/
daß er sich an das schwartze garstige Leder/und zwar
aus dem eintzigen Liebes-Triebe/ indem sie nicht
hundert Thaler am Vermögen/ hergegen aber
einen schlechten Ehren-Nachklang hatte/ hieng/ sie
ehlichte/ hernach aber so zeitig auf dessen Bereuung
fiel/ daß als er kaum zehen Jahr bey ihr zugebracht/
und diese zwey Söhne von ihr gezeuget/ mehrentheils aus Verdruß und Traurigkeit das Leben beschloß.

schloß. Es ist freylich eine wunderliche Sache/ antwortete Herr Doctor Philonius/ und könte man aus dem ersten wol vermuthen/ daß solches Würkungen der Seelen wären/ welche einem jedweden von GOtt eingeflösset würden/ und derhalben/ weil sie nicht von den Eltern vermittelst deß Saamen fortgezeuget werden/ auch unterschieden und immer eine vortrefflicher vor den andern hervor käme/ welcher Meinung auch die meisten von den alten Heyden gewesen. Dieweil wir aber sowol aus der GOttes Lehre/ und der heutigen Weltweißheit ein bessers/ nemlich dieses vergewissert sind/ daß verständig/ oder unverständig seyn/ nicht von der Seele selbst herkomme/ sondern nur von den Werckzeugen/ derer sie sich bey ihren Würckungen bedienet: so solte man ebenfals auch sagen/ daß ein grober unverständiger Vatter auch dergleichen/ und im Gegentheil ein Gescheider einen verständigen Sohn/ vermöge seiner wohlgeordneten Gebürts-Werckzeuge hervor bringen müste/ darvon aber aber gleichwol/ wie offt gedacht/ das Widerspiel sihet/ dahero über dieses Auflösung sich viel gelehrte Leute bemühet haben.

Etliche sind auf Poetische/ nicht allerdings unebne Gedancken gefallen/ als wenn insgemein ungelehrte Leute alle ihre Gedancken/ Leibes und Gemüts-Gaben/ bey dem ehlichen Wercke zusammen nehmen/ und solcher Gestalt gescheide Kinder machten/ im Gegentheil aber gelehrte verständige Männer insgemein ihre Gemüter und Einbildungsdyngs Kräffte mit allerhand Betrachtungen angefüllet/ und niemals so weit davon entfernet hätten/ daß sie auch bey dergleichen Wercke wie die andern nur allein darauf gedächten/ dannenhero kein Wunder/ daß sie hierauß ungeschickte Kinder nach dem Exempel deß grossen Scipionis Africani/ deß Antonini/ deß Cicero deß Postumus Agrippa/ deß Claudius vom Druso/ deß Cajus vom Germanico/ deß Commodi vom Marco Antonino/ deß Lamprocles vom Socrate/ deß Aridel vom Philippo/ hervor brächten / und also das Sprichwort dahero kommen/ daß Helden Kinder schädliche Unarten wären/ oder was Spartianus im Leben des Septimii Severi sagt/ daß fast kein grosser Mann zu finden/ der einen tüchtigen Sohn verlassen hätte.

Hippocrates/ Pythagoras/ und Democritus wollen/ daß auch die Weiber ihren Saamen hätten/ und selbigen bey der Geburt zutrügen/ dannenhero es geschehe/ daß/ welcher Saame bey der Vermischung die Oberhand behielte/ auch der Geburt sein Bildnuß eindruckte/ der übrige aber nur zur Nahrung für selbige dienete/ wie man denn sehen könte/ daß wenn auch gleich Hunde und Affen Weiber geschwängert/ gleichwol eine menschliche Geburt hervor gekommen/ und dannenhero zu schliessen sey/ daß auch allhier der weibliche Saame krässtiger gewesen/ und der von dem Thiere nur zur Narung gedienet habe/ dahero leichte die Rechnung zu machen/ daß bey dergleichen Empfängnüssen der Mutter Saamen die Oberhand behalten/ und weil
die

die Weiber insgemein kalt-und feuchter Natur wären/nichts anders als unverständige Kinder hervor kommen könten.

Allein diese *Rationes* lösen/meines Erachtens auch den Knoten noch nicht auf/angesehen wenn es wahr seyn solte / daß dergleichen feuchte und kalte Leibes-Vermischungen unverständige Kinder hervor brächten/ so müste nothwendig folgen/ daß allezeit die Töchter tumme Dinger wären/ indem kein Zweiffel/ daß selbige/ wenn der mütterliche Saamen den vätterlichen überkrafftiget/ geboren werden / da man doch das Gegen-Spiel augenscheinlich befindet/ und dahero Aristoteles / mit allen seinen beypflichtenden Schulen/ der Meinung ist/daß die Weiber eigentlich keinen Saamen bey der Empfängnüß zutrügen/ sondern dasjenige was man dafür hält/nichts anders als ein Schweiß von der Gebähr-Mutter sey. Es mag aber Aristoteles sagen was er wil/ so ist doch deß Hippocratis Meinung viel wahrscheinlicher/ und bezeuget es die gemeine Erfahrung/ daß auch die Weiber ihren eigenen Saamen haben/und selbiger allerdiengs das seinige bey der Geburt zusetze/ indem es der Augenschein weiset/ daß nicht nur die Töchter/ sondern auch zum öfftern die Söhne der Mutter ähnlicher als dem Vatter sehen / und mehr von der Mutter/ als deß Vatters Sitten an sich haben/solte nun solche Aehnligkeit kommen/ wenn nicht ein Saame so wol als der ander mitwürckte/ und einer von dem andern überkrafftiget würde/ unerachtet ich in keiner

ner Abrede seyn wil/ daß der männliche die vornehmste Würckung bey dieser Sache thue/ und sich stets bemühe/ eine ähnliche allerdings vollkommene Geburt hervorzubringen/ unerachtet er nicht allezeit darzu gelangen kan/ zu diesem ist nicht zu laugnen/ daß auch die Weiber ihre eigene Saamen-Gefässe/ oder wie man heute zu Tage genauer beobachtet/ rechte Eyerstöcke haben/ und also der Mensch unzweifelhafft auß einem Ey geboren werde/ ingleichen daß bißweilen die Mägdlein mit anwachsenden Jahren zu Mannsbildern verändert werden/ davon man mit mehren den *Simonem Majolum* in seinen Hundstagigten Gesprächen/ ingleichen den *Phlegontem Trallianum de mirabilibus* nachschlagen kan/ so erinnere ich mich/ daß ich selber Anno 1654. zu Oedenburg in Ungarn dergleichen Kerl gesehen/ der mit weiblicher Gestalt verheyratet worden/ hernacher aber selber ein Weib genommen gehabt/ worzu solte nun die Natur den Weibern solche Gefässe geschaffen haben/ wenn sie deren keinen Nutzen hätten? so ist es nicht gar lange/ daß zu Neapolis ein Morian von Genua eine weisse Frau geheyratet/ die hernach Zwillinge geboren/ davon eines weiß und allerdings der Mutter ähnlich/ das ander aber mit einem schwartzen Moren-Gesichte dem Vatter gleich gewesen.

Die Telesianer gehen noch weiter/ und sagen/ daß sich der vätterliche mit dem mütterlichen Saamen vermische/ und bißweilen der mütterliche der Söhne/ der vätterliche aber der Töchter/

nach)

nach Beschaffenheit der Wärme/ so in ein oder deß andern Saamen befindlich wäre/Gesichter bildete/ welcher Meinung auch Empedocles war / und meines Erachtens nach/ die allervernünfftigste ist. Gregorius Pomadorus/Bischoff von Lorin/ein so gelehrter als lustiger Kopff/ hat von dieser Materie folgende Gedancken/daß weil die gelehrte Leute insgemein tieffsinnig wären / und ihren Kopff voller gescheiden Betrachtungen hätten / so wäre kein Zweiffel / daß die zartesten geistlichsten Theile deß Gebluts auffwärts/ nach dem Gehirne stiegen/ die Dickern oder Hefen aber unten verblieben/und hierauf einen so kaltsinnigen Geistlosen Saamen kochten/woraus wegen seiner Unvollkommenheit nichts anders/als auch Geistlose unartige Geburte hervor kommen könten/ wohin auch Cardanus in seinem Buche von deß Menschen Natur mit diesen Worten zielet: Gescheide Leute sind wegen ihrer steten Betrachtungen zu dem ehlichen Wercke nicht die bequemsten/denn weil ihre Geister wegen unabsetzlicher Betrachtungen und Nachdencken/ mehrentheils vom Hertzen zum Gehirn hinauf steigen/ so geschiehet es auch hernach / daß sie gemeiniglich schwache/ Geist-lose/ ihnen sehr unähnliche Kinder zeugen / welches man gleichsals in seinem Werthe beruhen lassen kan/wenn man nur nicht dafür hält/ daß solches nothwendig so/ und nit anders erfolgen müsse/ angesehen es keine so ungemeine Sache ist/ daß auch grobe ungeschliffene Vätter ihres gleichen Kinder gezeuget/ und gelehrte Leute auch verständige

dige tapffere Nachkommen gelassen/ dannenhero ich fast der Meinung bin/ daß weil die Gelehrtheit und der Verstand oder Geschicklißgkeit zu ein und andern Künsten und *Professionen*, an sich selbsten nichts anders sind/ als blosse Ausübungen der Seelen/ und alle diese Seelen an sich selbsten/ ohne Unterweisung zu dergleichen Geschicklighkeiten oder Fähighkeiten entleeret/ geboren werden/ ob es gleich auch seyn mag/ daß eine vor der andern mit grosser Fertigkeit solche Unterweisung anzunehmen/ begabet sey/ solches guten theils an der Unterweisung lige/ und daß man die Natur dahin lencke/ worzu ihre Seele Lust hat/ nicht aber dergleichen etwas auf-dringe/ welches ihrer *Disposition* zu wider ist. Und dieses mag wol endlich die eigentlichste Ursach seyn/ warum nicht allemal ein grosser Capitain auch einen tapffern Soldaten/ noch ein Weltweiser dergleichen Sohn/ sondern wol ein Bauer oder gemeiner Mann einen General/ ein *Philosophus* aber einen Bauern oder Handwercksmann/ oder andern Künstler hervor bringen/ und zwar dieses alles aus hochweisem Rathe der vorsichtigen Natur / angesehen/ daß wenn alle Kinder mit ihren väterlichen Qualitäten solten geboren werden/ und wir alle auf einerley Weise leben / und stets unser väterliches Handwerck treiben solten/ die benöthigte bürgerliche Ordnung nothwendig damit über Hauffen gehen müste. Dannenhero dahin schliessende/ daß solches mehrentheils an der *Application* lige/ und daß man bißweilen die Kinder mit Gewalt zu einer

*Pro-*

*Profession* nöthigen will / wohin ihre Seelen keine Zuneigung/ folgends sie keine Geschickligkeit haben/ sondern wenn Nero einen Comödianten / und der Kayser Commodus einen Bogen-Schützen oder Fechter abgegeben / beyde in solcher *Profession* Meister ohne gleichen würden gewesen seyn. Letzlich ist auch merckwürdig/was der Antigonus in seinem Buche von wunderlichen Erzehlungen hat / daß nemlich in Elida ein von einem Mohren geschwängertes Weib eine weisse Tochter/ und diese nach der Zeit / wiederum von einem weissen Vatter/ eine schwartze / ihrem Groß-Vatter gantz ähnliche Mohrin geboren / woraus zu sehen/ daß der Geburts-Saame allerdings seine erste Qualität bey sich behalte / ob er sie gleich allererst nach der Zeit/ und bißweilen in der vierdten absteigenden Geburt hervor bringt.

Wir sind dem Herrn *Doctor* für diesen überaus gelehrten *Discurs* zum höchsten verbunden/ sagte der alte Herr von Kronhof/ und erwarten nun auch die andere Aufgabe/woher es denn komme/daß sich bißweile ein wolgemachter Kerl in ein greulichs abgeschmacktes Weibes-Bild verliebe? Ich werde dieses / antwortete der *Doctor*, dem Herrn Florissohn überlassen/als dem ichs fast ansehe/ daß er uns solches Räzel am besten auflösen könne. Ich weiß nicht / versetzte dieser / ob hierinnen mein Herz einen guten Propheten abgeben werde / ich will mich aber gleichwol solchem Befehl unterwerffen/ und darnach dessen Urtheil darüber gewärtig seyn/
wor-

wormit er also fortfuhr: Wenn wir betrachten/ daß die Liebe dergestalt beschrieben wird / daß sie nichts anders sey/ als die Beliebung oder das Verlangen der Schönheit/ so hat man sich nicht zu verwundern/ daß diese/ nemlich die Schönheit deß Leibes von solchen Kräfften ist/ nicht nur die grösten Helden/ sondern auch die berühmtsten Weltweisen zu ihren Sclaven zu machen/ solcher Gestalt opfferte Aristoteles seiner Erpillis als einer Göttin/ Plato machte es mit der alten *Archianassa* nichts besser/ David stolperte gefährlich auf diesem Eiß/ und der weiseste Salomon ward über seinen Weibern gar zum Narren/ dennenhero Diogenes nicht so gar übel geurtheilet/ daß alle schöne Weiber großmächtige Königinnen/ noch Socrates/ daß sie eine kurtze Tyranney wären. Dieses aber ist erstaunens würdig/ wenn wir sehen/ daß ein rechtschaffener geschickter und verständiger Mann/ sich in ein garstiges übelgebildetes Weib verliebet/ und zu solchem Trieb von keiner Schönheit gezogen wird. Etliche Gelehrte/ wenn sie sich über dieser Frage bemühet/ haben dafür gehalten/ daß weil alle Gemüts Neigungen blind/ und unter selbigen die Liebe am allerblindesten wäre/ sie derowegen nicht recht zu unterscheiden wüsten/ was die Warheit an sich selber/ oder nur etwas scheinbares von der Warheit sey/ und derowegen zum öfftern in ihrem Urtheil so weit betrogen würden/ daß sie das was schön ist / für greulich / da hingegen aber das greuliche für schön hielten. Dahero nicht ungemein zu sehen / daß einer

ner die Grösse an einer Person verachte/ und an der Kleinen sein Belieben finde/ ein ander vergnügte sich mit der Einfalt/ und bildete sich selbige als eine sonderbare Bescheidenheit vor/ der dritte belustigt sich mit der Frechheit/ und beehret selbige mit dem Namen einer belebten Freudigkeit/ bißweilen lassen sich etliche den Adel deß Geschlechts/ etliche die Stimme/ etliche den Gesang/ andere die Anständigkeit der Geberden/ bißweilen eine gute Sprache oder andere Anmutigkeit/ in dieses Garn verstricken/ und ziehen solches einer glatten Stirne vor/ das sich noch alles hören läst/ dieses aber ist in Warheit nicht zu begreiffen/ wenn man weder eines noch anders von itzt-erzehlten Annehmligkeiten vor sich hat/ und sich dennoch ein wolgemachter Kerls/ ein schielendes Auge/ ein schwartz-geruntzelte Stirne/ stinckenden Athem/ krummes Zahn-loses Maul/ schlimme Nasen/ bucklichten Rucken/ krummen Fuß/ und nicht grades Gemüte in so unaufflößliches Joch verstricken läst; derowegen ich fast mit denjenigen einerley Meinung wäre/ daß etliche verhoffen/ an statt eines heßlichen Angesichts/ einen desto schönern Leib und besseres Gemüte zu finden/ wenn ich nicht hörte/ daß auch diese zwey Stücke bey dieser adelichen Dame von der krummen Breche/ so wenig/ als die ändern in ihrer Jugend anzutreffen gewesen/ und derohalben mit dem gelehrten Italiäner Garimberto dahin schliessen muß/ daß/ wo nicht eine Zusammenstimmung so wol der würckenden als leidenden Gemüts-Qualitäten allhier

eine

eine verborgene Würckung von sich spüren lassen/ solches nicht anders als der Sternen Einflüsse zu-zuschreiben sey. Und warum nicht vielmehr dem Göttlichen Gerichte? versetzte der alte Herr von Kronhof/ welches offtermals unsere Jugend-Fehler mit dergleichen Ruthen zu züchtigen pfleget. Unter welchen Worten dessen Frau Liebste wieder hinein kam/ und den Herrn Obrist-Lieutenant nochmals fragte/ ob er sich mittler Zeit auf seine Antwort besonnen hätte. Ich weiß nicht/ antwortete dieser/ wo meine wertheste Frau Schwester hinzielet/ werde aber in keiner Abrede seyn/ daß mir die Frau von Ruhmstein wegen ihres Herrn Sohnes bekandt sey/ und ich bereits zu ein und andern malen ungemeine Ehre in ihrem Hause genossen habe. Nicht unbillig/ fuhr die Frau von Kronhof fort/ bewirthet man so liebwerthe Gäste bereits angenommene Söhne/ und unzweiffelhaffte Herren Eydamme/ nach aller Möglichkeit. Das wäre etwas zu tief in mein Geheimnuß hinein geguckt/ versetzte jener/ und würde mich in Warheit recht glückselig schätzen/ wenn der Frau von Ruhmstein Gedancken/ mit der Frau Schwester Verdacht überein kämen/ und ich deßjenigen Schwägerschafft würdig seyn solte/ dem ich das gröste Theil meiner Glückseligkeit zu dancken habe. Diese Ehre und Glücke sind bereits mit dem an der lincken Hand befindlichen Diamant so versiegelt/ daß man gnugsame Ursache hat/ darzu offentlich Glücke zu wünschen/ und es keines weges vor derjenigen zu verhölen/ die alle Geheimnüsse mit deß Herrn Bruders Frauen Schwieger-Mutter gemein hat/ sagte die holdselige Frau Wirthin.  Demnach ich aber wol weiß/daß ein rechtschaffener Liebhaber nirgends lieber von seiner Liebe redet/als an demjenigen Orte/wo er sein Hertze verpfändet hat/so will ich auch meinen Vorwitz mit einem Gläß Wein auf der Jungfer von Ruhmstein gute Gewogenheit beschliessen/ und im übrigen bitten uns zu berichten/ wie ihr Herr Bruder zu so hohem Glücke/ und mein wertthester Herr Bruder zu seiner so genauen Freundschafft gelanget sey.  Weil ich denn sehe/daß bereits meine Briefe entsiegelt sind / so werde ich auch weiter keine Geheimnüsse daraus machen / versetzte der Herr Obriste Lieutenant/sondern der Frau Schwester Befehle den schuldigsten Gehorsam zu geben / kürtzlich sagen / daß den Herrn Obristen von Ruhmstein seine Tapfferkeit/und in allen Sachen erwiesenes rühmliches Verhalten/in einen solchen Stand gesetzt/der ihm zu einem noch weit grössern nicht geringe Hoffnung gibt/ zumalen da er noch nicht über viertzig Jahr ist/ und gleichwol/ nachdem er von seiner Frau Mutter bey dem beruffenen General von Tillburg angebracht/ und von selbigem im 18. Alters-Jahr/das Fähnlein bekommen/diese zwey und zwantzig Jahr durch alle Kriegs-Chargen so rühmlich bedienet / daß er endlich/ und voraus weil er das Glücke gehabt/fast jedesmal stehen zu bleiben/ das Regiment so er noch unter der Kron Spanien hat/ nebenst der Commendantschafft der Vestung

stung Battemburg/ wie nit weniger vermittelst dieser Gelegenheit/ eine von den schönsten und reichsten Damen aus selbiger Provintz bekommen hat. So viel aber mich/ und die mit ihm erhaltene Bekandtschafft betrifft/ so ist selbige aus ein und anderer seltsamen Begebenheit entsprossen/ die ich/ daferne es mir erlaubet ist/ kürtzlich entwerffen will.

Mein Vatter war zwar/ wie bewust/ auch ein Soldat; und hatte sich kaum bey seinem hohen Alter auf meinem noch zur Zeit besitzenden Gute Roßburg/ zur Ruhe gesetzt/ darbey aber/ ich weiß nicht aus was für einem Trieb/ eine solche Liebe auf die Gelehrtheit geworffen/ daß er mich durchaus nicht bey den Waffen wissen wolte/ sondern zu jenem aufzufrischen gedachte/ zu diesem Ende schickte er mich sehr zeitig nach den Schulen/ und sparte keine Unkosten mich darbey zu erhalten. Ich hatte/ ohne Ruhm/ keinen unfähigen Kopff/ und trieb meine Sachen so wol/ daß mich mein Vatter auf verständiger Leute Einrathen im achtzehenden Alters-Jahre nach Straßburg/ und hierauf noch ein par andere teutsche hohe Schulen verschickte/ wo ich denn meine Zeit so anlegte/ wie es sichs gebührete/ und als ich etwan vier Jahr auf selbigen zugebracht/ endlich über Holland nach Franckreich gieng.

Allhier blieb ich etwas über zwey Jahre/ und wäre unfehlbar auch nach Welschland gegangen/ wenn nicht meines Vatters zeitliches Ableben solches unterbrochen/ und mich nach Hause geruffen

hätte

hätte. Daselbsten fand ich nun meine liebe Mutter in voller Betrübnis/ und die durchaus wolte/ daß ich mich bald verheyraten/ und als der einige Erbe dieses ritterliche Gut bewirthen solte. Ich war damals ein Kerls von 24. Jahren/ und gedachte nichts weniger/ als meine Jugend so zeitig in ein so verdrießliches Joch zu stecken/ sondern vielmehr den Kriegs-Begierden/ die ich bey meines Vattern Leben unterdrucken muste/ den Ziegel zu lassen/ überlies also die Wirthschafft meiner lieben Mutter/ und begab mich nach Vindobon/ wo mir es auch so weit glückte/ daß ich vermittelst eines grossen Patrons Anlobungs-Schreiben, bey dem sowol in den Waffen/ als Wissenschafften unvergleichlichen General/ Grafen von Vogelberg, aufgenommen ward/ und zu aller Beförderung Versicherung bekam. Es war aber zu meinem vermeinten Unglück damals fast aller Orten Friede/ und die Kayserliche Regimenter biß auf etliche wenige abgedancket/ von welchen zwar mein General eines behalten/ doch aber zur Zeit keinen Platz für mich übrig hatte/ derowegen bediente ich selbigen biß 2. Jahr/ als ein Edelmann/ und gebrauchte mittler Zeit seine ansehnliche Bücherey, mit so guten Nutzen/ daß ich aus selbigen/ und dieses Herrn täglichen Umgange/ und hochgelehrten *Discursen* solche Zeit über/ von den rechten wahren der Schul-Füchseren abgewandten Wissenschafften mehr begriff/ als ich in vielen Zeiten auf den hohen Schulen schwerlich hätte thun können. Dessen allen unerachtet aber/

stund

stund mir das Hertze stets nach den Waffen/ dannenhero mein General/ nachdem ich ihm solches eröffnet/ dabey aber zweiffelte/ daß schwerlich in kurtzem etwas von neuen Regimentern herauser kommen dörffte/ mich/ auf mein Ansuchen/ dem damaligen Engeländischen Abgesandten am Kayserlichen Hofe/ dem Ritter von Cheldam/ der nach Verrichtung seiner Geschäffte Abschied nahm/ anlobte/ der mir auch bald versprach/ so bald wir würden in Engeland angelangt seyn/ den Cornet-Platz unter seiner Compagnie/ die er als Obrist-Lieutenant unter deß Grafen von Felddons Regiment hatte/ zu geben/ das er auch/ nachdem wir zu Londen angelanget/ redlich hielt.

Engeland war damals in einem solchem Stande/ daß ob zwar der regirende König wider aller Welt Vermuten/ seines enthaupten Vatters Thron/ vermittelst der unvergleichlichen Treue deß General Monckes/ bestigen/ und seine offene Feinde gedämpffet hatte/ dennoch aber/ weil noch viel verborgenes Feuer unter der Aschen lag/ genöthiget ward/ unterschiedliche Regimenter zu Roß und Fuß zu unterhalten/ mit denen er aber gleichwol nicht so vorsichtig verfahren kunte/ daß er nicht bißweilen seinen ärgsten Feinden damit die Waffen in die Hände spielete/ und weil ohne diß/ der auf so grosse Blut-Stürtzung gegründete Thron/ dann und wann zu wancken anfieng/ kaum das Blut-Beyl/ oder doch ein anderes verrätherisches Eisen/ von eigenem Nacken abhalten könte. Unter diesen falschen

schen Freunden ware auch der Graf von Felddon/ der eines der besten Regimenter zu Pferde/ und den Freyherrn von Chelham/ gewesenen Kayserlichen Gesandten zum Obristen Lieutenant hatte. Er/ der Graf/ hatte sein Quartier zu Glocester/ und seine Grasschafft Farington acht Englische Meilen darvon/ woselbsten er fast einen Fürstlichen Hof hielt/ und den Ruhm hatte/ daß er einer der gelehrtesten Herren in gantz Engeland wäre. Wir lagen nur zwölff Englische Meilen zu Worford von ihm ab/ und mich trieb die Begierde/ nachdem ich so viel von dieses Herrn Wissenschafft gehöret hatte/ daß ich mich eines mal gegen meinem Obristen Lieutenant vermercken ließ/ wie er mir eine grosse Gnade erweisen würde/ wenn er mich in dieses Herrn Bekandschafft bringen könte/ um zu sehen/ ob dessen hoher Verstand mit dem gemeinen Ruffe überein käme. Dieses ist eine leichte Sache/ sagte dieser/ machet euch nur fertig/ über ein par Tage einen Ritt dahin zu thun/ worauf er mir auch gegen selbige Zeit eintzige Schreiben einhändigte/ mit denen ich mich denn ungesäumt nach Farington aufmachte.

Es war kurtz vor der Mahlzeit/ als ich daselbst ankam/ und von dem Lord sowol empfangen ward/ daß mir dessen hohe Leutseligkeit die Warheit desjenigen/ was man so rühmlich von ihm ausgebreitet/ genügsam vorspielete. Er laß Anfangs mein Schreiben/ und befahl/ weil er gleich darauf in der Gemalin Zimmer trat/ sie zur Taffel abzuholen/ seinem Hoffmeister/ mich auch dahin zu führen/ worauf

auf er kurtze Zeit hernach mit der Gräfin und noch einem Engeländischen Cavallier/ nemlich dem Ritter von *Danfres* ankam/ und sich noch nebenst einem andern Frauen-Zimmer / welches sie die *Lady*, oder Fräulein von Wilton nenneten/ dann noch einem andern / den ich für deß Grafen Rath oder Cantzler hielt/ und dem Ansehen nach/ einem Spanier oder Portugesen sehr gleichte/ ohn übriges Gepränge zur Taffel saß.

Sie/ die Gräfin war in Warheit/ ein dergleichen schönes Weibes-Bild/ daß wenn sie zu Zeuxis Zeiten gelebet/ er nicht vonnöthen gehabt hätte/ so viel Schönheiten zur Abbildung der Cyprischen Venus zusammen zu suchen/ sondern eintzig und allein von ihr eine Abschilderung zu nehmen/ so kamen auch die Speisen mit dieses Herren Stande und Vermögen allerdings überein / der hierauf/ weil sonder allen Zweiffel mein Obrister Lieutenant in seinem Schreiben gemeldet hatte/ daß ich seine hohe Gelehrtheit zu beobachten/ dahin kommen / sich alsbald mit itzermeldten Portugesen/ den ich/ wie gedacht / wegen der sonderbaren Ehrerbietigkeit / die ihme der Lord in allem beylegte/ für dessen geheimen Rath / oder Cantzler hielt/ in einen gelehrten Discurs einließ/ und nachdem er von mir verstanden/ daß ich meine Jugend den Studien gewidmet/ zur ersten Materie aufwarf/ daß einem Cavallier solche nicht nur anständig/ sondern auch hochnöthig wären. Diesem widersprach also fort der vorgemeldte Ritter/ jedoch dem Ansehen nach/ dem Lord

mehr

mehr seinen Verstand / indem er gleichfals ein sehr gelehrter Herr zwar / / darzuzeigen / als daß es ihm ein rechter Ernst seyn solte / dahingegen übernahm der vermeinte Cantzler die Verfechtung der Gelehrtheit / und gab vor / wie er gegen iedweden bestehen wolte / daßselbige den Waffen weit vorzuziehen / und alsdenn allererst einer ein rechtschaffener vollkommener Soldat seyn würde / wenn er solche mit den Waffen vermählete.

Denn erstlich / fuhr er fort / werden mir so wol Euer Excellentz / wormit er den Lord meinete / als euer Gnaden nach geben / daß der Kayser Justinian in L. ult: C. de offic. diuers. jud. die Doctores der Rechten so weit begnadet / daß die in den Kayserlichen Rath auch ohne Erlaubnuß kommen dörffen / welches ein Soldat wol muß bleiben lassen / so hat auch hierauf der Kayser Lotharius / den Gelehrten viel Vorzüge vor den Soldaten / und zwar dahero nicht unbillig gegönnet; weil Anfangs ausser allem Zweiffel die guten Künste und Gelehrtheit / Güter deß Gemütes sind / da hingegen aber diejenigen so zum Kriege erfordert werden / nur an dem Leibe / und dessen Stärcke bestehen / folgends / so weit das Gemüte dem Leibe / also auch diese jenem um so viel mehr vorzuziehen sind / weil absonderlich auch die Werckzeuge deß Krieges / nur Güter deß Glückes sind.

Andertens / sehe man / daß die Gesetze denen Waffen gebieteten / die Gelehrten aber solchen Gesetzen vorstünden / woraus nothwendig folgen müste

ste/ daß wie die Waffen unter den Gesetzen/ also der Gesetze Urheber/ und Vorsteher über die Waffen und derer ergebene wären.

Drittens wäre unläugbar/ daß der Verstand und die Wissenschafften der freyen Künste / den Menschen vermittelst der hohen Betrachtungen/ und tieffsinnigen Nachdencken / etlicher massen GOtt/ die Waffen aber selbigen den unvernünfftigen Thieren gleich machten / als die auch mit denen ihnen von der Natur verliehenen Waffen/ als Klauen / Zähnen/ Hörnern 2c. Krieg führeten/ und sich beschützten.

Vierdtens sey unwidersprechlich / daß die guten Künste oder Gelehrtheit/ die Länder in gute Ordnung/ Wachsthum/ und Glückseligkeiten setzten/ dahingegen aber die Waffen selbige verödeten/ und verwüsteten/ dannenhero auch aus diesen Ursachen/ jene diesen weit vorzuziehen.

Fünfftens wären die guten Künste oder *Studien*, die eintzigen Werckzeuge/ vermittelst welcher die Tugend erworben/ und das menschliche Leben erleuchtet würde/ dahingegen schmiessen die Waffen selbige übern Hauffen / und beraubeten den Menschen seines höchsten Gutes/ nemlich des Lebens/ derotwegen sie mit jenen nicht einmal zu vergleichen/ zu geschweigen vorzuziehen wären.

Da hingegen versetzte der Ritter/ daß alle diese angeführte *Rationes* mehr scheinbar/ als gegründet wären / indem er so viel die erste betreffe/ keines weges zugeben könte/ daß die Waffen und Kriegs-
Wis-

Wissenschafften / nur eintzig und allein auf der äuserften Leibes-Stärcke beständen / und das Gemüte nicht zum Gefährten haben dörfften / angesehen die Stärcke nur die Werckzeuge/ und eben das/ was bey den Gelehrten die Bücher wären.

Andertens wäre falsch / daß der Gelehrtheit deßwegen die Oberherrschung über die Waffen zukäme/ weil sie den Gesetzen vorstünde/ angesehen die Waffen den Fürsten mit seinem gantzen Estat/ worunter Gesetz und Gesetz-Ausleger begriffen/ wären/ beschützen müsten. *Parum enim tuta sine viribus Majestas*, sagt der gelehrte Tacitus/ so sehe man zwar die Gelehrten Cavallieren/ nicht aber die Cavalliere den Gelehrten aufwarten.

Drittens wäre ein grober Irrthum daß man glauben wolte / ein Soldat hätte keines sonderbaren Verstandes vonnöthen / man solte nur den Hannibal/ Cincinnatum/ Pyrrhum/ Fabritium/ und andere berühmte alte Cavalliere ansehen/ ob es ihnen daran gefehlet hätte / derowegen müste man nicht gedencken / daß wenn man einen Soldaten nennete / darunter ein grausames unverständiges wildes Thier/ das nichts anders/ als beissen/ stossen und schlagen könte/ zu verstehen sey/ gleichwie man auch nicht bald für einen Gelehrten zu halten hätte/ der etwan ein par Blätter in dem *Calepinus* nachschlagen könte; wiewol es manchesmal noch dahin stehet/ sagte er/ ob dergleichen Schrifftlinge / oder Cabinets-Gelehrte / auch diesen Bachanten-Trö-

Tröster selbsten recht verstehen/ angesehen/ man nicht selten siehet/ daß wenn sie etwan an einem Fürstlichen Hofe/ wo man sich derer Leute heut zu Tage fast wie der Calender/ ja wol zu Zeiten/ auch nur wie der heutigen neuen Kleider-Arten/ darvon man eine andere gegen dem Sommer/ ein andere gegen den Winter haben muß/ bedienet/ aufgestengelt werden/ dem Ambts-Küssen bald darweisen/ was für eine ungeschickte Hinterlast auf sie kommen/ alsdenn kreucht der Affe aus der Muffe/ und die Sonnen-Stäublein fangen an zu tantzen/ die vorhero im Dunckeln verborgen lagen/ sie wollen alsdenn bald vollkommene Estats-Schneider seyn/ da sie doch nicht einmal nähen/ ja nicht einmal einen Fleck recht ansetzen können/ denn schneidet man ihnen gleich das Wamst zu/ so können sie nicht einmal die Ermel daran setzen/ und dennoch ist die Thorheit in ihrem Gehirne so weit eingewurtzelt/ daß sie sich einbilden/ sie können den Himmel auf ihrem Finger herummer drehen/ sie bestehen auf ihrem *hic hæc hoc,* und vermeinen ihr Gras seye so fein/ abgesiebte Blumen/ als der siebenmal abgeseimte Zucker/ da sie doch nichts gescheider sind/ als der Krebs/ der sein Gehirne im Bauche hat/ in Warheit aufgeblasene Hinterballen/ die von Glase sind/ und sich vermessen/ auf spitzigen Pfälen zu sitzen. Zu diesem würde folgen/ daß daferne die Waffen den Menschen denen wilden Thieren vergleichten/ auch die Gelehrtheit selbige aus dem/ daß wenn sie übel angeleget wird/ der grösten Laster Urheberin ist/ nicht

zu

zu Göttern/ sondern zu Teuffeln machte. Und eben solche Beschaffenheit hätte es auch mit dem vierdten Einwurff/ daß die Waffen beschuldiget würden/ als wenn sie aller Unordnungen und Verwirrungen/ Landes-Verwüstungen/ und dergleichen Urheberin wären/ indem selbiges nur von derer Mißbrauch herrühret/ dieser aber einer Sache/ wenn sie an sich selber gut wäre/ keinen Abbruch thun könte/ ander Gestalt müste folgen/ daß auch ihrer Gelehrtheit die Ketzereyen/ und tausend andere Laster beyzumessen wären/ mit welchen zugleich die fünffte *Ration,* daß nemlich die Waffen die Menschen ums Leben brächten/ welches doch ihr höchstes Gut wäre/ abzufertigen/ angesehen/ vielmehr ihr Absehen sey/ daß sie die Unschuld beschützen solten/ wichen sie nun von diesem Zweck ab/ so geschehe es nur zufälliger Weise/ das denn auch bey der Gelehrheit keine so ungewöhnliche Sache wäre/ indem fast die gantze Welt klägte/ daß auf den Gerichts-Stühlen die Ungerechtigkeit überhand nehme/ wer wolte aber solches der Gerechtigkeit oder Gelehrheit mit Vernunfft/ und nicht dem Mißbrauch zu messen?

Die letzte *Ration,* daß nemlich die Menschen/ vermittelst der Gelehrtheit/ und derer hohen Betrachtungen sich GOTT naheten/ wäre zwar die scheinbarste/ jedoch aber auch nicht ohne ihren Absatz/ zumalen wenn wir solche Betrachtungen und Nachsinnen so weit nehmen/ daß sie alle ihre Gedancken nirgends gin der Than/ als nach dem Himmel-

len-

lencket/ und ſich aus allen Krăfften bemühet/ der
Gottheit ſo viel möglich nachzuſinnen/ auf welchen
Fall ſie denn gäntzlich in die GOttes-Lehre einlauf-
ſet/ und der Sachen damit ſchon abgeholffen wird/
daß die Geiſtlichen ihre Vorzüge in abgemeſſenen
Schrancken haben/ lehnen ſich aber ſolche Nachſin-
nungen nur an die Natur und derer Theile/ als die
Sonne/ Elementen/ wie ſich der Himmel bewege/
was die Sterne für einen Lauff haben/ oder die andere Stücke von der *Philoſophie*, ſo iſt es ſo ferne/
daß dergleichen Schul-Füchſeren mit ihren unnützen Zeit-Verderbungen/ den Waffen/ als vermöge
welcher Land und Leute beſchützet/ und die allgemeine Landes-Wolfart in ihrem Ruhe-Stand erhalten wird/ vorzuziehen/ oder auch zu vergleichen
ſey/ ſo wenig ein Affe einem edlen Hengſt vorzuzie-
hen/ oder auch nur zu vergleichen iſt.

Und wer ſihet nicht/ daß ein Gelehrter/ wenn
er es mit allen ſeinen Bemühungen zum höchſten
gebracht/ endlich dieſes zu ſeiner eigen Sorge hat/
wie er den Doctor wieder abſchütteln/ und ſich den
Titul eines Ritters oder Cavalliers zu wege bringen kan/ da hingegen wird man wol ſchwerlich jemals oder doch ſelten ſehen/ daß heutiges Tages
ein Cavallier Luſt hätte/ ein *Doctor, Magiſter*,
oder dergleichen Schul-Fuchs zu werden. Laſt uns
aber noch weiter gehen/ fuhr der Ritter fort/ und
mit genauen Augen beſchauen/ ob und wie ein E-
ſtat ohne die Waffen beſtehen könne.   Wo wäre
Sparta/ Athen/ und alle berühmte Republiquen

J          ge-

geblieben/ menn sie keine *Camillos*, *Marcellos*, *Brasidas*, *Marios*, *Fabios*, *Scipiones*, und dergleichen Leute gehabt/ oder wer wolte so närrisch seyn/ und glauben/ Rom wäre nicht Rom gewesen/ wenn es von keinen Cicerone/ Salustio/ Livio/ Varrone/ und dergleichen Leuten gewust? derowegen wahr ist/ und wahr bleiben muß/ daß zwar die Gelehrt- heit den Menschen dahin bringet/ daß er vor dem gemeinen Manne in eintzige Achtbarkeit kommet/ keines weges aber anderer Herr wird/ welches aber den Waffen dergestalt unschwer fällt/ daß sich ver- mittelst selbiger nicht nur ein Cavallier einen grös- sern Ruhm beylegen/ sondern auch über andere leicht zum Ober-Herrn machen kan; wer es nicht zu begreiffen vermag/ der sehe nur Lacedämonier/ Macedonier/ Perser/ Parther/ Teutschen und Rö- mer an/ ob sie denen überwältigten Ländern das Joch mit dem Degen oder der *Grammatica* an den Halß geworffen/ und ob nur unvernünfftige ge- meine Leute/ oder nicht vielmehr Könige und Prin- tzen den Degen in der Hand geführet/ ingleichen ob der Wahrsager-Gott/ als er gerathen/ man solte zur Abhelffung der Römischen Pest das vortrefflichste in das Gifft-Loch werffen/ auf einen Schulfüchsi- schen *Priscianum* oder tapffern *Curtium* gezielet ha- be/ welches auch bey Celena in Phrygien gesche- ben/ woselbst gleichsfals kein Pythagoras oder So- crates mit einem Buche unter dem Arme/ sondern deß Königes Midas tapfferer Sohn Egisteus mit
der

der Lantzen zu Pferde in eben dergleichen Mord-Grube gesprenget.

Dietweil man aber kein kräfftiger Mittel als den Reichthum hat / den Menschen die zeitliche Glückseligkeit vorzustellen / als welches die eintzige Staffel ist/ sich über alle ans Brett zu setzen / so höre man was der Poet Simonides deß Königs Hieronis Gemahlin / als sie ihn fragte / welches besser wäre/ gelehrt oder reich zu seyn/ ohne eintzigen Bedacht zur Antwort gab / daß er auch dahero dafür hielte/ Reichtum wäre besser als Gelehrtheit / weil man insgemein sehe/ die Gelehrten vor der Reichen/ niemals aber die Reichen vor der Gelehrten Thüren / aufwarten. Ist nun dieses wahr / so muß man auch nothwendig sehen/ mit was für Mitteln man zu dem Reichthum / als dem Schlüssel der menschlichen Glückseligkeit gelangen könne. Worauf denn wol kein verständiger Mensch zweiffeln wird / daß nicht die Waffen vor den elenden Büchern / auch bey diesem eher zu rechte kommen können / welches der Römische Marius gar wol verstund / wenn er also schloß: Es wäre wol eine grosse Thorheit sich auf die Gelehrtheit zu legen / weil man insgemein sehe/ daß die Gelehrten den Reichen zu Dienste stehen müsten/ und im übrigen nichts tugendhaffter als andere wären/ und solches auch Cicero selber in der Schutz-Rede für den Muräna mit diesen Worten bestättiget: die in den Wäffen bestehende Tugend gehet allen andern soweit vor / daß auch dasjenige Lob / so uns aus unser Wolredenheit

J 2 her-

herkommet/ eintzig und allein auf dem Schutze der Waffen/ beruhet/ so/ daß so bald sich nur diese hören lässet / alle andere Künste verstummen müssen. Wolte nun gleich hier jemand einwerffen/ was Cassiodorus sagt/ daß ein Soldat in den Büchern befinde/ woraus er die Tugenden deß Gemütes bestärcken könne/ und daß auch Alphonsus König von Arragonien der Gelehrtheit dieses Lob beygelegt/ daß er seine Hoheit mehr selbiger / als den Waffen zu dancken hätte/ so könte man wol endlich diesem Könige das Lob lassen/ daß er ein tapfferer Capitain gewesen/ darbey aber schwerlich glauben/ daß er seine Krieges-Künste weder aus dem *Vegetio*, noch *Frontino*, noch *Æliano*, noch dem *Leone*, noch eintzigem andern alten Grillen-Fänger/ als die sich nicht um ein Haar auf die heutige Krieges-Arten verstanden/ sondern vielmehr aus der Erfahrung und Übung gelernet habe/ und gesetzt auch/ daß er ein oder anderes gutes Buch zu Hülffe genommen/ und gewußt/ wie die Alten ihre Kriege geführet/ so folget doch nicht/ daß derowegen die Waffen den freyen Künsten nachzusetzen/ ob man sich auch gleich noch über dieses mit dem in den alten Kayserlichen Rechten so genandten *Præfecto Prætorii* zu behelffen gedenckt/ und *ex L. Apertissimi C. de jud.* herauszuklauben bemühet seyn will/ daß selbiger im Kayserlichen Rathe über alle andere Räthe gesessen/ aus welcher Vermutung auch Chassanäus in seinem *Catalogo Gloriarum Mundi* vom Frantzösischen Reichs-Cantzler/ diese Worte führet: Der
Reichs-

Reichs-Cantzler gehet über alle andere Königliche Bediente/ wes Standes sie immer seyn mögen/ und ist der nechste nach dem Könige/ allein der gute Chassanaus irret sich gar sehr/ wenn er vermeinet/ der *Præfectus Prætorii* sey vor Zeiten der oberste Cantzler gewesen/ vielmehr war es der Hauptmann über die Kayserliche Leib-Wache/ oder heutiges Tages Hatschier-Hauptmann/ derohalben man auch solches/ was von dem Cantzler und dessen Vorzug daselbst gemeldet wird/ nur so weit verstehen muß/ so weit sich die Verwaltung der Gerechtigkeit erstrecket/ keines weges aber auf den Estat/ oder Krieg/ auszudeuten hat/ als in welchem sonder allen Zweiffel der grosse *Connestable* es wol wird bleiben lassen/ dem Cantzler zu weichen/ oder die nach dem Zeugniß deß *Philippi Cominæi,* ihm gebührende nächste Stelle nach dem Könige zu vergeben.

Endlich beschloß dieser Cavallier diese Schutz-Rede für die Waffen mit diesem/ daß auch grosser Herrn Hoch- oder Schlecht-Achtung der Sachen/ kein grösser oder minder Gewichte beylegte/ als sie an sich selbst hätten/ und derowegen deß Alphonsi Ausspruch der Waffen Hochachtung so wenig etwas benehme/ so wenig die Herren Gelehrten zugeben würden/ das deß Indianischen Königes Amitocratis Urtheil/ der vom Könige Antiocho/ deß Athenäi Bericht nach/ bat/ er mögte ihm aus Griechen-Land eine Last Feigen/ ein Faß süssen Wein/ und einen Sophisten schicken; von diesem

J 3 aber

aber zur Antwort bekam/ daß er ihm zwar mit Feigen und Wein/ mit dem Sophisten aber dahero nicht dienen könte/ weil man bey ihnen dergleichen Leute nicht auf dem Marck finde/ aus dem/ daß dieser Barbar meinte/ man kauffte die Gelehrten wie Wein/ und Feigen/ auf dem Marckte/ den guten Künsten eintzigen Schimpff angebrennet/ den Herrn Obristen darbey bittende/ er mögte als ein so in Waffen/ als Gelehrtheit vollkommener Cavallier belieben/ den Ausspruch über dieser Streit-Frage zu geben. Der sich denn zwar Anfangs darüber entschuldigte/ endlich aber doch der Gelehrtheit zu Ehren dieses hinzusetzte/ daß selbige einem Printzen eine grössere Vollkommenheit beylegen würde/ wenn er wie Julius Cäsar/ Alexander/ und andere/ eines zum andern setzte.

Denn erstlich/ sagte er/ ist wol kein Zweiffel/ daß die einem Fürsten benöthigte Glückseligkeit/ vornemlich darinnen bestehe/ daß er mit guten und tüchtigen Estats-Dienern versehen sey/ wie kan er aber zu selbigen gelangen/ wenn er nicht selber weiß/ derer Geschicklichkeit zu untersuchen/ und sie nach selbiger zu erwählen.

Zum andern/ fuhr er fort/ wird mir ein jeder nachgeben/ daß sich ein vollkommener Printz auf die Kriegs-Kunst/ voraus aber die Kriegs-Bau-Kunst und Wolredenheit verstehen solle/ seine Soldaten der Gelegenheit nach/ damit auszumuntern/ worzu er aber nicht besser gelangen kan/ als wenn er die alten Geschichte lieset/ und dahin trachtet/ denen

nen darinnen befindlichen Helden nachzuarten/ angesehen/ die Historie nichts anders ist/ als eine *Anatomirung* oder Zergliederung die die verborgene Estats-Materien/ in einem verstorbenen Leibe oder Regiment zergliedert/ und uns lehret/ wie man/ der Gelegenheit nach/ das Gegenwärtige mit dem Vergangenen/ als guten *Præservativ*-Mitteln heilen könne/ zu diesem Ende führte der grosse Alerander stets den Homerus mit sich/ und machte sich alles/ was nur möglich war/ daraus zu nutze.

Drittens/ waren einem Fürsten dergleichen Wissenschafften auch wegen seines eigenen Interesse dahero hochnöthig/ damit er für einen gescheiden Printzen geehret würde. Es ist kein schöner Thier/ sagt *Epictetus*, als ein gelehrter Mensch/ und Aristoteles im 9. Buch. cap. 5. seiner *Politica*, es sind auch die besten denen Vorstehern deß gemeinen Wesens vorgeschriebene Gesetze nichts nütze/ wenn nicht so wol diese/ als die Unterthanen in guten Sitten und Künsten unterwiesen werden. Eben dahin zielet auch *Cleanthes*, wenn er dafür hält/ daß ein ungelehrter Mensch nur der äusserlichen Gestalt nach von den unvernünfftigen Thieren unterschieden sey/ denn es ist unmöglich/ sagt Plato/ daß die menschliche Sachen/ ohne Erkäntnis der Göttlichen/ wol regiret werden könten/ dahero sehe man/ daß ein Fürst/ der sich guter Gesetze beflisse/ und vornemlich seinen Unterthanen den Haupt-Zügel der Religion wol anzulegen wüste/ nicht nur damit seinen Estat wol versicherte/ sondern auch nach seinem

nem Tode den Namen eines klugen Fürsten davon trüge / da im Gegentheil deß heiligen Isidori Meinung nach / der ungelehrten Printzen Leben einem Traume zu vergleichen / der an sich selbst nichts anders / als nur eitele Einbildungen hätte. Biß hieher der Gräfe / dem aber der Ritter solche Meinung gleichfals dergestalt zu bestreiten fortfuhr / daß daferne ihm erlaubet wäre / dessen Gegensatz zu behaupten / unschwer fallen solte darzuzeigen / daß einem Fürsten / ohnerachtet aller angeführten *Rationen*, die Gelehrtheit nicht allein unnöthig / sondern auch mehr schädlich als dienlich wäre. Und zwar / sagte er / verstehe ich allhier keinen Gelehrten der nur Schreiben und Lesen kan / oder auch ein und andere ausländische Sprache verstehet / sondern einen solchen Printzen / der sich auf die *Disciplinen,* als auf die *Philosophie, Poeterey*/ *Medicin,* die Rechte / und dergleichen legen wolte / wiewol ihrer nicht wenig sind / die da vorgeben / daß ein Fürst ein guter *Physiognomus* oder Gesichtskündiger / dahero seyn müsse / und damit seiner Bedienten Gemüts-Neigungen und Laster / voraus aber dero Haß oder Lieb / Geld-oder Ehren-Geitz / als von welchen vier Ecken ihm die gröste Gefahr hervor stehet / wol erkennen lerne / voraus aber solle ein Fürst / der wol regieren wil / seine Gedancken auch seinen geheimsten E-stats-Dienern verhalten / und sein Hertze mit David nur in GOttes Händen lassen. Von welchen allen aber ich denn der beständigen Meinung bin / daß sie einem Fürsten / als der nur gerecht / tapffer /

gütig /

gütig/ und verständig/ nicht aber deßhalben gelehrt seyn darf/ unvonnöthen sind/ und daß er alle diese Tugenden/ ohne die Gelehrtheit wol besitzen könne. Zumalen wir sehen/ daß bey den Alten die gelehrtesten Printzen/ als Phalaris/ Periander/ Clearchus/ Dionysius/ Tiberius/ Claudius/ Nero/ Gallienus/ Julianus der Abtrünnige/ Philippus Bardanes/ Theodatus der Gothe/ Constantinus Copronymus/ und andere mehr gelehrte Mißgeburten/ als Menschen; im Gegentheil aber Trajanus; Probus/ und der grosse Kayser Justinian/ der tapffere Spartaner Brasidas/ und zu unsern Zeiten der berühmte Franciscus Pizarus/ der mit wenigem Volcke das grosse Königreich Peru erobert/ und dessen unschätzbare Schätze eröffnet/ ingleichen der Nicolaus Piccininus/ Gonsalvus Ferrantes/ Ferdinand von Arragonien/ und andere die gütigsten Fürsten und tapffersten Helden gewesen/ ob gleich die meisten von ihnen kaum oder nicht den eigenen Namen schreiben können.

Damit ich aber/ fuhr er fort/ die von dem Herren Grafen angeführte *Rationes* nach einander entgliedere/ von welchen die erste gewesen/ daß die Gelehrheit einem Printzen dahero hochnöthig sey/ damit er wol regiere/ und für sich selbsten die Rechts-Streite entscheiden könte/ so halte ich vielmehr dafür/ daß ihm selbiges mehr übel/ als wol anstehe/ und seiner Person eher schädlich als nützlich sey/ angesehen selbige eintzig und allein dahin trachten sollen/ wie sie ihrer Unterthanen Gewogenheit beständständig erhalten / welches aber bey dergleichen eigenen Entscheidung unmöglich geschehen kan / daß sich nicht das eine Theil beleidiget / und deßwegen dem Printzen gehässig befinden würde / derohalben ist es ihm anständiger / daß er solches durch seine Bedienten ausführen lasse / und sich nur die Begnadigung vorbehalte / also die Unterthanen in dem Wahn lasse / daß nichts als Gütigkeit von ihrem Fürsten / die Härtigkeit der Gesetze aber mit denen daraus entspringenden Straffen / von seinen Bedienten herfliesse.

Und eben dergleichen Beschaffenheit hätte es auch mit angeführter *Ration*, in Erwählung tüchtiger Bedienten; wer hat jemals bessere Leute gehabt / als der Kayser *Justinian*, der doch / wie obgedacht / nicht einmal das *A. B. C.* verstanden haben sol / zu diesem kommet / daß wie nach des *Aristoteles* Meinung im 2. Buch cap. 2. von der Rede-Kunst / die Gelehrten insgemein ehrsüchtig und mißgünstig sind / also man solches an einem gelehrten Fürsten voraus verspürete dergestalt / daß wenn selbiger nur so viel Wissenschafft hat / die bey einem gemeinen Mann von keiner sonderbaren Achtbarkeit seyn würde / er unmöglich einen gelehrten Diener neben sich leiden kan / sondern alsbald in den unableglichen Wahn verfiele / daß er alle Sachen genauer verstünde / und also nur den Ruhm seines Verstandes darzuzeigen / zu verbessern suchte / was er doch nicht verstehet / noch zu verbessern stehet / welcher Gedancken auch *Seneca* ist / wenn er dafür hält daß die Ehrsüchsüchtigen Printzen sich insgemein grosser Geschäffte unterfingen/und derer Ausführung für ein Theil ihrer Glückseligkeit hielten/welches auch jener grosse *Secretarius* des Königes Emanuel in Portugal gar wol verstund/ der/ nachdem er nebenst dem Könige einen Brief an den Pabst um die Wette/ wer selbigen am besten machen könte/ verfertigte/ und hernach von dem Könige das Lob für seinem davon trug/also fort zu seinen Freunden anfieng/nun ist es um mich gethan/ und mein Fall vor der Thüre/ angesehen ich genugsam versichert bin / daß der König keinen Verständigern um sich leiden kan/ worbey er sich auch im Ausgange nicht betrogen fand. Wiewol dergleichen eigensinnige Printzen/ endlich sich nur selbsten mit dergleichen Einbildung am meisten schaden/ worvon das Beyspiel Herzog Carls von Burgund/ der auch alles nach seinem Kopffe haben/und keinem bessern Rathe folgen wolte/stat vieler seyn kan. Wieviel klüger that der Französische König Ludwig der *XI.* der von dem Exempel dieses seines beständigen Feindes gewitziget/ seinen Sohn Carl/ zu Vermeidung solches Vorwitzes/ durchaus in keiner Gelehrtheit aufferziehen lassen wolte. Ein gutes Gemüte/ sagt *Seneca,* hat wenige Gelehrtheit vonnöthen/ allein wir können so wenig in diesem als anderm ein gebührendes Maaß halten. Wolte jemand hier entgegen setzen/ was nach dem Zeugniß *Lampridii, Alexander Severus* gesagt/daß man vornehmlich den Regiment-Stab demjenigen in die Hände geben solte/ der ihm

selber

selber führen könte/ und nicht andere Fäuste darzu vonnöthen hätte/ ingleichen daß es ein elendes Ding um diejenigen Fürsten wäre/ die ihre Augen nur in anderer Köpffe haben müsten/ denen kan man wol antworten/ daß diese Regel nicht allgemein/ sondern vielmehr zu sehen sey/daß die Gelehrtheit mehr als offters mit der grösten Thorheit dergestalt vergesellschafftet wäre/ daß die meisten sich nicht selbsten zu regieren/ weniger einen Königlichen Estats/ nach dem Exempel des *Philosphi Lysias*, und vieler anderer/ bey dem *Athenæo* angeführter Schrifftlinge/ vorzustehen wüsten/ voraus aber wäre die *Philosopbie* dergleichen Printzen höchstschädlich/ und der Keyserin *Agrippina* hoher Verstand auch aus dem abzunehmen/ daß sie den *Nero* durchaus in derselbigen nicht unterweisen lassen wolte/ als die schon vorhero gesehen/ wie selbiger von Natur boßhafftig genug wäre/ daß er selbige nicht zu mehrern Lastern zu hülffe nehmen dürffte/ sondern solcher gestalt unerträglich seyn würde/ dahingegen aber ist der Aristoteles/ wie in vielen seiner Sachen/ also auch darinnen sehr irriger Meinung/ daß kein guter oder tugendhaffter Mann seyn könne/ wo er nicht zugleich ein *Philosopbus* wäre/ weil die *Philosopbia* in allen ihren Sachen die Ehre zum Zweck hätte. Was saget aber *Plato* im *Thalete* darzu? die *Philosophi*, spricht er/ sind zu den Regiments-Sachen ungeschickte Kerls/ und lassen in allen Dingen den Narren hervor blicken; und in *Gorgia* ob gleich einer von Natur guten Gemütes ist/ so ist doch gewiß/

wiß/ daß daferne er sich zu lange auf die *Philosophie* leget/ in allen Sachen unerfahren bleibet/ worvon wir ein Exempel zu unser Zeit / an dem *Corcutus,* deß Türckischen Keyser *Bajazetis* Erb=Printzen haben/ der/ nachdem er in *Amasia* nichts anders that/ als Tag und Nacht über deß *Averrois Philosophie* zu ligen/ seinem jüngsten Bruder *Selim* darmit Gelegenheit in die Hand spielete/ die Janitscharen auf seine Seite zu bringen/ und mit derer Hülffse/ jenen deß Rechts der ersten Geburt/ nebenst des Reichs/ und Lebens/ auf einmal zu entsetzen. *Rachisius* in der Lombardie und Ludwigen/ Carls des II. Königs zu Neapolis Sohn/ gieng es nicht viel besser / als daß sie gleichwol noch das Leben behielten/ und sich zu München scheren lassen musten; wären aber Alexander und Atoninus gute Leute gewesen/ so hätten sie solches der Natur/ und so wenig der *Philosophie* zu dancken / daß man vielmehr schliessen könte/ sie würden noch besser gewesen seyn/ wenn sie sich selbiger gar enthalten hätten; so hätte auch/ von neuen Exempeln etwas bey zusetzen/ Jacob der sechste in Engeland/ viel rühmlicher gethan/ und vielmehr Ehre darvon gehabt/ wenn er aus seiner *Logica* nur *Syllogismos in modo Ferio,* als welche grossen Herren am anständigsten sind / practiciret/ und von den für Barbaren gehaltenen Gothen gelernet hätte/ daß einer Fürstlichen Faust ein Degen viel anständiger als eine Feder sey/ von welchen Gothen *Procopius* bezeiget/ daß nachdem sie gesehen/ wie ihre Königin *Amalasuintha,* den jungen

Alarich den Schul-Meistern zu tief untergeben/ die ſe ihr unter die Augen ſagten/ daß dergleichen Auferziehung einem Gothiſchen Printzen nicht anſtaͤndig waͤre/ dertvegen und daferne ſelbiger ſeiner Vor-Eltern tapffere Fußſtapffen nachtretten/ und groſſe Dinge verrichten ſolte / man ihn von ſolcher Schulfuchſiſchen Furcht entſchlagen/ und bey Zeiten zu den Waffen anleiten muͤſte/ dannenhero auch die *Amalaſuintha* gezwungen ward / ihre gantze Auferziehung zu aͤndern / und ihren Sohn der Kriegs-Oberſten Willen zu uͤberlaſſen. Eben dieſe Gothen waren es/ die/ nachdem ſie hierauf Athen eingenommen/ und alles eingeaͤſchert hatten / mit ſonderbarem Fleiſſe alle Buͤcher erretten/ und zu keinem andern Ende ſie ihren Feinden unbeſchaͤdiget lieſſen/ als ſie damit ferner weit zu den Waffen untuͤchtig zu machen/ wie denn kein Zweiffel/ daß ſelbige das menſchliche Gemuͤte dermaſſen einſchlaͤffern/ daß es hernach zu allen ernſthafften Sachen deſto ſchwaͤcher/ und zu aller Gefahr erſchrockener wird/ da im Gegentheil ein ihr abgeſagtes Hertze weder Furcht noch Tod ſcheuet. Wo hatte der groſſe Tamerlanes die Kunſt gelernet/ Aſien uͤbern Hauffen zu werffen/ oder Marius ſo viel tapffern Roͤmern das Regiment aus den Haͤnden zu winden/ das im Gegentheil der Cicero mit ſeiner groſſen Gelehrtheit faſt in die aͤuſſerſte Noth gebracht haͤtte? So iſt in Warheit wol laͤcherlich/ fuhr er fort/ wenn uns die Geſchicht-Schreiber uͤberreden wollen/ wie ihre beruͤhmteſte Kriegs-Helden ſo wol geſetzte/

nach

nach) der Red-Kunst abgemessene Reden vor ihren Krieges-Herren hergemacht/ und wie der Herr Grafe gemeldet/ auch ihnen hierinnen nachfolgen/ einem Cavallier die Lehr-Sätze solcher Rede-Kunst vonnöthen wären/ der als ein guter Soldat selber wol weiß/ daß es sich bey dergleichen Gelegenheit vor dem Praßlen der Waffen/ Schalle der Trompeten und Heerpaucken/ oder dem Knalle der Karthaunen/ nicht viel weise Worte machen läst/ deroswegen leicht zu glauben/ daß alle dergleichen Großsprecherey und nach der Schul Länge und Breite abgemessene Anreitzungen mehr ihre eigene Auffätze/ als in der Warheit bestandene Worte seyn. Ein General soll ein Haupt von gedoppeltem Gehirne/ und keiner Zunge haben/ und wer hat doch unter dem Getöse der Lantzen/ dem Alexander oder Cäsar so genau zugehöret? *Viro militari authoritas pro facundia est*, saget *Tacitus*, oder wo hat jemals von den alten/ der tapffere Hannibal einem andern General an frischer Anführung seines Volckes/ an bequemer Lager-Schlagung/ Anordnung deß Treffens/ den Soldaten bey guter Gewogenheit und Muthe erhalten/ etwas vorgeben/ der im Gegentheil dem Phormio/ als er ihm viel von dergleichen Sachen herschwatzen wolte/ für einen Narren hielt. Mit welcher Laugen auch Euvamidas einen andern Schrifftling solcher Gestalt abgezwaget: Mein Freund/ deine Worte sind wol gut/ es scheinet aber/ daß demjenigen/ der solche vorgebracht/ niemals die Kriegs-Trompete um die Ohren

ren geklungen sey. Mit diesem endete der Ritter/ und verlangte von dem Cantzler der solches alles bißhero mit grosser Gedult angehöret hatte/ auch sein Urtheil darüber zu geben. Um Vergebung mein Herr/sagte dieser/ die Abwürtzung deß Phormionis ist viel zu frisch in meinen Ohren/ daß ich mich auch mit dergleichen Laugen abzwagen lassen solte/ dahero ich dieses alles dahin gestellet seyn lassen will/ und nur Euer Excellenz Meinung darüber erbiete/welchem unter den zweyen Helden derer bißher so offt gedacht/ nemlich dem grossen Alexander/oder *Cæsar* der Vorzug beyzulegen sey? Ausser allen Zweiffel/ versetzte der Graf/ dem erstern/und meiner Meinung nach/sagte der Cantzler/ dem andern/ angesehen ich auß beyder Geschichten so viel vermercke/daß er mit streitbarern Völckern als jener/zu thun gehabt/vielmehr Schlachten geliefert/ einen unvergleichlichen Verstand von allen Kriegs-Werckzeugen/ und sonderlich Eroberungen der Vestungen gehabt/ denn auch in andern vortrefflichen Tugenden/ als der Freygebigkeit/Leutseligkeit/und dergleichen/ es jenem nit nur gleich/ sondern auch wol auß diesem zuvor gethan/ daß wir gleichwol keinen solchen Hochmut für einen Gott gehalten zu seyn/noch Blutdurstigkeit/wie von dem Alexander lesen/dem es ein geringes war/unter angewohnter Volleren auch seinen besten Freunden/ und Erhaltern seines Lebens/ den Halß zu brechen. Um Vergebung mein Herr/antwortete der Graf/ daß ich diesem grossen Printzen das Wort
rede/

rede/ denn ob ich zwar dem *Cæsar* den gebührenden Ruhm nicht benehmen soll/ auch gar wol weiß/ daß nachdem er in *Gallien* den Schluß gefast/ der Römischen Freyheit das Seil an die Hörner zu werffen/ dem Burgermeister Lucio Paulo hundert und funfzig *Talenta*, an unserm Gelde, neun hundert tausend Reichs-Thaler/ und einem andern Obersten funfzehen hundert tausend Reichs-Thaler/ beyde auf seiner Seiten zu halten/ verehrete/ so kommt doch solches ausser dem/ daß es mehr ein Verräther-Lohn/ als edelmütige Freygebigkeit war/ deß Alexanders Großmütigkeit/ als dem es ein geringes war/ gantze Länder wegzuschencken/ so wenig als eine Mauß einem Elephanten bey.

Und was wil der Herr von deß Cäsars vortrefflichen Tugenden sagen/ da man doch weiß/ daß kein grösserer Ehebrecher in gantz Rom gewesen/ und ihn der Römische Rath mit nichts mehr verbinden können/ als daß man ihm erlaubet/ sich aller/ auch der vornehmsten Ehe-Weiber/ ohne eintzige Verhinderung ihrer Männer/ nach eigenen Belieben zu bedienen/ da man im Gegentheil dem Alexander nachzurühmen hat/ daß er sich der grösten unter seine Gewalt gebrachten Schönheiten/ als deß Darii Tochter und Gemahlin enthalten/ welches ein Römischer Printz/ wie tugendhafft sie auch ihre Geschicht-Schreiber ausschreyen/ wol hätte bleiben lassen. Ich wil mich mit Euer *Excellenz* über dieser beyden Helden Vergleichung nicht ferner einlassen/ sagte der Cantzler/ vermeine aber doch/ es

K werde

werde selbiger das Exempel deß Africanischen Scipio/ wol bekandt seyn/ als der/ nach deß Levii Zeugniß/ bey Eroberung der Stadt Cartagena in Spanien/ und einer aus der massen schönen/ an einen Celtiberischen Printzen verlobten/ Fräulein/ eben dergleichen Ruhmwürdigste That gethan/ daß er sie nicht nur unberühret gelassen/ und ihrem Bräutigam unbeschimpfft zurück gegeben/ sondern auch noch darzu ihr das Löse-Geld/ das ihm ihr Vatter bereits für sie versprochen hätte/ statt eines Heyrat Gutes entlassen/ und also hierinnen dem Alexander nichts zuvor gegeben hat. Mit nichten/ antwortete der Graf/ mein Herr/ vielmehr befinde ich in diesen zweyen Handlungen einen sehr grossen Unterscheid/ und daß der Scipio mit dem Alexander aus folgenden Ursachen in keine Vergleichung komme/ wenn wir voraus betrachten/ daß deß Scipio Schönheit nur auf einer eintzigen/ deß Alexanders aber/ auf drey Königlichen Fräulein bestanden/ welches denn solche Bewegungs-Gründe gewesen/ daß es fast unmöglich geschienen/ einen so groß:mächtigsten König/ und der niemanden von seinem Thun Rechenschafft zu geben hatte/ nicht in Brand zu bringen/ dessen sich aber der Scipio/ als ein Römischer Bürger von einer solchen Republic/ die an Bestraffung der Laster/ selten durch die Finger sahe/ nicht versichern kunte.

Andertens muß man hierbey betrachten/ daß Alexander kein Exempel so tugendhaffter Mässigung/ sondern vielmehr aus dem so beliebten Homero/

ro/gantz wiedersinnische Beyspiele der Griechischen Helden vor sich gehabt/die bey dergleichen Gelegenheit nicht so Ehrenveste gewesen/ und sich dennoch so wol zu mässigen gewust. Denn was Xenophon von Cyrus und der Panthea herschwätzet/ist mehr für eine zur Tugend reitzende Fabel/ als die Warheit/zuhalten da im Gegentheil der Scipio schon vorher dieses grossen Königes Thaten gelesen/ und ohne allen Zweiffel wie viel andere tapffere Römer den Vorsatz gehabt/selbigem so viel möglich nachzuarten/also solches mehr aus einem Tugend-Zwange/ als rechter ernsthafftiger Mässigung gethan/ wie wir denn lesen/daß auch der närrische Caligula dessen Waffen von Alexandrien bringen lassen/und darinnen als in einer Göttlichen Rüstung gestutzt/ Alexander Severus und sein Sohn der Caracalla aber/über ihre Abbildungen auf die Müntzen/dessen Namen gesetzt haben.

Drittens lesen wir/daß als Scipio seine gefangene Fräulein vor sich bringen lassen/bereits deß Macedonii Gemählin Versicherung gegeben/ weder für sich selbsten/ noch durch andere wider selbige und das gantze Cartagenischen Frauen-Zimmer/ einige Gewalt zu verstatten / dannenhero er auch solches zu halten schuldig gewesen / das wir aber gleichwol vom Alexander nicht befinden.

Viertens hat Scipio seinen Liebes-Zunder auch mit diesem dämpffen können / weil er dieses Fräulein alsobald ihrem Bräutigam wieder zugestellet / da hingegen Alexander das Persianische Frau-

Frauen-Zimmer lange Zeit bey sich gehabt / und sich gleichwol den letzten Tag so ehrlich als den ersten verhalten.

Fünfftens muß der Livius selbsten gestehen/ daß der Scipio solche Großmütigkeit / aus dem Absehen eines Staats-Nutzen vorgenommen / damit er nemlich dieses Fräuleins Bräutigam auf seine Seiten bringen können / da hingegen hatte Alexander kein anders Absehen / als auf seine Ehre / und nichts darnach zu fragen / ob er den Darius zum Freunde oder Feinde hätte. Ja er achtete seines eigenen Nutzens so wenig / daß er auch die darüber angebotene Helffte des Persischen Reichs großmütig in den Wind schlug.

Sechstens / ist zu vermuten / daß Scipio eben damals nicht in einer Venerischen Laun / sondern vielmehr so beschäfftiget gewesen daß ihn der Kützel wol vergangen / zumalen ihm sonsten der Valerius Maximus das Zeugniß gibet / daß er bey andern Gelegenheiten kein so keuscher Held gewesen / sondern sich vielmehr / auch in Gegenwart seiner tugendhafften Gemalin / mit seinn leibeigen Mägden besudelt habe / herentgegen finden wir gar nichts davon / vom Alexander / sondern vielmehr dieses / daß ob ihm gleich das Persianische Frauen-Zimmer so wol gefallen / daß er es zum öfftern Schertzweise / Augen-Schmertzen genennet / er sich dennoch so wenig mit ihnen vergangen / daß er vielmehr / nachdem man ihm einsten eine von selbigen / deß Nachts zugeführet / selbige / nachdem er verstanden /
daß

daß sie verheyratet/ unberühret von sich gelassen/ und noch datzu seine Zuführer tapffer ausgefilhet habe. Letzlich ist auch noch dieses zu mercken/ daß Alexander das Königliche Persianische Frauen-Zimmer anfänglich nicht vor sich gelassen/ sondern wie bey dem *Arriano* zu finden/ selbiges etliche Tage hernach selber besucht habe/ woselbsten sich dann dieser Zufall ereignet/ daß deß *Darii* Mutter/ den *Hephæstion* für den König angesehen/ und selbigen die erste Ehrerbietung abgelegt/ nachmals aber/ als sie sich über diesem Irrthum geschämet/ von ihm mit diesen Worten ausgerichtet worden/ es wäre auch *Hephæstion* ein ander Alexander/ woraus denn so viel zu schliessen/ daß er sie von Anfang nicht bald vor sich gelassen/ und denn auch solche Enthaltung nicht etwan dahero geschehen/ daß er sich nicht selber getrauet habe/ sondern vielmehr/ damit er so hohen Königlichen Gefangenen/ die noch frische Unglücks-Wunde nicht wieder eröffnete/ wenn sie sich vor ihres Uberwinders Füssen gefangen sehen solten/ derowegen ihnen so viel Zeit zu lassen/ den ersten/ als hefftigsten Schmertz/ in etwas zu verdauen/ und sie seines Königlichen Wolverhaltens zu versichern. Zu welchem Ende er denn/ den *Leonatus* vorhero an sie abgeschickt/ ihnen so wol alle Furcht zu benehmen/ als deß *Darii* Leben zu vergewissern/ und daß er mit selbigen nicht um dieses/ sondern vielmehr um den Vorzug der Ehre und Tapfferkeit stritte. Wie den auch im übrigen alle andere Geschicht-Schreiber/ und voraus der

Athe-

Athenäus in seinem 13. Buche/ diesem grosmütigsten Könige das Lob einer sonderbaren Keuschheit beyleget.

Endlich weiß ich in Warheit auch nicht/ ob der Lipsius eine eintzige redliche Ursache habe/ diesem Helden so hoch auffzumutzen / daß er geschehen lassen/ daß ihn der gemeine Soldat für deß Jupiter Ammons Sohn gehalten/ vielmehr befinden wir/ wie solches bey denen Asiatischen Völckern/ die insgemein ihre Könige fast Göttlich verehreten/ nicht nur rathsam / sondern allerdings nöthig gewesen. *Ut scilicet fama inserviret, quæ in novis cœptis validissima est*, sagt *Tacitus*, hätte nun Alexander solches nicht gethan / so würde er sich manches mal den Weg mit den Waffen dahin bahnen müssen/ wohin er solcher Gestalt mit viel leichter Mühe gelanget. *Optimi mortalium*, sagt der kluge *Cornelius* weiter/ *altissima cupiunt, sic Herculem, & Liberum apud Græcos, Quirinum apud Romanos Deorum nomen adeptos. Cætera quippe principibus statim adesse, unum insatiabiliter parandum, prosperam scilicet sui memoriam, nam contemptu famæ contemni virtutes.* Dahero der gute Livius sich wol selbsten bey der Nase ziehen mögen/ wenn er dasjenige/ was er doch seinem beliebten Africanischen Scipio für eine so grosse Estats-Kunst ausleget / und denn auch vermittelst dessen den Romulus und Numa / zu so grossen Statisten machet/ nur deßwegen an dem Alexander tadelt/ weil er ein Grieche/ und kein so hoch beliebter Römer gewest/

dar-

darbey aber nicht verstanden/daß ein guter Bogen-
Schütze das eine Auge zudrucket/ wenn er sein Ziel
erreichen will.  Mit kurtzem/ wer sich nicht zu verstellen weiß/weiß auch nicht zu regieren. Und eben
diese Beschaffenheit hat es auch mit deß Clytus
Entleibung/ die zwar Anfangs nicht einen geringen
Schein einer Blut-dürstigen Undanckbarkeit von
sich spüren läst/ gleichwol aber/ wenn sie nur nach
ihren eigentlichen Umständen abgewogen wird/ eine so unvermeidliche Sache gewesen/ derer sich dieser tapffere König ohne der höchsten Gefahr seines
Estats nicht zu entäussern vermogt. Damit
wir aber diese Sache/ wie sie eigentlich beschaffen
gewesen/ mit etwas gesundern Augen ansehen/ als
insgemein geschihet/ so muß man aus Plutarchus
Bericht wissen/ daß damals dem Alexander eine
sonderbare Art schöner Aepffel aus Griechenland
zugeschicket worden/ die er dem Clytus/ als seinem
vertrauten Freunde/ weisen wolte/ und ihn deßwegen vor sich fordern ließ; dieser war damals bey einem Opffer beschäfftiget/ unterließ aber selbiges/
und begab sich alsofort dahin/ wo er geruffen ward/
und befand/ wie die zum Opffer bestimmte Schafe
sich loß gemacht/ und ihm biß zu deß Königes Ge-
zelt nachgefolget waren/ worüber sich nicht nur der
Clytus/ sondern Alexander selbst entsetzten/ und
nachdem dieser auf Befragung/ von den Priestern
Aristandro und Cleomantes verstund/ daß ein blu-
tiges Unglück bevor stünde/ alsbald befahl/ das
Opffer im Namen deß Clytus um so vielmehr zu
voll-

vollführen/ weil ihme auch die verwichene Nacht geträumet hatte/ wie er so wol diesen/ als deß Parmenions Kinder todt und mit schwartzen Tüchern bedeckt/ vor sich ligen gesehen. Er selbst opfferte dem Pollux/ und nahm den Clytus mit sich zur Taffel/ wohin er auch diese melancholische Einbildung zu vertreiben/ die zween närrische Poeten Protileor und Picron fordern ließ/ die denn unter ihren Gesängen etliche alte Macedonische Officirer/ die einsmals aus dem Treffen entlauffen waren/ einführeten/ das denn diesen sauertöpffigten Clytus dergestalt verdroß/ daß er den Poeten hundert Flüche an den Halß warf/ und ihnen befahl auffzuhören/ Da hingegen lachte Alexander/ und hieß die Singer fortfahren/ darüber sich denn wiederum Clytus über die massen erbößte/ und zu schreyen anfing/ wie es eine Schande wäre/ die tapfferen Macedonier im Gesichte der Asiatischen Barbaren zu beschimpffen/ und daß selbige/ ob ihnen gleich damals dieses Unglück widerfahren/ dennoch tapffere Leute gewesen wären. Herentgegen lachte Alexander nur desto lustiger/ und sagte/ daß es dem Clytus nicht ungemein wäre/ der Macedonier Zagheit für ein Unglück auszulegen/ worüber dieser weiter so unbesonnen und rasend ward/ daß er endlich in diese lästerliche Worte ausbrach: Und gleichwol hast du/ der du doch aus Göttlichem Geschlechte seyn wilst/ dieser Zagheit zu dancken/ daß sie dir damals/ als du vor dem Spitidates die Hasen-Flucht nahmest/ daß Leben erhalten hat. Der Macedonier
Blut

Blut und Wunden / nicht aber deine Tapfferkeit/ haben dich in diesen Stand gesetzt/ daß du dich deines Vatters Philippi schämest/ und durchaus für deß Jupiters Sohn angesehen seyn wilst; welche unerträgliche Worte/ endlich auch den Alexander in Harnisch brachten/ daß er auffuhr und zum Clytus wieder anfieng: Solst du dich unterstehen/ in meiner Gegenwart/ mit dergleichen leichtfertigen Reden gegen mir auszubrechen? oder meinest du eine so grosse Helden-That auszuführen/ wenn du dergestalt die Macedonier zur Meuterey anreitzest? worauf abermal Clytus/ in Warheit Alexander/ ich habe nicht gesagt/ daß wir nicht für tapffere Soldaten gehalten sind/ nachdem wir ja für unsere Dienste dermassen herrlich belohnet werden/ daß wir Ursache haben/ diejenigen für glückselig zu schätzen/ die für uns geblieben sind / und also nicht mit ansehen dörfften/ wie die Macedonier von den Medern so weit beschimpffet werden/ daß sie auch mit der grösten Unterwürffigkeit von ihnen den freyen Zutritt zu ihren eigenen Könige/ erbetteln müssen. Auf diese und dergleichen andere schimpffliche Worte/ enthielt sich gleichwol Alexander noch so weit/ daß er nichts mehr that / als sich zu dem Xenodocho Cardiano/ und Artemio von Colophon / mit diesen Worten wand: Was düncket euch wol von dergleichen Schmähungen/ die mir dieser anwirfft? sihet man denn nicht die Macedonier und andere Griechen/ unter den Asiaten anziehen/ wie so viel Helden unter unvernünfftigen Thieren? Woran sich aber

Clytus abermals am wenigsten kehrete / sondern mit weiter Ungestüm gegen den Alexander fortfuhr / er solte nur bald sagen/ was er wolte/ und ins künfftige dergleichen freye Leute nicht mehr zum Fressen laden/ die zu sagen pflegten/ was ihnen ums Hertz wäre / sondern sich nur mit seinen Barbarischen Knechten/die ihm den weissen Rock anbeteten/ alleine lustig machen.

Auf welche Worte endlich / und weil der Clytus deß Schmähens kein Ende machen wolte/ Alexander einen Apffel ergriff / und ihm selbigen nach dem Kopffe warf / wie auch die Hand an die Seite nach dem Säbel schlug / und als er befand/ daß man ihme selbigen weggenommen/ auf die Leib-Wache schrye/ ihm wider die Verräther zu Hülffe zu kommen / worauf zwar alsofort alle hohe Officirer ihm zu Fuß fielen/ und bemühet waren/ solchen Verdacht auszureden/ wie nicht weniger den Clytus mit Gewalt zur Thür hinaus schlepten / der aber alsobald zu einer andern hinein drang / und nachdem er den Vers aus dem *Euripide*

Wie übel geht es itzt bey unsern Griechen zu.

Gegen dem Alexander heraus gestossen/ von selbigem / mit einem / der Leib-Wache aus den Händen gerissenen Spiesse/ dergestalt empfangen ward/ daß er endlich die Schmähungen / und zugleich sein Leben beschloß. So weit Plutarchus. Worauf wir
nun

nun diese Action zu entschuldigen/ anfangs selbige nicht an dem Probier-Stein deß Christlichen Gesetzes streichen müssen/ als vermöge welcher/ man freylich nicht Böses mit Bösem vergelten/ sondern seinem Nächsten die Fehler vergeben soll/ vielmehr aber die Gewonheit der Völcker/ Zeiten/ und Estats ansehen/ als die durchaus keinen Schimpff ertragen kunten/ sondern für eine Knechtische Sache hielten/ sich ohne Rache beleidiget zu sehen/ dergestalt/ daß sie hierinnen keine andere Gesetze hatten/ als die Freunde zu lieben/ und sich an ihren Beleidigern/ voraus aber denjenigen/ die sich an der Majestät deß Fürsten vergriffen/ auf alle Mittel und Wege/ ohne Ansehung der Person/ und Verdienste/ zu rächen. Das auch noch heutiges Tages unter uns Christen/ wiewol vermittelst der ordentlichen Rechte/ eine gemeine Sache ist/ bey den Heyden aber brauchte es keiner so formlichen Weitläufftigkeit/ und voraus/ wenn es den Punct der Ehren anging/ die sie in alle Wege dem Leben gleich schätzten.

Wolte nun gleich hier jemand einwerffen/ daß gleichwol Clytus deß Alexanders guter Freund/ und damals truncken/ also seiner Sinnen nicht mächtig gewesen/ derowegen es diesem besser angestanden/ wenn er nach dem bewusten Bey-Spiele des Agamemnons/ den der Achilles fast eben auf solche Weise bey einem Gastmal/ ja noch wol ärger in Gegenwart der ansehnlichsten Griechen beschimpffete/ und ihn offentlich für ein einbildisches versoffenes

und

und verjagtes Hunds-Gesichte geschossen/ ohne daß es der Agamemnon/ dem doch der Homerus außerwerts so grosse Tapfferkeit beyleget/ im geringsten geachtet/ sondern wie eine gebadete Henne da gesessen/ und alles über sie hinfliegen lassen/ abgefertiget/ ob es doch nicht so bald auf der Stelle ermordet sollen: so ist zu wissen/ daß der einem Könige oder der Majestät angethane Schimpff anders nicht/ als mit des Beleidigers Blute/ oder aus dessen Aschen gemachten Lauge abzuwaschen seyn kan/ und weder die Trunckenheit noch der Unverstand zu der geringsten Entschuldigung diene. König Henrich des Andern in Franckreich Hof-Narren Capuchio/ halff seine Närrheit/ oder Unverstand nichts/ daß er nicht/ nachdem er den Degen über den König gezuckt/ sterben muste. So viel aber das aus dem Hoitero angeführte Exempel betrifft/ so ist dieses nicht die erste Schwachheit/ die dieser Schrifftsteller seinen Helden wieder alle Kriegs-Vernunfft antichtet. Der Ober-Befehl eines Generals/ ist eine so empfindliche Sache/ die der gute Keel nicht hett stånden/ und ohne dessen genaueste Beobachtung unmöglich die höchstbenöthigte Kriegs-Zucht zu erhalten. Wo wäre Hannibal geblieben/ oder wie hätte er seine aus so vielen Völckerschafften zusammen gesetzte Armee so lange glücklich beysammen halten können/ wenn er solche nicht auf die härteste Krieges-Zucht gegründet? dergestalt/ daß er keinen Fehler/ und voraus der wider seinen Befehl ergangen/ ungestraffet hingelassen.

Hätte

Hätte nun Alexander alhier nicht eben dergleichen gethan/ und sich nur einmal vor den hoffärtigen Persiern auf der Nase tantzen lassen/ so würde man wol gesehen haben/ wie lange auch diese unter seinem Gehorsam geblieben. *Habet aliquid ex iniquo omne magnum exemplum, quod utilitate publica adversus singulos repeditur,* saget Tacitus/ und was ist unverantwortlicher einem Unterthan der mich in Gegenwart so vieler frembden Helden/ ins Angesichte lästert/ zur Versicherung meines Estats/ oder einer leiblichen Mutter/ als eben dergleichen andringenden Ursachen/ den Hals zu brechen/ und gleichwol müste dieses Nero auf des Burrhi unvermeidlichen Vorschlag thun/ und es der gröste Sitten-Lehrer von der Welt billigen.

Damit wir aber diese Beschimpffung desto besser entblössen/ und des grossen Königes Sache rechtfertigen/ so sehen wir Anfangs/ wie ihn dieser versoffene General für einen ausgeblasenen Kerls ausschreyet/ der sich unterstünde/ für des Jupiters Sohn gehalten und angebeten zu werden.

Zum andern schilt er ihn für einen Tyrannen/ der den untergejochten Barbaren zu gefallen/ seine eigene Unterthanen wider Recht und Billigkeit unterdruckte.

Drittens/ hält er ihn für einen verzagten Bernhäuter/ der sich seiner Soldaten Tapfferkeit beymässe/ und ohne Zweiffel in dem Treffen bey dem Flusse Granico von Sphridates seu Theil bekommen hätte/ dafern er ihm das Leben nicht errettet.

Vier=

Viertens/ und was das meiste/ schimpfft er
ihn in Gegenwart einer gewaffneten Armee/ und
wicfft sich gleichsam zum Haupte einer angezielten Meuterey in Gegenwart so vieler/ noch feind-
lich genug gesinnten/ Persianer auf/ damit denn gar
leichte die schuldige Ehrfurcht seiner Soldaten/
die doch die Seele des Commando ist/ übern Hauffen gehen können/ und zwar eben bey der Taffel/ für
so viel genossene Wolthaten. *Nulla autem est in-
tolerabilior contumelia, quàm quæ pro beneficiis redditur,* sagt *Seneca,* und *Tacitus : Nam quomodo
pessimis Imperatoribus sine fine dominatio, ita quam-
vis egregiis modum libertatis placere.* Und was
hatte der Großsprecher diesem tapfferen Helden die
benöthigte Anmassung Göttlicher Ehre vorzurücken/
der doch selber nach deß *Plutarchi* Zeugniß/ kurtz
vorhero bey Amorgas/ wo er ein par See-Rauberi-
sche Schiffe überwältiget/ einen Neptunischen Drey-
zanck in die Hand genommen/ und sich von seinen
Soldaten für diesen Meer-Gott ausruffen lassen/
oder auch für eine so grosse unvergleichliche Helden-
That gethan/ daß er seinem eigenen Hertzen in oberwähnten Treffen wider den Spyridates/ zu Hülffe
kommen/ da doch solches eines jedtweden gemeinen
Soldaten Schuldigkeit ist/ und daferne er es nicht
gethan hätte/ für einen Eidbrüchigen Vogel zu halten gewesen wäre/ wiewol auch der gute Kerl sich in
solchem Vorruck etwas zu weit verschneidet/ indem
es noch nicht mit dem Alexander so weit gekommen
war/ sondern die Sache eigendlich aus deß Ar-
riani

riani Bericht folgender Gestalt beschaffen gewesen.

Nachdem Alexander in solchem Treffen dermassen tapffer gefochten/ daß er bereits etliche Lantzen gebrochen / und darauf eine andere von dem ihm an der Seiten fechtenden Aretas gefordert/ darbey aber gesehen hätte / daß auch dieser seine bereits verlohren/ so habe er eine vom Dibetheo von Corinth genommen/ und mit selbiger so tapffer wider den Mithridates des Darii Tochter Mann eingelegt/daß er ihn im ersten Rennen aus dem Sattel gehoben/ und todt zur Erden geworffen/ darüber aber auch selbiger von dem jenem zu Hülffe springenden Rosaces einen so hefftigen Streich/ mit der Streit-Axt auf das Haupt bekommen / daß ihm darüber ein grosses Stücke vom Helm herunter geflogen/ und fast das gantze Haupt entblösset geblieben/ worauf sich aber Alexander also fort wieder gewendet/ und mit seinem Stecher auch dem Rosaces dergleichen Stoß versetzt/daß er gleichfals vom Pferde herunter und dem Mithridates Gesellschafft leisten müssen / als inmittelst der Spyridates jenem gleichfals zu Hülffe kommen/ und mit seiner zu beyden Händen gefasten Streit-Axt/einen so hefftigen Streich auf des Alexanders entblössetes Haupt geführet/der Zweiffels ohne auch nicht ohn Gefahr abgegangen seyn würde/ dafern nicht eben Clytus zu guten Glücke darzwischen kommen/ und mit seiner Streit-Axt dem Spiridates dergleichen Streich versetzet/ daß ihm darüber der rechte Arm/ mit samt den Gewehr vom Leibe geflogen / und

Ale-

Alexander aus der Gefahr geblieben. Wign lasse es nun geschehen seyn/ daß Clytus dem Alexander einen guten Dienst erwiesen/ und wol gar das Leben errettet habe/ so hat er doch nichts mehr gethan/ als was seine Schuldigkeit erfordert/ und sich als ein guter Soldat nicht einmal dessen rühmen/ zugeschweigen seinem Könige solches/ voraus bey solcher Gelegenheit/ vorrücken sollen. Fürsten können wol Schaden/ so wenig aber eintzigem Schimpff leiden/ daß auch diejenigen/ die ihr eigenes Vortheil daraus erhalten/ eine Abscheu darvon haben/ mit dem Meineyd nicht ungestraffet lassen.

So stieß der Kayser Diocletianus/ so bald er nach des Numeriani Ermordung den Purpur bekam/ dessen Mörder den Arius Aper mit eigener Faust nieder/ damit er sich weder dessen ins künfftig rühmen/ noch auch wider ihn selbsten dergleichen gelüsten lassen mögte. *Tradito Principibus more, sagt Tacitus, munimentum ad præsens, in posterum ultionem.* Und warum solte dieses/ was man an einem andern rühmet/ nicht auch dem Alexander recht gewesen seyn/ ungeachtet/ man auch endlich daraus ertzwingen will/ daß es eine schändliche That gewesen/ weil er sich deß Tages darauf so sehr darüber betrübt gehabt/ indem vermutlich zu glauben/ daß ihm zwar dieses Unglück leid gewesen/ und er ohne Zweiffel gewünschet habe/ daß es nachgeblieben wäre/ was unmöglich nachbleiben können/ also mehr seiner Ammen Sohns Unbesonnenheit/ vermittelst welcher er sich in dieses Unglück gestürtzet/

tzet/beseufftzet/ als daß er dasjenige was er so unvermeidlich gethan/ daß wenn es nicht geschehen/ noch damals hätte gesehen müssen/ geunbilliget: mit einem Wort/ eben dergleichen Schmertz darüber empfunden habe/ den auch Brutus und Torquatus/ als sie ihre ungerathene verrätherische Söhne/ der allgemeinen Wolfart aufopffern musten/ empfunden/ und dargezeiget haben. Hiermit endete der Graf/ und bekam sowol von dem Ritter/ als dem Cantzler/ über solcher Meinung so weit Beyfall/ daß sie auch meine Meinung darüber verlangten/ die ich denn ohne eintziges Bedencken/ mit der ihrigen um so vielmehr vereinigte/ weil ich ohne diß Bedencken trug/ daferne gleich eines oder das andere hingegen zu setzen gewesen wäre/ selbiges zur Vermeidung eines ungebührenden Vorwitzes/ an dergleichen Orte auszuwerffen/ wiewol ich bald darauß merckte/ daß der Graf ein sonderliches Belieben hatte/ auch mein Urtheil über ein und andere Krieges-Erfahrenheit zu untersuchen; zu welchem Ende er dann gegen mir diese Frage aufwarff/ ob/ weil vorhin gedacht/ daß der Julius Cäsar ein so grosser Meister in Beschützung und Eroberung der Festungen gewesen/ solche Festungen einem Lande dienlich oder schädlich wären?

Uber welcher Frage denn/ fuhr er fort/ uns der Herr Cornet/ damit er nicht gantz von unserm gelehrten Wort-Streit ausgeschlossen bleibe/ seine Gedancken wird wissen lassen; worüber ich mich zwar Anfangs gehorsamst entschuldigte/ daß mein

L

Ver-

Verstand und kurtze KriegsErfahrenheit/sich nit dahin erstreckte/endlich aber nachdem ich sahe/daß solches nicht helffen wolte/meine Meinung solcher Gestalt vorbrachte: Es sind/ so viel mir wissend/ über
dieser Frage bereits unterschiedene Estats-und
Kriegs-Erfahrne bemühet/ und wie es insgemein
zu geschehen pfleget/gegen einander streitender Meinung gewesen. Die/ so die widrige zu behaupten
gedencken/ geben vor/ daß eine jede Festung/sie läge
so vortheilhafftig als sie immer wolte/dennoch endlich entweder mit Gewalt oder List übergienge/ und
solcher Gestalt ihren Eigentums-Herren nach fast
unschätzbaren darauf gewandten Unkosten/ mehr
Schaden als Vortheil verursachte/ dahero hätte
der Macedonische Könige Philippus zu sagen pfle-
gen/daß keine für unüberwindlich zu halten/wohin
man nur einen mit Golde beladenen Esel bringen
könte; so sehe man andertheils auch nicht/
was sie einem Feinde schadeten/ ob er sie gleich im
Rücken liesse/ angesehen demjenigen/ der durch Ge-
winnung eines Haupt-Treffens des flachen Landes Meister worden/ unschwer fallen würde voraus wenn keine Armee zum Entsatz/als ohne welche/
heutiges Tages/ ohne das jedwede übergehen muß/
mehr übrig wäre/sich ihrer alsdenn leichte zu bemei-
stern/und so weit zu versichern/daß man sie hierauf
entweder gar nicht/oder doch mit sehr schweren Unkosten wieder gewinnen könte/ zugeschweigen der
grossen Schätze/ die dergleichen Oerter auffressen/
und insgemein den Unterthanen ein Dorn in den
Augen

Augen wären/ dergeſtalt/ daß ſie ſelbige/ ſo bald es nur bey ihnen ſtünde/ nach dem Beyſpiele von Genua/ wohin der Frantzöſiſche Ludwig der Zwölffte/ zwar auch ein ſehr feſtes Caſtell geleget/ das aber/ ſo bald nur die Stadt/ unter dem Octavio Fregoſo/ ein wenig Lufft bekam/ alſobald wiederum der Erden gleich ſchleiffte/ und damit den übern Kopff geworffenen Capozaum/ den es doch unmöglich mit gütigen Augen/ als einen unausleſchlichen *Character* ihren ehmaligen ſchändlichen Untreu anſehen kan/ wieder abſtreiffte.

Andere hingegen/ und die für ihre Nothwendigkeit ſtehen/ bemühen ſich die Mittel-Straſſe zu gehen/ und machen einen Unterſchied/ ob ein Fürſt/ der zu ſelbigen Belieben hat/ von groſſer/ mittler/ oder geringer Macht ſey/ dafür haltende/ daß wie ſie auf den erſten Fall bey ohne diß wol befeſtigten Regiment keinen andern Nutzen ſchafften/ als daß ſie nur der Unterthanen Vermögen ausſaugeten/ alſo hingegen auf den andern und dritten Fall/ dahero unvermeidlich wären/ daß daferne ein Printz von mittelmäſſiger oder geringer Macht ſich ſelbiger begeben wolte/ er unfehlbar damit ſeinen Feinden Thor und Angel eröffnen würde/ ihn vollends übern Hauffen zu werffen/ da er im Gegentheil vermöge ſelbiger ſich ſo lange halten könte/ biß ihm ſein mächtiger Nachbar/ mit dem dergleichen Printz/ oder Eſtat/ ohne diß zu ſeiner Bedeckung in einer beſtändigen Verbündnis ſtehen muß/ zu Hülffe kommet/ angeſehen/ dergleichen keiner E-

ſtat/

stat/ ohne diß den Vortheil hat/ daß wenn er nur mit einer guten Festung versehen ist/ ihm jedweder von seinen mächtigen Nachbaren schmeichlen muß/ damit er sich nicht auf die andere Seite schlage/ und dem Gewigte einen zu grossen Ausschlag gebe/ von der Ubcrwältigung befreye. Zu dessen Beyspiele fragen sie/ wo Maltha Anno 1565. geblieben wäre/ wenn es nicht mit so guten Wercken versehen gewesen/ hinter welchen es sich so lange halten kunte/ biß ihm Spanien zu Hülffe kam/ und verhütete/ daß nicht der Türck es an einen so blutigen Tantz/ wie Rhodus führete/ und an statt der Estandart von St. Johannes/ den halben Mond auch dahin pflantzete. Und fast gleiche Beschaffenheit hätte es mit den grössern noch nicht allerdings recht eingewurtzelten Printzen/ als die/ wie mächtig sie immer sind/ dennoch den unabsetzlichen Anfällen/ voraus ihrer flüchtigen Nachbaren/ ohne selbige stets unterworffen seyn würden/ dergestalt/ daß auch die Römer bey ihrer grossen Macht/ sich selbiger nicht entäussern können/ sondern ihr Reich damit an den feindlichen Gräntzen nothwendig verpfahlen müssen. Da im Gegentheil dem grossen Constantin/ und folgenden Griechischen Kaysern für einen nicht geringen Fehler/ und auf dem endlich der Verlust dieses gantzen Reiches bestanden/ ausgeleget wird/ daß nachdem sie ihre Gräntzen mit Verabsäumung solcher Festung entblösset/ fast allen benachbarten Barbaren die Pforten eröffnet/ und folgends Constantinopel mit dem gantzen Griechischen Kay-
ser-

rthum verlohren hätten. Wären sie nun aber Fürsten die aus ordentlicher Wahl oder Erb-Folgung den Thron bestiegen/ itzt angeführter Ursachen wegen, nöthig: so wären sie gewiß denjenigen/ die sich vermittelst der Waffen oder Gewalt in einen Estat eingedrungen/ so wol wider alle äusserliche Gewalt/ als ihre eigene Unterthanen/ vor denen sie sich so viel/ und noch mehr als jenen vorzusehen hätten/ hindan gesetzt aller obangeführten Schwerigkeiten/ als daß sie/ wenn sie einmal verlohren/ nicht so leichte wieder zu gewinnen wären/ und dergleichen/ unvermeidlich.

Denn zugeschweigen/ daß alle solche Schwerigkeiten dem ersten Uberwinder gleichsals bevor stehen/ und man nicht absehen könne/ warum es dem wieder Eroberer schwerer fallen solte/ so zeiget es die tägliche Erfahrung/ daß ein jedweder gescheider Printz/ so bald er sich eines fremden Estats bemächtiget/ seine erste Sorge seyn läst/ seinen neuen Unterthanen dergleichen Gebiß anzulegen. Wie offte hatten vor diesem die Türcken Tauris erobert/ und bald wieder verlohren/ ehe die Ordnung an den verschmitzten Amurath/ und dieser auf die kluge Gedancken kam/ diesen grossen Platz mit einem festen Castell einzuzäumen/ woraus sie auch noch biß auf diesen Tag in ihren Händen ist/ da hingegen muste er für Croja in Albanien sehen/ wie sieben tausend Mann unter dem tapffern George Castrioten sich hinter dergleichen guten Wällen/ wider ihn und seine hundert tausend Mann so tapffer hielten/ daß darüber fast sein gantzes Tages aufflohe / und er selber für Wuth die verfluchte Seele ausbließ.

Eben so ging es denen mit den Türcken so löblich vergesellschafften Frantzosen auf der Insel Corsica/ vor der Vestung Calvi/ wo so einer als der ander/ mit der langen Nasen wiederum kahl genug abziehen muste. Gleichwol aber müste man auch dahin sehen/ daß solche Festungen mit Bedacht und guten Nutzen/ an dergleichen vortheilhafften Orte/ wo man den Feind enttweder gäntzlich abhalten/ oder wenn er gleich durch gedrungen ihm das Proviant abschneiden könte/ gelegt/ und also die darzu so hoch erforderte Unkosten / nicht übel angeleget würden.

Ich schlage dem Herrn bey/sagte der Lord/ als er sahe/ daß ich mit einem tieffen Reverenz endete/ werde ihn aber noch nicht entlassen / sondern mir noch ein und andere Politische Aufgabe vorbehalten / wenn mir vorhero der Herr Cantzler mit mehrern ausgeführet / warum er diesen seinen so hoch berühmten Cäsar an sich selbsten lasterhafften/nichts minder als Nero blutdürstigen/eigennutzigen/betrüglichen/meineydigen Tyrannen/als der keines weges einen so gerechten Krieg geführet/ noch den Schatten einer Alexandrinischen Tugend gehabt/diesem grossen Könige an die Seite setzen/ und noch wol gar vorziehen darff/da wir doch aus deß Lipsii andern Buche im 9. Capitel von der Grösse der Stadt Rom / und andern versichert werden/ daß als er kaum auf das Rathhaus gerochen / und

zum

zum erstenmal Burgermeister worden/ aus dem Capitolinischen Tempel heimlich 300000. Pfund Ziegel-formiges Gold gestolen/ und so viel übergul= des Ertz wiederum dahin gelegt/ ingleichen in seiner Jugend ein so ruchloses verschwenderisches Leben geführet hat/ daß ehe er sich in die offentliche Aem= ter eingedrungen/ dreyzehen hundert *Talenta*, an unsern Gelde / acht und siebentzig hundert tausend Reichs-Thaler schuldig worden/ und als ihn deß= wegen seine Gläubiger/ nachdem er die erste Lan= des-Verwaltung in Spanien antretten solte/ ar= restireten/zu selbigen aus Schertz sagte/ daß er tau= send *H. S.* das ist fünf und zwantzig hundert tau= send Reichs-Thaler haben müste/ damit er nichts hätte.  Was ist denn Wunder/ daß er hernach in *Gallien* alle Tempel ausgeplündert/ und gantze Städte aus keiner andern Ursache/ als ihr Vermö= gen zur Beute zu machen/ ausgeraubet/ über zehen hundert tausend Menschen niedergemetzelt/ und so viel zu Sclaven gemacht/ ehe er seine dreyssig Millio= nen zusammen scharren/ und damit die Römische Bürger zu Verräthern ihres Vatterlandes erkauf= fen können.

Und was kan wol schändlicher von ihm seyn/ als daß er solcher Landes-Verräther Ober-Haupt gewesen / und sein biß dahin freyes Vatterland solchen edlen Schatzes entsetzet/ hernach aber den wolverdienten Verräther-Lohn empfahen hatte. Alle Geschicht-Schreiber schmähen auf den Sylla/ daß er die *Dictatur* nicht zu rechter Zeit wieder ab=

L 4

gelegt/

gelegt/ sondern sich derer so lange bedienet/ biß er seinen Mut an seinen Feinden abgekühlet/ und sich für ihrer Verfolgung versichert/ da hingegen aber des Vatterlandes Freyheit ungekräncket gelassen/ und erheben Himmel hoch diesen Cäsar mit seinen nachfolgenden/ wider die alten Grund-Gesetze dieser freyen Stadt eingedrungenen Käysern/ da doch unwidersprechlich derjenige/ der einen freyen Estat wider des Volckes Willen übern Hauffen schmeist/ und sich darinnen zum Haupt auffwirfft/ ein Tyrann/ und dannenhero keine Tapfferkeit darinnen am Cäsar zu finden ist/ es wolte denn jemand behaupten/ daß der Freyheit seines Vatterlandes unter dem Schein dessen Mängel zu verbessern/ den Halß zu brechen/ und selbiges zur Sclavin zu machen/ eine löbliche That/ und nicht eben so viel wäre/ als wenn ein Artzt den Krancken/ ihn von den heilsamen Schmertzen zu erlösen/ Gifft beybrächte/ und man solches auch wol seinen leiblichen Eltern/ unter eben dergleichen Teuffelischen Vorwande thun dürffte/ da doch solche Estats-Verbesserungen nicht auf solchen/ sondern dergleichen Heil-Mitteln/ derer sich Lycurgus und Solon/ nemlich Ausbesserung der Gesetze bestehen/ und daß man die Unterthanen mit guter Manier derer Beobachtung zu beschweren/ keines weges aber wie dieser Cäsar/ Agathocles/ und andere/ ihnen unter den erdichteten Pflastern/ Gifft und Tod zu wege bringen/ hernachmals aber mit der schönen Höll-riechenden Estats-Regel/ si violandum jus, regnandi causâ

vio-

violandum, entschuldigen wolle. Mit einem Worte/ das Vatterland ist uns näher anverwandt/ als unsere leibliche Mutter; ist uns aber nun nit erlaubet/ diese/ sie mag sich an uns so weit vergreiffen/ als sie immer wolle/ zur Sclavin zu machen/ wie vielweniger jenes/ wie groß auch dessen Fehler seyn mögen.

Hier weiß ich / daß etliche einwenden / es sey gleichwol keine so ungereimte/ sondern den Gesetzen allerdings gemässe/ Sache/ daß man denen Ubelthätern/ als Dieben/ Mördern/ Räubern/ Landes-Verräthern/ und dergleichen/ ihre Verbrechen/ dem gemeinen Wesen zum besten/ und andern zum Beyspiele mit dem Tode straffe / und darinnen auch deß eigenen Blutes/ ja weder Eltern / noch Kinder verschone; worauf ich aber versetze / daß dergleichen Straffe nicht jedwedem Bürger zu seinem eigenen Nutze/ sondern nur der hohen Obrigkeit/ und zu diesem Ende eingesetzten Richtern/ nach Erkäntnuß der Sache / dergestalt alleine zukomme/ daß wenn sich jener dergleichen/ oder wol gar unterstehet/ seiner eigenen Obrigkeit Halß auf dem Schavot unter das Beil zu biegen / oder auf die Galeren zu schmieden/ oder nur in die Fessel zu werffen/ selbiger ohne allen Zweiffel in das Verbrechen der beleidigten Majestät verfalle/ und dessen ausgesetzten Straffe nach zu züchtigen sey. Nun ist aber ohne einziges Widersprechen / die Freyheit deß Menschen gröster Schatz/ den ihm die Natur verliehen/ und allerdings dem Leben gleich zu schätzen/ folgends

eines

eines jedweden rechtschaffenen Burgers-Pflicht/ sich keines weges ausser der Ordnung/ ohnerachtet etliche Fehler mit unterlauffen/ zu dessen Zucht-Meister oder Tyrannen/ über seine Anverwandte und Freunde auszuwerffen/ sondern blindlings Gehorsam zu leisten/ folgends der so hoch gelobte *Cæsar*, wenn ihn die Liebe zum Vatterlande/ und nicht der Eigennutz solcher Hersch-Sucht angetrieben/ nachdem er den Pompejus geschlagen/ und es von diesem gleich Ehrsüchtigen Burger befreyet/ also die geschwächten Gesetze ausgebessert hätte/ in vorigen freyen Stand gesetzt/ als ein ander Camillus/ oder doch wie Sylla die Dictatur mit den Waffen/ und sich zugleich selbsten/ zu dessen vorigen Gehorsam unterlegen/ keines weges aber/ unter was für Schein-Ursachen es immer seyn können/ zu solcher Tyranney eindringen sollen. Euer Excellenz geben einen zu scharffen Sitten-Meister wider den *Cæsar* ab/ sagte der Cantzler/ dem man aber meines Erachtens guten theils damit abhelffen kan/ daß ein grosser Unterschied sey/ zwischen einem tugendhafften/ oder frommen/ und guten Fürsten/ von welchen dieser letztere zu einer glücklichen Regierung/ und Erhaltung seines Estats/ für jenem so weit tüchtiger/ und mit einem Worte darzu gar nütze ist. Die Welt läst sich nicht mit dem *Pater noster* regieren/ noch die Christlichen zehen Gebote mit den E-stats-Regeln in einen Bund binden/ fromme Fürsten gehören ins Kloster/ und die guten/ das ist die jenigen/ die sich auf die Regier-Kunst verstehen/ es

mag

mag nun selbige mit den Geboten GOttes überein kommen / oder nicht / auf den Thron / ja es gehen die heutigen Statisten so weit / daß sie ausdrücklich setzen / es wäre auch ein Fürst / der nur halb und halb fromm / und nicht durchaus hinderlistig / voraus aber den Religions-Mantel nicht nach Gelegenheit umnehmen könte / ungehindert was man in den allgemeinen Rechten ihm für Kindische Sitten-Lehren vorschreiben wil / als daß er sich *secundum L. final. C. de donat. inter vir. & uxor.* der Frömmigkeit befleissigen / und vermittelst selbiger / sich GOtt ähnlich machen solte / ingleichen / daß er an die Gesetze gebunden / daß er wegen deß Volckes / und nicht das Volck seinetwegen wäre / und was dergleichen Schul-Füchserey mehr ist / zur Regierung untüchtig. *Ratio ultima Regum*, ließ der Cardinal Richelieu auf seine Stücke giessen / und gab damit zu verstehen / daß der jenige der diese *Rationes* wol zu allegiren / und mit ein halb hundert tausend Zeugen zu bekräfftigen wuste / das gantze *Corpus Juris* mit allen seinen *Commentariis* übern Hauffen werffen könte. Was hat man es nun dem *Cæsar* zu verdencken / daß / nachdem er sich schon einmal die Römische Herschung in Kopff gefaßt / und daran / *cum optimi mortalium altissima cupiunt,* dieses Politischen Apostels Erinnerung nach / nicht zu verdencken gewesen / wenn er nicht täglich bey den Vestalischen Nonnen das Gebet abgewartet / oder fast stündlich vor dem ertichteten Ancile auf den Knien gelegen / oder keinen Bissen gefressen / wenn

ihn nicht vorhero die Vogeldeuter versichert/daß er
nicht daran ersticken würde / oder Gebet und Ge-
sangbücher gemacht/dahingegen aber vor dem bloß-
sen Degen dermassen erschrocken / daß wenn er ihn
nur halb aus der Scheiden gesehen / sich der Ohnmacht nicht enthalten können/ sondern sich derjenigen Mittel / die er zu seiner künfftigen Oberher-
schung für nöthig erachtet voraus aber des Geldes/
als der Spann-Adern des Krieges / bedienet/ selbiges auch endlich gar aus dem Tempel weggenom-
men hat/genugsam wissende/daß es daselbst vor den
stummen erdichteten Götzen und deren Pfaffen
nicht nöthig/ sondern vielmehr zu befahren sey/ daß
sie sich wol selber mit der Zeit dessen/wider das Vatterland bedienen / und zu Herren darüber machen
könten / so muß man in Warheit diesem Printzen
lassen/ daß er ein vollkommener Soldat gewesen/
der in seinen Verrichtungen/ wie ein Blitz durchge-
drungen/am allerwenigsten aber die beste Gelegenheit mit langen Rathschlägen/aus den Händen gelassen / noch auf Morgen verschoben/was er heute
verrichten können.  Denn ob mir zwar die allgemeine Kriegs-Regel nicht unbekant ist daß eines bey
dem andern stehen müsse/ nemlich einen Anschlag
vorhero/wol zu überlegen/als auch hernach selbigen
so viel möglich geschwinde auszuführen/ und es also
keine geringe Thorheit seyn würde / mit drey oder
vier hundert Soldaten/ eine wolversehene Festung
anzugreiffen / und sich bloß auf die Ubereilung zu
verlassen / so machen es doch auch diejenigen nicht
viel

viel klüger/die ihren vereinigten Nachbarn zu lange in der Noth zappeln lassen/ und ihm alsdenn allererst zu Hülffe kommen/ wenn seine beste Festungen verlohren/und die Gegengewalt schon an das Hertze gedrungen ist/ mitler Zeit aber überlegen/ ob solche Hülffe rathsam sey oder nicht. Es ist zu langsam den Stall geschlossen/ wenn die Pferde schon gestolen sind/ welches unter vielen Säböhen in dem Kriege wider König Heinrich den Vierdten in Franckreich/ schmertzlich genug erfahren/ als ihm Spanien auch allererst / nach dem das gantze Land verloren/ zu Hülffe kam / als das Kalb schon ersoffen war. Herentgegen that des Vespasiani General Cerialis mit seiner Geschwindigkeit in Flandern/ dergleichen Wunder / daß ihm der grosse Estats *Protocollist Cornelius Tacitus*, dieses Lob beylegt: *Sane Cerialis parum temporis ad exequenda imperia dabat, subitus consiliis sed eventu clarus. Aderat fortuna etiam, ubi artes defuissent.*

Der grosse Sieg/den die Christliche vereinigte Armeen im verwichnen Jahr hundert / in der Levante wider den Türcken erhielten/ war in Warheit/ ein so schlecht überlegtes Werck/ das (wie es gar leichte geschehen können) daferne solches fehl geschlagen/ die gantze Christenheit in augenscheinliche Gefahr satzte / gleichwol hieß es auch damals / wie der kluge Römer sagt/ *Cessit fortuna in prudentiam* im Gegentheil ließ die das Jahr darauf nach den allerseitsten Spanischen Anschlägen abgefeilte Campagne/ und uff der Demant-Wage abgemessener Kriegs-

Rath/

Rath so ab/ daß nachdem man selbigen zu langsam zu Wercke setzte / und den Türcken immittelst die Schwung-Federn wieder wuchsen / sie mit allen so hoch darauf spendirten Unkosten im Rauch verflogen/ und was konte wol verwegner seyn / als daß Claudius Nero dem fast vor den Römischen Mauern stehenden Hannibal daselbst verlassende / dem Asdrubal selbsten in Africa unversehens übern Haltz kam / oder der für einen halben Narren gehaltene Carl der Achte von Franckreich / ohne sonderbaren Vorbedacht gleichsam Capriolen springende/ durch Italien kam/ und in solcher Eyl/ aller klugen Italienischen Printzen so genau abgewogene Rath-Schläge unter die Füsse kriegte / mit einem Worte eben so hurtig als vor diesem *Cæsar*, Rom und das gantze Königreich Neapolis unter seinen Zepter bog.

Aus welchen erheblichen Ursachen ich denn diesen *Cæsar* ein wie allemal für den grösten General halte/ der jemals auf der Welt gewesen/ und ihm an die von Euer Excellenz aufgeworffene für den gemeinen Mann/ und die Klöster aufgestelte Bürgerliche Sitten-Lehren/ und alberne Frömmigkeit/ um so viel weniger gebunden haben will / weil wir noch heutiges Tages sehen/ daß alle grosse Fürsten dessen vorgeworffenes *si violandum jus imperii gratia violandum,* zu ihren Maximen haben / und wenn es an den Estat kommet/ auch ihre eigene Kinder und Reichs-Folger nicht ansehen / sondern sie nachdem Beyspiel Philippi des Andern/ Königs in Spanien/ ihrem Interesse aufopffern/ also an stat

der

der Christlichen / nachfolgende Politische zehen Gebote/ aus dem Politischen Catechismus zur GrundRegel ihres Christentums haben müssen.

## I.

Non initia nostri non finem, non denique homines DEO curæ. Cornelius Tacitus Annal. lib. 6. cap. 22.

## II.

Specie Religionis in ambitionem delabi, & divino jure populum devincire. Annal. 3. cap. 1. 3. & 6.

## III.

Luxuriâ, industria, comitate, arrogantia, bonis, malisque artibus mixtum esse. Histor. 1. c. 10.

## IV.

Eam conditionem esse imperandi, ut non ratio, nisi uni, reddatur. Annal. l. 1. c. 6.

## V.

Id in summa fortunæ æquius, quod validius, sua enim retinere privatæ

vatæ domus, de alieno certare Regiam laudem esse. An. 15. c. 1.

### VI.

Non pudorem dabere scelerum, dona in promptus, minas adversus abnuentes, & si retineant propinqui, vis, raptus, suaque libita velut in captos. An. 6. c. 1.

### VII.

Cupidinem dominandi omnibus affectibus flagrantiorem habere. An. 15. c. 53.

### VIII.

Necem suorum & propria dominationis flagitia fato fortunæque imputare. An. 14. c. 11.

### IX.

Nihil abnuendum pro dominationis adipiscentia, vulgus adorare, & omnia etiam serviliter pro dominatione. Hist. 1. cap. 36.

### X.

Peierare, pacta infringere, libertatis

tatis speciosa nomina ambitioni prætexere, cùm nec quisquam alienum servitium & dominationem concupiverit, ut non eadem vocabula & artes jam enumeratas usurparet. hist. 4. cap 74.

In diesem Politischen Catechismus / kunte voraus der Kayser Tiberius für einen Doctor hingehen/ wiewol er auch heutiges Tages kein so ungemeines Buch unter den Christlichen Fürsten/ und voraus anständig ist/ wenn man nur auf dessen Titul-Blat die Christliche Religion vorsetzet. Auß diesem hatte (tausend anderer Beyspiele zu geschweigen) König Ludwig der Eilffte/ in Franckreich/ die schöne Kunst studiret/ seinen verdächtigen Connestable/ Hertzog Heinrichen von Luxemburg ohne einzigen Verdacht/ oder Gefahr/ mit diesem Briefe/ er solte nach Hoffe kommen/ weil er eines solchen (nemlich von Leibe abgesonderten) Kopffs/ wie seiner/ vonnöten hätte/ aus dem Wege zu raumen. Auß diesem Catechismus war das Gebet aufgesetzt/ das Kayser Carl der Fünffte/ zu Madritt/ und durch gantz Spanien/ für deß von seinem eigenen General dem Hertzog von Bourbon/ und auf seinen eigenen Befehl so harte belagerten Pabst Clemens VIII. daß man ihm auch vor seinen Augen/ die Weiber/ so seinem Hunger mit etlichen Kräutern zu Hülffe kamen/ aufhenckte/ mit heissen Thränen bitten/ und für solche Freyheit eine Procession nach der andern

halten lies. Aus diesem ward das Urtheil wider
den unschuldigen Spanischen Printzen Carl/ und
auch König Carl in Engeland aufgesetzt/das Gifft-
Recept für den Don Juan abgefast/und der Trau-
Test Heinrich von Navarre mit der Valesischen
Margrete/auf der Parisischen Hochzeit genommen.
Aus diesen 10. Geboten mag man andern Leuten die
Weiber nehmen/ und denen eigenen ewige Schlaf-
Trüncke zubringen/ derer benachbarten Printzen
unfruchtbar machen/ den Türcken wider die Christenheit anführen/die Unterthanen gegen ihre rechtmässige Obrigkeit anreitzen; aus dieser kleinen Bibel können alle *dependentien, reunionen,* Friedens-
und Eid-Brüche/ *limitationen,* mit einem Worte
alle Estatsstreiche gerechtfertiget / und damit selbiger nicht nur glücklich erhalten / sondern auch sehr
erweitert/folgends ein solcher Potentat verewiget/
und mit rechte ein Vermehrer genennet werden.

Ich muß gestehen/ daß dieses sehr Christliche
Regeln sind/und weil sie mit den Göttlichen Gesetzen keine Verwandnus haben / also wol rechtschaffen die umgewendeten Taffeln Mosis sind / nothwendig auch einen andern Himmel als diesen/ haben müssen / sagte der Lord/ was aber hält der Herr
Cornet darvon / und voraus von der zur selben Zeit
verfallenen Röm. *Aristocratia,* die doch vormals
so eingerichtet gewesen/ daß man geglaubet/ es solte
selbige nicht von der gantzen Welt/ zugeschweigen
einem und andern Bürger übern Hauffen zu werffen seyn? Zur Auflösung dieser Frage/ ist mein Kop
viel

viel zu leer/ antwortete ich darauf/ auſſer daß ich mich erinnere/ was ein und ander politiſcher Verſtand darvon aufgeworffen/ und daß anfänglich diejenigen/ die alle menſchliche Fälle von einer oberirdiſchen Urquelle herleiten wollen/ ſolches dem allgemeinen Welt-Lauff dergeſtalt zuſchreiben/daß ſo wenig das menſchliche Leben in unveränderlicher Beſtändnus verbleibet/ſondern vielen Gebrechen und Kranckheiten/ auch endlich dem Tode ſelbſten unterworffen iſt/alſo eben auf ſolche Weiſe alle Reiche und Eſtaten/ihre Geburt/auf-und abnehmen/ Schwach-und Kranckheiten/ Veränderung/ und endlich den Tod ſelbſten empfinden müſſen. *Nulla magna civitas diu conſiſtere poteſt, ſi foris hoſtem non habet, domi invenit,* ſagt dort Hannibal bey dem Livio.

Gleichwie nun aber das menſchliche Leben nicht allezeit in ſo gleichem Gewigte gehet/ daß ſich eines ſo hoch/ als das andere erſtrecket/ oder jedesmal nach gantz abgenommenen Kräfften auslicht/ ſondern öffters von Mördern/ oder anderwerts gewaltiger Weiſe/ und zwar bißweilen aus ſchlechten von Anfangs geringſchätzigen Urſachen abgebrochen wird; alſo gehet es auch mit den Eſtaten/ daß deren nicht wenige/ehe ſie es vermuten/wie Biſanz vom Kayſer Severus/ Jeruſalem vom Veſpaſiano/Carthago vom Scipio übern Häuffen geſchleiffet/und deß Lebens beraubet/oder wie Rom von unſerm Cäſar/ zuweilen auch aus geringſchätzigen Zufällen/ zur Dienſtbarkeit untergejochet werden/zu dessen Beyspielen der Aristoteles 5. pol. pag. 404. & c. voraus die Republic zu Syracusa/ die aus einem geringen Zanck zweyer Jünglinge wegen entführter Braut/ Delphos wegen einer verschmäheten Braut/ Epidamis wegen eines Jünglings/ der wider seines Vatters Willen eines andern Bürgers Tochter geheyratet hatte/ und alle diese darüber zu ihrem Untergange gerathen/ anführet. Zwischen den Aetoliern und Arcadiern richtete ein wilder Schweins-Kopff/ zwischen den Picten und Schotten aber ein gestolener Hund/ dergleichen Händel an/ daß sie sich darüber beyderseyts fast gäntzlich aufrieben. Florenz kam ehmals wegen einer vom *Boundelmont* geschimpfften Jungfer/ auf die Spitze seines Untergangs/ und zwischen den Paduanern und Venetianern entstund/ wegen einer bey einem lustigen Auszuge ungefehr zurissenen Fahne/ ein so blutigen Krieg darüber/ deß Sigonin Bericht nach/ viel tausend ins Graß beissen musten.

Andere steigen noch etwas höher/ und schreiben solches dem so genannten in den Sternen eingehauseten Fato dergestalt zu/ daß sie zwar kein so thörigtes verstehen wollen/ vermittelst dessen deß Homeri Grillen nach/ dem Jupiter so weit die Hände gebunden worden/ daß er auch seinem eigenen Sohne nicht helffen können/ sondern der/ auch von dem Heiligen Augustino in seinem herrlichen Buche von der Stadt GOttes/ und Damasceno gebilligten Göttlichen Versehung zu/ welche der Boetius dergestalt

gestalt beschreibet/ daß sie der unveränderliche Wille derjenigen höchsten Macht sey/ die alle Dinge schon vor Anfang der Welt angeordnet hat/ und bemühen sich solches mit nicht schwachen Stützen aus der Heiligen Schrifft/ als wenn I. Sam. c. 15. der Prophet den Saul mit diesen Worten anredet/ GOtt hat dir das Reich genommen/ und einem bessern gegeben/ denn du bist; ingleichen GOtt selbsten 1. Buch der Könige cap. 11. dem Salomon mit diesen Worten den Text lieset/ weil du von meinen Geboten gewichen/ so will ich dein Reich zertheilen/ und dessen Helffte deinem Knechte geben/ zu bestärcken/ dem auch der Kayser Antoninus in seinem Schreiben an den Verum/ daß noch niemand seinem Nachfolger den Halß gebrochen hätte/ zimlich nahe kam/ und unter allen Propheten der Daniel solches deutlich genug ausgeführet/ wie nit weniger der höchste GOtt es auch bey den Heyden mit dergleichen Prophezeyungen und Zeichen/ als dem Cyro/ Dario/ Alexandro/ unserm Julio/ Augusto/ Diocletiano/ Martiano/ Theodosio/ Lecho/ Czecho/ und vielen andern vorspielen lassen/ dabey nichts hindert/ daß wie etliche vermeinen/ solche Weissagungen vom Teuffel hergekommen/ denn wenn GOtt wil/ so muß auch Bileam die Warheit reden/ und nebenst dem Nigidio Figulo dem Cicero bey der Geburt Augusti träumen/ daß damals ein grosser Herr der Welt gebohren; damit sie nun in dieser Meynung desto besser fortkommen/ so nehmen sie die Sternen-Kunst/ und voraus die *Conjunctiones,*

Co-

Cometen/Finsternüssen/ so beständig zu Hülffe/ daß der sonst gelehrte Cardanus ausdrücklich setzen därff/ wie voraus der letzte Stern in dem Schwantze deß Helices/ wenn die Sonne recht in dem *Meridian* stehet/ dem jenigen Reiche/ dem er *vertical* ist/ sehr glückselig sey/ und daß unter dieser *Constellation* der Stadt Rom Grund geleget worden/ dabey aber nicht bedencken / daß wenn solche Gestirne denen Reichen Glücke oder Unglücke verursachen solten/ nothwendig folgen müste/ daß auch die Sternen selbsten im Firmament gegen einander rebellirten/ und selbiges so wenig als die untermondische Länder deßwegen vor dem Untergange sicher seyn könte; Mit welcher Eitelkeit aber ich mich nicht weiter einlassen will/ sondern der Meinung bin / daß dergleichen Regierungs-Veränderungen / voraus in der *Aristocratie* mehrentheils daher kommen/ wenn man einem zu viel und dem andern zu wenig ehren/ oder Ehren-Aempter beyleget/ denn weil allen Menschen der Ehren Stachel angebohren ist/ so kan es deß *Aristotelis 3. Pol. cap. 6. Pol.* Meinung nach/ schwerlich ohne Widerwertigkeit und Gefahr abgehen/ wenn man dergleichen Ehre und Ehren-Aemter nur auf gewisse Geschlechter oder Personen zeucht/ dannenhero an eben diesem Orte treulich rathende/ daß man sich bey solchen Regimentern zum genauesten befleissigen solte/ keines weges die Unwürdigen den Würdigern aus dem eintzigen Eigen-Nutze vorzuziehen/ noch die vornehmsten Ehren-Aempter auf die Kinder oder sonderbare Geschlechte

erb-

erblich zu machen/ zu welchem man auch gar billig setzen kan/was der Petronius Arbiter sagt:

Nec minor in campo furor est, emptique Quirites
Ad prædam, sceptrique lucrum suffragia vertunt.
Venalis populus, venalis curia patrum.

Nichts minder bricht die Wut auch auf dem Rathhaus ein/
Die Aemter ligen feil/ der Richter steht zu Kauffe/
Die Stimmen tretten wo der Nutzen ist zu Hauffe:
Für Geld muß Dienst und Recht bey unsern Vättern seyn.

Der andere tödtliche Stoß/ der den Republiquen und Königreichen selbsten beygebracht werden kan/ ist/ wenn man einen Bürger oder Estats-Diener zu groß werden läst. Auf solche Weise bekamen Syracusa vom Agathocle/ und Dionysio/ Cypern vom Evagora/ Athen vom Pisistrato/ Veron vom Scaliger/ Meiland vom Sfortio/ Florenz von den Mediceern/ Galba vom Otho/ Antoninus vom Cassio/ Commodus vom Perennis/ Gordianus vom

vom Philippo/Arcadius vom Rufino/ Rom vom Cäsar/ und unzehlich andere/ die letzte Oelung/ der die Mäste in der Hand hat/ pfeffert den Brey wie er wil/ und der die Waffen in der Faust führet/ auf dessen Willen beruhet es/ ob die Republic bestehen solle/ oder nicht/ sagte schon zu seiner Zeit Aristoteles.

Die dritte Ursache deß tödtlichen Regiments-Fiebers/ kan man billig der Verzweifflung zuschreiben/ wenn man nemlich einen nicht unvermögenden Bürger/ oder Vasall dahin gebracht/ daß er sich nicht anders rathen kan/ es gehe denn bund über Ecken/ wohin auch Machiavellus mit diesen Worten wil/ daß diejenigen einen gerechten Krieg führen/ die/ wenn ihnen keine Hoffnung mehr übrig ist/ die Waffen ergreiffen/ denn solcher Gestalt bewegen diese verzweiffelte Leute Himmel und Erde/ zu ihrem Zweck zu gelangen/ welches Scipio vor Numantia genugsam erfuhr/ und Cn. Mantius bey der Belagerung der Hetrusker mit dem Leben bezahlen muste/ deme sonder Zweiffel noch mancher Edler Römer hätte folgen müssen/ wenn nicht sein Unter-Feldherr bey Zeiten diesen Fehler ausgebessert/ und den Belagerten die Thore zur Flucht eröffnen lassen: *Clauss enim desperatione crescit audacia,* sagt *Vegetius,* daß man unter tausend Beyspielen/ mit der einzigen Marcia deß Commodi Concubine darstellen kan/ die/ nachdem sie ungefehr auf den Zettel kommen/ worauf der Kayser die zum Tode bestimmten aufgezeichnet/ und unter selbigen
auch)

auch ihren Namen nebenst dem Electo und Läto befand/ alsobald mit diesen zusammen trat/ und dem Kayser ehe noch die Reyhe an sie kam/ den Halß brachen.

Die vierdte Haupt-Ursache der Regiments-Zerrüttung/ ist die Verachtung oder der verlohrne Respect/ denn ist/ wie *Curtius* sagt/ die Majestät des Reichs der Wohlfart Schutz/ so folget auch nothwendig/ daß die Verachtung derer Untergang sey. Und ob zwar *Cicero 2. de Offic.* unter diesen Worten: *Nulla vis imperii tanta est, quæ premente metu possit esse diuturna* dafür hält/ daß ein Tyrann wie ein toller Hund nicht lang lieffe/ so sehen wir doch/ daß wenn selbiger nur seinen Respect behält/ und sich mit einer starcken Leib-Wache versichert/ es mit selbigem so geschwinde keine Noth hat/ dahero auch Augustus/ nach bereits überwundenem Antonio/ selbige nicht von sich ließ/ und eben auf solche Weise erhielt Hannibal gantzer 18. Jahr lang/ seine von so vielen Völckerschafften zusammen gebrachte Armee/ da im Gegentheil verfielen der Heliogabalus/ wegen seiner weibischen wollüstigen Zärtligkeit/ Macrinus wegen seiner Faulheit/ und Gallienus/ daß er ein grösser Belieben an Comödianten als den Reichs-Verrichtungen hatte/ in solche Verachtung/ darüber sie das Reich mit dem Leben zugleich aufgeben musten.

Am allermeisten aber entstehet solche Verachtung/ und der verlorne Respect dahero/ wenn sich ein Fürst die Reichs-Sorgen und dessen Wolfart/

nicht alles Ernstes läst angelegen seyn: aus dieser Ursache stürtzte bey den alten Sardanapalus/ bey den ersten Frantzösischen Königen/ Wilperich/ bey den Portugesen Alphonsus/ bey den Böhmen und Teutschen Wentzel vom Thron/ und bey den Griechen ward Michael nebenst vielen andern deßwegen zum München geschoren.

Ferners sehen wir/ versuhr ich/ daß insgemein ein Printz solchen Haß auf sich ladet/ wenn er zu sehr den Wollüsten/ und andern Lastern ergeben ist/ auf solche Weise kriegte der Dion den Dionysium/ wegen seiner täglichen Truncken heit/ und Cyrus den Astyagen herunter. Die Scythen brachen ihrem Könige Scylem/ aus keiner andern Ursache den Halß/ als daß sie ihn täglich/ auf die Griechische Weise/ im Sause und Schmause funden. Den Lucullus verließ seine Armee aus eben dieser Ursache/ und den Phocas hielt das Volck wegen seiner täglichen Vollerey/ so verächtlich/ daß als er einsmals zu langsam bey dem Schauspiele erschiene/ sie ihm offentlich zuschryen: Hast du wieder einmal gesoffen/ und den Verstand verloren?

Weiter misset man auch insgemein dem Fürsten die unglücklichen Streiche zu/ und halten so lange nur bey ihm/ als das Glück in seinem Seegel bleibt. *Prosperis tuis rebus*, sagt *Tacitus 2. Histor: certaturi ad obsequium, fortunam adversam omnes ex æquo detrectabunt.* Kommt es nun darzu/ daß er sich mit seinen Unterthanen zu gemein machet/ so ist auch sein Fall desto näher/ und wie viel

sind

sind nicht Rebellionen wegen überhäuffter Schatzung/ wegen der Fürsten Geilheit/ noch mehr aber wegen deß Religions-Zwangs entstanden? wormit ich mich aber allhier nicht länger aufhalten/ sondern ohnmaßgebig dahin schliessen will/ daß wie bereits der Cäsar damals/ als er der Römischen Freyheit den letzten Stoß gegeben/ wo nicht alle diese/ doch die meisten von itzterzehlten politschen Symptomaten an dem Römischen Leibe gefunden/ er hierauf auch aus eben dergleichen Ursachen/ und daß er sich nicht seiner Freunde Erinnerung nach/ bey Zeiten/ mit einer guten Leib-Wache versehen/ sondern alle Warnungen auf die leichte Achsel genommen/ und mit diesen Worten abgesertiget/ daß es besser wäre/ einmal sterben/ als in steten Furchten leben/ darinnen verstossen/ und seinen Feinden selbsten damit die Waffen in die Hand gespielet hat/ daß sie endlichen ihn an einem so hohen Orte zwar den Halß gebrochen/ damit aber dem allgemeinen Wesen so wenig einen Dienst gethan/ daß sie nur dessen Freyheit mit der künfftigen Kayser Folge vollends unter die Erde gebracht. Besser wäre es gewesen/ wenn man einen Kerlen aufgesucht/ der ihm das kalte Eisen *sine strepitu forensi* in die Rippen gedruckt/ oder eine ewige Schlaff-Suppen gegeben/ dieses aber war eine Thorheit/ daß man ihm auf offentlichem Rathhause/ im Gesichte so vieler ihm zugethaner Römer den Halß brach/ und damit übel ärger machte/ denn ob zwar noch viel tausend redliche Bürger den Verlust ihrer Freyheit beseuffzeten/ und dessen Rauber nicht

mit

mit günstigen Augen ansähen/ so waren ihrer doch auch nicht wehiger/ die nur aus dergleichen trüben Wässern ihre Wolfart fischeten/ und derowegen hierauf theils dem Augusto/theils dem Antonio/als die eben solche redliche Leute/wie der Julius/waren/ wieder zustielen/ worbey mich denn wol schwerlich auch der Suetonius überreden wird/ daß es des erstern rechter Ernst gewesen/ dem Vatterlande die Freyheit wieder zu geben. Herrschafften sind ein solches Hembde/das man niemals/als nur mit dem Leben ableget/ derowegen wie vorgedacht/diese Freyhelts-Verfechter besser gethan/wenn sie noch etwas hinter dem Berge gehalten/ und auf diß bedacht gewesen/was Tacitus sagt/*solum remedium in ejusmodi rebus esse, si non intelligantur*, in welchem Kunststücke zu unser Zeit der Spanische Tiberius/ Philippus der II. ein solcher Meister war/ daß ihm auch seine Gemahlinnen nicht so nahe am Hertzen lagen/ daß er ihnen nicht auch wol unter Liebesschmeichlenden Küssen/den Gifft-Becher nach dem Hertzen schickte/ denn auch seinem eintzigen Kron-Erben/weil ihm vielleicht die Frau Stieff-Mutter/ als vormals zugedachte Gemahlin/ ein zu freundliches Gesichte gegeben/den Strick an Halß warf/ und solche unmenschliche That hernach mit der Ernsts-Larve/ so wol zu verkleiden wuste/ daß er Gottesläsderlicher Weise sich in seinem geheimen Rath rühmte/ wie er nichts minder als GOtt/ seinen Sohn für die Wolfart deß Volcks in Tod gegeben/dannenhero mich nicht genugsam verwundere

dere / daß der kluge Saavedra es auch nicht besser geglaubet / oder nicht glauben wollen / wann er diesen Sohns-Mord mit dergleichen schönen Worten beschleust: Symb: 109. *ob quam executionem obstupuit natura, attonitaque de sua potentia hæsit politica, & mundus inhorruit.* Ich muß gestehen / daß man den Herren Corvet unter den gelehrten Soldaten paßiren laßen muß / versetzte der Lord / der uns denn auch endlich zum Beschluß seine Meinung wissen laßen wolle / ob es wahr / daß wie der Herr Cantzler vorgedacht / das Geld die Span-Ader des Krieges sey / angesehen ich dafür halte / daß solches vielmehr die Gewogenheit des Volckes / oder eine Armeé von 50. biß 60000. tapffern Soldaten sind / und daß solche Gewogenheit / und darvon herfließende Geld-Mittel leichte verschwinden / wenn sie sich von solchen tapffern Beschützern entblösset befinden. Ja ich wil noch mehr sagen / daß das Geld vielmehr eine Ursache des Krieges / und das rechte Luder sey / zu dessen Beute einen Feind / wie damals die Macedonier die Gallier ins Land zu locken. Ingleichen müste auch folgen / daß wenn das Geld die Span-Adern des Kriegs / und der Vortheil der Uberwindung wäre / solcher Gestalt auch nothwendig der Darius den Alexander überwunden / noch die reichen Venetianer im verwichenem Jahrhundert die Schlacht bey Giaradadda und darauf das gantze feste Land verlohren hätten. Wolte man nun gleich darge- gen sagen / daß das Geld darzu dienlich wäre / damit

mit gute Soldaten auszusuchen/ so sage ich vielmehr daß gute Soldaten das Geld aufsuchen/ und wir dessen ein klares Beyspiel an den Römern haben/ die mit Stahl kriegten/ und damit Gold gewonnen/ ungehindert/ was man hingegen von dem Spartanischen Könige Agis aufwirfft/ als der sich wegen Geldmangels/ zur Unzeit in ein Treffen einlassen/ und deßwegen den Sieg verlieren müssen/ denn wenn dieses wahr wäre/ daß der Geldmangel dieses Verlusts Ursache gewesen/ so müste auch folgen/ daß das Wasser die Span-Ader des Krieges wäre/ in dem wir lesen/ daß auch bey dessen Ermangelung zum öfftern ein und ander Feld-Herr zur Unzeit mit dem Feinde schlagen müssen/ und daß Livius in der Vergleichung seiner Römischen Helden/ mit dem grossen Alexander nur diese drey Stücke zum Kriege erforderte/ nemlich eine Armee guter Soldaten/ einen verständigen General/ und das Glücke/ von dem Gelde gedencket er mit keinem Worte/ so wissen wir auch/ daß die tapfferen Spartaner viel Jahre lang/ nicht unglückliche Kriege ohne selbiges geführet haben/ was düncket nun den Herren Cornet zu ein und anderm? Dieses/ setzte ich hierauf/ daß Euer Excellenz so gegründeten Rationen/ voraus von meiner Einfalt und Unwissenheit zu widersprechen/ eine unverantwortliche Unverschämigkeit sein würde/ ob ich gleich von dero hohen Leutseligkeit eine gnädige Vergebung hoffe/ wenn ich dahero einzigen Zweiffel empfinde/ daß gleichwol der grosse Estats Mann Tacitus im 2. Buche seiner Historien diese

aus-

ausdrückliche Worte hat: *Sed nihil æque fatigabat, quàm pecuniarum conquisitio, eos esse belli civilis nervos dictitans Mucianus,* welchem auch Tzetzes mit diesen Worten beystimmet:

Aurum enim desideratissimum hominibus.
Aurum omnia corrigit, aurum nervus belli.

Gold ist die Brust/von der sich keiner läst entwehnen
Gold hilffet allem ab/Gold ist des Krieges Sähnen.

Gold ist die Mutter aller Vergnügung/ und von so hertzlicher Würckung/ daß es auch bis in die Hölle dringt/ und die güldenen Aepffel den Höllen-Hund selbsten besänfftigen. Derohalben vermeinende/ daß dasjenige/ was ein oder ander hierinnen entgegen gesetzt / dahin zu verstehen sey / daß zwar das Geld an sich selbst keinen Krieg führe / gleich wie auch die Soldaten selber solches nicht ohne die Waffen thun können/sondern nur die Waffen und Soldaten auf den Beinen / gleich wie die Span-Adern solcher Gestalt alle andere Thiere auf den Füssen erhalte / und daß ohne selbiges keine Armee / wie tapffer sie immer seyn mag/ lange bestehen könne/ ungehindert gleich ein Printz nicht nöthig hätte/selbige zu ver-

werben/sondern nur einen Ausschuß von seinen eigenen Unterthanen zu machen/ denn wo spil er ohne selbiges Proviant/ Munition/ Geschütze/ und was mehr datzu gehöret/ hernehmen; *discordes animos multa esse abant, inopia stipendii, frumentique & simul delectum tributaque Galliæ aspernantes,* sagt abermal Tacitus von denen in Deutschland stehenden Römischen Legionen. Die bequemsten Angeln die Gemüter aus ihrem Stande/ und an sich zu bringen/ sind die Augen von Golde/ dessen Sand auch die grösten Schelmen-Stücke überstreuen kan/ daß sie nicht gemercket werden. Mit der Hoffnung zur Beute/ ist es nicht allemal ausgericht/ weil man heutiges Tages/ wenn man des Feindes vermutlich ist/ nicht viel auf dem Lande übrig läst/ sondern was man kan/in die Festungen bringet/ und das übrige in Brand setzet/ dahero nur derjenige/ der sich etliche Monat mit der Belagerung aufhalten muß/ und den Soldaten in den nassen Lauffgraben erhalten wil/ nothwendig dahin sehen muß/ wie er ihnen Brod und Proviant aus seinem Beutel schaffe/ und das Sprichwort: *bellum se ipsum alit* dahin verspare/ bis er sich eines gantzen Landes Meister gemacht/ und es so weit gebracht/ daß er den Land-Mann bey seiner Anbauung und Contributionen beschützen kan/ welches aber ein ander wie Hannibal/ als ihm der Fabius Maximus so lange vor der Nasen stund/ wol muß bleiben lassen. Da hingegen schadets einem Printzen/ der nur mit einer guten Kriegs-Casse wol versehen ist/ nicht/ ob es ihm
gleich

gleich in seinem eigenen Lande an Soldaten mangelt/ als die er für Geld allenthalben/ und sonderlich bey den Völckerschafften/ die/ wegen ihrer Schwäche/ selber keine Kriege führen/ zum Exempel/ wie die Frantzosen/ Spanier/ und welschen Fürsten bey den Schweitzern/ die Türcken bey den Tartarn und Arabern/ leichte finden kan. Haben aber vor diesem Brennus und Tammerlanes grosse KriegsHeere ohne ihr eigenes Geld aufgebracht/ und in Feindes Ländern mit der eintzigen Beute erhalten/ so ist selbiges zu dieser Zeit/ da man die Gräntzen und Thüren mit so guten Festungen verriegelt/ so unmöglich/ daß wenn sie heutiges Tages wieder kommen solten/ wol schwerlich/ wie vor diesem gantz Europa in kurtzer Zeit wie eine Flut überschwemmen würden/ zu geschweigen/ daß auch die zu grosse Beute dem Soldaten offt mehr schäd- als nützlich ist/ als der nicht ungemein seinem Cameraden darüber den Halß bricht/ und weil er nunmehr gedencket/ sich mit selbiger ohne den beschwerlichen Krieg zu ernähren/ sich/ wo er nur kan/ von selbigem abstielet. Aus dieser Ursache muste der grosse Alexander bey Persepolis die reiche Persianische Beute verbrennen lassen/ und von seiner eigenen Bagage anfangen. Und ob ich gleich bey Erinnerung dieses Printzen/ zugeben muß/ daß ihn der Darius wegen der Stärcke solcher Span-Adern überwinden sollen/ so lag es doch damals nicht an diesem/ sondern daß er des Memnons von Rhodus guten Räth auf die Seite satzte/ sich durchaus in kein Treffen einzulassen

sen/sondern mit Verzug diesen hitzigen Printzen zu ermüden/ ander gestalt würde man wol gesehen haben/ wie bald diese unüberwindliche Macedonier ohne Besold und Beute würden zerstoben seyn.

So viel aber die Römer angehet / weiset uns Lipsius am besten/ was für eine grosse Kriegs-Casse sie für ihre mächtige zu Wasser und Lande bis auf 250000. Mann erstreckende Armeen haben müssen/ und daß ihnen von ihren jährlichen einkommen dem 150. Millionen Reichsthaler unsers Geldes/ so wenig etwas übrig geblieben / daß vielmehro/ nach dem einsmals der von des Volcks Beschwerden ermüdete Nero / dem Volcke die Schatzung nachlassen wolte / der Rath darzwischen kommen/ und solche unzeitige Freygebigkeit verhindern müssen. Hätten nun die klugen Venetianer diesem Römischen Exempel nachgefolget / und sich damals nicht dauren lassen/ ihren Schatz anzugreiffen/ oder auch ihrem General dem tumkühnen Salviano die übrige Hitze abgekühlet / daß er sich nicht in das unzeitige Treffen eingelassen / sondern dem Fabio Maximo die Verweilungs-Streiche nachgespielet/ so würde man in kurtzem gesehen haben / wie lange die wider sie vereinigte Potentaten/ als der Keyser/ König in Franckreich / und der Pabst würden beysammen gestanden seyn / als die auch nach erhaltenem Siege bald wieder von einander flogen.

Das Interesse der Potentaten ist dermassen unterschiedlich / daß unmöglich ihrer drey auch bey gutem Glücke/ lange beysammen stehen können/ dahero

hero erzehlet der Historien-Schreiber Leo Africanus/ daß die Africaner für ein unbetrügliches Zeichen gegentheiligen Verlusts halten/ wenn sich unterschiedene widerwertige Printzen wider sie verbinden/ weil/ wie sie sagen/ einer alleine ihnen nicht gewachsen sey/ unterschieden zusammen getretene aber unmöglich lange bey einander stehen. Eben dieses ist es/ was Philippus Cominäus saget/ daß er mehr von einem Printzen mit 10000. eigenen Soldaten/ als zehen zusammen vereinigten hielte/ derer jeder 6000. Mann mit sich brächte / daher glaubende/ daß Livius mit obigen Worten auf den geschwinden Krieg zielet/ den Marius Marcellus nicht aber Fabius führete/ und daß jener/ weil er bald mit dem Feinde zur Action kam / keiner solchen Mittel wie dieser bedurffte/ als der schwerlich so lange seine Soldaten ohne genaue Bezahlung vor seinem Feinde würde erhalten haben; zu diesem wissen wir/ daß es auch den Lacedämoniern daran nicht gemangelt/ ob es gleich nur von Eisen/ und gleichwol gültig gewesen / und daß auch noch zu unsern Zeiten/ zur Zeit der Noth / unterschiedene Stände und Printzen/ Kupffer/ Leder/ und Papier/ zu dieser unvermeidlichen Span-Ader genommen/ das denn dem Soldaten/ wenn er es nur wieder anbringen kan/ schon recht genug ist/ derohalben in unverfänglicher Meinung/ mit den Worten unsers klugen Römers/ nemlich des Taciti im 4. Buche seiner Historien *Neque quies gentium sine armis, neque arma sine stipendiis, neque stipendia sine tributis haberi queunt,* dahin schliessende/ daß das Geld die Ketten sey/ die die gantze Welt umschleust/ und alle Fürstentümer/ ja Kayser und Königreiche in ihrer Beständigkeit erhält.

Der Herr hat auch in diesem/ und allem recht/ fing der Lord an/ als er sahe/ daß ich mit einer tieffen Ehrbezeugung endete/ und sagte der Gräfin etwas lächelnde in das Ohr/ die mir hierauf ein Glaß Wein auf Gesundheit aller Waffen- und Gelehrtheit-liebenden Cavallier zubrachte/ worauf die Taffel wieder ausgehoben/ und nach genommenem Wasser der Ritter von dem Lord zu einem Schach=Spiel heraus gefordert ward/ der sich zwar Anfangs entschuldigte/ und den Lord als einen solchen Meister darinnen rühmete/ der mit dem Saracenen Buzecca/ als der vor ein par hundert Jahren zu Florenz mit dreyen Parthien dergestalt zu gleiche gespielet/ daß er nur bey einem gestanden/ von den andern zweyen aber/ sich nur berichten lassen/ was sie für Steine gezogen/ und gleichwol alle drey Parthien gewonnen/ um den Preiß spielen könte/ endlich aber doch ein bis zwey Spiel endeten/ und sich darüber in dergleichen geheimes Gespräche einliessen/ woraus ich schliessen konte/ daß sie gerne allein bey einander bleiben wolten/ dannenhero ich aus geziemender Bescheidenheit ab/ und sie auch also fort in ein ander Zimmer/ wohin sich der von mir angesehene Cantzler bereits begeben hatte/ zu einer/ wie es hernach der Ausgang gewiesen/ gefährlichen Unterredung fort traten. Mich unterhielt indessen der Hof=

Hofmeister so lange mit einem annehmlichen Soldaten-Gespräche/ biß etwan nach einer Stunde ein adelicher Leib-Knabe uns beyde in das Frauenzimmer beruffte/ wo wir denn den Lord nebenst dem Ritter mit sehr aufgeweckten Gemütern antraffen. Last uns denn/ fieng jener an/ noch ein Glaß Wein auf aller rechtschaffenen Soldaten Gesundheit trincken/ worauf es auch ein par Stunden so lustig zugieng/ daß sich hierauf der Ritter auf die Seiten machte/ und auch der Lord kurtz drauf/ unter dem Vorwand bald wieder zu kommen/ in dem Neben-Zimer sich auf der Gemalin Bette warff. Ich wolte/ als ich dieses merckte/ gleichsfals einen höflichen Abschied nehmen/ befand aber/ daß das Absehen gar anders genommen/ und ich weiß nicht/ ob auf deß Lords Befehl die Karte dahin gemischet ward/ mich zur tiefsten Trunckenheit zu bringen. Solches nun/ weil der bißherige Gläser-Sturm mir noch weder Mast noch Segel gebrochen/ ins Werck zu richten/ nöthigte mich die Gräfin zu ihr/ und obertwähnten Fräulein die Lady Wilton genannt/ zu sitzen/ und ihnen in Frantzösischer Sprache etwas von deß Teutschen Frauenzimmers Manieren/ Auszügen/ und Gebräuchen zu erzehlen/ wie nicht weniger ein und ander Krystallines Geschirr bald auf diese/ bald auf jene Gesundheit auszutrincken. Nach welchen sie auch endlich/ nachdem sie merkte/ daß ich noch allemal auf gleichen Füssen und Sinnen blieb/ eine über die massen sauber geschnittene dem Ansehen nach

nach zwar dicke / doch nicht gar zu grosse Schale herlangen ließ.

Ich habe zum öfftern gehöret / sagte sie / daß es in Teutschland der Gebrauch sey / einen neuen Gast mit einem grossen Glaß / auf so genannten Willkommen zu beehren / welchem Gebrauch sich auch der Herr allhier in Engeland wird bequemen / und dieses kleine Geschirr auf Gesundheit aller derer / die ihn wol wollen / austrincken müssen. Ich nahm diese Gnade / wiewol mit vorher gegangener Entschuldigung meiner Unvermögenheit an / und befand endlich nicht ohne Bestürtzung / daß wol neun Schalen ineinander gesetzt waren / derer Absertigung mir auch hierauf den Kopff so einheitzten / daß die Zunge je länger je freyer lief / und die Verdrauligkeit / absonderlich mit der Lady von Wilton / so groß ward / daß die Gräfin ihre sonderbare Vergnügung darüber von sich spüren / und mich endlich / nachdem ich mit dem letzten Geschirre auch meinen Kräfften die letzte Ladung gegeben / in ein sauberes Zimmer zu Bette bringen ließ.

Hier schlieff ich nun in angenehmster Ruhe / biß gegen Morgens drey Uhren / wo mich ein Jäger-Geläute von Hunden und Hörnern auffweckte / worüber ich mir leichte einbilden kunte / daß sich deß Lords Leute zu dergleichen Lust hinaus begeben würden / wie ich denn auch / nachdem ich den Kopff zum Fenster hinaus gesteckt / selbige / und wie mich dauchte den Lord selbsten unter ihnen zum Thor hinaus ziehen sahe. Mich darbey verwundernde /

daß

daß dieser Herr den Rausch so geschwinde ausgeschlaffen hatte/ der mir doch noch nicht allerdings ausgerauchet war. Dannenhero ich mich wieder legte/ und noch ein par Stunden der Ruhe nachhing/ biß etwan gegen sechs Uhren mich mein Diener erinnerte/ daß die Lady von Wilton draussen wäre/und mit mir zu reden verlangte.

Ich war über so unverhoffter Ankunfft nicht wenig bestürtzt/ und wuste nicht/ ob ich auffstehen/ oder ligen bleiben solte/ als selbige ohne eintzigen weitern Bedacht mit diesen Worten hinein trat. Mein Herr/ sagte sie/ lasse sich meine Ankunfft in seiner Ruhe nicht stören/ sondern messe solches der Gewogenheit einer solchen Dame bey/ der er die gantze Nacht durch die Ruhe benommen/ und derowegen von dessen hohen Höfflichkeit die gute Meinung hat/ daß er es nicht übel auslegen werde/ wenn sie itzo Ursach ist/daß er auch seiner in etwas abbrechen muß. Sie hat recht/ antwortete ich/ Madame/ daß ich gestern meiner Unhöffligkeit so weit nachgehangen/ daß die Frau Gräfin/ und ihr sämtliches Frauenzimmer ihre Ruhe aufgeben/und sich eines unbescheidenen Teutschen zu langes Verweilen beläftigen lassen müssen/ es haben aber auch in Warheit selbige ihr eigen Theil daran/ daß sie ihre Lust an einem aufrichtigen berauschten Teutschen/ und die da vermeinen/ man müsse dergleichen schönen Befehl in allem Gehorsam nachkommen/ sehen wolten/ dannenhero hoffende/ daß auch solche Befehle/ und gar zu schöne Gläser die

Verantwortuug über sich zu nehmen Ursache haben werden.

Es braucht keine Entschuldigung/ versetzte die Lady von Wilton / vielmehr beklagt man sich dißseits / daß die Nacht so angenehmster Gesellschafft zu geschwinde abgebrochen / und damit mein Herr an meinen Worten destoweniger zweiffeln darff/ so wird so empfundene Annehmlichkeit aus dessen Gegenwart/ mit dieser schlechten Verehrung bezeuget/ welche also mein Herz zu ehren derer / die ihm solche überliefern läst/ anlegen/ und selbige wiederum mit seiner Besuchung vergnügen wolle. Mit welchen Worten sie eine grosse silberne bedeckte Schale / die sie mittler Zeit auf der Schos gehalten/ mir auf das Bette satzte/ und sich / ehe ich selbige recht besehen/ und darauf antworten kunte/ mit ein par Sprüngen zum Zimmer hinaus erhob/ mich satzte hierauf dergleichen Auffzug in nicht geringe Bestürtzung/ und um so vielmehr / nachdem ich bey Entdeckung der Schale/ ein par köstliche Hembder/ so viel mit den werthesten Frantzösischen Spitzen versetzte Halß-Tücher/ noch etwas anders / von weissem Zeuge/ und in dem einen Halß-Tuch einen schönen mit Diamanten versetzten Saphir befand. Ich/ der ich nicht anders glaubte/ es käme solches von der Gräfin her/ faste alle meine Gedancken zusammen/ was solches bedeuten solte/ und kunte endlich keinen andern Schluß herauffer bringen/ als daß enttweder selbige meine Redlichkeit auf die Probe/ oder ihrem Herrn Gemal ein par Teutsche Hörner außzusetzen/

ge-

gedåchte. Worůber ich denn meine gantze Vernunft und was bey dieser gefährlichen Sache zu thun wåre/ so lange zu rathe zog/ biß mich der Fräulein letzten Worte vermuten liessen/ daß ich bald wiederum in das Frauen-Zimmer abzufordern seyn wůrde/ worinnen ich auch nicht irrete/ angesehen etwann nach einer Stunde/ und als ich mich kaum angeleget hatte/ eine alte Kammer-Frau ins Zimmer trat/ und mich mit angenommener Behutsamkeit ersuchte/ alsofort im Frauen-Zimmer einzusprechen. Sind denn Jhro Gnaden so frühe auf? Fragte ich/ das wird mein Herr schon sehen/ antwortete die Alte/ und führete mich gleichsam nöthigende/ an der Hand/ in den allerverwirresten Gedancken/ die jemals mein Gemůte bestritten/ durch die gestrigen Zimmer in eines/ das mit den köstlichsten Tapeten/ Vorhången/ Sesseln/ voraus aber einem so pråchtigen Bette ausgekleidet war/ daß schwerlich deß Königes pråchtiger seyn können.

Mein Herr setze sich doch etwas zu dieser/ der er die gantze Nacht die Ruhe benommen hat/ und ihr auch selbige in den Tråumen nicht gönnen wollen/ sagte die hinter den Goldgestickten Vorhången den Kopff nur halb und halb hervor reckende vermeinte Gråfin/ und berichte mich/ mit was für Mitteln das Teutsche Frauen-Zimmer der Melancholey abhilfft. Gnådige Frau/ fieng ich an/ ich bitte nochmals gehorsamst um Vergebung/ daß ich gestern Abends Euer Gnaden mit meiner Teutschen Unhöfflichkeit die Ruhe so lange vorbehalten/

und

und vielleicht die aus solcher Unruhe entsprungene Unpäßlichkeit verursachet habe/ im übrigen weiß ich als ein Soldat nichts von der Melancholen/ als die ich nur bißweilen dahero empfinde/ wenn mich/ wie gestern/ die übernommene Wein an der genugsamen Ehrerbietung gegen das Frauenzimmer verhindert. Nicht im wenigsten/ versetzte jene/ und dieweil mein Herr nicht weiß/ was Schwermütigkeit sey/ so kan er sie allhier handgreifflich spüren. Mit welchen Worten sie meine Hand ergriff/ und mit selbiger so geschwinde auf ihr Hertze zufuhr/ daß sich selbige zwischen den schönsten par Brüsten befand/ ehe ich wuste/ was ich darauf antworten oder gedencken solte. Hat der Herr/ fuhr sie hierauf mit einem tieffen Seufftzer fort/ nunmehro meinen Hertzen-Sturm beobachtet/ und streckte zugleich einen gleichsam für Hitze schmachtenden weissen Schenckel hervor/ dem kein Helffenbein zu vergleichen war. Als die Alte gleichsam erschrocken in das Zimmer hinein tratt/ und zu verstehen gab/ daß der Graf im Vorgemach wäre/ worüber ich mich denn dermassen bestürtzt befand/ daß mir die Hand auf ihrer Brust zitterte/ und um so viel mehr/ weil sie ohnerachtet dessen/ selbige/ nachdem der Graf in einem Jäger-Kleide hinein trat/ nicht entlassen wolte. Ist der Herr Cornet schon auf/ sprach dieser/ dem Ansehen nach/ muß ihn gestern das Frauen-Zimmer nit für voll bewirtet haben/ weil er sich schon der Ruhe begeben hat/ ich reite itzo auf die Jagd/ und wolte gleich fragen lassen/ ob er auch Lust darzu habe/ dieweil ich

Aber

p. 202.

aber ſehe / daß er vielleicht gröſſer Belieben habe/ ſich bey dem Frauen-Zimmer zu unterhalten/ ſo wil ich ihn auch nicht daran ſtören/ ſondern bitten/ ſich nicht eher zurucke zu erheben/ biß ich wieder kommen bin/ und dem Herrn Obriſt-Lieutenant geantwortet habe. Mit dieſem ſatzte er ſich zu Pferde/ und ritt in vollen Sprüngen dem Jäger-Zeuge nach/ mich in dergleichen Beſtürtzung verlaſſende/ daß ich mich lange nicht beſinnen konte/ ob dieſe Begebenheit ein Traum/ oder die eigentliche Warheit wäre.

Denn ob mir gleich die Freyheit/ deß Engelän-diſchen Frauen-Zimmers nicht unbewuſt war / ſo fiel mir doch unglaublich/ daß ein ſo geſunder junger vornehmer Herr/ und der in dergleichen Begebenheiten nicht ſo unerfahren ſchien/ ſo wenigen Enfer für ſeine Ehre haben ſolte/ zumalen da die Gräfin eines von den ſchönſten Bildern war/ die die Natur in ſel-biger Inſel aufgebracht/ und ich deß Tages vorhero/ die angenehmſte Liebs-Bezeigung gegen einander ſo bey der Taffel/ als in ihrem Zimmer beobachtet/ bey dieſer Begebenheit aber/ eine ſo unbegreiffliche Kalt-ſinnigkeit verſpürete/ die/ ich wil nicht ſagen ein Wel-ſcher/ ſondern auch ein Teutſcher/ anders nicht/ als mit dem Blute abzuwiſchen/ würde getrachtet ha-ben. Dem ſey aber wie ihm wolle / ſo ließ dieſe nicht die geringſte Beſtürtzung von ſich ſpüren/ ſon-dern gab mir vielmehr nach und nach ihren Liebes-Schmertz nur deſto mehr zu erkennen/ biß es nach einer zwey-ſtündigen Verweilung / Zeit zu ſeyn ſchien/ einen wiewol noch unzeitigen betrübten Ab-
ſchied/

schied/ so auß diesem Zimmer/ als auch deß andern
Tages nachdem sowol der Lord/ als die Gräfin
mir an den Obrist-Lieutenant/ und dessen Gemalin/
die gleichfals eine aus den vornehmsten Englischen
Häusern war/ ein par Briefe zuruck gegeben/ von
der Ladyn selbst zu nehmen.

Mit diesen ritt ich unter tausend Gedancken/
über solcher Begebenheit auf mein Quartier zu/ und
ward in selbigen noch mehr vertieffet/ als mir dieser/
nach Uberlesung der Briefe/ mit lächelndem Munde zu meiner in Engeland aufgehenden Glücks-
Sonne/ Glücke gewünschet. Wie soll ich dieses
verstehen/ fieng ich hierauf an/ es sey denn daß ich in
Warheit an dem Lord alles dieses befunden/ was
mir der Herr Obriste Lieutenant von dessen hohen
Verstande und grosser Gelehrheit/ denn auch/ fiel
dieser drein/ von dessen Gewogenheit gegen jedweden gelehrten Cavallier/ gerühmet habe/ zu dessen
Zeugnuß der Herr diesen Brief anhören wolle. Wormit er mir des Grafen Schreiben unter diesem Inhalt vorlaß/ wie er es für ein sonderbares Glücke
schätzte/ daß ich in seinem Hause bekant worden/ deß
Erbietens/ daß dafern ich Lust hätte/ unter seiner
Leib-Compagnie die Capitain Lieutenants-Stelle/
nebenst der Bedienung eines Hofmeisters/ an seinem Hofe/ zumalen da sein gegenwärtiger/ un-
wissend aus was Ursachen/ den Abschied begehre-
te/anzunehmen/ er mir selbige/ und vielleicht in kur-
tzem/ gestalten Sachen nach/ eine Compagnie geben wolte.

Eben

Eben dieses/ fuhr er fort/ meldet auch die Frau Gräfin in meiner Gemalin Schreiben/ und die mit mir der Gedancken ist/ so ungemeine Gelegenheit um so viel weniger aus den Händen zu lassen/ weil dem Ansehen nach/ damit das Glücke noch einem andern die Thüre öffnen dörffte. Ich weiß nicht sagte ich darauf/ was zu erwählen/ und ob mir nicht vielmehr das vermeinte Glück alhier auf fremdem Boden/ ein Bein unterzuschlagen/ gesonnen seyn solte/ jedoch stehet mir als einem jungen Kerls/ der deswegen in die Welt gelauffen/ selbiges zu suchen/ auch nicht an/ ihm einen Kuß zu versagen/ wenn es mir selber den Mund bietet. Nach welchen ich/ nach etlichen Tagen/ unter gehorsamer Bedanckung der so vielfältig bißher erwiesenen Gewogenheiten/ meinen Abschied von diesem Hause nahm/ und mich über der Gemalin letzten Worten/ ich solte mich wol in acht nehmen/ daß ich nicht bey diesem Glücks-Vorwinde/ an einer Marmor-Klippe scheiterte/ nicht wenig bestürtzt befand/ genugsam schliessende/ daß ihr das jenige/ was mit der gemeinten Gräfin vorgegangen/ nicht unwissende seyn müste.

Hierauf kam ich bey dem Lord wieder an/ und ward von selbigem mit voriger Höfflichkeit empfangen/ denn auch kurtze Tage drauf/ der Compagnie als Capitain-Lieutenant/ wie nicht weniger der Hoff-Stadt für Hofmeister vorgestellet/ nach welcher Zeit die Gräfin mit mir nichts anders/ als wie mit ihrem andern Officierern/ sonder eintzige Liebesbes-Bezeigung umging/ welches mich von Anfang nicht wenig befremdete/ und solches ihrer schlauen Vernunfft ihrem Herren Gemahl allen Verdacht zu benehmen/ beymaß/ bald aber/ wenn ich gleich: wol betrachtete/ daß sie damals als ich vor ihrem Bette die Hand auf ihrer Brust gehabt/ vor selbr: gem keine Scheu getragen/ solches durchaus nicht zusammen bringen/ und noch weniger begreiffen kunte/ daß wenn ich hierauf bey dessen Abwesenheit etliche nach vorigem Ambra riechende Blicke oder Worte/ von mir spüren ließ/ solches alles so fremde als wann das vorige nur ein Traum gewesen/ aufgenommen/ und nicht das geringste von der schuldigsten Ehrfurcht enthangen ward. Dannen- hero ich auf die Gedancken geriet/ daß wie das Englische Frauen-Zimmer zwar sehr begierig/ dar- bey aber auch dergestalt kaltsinnig ist/ daß es von demjenigen/ was es ein und ander mal genossen/ bald wieder absetzet/ und also die erstere Hitze zeitlich abkühlet/ also diese Gräfin auch von dergleichen Stoffe wäre/ und mir eben solches zu thun anbefie- le. Dahingegen drängte sich die Lady von Wil- ton je länger je näher an mich/ und verließ keine Ge- legenheit ungescheuet des Lords/ oder der Gemahlin Gegenwart/ mir auf ihren Augen den Liebes-Zu- cker vorzutragen/ das ich denn auch so lange einer Englischen Freyheit beymaß/ bis mich endlich/ als ich kaum ein par Monat beständig an diesem Hofe gewesen/ der Lord in sein Frauen-Zimmer fordern ließ/ und in Gegenwart der Gemalin/ eine grosse

Be-

Bezeugung von der Hochachtung meiner Person und Geschickligkeit herschnitt/ die endlich dahin außlieff/ daß ich mein völliges Glücke in dieser Insel/ vermittelst fortsetzender Kriegs-Dienste/ und darunter benöthigter Heyrat/ an ein vornehmes hochadeliches Hauß befestigen/ und wol gar zu einem Regiment gelangen könte.

Denn ohne dergleichen so genannte Naturalisirung wäre es nur vergebens / etwas solches in die Gedancken zu fassen. Und damit der Herr sehen kan/ fuhr er fort/ wie redlich ichs/ samt meiner Gemahlin mit ihm meine/ so stellen wir zu seinem Belieben / ob er sich zu solcher Aufnehmung die Bahn/ vermittelst einer Heyrat mit der Lady von Wilton/ befestigen wolle. Sie ist jung/ sagte er/ annemlich/ von so gutem Adel daß ihr Wappen unter meiner Gemahlin Alt-Gräfflichen Ahnen/ nicht die letzte Stelle bekleidet/ derotwegen sie auch/ wie der Herr bißhero genug gesehen/ von uns nicht wie eine Bediente/ sondern vielmehr als eine Bluts-Verwandte gehalten wird.

Ihr Herr Groß-Vatter war einer von deß Glorwürdigsten König Jacobs ersteren Estats-Dienern / und ihre Frau Groß-Mutter aus dem ältesten Irrischen Adel/ von welchen auch meiner Gemahlin Blut den Urquell nimmt. Ihr Herr Vatter führte eine Compagnie bey dem damaligen unglücklichen Treffen vor Glocester/ und ließ für die itzt regierende damals unglückliche Majestät/ rühmlich das Leben/ sein Vermögen aber dem

Fein-

Feinde zum Raube/ so daß was dieses anlangt/ zu=
mälen da ohne diß nach dem Englischen Gesetze/
dem Erstgebohrnen Sohn fast alles/ den übrigen
Kindern aber nichts oder wenig/ von den Vätterli=
chen-Erbschafften zufällt/ zwar selbiges nicht mit
ihrem Stande/ und tugendhafften Eigenschafften
überein kömmet/ dem man aber wenn nur des
Glückes-Gunst/ wie es angefangen/ dem Herzen in
dem Segel bleibet/ auch in etwas damit abhelffen
kan/ weil wir uns entschlossen/ auf so beliebende
Verheyratung sie mit einer Mitgifften von tausend
Pfund Sterling/ von unsern eigenen Mitteln zu
versehen/ und sie noch darzu bey unserm Hofe und
Taffel/ mit allem so lange zu unterhalten/ biß sich
oberwehnte höhere Beförderung/ worzu ich al=
le meine Kräffte selber anwenden wil/ hervor gethan
haben wird/ der Herr kan es/ fuhr er weiter fort/ ein
par Tage überlegen/ und uns hernach seine Mei=
nung eröffnen/ um daferne ihm über Verhoffen/ sol=
ches Glücke nicht anständig/ einen andern Caval=
lier der schon zum offtern deswegen Ansuchung ge=
than/ darnach zu bescheiden. Mit welchen Wor=
ten der Lord die Gemahlin bey der Hand nahm/ und
sie in Garten fühete/ mich in dergleichen Bestür=
tzung verlassende/ die viel wichtiger war/ als die
jenige die vor etlichen Monaten/ vor der vermein=
ten Gräfin Bette vorgegangen.

Was fängt in Ewigkeit das Glücke oder Un=
glücke mit dir an/ dachte ich/ kaum sind es fünff oder
6. Monat/ daß ich in diese Insel kommen bin/ und
habe

habe doch schon so viel wunderliche Zufälle/ voraus in diesem Hause erfahren/ daraus sich auch der Weiseste schwerlich würde entwickeln können. Ich bin ein Edelmann/ und diese kurtze Zeit über in den Kriegs-Diensten ein Cornet/ welches mir keine sondere Vorzüge vor viel hundert andern meines an Adel und Diensten gleichen/ voraus bey diesem ausländischen Volcke beylegen kan/ und gleichwol habe ich bald von Anfang in diesem Hofe so viel Gnade von dem Lord/ und Liebes-Bezeigungen von der Gräfin genossen/ die in meinem Vatterlande auch dem hundertsten nicht zustoßen solte. Solte auch das Glück redlich mit dir verfahren/ und nicht einen blinden Streich/ aufs wenigste mit der angebotenen Heyrat einer so vornehmen Fräulein/ von dergleichen Volcke/ zu versetzen gedencken/ das sonsten alle Ausländer für Hochmut zu verachten pfleget. Und voraus wenn ich erwege/ daß eben diese/ die man dir mit so vielen Lob-Sprüchen zum Ehe-Weibe anträgt/ diejenige sey/ die dich damals zu der Gräfin anführete/ ihrer Liebe versicherte/ ihre Verehrung antrug/ und mit einem Worte ihre Kuplerin war. Das Frauen-Zimmer muß in Warheit in diesem Lande eben so ohne Neid/ als die Männer ohne Eifer seyn/ als das in Teutsch-und andern Ländern sich schwerlich zu dergleichen Liebes-Diensten/ wie treu es sonsten seinen Obern immer seyn mag/ so weit würde brauchen/ und den Zücker/ den es selbsten zu genießen gedencket/ vorhero andere belecken laßen. Absonderlich aber bestürtzte mich der

Grä-

Gräfin verglommener Liebes-Zunder/ und daß die Lady/ so offt ich sie Schertz-weise darüber befragte/ mir keine eigentliche Antwort gab/ sondern mich nur mit einem Gelächter ablauffen ließ. Dannenhero entschloß ich mich/ dem Lord meine Jugend/ und daß es noch viel zu zeitig wäre/ selbige an dergleichen unauflößliches Joch zu schnüren/ jedoch auch so bedächtig vorzuwenden/ daß weil ich mir leicht einbilden kunte/ wie ein ausdrücklicher Abschlag unfehlbar diesen starcken Gunst-Wein in den schärffsten Essig versauren würde/ ich die Mittel-Strasse gieng/ und mich zwar nachmals für so hohe Gnade bedanckte/ darben aber dem Lord eröffnete/ wie ich meiner Frau Mutter mit Hand und Mund versprechen müssen/ mich keines Weeges ausserhalb Teutschland/ oder doch aufs wenigste/ nicht ohne ihren Willen und Vorwissen/ zu verheyraten; dannenhero bittende/ mir so viel Zeit zu vergönnen/ biß ich ihr solches umständlich überschrieben/ und ihren/ ohne Zweiffel einstimmenden Willen/ darüber erhalten hätte/ welcher Erklärung auch der Lord statt gab/ und mich ermahnete/ solche Briefe so viel möglich zu beschleunigen/ und wie sein Beschluß war/ die Gelegenheit zu küssen/ weil sie uns anlacht. Bey diesem verblieb es nun so weit/ daß so wol der Lord als die Gräfin täglich grössere Proben ihrer Gewogenheit von sich spüren liessen/ und die Lady von Wilton niemals weit von meiner Seiten/ im übrigen aber auch gewiß von so seltener Schönheit war/ daß sie in diesem Stücke der Gräfin nichts zuvor

vor gab/ an Annehmligkeit und Witz aber/ es ihr noch zuvor that/ welches/ und voraus ihre sonderbare Arten/ einen noch frischen Jugend-Zunder anzufeuern/ mich so weit verleiteten/ daß ich mich entschloß/ ihr das Ja-Wort zu geben/ ehe und bevor die zu meiner Frau Mutter ohne diß nur auf den Schein ausgesteckte Frist verstrichen war/ zumalen da es ohne diß der Lord einmals mit seinen vielen Gläsern in dem Frauen-Zimmer und die Lady mit ihren Liebs-zaubernden Augen/ so weit gebracht hatten/ daß ich einen Ring mit ihr verwechselt/ und mich damit schon genugsam hatte binden lassen/ wenn nicht kurtze Tage hernach ein eintziger Anblick diesen so vollen Brand auf einmal ausgelöscht/ und mein darauf vermeintlich gegründetes Glücke/ in Grauß geleget hätte.

Wir hatten bey der Mittags-Taffel/ abermal so starck gesoffen/ daß sich der Lord darauf/ seiner Gewonheit nach/ in dem Frauen-Zimmer auf das Bette geworffen. Ich muste auf meiner nunmehro unzweiffelhäfften Liebsten Lieb-reitzendes Ansinnen/ auf meinem Zimmer/ eben dergleichen thun/ ward aber bald anders Sinnes/ und gieng den Wein aus dem Kopffe zu bringen/ unvermerckt nach dem hinter dem Schloß ligenden kleinen Lust-Wald/ um daselbst meinen Gedancken auf dem grünen ausgestreckt/ desto besser nachzuhängen. Als mir nach kurtzer Verweilung deß Lords Leib-Hund/ der ihm niemals weit von der Seiten war/ entgegen kam. Dieses gab mir genugsame Zeichen/ daß der Graf
selber

selber nicht weit darvon seyn muste / derowegen ich selbiges desto besser zu erkundigen / den Hund eine Weile bey mir aufhielt/ und ihm hernach/ nachdem ich vermerckte / daß er wieder zu seinem Herrn verlangte/ so lange heimlich nachschliech/ biß ich von Ferne einer/ dem Ansehen nach/ schon vor etlichen Jahren aufgebaueten Lauber=Hütten / wo der Busch am dicksten war/ innen ward.

Hier stund ich an/ was dieses zu bedeuten hätte / und legte mich in möglichster Stille unweit davon/ an einem solchen Ort/ wo mir dasjenige/ was darinnen war/ im Ausgange nothwendig ins Gesichte kommen muste/ wozu es auch kaum einer halben Stunde Gedult vonnöthen hatte/ als zu meiner höchsten Bestürtzung / anfangs die Lady sehr behutsam / wie auch kurtze Zeit darauf/ der Lord mit eben gleicher Vorsichtigkeit herausser kam/ und auf unterschiedenen Wegen durch den Garten nach dem Schlosse zu giengen. Holla dachte ich/ sind die Saiten so gestimmet? und sprang mit vollen Springen auf diese Lauber=Hütten zu/ woselbsten ich dann ein von grünen Wasen zugerichtes mit allerhand Blumen bestreutes Bette fand/ das mir die Ursache/ wozu es angeleget/ leicht vor Augen stellete.

Was mir hierauf für ein Schlag das Hertze gerühret/ ist leicht zu erachten. Soll dieses das grosse Glücks seyn/ gedachte ich/ daß du einem Engeländischen Huren-Treiber zu einem Deck=Mantel seiner Ehe=Brüche dienen / und dein Lebtage ein ge-
hörn-

hörnter Bernhäuter ſeyn ſolſt? Hole der Hencker den Lord mit ſeiner Gemahlin/ und ihrer Ausgeſtrichenen Schand-Balge/ faſte alſobald den Schluß/ meine Pferde ſatteln zu laſſen/ und mich nach Londen/ von dannen aber in der Stille auß der Inſul zu begeben/ biß ich endlich dieſes Wercks Geſährligkeit etwas genauer überlegt/und daß ohn allen Zweiffel der Lord mich ſo lange verfolgen würde/biß er die vollkommene Rache ſeines vermeinten Schimpffs an mir ausgeführet hätte/ dannenhero für rathſamer befindende/ den Fuchsbalg anzuziehen/ und durch eine mögligſte Verſtellung dieſem allem viel ſicherer abzuhelffen. Zu dieſem Ende/ liebkoſte ich meiner Liebſten deſto eyfriger/ und ließ mich verlauten/ noch einen Brief an meine Frau Mutter abzulaſſen/ und ihr darinnen ausdrücklich vorzuſtellen/ ſie mögte in ſolche Heyrath willigen/ oder nicht/ daß ich nichts deſto minder mein Glück nicht aus den Händen laſſen würde/ den Lord erſuchende mir einen Ritt zu dem Obriſt-Lieutenant zu vergönnen/ um ſelbiges Schreiben/ vermittelſt ſeiner nach Teutſchland beſtändig unterhaltener Correſpondenz/deſto ſicherer zu beſordern/worüber auch ſo dieſer/als die Gräfin/ voraus aber die ſchöne Lady ihr ſonderbares Vergnügen bezeugten/und ſolchen Ritt ſelbſten auf alle Wege beſchleunigen halffen.

Herentgegen war ich/ als ich daſelbſt ankam/ viel anderer Gedancken/ und offenbarte ſelbigem nebenſt deſſen Gemahlin alles was ſich Zeit meiner

erſten

ersten Ankunfft an diesem Hofe/ mit mir zugetragen hatte. Die sich aber so wenig darüber verwunderten/ daß sie mich vielmehr versicherten/ wie sie dieses alles nicht nur vorhero gemuthmasset/ sondern auch von allem was geschehen/ bereits genauere Wissenschafft hätten. Weiß sich denn der Herr nicht zu erinnern/ sprach der Herr Obrist Lieutenant/ daß ihn bey genommenen Abschied meine Gemahlin erinnert/ wol zuzusehen/ daß er nicht bey dem damals so hoch heraus gestrichenen Gunst-Winde dieses Hofes/ an einem par alabasternen Klippen scheitern mögte/ und wo meinet er/ daß sie damals hin gezielet habe? ohne allen Zweiffel wird er solches auf die Gräfin/ und der vor ihrem Bette so freymütig erwiesenen Liebes-Bezeugungen verstanden/ und sich verwundert haben/ woher wir so geschwinde hinter solche Geheimnüß kommen sind? ich versichere aber den Herrn/ so wahr ich ein Cavallier bin/ daß so wenig damals die Gräfin in solchem Bette gelegen/ so wenig die vorher empfangene Beschenckung von selbiger herkommen/ oder vermeinet er/ daß die Engeländischen Cavallier/ ohnerachtet derer ihrem Frauen-Zimmer erlaubten grossen Freyheit/ so gar aller Ehren entleerter Sinnen sind/ daß sie ohne die geringste Eyfersucht/ einen fremden Kerls sehen solten vor ihrer Gemahlinnen offenen Brüsten sitzen/ und mit gäntzlicher Entfernung ihnen Gelegenheit geben/ solche Brunst in vollen Brand zu bringen. Nein/ mein lieber Herr Capitain-Lieutenant/ das Fräulein von Wilton spielte

da-

damals der Frau Gräfin Person/ mit ihrer Frauen und Herrn vorhero abgestrickten Netzen/ dieses einfältige Teutsche Wild so weit zu bestricken/ daß wenn gleich selbiger so angetragene Heyrat ausgeschlagen/ man schon andere Mittel/ und voraus den im Halßtuch gefundenen Ring/ vor der Hand gehabt hätte/ ihm auch wider seinen Willen dieses schöne Fleisch-Klotz an Halß zu hengen.

Da schlage der Blitz drein/ fing ich darauf an/ wenn sich die Sachen also verhalten/ warum aber/ bin ich dismals so unglücklich gewesen/ daß da mein Herz solches gewust/ mir dieses Fall-Bret nicht entdecket/ und einen ehrlichen Kerls dafür gewarnet hat? Dessen/ antwortete der Obriste Lieutenant/ sind so bedeckte Estats-Ursachen/ die mich so weit davon abgehalten/ daß wenn auch selbiges mein eigenes Kind betroffen/ ich doch Bedencken gehabt hätte/ mich hierinnen bloß zu legen. Damit aber der Herr sehen möge/ daß ich es in allen Stücken mit ihme aufrichtig meine/ so folge er meinem Rath/ und bediene das Fräulein/ so enfrig er immer kan / um nur noch 6. Wochen Zeit zu gewinnen/ worauf ich ihn vergewissere/ daß sich mitler Zeit ein solches unverhofftes Hülffs-Mittel hervor thun werde/ das den Herren auf einen Schlag dieser Banden entstricken/ und in völlige Freyheit wieder versetzen wird. Dieser Trost richtete mich in etwas wieder auf/ ohne daß ich nicht begreiffen kunte/ woher solche Erlösung zu hoffen / noch weil ich bald merckte daß etwas wichtiges darhinter steckte / mich ent-

blöden durffte/dieſem Cavallier um deſſen Erläuteꜳ
rung weiter anzuligen.   Daher bedanckte ich
mich für ſo treuen Rath/ befahl mich deſſen fernern
Gewogenheit/ und ritt wiederum auf den Lord zu/
woſelbſt ich denn ferner einen ſo verlarvten Lieb=
haber abgab/ daß ich ſelber um einen gewiſſen Tag/
nach ein par Monaten zur Hochzeit anhielt/ und
den Lord mit ſeiner ſchönen Mietze die Luſt in der
Läuberhütten/ und ſonſten/ unbeirret fortſetzen
ließ/ biß etwan nach vier Wochen/ des Morgens/
ein Aufflauf in dem Schloß entſtand/ von dem ich
Anfangs einen geſährlichen Brand vermutete/ bald
aber innen ward/ daß ein Königlicher Kriegs-Be=
dienter mit 200. Pferden ankommen/ der denn/
nach dem er mit 50. gewehrten Reutern hinein
kam/ den Lord/ die Gemahlin/ die ſaubere Fräulein/
den vermeinten Cantzler/ mich und alle übrige Be=
diente in Arreſt nahmen/ alle Zimmer verſiegelten/
Wachten davor ſtelleten/ und uns hierauf ſämtlich
nach Londen führten/ woſelbſt darauf der Lord
in den Tower/ und die Gemalin nebenſt der Lady/ in
em ſaubers Hauß in Verhafft gebracht/ ich aber we=
nig Tage drauſ/ nebenſt den andern Bedienten/
über folgende Sätze befraget ward.

I.

Wer ich wäre/ und wie ich an dieſen Hoff kom=
men?

II.

Ob mir wiſſend/ daß der Lord/ deſſen Gemahlin/
und

p. 217.

und die Lady von Wilton Catholischer Religion wären?

### III.
Ob sie nicht einen dieser Religion zugethanen Portugesischen Geistlichen in weltlicher Kleidung bey sich gehalten?

### IIII.
Ob sich nicht der Ritter von Danfres zum öfftern an diesem Hofe befunden/ und heimliche Zusammenkunfften daselbsten gepflogen?

### V.
Ob sie nicht unterschiedenes Gewehr in diesem Schlosse zusammen gebracht / und wider des Königs Leben/ oder die Wolfahrt des Reichs Anschläge gemacht/ nebenst noch andern Fragen mehr / die ich alle/ so viel mir davon bewust/ redlich beantwortete/ und zu meiner Entledigung wenig Mühe vonnöthen hatte/ weil der Obriste Lieutenant/ als dieser Entdeckung Urheber/ und der zu dessen Belohnung das Regiment bekam/ meine Unschuld selbsten ausführte/ und weil er sahe/ daß ich nicht länger Lust in dieser Insel zu bleiben hatte/ mir wenig Tage darauf einen jungen Cavallier anwieß / der mir für meine Charge 200. Pfund Sterling bezahlte/ mit denen ich ohne weitern Verzug/ ohne daß ich ferner nach dem Grafen/ der Gemahlin/ oder meiner saubern Braut gefraget / wiederum auf Holland zuschwam/ woselbsten ich dem zu meinem Glücke im Grafen-Hage den damaligen Obrist-Lieutenant von Ruhmstein in sehr grosser Vertrauligkeit mit

dem Obersten Romatini antraff/ der kurtz hierauf
eine vornehme Holländische Dame/ wiewol so un‐
glücklich entführete/ daß daferne ihm nicht seine
grosse Geschickligkeit/ und der Beystand etlicher ge‐
treuer Freunde bey der zu Bremen hierauf erfolg‐
ten Verhafftung/ herausser geholffen/ er in War‐
heit eine sehr gefährliche Zurückkunfft nach Hol‐
land hätte nehmen müssen/ da hingegen bekam der
Herr von Ruhmstein unter der Kron Spanien ein
Regiment zu Pferde/ und ich bey seiner Leib-Com‐
pagnie die Capit. Lieutenants-Stelle bis ich nach
und nach/ mehrentheils durch seine gute Beförde‐
rung/ in solchen Diensten weiter aufkommen/ und
seinem gantzen Hause dafür verpflichtet bin. Hier‐
mit beschloß der Obriste Lieutenant von Waffen‐
helm/ und stund neben der andern gantzen Gesell‐
schafft von der Taffel auf/ seinem Diener etwas
heimliches ins Ohr sagende/ welches der alte Herr
von Kronhof leicht verstund/ und ihm zu verstehen
gab/ wie solche Bemühung unnöthig/ und auch
noch morgendes Tages vom Aufbruche nichts zu
gedencken seyn würde. Dieweil er aber leicht er‐
messen kunte/ daß sie vom Sitzen ermüdet/ als stell‐
te er zu ihrem Belieben/ ob sie mit seinem Sohne et‐
wan im Garten eine Bewegung vorzunehmen ge‐
dächten/ indessen wolte er nebenst dem Doctor und
Pfarrern/ seine Krancke besuchen. Worauf auch
der junge Herr von Kronhof mit dem Obrist-Lieu‐
tenant/ dem Florissohn/ und Licentiat sich im Gar‐
ten etwan eine Stunde mit ein par Stutzen nach

der

der Scheibe erlustigten/ und hernach auf dessen Zimmer begaben. Ich weiß/ sprach Florissohn/ daß der Herr Bruder allewal ein Liebhaber seltener Bücher gewesen/ und finde schon etwas allhier/ das ich in gantz Franckreich nicht anzutreffen vermogte/ nemlich das Leben deß König Ludwigs des *XI.* welches noch ein gewisses von dem Olivier *le Daim* übriges Geschlecht zur Außlöschung ihres Anherrn darinnen befindlichen Schimpffs und Grabschrifft so untergedruckt/ daß wenn ich gleich zu Pariß ein par Pistolen darfür hätte geben wollen/ selbiges dennoch nicht haben können. So hoch kommt mich dieses kleine Büchlein nicht an/ antwortete der Herr von Kronhoff/ wiewol ich auch bekennen muß/ daß ich solches bishero nicht durchgelesen/ noch auf solche Grabschrifft Achtung gegeben/ derohalben bittende/ der Herr Bruder wolle uns doch solche nachschlagen/ und herlesen. Sie ist etwas anzüglich/ sagte dieser/ nicht allein auf den Dame selbst/ sondern auch auf die gantze Barbierer-Zunfft/ dannenhero der Author gar wol thut/ daß er sich vorhero entschuldiget/ wie er weder die Profession/ noch einen ehrlichen Mann damit zu verunehren gedächte/ sondern nur auf diejenigen zielte/ die selber solche Profession beschimpfften/ sie auf die Seite setzten/ und wann sie eine Ader schlagen könten/ sich alsbald einbildeten/ so grosse Statisten zu seyn/ daß sie sich auch wol eine Königliche Kammer und gantzen Estat zu verwalten getrauten/ sie lautet aber/ wie folget:

*EPI-*

# EPITAPHIUM OLIVERII DAMÆ,

Quondam Tonforis & Chirurgi, dein Ludovici XI. Galliarum Regis Confiliarii, & Miniftri Primarii.

\* \* \*

Ad funus absque lachrymis,
olidi myropolæ,
circumpurpurati agyrtæ,
fraudulenti dentifranguli,
fcatophagi empirici,
pediculofi unguentarii,
umbratici medicaftri,
infames Magi,
crumenimulgi præftigiatores,
prodigiofi uromantæ,
extefticulatores lithotomi,
grandiftrepi facrificuli,
vaniloquidici polyloquides,

ob-

obstetrices,
libitinarii,
vespillones,
& quae est reliqua, vel publica
authoritate in afflictiones humani
corporis consecrata,
&
conjurata turba.
Adeste, inquam,
cum clysteribus, pustulis, crustulis uri-
nis,
oletis, setaceis, stercoribus, sputis,
menstruis, laconicis, sudoribus, sa-
nie,
vomitu, & omnibus denique hominum excrementis.
Effertur enim, imo praefertur
funus solenne emplastrorum,
& turundarum, Scalpri, volsellae
trepani,
majoris imprimis novaculae
& quae sunt reliqua tonsoriae
vanitatis ostentamenta.
Principatum volo,

qui

qui paucis abhinc annis, & adhuc,
magiſtrorum votis, tironum ſuffra-
giis,
in ſupremum tonſorii ordinis
ſplendorem, & ornamentum
expetitus, nec raro ſuccumbenti ma-
giſterio
cunctipotente vulgo in ſubſidium
vocato,
vel invitæ Minervæ extortus, inque
tonſtrinam
veluti Palladium ſuper ipſam mortem
triumphaturum velatus eſt;
jam, proh ſcelus!
in, & cum Oliverio Dama, artis
tonſoriæ magiſtro, Pariſienſium
hactenus Chirurgo famigeratiſſimo
extinctus, proſtitutus, & poſt ulti-
mum ſpiritum
vel ſine ulla exequiarum ſolennitate,
ante
aulæ fores ſuſpenſus eſt.
In hæc ſcilicet Fortuna nos reſervaſti
tempora.

Sed

Sed quo fato, quibus agoniis monstrum
hoc honoris praegrande
exspirasse creditis?
Pleuritide forte doctrinae spuriae,
receptis emeticis propempticis?
aut profluvio crassioris incuriae,
vel denique frequentiore morbi, &
symptomatum
ignorantia?
minime!
Sed praedominante epidemica ambi-
tionis lue,
accedente loculorum syncope,
laborum lethargo,
imprimis vero recidiva manuum re-
verberatione,
quibus omnibus Natura diutius resi-
stere
non potuit.
Secuta itaque mors est,
Phoenicis autem instar,
decora, & ex funere clatior:
quippe

ubi

ubi
exspiravit tonsor, ibi respiravit
Fisci Director,
& ubi
Clinicus occubuit, ibi Principis Consiliarius
resurrexit.
Qui modo
relictis Hippocratis foetidis praenotionibus,
Taciti incumbit status rationibus,
Dominationis flagitiis;
nimium tamen ad expurgandos subditorum
loculos Antimoniatis utitur,
hinc,
quo melius hypochondriacis, ne ad
scirrhum deveniant, possit subvenire Ærarii obstructionibus,
colonorum frequentiores operas
recipit,
pro hydroticis,
odium in æmulos, pro
catharticis,

Gra-

gratiam Principis,
pro anacollematico in propriam per-
sistentiam emplastro
utinam helleboro commixto!
quo antequam phrenesis in
Miserere degeneret, & Pœnitere,
reconvalescere posset, & scire
vel soli extra sphæram suam
nec lucem fore, nec laudem,
nihilq; vanius istis hominibus, qui ex
Hippocratis Coacis etiam aulæ
humores expurgari posse
stultè sibi persuadent.

Sie ist in Warheit närrisch genug gemacht/ und voraus der Beschluß sehr gut/ sagte der Licentiat Hülffrecht/ was ist aber dieses doch für ein lustiges Concept/ so mir allhier in die Hände gerathen/ und wie es scheinet/ etliche unvernünfftige Poeten ziemlich aushönet. Ich habe/ sagte der Herr von Kronhof/ es neulich ungefehr in einem erkaufften Buche gefunden/ und bitte/ mein Herr wolle/ weil es ohne diß gantz kurtz ist/ uns solches laut herlesen/ um zu hören/ was der Author für eine lächerliche Erfindung genommen/ und sie gleichwol sehr wol auf seinen Zweck geleitet hat/ worauf auch der Licentiat folgender Gestalt fort laß.

P Ge-

## Gedancken über etlicher Teutscher und Lateinischer Dichter Schreibens-Art.

Plutarchus/ im Leben deß grossen Pompejus/ erzehlet/ daß als dieser in Africa den Carbo geschlagen/ und ihn eine Zeit darauf zu Rom niederstossen lassen/ Carbo den zu diesem Mord abgeschickten bereits den Degen zuckenden Soldaten inständigst ersucht habe/ ihm so viel Zeit zu vergönnen/ biß er zuvor noch einmal den Leib erleichtert haben würde. Dieses scheinet etwas lächerlich zu seyn/ daß Carbo/ als ein gewesener Römischer Burgermeister/ und beruffener Feld-Herr/ noch in dem Augenblicke/ als er die Seele ausgeblasen/ allererst auf so unnöthige Leibes-Erleichterung/ und nicht wie der jüngere Cato vielmehr auf den Ort/ wo seine Seele hinwandern sollen/ gedacht/ inmassen wir lesen/ daß dieser/ ehe er sich zu Utika das Stilet in den Leib gedrucket/ zu ein und andermalen deß Plato Gespräche von der Seelen Unsterblichkeit durchgelesen/ und sich damit zu einem/ seiner Meynung nach/ glücklichen Tode bereitet hat. Es sey nun aber/ daß Carbo solche Bitte/ wie etliche meinen/ aus großmüthiger Verachtung deß Todes/ und seines Feindes/ oder wie andere glauben/ darum gethan/ weil er allemal einen sonderbaren Anmut bey dergleichen Außwurff empfunden/ und derowegen sich noch einsten vor seinem Tode/ damit zu belustigen/

gen/ verlanget/ welches uns auch nicht so ungereimet vorkommen darff/ zumalen wir lesen/ daß es der tapffere Kayser Vespasianus kurtz vor seinem Ende nicht viel besser gemacht/ und noch darzu seinen Schertz/ als wenn er damit vergöttert würde/ darüber getrieben habe.

So ist doch beyden selbiges als deß wahren GOttes und dessen Willen unkündigen Heyden/ um so vielweniger zu verargen/ weil wir leider! auch unter uns Christen/ solche Leute finden/ die nicht nur wissen/ sondern auch noch darzu in dem Stande sind/ andere solches zu lehren/ wie der Mensch sich täglich mit ernsthafften und Christlichen Gedancken zu einem seligen Abschiede bereiten solle/ statt dessen sich an denen Heydnischen/ gottlosen lügenhafften Fabel-Wercken der alten Griechischen Poeten dermassen belustigen/ daß wenn sie auch schon mit einem Schenckel in Charons Kahn geschritten/ (ich rede allhier nach ihrer angenommenen Narrheit) Christlicher/ wenn sie schon den einen Fuß im Grab haben/ oder wie es der gelehrte Jesuit Drexelius gibet/ auf dem Sprunge einer oder der andern Ewigkeit stehen/ dennoch von Anruffung der Heydnischen Hirn-Götzen/ als deß Jupiters/ Apollo/ Minerva/ Daphne/ Pluto/ Styx/ Clotho/ Lachesis/ das ist/ deß Teuffels mit seiner Groß-Mutter/ und gesamten unter dergleichen Namen verkleideten Höllen-Schwarms/ nur/ wie sie vermeinen/ ihren hochgestimmten/ ausgewetzten/ Poetischen Verstand damit an Tag zu legen/ eigentlicher

cher ihre unbesonnene Narrheit der Welt vor Augen zu stellen/ nicht absetzen können.

Dannenhero kein Gedichte angefangen werden kan/ wenn sie nicht zuvor den/ auf dem hell-leuchtenden Parnaſſus Hofhaltenden Phöbus/ inſtändiger/ als den himmliſchen Vatter/ um das benöthigte liebe tägliche Brod anruffen/ Er wolle sie zu Söhnen annehmen/ und voraus ihre Sinnen auf der Parnaſſiſchen Schleiff-Mühle so ſchärffen/ damit sie von göttlicher Raserey angefeuert/ entweder den von ihren Widerwärtigen erlittenen Schimpff desto hitziger rächen/ oder auch auf andere Weise ihre hochgeſtimmte Leyer/ und den von der Daphne Haar-geflochtenen Dichter Krantz/ der gelehrten Welt darstellen/ also ihren Namen zur ewigen Vergötterung dem blauen Himmels-Dache annagein mögten. Dannenhero sie bald dem geflügelten Pegasus gebieten/ eilends unter dem Hute hervor zu kriechen/ und nach dem Castaliſchen Brunnen zu fliegen/ ſelbigen zu eröffnen/ darauf ſchleunigst wieder zu kommen/ und sie ſelbſt dahin in die Bügel zu nehmen/ um ihre Himmel-anklimmende Sinnen daraus zu befeuchten/ bald dem Apollo in den Zügel fallen/ sich mit ſeinem Blaſſen/ (welches Pferde heiſſen sol) nicht zu übereylen/ bald den Jupiter ſelbſt anruffen/ ihnen ein halb Dutzend Donner-Keile zu überlaſſen/ mit ſelbigen auf ihrer Feinde Kopff zu ſpielen/ und was der aberwitzigen von denen verlogenen Griechen erdichteten/ und hierauf von den Römern zur Beſeſtigung deß Regiments oder Bezählähmung deß zum Aberglauben geneigten Pöfels/ entlehnten/ von allen klugen Gemütern verlachten Fabel-Wercks mehr ist.

Wolte jemand an diesem zweiffeln/ den wil ich zu deß Cicero/ Plato/ und Aristoteles Schrifften/ zu dem Orpheus/ Archelaus/ Menander/ Antisthenes/ Zeno/ Mercurius Trismegistus/ und vieler hundert andern gelehrten Heyden Schrifften verweisen/ worinnen sie gewiß gar andere Gedancken von dem höchsten Wesen antreffen werden/ anderer Gestalt/ und daferne sie eine allvermögende Gottheit besitzen/ muß gewiß der Phöbus damals geschlaffen haben/ als ihm der tapffere Römische Feld-Herr Marius zur Bezahlung seiner Soldaten/ die von dem Aberglauben dahin geopfferte silbern und güldene Geschirr zu Delphos wegnehmen ließ/ daß er nicht seinem Rauber die Leyer um den Kopff geschmissen/ oder in die bereits von dem Prometheus entledigte Fessel/ auf den Caucasus schlagen lassen/ Jupiter aber der allerzaghaffteste Tropff seyn/ daß er nicht seinem unvergleichlichen Schand-Flecker/ dem Lucian/ als der ihn auch schon damals unter den Heyden guten Theils um Ehr und Ansehen gebracht/ alle seine Donner-Keule auf den Schedel zerschmettert hätte.

Hier werden sonder Zweiffel die grossen Phöbus-Söhne einwerffen/ wie ihnen selbst die Nichtigkeit dieser heydnischen Götter/ ohne dergleichen Vorruck/ genugsam bekandt/ und daß sie wie bissige/ eigner Geständnüß/ an sich selber nichts/ damit die Schärffung ihres Verstandes/ der edlen Poeſi zu ehren/ denen alten berühmten Poeten nachzuanten/ wol befugt wären/ weil ja noch darzu selbige fast in allen Chriſtlichen Schulen/ um der alten darunter verborgene Weisheit/ der Jugend desto leichter vorzubilden/ öffentlich und ohne dergleichen unzeitigen Vorruck gelehret würden.

Worauf ich ihnen aber antworte/ daß es noch nicht bey denjenigen/ denen das wahre Chriſtentum ein rechter Ernſt/ ausgemacht iſt/ ob dergleichen ärgerliche Fabel mit gröſſerm Ruhm/ als Tadel/ in den Chriſtlichen Schulen geduldet werden/ zumalen man nach der allgemeinen Regel nichts Böſes thun ſoll/ um damit etwas Gutes zu erhalten/ als dann auch der Augenſchein klärlich darzeiget/ wie viel vornehme den rechten ernſtlichen Wiſſenſchafften ergebene/ in den höchſten Ehren-Aemtern ſitzende Leute zu finden/ die doch entweder gar nichts von dergleichen Poſſen geleſen/ oder da ſie ja in der Jugend etwas davon mit gutem Bedacht berühret/ bey nachtretenden fruchtträchtigen Jahren/ ſolches alſofort wiederum aus dem Gemüte gebannet/ und die edle Zeit zum Nutz deß Nechſten/ deß Höchſten Ehre/ und zur Chriſtlichen Vorſorge künfftiger Ewigkeit/ keines weges aber dergleichen nichtigen Fratzen angewendet/ ja daß da auch gleich ein und ander der edlen Poeſi ergebner Geiſt dergleichen Luſt behalten/ gewiß ſeine herrliche Gemüts-Gaben in weit reinern untadelhafften Gedichten dekwaſſen darzeige/ daß es dergleichen unglückſeligen Hirnbruten/

ten/und die an sich selbsten von keiner andern Würdigkeit seynd/ als daß man ihnen zur obertwehnten
Carbonianischen Belustigung/an dem Orte da/wo
man auf die Wand den blossen Rücken kehret/ eine
Stelle einräume/ nicht bedörffe/ denn daß auf der
Welt nichts schändlichers zu finden/ als wenn sich
diese Leute damit aufzustengeln suchen/ denen besser anstünde/ statt solcher Bemüssungen/ auf die
vielleicht kurtz bevorstehende schwere Rechnung mit
GOtt zu gedencken/und also für den närrischen Ho-
mer/oder garstigen Martial/ die Ubung der Gott-
seligkeit/ ein oder anders Christlichen Lehrers/ vor
die Hand zu nehmen/ als allererst mit grauen Ha-
ren bunte Gedancken zu fassen/ und dem Phöbus
mit der Brille auf der Nasen/ um ihren verrosteten
Verstand/ sonder Zweiffel mit der schwartzen Niese-Wurtzel besser auszuputzen/eine Hecatombe nicht
von hundert Ochsen/ sondern so viel Säuen aufzu-
opfern/wormit auch der grosse ungeschorne Vatter
verlieb nehmen muß/ angesehen er es auch bißweilen vielleicht wenn ihm auch der Hopffen über den
Castalis gewachsen/ oder etwan Pegasus in den
Gersten-Feldern die Huff-Eisen abgerennet/ nichts
besser gemacht/sondern nach deß Plutarchus Zeugnüß zum öfftern mit dergleichen kalen unrichtigen
Versen aufgezogen kommet/ die man sonsten den
Knaben mit der Ruten zu verbessern pfleget. Wie
solten es denn seine liebe Söhne/voraus im Winter
ihrer Jahre/ besser machen/ zumalen ohne diß der
Naturkündiger Meinung nach/ die um selbige Zeit

her-

hervorkommende Blumen/ als Rosen/ Lilien/ Negelein/ und dergleichen/ nichts Gutes/ sondern insgemein Pest/ und unfruchtbares Wetter bedeuten/ welches denn auch auf dergleichen unter den grauen Schädeln hervor spriessende fruchtlose Blumen zu versehen/ und zugleich ihr obiger Einwurff/ als wenn weder Phöbus, noch Jupiter an sich selber nichts/sondern nur eitele Namen/folgends in ihren Schrifften unsträfflich einzuführen wären/ abgefertiget werden kan.

Denn gesetzt/ es wären diese Fabel-Götzen an sich selbsten nichts/ so fraget man doch diese alte Gecken/Ob sie denn nicht wissen/ daß der Mensch von iedwedem unnützen Worte Rechenschafft zu geben habe/ und daß diejenigen die der unschuldigen Jugend zu Lehr-Meistern vorgestellet sind / ja auch noch wol selbst für grosse GottesGelehrten gehalten werden wollen/ eine gedoppelte schwere Verantwortung damit auf sich laden/oder ob das von dem Munde der ewigen Warheit so schwer ausgeruffene Wehe/ über so unverantwortliche Jugend-Aergernüß/ sie nicht angehe? zu welchem ihnen keines weges zu gestanden wird/ daß solche Götzen nur in leeren unschuldigen Namen bestünden/ zumalen wir/wie oben gemeldet/ wissen/ daß der leidige Teufel aus GOttes sonderbarem Verhängnüs/die/wieder Apostel redet/von Gott in ihre verstockten Sinn hingelassene Heyden zu verführen/ sich zum öfftern mit vielen falschen Wunder-Wercken unter diesem Namen verlarvet/ absonderlich aber gegen den ab-

trü ij

trünnigen Kayser Julian dergestalt kräfftig hervor gethan/ daß nach dieses gottlosen Kaysers Abfall/ aus ohne zweiffelhafften Göttlichen Urtheil dieses Kind deß Verderbens nur destomehr zu verharten/ gleichsam alle seine Krafft zusammen gesucht/ und sich bald unter des Apollo bald Aesculapius Gestalt/ dem opffernden Kayser dargestellet hat.

Was seyd ihr Hirnlose Dichter nun besser/ als dieser Mignelucke/ wenn ihr anstatt/ daß euch an stünde/ wo ihr ja noch ein par tüchtige Reimen zu Marckte bringen könnet/ nach dem Vorspiel deß Göttlichen Dichters/ und Königlichen Propheten Davids/ mit einem andächtigen Buß-Liede:

Mein GOtt gedencke nicht der Sünde meiner Jugend.

euer versoffenes sündliches Leben bereuen/ und deß Heiligen Geistes Beystand zur Außfegung aller dergleichen ärgerlichen Unflats/ anzuruffen habet/ dennoch nicht von eurem närrischen Phöbus absetzen/ noch das Maul von dem himmlischen Nectar und Ambrosine/ solte es auch gleich nur ein derber Schafs-Käse und Krug Bier bedeuten/ entwöhnen könnet/ wisset ihr denn nicht/ daß GOtt mit sich nicht schertzen läst/ sondern ein solcher Gläubiger ist/ der keine böse Schulden machet/ denn daß es sehr gefährlich sey/ dem Teuffel eine Hand-Schrifft zu geben/ weil man insgemein die Quittung darauf in der Hölle holen muß? worbey ich euch auch endlich noch,

noch dieses frage/ob ihr nicht wisset/daß ihr in dem heiligen Tauff-Bunde dem Teuffel und allem seinen Wesen/Wercken/und Worten abgesagt? seyd ihr nun Kinder GOttes; warum gebet ihr euch denn für Söhne deß verteuffelten Phöbus aus/und was wollet ihr wol thun/ wenn Gott zur Straffe über euch verhienge/daß ihr in schwere Anfechtung versincket/ und dieser höllische Apollo seine feurige Verzweifflungs-Pfeile auf eure Hertzen abdruckte/ jetzt ernannter Bund/ welchen wir in der heiligen Tauffe mit unserm Erlöser aufgerichtet/ ist in diesem Fall sonder allen Zweiffel der beste Schild/ die Donner-Streiche deß Höllen-Mörders damit aufzufangen/ und auf die Göttliche Kindschafft zu fussen/ wie könnet ihr aber solches thun/ wenn ihr hingegen hören würdet/nein/nein/mein liebster Sohn/ dem ich den Sinn gewetzet/du hast die Kreutz-Fahn deines Erlösers verlassen/bist zu mir übergegangen/ GOTT die Kindschafft aufgesagt/und dich mir zum Sohn ergeben. O erschreckliche Gedancken! für welchen euch deß Höchsten Gnade bewahren/ und dem Seelen-Mörder zu entfliehen/ eine ernstliche Busse verleihen wolle. Widrigenfalls/und da auch diese Betrachtungen/ euch dergleichen heydnischen Schwarm / noch nicht aus dem Kopffe zu bringen / und das Gehirn wiederum an seine rechte Stelle zu rucken vermögen: so seyd ihr würdig/ daß voraus diejenigen/ denen die gewissenhaffte Obsicht der Kirchen und Schulen anvertrauet / ein unverzögliches Einsehen darein haben / andere vernünfftige-

tige Poeten aber eure alte Schädel mit einem
Krantz von dergleichen Blum-Werck verehren/von
welchen man den Arcadischen Hengsten die Sala-
ten macht/ und euch darauf mit euren sämtlichen
Gedichten auf denjenigen Helicon / über weſſen
Pforte ſtehet:

Der Narren Zunfft iſt ohne Zahl/
Hier ſieheſt du ihr Hof-Spital.

auf die beſte Carbonianiſch- und Veſpaſianiſche
Art vergöttern laſſen.

Dieſe Satyra iſt nicht übel gemacht/ſagte der
Herr ObriſtLieutenant/und nichts ärgerlichers/als
wenn ſolche Leute zu Narren werden / die doch darauf beſoldet werden/daß ſie gescheide ſeyn/ und der
Jugend mit gutem Beyſpiel vorgehen ſollen/unter
welchem Juncker Hanß Märten als ein halber
Marſchall zu ihnen hinein trat/ bittende/ daß weil
bereits zur Abend-Mahlzeit angerichtet/und die andern Herren ihrer erwarteten/ ſich auch wiederum
daſelbſt einzuſtellen/ dem ſie auch hierauf folgten/
und nachdem einer von den Leib-Knaben den Segen vor dem Tiſche gebetet/ihre vorige Stellen wieder einnahmen.

Wie ſtehet es/fragte kurtz hierauf die Frau von
Kronhof/ ſo zu Mittage unter deß Obriſt-Lieutenants Engeländiſcher Erzehlung abgewichen war/
mit der ſchönen Gräfin nackten Beinen/ und den
ſaubern Händen auf den Brüſten/ hat man auch

P₂

damals an den vorhero angeführten keuschen Scipio gedacht? Auf alle Wege/ antwortete dieser/ und wie Frågte jene ferner/ dergestalt/ antwortete er/ daß daferne dessen gefangenes Fräulein auch so wol in diesem Stücke begabt gewesen/ der tapffere Scipio so starcke Augen als Hände müsse gehabt haben. So höre ich wol/ fuhr jene fort/ der Herr Bruder hat gar ein blödes Gesichte/ und sich keiner solchen Standhafftigkeit zu rühmen? Standhafftigkeit genug/ sagte er ferner/ indem mir fast unmöglich gewesen/ so wenig die Hand von der Brust/ als die Augen von dem Schenckel abzuwenden.

Der Herr Bruder ist ein Schalck/ sagte die holdseelige Frau Wirtin/ und der junge Herr von Kronhoff/ wie hat sich aber doch der tapffere Romatini so weit vergessen können/ eine unadeliche Dame mit dergleichen Gefahr zu seiner Gemalin zu erwählen/ daß er darüber sein Leben auf die Spitze gesetzt/ und kein Bedencken gehabt/ seine HochAdeliche Ahnen mit Pfeffer-Staube zu besudeln? Ihre Engelische Schönheit und unvergleichliche mit einer halben Million Holländischen Gulden/ die sie mit der Zeit von ihrem Vatter/ als ein eintziges Kind zu gewarten gehabt/ vergesellschaffte Annehmligkeit/ antwortete Florissohn/ damit man sich mit der Zeit wol gar in Gräfflichen Sattel zu schwingen vermögt/ und wornach wol grössere vor ihm ein blaues Auge gewaget hätten. So höre ich wol/ fiel der junge Herr von Kronhoff drein/ der Herr Bruder ist auch der Gedancken/ daß das Geld alles
in

in der Welt schlichtet/ und wie es die Brust ist/ daran auch die Tugend selber zu saugen kein Bedencken hat/ auch der Adel darinnen nicht so heckel seyn dörffte.

In alle Wege/ antwortete der Holländer/ und dafern mich der Herr Bruder hierinnen für partheyisch halten solte/ so will ich zu meinen Vertechtern/ den ältesten Sitten-Lehrer *Aristoteles lib. 4. C. 4. Politic.* und den *Quintilianus declam. 14.* aus hundert andern anführen/ welche alle dafür halten/ daß der Reichthum von dergleichen Krafften sey/ den gemeinen Mann auch den ältesten Geschlechtern einzuverleiben. Schimlich Geld macht edel/ sagt man im Sprichwort/ und der Poet: die Königin der Welt/ das Geld/ kan uns erheben/ Weib/ Gut/ Ehr/ Ruhm und Pracht/ Schönheit/ und Freunde geben. Und was will *Livius 3. decad. lib. 2.* mit diesen Worten/ *Mulier Paula nomine, Busa genere clara, & divitiis,* anders sagen/ als daß wenn diese Dame bey ihrem Adel kein Geld gehabt hätte/ sie von schlechter Achtbarkeit würde gewesen seyn. Welchem auch die heilige Schrifft selber beystimmet/ und im Prediger Salomon im 13. Capitel/ dem Reichthum diese Authorität beyleget/ daß wenn der Reiche rede/ alle andere das Maul halten müssen/ dannenhero auch der weise Solo in seinem Stadt-Wesen die Obrigkeitlichen Aempter niemanden anders/ als den Reichen überlassen/ und die Armen durchaus darvon ausgeschlossen haben wolte/ welchem in den Kayserlichen

Rech-

Rechten der *Lucas Penna l. rescr. ff. de muneribus.* ingleichen deß *Matth. de Afflict. in const. scil. col. 2. n. 2.* behstimmet/ und der weiseste König selber GOtt gebeten hat/daß Er ihn für schmählicher Armut behüten wolle. Was dünket dem Herrn Bruder nun dieses/ und an meisten deß alten Menanders Ausspruch: Epicharmus hat zwar dafür gehalten/ daß die Winde/ die Sonne/ die Erde/ das Wasser/ das Feuer/ die Sterne/ Götter wären/ ich aber halte dafür / daß es nur das Gold und Silber sey/ angesehen so bald du dieselbe in deinem Hause hast/ dir alsofort / alles was du nur verlangest/ als Aecker/ Häuser/ Knechte/ Silber-Geschirr/ Freunde/ gütige Richter/ ja die andern Götter alle zu Diensten stehen werden? Der Herr Kronhoff sagte dieses / daß man das jenige was heutiges Tages in dem weit veränderten Welt-Wesen vorgehet/ nicht aus den alten Poeten / und deren Grillenfängeren/entscheiden müsse/und denn auch das jenige/ was aus dem Aristotele/ dem Kayserlichen Rechte / und andern angeführet/nur von dem Alten mit Ehren erworbenen/ zugleich nebenst dem Geblüte fortgepflantztem / keines weges aber dem neuen/ mit allerhand Hilpers-Griffen/ Wucher/ Betrug/ Schindereyen/ Kippen und Wippen zusammen geschärrtem Reichtum zu verstehen sey/ als welchem die Kayserliche Rechte so wenig eine Achtbarkeit oder Adel beylegen/ daß sie vielmehr selbige auch allen gemeinen Ehren unwürdig schätzen. *Licet sæpe nobilitas ex divitiis surgat, ea tamen severa nobiles non facit,* sagt *Baldus in cap. sed es: col.*

col. ult. extra de Rescript. und eben dieses Salicetus in L. furiosi C. de nupt. Angel. in L. si. quis ff. de furt. Francisc. Ripa in cap. ad aures col. 7. nebenst unzehlich andern alten und neuen Rechts-Lehrern/und denn auch der Römische Tacitus/der solchen am 16. seiner Jahr-Bücher mit diesen Worten: *Cassius opibus vetustis, Silanus claritudine generis præcellebat;* so weit beystimmet/daß er einen grossen Unterscheid zwischen einem rechten Edelmann und reichen Bürger machet/ dergestalt/ daß zwar Cassius ein reicher Schlucker/ Silanus aber/ ob er gleich nicht so viel vermogt/ ein besser Edelmann gewesen/ welches er auch an einem andern Orte von dem Fabius Valens mit diesen Worten: *Is diu sordidus repentè dives, mutationem fortunæ male rexit,* wiederholet/ und damit genugsam anzeiget/daß von denjenigen Kerlen/die mit ihrem erwucherten Reichtum über Nacht/wie die Biltze oder Erd-Schwämme hervor schiessen/ und sich darauf einbilden/daß sie es bald allen zuvor thun/und nicht nur der Tugend und Wissenschafften ergebene Gemüter hindan/ sondern auch sich wol dem alten Adel an die Seiten zu setzen/ gedencken/nicht viel zu halten sey.

Was/ fiel hiermit der Herr Doctor Philonius drein/wie soll ich das verstehen/daß die Tugend auf dem Esel reiten/ und einem reichen unverständigen Hudler zum Füssen ligen solle/ da doch selbiger einzig und allein/ aller berühmten Welt-Weisen und Tugend-Lehrer Meinung nach/der wahre Adel mit allen seinen Vorzügen beygeleget/ alle andere Eitelkeiten aber/ und voraus/ der Höllen riechende Reichtum unter die Füsse geleget wird. *Nulla sine honestate nobilitas est*, saget *Baldus in L si qua C. de secund. nupt.* und *Theopompus*, *eos generosos existimandos, non qui ex bonis probisque nati, sed qui honesta & bona sequenda sibi proponunt.* Das ist/ daß man nicht diejenige für Edel und Wolgeborne halten solle/ die von adelicher oder vornehmer Geburt herstammen/ sondern die die Tugend zu ihrem Ends-Zweck haben/ welchem auch der alte Phalaris allerdings beykommet/ der/ alß er gefraget ward/ was er von dem Adel hielte? diese Antwort gab/ ob es zwar nicht unlöblich ist/ sich deß Adels rühmen können/ so weiß ich doch von keinem Adel/ als der von der Tugend herkommet.

Ob gleich dein Vorgemach nicht ist von
Ahnen lär/
So kömmt der Adel doch nur von der Tugend her.

Sagt gleich sals der Römische Poete/ so fehlets auch nicht viel/ja alles daraus bewiesen seyn soll/ an klaren Rechts-Gründen/ die nur eintzig und allein der Tugend den rechten Adel beylegen/ und von denen ihm/ voraus den bißher angeführten *Baldus cap. pen. & fin. de probat. Barbosa cap. 5. col. prima de donat. Lucas Penna in L. mulieres col.*

*prima*

*prima de dignit.* nachschlagen kan/ noch an hundert Beyspielen/ daß vermittelst der einzigen Tugend viel geringe Leute zu den höchsten Kayser- und Königlichen Würden aufgestiegen sind. War nicht der erste Tarquinius eines Kauffmannes/ Servius/ einer Sclavin/ Tullus Hostilius eines Hirten Sohn? der grosse Augustus/Vespasianus/Trajanus/Pertinax/ wusten wenig von ihren bereicherten Ahnen/ und was hat anders dem Pescennius Niger/dem Opilius Macrinus/ und dem M. Septimius den Reichs-Stab/ als nur die Tugend und Tapfferkeit in die Hände gegeben? Jch weiß/ sagte dieser letzte/ als er erwählet ward/ daß man mir mein Schmid-Handwerck vorrücken könte/ es mag aber einer sagen/was er will/ so bitte ich die Götter/ daß sie mich nur stets mit Eisen umgehen lassen/ und nicht mit Wein/ Blumen/ und Weibern/ wie meinen Vorfahren den Gallienus/ des Reichs unwürdig machen wollen.

Und wer waren über diese Justinus/Maximinus/ Galerius/ Diocletianus/ Valentinianus/ Pupienus/ der Hebräische König David/ Abdolominus/Agathocles/ Dionysius/ Vittiges der Gothe/ Primislaus/ der Longobardische Lanusius/ Tamerlanes/ Mahomet/ anders/ als Schmiede/ Hirten/Schäfer/ Gärtner/ Seyler/ Töpffer/ Bauern/ Cameltreiber/ und dergleichen/ die alle keinen andern Ursprung hatten/ als von dem der Seneca im dritten Buche von den Wolthaten/ diese schöne Worte führet:

Q Wir

Wir haben alle einerley Urquelle/ und keiner ist edler als der ander/ es sey denn/ daß er mehr der Tugend ergeben sey/ da hingegen sind diejenigen die ihren Adel mit nichts anders darzuzeigen haben/ als daß sie ihre Ahnen von den Häusern/ und in ihren Vorhöfen aufstengeln/ nichts weniger/ als rechtschaffene Edelleute. Die Welt ist unsere allgemeine Mutter/ und nichts daran gelegen/ ob einer auf ansehnlichen oder geringen Staffeln/ herausser tritt. Ist nun solches wahr/ wie dann daferne noch eintziger Zweiffel darinnen/ selbigen/ der ausdrückliche Text *in L. providendum C. de potestatibus*, wo diese Worte zu lesen/ *quos scientia nobilissimos facit*, ingleichen der Salicetus/ und viel andere Doctores benehmen können/ daß die Wissenschafft dem Menschen den rechten Adel beylege/ so wird es mir verhoffentlich niemand für einen eitelen Ruhm auslegen/ wenn ich meiner Edelen Medicinischen Facultät zu Ehren aus dem ausdrücklichen *Textu in L. ambitiosa ff. de var. & extr. cognit. & L. 1. C. de Decur.* zu behaupten getraue/ daß selbige allen andern Wissenschafften darinnen vorgehe. Das muß ich in Warheit ohne jemands Beschimpffung wol lachen/ sagte der Herr Licentiat/ dafür haltende/ daß wenn der Herr Doctor seiner Facultät das Wort reden wolle/ er bei leibe nicht zu weit nach dem Altertum gehen/ und ihre Frey-Briefe daraus holen/ noch auch sich zu weit mit den Kayserlichen Rechten einlassen solle. Inmassen sonsten zu befahren/ daß er voraus *in L. ult.*

*ult. C. de legat.* & *L. 1. ff. de var.* & *extra ord. cognit.* sie nicht weit von den Heb-Ammen/ und bey den Lacedämoniern so gar von ihren Stadt-Wesen ausgewiesen befinden dörffte. Und was sollen die Wort bey dem Seneca im 3. Buche/ von den Wolthaten; Domitius besahl seinem Knechte dem Artzte/ daß er ihm Gifft bereiten solte/ anders bedeuten/ als daß es eine verächtliche knechtische Hand-thierung gewesen? Welches auch aus deß Kaysers Augusti Briefe bey dem Svetonio im Leben deß Caligula unter diesen Worten: Uber dieses schick ich dir aus meinen Knechten den Arzt/ zu sehen/ und sich dessen gar nicht zu verwundern ist/ angesehen/ diese Wissenschafft fast mit nichts anders/ als mit garstigen Sachen umgehet/ und sich so weit damit bemühet/ daß wo man dem Tiraquello glauben darff/ ihr Oberältester Hippocrates zu desto genauerer Prüffung der Kranckheit den Menschen-Koth selber gekostet hat. Und der Galenus in seinem andern Buche von Fiebern gestehen müssen/ daß wenn einer ihren Händen entrinnet/ solches mehr dem Glücke/ als ihrer Kunst zuzuschreiben sey. Ist nun dieses aus ihrer eigenen Bekantnüs wahr/ so sehe ich nicht/ was diese Wissenschafft in dem gemeinen Stadt-Wesen nöthig ist/ worbey ich aber keines weges diejenige Artzney-Wissenschafft verstanden haben will/ die die Natur selbst einen Menschen gelehret hat/ und in einer guten Lebens-Ordnung oder Erkäntnüß nöthiger Kräuter bestehet/ als daß zum Exempel die Rhabarbara das schwartze Geblüte abgeführet/ und etliche andere Kräuter die Wunden heilen/ den Klein beſoldern/ die Hitze dämpffen/ den Fiebern abhelffen/ und dergleichen/ die man denn gar nützlich/ jedoch aber nur ſolcher Geſtalt aus der Erfahrung begreiffen kan/ daß man weder ſo vieler Bücher/ noch groſſer Gelehrtheit darzu vonnöthen hat/ worvon der alte Ariſtoteles ſelber 7. *polit.* 1. und im 12. Capitel deß dritten Buchs bekennet/ daß es beſſer ein Artzt aus der Erfahrung/ als aus dem Buche ſeyn/ da hingegen muß der Avicenna ſelber geſtehen/ daß die unter ſo vielen gedeckten Arabiſchen Namen verkleidete Medicin mehr ſchädᵉ als nützlich/ und mehrentheils gifftig wäre/ die Natur ermüdete/ das Alter vor der Zeit einführte/ die *Complexiones* verruckte/ das Geblüte verfaulete/ den natürlichen Lebens-Geiſt auslöſchete/ den Appetit verderbete/ den Leib verſtopffte/ und ſolcher Geſtalt das Leben eher als es die Natur erforderte/ abſchnitte: *Medicina non minus venefica eſt, quam benefica,* ſagt ihr angeführter Obereltester/ und was braucht es ſo viel verdeckter/ dem Teuffel und ſeiner Groß-Mutter kaum bekannter Namen/ wenn man mit der Sache redlich umgehen/ und ein jedes Kraut mit ſeinem Teutſchen Namen nennen wolte? Dieweil es aber auch allhier nach deß Taciti Worten/ *omne ignotum pro magnifico eſt,* gehen muß/ und die Bauern ein ſchlecht-würdiges Werck aus ihnen und ihren Artzneyen machen würden/ wenn ſie den allgemeinen Kimmel mit ſeinem Teutſchen Namen/ und nicht *Cyminum,* das Mutter-Kraut

*Chry-*

*Chryſanthemus,* das allgemeine Capuß-Kraut *Crambe Cephalote*, die Neſſel *Acalephe,* die allen Leuten bekandte Ochſen-Zunge *Alcanna,* die Still-Wurtz *Alſefera,* die weiſſe Veil-Wurtzel *Iris Florentina,* das Schlangen-Kraut *Loph,* und damit es auch nicht ohne Mißbrauch deß Namens GOttes abgehe/ den gemeinen Buch-Ampffer/ Alleluja/ die Nieſe-Wurtzel/ Chriſt-Wurtzel/ den Eydorn/ Johannes-Gürtel/ Heilige Dreyfaltigkeit/ Gottes vergeß tauffen/ und noch darzu mit ein Hauffen Barbariſchen Worten/ als *abſterſivis, attenuativis, calfactivis, combuſtivis, ſubtiliativis, ulcerativis, inſpiſſativis, lubrificativis,* und wie der Bettel alles heiſſet/ aufgezogen kämen/ worüber kaum eines Menſchen Alter zureicht/ alles dieſes recht zu begreiffen/ und derhalben diejenigen Oerter ſehr weißlich gethan/ die entweder ſie gar nicht bey ihnen aufkommen laſſen/ oder ſo bald ſie eingeniſtet/ wieder ausgeſchaffet haben.

Rom enthielt ſich bey ſeiner erſten Jugend ihrer auf ſechs hundert Jahr/ und ſchaffte ſie hernach/ nachdem es befunden/ daß ſo bald ſie daſelbſt eingeniſtet/ weit mehr Leute als vorher geſtorben/ wieder hinaus/ wie wir denn auch noch heute ſehen/ daß je mehr dieſe Leute in den Städten zunehmen/ je mehr ſich auch die Kranckheiten/ und der Tod/ gleich als wenn er ihr unabtrennlicher Gefährte wäre/ überhäuffen/ da im Gegentheil auf dem Lande und Gebürgen/ wo man dieſer Leute entübriget ſeyn kan/ ſich das menſchliche Alter insgemein über 100.

Jahr hinaus streckt/ indem schon zur Zeit der Kayser Vespasiani und Titi/ in dem Lombardischen Gebürge zwischen Parma und Bologna über hundert und zwantzig Personen/ die alle das hundertste Jahr überstiegen/ und niemals einen *Medicum* gesehen hatten/ gesunden worden/ welches auch noch heutiges Tages in dem Apenninischen Gebürge/ keine so grosse Seltsamkeit ist. Wolte man nun gleich sagen/ daß solches der guten Berg-Lufft zuzuschreiben/ und diese Leute in steter Arbeit wären/ sich auch mit weniger Kost vergnügten/ und dannenhero gesunder bleiben: so ist dieses eben dasjenige/ was ich will/ daß nemlich die Mässigkeit und eine stete Bewegung deß Leibes/ die besten Artzney-Mittel seyn/ darzu man aber weder Bücher/ noch so viel Arabische *Recipte, Tincturen, Spiritus, Elixire,* Pillen/ Pflaster/ und Säffte vonnöthen hat/ welches sie also auf deß armen Krancken Gesahr hinwagen/ und ohne eintziges Gewissen nichts darnach fragen/ ob es wol oder übel gerathe. *Nam neque Medicus ſi bene perspicias amicos suos bene valere cupit,* sagt *Phydæmon,* und *Morocles,* daß die Aertzte die glückseligsten Leute wären/ als derer beglückte Curen die Sonne beschiene/ die Fehler aber die Erde bedeckte/ und was kan wol einer ungemeinen Thorheit ähnlicher seyn/ als der Artzt könne vielleicht deßwegen/ weil er mit einem erbaren Mantel und Degen/ dem Zettel in der Hand/ wie viel er Patienten zu belauffen habe/ aufgezogen kommet/ meine Natur und Leibes-Beschaffenheit genauer verstestehen / als ich selber / der ich am besten meine Schmertzen fühle/ woher sie entspringen / wenn sie nachlassen/ sich vermindern/ oder vermehren/ mit einem Worte weiß/ was ich essen oder nicht essen darf. Aus diesen Ursachen / wolte der schlaue Tiberius sich durchaus nicht in ihren Händen vertrauen/ und auch der Kayser Aurelianus nichts von ihnen wissen / um sonder Zweiffel nicht wie sein Vorfahrer der Hadrianus mit diesem erbärmlichen Schwanen-Gesang:

Turba Medicorum perdidit Cæsarem,

vor der Zeit abzusegeln. Was auch der weise Cato ihnen für ein Lob gegeben/ mag man bey selbigem nachschlagen / und sie es selbst mit ihrem Plinio außfechten/ daß er ihnen dieses schlechte Zeugnüß beyleget: Sie lernen auf unsere Gefahr / sagt er/ und suchen ihre *experimenta* mit unserm Tode/ so daß ihnen einen Menschen liederlicher Weise umzubringen / ohne Wandel unverantwortlich ist. Weil ich weder dich/ noch deine Artzneyen gebrauche/ sagte Pausanias zu einem dergleichen Gruben-Füller/ als er ihn fragte/ woher er so alt worden? und an einem andern Orte/ daß dieses die besten von ihnen wären / welche die Patienten nicht lange in den Schmertzen zapplen liessen/ sondern ihnen nur zeitig davon hülffen.

Uber dieses werffen ihnen andere vor / daß sie insgemein hoffärtige Leute / und wie ihr Groß-Vatter der Galenus / GOttes- und Seelen-Verläugner sind / und alles nur der Natur beymessen / also daß zwischen einem Menschen / und unvernünfftigen Thiere kein Unterschied sey / sondern einer wie der andere den Geist ausbließe. Andere messen ihnen / sonder Zweiffel / weil sie zu dem Frauen-Volck einen freyern und genauern Zutritt haben / absonderlich das Laster der Unkeuschheit bey / und führen wider sie deß Martialis schimpffliche Reimen an:

Der Artzt beschläfft dein Weib / du läst es darbey bleiben /
Was machst du Charidem / willst du dich selbst entleiben?

Andere setzen ihnen auch hierinnen einen gräulichen denen Patienten gefährlichen Mangel aus / daß wenn ihrer etliche über einer Kranckheit erfordert werden / sie selten über dem Affect überein stimmen / sondern einer dieses / der ander jenes / also ihn recht *methodicè* zu Tode curiren.

Andere können sich nicht genugsam über ihre Hoffart verwundern / und daß sie gerne die Nasen in Estats-Sachen stecken wollen / gleich als wenn es einerley Ding wäre / einem Bauern eine Purgation zu verschreiben / und einem Printzen den Rath zu geben / wie er seine Regierung wol führen /

der

rer Gerechtigkeit vorstehen / seine Gefälle vermehren/ und der Unterthanen Beutel wol fegen könne/ wobey sie denn/ wenn sie darzu gelanget/ ihre Rath-Schläge auch dergestalt politisch zu *antimonisiren* wissen / daß den armen Unterthanen die Vermögens-Kräffte unten und oben ausgehen/ und sie solcher Gestalt so wol *civiliter*, als vor diesem natürlicher Weise / von ihnen getödtet werden.

Ein solcher Gesell war von der ersten Gattung/ deß Plutarchus Bericht nach/ der Menecrates/ der nachdem er etwan ein oder dem andern das Fieber vertrieben/ und deßwegen von einzigem Schmarotzer sein Erhalter/ und Jupiter genennet worden/ zu dergleichen unsinnigen Hochmut gerieth/ daß er sich allenthalben mit solchem Namen beehret wissen wolte / und kein Bedencken hatte / in seinem an den Spartaner König Agesilaus abgelassenen Briefe/ diese Worte vorzusetzen / *Jupiter Agesilao Salutem*, der ihn aber dafür redlich abstriegelte/ und seine Antwort mit dieser Oberschrifft anfing / *Agesilaus Menecrati sanam mentem*. Von der andern Sorte aber / der Frantzösische Barbierer Oliverius Dama/ der sich bey dem Miltzsüchtigen König Ludwig dem *XI.* so weit eingeschlichen hatte / daß er nicht nur die oberste Verwaltung der Königlichen Kämmer-Gefälle/ sondern auch fast alle Ehren-Aemter an sich gerissen / zu letzte aber / bey deß König Carls deß Achten nachfolgender Regierung/ dafür am Strange erwürgen muste. Eben dieser

Schwindel-hirnische König/ gab einem andern Arzt Jacobo Cocterio innerhalb 5. Monaten vier und funffzig tausend Kronen/ nebenst dem Ambianischen Bischofftum für dessen Enckel; so bekennet der Hieronhmus Capivaccius/ daß ihm die eintzige Frantzösen-Cur 18000. Kronen eingetragen/ welches noch nicht zu vergleichen mit dem Geitze des Petrii Aplusis/ der niemals aus Bononien deß Tages unter funffzig Kronen reisete/ wiewol ihm der Pabst Honorius vier hundert geben muste; noch weniger aber mit dem alten Charmides/ der auch für eine Cur zwey hundert *H.S.* das sind fünff hundert tausend Reichsthaler bekam/ und noch weniger mit den Wielampus/ der für die Cur der rasenden Aegincischen Weiber/ die Helffte selbigen Königreichs begehrete/ und sich kaum mit dessen Drittel für seinen Bruder vergnügen ließ. Dannenhero Buchananus einem dergleichen unersättlichen Geitz-Halse Jacobus Sylvius genannt/ diese Grab-Schrifft gesetzt:

Sylvius hic situs est, gratis qui nil dedit unquam,
    Mortuus &, gratis quod legis ista dolet.

Hier liget Sylvius der nichts umsonst gethan/
Und den es schmertzt/ daß man umsonst diß lesen kan.

Mit

Mit welchen unersättlichen Begierden aber/ die Rechte gar nicht zu frieden sind/ angesehen die Kayser Valentinus und Valens *in l. Archiatri 9. C. de prof. & Med.* ausdrücklich wollen/ daß die Herren *Medici* das Armut umsonst curiren/ und auch von den Vermögenden nichts von Anfange/ sondern allererst zu Ende der Cur nehmen/ am allerwenigsten aber/ oder durchaus keinen Contract auf ein gewisses machen/ sondern *secund. gl. in cap. 1. dist. 83.* sich dieser schönen Worte erinnern sollen/ *quod plus valere debeat vita proximi, quàm amor pecuniæ.* Geschichts aber dennoch/ so ist solcher Vergleich ungültig/ und auch die darinnen verschriebene Summa/ nach weiterer Ausführung deß vornehmen Juristen Gutierez/ auf ein billiges zu mässigen.

Dahingegen haben die Rechte/ und Rechts-Gelehrten weit andere ihnen den würcklichen Adell und dessen Vorzüge zueignende Rechte/ als voraus den bereits angeführten *text in lege providendum C. de potestat.* ingleichen den *Ulpianum L. 2. de excusat. tutor.* ferner *L. laudabile C. de ad voc. divers. Judic. Balduinum. L. motus C. de procurat Pet. Ancharan. & Cardinal. Floren. post pr. extr. de ser. sub orb.* ingleichen den *Barbosa consi. 57. col. 6. lib. 2. de rescript.* und unzehlich andere mehr für sich/ woselbsten sie nicht nur die Edeln/ sondern auch die Alteredelsten genennt/ ja so weit geehret werden/ daß voraus dieser letzte dafür hält/ es sey ein gelehrter *Doctor* der Rechten/ der von gemeinen Eltern zu dieser Würde gelanget/ auch einem Edelgebornen gleichgelehrten *Doctori* deßwegen vorzuziehen/ weil derjenige vor andern Lob-und Ehrenwürdiger wäre/ der sich von schlechter Ankunfft vermittelst seines Fleisses und Tugend selber aufgebracht hätte. Und eben dieses Lobs haben sich laut itzt angeführter Rechten/ alle rechtschaffene Advocaten anzumassen/ ob sie gleich nicht eben *graduirte Doctores* sind *Advocatum nobilitat Suum Officium,* sagt oberwehnter *Cardinal ex L. advocati C. de advoc. divers. judic.* und sich dieses für einen sonderbaren Ruhm zurechnen/ daß nicht nur unterschiedene Kayser und Fürsten/ als der *Didius Julianus/* von dergleichen Eltern entsprossen/ sondern auch der *Germanicus/* deß Kaysers *Caligulä* Vatter *Martinianus/* beyde *Plinii,* der Kayser *Vespasianus/* und viel andere dieser herrlichen Wissenschafft obgelegen/ und ihr solcher Gestalt alle Vorzüge deß tugendhafften Adels beygeleget haben.

Ich muß bekennen/ daß der Herr Licentiat ein Meister-Stück erwiesen/ seine Facultät biß an die Sternen zu erheben/ da hingegen aber die edele Medicin biß in den untersten Abgrund zu erniedrigen/ verfuhr der Herr Doctor *Philonius,* bin aber darbey von seiner Auffrichtigkeit gnugsam versichert/ daß er solches alles aus keiner ernstlichen Meynung/ sondern vielmehro nur Ubungs-und Schertz-Weise hervor gebracht habe/ widrigen falls solte es mir nicht schwer fallen/ dessen mir genugsam bekan-

kanten Artzte dahin zu vermögen / ihm bey seinen
nicht ungewöhnlichen Gicht-Schmertzen / ein dergleichen Schmertz-vermehrendes Pflaster zu bereiten / welches so angeführte Beschimpffung gnugsam rächen / und ihn nicht wiederum eher darvon
entfreyen solte / biß er alles dessen einen offentlichen
Widerruff gethan hätte. Dessen wir aber dahero
nicht vonnöthen haben werden / weil mir unschwer
fallen soll / hingegen zu beweisen / daß vielhundert
andere vornehme Leute eine viel bessere Meinung
von dieser edlen Kunst führen / als die den höchsten
GOtt selbsten / der sich nicht geschämet einen Artzt
zu nennen / denn auch viel Heiligen / als den Propheten Helisäus / der das bittere Wasser verbessert /
den Esaias / der den König Ezechiam geheilet / nicht
weniger die Heiligen Engel / als den Raphael / so viel
Könige / als den alten Egyptischen Apis / die Isis /
den Mercurius / den Chiron / Jason / Lisimachus /
den König Salomon / den Masinissa / den Attalus /
Alcibiades / Tiberius / Adrianus / Titus / Constantinus / und aus den alten Philosophis den
Pythagoras / Empedocles / Plato / Democritus /
Porphyrius / den Aristoteles selbsten in ihrer Zunfft
gehabt / so daß man den Herren Juristen allemal
zehen gegen einen hingegen zu setzen / und für keinen
Schimpff anzuziehen hat / daß sich auch Knechte
derer angenommen / angesehen nicht allemal in einem knechtischen Leibe auch ein knechtisch Gemüte / sondern vielmehro zum offtern ein grosser Geist
zu finden ist.

Wa=

Waren nicht Terentius/ Publius Syrus/ Esopus/ Epictetus/ auch Knechte/ und gleichwol haben sie sich durch ihre Weißheit und kluge Schrifften/ bey der gelehrten Welt berühmt und hochschätzbar gemacht. Und was sollen die Herren Juristen wol sagen/ wenn man ihnen beweiset/ daß auch der berühmte Getische Gesetz Geber Zamolxis selber ein Knecht gewesen/ soll dann dahero auch ihre Profession ein so grosser Schimpff anzubrennen seyn/ womit sich auch der ander Einwurff/ daß sie mit garstigen Sachen umgehen/ und mit dem aus dem Hippocrates mit den Haaren herzu gezogenen Zeugnuß/ den Menschen-Koth selber gekostet haben sollen/ aufhebet. Habet Danck ihr Herren Juristen/ daß ihr damit selber an Tag gebet/ wie hoch sich diese Profession des Nechsten Wolfart/ und dessen edlesten Schatz die Gesundheit angelegen seyn läst/ daß sie selbige zu erhalten/ auch vor den garstigsten Sachen keinen Abscheu haben/ ungehindert was man noch ferner zu dero Verkleinerung hinzu gesetzt/ daß die Artzneyen bißweilen den Magen/ das Haupt und andere Theile deß Leibes verletzen. Was ist/ wie itzt gedacht/ edler als das Leben/ oder was gibt oder thut der Mensch nicht/ selbiges zu erhalten? Weil denn nun die menschliche Natur nach dem Sünden-Fall so vielen Kranckheiten und Gebrechligkeiten untertworffen ist/ daß man bißweilen ihr zu ihrer gäntzlichen Erhaltung unmöglich anders zu Hülffe kommen kan/ es sey dehn/ daß einem in minderder Gefahr steckendem Gliede etwas mehr wehe geschehe / was schadet es denn zur Erhaltung deß gantzen / ein Theil in etwas zu kräncken / und der Herren Juristen eigenen Regel nach / aus zweyen Ubeln das mindeste zu erwehlen. Ferner wirfft man dieser edlen Wissenschafft vor / daß sie geitzig sind / und ein oder der ander vor alten Zeiten so viel für ihre Cur genossen haben. Womit man aber wol zu Hause bleiben können / angesehen ausser dem / daß auch Baldus selber bekennet / wie ihm die eintzige Materie *Substitutiones* funfzehen tausend Ducaten eingetragen / und man noch auch heute Juristen gesehen / denen das *interdictum quorum bonorum* nicht viel weniger in den Kasten geleget / also ein recht guldenes *interdictum* so zu sagen / *multorum bonorum* gewesen / sie sich itzo nicht zu sehr zu beklagen haben / daß ihnen die Beutel von denen zu grossen Erkäntlichkeiten / auch in den grossen Städten / wo mancher ehrlicher Mann die Woche für etwan einen Gulden / Morgens und Abends aufwarten / und offtermals die Nase vor dergleichen Gifft-Dampff hinrecken muß / davon er nicht selten sich selber einen frühzeitigen Tod holet / darzu sagt mir doch ihr Herren Juristen was ihr umsonst thut / und ob ihr auch einen armen Bauren ansehet / wenn er nicht mit den (Hüner / Gäuse) Füssen in der Hand kommet / oder ein Edelmann eure eigene mit Gold schmiere / noch mehr aber die Zunge damit schneidig macht / dahero jener nicht so uneben gesagt / ein Bauer zwischen zwey Advocaten / sey

wie

wie ein Fisch zwischen zwo Katzen/ und ein ander/ der Bauer sey eine Fliege/ der Edelmann eine Spinne/ und der Advokat ein Huhn/ da immer einer den andern auszuklauben suchte. Und eben diese Beschaffenheit hat es auch mit dem/ daß sie sich selten über einer Kranckheit vergleichen/ und wenn ihrer etliche darüber zusammen geruffen worden/ einer hie der ander dort hinaus will/ einer in einerley Asfect auf den Stein/ der ander auf das Miltz/ der dritte auf die Lunge/ und der vierdte auf ein hitziges Fieber curirt/ so daß deßwegen mancher ehrlicher Mann/ vor der Zeit/ Erden käuen müsse.

Ich frage aber hierbey die Herren Juristen/ ob auch so wol ihre *leges*, als sie selbsten allemal mit sich einig seyn/ und beziehe mich hieraus auf ihren eigenen *Tiraquellum*, welcher in seinem hertzlichen Tractat vom Adel solches mit mehrerm ausführet/ klärlich darzeigende/ daß auch die Päbstliche Gesetze selbst von solcher Verwirrung und Widersprechung nicht reine wären/ dahero kommts/ daß kein letzter Will/ kein Contract/ kein Vergleich/ und dergleichen vor Gerichte kommet/ den nicht diese Leute mit den Zähnen ärger als der Schuster das Leder ausdehnen/ so daß bißweilen einem hier/ dem andern dort/ ein Stücke im Maul bleibet. Last uns aber zu etwas wichtigern schreiten/ und gantze Städte besehen/ die von den Gesetzen/ und Gesetz-Auslegern übern Hauffen geworffen worden/ da hingegen aber diejenigen am allerglücklichsten gewesen/ die von diesen Leuten nichts gewust/ sondern sich nur
mit

mit ihren Gewonheiten ohne so weitläufftige Commentarios beholffen haben/ welche Gewonheiten sie denn auswendig gelernet/ und in ihren Versammlungen hergesungen/ das noch heute zu Tage bey den Morianen und Arabern/ mit ihrem Alcoran im Gebrauch/ und zu wünschen ist/ daß auch selbiges bey uns Christen einzuführen seyn könte. *Nam in corruptissimâ Republica plurimæ leges,* sagt Tacitus. Wären nun nicht so viel Gesetze/ so brauchte man auch nicht so viel Advocaten/ die Tag und Nacht eintzig und allein dahin sinnen/ wie sie der Gerechtigkeit bleyernes Schwerdt auf welche Seite es ihnen beliebet/ bringen können/ und darüber zum öfftern gantze Städte und Regierungen übern Hauffen werffen/ dergestalt/ daß sie bey weitem so lange nicht wie andere von dergleichen Pest befreyte Oerter in glückseliger Daurung bestehen können/ zu wessen beyderley Bestärckung uns von den alten Sparta und Numanz/ von den neuen aber Venedig und Florentz dergestalt zu Beyspielen dienen/ daß wie das erstere/ nemlich Sparta/ so lange es sich ohne geschriebene Gesetze/ und derer Ausleger/ in seiner Reinigkeit verhalten/ allezeit siegend und triumphirend gewest/ dergestalt/ daß es von seinem engen Winckel aus/ bald den Thebanern/ bald den Atheniensern/ bald den Persern selbst die Hörner geboten/ und sich wider alle ausländische Anläuffe glücklich erhalten/ also auch nichts minder das von lauter Soldaten ohne Gesetz/ und Gesetzgeber beherrschte Numanz

R  sich

sich in eben dieser Glückseeligkeit von seiner geringen ersten Geburt an / so lange Zeit wider fast unzehlige Krieges-Stürme biß auf den Africanischen Scipio / nachdem die Römische Monarchie schon vorlängst gantz Spanien und Italien aufgefressen / Asien untergejocht / Macedonien gefesselt / Griechenland zum Gehorsam gebracht / und Africa mit seinem berühmten Carthago in Grauß geleget / beschützet / und nachdem es endlich auch die Ordnung betroffen / und vorhero mancher tapfferer Krieges-Held für ihrer Tapfferkeit ins Graß beissen müssen / dem Uberwinder nichts / als einen eingeäscherten Schatt-Hauffen zur Beute überlassen hat; im Gegentheil sehen wir / wie das gelehrte mit so hoch trabenden Gesetzgebern versehene Athen / sich bald unter deß Pisistratus Joch beugen / bald nach des aufrührischen gemeinen Volckes Leyre tantzen / bald sich mit den Persern verbinden / bald wiederum von ihnen trennen / bald dem Higpias / bald dem Alcibiades / bald dem Demosthenes / bald dem Themistocles zu Gebote stehen / bald den Macedoniern / bald dem Cassandro / bald dem Demetrio / bald dem Mithridates / bald den Römern zu Füssen ligen müssen / so / daß es sich mit aller seiner Weißheit und vortrefflichen Gesetzen unmöglich zehen Jahr in einem Stande erhalten können / welche unglückseelige Unbeständigkeit auch hieraus aus eben diesen Gesetz-Verwirrungen / und daß allezeit einer klüger als der ander / darinnen seyn wolte / Florenz erfahren / dergestalt / daß es bald zwischen den

den zweyen *Factionen* der so genannten weissen/ und schwartzen/ auf einer/ bald auf der andern Seite gehangen/ heute deß gemeinen Volcks Willkühren/ morgen deß Adels Geboten/ gehorsamen müssen/ bald haben es die Könige von Neapolis/ bald der Hertzog von Athen/ bald die von Calabrien/ bald der Corso Donati/ bald der Rinaldo Albitio/ bald der Hertzog von Milan/ bald der König in Spanien/ bald der von Franckreich/ bald Kayser Carl der Fünffte dergestalt nach ihrer Peitsche getummelt/ und darüber in solchen Wahnwitz gebracht/davon es endlich niemand/ als ein großmütiger Artzt/ nemlich das Haus *de Medices* heilen/ uñ in noch beständiger Glückseligkeit erhalten können.

Woraus man also Sonnen-klar sehen kan/ daß keines weges die Menge der klugen gelehrten Köpffe mit ihren Gesetzen/ und Auslegern/ die rechten Säulen eines beständigen Stadt-Wesens/ als das mehr als an einem Nagel/ und dessen Gebäude am beständigsten am Himmel hengt/ sondern vielmehr zum öfftern/ die vornehmsten Ursachen ihrer Verwirrung und Untergang sind. Welche Kranckheit denn nicht nur bey uns Europäern/ sondern auch in den Africanischen Ländern/ der Unterthanen mit zu grossem Witze begabet sind/ fast gemein ist/ als von denen der Geschicht-Schreiber Leo meldet/ daß die Einwohner der berühmten Stadt Segelmessa/ nachdem sie unterschiedene Gesetze und Herrschafften geprüffet/ und es ihren allzuklugen Köpffen keiner recht machen können/ endlich unter

unter das Joch eines Königes von dem Hause Ma-
rin gerathen/und als auch mit der Zeit ihnen dieser
nicht recht gewesen/ endlich selbst über einander her-
getwischt/sich die Hälse gebrochen/die Stadt Grund
aus geschleifft/ und damit sie nur keinen Obern leiden dörfften/ in unterschiedene feste Schlösser auf
dem Lande vertheilet hätten.

Eben dergleichen schreibet Bodinus von den
Einwohnern der Stadt Taguda im Königreich
Fetz/ die gleichfals/ nachdem keiner dem andern gehorsamen wollen/die Stadt geschleiffet hätten/und
davon gezogen wären. Welches Unglück zur Zeit
der Gibellinischen und Guelphischen *Faction*
Florenz auch bey nahe widerfahren wäre/ wenn
es nicht Farinata Uberti verhindert hätte. Endlich
kan uns auch hierinnen das gelehrte Modena zum
Beyspiel dienen/ welches zu eben der Zeit/ als sich
gantz Italien zur Freyheit gesetzt/wegen der Menge
seiner gelehrten Köpffe keines weges auch darüber
vergleichen konte/ sondern sich selbst mit innerlichen
Kriegen so lang abgemattet/ biß es darüber ermü-
det/einen fremden Fürsten angelauffen/und sich ihme so freywillig untergeben/so daß da zuvor jedweder herrschen wolte/ hierauf ein jeder dienen lernen
muste.

Da hingegen sehen wir daß bey den Türken/eine
viel sichere und ruhigere Regierung/ zu finden/ so
daß selbige/ohne Bücher und geschriebene Gesetze/
fast der gantzen Welt das Seil an die Hörner werf-
fen/und wer wil sich unterstehen/den tapffern Vene-
tia-

tianern an ihrer tauerhafften Regierung Mängel auszustellen/ oder so kindisch seyn/ daß er selbige ihren *Doctoribus*, als die sich wenig um den Bartolus und Baldus bekümmern/ zuschreiben wolte? Welches auch der grosse Statist Ferdinand/ König in Spanien/ gnugsam verstund/ derhalben dem Pedro Arias/ nachdem er ihn zum Stadthalter nach Indien schickte/ ausdrücklich anbefahl/ durchaus keinen Rechts-Gelehrten/ als Urheber aller Unordnungen/ mit sich dahin zu führen/ und die zwey kleine Städte in Italien/ Rvino in Puglia/ und Nurcia im Kirchen-Gebiet/ woselbst so wenig eintziger Advocat oder Rechts-Gelehrter zu einem Ehren-Amte kommen darff/ daß sie vielmehr jedesmal wenn der Rath versammlet ist/ durch den Fron-Boten ausruffen lassen/ hinaus mit den Gelehrten/ noch so glücklich geniessen/ daß sie sich biß auf diesen Tag weißlich damit erhalten/ und da gantz Welschland in voller Flamme gestanden/ nicht ein Dorff verlohren haben.

Ich schliesse mit deß gelehrten *Taciti* schönen Worten: *Inimicitias, accusationes, odia & injurias foveri, ut quomodo vis morborum pretia medentibus, sic fori tabes pecuniam Advocatis ferat*, und wundere mich/ daß der Herr Licenciat auch endlich ein und andern Poetischen Spott-Vogel wider diese edele Profession zu Felde führet/ dabey aber nicht bedencket/ daß dergleichen Schand-Flecker niemanden schonen/ sondern eben

die-

dieser *Martialis lib.* 1. *ad Flaceum*, noch viel ärger aber der Juvenal den Zungendrescher Umbrum durchhechelt. So gehet es/anderer Leute Fehler können wir leichte bemercken/ die Tasche auf eigenen Rucken aber / will niemand sehen; und was kan auch endlich uns beschmitzen/ daß ein oder ander liederlicher Vogel mit unterlaufft/ und bißweilen darüber an Galgen gerathet. Es gibet in allen Ständen ehrliche und schlimme Leute / Ehebrecher und Diebe/ und die gerne aller Orten /wie man pflegt zu sagen/ die Hand mit im Sode haben wollen/ hat sich nun ein oder ander auch von dergleichen bey dieser Facultät befunden/ selbige verlaßen/ sich in fremde Händel gemischt/und darüber den Strick an Halß bekommen / so gehet er uns als ein Uberläuffer so weit nichts mehr an/daß der angeführte Frantzösische Dama nicht als ein Artzt/ oder wegen seiner Kunst / sondern als ein unzeitiger Königlicher Regierungs-Rath/und daß er die Königliche Renten bestolen / sonder eintzige Beschimpffung der edlen Medicin gehencket worden / die auch mit einem Wort ihre hohe Gönner und Beständnüß wol behalten wird/wenn die gantze Welt wünschet/ daß sich doch dermaleinsten die Göttliche Barmhertzigkeit so vieler Wittiben und Waisen Thränen erweichen laßen/und einen andern Justinian schicken wolle/ der die auf so viel tausend *Volumina* hinaus lauffende Juristische *Commentarios, Statuta, Decisiones, Consilia, Labyrinthos, Communes, contra Communes, Decreta, Extravagantes,*

über

über einen Hauffen verbrenne/ neue Gerichts-Ordnung in der allgemeinen Land-Sprache einrichte/ und selbigen gottseelige gewissenhaffte Leute/ zu Richtern und Advocaten vorstelle/ da hingegen aber alle dergleichen ungewissenhaffte Lateinische Proceß-Schmiede/ oder wie sie der Apulejus nennet/ eingekleidete Raub-Vögel davon ausschaffte. Ich muß bekennen/ sprach der Herr Licentiat/ daß der Herr Doctor seiner Facultät redlich das Wort geredet/ und damit verdienet/ daß sie ihm zu Padua/ und auf allen von selbiger berühmten hohen Schulen für diese Schutz-Rede Ehren-Säulen auffsetzen/ für mich nicht nöthig befindende / solchem weiter zu widersprechen/ weil ich schon versichert bin/ daß so wenig ich mit diesem Zeit-vertreibendem Discurs/ weder diese Facultät selber/ noch einzigen ehrlichen Mann darunter nicht beschmitzen/ sondern nur ein und andern Mißbrauch berühren wollen / also der Herr Doctor eben auch dieser Gedancken seyn wird/ angesehen mir gar wol wissend/ daß es freylich in allen Professionen Stümpler und Sudler mit untergiebet/ und daß wie diejenigen Quacksalber die etwan etliche Pillen/ oder ein *Elixir proprietatis*, oder so genandtes guldenes Pulver zurichten können/ oder wenn sie an statt daß sie ihrer gewidmeten Kantzel abwarten sollen/ vor dem Schmeltz-Ofen ligen/ und die etwan an den Augen oder Gliedern einen Zufall haben/ vollends blind und krumm machen/ keines wegs den Namen eines rechtschaffenen Artzts verdienen/ oder angeführter redlicher Lob-

Sprü-

Sprüche würdig sind/ also auch eben bey der Juristischen Facultät keines weges die allgemeinen Teutschen Zungen-Drescher/ *Procuratores, Sollicitatores, Notarii, secundum L. universos & L. si qui procurationem C. de decurion:* am allerwenigsten aber die eingeführten eingefleischten Raub-Vögel/ die/ wie Seneca saget/ nicht eher schweigen/ biß man ihnen/ wie den beissigen Hunden/ einen fetten Bissen vorgeworffen/ sich selbiger zu erfreuen haben. Der Mißbrauch einer Sache thut selbiger/ wenn sie gut ist/ keinen Abbruch. Wer wolte nun so toll seyn/ und einen Acker voll Weitzen abbrennen/ weil etliche Mäuse darinnen nisten/ oder alle Schmiede zur Stadt hinaus jagen/ wenn einer von ihnen mit dem Hammer/ damit er das Eisen schmieden sollen einen Menschen todt geschlagen? so wäre es auch nicht nöthig gewesen/ ein und ander Exempel/ daß die Gelehrten von schlechter oder keiner Achtbarkeit sind/ und zu keinen Ehren-Aemtern befördert werden/ so weit aus Welschland herzuholen/ weil wir derer genug in der Nachbarschafft haben.

Dieweil wir aber mit diesem allem zu weit von unserm Ziel geschritten / und den ersten Haupt-Streit welche von diesen zweyen Facultäten / aus angeführten Lob-Sprüchen und Freyheiten / sich vor der andern deß Vorzugs zu bedienen habe/ noch nicht ausgemacht/ darinnen auch unsere eigene Richter nicht seyn können/ so wollen wir/ wenn es so gefällig/ den Herrn von Kronhof darzu erwählen/ und uns dessen darüber gethanem Ausspruch

ſpruch unterwerffen/ das ſich auch der Herꝛ Doctor/ nachdem ſie mit einem Glaß Wein miteinander Friede gemacht/ gar wol gefallen ließ/ der alte Herr von Kronhof aber darzu lächelnde anfieng: Ich weiß nicht/ ob die Herren hierinnen klüglich thun/ daß ſie mich zum Schieds-Richter erwählen/ indem es leicht geſchehen könte/ daß ich zu viel auf den Geſchlechts-Adel abhängen/ für deſſen Vorzüge ſtehen/ und ſolcher Geſtalt/ ſo von ein als anderm ſchlechten Danck verdienen dörffte/ dannenhero ſolchem deſto beſſer nachzudencken/ ich mir etwas Zeit ausbitten/und immittelſt deß Herrn Obriſt-Lieutenauts Meinung anhören will/ was er vom Krieg halte/ und welcher Geſtalt ein Soldat ſich in den Ritter-Stand verhelffen könne; welches auch dieſer gar willig über ſich nahm/ und dergeſtalt anfieng: Ob ich zwar itzt angeführten Adelichen Lob-Sprüchen/ ſo für die Juriſtiſche als Mediciniſche Facultät nicht entgegen ſtehen/ ſondern ihnen gar gerne ihren Ruhm überlaſſen will/ ſo zweifſele ich doch nicht es werde keiner von ihnen anſtehen/ daß die Waffen von dem Engeländiſchen Ritter/ ob angeführten *Rationen* nach/ das bequemſte/ und vornehmſte Mittel ſind/ nicht nur zu dergleichen von ihnen angeführten adelichen Vorzügen / ſondern zu dem wahren Ritter-Stande ſelbſt zu gelangen/ zumählen wir insgemein aus den alten adelichen Wappen ſehen/daß ſolcher Ritter-Stand von den Waffen ſeinen Urſprung hat/ und wenig Bücher oder Federn/ noch weniger aber Ellen und

Gewichte/ sondern insgemein Helme/. Kürasse/ Schwerdte/Pferde/eroberte Mauern/Sturmbalcken/und dergleichen/als Zeichen ihres tapffern ritterl. Verhaltens/darinnen zu finden sind/und wo es auch auf die rechte und deren Aussprüche kommen soll/darinnen die Soldaten nit nur edele/oder vortreffliche/sondern wie voraus in *L. 2. C. de exhibit. reor. & L. ult. C. de decur.* gar *illustres* und *gloriosissimi* genennet werden/ welchen auch *Lucas Penna in L. Mulieres Col. 2. vers. 5. C. d. dignit. bonor. Guido Papa decis. Delph. 338.* und viel andere einmütig beystimmen/ worben ich aber gleichwol in keiner Abrede bin/ daß nicht ein gutes Theil von dem alten mit seinen vollen Ahnen prangenden Geschlechts-Adel/ auch seinen Anfang von der Gelehrtheit/ oder vielmehr hohen Fürstlichen Kayserlichen und Königlichen Civil-Bedienungen/als daß sie etwan dero Cantzler/ Räthe/ oder hohe Beamte gewesen/ den rühmlichen Anfang genommen/ dannenhero dafür haltende/ daß wenn es ein Soldat mit seiner Tapfferkeit/ und redlichen Diensten dahin gebracht/ daß er eine Compagnie/ es sey zu Roß oder Fuß bekommen/ er sich gar wol der itzt angeführten Rechten und Ehren/ zu bedienen/ und wenn er hierauf solche adeliche Würde auf seine Nachkommen fortzupflantzen gedencket/ Verdienste genug habe/das von der hohen Majestät darüber gewöhnliche *Diploma* zu erhalten/ worben man aber auch den Kindern nicht Hercules-Schue anziehen/ sondern solches nur von rechtschaffenen Sol-

Soldaten verstehen muß/ angesehen es bißhero die Erfahrung genug gelehret/ daß man auch bey diesen Professionen viel unzeitige Meister befindet/ die mit Geld dahin zu gelangen trachten/ worzu ein ander rechtschaffener Kerl sein rühmliches Blut beysetzen muß/ also zu diesem Ende ein Fähnlein oder gar eine Partisan erkauffen/ und mit selbigen so lange herum stutzen/ biß sie aus den Muster-Quartieren dem Feinde unter Augen geführet werden/ da sie denn gerne wiederum so viel/ oder auch mehr hergeben/ als sie es anfangs gekostet/ damit sie nicht nur die furchtsame Nase daran strecken dörfften/ sondern mit so erkaufften Fendrichs-Lieutenants- oder Hauptmanns-Titul/ wiederum nach Hause kehren/ und daselbst hinter den versicherten Mauren mit grösser Einbildung/ und Großsprecherey hertretten können/ als mancher ehrlicher Kerl/ der von Jugend auf mit gelauffen ist/ was aber lachte der Herr Magister? fuhr der Obrist-Lieutenant fort/ setzet er etwan an meine Worte einzigen Zweiffel/ so mag er sich nur ein wenig in den Städten umsehen/ worauf ihm unzweiffelhafft ein und ander von dergleichen Cavallieren vorkommen werden/ die sich bey einem Glaß Wein nicht genug zu rühmen wissen/ wie sie Huff-Eisen über der Nase zerbrochen/ Eiserne Wagen gefressen/ Berge zerhauen und in sechserley Treffen in einem Tage gefochten hätten/ da sie doch/ wenn es zum höchsten kommet/ etwan ein halbs Jahr in einer Vestung gelegen/ und keine Approchen anders/ als in Kupffer/

oder

oder auch etwan zu einem sonderbaren Wunder ein Orlog-Schiff durch das Fern-Glaß in der See gesehen haben.

Nicht im geringsten antwortete der Herr Pfarrer/ vielmehr gebe ich diesem allem so weit Beyfall/ daß ich es mit einem lächerlichen Beyspiel / so mir vor etlichen Wochen in Belissa begegnet / bestärcken/ und mich/ so offt ich daran gedencke/ schwerlich des Lachens enthalten kan. So laß uns denn der Herr auch solcher Freude geniessen/ sagte der junge Herr von Kronhof/ worauf der Herr Pfarrer die ß lustige Geschicht anfieng.

Es sind itzo 4. Jahr / daß ich meinen ältesten noch zur Zeit auf den hohen Schulen befindlichen Sohn / daselbst bey einem vornehmen Mann/ den ich Ehren halben nicht nennen will/ als Hauß-Lehrern für seinen eintzigen jungen Sohn unterbrächte / und weil er sich in allem wol verhielt/ selbsten deswegen von diesem guten Herren/ und seiner Frauen / so weit begünstiget ward/ daß sie/ so offt sie mich in Belissa wusten/ nicht unterliessen / zur Malzeit zu fordern/ und mit aller Ehrbezeugung zu begegnen/ dahingegen erwieß ich ihnen alle mögliche Dinstfertigkeit/ und untersuchte zum öfftern/ so wol meines Sohnes Fleiß/ als dieses seines untergebenen Zunehmung in den *Studiis*, worbey ich bemerckte/ daß beyde Eltern ein sonderlichs Vergnügen hätten/ wenn sich dieser ihr Sohn bey den Schul-*Actibus* rühmlich verhielt/ wiewol es der Frau Mutter nicht allerdinge gefallen wolte/ daß

er

er insgemein Lust hatte / einen Kriegs-Officier daselbst vorzustellen / da sie doch hergegen gerne einen hochgelehrten Mann aus ihm gemacht hätte.

Last es denn geschehen/ sagte einsmals der Vater in meiner Gegenwart/ zu der darüber betrübten Mutter/ die Soldaten sind auch wackere Leute/ sehet ihr denn nicht / wie schlecht die Gelehrten an diesem Orte geschätzt/ und zu keinen Ehren-Stellen erhoben werden/ so daß ich mir fast vorgesetzt/ daferne sich nicht dieser Martialische Trieb in ihm gefunden/ ihn zu der Kauffmannschafft zu halten/ worauf ich ja versichert wäre / daß er mit der Zeit/ zumalen da sich die Meinigen rühmen können/ daß sie schon bey ein par hundert Jahren hero/ bey dieser Stadt ehrliche und rühmliche Leute gewesen/ solcher Gestalt zu den Ehren-Aemptern gelangen/ und nicht unter den gelehrten Kalmäusern allerOrten nachgesetzt seyn dörffte/ und wie kondten wir uns wol glückseliger schätzen/ als wenn wir einmal unser Kind als einen vornehmen Obristen oder General /wozu wol bißweilen Bauern-Kinder/die doch weder an Geschlechte noch Mitteln uns gleich sind/ gelangen/wieder bey uns sehen solten/ wormit sich auch endlich die liebe Mutter zu frieden gab/ und nachdem mein Sohn mittler Zeit Abschied genommen/ ich auch wegen meiner langwierigen Kranckheit/ und anderer Verhindernuß bey 2. Jahr nicht in Belissa kommen/ es endlich dahin gebracht / daß bey darauf ereignenden Holländischen Werbungen/ dieser ihr Martialischer Sohn gegen Spendirung

100.

100. Ducaten und Ubernehmung 30. Mann zu werben/ein Fähnlein bekommen hatte.

Mit diesem war der junge Cavallier um Ostern fort marchiret/ und hatte sich so wol verhalten/ daß er schon gegen Michaelis als Lieutenant wieder zu Hause war. Ich wiste von allem diesem nichts/ und ward/ nachdem ich etliche Wochen darauf wieder in die Stadt kam/ von dem Herrn Vatter/ sonder Zweiffel mir diesen jungen Hector zu weisen/ wiederum zur Mahlzeit geladen/ wo ich auch den Herrn Lieutenant in einem prächtigen mit Gold gebrämten Kleide und Hut voll Federn antraff/ dem ich denn/ weil ich nichts anders glaubte/ als daß er noch bey der Schulen wäre/ und abermals bey einigem Actu eine Martialische Person gespielet/ mit voriger Freyheit/ Glücke darzu wünschte/ und mich erkundigte/ welcher von den Professoren solchen Actum gehalten hätte? Was meinet der Herr mit seinen Schul-Possen? fing hierauf der junge Held mit trotzigem Gesichte/ in halbgebrochener Holländischen Sprache an / hält man mich noch für einen Buben oder Schul-Purschen? ich bin freylich nicht nur bey einem/ sondern vielfältigen Kriegs-*Actibus* gewesen/ da einem die Stück Kugeln rechtschaffen um die Ohren saussen/ da man sich an statt eines warmen Bettes / in den nassen Approchen behelffen/ und fast stündlich gewärtig seyn muß/ daß einem die Kugel den Kopff abreisset/ oder eine Mine in die Lufft schickt/ hirauf fuhr er mit Stürmen/Minen/ Batterien/ Battaglien/ und so

viel

viel Donner-krachenden Canonen fort/ daß der lieben Mutter für Wehmut die Thränen häuffig auf den Teller fielen/ und es ihrem enfrigen Gebet zuschrieb/ daß der liebe Sohn unter so grossen Gefahren unverletzt geblieben/: der doch diese gantze Zeit über keinen Frantzosen/ als etwan im Wirths-Hause zu Amsterdam/ gesehen/ und ein par Stücke von den Vestungen lösen gehöret hatte.

Ich entschuldigte mich hierauf/ mit meiner Unwissenheit/ und daß mir nach meiner Kranckheit das Gedächtnuß sehr ablegte/ so daß ob ich zwar schon zwey Jahr nicht in Belissa gewesen/ mich dennoch deuchte/ als wenn es nur so viel Monate wären/ wünschte dem jungen Cavallier Glücke/ und daß er ehstens zu der höchsten Krieges-Charge zu seiner werthesten Eltern Freude/ und des Vatterlands höchstnöthigen Nutze auffsteigen möge. Ja ja/ sagte die Frau Mutter/ Herr Gevatter/ ich lasse es endlich/ jedoch ander gestalt nicht geschehen/ als daß er allhier in Belissa bleibe/ und mit der Zeit auffs wenigste Commendant werde/ worzu er auch als ein einheimischer/ und zwar von solchem Hause/ das sich unter die ältesten zehlen kan/ dann auch schon so viel versucht/ worzu wol der hundertste nicht das Hertz hat/ verhoffentlich zu rechter Zeit hervor zu suchen seyn wird. Wer zweiffelt daran/ sagte der alte Herr von Kronhoff/ oder wie könte das Land besser/ als mit dergleichen jungen Maul-Affen zu versehen seyn? Ich weiß aber in Warheit nicht/ ob man mehr dergleichen einfältiger Eltern Thorheit/

heit/ und den Laßdünckel so unzeitiger Martialisten belachen/ als den hohen Officierern die wegen ihres Nutzens ihnen solche Stellen zulassen/ worüber ein ander ehrlicher Kerls bißweilen wol 28. bis 30. Jahr manchen Dampff ausstehen muß/ ehe er darzu gelanget/ verargen solle/ zumalen da solcher gestalt die jenigen Printzen oder Staaten welchen dergleichen Venus-Ritter zugeführet werden/ und in den Gedancken stehen/ sie wären mit rechtschaffenen Leuten versehen/ mercklich betrogen werden/ doch rede ich auch dieses nicht/ daß ich einem jungen freudigen Gemüte/ es sey vom Adel oder Unadel widerrathe/ dergleichen Krieges-Begierden nachzuhengen/ oder wie man täglich sihet/ an der Mutter Brüsten zu bleiben/ sondern nur wenn es etwas angefangen/ selbiges rechtschaffen auszuführen/ und nit aus dem Probe-Jahr zu entlauffen/ sondern zu bedencken/ daß es besser sey/ gar nicht ausgegangen/ als auf halben Wege wieder umgekehret. Wie aber hat sich der Herr Florissohn so sehr in den Gedancken vertieffet/ und wohin zielen die vielfältig unter diesen Reden bemerckte Seuffzer? sonder Zweiffel sind selbige weit von hier/ derhalben nöthig/ daß man sie auch zusammen bringe/ und uns selbiger seine Meinung über der Kauffmannschafft/ wie sie sich mit dem Adel vergleiche/ eröffne.

Die Warheit zu bekennen/ antwortete dieser/ so sind meine Gedancken so wenig von deß Herrn von Kronhoffs weißlich-geführtem Soldaten-Urtheil entfernet/ daß ich selbigem in dem Innersten meines

meines Hertzens Beyfall gebe/ und nur beseufftze daß auch/ meines geliebten Vatterlandes gegenwärtiger unglücklicher Zustand mehrentheils daher rühre/ daß man dergleichen Hasen/ die vornehmsten Kriegs-Aempter nur darum anvertrauet/ weil sie der obersten Estats-Bedienten Kinder/ und denn auch zu dessen Vorstehung solche Leute genommen/ die von dergleichen Einbildung sind/ daß wenn sie nur etliche Titul aus den Justinianischen Rechten verstehen/ und etliche Jahre einen Rechts-Proceß zu drechseln gewust/ alsdenn selbsten auf die Gerichts-Stühle geruckt/ im übrigen aber niemals einen Lunten/ als nur etwan bey dem Auszuge eines Freuden-Festes gerochen/ weniger eine Approche gesehen/ oder wissen/ was für ein Unterschied zwischen einem rechtschaffenen Kerls/ oder hinter dem Ofen halb-ausgebackenen Zärtlinge ist/ sich dennoch wol einbilden/ daß sie ja grosse Kriegs-Commissarii/ als der Frantzös. *Louvois*, und also deß Ansehens seyn/ daß ihnen alle rechtschaffene Soldaten zu Geboten stehen/ und ihren Befehlen/ sie seyn so unvernünfftig sie immer wollen/ solte auch der gantze Estat darüber zu Grunde gehen/ zum genauesten nachkommen müssen/ woraus/ und absonderlich/ daß sie auch alsofort ihre eigene Sorge seyn lassen/ solche Ehren-Aempter auf ihre Kinder erblich fortzübringen/ und sie derowegen ehe sie noch recht hinter den Ohren trucken worden/ denn auch mit Verstand so reichlich versehen/ wie der Affe mit einem Schwantze/ alsobald so hoch ans Bret

S setzen/

setzen/daß sich andere ehrliche um das gemeine Wesen wolverdiente Leute vor ihnen bucken/ und bey allen Ehren= Begängnüssen nachtretten müssen/ woraus denn nothwendig die schönen Früchte/ die mein unglückliches Vatterland itzund empfindet/ hervor brechen/und aller Welt zum Beyspiel dienen müssen/ daß diejenigen Esel die sich einbilden/ sie sein Hirschen/ niemals besser ihre Ungeschickligkeit der Welt vor Augen legen/als wenn sie in der Flucht über die Gräben springen müssen/ und mit der Nasen samt dem ihnen aufgepackten Estats-Pack in Koth stürtzen/so daß man sich nicht so hoch mehr zu verwundern hat/ daß vor Alters Troja vermittelst eines Pferdes zu Grauß und Schrutt werden/weil man noch heutiges Tages sihet/daß die gantze Welt von Eseln verwüstet wird.

Ich kan meinem Herrn in diesem allem leichte Beyfall geben/ sagte der Herr von Kronhof weil ihm als einem Landes=Kinde ohne allen Zweiffel die Beschaffenheit dieser Mängel an dem Holländischen Estat/ vor den Ausländern am besten bekandt sind/ sind es aber diese nur alleine/ die dieses schöne Land so weit von seiner vorigen Glückseligkeit herunter gebracht haben? Nein/ mein Herr/ antwortete dieser/sondern es ligen noch viel verborgene an diesem Leibe befindliche Flecken/ die man nicht einmal rechtschaffen entdecken/ geschweige denn anrühren darff/ derohalben ich nicht mehr sagen will/ als daß dieses die unglückselige Früchte/ eines so mühsam gepflantzten guten Baums/ nemlich

lich deß Löwensteinischen *Recessus* sind/ in welchem Holland aus meiner unglücklichen Vettern der tapffern *de Wittens* treuen Vorsorge allererst zu seiner rechtschaffenen ungeschminkten Freyheit gelanget ist.  Denn wer wolte wol sagen/ daß solches vorhero ein freyes Land gewesen/ das unter Kayser Carl dem Fünfften sich einbildete/ es müste zur Sclavin werden/ wenn es ihm nur 30000. Gulden ein für allemal geben solte/ und dem Hertzog von Alba eher etliche tausend Köpffe seiner besten Bürger hinließ/ ehe es ihm nur den zehenden oder zwantzigsten Theil seiner Güter verwilligen wolte/ das dem Englischen Noth helffer Hertzog von Leicester/ dem Französischen eben unter diesem Vorwand eingeschlichenen Königlichen Printzen/ Hertzog von Anjou/ und dem Ertz-Hertzog Matthias selbsten/ alsbald wiederum den Abschied gab/als es merckte/ daß seine Freyheit unter selbigen nit allerdings versichert war/und doch hernach einen andern so lange Jahr über sich gelitten/der zu seinem eigenen Vortheil den von Spanien so offt angebotenen Frieden so lange aufgezogen/ und ihn endlich kaum/ mehr zur Erweiterung seines Hauses/ als des Estats geschlossen hat/ der mittler Zeit über ihm biß hundert und viertzig Millionen Schulden aufgebürdet/ und wol dreymal so viel Contanten gekostet/ bey dem letzten Spanischen Kriege/ die Holländische Handlung durch die Dünkirchische Capereyen fast gantz zu Grunde legen lassen/ und daß nicht weniger nur die Algierischen Seerauber im Jahr 1671.

und 72. in 13. Monaten drey hundert und viertzig
Schiffe/ am Wehrte biß hundert und vier und
zwantzig Tonnen Goldes nur denen von Amsterdam alleine weggenommen/ endlich mit einem
Worte/ wenn nicht des Höchsten Gnade/ vermittelst eines sonderbaren Wunder-Wercks/ solches
gnädig abgewendet/ im Jahr 1650. solche Freyheit
gäntzlich in die Pfanne gehauen/ und in einem eintzigen Tage diß zu Wercke gesetzt hätte/ was das
mächtige Spanien mit so viel hundert Millionen
bey nahe ein gantzes Jahrhundert her/ nicht verrichten können/ so daß jener weise Mann recht geurtheilet/ daß Holland alles hergegeben/ damit es
nur nicht den Zehenden geben dörffen. Ich komme aber wieder meinen Willen zu tief hinter diß Geheimnüß/ und läugne nicht/ daß auch die Gemeine
selbst/ mit ihren vielfaltigen Lastern und Sünden
der Göttlichen Gerechtigkeit die Schleüssen geöffnet/ diese Provinzien mit seinen Zorn-Fluten zu überschwemmen/ die Uneinigkeit/ Neid/ und Geitz auf
der Cantzel/ die Ungerechtigkeit vor den Gerichts-
Stühlen/ der Ubermut/ Ruchlosigkeit/ und der voraus bey den Gelehrten eingerissene Atheismus/ als
die da vermeinen/ sie können ihren hohen Verstand
nicht besser an Tag geben/ als wenn sie entweder
GOTT selbst/ oder seine Allmacht und Vorsorge
laugnen/ solten es auch die dem Regiment und der
Jugend vorgesetzte gottlose Leute selber seyn/ haben
auch redlich zu diesem Unglück geholffen/ so daß
man bey den ersten solche Aergernus/ und voraus

das

das üppige gottlose Leben ihrer Weiber nicht genug beseufftzen können/ und vor den Gerichts-Stühlen beobachten müssen/ daß daselbst keine andere als mit Gold außgewogene Gerechtigkeit zu verspüren gewesen/ noch auch die Ehren-Aemter wie vor diesem/ nach der Geschicklichkeit der Personen/ sondern nur für gute Contenten eintzig und allein Kauffs-weise von denjenigen hingelassen werden/ die sich in solchen Ehren-Aemtern einbilden/ sie sind nur deßwegen hingesetzt/ ihre Häuser zu bereichern/ die Gerechtigkeit und Wolfart des gemeinen Wesens möge bleiben wo sie wollen. Da doch schon nach der alten Heyden Außspruch/ dessen Wolstand das höchste Gesetze seyn sollen. Alleine was hat man nicht für vielfältige böse Blattern in dem vormals schönen Leibe der Holländern freyen Dirne gefunden/ und daß vorauß das schändliche Fieber deß Eigen-Nutzes sie auf das Siech-Bette/ ja nunmehro/ wo GOTT nicht sonderlich hilfft/ dem Tode in die Armen geworffen hat. Was soll man hierbey sagen von der grossen Unzucht/ die nicht nur unter dem gemeinem Volck/ sondern den Grossen selber gleichsam ein freyes Bürger-Recht gewonnen? Leute die in Ehren-Aemptern sitzen/ und andern mit guten Exempeln vorgehen solten/ ja die selber über dergleichen richten/ sind so weit darinnen ersoffen/ daß sie vor aller Augen Beyschläfferinnen halten/ und vermeinen sie sind schon in ihrem Gewissen sicher genug/ wenn sie nur nicht darbey verehliget sind/ und wol vorhero/ ehe sie zunahe mit einander das

S 3      Schand=

Schand-Bette besteigen/ mit einem Christlichen Abend-Gebete sich GOtt zu sichern: Schutze befehlen/ oder auch endlich solches mit Stifftung eines Kirchen-Zieraths/ wievol auch mehr aus dem Absehen/ das Gedächtnüß ihres grossen Namens aufzustengeln/ aufzurichten/ gleich als wenn GOTT sein sonderes Gefallen daran hätte/ den Tempel deß Heiligen Geistes zu besudlen/ und die äusserlichen auszuzieren. Dieses heisst in Warheit recht/ Bedencken haben/ in die Kirche zu spenen/ und gar den hohen Altar zu besudlen/ oder auch vielmehr/ mit ihrem ungerechtem Wucher und Vervortheilung den Teuffel selbsten hinaufzusetzen/ und die Schätze Christi/ wie das liebe Armut bey dem Tiraquello genennet wird/ auch solcher Gestalt zu berauben.

Holland ist/ wie jederman bekandt/ dem Allmosen und der Liebe gegen die Dürfftigkeit/ dergestalt ergeben/ daß man fast in keinem Orte so viel Siech-Häuser und Stifftungen für die arme studirende Jugend findet/ die aber selbiges bißweilen am wenigsten geneust/ sondern mit Schmertzen sehen muß/ wie das meiste darvon dergestalt in der Reichen/ als derer Verwalter Händen klebet/ daß ungeachtet sie wol wissen/ oder wissen solten/ wie diese Brocken die Rechte bey dem *Baldo conf.* 254. und dem *Angelo conf.* 328. ingleichen *cap. bene quidem 1. dist. 96. cap. sunt qui,* derer Verfälschern segnen/ daß sie offentlich Todtschläger und Kirchen-Diebe genennet werden/ dem Armut kaum und kaum die

Kno-

Knochen hingeworffen/ und zu fünff *Stipendia* dergleichen Bettlers Kindern hingerissen werden/ die
selber *Capitalia* zu hundert tausend haben/ nur ihre
junge Venus-Ritter in den kostbaren Moden/ und
den Huren-Häusern desto prächtiger sonder eigene
Unkosten zu unterhalten.

Und wer wolte so Hirn-leeren Kopffes seyn/
und sich überreden lassen/ daß auch wegen der andern Verwaltungen so milder Stifftungen/ Leute
die sonsten niemals den Speck für die Hunde las-
sen/ noch einen Stüber auf das Dach werffen/ sie
seyn denn versichert/ daß ein Schilling wieder herunter falle/ selbige mit so vielen hundert Reichsthä-
lern zu keinem andern Ende erkauffen solten/ als sich
nur damit unfruchtbare Bemühungen zu machen/
darben aber nicht bedencken/ *quod potior animæ ratio sit habenda, quàm pecuniæ, l. Sancimus 6. C. de
Sacros. Eccles.* dann daß das der Armut abgezoge-
ne Gut eiserne Zähne habe/ die auch das eigene hinweg fressen/ und noch darzu in jener Welt zu einem
Brand-Röther werden dörfften/ die Brandscheiter
deß Zorns GOttes darauf desto hitziger anzu-
feuern.

Indessen muß es itzo einer allhier mit dem andern entgelten/ so daß/ weil nach dem Munde deß
Geistes GOttes/ dergleichen Ungerechtigkeit die eigentliche Ursache/ daß Länder und Königreiche versetzt werden/ sehr zu besorgen ist/ es werde noch der
Herrschungs-süchtige König Ludwig in das
Estats-Hertze/ nemlich Amsterdam eindringen/

und

und dessen Seele der Kauffmannschafft/ den letzten Stoß geben/ die denn so lange sie bißher gestanden/ genugsam bezeugen kan/ was von ihr zu halten/ und daß eine solche Profession/ die so viel Millionen/ ja gantze Länder in ihrem Vermögen hat/ die in Indien unterschiedenen Königen/ mit so viel Vestungen den Capozaum über die Nasen geschnüret/ die gantze Kriegs-Heere unterhält/ und deren Bediente auch Fürstliche Hofhaltungen führen/ unter den gemeinen Pöfel zu setzen/ und nicht den armseligen Gelehrten/ und Gebutts-Adel/ ja vielen Herren/ Grafen/ und Fürsten vorzuziehen sey? Ungeachtet was ein und anderer ihnen vorwirfft/ daß nemlich bey den Römern/ keiner von den Vättern sich/ wie sie meinen/ damit besudeln dörffen/ und es dem Tarquinius kein geringer Schimpff gewesen/ daß er von einem Kauffmann geboren/ als denn auch Svetonius den Vespasianum/ Capitolinus aber den Kayser Pertinar deswegen aushecheln. Wer des König Ferdinands von Neapolis Geschichte lesen/ und den Estat deß Groß-Hertzogs von Florenz/ Genua/ und Venedig kennet/ wird gar andere Gedancken haben/ und nicht umstehen können/ daß der Adel daselbst/ dessen unerachtet/ in seiner untadelhafften Vollkommenheit sey.

    Daran ist nicht zu zweiffeln/ sagte der Herr Licentiat/ es ist aber hier gar nicht die Frage/ in was für Respect die *collegialiter* betrachtete Kauffmannschafft sey/ und für Kräffte oder Macht habe/ sondern ob ein Kauffmann als Glied von ihnen/ ich

will

will nicht sagen / sich den Adel beymessen / und den Gelehrten an die Seite setzen / sondern aller dieser von Italien angeführter Exempel ungeachtet / selbigem ungleiche zu schätzen seyn solle / die man denn zwar gerne dem Herrn Florissohn einräumet / darbey aber auch genugsam weiß / daß die Geschicht-Schreiber/ und sonderlich der *Comineus lib.* 2. vom Neapolitanischen Kriege/ dem guten König solches schimpfflich genug vorwirfft/ und auch zu Venedig diejenigen Cavalliere in viel grösser Hochachtung sind / die sich selbiger enthalten. Man lasse aber dieses alles dahin gestellet seyn/ so sehe ich doch nicht/ wie unsere Kauffleute/ als die jenen eben so nahe zu vergleichen/ wie ein Sperling einem Sperber/ sich solcher Beyspiele bedienen können. Ein Zwerg ist derenthalben nichts grösser/ ob er gleich auf eines Riesen Schulter sitzt; derowegen davor haltende/ daß man mehr zur Entscheidung dieser Sache / auf die Land-üblichen Kayserlichen Rechte/ und Fürstliche *Constitutiones* sehen solle/ als was bey den Ausländern geschiehet / worauf wir denn voraus in *L. Nobil. C. de com. & merc. & L. 6. C. de dignit.* ingleichen *L. humilem C. de incest. nupt. L. Senatores 1. C. de nat. lib.* ingleichen in den Sächsischen *Constitutionen pag.* 17. und 124. gar schlechte für sie angewiesene Stellen finden werden/ aus welchen sie auch/ weder Thales/ noch Zeno der ein Purpur-Krämer gewesen seyn soll/ noch Solon/ noch eintziger ander der Schacherey ergebener Philosophus erhöhen wird / weil diese Leute selber von nichts besſerm Stande/ ſondern nur bey ihrer mit dem Adel keine Verwandnüß habenden Schulfuͤchſeren beruͤhmet geweſen.

Wie ſoll ich das verſtehen/ fing hierauf der biß- hero einen gedultigen Zuhoͤrer abgebende Herr *Magiſter Euſebius* an/ daß man die bey aller Welt ſo hoch beruͤhmten Philoſophos/ von dieſer Ehre ausſchlieſſen will/ da ihnen doch das gantze Alter- tum ſo hohe Wuͤrden/ und nicht nur den ſchlechten Adel/ ſondern wol gar Kron und Zepter beyleget? Dannenhero Plato geſagt/ daß alsdenn die Koͤnig- reiche gluͤcklich ſeyn wuͤrden/ wenn die Koͤnige phi- loſophirten/ und die Philoſophi herrſchten/ ſo meinet auch Ariſtoteles/daß es eigendlich einem Koͤnige zu- ſtuͤnde zu philoſophiren/und der Kayſer Julianus/ daß kein guter Mann ſeyn koͤnne/ der nicht zugleich ein Philoſophus waͤre/denn in dieſer/ ſagt Caſſiodo- rus/findet ein Weiſer/ wormit er zu groͤſſerer Weiß- heit gelangen/ ein Soldat/ wormit er ſich in ſeiner Tapfferkeit beſtaͤrcken/ und ein Fuͤrſt/ wie er ſeine Unterthanen deſto beſſer regieren kan/ ja es iſt in der gantzen Welt kein Stand/ noch Wiſſenſchafft/ noch Gluͤcke/ daß nicht von dieſer Wiſſenſchafft erleuch- tet werde/ und des Ariſtoteles Zeugnuͤs nach/ die groſſe Stadt Thebe niemals in beſſerm Aufnehmen geſtanden/ als da ihr die Philoſophi vorgeſtan- den ſind/ ſo wird der Herr Licentiat am beſten wiſ- ſen/ daß auch *ex L. unica C. de profeſſ. qui in urb.* diejenigen *Philoſophi* und *Grammatici,* die zwanzig Jahr zu Rom gelehret/ den ſo genandten *Vicariis*

gleich

gleich geschätzet worden/ diese *Vicarii* aber nichts minder als Grafen gewesen.

Dieses muß ich in Warheit wol lachen/ fieng hierauf der Herr Licentiat an/ daß der Herr *Magister* mit so schönen Zeugnussen von Hauß aus/ für die Schulfuchsereÿ aufgezogen kommet/ die ich aber mit eben dergleichen Authorität wieder abweise/ und ihn zu ihrem eigenen Groß-Meister dem Plato verweisen wil/ welcher wie schon vorher gedacht/ diese schöne Worte führet/ die *Philosophia, O Socrates*, ist wol eine schöne und angenehme Sache/ so man sie in der Jugend mässig berühret/ daferne man ihr aber die gantze Zeit widmen will/ so ist sie des Menschen Verderben/ und weiß der Herr als ein Theologus nicht/ was der heilige Tertullianus wider den Hermogenem von diesen Leuten hält? sie sind gleich/ spricht er/ den Eulen/ die mit ihrer eitlen *Philosophie* deß Nachts sehen/ wenn aber die Sonne aufgehet/ erblinden/ und was saget GOtt Selbst bey dem Hiob von ihné? ich wil/ spricht Er/ die Welt-weisen mit aller ihrer Weisheit zu Schanden machen. So muß ihm der Herr gar nicht einbilden/ daß diese in den Schulen so hoch heraus gestrichene Leute/ so tugendhaffte Helden/ sondern nach mehrer Anführung deß Lampridii und Athenäi/ die aller Lasterhafftigstè Leute unter der Sonnen gewesen. Waren nicht Diagoras/ Theodorus/ Prodicus/ Evemerus/ Dion/ Critias/ Protagoras/ Averroes/ Alexander/ Democritus/ Epicurus/ Aristippus/ offentliche GOttes-Hippo Phrygius/ Sosia/ Dionysius/

nysius/ Metrodorus / Galenus Seelen-Verläugner? Socrates ein Truncken bold/ und Knaben-
schänder? Speusippus ein Geitz-Halß/ und der
grosse Aristoteles selber der undanckbareste und
schändlichste Verräther seines eignen Herrn deß
grossen Alexanders/ der ihn mit unzehlbaren grossen
Wolthaten überschüttet/ und auf einmal 400000.
Kronen verehret/ dafür aber dieses zur Danckbarkeit genossen hat/ daß er ihm von der Welt zu helffen/
deß Antipaters Kindern den Gifft zu wege gebracht.
Der beruffne Cicero war ein Blutschänder mit seinem
eigenen Tochter Terentia/ und der Göttliche Plato ein solcher Huren-Hengst/ der sich auch der alten
Weiber nicht enthalten konte/ sondern des Athenäi
Zeugnuß nach/ mit der alten Vettel Archianassa
in offentlicher Schande lebte/ und was sol man von
denen vortrefflichen Weibern sagen? Die für die zehende Musa verehrte Sappho war eine offene Me-
tze/ und die schöne Astnanassa/ Filena/ und Elefan-
tis die Urheberinnen der schandbaren Schrifften/
die ich auch zu nennen anstehe. Lasset mir aber den
bellenden Hund/ oder vielmehr die schlämntiche
Sau den Diogenes für einen so trefflichen Mann
passiren/ dessen Gedächtnuß noch würdig ist/ heutiges Tages in den Christlichen Schulen verehret zu
werden. GOtt hat den Menschen zu einem vernünfftigen leutseligen/ und so saubern Geschöpffe ge-
macht/ daß er ihm in Reinigkeit und tugendhafften
Leben dienen/ und mit seinem Nechsten freundlich
umgehen sol/ dahergegen siehet man dieses Schwein
sich

sich im Kote wältzen/in laufigen Kleidern daher zie-
hen/im stinckenden Faße stecken/offentliche Huren-
schande verüben/und auf nichts anders sich befleiß-
sen/als daß er die Leute anbelle/ja damit er einem
wilden Hunde allerdings gleich werde/rohes Fleisch
fressen/und dannoch wird man noch heute zu Tage
seine aus Griechenland mit grossen Unkosten dahin
gebrachte Grab-Schrifft deß Innhalts: Daß ein
in Stein außgehauener Hund mit dieser Unter-
Schrifft zu sehen/sage mir/mein Hund/wen be-
wachstu alhier? Antwort/einen Hund! dieser war
der grosse Diogenes/der zu seiner Zeit in einem Faß-
se wohnte/und nun seinen Sitz unter den Sternen
hat; das so tapffere als verständige Venedig verehr-
ren sehen.

In Warheit schöne Gedancken/gewiß werden
es sehr finstere Sternen seyn! ich will aber noch weiter gehen/ und diesen vortrefflichen Tugend-Leh-
rern auch den Quintum Artorium/und Cornelium
Gallum/die ihre verfluchten Seelen in übernom-
menem Huren-Werck außbliessen/an die Seite stel-
len/und was sol man von dem vortreflichen Theog-
nides halten/der zwar ein sehr köstliches Buch von
der Sitten-Lehr geschrieben/ und doch selbiger so
wenig nachgekommen/ daß er seine arme Eltern
gäntzlich enterbet/und alles seiner Metze zugeeignet
hat. Nichts destoweniger siehet man noch zu Tage in den meisten Christlichen Schulen/wie dieser
Leute Leben herausser gestrichen/ und erwehnter
massen nach)/der Jugend weiß gemachet wird/daß

es

es alsdann in der Welt recht und wol zu gehen würde/ wenn solche Schulfüchse den Regierungs-Stab führten/ oder die Potentaten sich allerdings ihnen gleich öhnlich machten/ gleich als wenn man nicht wüste/ wie der vortrefflich Cicero dem Römischen Wesen so verständig vorgestanden/ daß er ben nahe selbiges übern Hauffen geworffen/ zu welchem wir den Philosophischen Cavallier Clearchus Ponticus/ zur Bestärckung dieses vortrefflichen Schul-Schatzes hervor suchen wollen/ der/ nachdem er lange Zeit zu Athen in des *Platonis Lectionen* herummer gelauffen/ und darauf von dem grossen Alexander zum Fürsten der Heracleoniten gemacht worden/ dergleichen schöne philosophische tugendhaffte Regierung geführet/ die man schwerlich von den grausamsten und geilesten wilden Thieren erwarten können. Mit welchen auch allerdings der vortreffliche Philosophus und Priester Lysias zu Tarsis/ wie auch der Peripatetische Athenion zu vergleichen sind/ die/ nachdem ihnen der König Mithridates das Regiment zu Athen anvertrauet/ sich so schändlich/ leichtfertig/ und grausam darinnen verhalten/ daß sie deß Athenäi Zeugnus nach/ der Philosophie den grösten Schimpff angethan/ und die Athenienser vor aller Welt stinckend gemacht haben.

Last uns aber statt anderer hundert den Demetrius Phalereus ansehen/ der/ nach dem Zeugnuß itzt angeführten Athenäi/ ein so mässiger und sittsamer Philosophus/ oder deutlich zu sagen/ hungriger Heuch-

Heuchler gewesen / der sich des Tages über mit ein par dutzent Oliven vergnügte / und von allen Leuten für einen sittsamen / mässigen / keuschen und erbaren Mann gehalten wurd / und doch so bald er nur aus des Cassanders Gnaden zu der Athenensischen Regierung kam / dergleichen geiles verschwenderisches und boßhafftes Leben geführet / daß kein ehrliches Weibes-Bild für ihm sicher gewesen / und sich sein Koch Moschion von demjenigen / so ihm nur in 2. Jahren von seines Herrn vollbrätigen Taffel übergeblieben / drey Dörffer kauffen können.

Aus diesen / und dergleichen andern Beyspielen / daß die Philosophie die Leute mehr zur Leichtfertigkeit / als Tugend anfrische / und deren meiste Anhänger / und Scheinheuchler / undanckbare GOttes vergessene Seelen-Verleugner / und geile Böcke sind / hat obertwehnter massen nach / die kluge Agrippina gar vernünfftig gethan / daß sie ihren Sohn den jungen Nero durchaus nicht in selbiger unterweisen lassen / als die ohne Zweiffel schon vorhero gesehen / daß er an sich selber boßhafftig genug / und da er noch selbige zu Hülffe bekäme / unerträglich seyn würde / mit einem Worte / deß Anasippi schöner Ausspruch / *Philosophos verbis tantum sapere animadverto; gerendis autem rebus dementes esse.* Teutsch zu sagen / diese Leute nur ihrem Dunckel nach / weise / in der That aber nichts weniger wären: unwidersprechlich wahr sey. Wormit wir uns aber / weil nunmehro auch der Abend anfängt der Nacht Platz zu machen / und uns unsere Bescheiden-

deutheit erinnert / unsern hoch-schätzbaren Herrn
Wirth nicht länger von der Ruhe abzuhalten/ nicht
weiter einlassen/ sondern nur noch von selbigem zum
Beschluß vorerbetenes Urtheil über unsern bißher
geführten Gegenstreit erwarten wollen.

Wegen abgelauffener Zeit dörffen die Herren
keine Sorge haben/ antwortete dieser/ sndem mir
ohne diß auch bey genommener Ruhe/ viel wachsa-
mer Stunden übrig bleiben/ dahero mir nichts an-
genehmers seyn kan / als wenn ich mit eintzigen guten Freunden noch ein par über die gewöhnliche
Ruhe-Zeit zusetze/ weiß aber nicht/ ob/ wie vorge-
dacht/ ich meine abgeforderte Meinung dergestalt
werde einrichten/ und einen solchen Schieds-Richter abgeben können/ daß/ wie ich wünsche/ ein jeder
seine Vergnügung/ und keine Verdrüßlichkeit daraus empfinde/ in welcher Zuversicht ich denn der
Meinung bin/ daß der bißhero aus den alten philosophischen Lob-Sprüchen/ Käyserl. Rechten/ und
Beyspielen/ für die Tugend und Wissenschafft angeführte Adel / nicht eben so wol von dem Ritterständigen Adel/ als von welchem anfangs die Frage
gewesen/ sondern nur eine vor dem gemeinen Volcke
gebührende Ehre auszulegen sey/ also dieser letzte
eintzig und allein aus dem Geblüte/ und dessen ordentlicher Zeit mässiger Fortpflantzung herkomme/
ungehindert/ was man bißhero aus dem Worte
*Nobilis,* für die Tugend und Wissenschafft erzwin-
gen wollen/ als daß selbigs wen wir es recht betrach-
ten/ an angeführten Oertern sehr *generaliter* genommen

men wird/ und weil es ohne allen Zweiffel/ von dem Worte *Notus* herkommet/ nur so viel/ als bekannt und berühmt bedeutet; in diesem Verstande nennet der Poete Virgilius etliche Verse: *non ignobile carmen*, und Tacitus will mit diesen Worten/ *ne Romæ quidem ignobile Catharacti nomen*, ohne allen Zweiffel nichts anders sagen/ als daß dieser zu Rom nicht unbekandt gewesen. Anders legen solches wol gar Hunden/ Pferden/ und andern Thieren/ als wenn sie einen Hirschen ein edeles/ ein wildes Schwein aber unedles Wildprät nennen/ ja unter diesem Worte *Nobile scortum*, den unzüchtigen Metzen bey/ dahingegen wüsten die alten Römer von keinem andern/ als dem von denen von Romulo oder Numa eingesetzten 100. adelichen Vättern/ auf sie fortgepflantzten Adel/ so daß sie das gantze Volck in 3. Ordnungen eintheilten/ als erstlich in itztgenante *Patritios*, zum andern in den Ritter-Stand/ welches eigendlich die Soldaten waren/ und worzu/ ob sie gleich dem alten Adel nicht gleiche kamen/ dennoch sich etwas besser vor dem gemeinen Volcke zu halten/ keiner gelangen konte/ der nicht C. D. ærk im Vermögen hatte/ drittens das gemeine Volck/ welchen dreyfachen Unterschied denn der Poet Martialis in seinen Schertz-Gedichten dergestalt gar artig vorstellet:

Du hieltest/ Gellia/ dich noch vor kurtzen Jahren
Für einem Rittersmann zu herrlich und zu gut.

T

### Ein Raths-Herr solte sich mit deinen Ahnen paren/
### Da dir es doch itzund ein Kistenträger thut.

Nun finden wir aber/ bey keinem eintzigen Geschicht-Schreiber/ daß weder die Juristen/ noch die Aertzte/ noch andere Gelehrten/ in der ersten noch andern Ordnung gewesen/ dannenhero nothwendig folget/ daß sie in der dritten bey dem gemeinen Volck geblieben/ und daß alles/ was der berühmte Sitten-Lehrer Seneca im 2. Buche seiner Episteln unter diesen Worten von der Tugend herrühmet: Schlage die Zeiten auf/ so wirst du befinden/ daß derjenige der itzund ein Edelmann ist/ vor diesem ein schlechter Kerl gewesen/ schaue die Patritios an/ und ob wol jemand gehöret/ daß sie jemals von Himmel gefallen wären? *Omnia*, sagt Tacitus im andern seiner Jahr-Bücher *quæ nunc vetusta creduntur, nova fuere; in veterascet hoc quoque. Et quod nunc pro exemplis intuemur, inter exempla erit*, nicht anders zu verstehen sey/ als daß ein rechtschaffenes edeles Gemüte sich selbiger befleissen/ und keines weges gedencken solle/ daß es schon genug sey/ wenn man es nur dahin gebracht/ daß man ihm bey seinem Leich-Gepränge/ Geschlechts- und Kriegs-Fahnen-Pferde/ Härnische/ Schilde/ Sporen/ vorführe/ und den blossen Degen auf den Sarg lege/ da man ihm doch/ weil er sein

sein lebetage keinen Arm ausgestreckt/ keine Fahne vor dem Feinde fliegen gesehen/ und sein Degen so blutdürstig gewesen/ wie jenes Spaniers/ der seinem Koch/ nachdem er ihm befohlen eine Speise zuzurichten/ die mit dem Blute keine Verwandschafft hätte/ dieser seinen Degen als der weder von Blute war/ noch jemals mit dem Blut eintzige Vertrauligkeit verlangt/ absorderte/ mit einem Worte/ Karten/ Taback-Pfeiffen/ Wein-Gläser/ und dergleichen vormalige Belustigungen/ billiger vortragen sölte. Und eben solche Beschaffenheit hat es auch mit denen/ nach der Hand von den Christlichen Kaysern den Gelehrten zugeeigneten Lob-Sprüchen/ und adelichen Beywortern/ als die ebenfals von nichts anders/ als ihren Freyheiten/ und Vorzügen vor dem gemeinen Volck/ keines weges aber dahin zu verstehen seyn/ daß sie damit schon würcklich in den Ritter-Stand erhoben/ sondern allererst mit solchen Tugenden und Verdiensten sich dahin tüchtig machen sollen/ vermittelst von der hohen Majestät darüber erhaltenen Begnadung/ und darauf erfolgte Ahnenachtige Zeit/ darinnen einzuwurtzeln/ indessen aber alle garstige gewinnsichtige Handthierung/ und vor aus dem Adel unanständigen Wucher auszugeben/ noch das adeliche Wappen den versetzten Bock-Fellen auf den Schwantz zu drucken.

Wollte jemand an solche Meinung eintzigen Zweiffel setzen/ und sich gleichwol von seinen alten philosophischen Lob-Sprüchen nicht herunter bringen

T 2 gen

gen lassen/so will ich gleichfals kein Bedencken haben/auch ihren Aristoteles zu unserm Schied-Richter anzunehmen/ als der im dritten Buche seiner *Pol.* im 13. *Cap.* diese Worte führet: Der Adel ist eine Tugend des Geschlechts/und im 2. seiner Red-Kunst: Der Adel ist eine von unsern Vorfahren auf uns gebrachte Vortrefflichkeit. Eben dieses bestättiget Boetius mit diesen Worten: Der Adel ist ein Lob/ welches von den Verdiensten unserer Voreltern herkommet/ dem auch *Salustius* und Cicero dergestalt Beyfall geben: der alten Ehre saget der erste/dienet den Nachkommen zu einem Licht/und der andere/es sollen bey uns/die um das gemeine Wesen wohl-verdienten Leute in stetem und altem Gedächtnuß verbleiben.    Sagt nicht auch der so offt angeführte *Baldus in text. nobilitas est quædam laus veniens de meritis parentum* eben dieses? Und in *præmia feudorum* noch darzu/ daß ungeachtet einer von solchem Vermögen wäre/ansehliche Lehens-Güter zu besitzen/ er dennoch dessen ungeachtet für keinen rechtschaffenen Ritter oder Edelmann zu halten sey/ weil wie seine Worte sind/der Adel nicht in einem Augenblick erworben wird/ deren auch die von den Herren selbst öffters angeführte *Lucas Penna L. bum neque C. de incol. lib. 10. Paulus Castrensis consil. 461.* und andere so weit Beyfall geben/dahin schliessende/ daß ob gleich ein Bauer/ oder ander gemeiner Mann/ein adeliches Lehn-Gut kauffe/ dennoch deswegen kein Edelmann wäre/ weil/ wie ihre Worte sind/ es nicht deswegen ein adeliches Lehn-
Gut

Gut genennet wird daß es seinen Besitzer adele/ sondern nur/ weil es jährlich seine adeliche Schuldigkeit/ als etwan einen Hund/ Habicht/ oder dergleichen liefern müsse.

Etwas mehrer Schwierigkeit scheinet es mit den jenigen Gütern die einen förmlichen Estat führen/ grosse *Jurisdictiones*, und in selbiger gebohrne Edelleute unter sich haben/ also daß es fast ungereimet scheinet/ daß der Ober-Herr geringern Standes als der Untersasse seyn solle. Allein deßen allem unerachtet/ bleiben angeführte Rechte gleichwol darben/ daß weil der Adel nichts anders/ als eine von unsern Vorfahren auf uns gestammte Ehre ist/ auch dergleichen grossen Besitzungen/ und solten es auch gantze Fürstenthümer/ ja ihre Besitzer sonsten Königen gleich geschätzte Cardinäle seyn/ dennoch und daferne ihnen nicht die Geburt/ solche Ehre beyleget/ der rechtschaffene ritterliche Adel nicht zukomme/ und wie solten wol die Tugend und Wissenschafften adeln/ weil wir ja täglich sehen viel tugendhaffte Leute in der Verachtung herummer gehen/ im Gegentheil aber/ daß ein gebohrner Edelmann/ wie lasterhafft er immer seyn mag/ deßen unerachtet/ gleichwol ein Edelmann bleibet/ ingleichen/ daß ein *Doctor*, er mag ein *Medicus* oder *Jurist* seyn/ wen ets in seiner Facultät auffs höchste gebracht/ seine angelegenste Sorge seyn läst/ wie er solchen *Titul* wieder abschütteln/ und ein wahrer Edelmann werden möge/ dann auch/ nachdem er dazu gelänget für den grösten Schimpff annimmt/

wenn er nur ungefehr wiederum ein *Doctor* oder *Magister* genennet wird.

Dannenhero dahin schliessende/ daß weder Reichthum noch Wissenschafft/ noch Tugend an sich selbst ohne das Geblüte/ sondern nur die eintzige Geburt uns diesen wahren vollkommenen alten Adel beylegen; nicht das erste/ ander gestalt folgte/ daß auch die leichtfertigsten Leute/ als Räuber/ Diebe/ und Mörder dessen fähig wären; noch das andere/ weil die Gelehrtheit und Wissenschafften als die/ wie man in den Schulen redet/ nur *habitus intellectuales* sind/ auf einer Person beruhen/ und auf andere nicht können versetzet werden; noch das dritte/ weil die Tugend an sich selbst mit dem Geblüte keine Verwandnüß hat/ und also nur berühmet/ nicht aber adelich machet/ sonst müste folgen/ daß auch eines Bauern Sohn/ vermittelst selbiger darzu gelangen könte. Wolte man allhier einwerffen/ was Aristoteles im 5. seiner Red-Kunst sagt/ daß der Adel vom Vatter und Mutter dergestalt herkomme/ daß wenn sie uns gezeuget/ entweder von der Tugend oder Reichthum/ oder andern löblichen Verhaltnüssen berühmt gewesen/ folgends so viel daraus schliessen/ daß gleichwol solcher Gestalt die Tugend/ und der Reichtum/ auch das ihrige beytragen müssen. Dem ist zu antworten/ daß solche nicht als *Essential*-Stücke oder Ursachen/ sondern nur als Werckzeuge/ des Philosophi Meinung nach/ dergestalt darzu erfordert werden/ daß wenn einer mit Reichtum und Tugend ausgegerüstet ist/ vermöge selbiger desto besser Gelegenheit habe/ sich zu ansehnlichen Ehren-Aemtern und folgends vermittelst der Kayserlichen Gnade/ und Erhöhung in den ritterlichen Sattel zu schwingen; wir wollen aber das was zu jenen Zeiten bey den Griechen/ Römern/ und Asianern bräuchig gewesen/ auf die Seiten setzen/ und besehen/ in was für Achtung der Adel zu unser Zeit/ voraus aber in Europa sey/ da wir denn befinden/ daß selbiger in den grossen und kleinen/ und der erstere wiederum in den Kayser-Königlichen/ Fürstlichen/ Hertzoglichen/ Marggräflichen/ Pfaltz-Gräfl. Gräfl. Freyherrlichen und Ritterlichen; dieser aber in den rittermässigen/ und sogenandten Patritischen Adel dergestalt eingetheilet wird/ daß aus dem ersten und andern der Eintritt zu den Ritter-Spielen und alten adelichen Gestifftern geschehen kan. Was nun hierauf Kayser/ und Könige für hohe Würden auf sich haben/ und daß derer theils durch erbliche Nachfolge/ theils einer freyen Wahl den Thron betretten/ ist allhier überflüssig anzuführen/ beyde werden insgemein Fürsten und Printzen genennet/ woraus zu schliessen/ daß dieses Wort oder *Prædicat* viel höher und vornehmer/ als das Hertzogliche sey/ zumalen wir befinden/ daß bey den alten Teutschen ein Hertzog eigenthümlich/ ein General oder Feld-Marschall/ und solche Würde/ wie noch heut zu Tage/ nicht erblich gewesen/ biß endlich Otho der Grosse/ sich dieser Leute benöthigten Gewogenheit desto besser zu versichern/ ihnen solche erblich machte/

welches auch endlich/wiewol etwas ſpäter in Frankreich / und in Engeland allererſt unter dem Könige Eduard dem Dritten/aufkommen.

Auf die Hertzogen folgen die Marggrafen / die anfänglich gleichſam Ober=Auffeher der Reichs-Gräntzen/ und ſolches Amt eben wol unerblich geweſen.

Hernach aber die Pfaltz=Grafen / und Grafen/derer Amt war/ihrem Fürſten oder Kayſer ſtets mit Rath und That an der Hand zu ſtehen / und der Hofſtatt zu folgen/dannenhero ſie billig für deß Kayſers geheime Räthe zu halten/ mit denen man/ der Gelegenheit nach/ auch andere hohe Aemter wie noch heutiges Tages / beſetzt haben mag/ doch findet man derer Namen nicht vor dem groſſen Conſtantin/woraus unterſchiedene ſchlieſſen/daß ſie dieſer Kayſer zum erſten aufgebracht/ und diejenigen/ die ſtets als geheime Räthe um ihn waren/ *Comites Palatini*, Pfaltz=Grafen/ die andern aber zu derer Unterſcheide/nur ſchlechthin Grafen genennet/ wie auch endlich dieſe Würde erblich worden.

Was ein Freyherr noch heutiges Tages iſt/weiſet der Augenſchein/ vor dieſem waren ſie bey den alten Teutſchen nichts anders / als von unterſchiedenen Reichs=und Ritter=Dienſten wegen ihres Wolverhalten/ befreyete Soldaten/ und von dem Worte Bar/ welches auf Alt=Teutſch/ ſo viel als Frey/heiſſet/Baronen/ nach der Zeit aber/ als auch ſolche Würde in höheres Anſehen kommen / und erblich ward/Freyherren/ingleichen deß Heiligen

Rö=

Römischen Reichs Zemper-Freyen/ nicht zwar wie man unverständig schreibet/ *Semper-*Freyen genennet. Unsere lieben alten Teutschen hatten nicht die Gewonheit ihre Titul mit Lateinischen oder fremden Worten außzuspicken/ sondern das Wort Zemper/ ist ein rechtschaffenes eingebornes uraltes teutsches Wort/und heisset so viel als Dienst/dessen sich auch noch heut zu Tage auf etlichen Dörffern die Weiber/ wenn sie einander zum Rocken gehen/ und solches Zempern heissen/ gebrauchen/ daß also dieses Wort/ so vormals an so hohen Orten gebräuchlich gewesen/ sich nunmehro in seiner alten einfältigen Reinigkeit/ auf den Dörffern bey noch etlichen einfältigen Weibern kaum erhalten kan. Es ist aber diese Würde heutiges Tages in Engeland am höchsten/woselbst sie eingetheilet worden/ unter die Parlements-Reichs und Ehren-Frey-Herren/ von welchen die ersten die vornehmsten/ und auch die zwey Ertz-Bischoffe/ sämtliche Bischoffe/ und etliche Aebte/ so dem Könige Ritter-Dienste thun müssen/König Wilhelms Eintheilung nach/ in dieser Ordnung sind.

Hierauf folgten vor Alters auch noch die Banner-Herren/ die man wegen ein oder andern ritterlichen That mit einem Fähnlein solcher Gestalt beehrte/ daß der wegen seiner Dienste damit begnadete/ mit einem langen zipligten Fähnlein vor dem Kayser kniend erschien/ der ihm hierauf mit einer Schere den Zipffel herunter schnitt/ und ihm selbiges

ges wieder zustellete/ biß man mit der Zeit auch solche Würde erblich werden ließ.

Und endlich die Reuter oder Ritter/ welches denn nichts anders als Soldaten/ und zwar die alte teutsche Reuter gewesen/ angesehen solches das Wort Ritter *in genere* genommen / in der Teutschen Sprache/ bey den Engeländern das Wort *Knight* oder Knecht/ bey den Dänen Heermann/ genugsam anzeigt/ die Frantzosen und Welsche heissen sie *gentilshommes*, und *gentilhuomini*, anzuzeigen/ daß sie noch von den alten Teutschen Heiden/ doch nicht von den Römern / sondern denen unter dem Pharamund oder Fahrmund dahin gekommenen Francken wären/ wie denn diese sonst ruhm-redige *Nation* in keiner Abrede ist/ noch seyn kan/ daß ihr ältester und bester Adel von uns Teutschen herrühre. Die Spanier *hidalgos* oder *fidalgos*, das ist/ *fil dal Gotho*, ein Sohn der Gothen/ als ihrer ältsten Einwohner / daß ein jeder Reuter ein Ritter/ oder Edelmann gewesen/ ehe man ihn ordentlich darzu gemacht/ und mit Schild und Wappen/ als gewissen Kenn-Zeichen/ und zwar von etlichen Stücken/ mit denen er sich bey einer Belägerung oder Treffen berühmt gemacht/ als Balcken / Hacken/ Flügel/ Lantzen/ und dergleichen/ doch auch nicht so tumm hin / wie sie unsere heutige neue Ritter selber erwählen/ sondern gewissen/ der Herolds oder Blasonier-Kunst abgemessnen Regeln nach versehen gehabt/ und hierauf allererst/ wiewol auch nicht bald
aus

aus dem Stegreiff / sondern nachdem sie mit ihren vier untadelhafften Ahnen eingewurtzelt / bey den Ritter-Spielen erscheinen / und ihren Verdiensten nach / um den Ritter-Orden anzuwerben / befugt waren / zuvor aber nothwendig beweisen musten / daß sie von vier Ahnen her / Adel-Wappen gemäß / und von keiner offenen Ubelthat überwiesen worden / oder wider ihre Ehre gehandelt hätten. Zu diesem so war diese ritterliche Ehre so wenig erblich / daß zu selbigen Zeiten auch die Könige ihre Printzen / wenn sie ihr männliches Alter erreichet / entweder zu ihren Nachbarn schickten / von ihnen diese ritterliche Würde zu erhalten / oder auch einen Ritter von ihren eigenen Untersassen darzu gebrauchten / wie wir denn bey der Kayserlichen Krönung Graf Wilhelms von Nassau lesen / daß er sich vorhero bey selbiger zu Aachen mit einem Schwerd-Streich / und ritterlichen Ohr-Feige / im Namen GOttes deß Vatters / Sohns und Heil. Geistes darzu habe schlagen lassen.

Diese Ritter hatten hierauf nach der Policey-Ordnung Anno 1530. unter andern diese Freyheit / guldene Ketten biß vier hundert Gulden Rheinisch / ingleichen guldene Degen / und Sporen zu tragen / welches alles aber der eingerissene Mißbrauch so zernichtet hat / daß heutiges Tages ein jeder dergleichen Ritter seyn will / ob er gleich niemals einen Degen für das Vatterland gezucket / sein Lebtage kein streitbares Roß beschritten / weder einen todten Hund im Felde gesehen / denn auch so vierahnicht ist /

ist/daß man noch wol seinen Vatter Lacken schneiden/ und die Mutter mit Strümpffen handeln gesehen/ wiewol es scheinet/ daß auch schon Kayser Carl der Fünffte/ den Anfang zu solchem Mißbrauche gemacht/ als er bey seiner Krönung zu Rom/ auf der Tiber-Brücken/ fast jeden Kammer-Buben darzu geschlagen/ und auch den geringsten Saltz-Händler für fünff undzwantzig Ducaten *taxa*, geadelt hat.   Was ists denn nun Wunder/ daß hierauf dieser vormals so herrliche Orden zu dergleichen Verachtung abgesuncken/ daß es ihn/ voraus nachdem es dahin kommen/ daß man ihn auch offentlichen verlauffenen Banquerotirern/ ja so gar den Juden/ wovon wir ein Exempel an dem Jacob Ronsales haben/ der vor etlichen Jahren nicht nur den Ritter-Stand/ sondern so gar das *Comitiv* darzu erhalten/ ertheilet; da man doch vielmehr ein billiges Einsehen in solcher Auffschneider so grossen Verdienst haben/ und sie eher nach dem *l. eos. ff. ad l. Cor. de falariis*, als offentliche Betrüger/ mit Schwerdt und Besem abstraffen/ als so weit begnaden solte/ nichts weniger als der vormaligen Ehrwürdigen Muschel-formigen Ordens-Kette/ die auch jedweder Lumpen-Kerl endlich für Geld an sich brachte/ in Franckreich ergangen/ von der/ der tapffere General Turcellini bey dem Thuano dieses Urthel gab/ daß zwar selbige vor diesem ein Zeichen der Tapfferkeit gewesen/ nachmals aber ein Kragen aller Hallunken worden.

Damit

Damit ich aber wieder auf den alten Ritterlichen/ oder eigentlich zu sagen/ rittermäſſigen Adel (angeſehen wie obertvehnet ein Edelmann/ ob er gleich ſeine vier Ahnen erſtiegen/ noch kein Ritter/ ſondern nur rittermäſſig geweſen) komme/ ſo iſt zu wiſſen/ daß ſo wenig ein ſolcher rittermäſſiger Edelmann zu dem Turniren zugelaſſen ward/ehe er ſeine vier untadelhaffte Ahnen beweiſen kunte/ ſo wenig waren auch ſie ſchon damals und noch heute bey denen hohen adelichen Geſtifftern ohne ſelbige aufgenommen/ denn ob ſich gleich die Römiſchen Päbſte zum öfftern/ und voraus bey der Gibelliniſchen und Guelfiſchen blutigen Spaltungen euſerſt bemühet/ dem ihnen anhangenden Pövel zugefallen/ die teutſchen Geſtiffter um ſolche Freyheiten zu bringen/und dieſe einzudringen/ſo haben ſie ſich doch biß auf den heutigen Tag darinnen glücklich/ und darben dieſe Ehre erhalten/ daß ihre Biſchoffe von den Römiſchen Kayſern Neeſen genennet werden/ welches ſie wol würden bleiben laſſen/ wenn ſie bey ihnen neue Leute einkommen lieſſen.

Worbey man denn auch den Frantzoſen/ derer Sprichwort iſt/ *la verge anoblit*, den Ruhm laſſen muß/ daß ſie ſich lange Zeit bey ihrem Ahnen völligen Adel erhalten/ und nicht leichte einen neuen bey ihnen einkommen laſſen/ bis auch ihren alten Adel die langwierigen Kriege mit den Engeländern im dreyzehen= und vierzehenden Jahr hundert/ und noch mehr die Züge in das heilige Land ſo weit ſchwächten/ daß weil ſie bey jenen ein groſſes Theil

um

um ihre Mannschafft/ bey diesen aber ihre meinste Lehngüter/ als die sie denen Kauffleuten verpfändet/ und wegen der so hoch aufgestiegenen Zinsen/ nicht wieder einlösen kunten/ kommen/ nothwendig viel Parisische Kauffleute/ ingleichen in dem überwundenen *Bretagne* viel Engeländer/ wie auch vermittelst der Königl. Vermählungen an die Welschen Fürsten/ unterschiedene Geschlechter von selbigen/ als die Fieskier/ Trivultier/ Spitanier/ Gondier einnisten lassen musten/ so daß der Jesuit Menestrier selber bekennen muß/ daß wenn heute zu Tage ein Frantzösischer Edelmann seinen uralten untadelhafften Adel beweisen solle/ er solches nicht besser thun könne/ als wenn er selbigen von den Teutschen herleitet da hingegen war vor diesem bey den Wälschen kein bessers Kenn-Zeichen/ eines uralten adelichen Hauses/ als wenn es mit vielen Thürnichen verzieret war.

So haben sich auch unsere Herren Pohlen mit Warheit zu rühmen/ daß sie ihren Adel trutz einiger andern Völckerschafft/ allezeit in hohen Würden und unbefleckt erhalten.

Wir Elsisser aber/ daß wir den unsrigen guten Theils von ihnen als unsern Ur-Vättern auf uns geerbet/ und uns dieses waren Lobes aus vielen Geschicht-Schreibern voraus aber des Bertii Bekäntnüs zu erfreuen haben.

Der Elsisische Adel/ sagt dieser/ ist von aufrichtigem Gemüte/ und tapffer von der Faust/ vorsichtig in seinen Rathschlägen/ und vor der Gefahr friedsam/

sam/dahergegen aber in selbiger unerschrocken/ beherkt/und geschwinde/ so daß Ungarn/ja die gantze Christenheit ihm dasjenige was noch von diesem Königreiche übrig ist/ zu dancken hat. So viel aber Ungarn und dessen Adel betrifft/ so wird man fast kein anders Reich finden/ wo selbiger so gemein dabey aber auch/(die Grossen als Grafen und Fürsten/ausgenommen) von so minder Achtbarkeit ist/ und zwar dieses aus ihrer eigenen Schuld/ denn wie die Pohlen den Ruhm haben/ daß sie so hoffärtig mit ihren *indigenat* sind/ daß sie es auch wol Churfürstl. Printzen selbst versagen dörffen/ so schlendern hergegen die Ungern das ihrige so verächtlich hin/ daß es bey ihren Land-Tagen fast jeder Schuster/ oder so genandter Zischmacher für eine Reverenz gegen den *Palatinum*, und etwan 12. Gulden Canzeley *Taxa* haben/ hernacher aber wieder auf seinen Schemel gehen/ und sofort seine Zischma so adelich ausmachen darf/ als er will/ und kan.

Was Dännemarck anlanget/ so scheinets zwar/ daß es Teutschland und Polen darinnen nichts nachgebe/ und eine Zeithero mit seiner so genandten *Naturalisirung* ja eben so sparsam gewesen/ darbey aber seinen Adel mit der Handlung sehr beschmutzet habe/ angesehen ich mich zu erinnern weiß/ daß ehe noch deß itzigen Königs Herr Vatter seine unbeschrenckte Regierung feste gesetzt/ sich selbiger Adel den Vieh-Handel so eigen gemacht/ daß er ihn keinem andern Burger oder Bauer neben sich zu gelassen/ worbey denn niemand vermeinen
darff/

darff/daß ihm selbiges als ein Theil seines Zuwach⸗
ses nicht verkleinerlich gewesen/ und es aller Orten
der Gebrauch ist/ daß sich der Adel von dergleichen
Nutzbarkeit seiner Güter nähret/ denn auch solcher
Vieh-Handel in Polen/ bey den Wälschen aber fast
jeder ware/ kein unanständiges Werck sey/ angese⸗
hen es gar ein anders ist/ seinen Zuwachs zuläßli⸗
cher Weise zu versilbern/ als sich auf den Kauff und
Wiederkauff zu befleissigen/ welches denn nichts an⸗
ders/ als eine formliche Kauffmannschafft/ und wie
den Herren Polen nicht gar löblich/ also auch den
Welschen schimpfflich genug ist.

Worauf wir uns auch mit kurtzem in denen
Patritischen Geschlechtern umsehen wollen. Die⸗
se waren nun eigendlich nichts anders/ als die Ge⸗
lehrten/ und andere geschickte Leute/ so die Kayser
in den grossen Städten dem gemeinen Volck zu
Vorstehern oder Richtern vorsetzten/ und wo ich
nicht irre/ so genannte Italianischen *Valvasores*,
aus dem/ daß die Gerichts-Stühle nahe an den
Thüren aufgesetzt waren. Wer nun denen Her⸗
ren *Doctoribus Juris* und rechtschaffenen Rechts-
Gelehrten den Ruhm benehmen wolte/ daß sie
nicht in diese Ordnung gehöreten/ der würde seine
grobe Unwissenheit in den Kayserl. Rechten an hel⸗
len Tag legen/ unerachtet der Mißbrauch in etli⸗
chen Reichs-Städten/ endlich auch solchen Adel
dergestalt erblich gemacht/ daß sie keinen andern als
aus ihren Geschlechtern/ auch mit Ausschliessung
dieser gleichen Ehren-würdigen Gelehrten/ in den
Ge⸗

Gerichts-Stühlen entfommen laßen. Da hingegen haben nicht nur unterschiedene grosse Städte in Welschland/ sondern auch in Teutschland das gantze Wiederspiel/ so daß bey ihnen kein Edelmann Grund- und Amtsäßig/ seyn kan/ der nicht bey ihrem Theil mit gewissen Fahnen abgetheilten Zunfften einverleibet.

Was wollen wir aber nun auch von denen Adel-Titulen sagen/ derer Mißbrauch nunmehro so gestiegen/ daß da man vor 300. Jahren einen Fürsten noch Junckherr nennete/ wie man denn in den alten Beduiischrodigii Lehns Pflichten/ und bey dem Goldast diese Worte lesen kan: Wie Junckherren Federick/ Bernd/ Herick/ und Otho Bröder von der Genade GOttes/ Hertzoge tho Brunswig und tho Lüneburg/ sehen kan/ itzo auch der geheimste neue Edelmann für schimpfflich anziehet/ wenn man ihn damit verehret. Und gleiche Beschaffenheit hat es mit dem Worte Schufft/ das eigentlich einen Richter bedeutet/ und ebenfals vor diesem ein Ehren-Name gewesen/ wolte aber jemand itzo damit vorkommen/ der mögte nur bey Zeiten das Thor suchen/ ehe man ihn mit dem Prügel beantwortete. Der Titul Edel/ war für Alters auch für einen Fürsten genug/ Vest/ und Gestrenge aber/ eines im Sattel veste sitzenden/ und eine gestrenge Lantze führenden Ritters/ nachmals maßte sich der Adel deß daraus zusammen gesetzten Wortes Ehrenveste/ an/ biß eine gute Zeit hinlieff/

U daß

daß ihm auch der Titul/Edel/eigen ward/der darauf heutiges Tages fast jeden Schreibers/ das Wort Ehrnvest aber/ ein gemeiner Bürger-Titul ist/ und was kan doch närrischer und ungereimter seyn/ als daß sich auch die Weiber deß Gestrengen *Prædicats* angenohmen / da sie doch weder im Sattel sitzen/ noch jemals eine Lantze/ man wollte denn bißweilen ihre scharffe Zunge dafür annehmen/führen. So habe ich mich auch zum öfftersten bekümmert / wie der Titul Excellentz in die Schulen kommen/ da man doch selbigen noch nicht vor gar langen Jahren/ anfänglich denen Fürsten/ nachmals nur denen berühmten Feld-Marschallen darauf denen Kayser-und Königl. Abgesandten/und endlich denen Kayserlichen geheimen Räthen beygeleget/biß mir neulicher Zeit ein Bartscherer-Geselle von ungefehr aus diesem Kummer geholffen/ der unter solcher Bart-Bedienung/seinen Meister zum öfftern einen Printzen nennte / und mir damit die Gelegenheit zu vermuthen gab/ daß sonder Zweiffel auf solche Weise / wie dieses hohe *Prædicat* den Bartscherern zukomme/ und daß diejenigen/ die ihnen selbigen nicht nur in dem gemeinen Umgange/sondern auch auf den Kantzeln beylegen/denn auch alle/ die daselbst vor unserm HERRN GOTT/ mit dem hochtrabenden Hoch- und WolEdel/hochansehnlichen hochpreißwürdigsten Titlen/ und was der Fantasey mehr/ aufgezogen kommen / hätte bald gesagt/ einer Krone von den allerfeinesten Nürnbergischen Schellen würdig waren. Die wir ihnen auch gar gerne gönnen/ und uns nur überhin in denen aus den Ritteradelichen Urquellen herfliessenden andern hohen Orden umsehen wollen/ von denen wir befinden/ daß derer vor Alters zwar sehr viel/ als der vom guldenen Flusse/ St. Georgen/ oder des Hosenbandes/ St. Michaelis/ Maria Verkündigung/ der Orden des Runden Tisches/ des Sterns/ des wachsenden Monden/ des Heiligen Gristes/ des weissen Dornes/ des Hundes/ des Drachens/ St. Märti gewesen/ die wenigsten aber beständige Wurtzel gefaßt/ daß die noch zur Zeit beständige sind: S. Johannes zu Rhodis/ und itzo zu Malta/ der teutsche Orden/ der Kreutz=Orden/ des Heiligen Grabes/ St. Lazari/ St. Stephani/ St. Jacobi/ der Orden von Calatrava/ von Alcantara/ darvon man bey jenen dem Burgundischen guldenen Fließ/ darauf dem Engeländischen Hosen=Bande/ folgends dem Heiligen Geist Orden in Franckreich/ und dem Elephanten in Dännemarck die Vorzüge lassen muß. In den Geistlichen gehet Malta voran/ und hat den Teutschen/ und noch andere unterschiedene von dem heiligen Lande berühmte Orden zu seinen Brüdern. Cambdenus erzehlet in seiner Beschreibung Engelandes/ daß vor Zeiten in selbigem Königreiche/ noch ein ander vornehmer Orden der Bade=Ritter gewesen/ die man mit sehr grossen Ceremonien darzu eingeweihet/ und unter selbigen auch diesen Gebrauch gehabt/ daß wenn sie nun das Schwerdt und die Sporen vom Altar erhoben/ und angegürtet/

ter/ſich des Königes Koch vor ihnen mit einem groſ
ſen Meſſer vorgeſtellet/ und ſie bedrauet habe/ daß
dafern ſie ſolche Ritters-Zeichen unwürdig führen
würden/ er ihnen ſelbige mit dieſem groſſen Meſſer
wieder abſchneiden wolte.

    Solten heut zu Tage denen Kayſer-und König-
lichen Köchen ſolche Verwaltungen ernſtlich obli-
gen/ ſo würden ſie gewiß mehr unwürdige Ritter-
Zierraten/als Kälber abzuſtechen haben/ und ſolte
es gleich nur biß an die ausgeſonnene närriſche
Wappen und Adel-*Prædicata* kommen/als die nun
ſo hoch geſtiegen/ daß ſie faſt auf Erden nicht mehr
Platz finden/ ſondern nachdem nunmehro Flüſſe/
Felſen/ Steine/ Berge/ Thäler/ Felder/ Auen/ Lö-
wen/ Beeren/ Wölffe/ Vögel/ Würme/ zu ſolchen
Schild-Tragern worden/ ſich auch gegen Himmel
nach den Sternen/ Sonn/ und Monden machen/
ſo daß ein Holländer nicht übel von dieſer Sachen
geurtheilet: Man hätte vor dieſem die Länder und
Felder von den Leuten genennet/ und eines Georgen Land/ das andere Wilhelms-Feld/ Clauſſens-
Buſch/ und ſo fort benennet/ da hingegen kehre man
alles um/ ſo daß bald heiſſen müſſe/ der Herr von
Hohenland/ Donnerbuſch/ Blitzenberg/ und was
der Narheit mehr/ mit der denn auch die in die adelichen Schilde ſo hoch vernünfftig eigen ausgeſonnene Ritter-Zeichen/ ſehr wol überein kommen/ und
darbey ſonderlich die armen Türcken ſich von ſolchen Leuten ihrer Waffen müſſen berauben laſſen/
die zwar kaum einen von ihnen auch nur im Kupf-
ſer

ser gesehen / und doch gleichwol / bald einem Bosta seinen Arm / mit samt dem Säbel abgerissen / bald einem andern den Bogen mit Pfeilen ausgetwun: den / einem andern die Lantze entzwey gebrochen / dem Groß-Vezier, seinen kostbaren Turband, mit den zweyen Quasten geraubet / ja wol dem Türckischen Kayser selber ein und andere Vestung abgenommen / und was das allerlächerlichste / sie mit allen Thürnen / Mauren / und Bollwercken / in das neue ritterliche Wappen einverleibt / und noch darzu ihnen zum Schimpffe / die darbey im Traum übertommene Fahnen mit ihren halben Monden / (es wäre denn / daß auch bey etlichen solche Kastelle / die Vestung Tockai / aus Erinnerung / daß man manches schönes Glaß selbigen Weins zu des Vatterlandes Diensten gesoffen / bedeuten sollen) zu den Fenstern hinaus gestecket haben.

Und ob ich zwar in keiner Abrede seyn will / daß / nach mehrer Ausführung des *Bart. de armis & insig. Chassan. catal. Glor. mundi. Menoch. consf. 1261.* und anderer / jedweder sich selber ein Wappen aussinnen mag / so muß man doch solches mit Bescheidenheit thun / und nicht auch einem gemeinen alten Ritters-Manne / weniger Fürsten / Grafen / und Herren / wie es heute insgemein geschicht / in ihr uralte Stamm-Wappen eingreiffen. Bey welcher Materie sich denn allhier ein weites Feld von der Wappen Ursprung / und Unterscheid / nigleichen was dieses oder jenes Königreich / dieser oder jener Printz für Wappen führe / eröffnete / das aber als

U 3 eine

eine Sache/ die eigentlich zur Herolds- oder so genannten Blasonier-Kunst gehöret/ viel Zeit erfordern würde. Dannenhero ich nicht mehr sagen will/als daß derer Ursprung und Gewonheit schon so alt sey/ daß man fast nicht weiß/ wo man ihren Urheber hersuchen solle/denn ob zwar etliche solches den Egyptern/ und ihrer verblümten Schreibens-Art beylegen/ so ist doch kein Zweiffel/daß sie in dem Kriege ihren Anfang genommen/ und derer Gebrauch so alt seyn/ daß man sie bereits in dem Trojanischen Kriege/und bey allen Völckern besunden/ diese nemlich die Trojaner führten eine Saue/ die Lacädemonier einen Köcher/ die Römer bald eine Wölffin/bald einen Minotaurus/bald einen Adler/ ja die Juden selbst theilten ihre Geschlechter in gewisse Wappen-Zeichen ein/ die Torquati hatten einen Strick/oder Ketten/die Corvini einen Raben/ Julius Cäsar einen Elephant/ und damit ich von unsern edlen Teutschen nicht zu lange aussen bleibe/ diese in ihren Wappen/Balcken/Striche/Rauten/ und dergleichen/ darvon aber niemand so einfältig seyn wird/ daß sie selbige nur so überhin/ und ohne Bedacht erwählet.

Denn ob zwar jeder Soldat einen Schild und darinnen ein gewisses Zeichen/ von einem Ochsen/ Löwen/ Beeren/ und dergleichen Thieren hatte/ mit dessen Häuten sie auch ihren Leib und Haupt bewaffneten/ und dahero das Schimpff-Wort ein Berenhäuter/ demjenigen gegeben ward/ der solche fast niemals aus Furcht ablegte/sondern auch ausser

ſer der Geſahr mit aufgezogen kam.   Denn auch
ſchon vor Alters die Legionen nach den Schilde-
Farben abgetheilet worden/ und über dieſen/ ein jeder Soldat/ auſſerhalb ſeines Feld-Herren/ oder
Oberſten/ inwendig aber ſeinen eigenen Namen/
und unter welche Fahn er gehöreté/ eingeſchrieben
hatte/ ſo ward ihnen doch nach der Zeit/ bey der
Adelung/ ein vollſtändiges Wappen-Kleinod/ und
in den Schild die Farben und Figuren der Sachen
Beſchaffenheit nach/ gegeben/ dergeſtalt/ daß der
reine Schild der Aufrichtigkeit Zeichen/ und in ſon-
derbarer Achtbarkeit/ der Schwartze/ der Gewalt/
Beſtändigkeit und Gedult/ der Goldfarbige aber
der Hoheit Anzeigung war/ Blaue bedeutete die
Schönheit/ Demut/ Heiligkeit/ und Andacht/ der
ſilberne die Reinigkeit/ Unſchuld/ Aufrichtigkeit/
und Beredſamkeit/ gantz weiß/ die Treue/ Keuſch-
heit/ Grün/ die Fröligkeit/ Ehre und Liebe/ der Pur-
purfarbe/ eine höhere Würde/ Uberfluß/ und Reich-
tum/ der Rote/ die Verwegenheit/ und Mannhaff-
tigkeit.

Von Metallen brauchten ſie nichts/ als Gold
und Silber/ und nahmen ſich nach dieſer Blaſonier-
Kunſt wol in acht/ daß ſie niemals ein Metall über
das andere/ noch ein Farbe auf die andere ſetzten/
wie denn auch die Fürſtlichen Wappen zierlicher/
als des gemeinen Adels/ ausgeführet/ und ihnen nur
alleine Pfauen-Schwäntze/ den Soldaten aber
Strauß-Federn/ wie auch nur deñen Kayſerlichen
Königlichen und Fürſtlichen Schilden zugelaſſen

ward/ über ihre Helmen/ Kronen und Fürsten-Hütte/ den Päpsten aber eine dreyfache Krone/ und den Cardinälen ein roter Hut/ nebenst der Bischoffs-Stäben/ ingleichen denen Bischoffen eine Bischoffs-Mütze aufzusetzen. Setzte man ein oder ander Fahne darzu/ so solten selbige so viel Treffen oder Schlachten/ als sie sich darinnen befunden/ bedeuten/ und stund keinem/ als nur dem Adel frey/ einen offenen sogenandten Thurnier-Helm zu führen/ ob gleich mit der Zeit der geschlossene Stechhelm auch dem gemeinen Manne zugelassen ward. Ingleichen kam nur gantzen Ländern oder Städten zu/ gantze Thiere/ als Löwen/ Beeren/ und dergleichen/ in ihren Wappen zu führen/ und sie mit Henckeln oder Figuren ausserhalb einzufassen/ wiewol auch dieses bey den Teutschen etwas ungemeines war/ da hingegen haben die Engeländer 2. Engel/ die gleichsam als Schutz-Geister selbigen Königreichs Wappen anfassen/ Franckreich ein par geflügelte Hirsche/ die Hertzogen von Braunschweig ein par wilde Männer/ und heut zu Tage jedweder geadelter Garnhändler/ nicht nur ein oder gantzes Thier/ sondern gantze Heerden/ Wälder/ und Landschafften/ in ihrem mit eben solchen Handhaben ausgezierten Schilden. Die Kinder/ so nicht aus einem ehelichen Bette gezeuget/ waren nicht befugt ihrer Eltern vollständigstes Wappen zu führen/ sondern selbiges mit einer Quer-Linie von der Lincken Seiten/ durch den Schild/ zu bemercken. So ist auch merckwürdig/ daß Kayser Wentzel/ unter vielen begangenen

Selt-

Seltsamkeiten/denen Badern.An.1406. auß Gnaden verliehen/ daß sie sich in ihrem Wappen eines guldenen Schildes / und darinnen einer blaufarbigen Knoten-weise gebundenen Binden/ worinnen mitten ein grünfarbiger Papagey sitzet/ bedienen mögen/ auß welchem so Fürstlichen Wappen sie sich vielleicht auch nach der Zeit obangeführten Printzlichen Titul zugeeignet.

Weil denn nun der Adel unzweiffelhafft eine Zierde/ und Lohn/ der vermittelst des Ahnenmächtigen Geblütes vollständigen Tugend ist/ diese aber ihren Lohn haben muß: So haben auch die Kayserlichen Rechte ihm solche Vorzüge und Freyheiten vor dem gemeinen Mann/ in nachfolgenden Stücken vergönnet.

Und zwar erstlich haben die vom Adel die rechtliche *Præsumption* für sich/ daß sie mehr als andere mit Tugend ausgerüstet sind. *Alciatus de præsumpt. reg. 1. præs. 48.*

Andertens hat man von ihnen diß Vermuten/ daß sie vor andern des ewigen Lebens eingedenck seyn. *Cephal. conf. 170. n. 44. lib. 2.*

Drittens ist es glaublich/ daß weil sie freyer als der gemeine Mann auferzogen werden/ auch verständiger und geschickter sind. *Cacheran. conf. 11. num. 11.*

Vierdtens glaubet man/ daß die Edelleute weil sie gemeiner bey Hofe als andere sind/ grössere Stats-Leute sind / und sich auf die Regier-Künste verstehen. 179. *c. de profertur* 24. 12.

Fünfftens/ glaubet man einem Adel-Zeugen mehr/ als einem unadelichen. *Farin. tr. de test. l. 3. tit. 7. q. 65. n. 115.*

Welches

Sechstens der *Mascardus de prob. conclus. 1097. n. 3.* und *Andr. Tiraquel.* so erweitern/ daß man ihre Wort für lautere Thaten halten sol. *Tiraq. de nob. c. 20. n. 35.*

Siebendens glaubt man / daß ein Edelmann getreuer/ als ein gemeiner Mann ist. *Fritz de nobil. concl. 22. l. a.*

Achtens glaubt man nicht / daß sie ihre Herren verrathen. *Alciat. de præs. reg. 1.* Noch eine anvertraute Vestung dem Feinde ohne die äusserste Noth aufgeben. *Meichsner. decis. cameral. 9. num. 70. tom. 5.*

Neundtens hat ein Edelmann die *Præsumption* für sich/ daß er nicht Lügen/ noch Glauben-brüchig werde. *Menoch. cons. 466. n. 31. l. 5.*

Zehendens glaubt man / daß sie freygebiger als andere sind. *Riminaldus Jun. cons. 672. 1. 44. lib. 6.*

Noch weiter haben die Edelleute den Vorzug zu den Ehren-Aemtern/ *Georg. de Cabedo decis. 2. n. 1. p. 1.*

Zölfftens sollen sie auch/ wenn die Stimmen bey der Geistlichen Wahl gleich seyn/ einem gemeinen Mann vorgezogen werden. *c. officii 28. de elect. & elect. potest.*

Drey-

Dreyzehendens/ soll man sie auch zu andern Ehren-Aemtern vorziehen. *Arg. cap. de multa in sin. de præb.*

Vierzehendens/ sol man sie zum Reichs-Kammer-Gerichte vor andern vorziehen. Reichs-Abschied zu Speyer *de anno* 1557. *Ordin. Cam. part.* I. *tit.* I.

Funffzehendens/ soll der Reichs-Feld-Marschall keinen andern zu seinem Lieutenant/ als einen Adel-erfahrenen Krieges-Mann haben. Reuter-Bestellung aufgericht zu Speyer Anno 1570.

Sechzehendes/ soll man sie auch in Gesandschafften andern vorziehen. *Kirchner. de legat. lib.* I. *C.* 4. *n.* 145.

Zum Siebenzehenden soll man sie vor andern ehren und grüssen/ *Gratian. tom.* 2. *discept. for. C.* 284. Wie auch bey offentlichen Versammlungen/ dem gemeinen Mann vorziehen. *Chassan. in cat. Glor. mund. part.* 8. *C.* 38.

Zum achtzehenden sollen sie im Rathe die erste Stimmen haben. *Matth. de Afflict. decis.* I. *n.* 7.

Zum neunzehenden sollen sie vor Gerichte sitzen. *Arg. l. in sin. C. ubi senat. vel claris. l.* 3. *C. de aff. divers. Jud.*

Zum zwantzigsten sollen sie vor Gerichte nicht mündlich/ sondern schrifftlich geladen werden. *Arg. l. quoties* 17. *C. de dignitat.*

Zum ein und zwantzigsten/ soll man ihnen längere Fristen als andern geben. *Meichsner. Decis.* I. *n.* 38. *tom.* 2. *lib.* 2.

Zum

Zum zwey und zwantzigsten/ soll ein Edelmann/ wenn er zur Ablegung eines Zeugnüsses erscheinen muß/ nicht zu Fusse gehen/ sondern sich eines Wagens/ oder Pferdes / auf deß Zeugen-Führers Unkosten bedienen. Gail. 2. obs. 99. n. 4.

Zum drey und zwantzigsten verfället ein Edelmann in keine *contumaciam*, wenn er wegen eines schlechten/ unanständigen Kleides nicht *in termino* erscheinen kan. *Rebuff. de excus.* n. 44.

Zum vier und zwantzigsten geschiehet ihnen ein Schimpff/ wenn sie nur mit mässigen Unkosten begraben werden. *Arg. l. etsi* 14. *ff. de relig. & sumpt. fun.*

Zum fünff und zwantzigsten darff ein Edelmann auch in *Peinlichen Processen* keine *real cautiōn* leisten/ sondern man muß sich mit seiner *Juratoria* vergnügen. *L. quoties. C. de dign. Far. lib. 1. pr. criminal. quest.* 33. n. 64.

Zum sechs und zwantzigsten ist es einem Edelmann ein grösserer Schimpf/ wenn er eine Ohrfeige / als wenn ein gemeiner Mann eine Wunde kriegt/ und daß er derohalben den der ihme solche giebt/ kan niedermachen. *Pet. Bellin. tr. de renunc. part.* 10. n. 39. *Damhoud. prax. criminal. cap.* 79. *num.* 3.

Zum sieben und zwantzigsten/ muß ein Vatter seiner Tochter/ die er einem Edelmann gibt/ eine grössere Mitgifft als einem Gemeinen aussetzen. *Tiraquel. de nobil. cap.* 20. n. 163.

Zum acht und zwantzigsten muß man ihm ein
bessers

beſſers Tractament bey ausgeſetzter *Alimentation* geben/ *Eſcobar de ratiocin. adminiſtr. cap. 22.* deßhalben ſich ein Edelmann nicht behelffen darff mit ſchwartzem Brodte/ Käſe/ und dergleichen Bauer-Koſt. *Gl. in l. Servus urban. verb. cibariis ff. de legat. 3.* ja es iſt in Spanien dergleichen Conſtitution geweſen/ daß wenn ein Ritter grobe und unflätige Speiſe/ als Zwiebeln/ und Knoblauch gegeſſen/ er wider ſeine Pflicht gethan/ und derohalben acht Tage von Hofe bleiben/ noch mit keinem andern Ritter eſſen müſſen/ ſondern Edelleute ſollen junge Hüner und dergleichen ſchlecker hafte Koſt genieſſen. *Tiraq. de nobil. C. 20. n. 142. Weſenb. conſ. 59. n. 2. part. 1.*

Hieher gehöret ferner daß ſie Zollfrey ſeyn ſollten/ *Bocer. de regal. Bidenbach. quæſt. Nobil. 18.* daß ſie keiner unadelichen Waiſen Vormundſchafft übernehmen dörffen. *L. non tantum 17. ſſ. de excuſ. tut.* daß man ſie gelinder/ als das gemeine Volck ſtraffen ſolle. *Farin. conſ. crimin. 83. n. 67. lib. 1.*

Daß man ſie nicht peinlich martern/ noch auf die Folter ſpannen ſolle. *Zanger. de tort. C. 1. n. 39.*

Daß wenn ein Edelmann nichts zu zahlen hat/ bey ihm das gewöhnliche *qui non habet in ære, luat in corpore* nicht ſtatt habe *Schneidwin. ad §. perſonis 12. n. 58. Inſt. de act.*

Daß man ſie Schulden halben nicht ſolle gefänglich einziehen/ oder arreſtiren. *Covarruv. lib. 2 variar. reſol. C. 1. n. 4.*

Daß ſie nicht Haab und Gut/ ſondern nur ſo viel

viel hingeben dörffen/als sie können. *Arg. l. miles 6. & l. 18. ff. de Jud. Coler. pr. execut. C. 6. n. 146. part. 1.*

Daß sie ihrer Schulden wegen / nicht dörffen ihre Güter verkauffen / sondern die Glaubiger sich nur mit der Einweisung in selbige Einkünffte begnügen müssen. *Gail. 1. obs. 117. n. 5.*

Daß man sie in keine schimpfliche Gefängnüsse werffen/sondern auf dem Rathhause oder andern ehrlichen Oertern verwahren solle. *Gail. de pign. obs. 9. n. 4. Colerus pr. ex part. 2. c. 3. n. 117.*

Daß man sie nicht auf die Galeren verdammen solle/ *Farin. pr. crim. part. 3. 9. 98.* noch die Hände abhauen/ *Berlich part. 4. conclus. 20. n. 4.* noch hencken/ *Arg. l. 9. §. 11. ff. de pœnis,* wiewol Gutierez solches dahin limitiret/daß man ihnen nur höhere Galgen machen solle.

Daß man sie auch nicht zur Staupe schlagen/ denn auch nicht zum Wider-Ruff nöthigen solle. *Arg. l. decuriones 5. C. ex quibus causis infam. Berlich. p. 4. pract. conclus. 32. n. 8.* wiewol dieses letztere/ als auch vorhergehende Freyheiten oder Befreyungen/von den Straffen/bißweilen sehr limitiret/und nach eines jeden Landes Gewonheit beobachtet werden/so daß sich einer oder der ander nicht zu sehr darauf verlassen darff.

Hier solte ich nun auch die Turnier-Spiele weitläufftig ausführen/ welches mir aber die Enge der Zeit nicht zuläst/ derowegen ich nur kürtzlich berühren wil/daß solches Wort/ ein rechtes altes teutsches

(319)

sches Wort sey/ und so viel bedeute/ als lustig seyn/ denn daß der Kayser Heinrich der Vogler/ nach geendeten Ungrischen Kriege/ sie nicht so wol erfunden/ sondern den Frantzosen und Engeländern darinnen nachzuarten/ selbige im Jahr Christi 935. angeordnet/ und daß derer biß zu dem letzten/ der im Jahr Christi 1487. zu Worms gehalten worden/ sechs und dreyssig/ oder wenn noch die viere/ sperer Limnäus im Jahr Christi 941. 944. 947. und 950 gedencket/ mit eingerücket werden/ zusammen viertzig/ an nachfolgenden Orten gewesen sind.

Der erste war zu Magdeburg in itztgemeldtem 935. Jahre/ der andere zu Rotenburg Anno 942. der dritte zu Costnitz/ 948. der vierdte zu Merseburg Anno 969. der fünffte zu Braunschweig An. 996. der sechste zu Trier/ Anno 1019. der siebende zu Hall in Sachsen/ Anno 1042. der achte zu Augspurg 1080. der neundte zu Göttingen Anno 1119. der zehende zu Zürch 1165. der eilffte zu Cölln am Rhein 1179. der zwölffte zu Nürnberg 1198. der dreyzehende zu Worms/ 1209. der vierzehende zu Würtzburg/ 1235. der fünffzehende zu Regenspurg 1284. der sechzehende zu Schweinfurt 1296. der siebenzehende zu Ravenspurg 1311. der achtzehende zu Ingolstadt 1337. der neunzehende zu Bamberg 1362. der zwantzigste zu Eßlingen 1374. der ein und zwantzigste zu Schaffhausen/ 1392. der zwey und zwantzigste zu Regenspurg 1396. der drey und zwantzigste zu Darmstat 1403. der vier und zwantzigste zu Stutgard 1408. fünff und zwantzigste zu

Re-

Regenspurg/1421. sechs und zwantzigste zu Stutt-
gard 1436. der sieben und zwantzigste zu Landshut
1439. acht und zwantzigste zu Würtzburg 1479.
neun und zwantzigste zu Maintz 1480. dreyßigste
zu Heidelberg/ 1481. ein und dreyßigste zu Stutt-
gard 1484. zwey und dreyßigste zu Ingolstat/ 1484.
drey und dreyßigste zu Onoltzbach 1485. vier und
dreyßigste zu Bamberg 1486. der fünf und dreyßigste zu Regenspurg 1487. und der sechs und
dreyßigste zu Worms/1. in eben selbigem Jahre.
Wollen wir nun diese viere/ derer Limnäus geden-
cket/ nemlich den zu Ravenspurg Anno 941. den zu
Regenspurg 944. den zu Würtzburg Anno 947.
und den zu Trier Anno 950. mit hinein rücken/ so
sind ihrer gleich vierzig/ wiewol die andern nur von
36. melden/ und der Limnäus aus dem/ daß er zu seinem Grund nur derer Ausschreibung hat/ dahero
leichte irren können/ weil ob sie gleich ausgeschrieben gewesen/ vielleichte wegen einziger Verhindernuß nicht vor sich gegangen.

Es waren aber zu solchen Turnier-Spielen erfordert.

### I.

Daß der mit turnieren wolte/ ein Edelmann/
und zwar vier Ahnen achtig seyn muste.

### II.

Muste er ehrlicher Geburt seyn.

### III.

Muste er keinen Handel oder andere bürgerliche
Nahrung treiben/ worunter auch diese zu verstehen/
die

die in einer Stadt wohnen / Schatzungen und Wachten geben/ worbey zu mercken / daß ob wir gleich finden/daß in dem 12. Turnier zu Nürnberg/ die drey Geschlechter / Georg Haller / Sigmund Tucher / und Johann Holtzschuer / mit turniret/ dennoch nicht daraus zu schliessen/ daß es allen Geschlechtern/oder *Patritiis*, sondern nur denen erlaubet gewesen / die mit ihren völligen Ahnen wie diese drey berafet/ sonder Zweiffel auch von der Bürgerschafft gantz abgesondert gewesen.

Worauf diese Haupt-Gesetze folgten.

### I.
Daß der Turnier-mässige Edelmann der Christlichen Religion zugethan/kein Ketzer sey/und nichts schimpffliches wider selbige gethan habe.

### II.
Daß er keines Lasters der beleidigten Kayserlichen Majestät schuldig.

### III.
Daß er keines ruchlosen vorsetzlichen Mords schuldig.

### IV.
Daß er keiner Strassen-Rauberey schuldig.

### V.
Daß er kein Ehebrecher oder Hurer sey.

### VI.
Daß er keinen Kirchen-Raub begangen.

### VII.
Daß er nicht Wittwen und Waisen beleidiget.

X  VIII. Daß

### VIII.

Daß er kein Verräther seines Herren worden/ oder im Kriege sein Fähnlein verlassen habe.

### IX.

Daß er nicht in eintzigem Treffen Ursache/ oder Verleiter zur Flucht gewesen.

### X.

Daß er nicht mit falschen Briefen oder Siegel umgegangen/ und die Seinigen verläugnet habe.

Zu diesem kamen noch etliche andere Regeln/ den Auffzug/ oder wie man sich verhalten solte/ betreffend.

### I.

Daß ein Graf nicht mehr als mit sechsen/ ein Freyherr mit vieren/ ein Ritter mit dreyen/ und ein Edelmann mit zwey Pferden auffgezogen kommen dörffte. Wiewol solches nach der Zeit noch weiter eingezogen worden/ daß ein Fürst nur mit 4. ein Graf mit 3. ein Ritter mit 2. und ein Edelmann mit einem Diener erscheinen durffte.

### II.

Durffte kein Edelmann oder Turnier-genossener Ritter/ Gold oder Silber tragen/ denn nur zu Wämstern/ und denn auch kein Edelmann/ der nicht ein Ritter war/ Ketten/ Perlen/ oder geschlagen Gold/ es wären denn Ringe/ oder Kleinode/ darum man turniren wolte.

### III.

Durffte kein Turnier-Genoß/ oder sein Knecht zu halben oder gantzen austrincken.

IV. Daß

### IV.

Daß er vorhero beichten muſte.

### V.

Daß er an dem Tage/ da der Turnier angieng/ ſeinen Helm/ und Kleinod/ Wappen und Turnier-Schwerdt beſehen laſſen muſte.

### VI.

Daß er kein beiſſiges oder ſchlagendes Pferd mit ſich brächte.

### VII.

Daß er kein Eiſen oder Stahl in ſeinem Zaum/ Zügel/ Sattel oder Steigleder mache/ das da ſchneiden oder ſtechen könne.

### VIII.

Daß er kein Vorthel gebrauche deſto feſter im Sattel zu ſitzen/ ſondern einen gewöhnlichen Sattel und Steig-Bügel habe.

Es fingen ſich aber die Turnier an mit den Kolben/ darauf griff man zu den Schwerdtern/ und brachte mit ſelbigen den erſten Tag zu/ folgenden Tages gieng das Geſteche in hohen Zeugen/ und nach ſelbigen die Tage darauf/ die andern ritterlichen Ubungen mit Ringen/ Springen/ Lauffen/ Stein-und Stangen-Stöſſen/ und Werffen fort/ die Abende durch/ tantzte man mit dem Adelichen/ zu dieſem Turniren erforderten Frauenzimmer/ welches auch die Dancke oder Gewinſte austheilete/ und eben ſo Ahnen-achtig ſeyn muſte. Es beſtunden aber dieſe Dancke in folgenden Stücken.

### I.

Ein guldenes Schwerdt/ das denen gegeben

ward/ in die hohen Zeugen daſſelbe ritterlich er‍langet.

II.

Ein Krantz.

III.

Guldene Ringe.

IV.

Guldene Ketten.

V.

Andere Kleinodien.

VI.

Kräntze mit guldenen Ringen verſetzt/ wiewol man ſich nicht eben ſo genau daran band/ maſſen wir leſen/ daß in einem Turnier dem Könige in Böhmen/ eine Krone von lauter guldenen Ringen/ am Werth biß zwölff hundert Gulden gegeben/ und daß Hertzog Heinrich von Thüringen auf ſeinem Turnier einen ziemlich hohen Baum machen laſ‍ſen/ deſſen Stamm und Zweige von Gold/ die Blät‍ter aber von Silber geweſen/ davon demjenigen der ſeine Lanze ohn Bewegung im Sattel gebrochen/ ein ſilbernes Blat/ demjenigen aber/ der ſeinen Gegen‍theil aus dem Sattel herunter geworffen/ ein gul‍dener Zweig zum Dancke ward.

Ingleichen hielte man bey den Täntzen dieſe Ordnung/ daß wenn der Kayſer tantzte/ ihm an‍fänglich zwey Grafen mit Wind-Liechtern vorge‍tantzet/ darnach folgten vier andere Grafen/ und auf dieſe wiederum vier Grafen mit Wind-Lich‍tern/ auf welche der Kayſer gefolget/ und auf ſelbigen wiederum vier Grafen mit Wind-Lichtern/ ſo that ein

ein jeder einen Tantz mit der Frau oder Jungfrau/ die ihm den Danck zustellet.

Ob nun zwar auch sonder Zweiffel mancher ehrlicher Ritter sonderbare Helden-Thaten mag gethan haben/ so finden wir doch fast keinen berühmter/ als den Waltmann von Sattelstad/ der sich an Landgraf Ludwigs in Thüringen Hof aufhielt/ dieser führte An. 1226. nach Merseburg auf ein Turnier/ eine schöne wolgeschmückte Jungfrau/ die in der Hand einen Sperber/ und fertigen guldenen Steuber hielt/ des Erbietens/ mit jedwedem dergestalt zu stechen/ daß er ihn niederstiesse/ zum Dancke alle sein Stech-Zeug und Harnisch/ ingleichen die Jungfrau mit dem Sperber und Steuber haben solte/ stiesse er ihn aber nicht herunter/ so solte er der Jungfrau einen guldenen Ring geben/ die er aber/ ohne daß ihm jemand obgelegen/ wieder nach Merseburg mit so viel Ringen an den Fingern gebracht/ daß sie damit das gantze Frauenzimmer betheilete/ und damit diesem Ritter von Sattelstad einen unsterblichen Danck erworben hät.

Mit einem Worte/ meine Gedancken desto klärer auszudrücken/ kan zwischen dem alten und neuen Adel dieser Unterschied zu machen seyn/ daß ein alter ehrlicher vom Vatter und Mutter untadelhafft geborner achtahnigter der Tugend und Wissenschafft ergebener adelicher Rittersmann/ an Ehr und Hochachtung gleich sey einem uralten schönen guldenen Schau-Pfennig/ auf dem man noch des Fürsten Bildnüß/ und seines Dieners

X 3                                    Ver-

Verdienste/warum er ihm damals mit dieser Ehre begnadet/wol ausgedruckt sehen kan/ von welcher Güte und Metall auch diejenigen/ die zwar von einerley Geblüte und Geburt/ nicht aber von gleicher Tugend/also denjenigen Medaglien zu vergleichen sind/ auf denen ihrer Vorfahren Ruhm/ und Verdienste/ schon ziemlich abgewischt/ und derotwegen mit der erstern/ ob sie ihnen schon wie gedacht am Metall gleich/ nicht gleiches Ruhmes würdig sind. Der neuerworbene Adel wird nicht für schimpfflich annehmen/wenn ich ihn ansehe/ als einen schönen neugeprägten Kayserlichen Reichs-Thaler/ der in allem seinen unstrittigen Werth hat/und dem die künfftigen Zeiten auch eine grössere Hochachtung beylegen werden/ noch die Herzey Gelehrten/ wenn ich ihre aus den Rechten angeführte Achtbarkeiten/ für gute an Schrott und Korn vollständige Reichs-Oerter achte/ die man wegen ihrer Güte/und innerlichen Wehrts/gar leichte zu dergleichen Reichsthalern umsetzen kan. Die Geistlichen haben ihren Adels-Brief Luc. 22. und die Philosophi ihren Turnier-Platz auf den hohen Schulen. So werden im Gegentheil die andern/ und voraus der Kauffmannschafft zugethane/ nicht übel empfinden müssen / wenn man sie mit den correnten Gulden-Stücken/und andern neugemüntzten kleinern Sorten vergleichet/ die zwar an der Güte jenen nicht beykommen / gleichwol aber/ obschon mit höherm *Laggio*, zu itzt erwehnten neuen Reichs-Thalern umgewechselt werden können. Welcher artiger

Ver-

(327)

Vergleichnůs alle beyfielen/ und mit nachmaliger Entſchuldigung ſo langen Aufhaltens/ vom Tiſche auffſtunden/ worbey der Herz Obriſt-Lieutenant von Waffenhelm zugleich ſeinen Abſchied nahm/ um mit dem frühen Tage ſeinen Weg nacher Liebwitz fortzuſetzen/ welches ihm aber der Herz von Kronhoff durchaus nicht einraumen wolte/ ſondern inſtändigſt bat/ ihm nebenſt den andern Herren noch den morgenden Tag zur Fortſetzung ſolcher Annehmligkeit zu vergönnen/ dem alten Juncker Hanns Märten zugleich befehlende/ daß weil er ſelber den Vormittag mit dem Herrn Licentiat Hülffrecht/ ſeiner Rechts-Angelegenheit halber/ beſchäfftiget ſeyn würde/ dieſe andere Herren indeſſen mit einer angenehmen Jagd-Luſt zu unterhalten/ worein auch endlich der Herz Obriſte Lieutenant/ und um ſo viel mehr verwilligte/ weil ihn die Frau von Kronhoff verſicherte/ daß er die abweſende Frau von Ruhmſtein/ nebenſt ihrer Jungfer Tochter/ vor Mittwochs nicht zu Hauſe antreffen würde/ und ſich alſo ſämtlich nach allerſeits gewünſchter guter Nacht zur Ruhe begaben.

X 4 Der

## Der Edelmann.

### Drittes Buch.

Die Rosen-liechte Morgen-Röthe hatte nunmehro wiederum dem hurtigen Land-Volcke die gewöhnliche Arbeit angesagt/ und Juncker Hans Märten schon mit seinem rauhen Jäger-Horne die Hunde zur Jagd weidlich aufgeblasen/ dessen auch unser Holländer von seinem Diener erinnert/ sich deswegen eilends aus den Federn erhub/ und nachdem ihn der junge Herr von Kronhoff abgefordert/ mit selbigem und dem Obrist Lieutenant zu Pferde sassen/ dem alten Jägermeister der sich ja so beschäfftiget anstellete/ als wenn es auf eine Kayserliche Haupt-Jagd/ und nicht ein par furchtsame Hasen angesehen wäre/ dahin folgende/ wohin er sie führen würde/ der sich denn auch Anfangs sehr lustig anstellete/ und seiner Meynung nach/ genau

wuste

wuſte/wie viel Haſen/Füchſe/und Rebhüner/nicht
nur in ſelbiger Gegend/ ſondern im gantzen Für-
ſtentum anzutreffen wären/ biß/ da ſie etwan ein
viertel Weges geritten/des Florisſohns beylauffen-
der Diener/ einen Haſen im Lager antraf/ und ihn
mit ſolchem Geſchrey ſeinem Herrn darzeigte/ als
hätte er ein wildes Schwein gefangen. Ende hohe!
Ende hohe! ſchrie der alte Juncker/ und als es der
Holländiſche Haſen-Kopff nicht verſtund/ laß den
Haſen lauffen/daß dich dieſer und jener hohle! darzu
ſich aber der einfältige Kerl nicht verſtehen wolte/
ſondern den alten Gecken für einen Thoren/und die
gröſte Narrheit hielt/ daß er den Haſen/ den er bereits in Händen hatte/ wieder dahin lauffen laſſen
ſolte/da es doch ungewiß wäre/ob ihn hernacher die
Winde wieder bekämen/ das denn auch/ nach dem
er ſolches auf ſeines Herrn Befehl thun muſte/ und
ihn die zu zeitig loßgelaſſene Winde nicht bald ins
Geſichte bringen kunten/geſchahe/der alte Grillen-
fänger aber ſich dermaſſen darüber erzürnete/ daß
er ſchon Willens war/wiederum ohne weitere Hatze
mit den Hunden nach Hauſe zu ziehen/ wenn ihm
nicht der junge Herr von Kronhoff darüber ernſtlich zugeredet/ und anbefohlen hätte/ dergleichen
Narrheit aufzugeben/ worauf er es endlich gleichwol ſo machte/ daß ſie vier Haſen und 2. Füchſe auf-
ſtäuberten/ davon auch die Haſen/ und einen
Fuchs behätzten/den andern aber ſo lange aus dem
Geſichte verlohren/ biß endlich Juncker Hanß
Mårten gewahr ward/daß er an einer im Felde ſte-
X 5                            hen-

henden krummen Eiche gebäumet/ und sich zu oberst zwischen die Aeste gebücket hatte/davon er ihn aber bald mit seiner Kugel-Büchse lustig herunter hob/ und hernach noch ein Volck Rebhüner von zwölff biß dreyzehen Stücken tirassirete. Welche Hüner-Lust unserm Holländer die gröste Vergnügung gab/ als der sich voraus über die so genaue Abrichtung des Hüner-Hundes/ der eigentlich wuste/ wenn er eine Wachtel/ oder Huhn bestehen/ und solches mit Aufhebung des Fusses zu verstehen geben solte/ nicht genugsam verwundern kunte/ worüber denn der alte zimlich hönisch lachte/ den aber Florissohn bald wiederum bezahlte/als er ihn/nachdem er sahe/ daß sich die entledigten Hunde/ auf einem an der Strasse liegenden truckenen Luder/ oder Ase siehleten/fragte/ ob er wol wüste/ warum die Hunde insgemein dergleichen zu thun pflegten? Das ist kein Wunder/antwortete dieser/ daß sich die Hunde auf einem truckenen Luder herummer siehlen/ dieses aber spürde wol ein rechtschaffenes Wunder seyn/ wenn sich das Luder auf den Hunden herummer waltzete/ über welcher Antwort denn die andern lacheten/und der von Kronhoff anfing/daß ob zwar dieses eine unsaubere Sache wäre/ er dennoch solche zum öfftern bewundert/ und niemals recht hinter dessen eigentliche Ursache kommen können/ noch warum die Hunde solches Luder/ehe sie sich darauf herummer siehleten/anpissten. Dieses lasse sich der Herr Bruder nicht verwundern/sagte Florissohn/ angesehen wol grössere Naturkündiger über dieser

ver-

verächtlichen Sache gewesen/ und doch niemals/ als nur mit etlichen Mutmassungen/ hinter dieses Geheimnus kommen können/ da denn etliche vermeinen/ daß selbiges des Aseseden Hunden widrigem Gestanke beyzumessen/ und weil sie keine Hände hätten/ damit wie wir die Nasen zu verstopffen/ solchen mit dem Rücken abzuwaltzen/ und mit ihrem Wasser zu dämpffen vermeineten/ welcher Meinung ich auch fast daher Beyfall gebe/ daß ich in Franckreich bey einem Cavallier gesehen/ wie ein dergleichen neidlicher Hund/ nachdem man ihn vorhero auf die Probe zu setzen/ zimlich aushungern lassen/ ein vorgeworffenes Phasianenbein/ dennoch nicht fressen wolen/ sondern sich lange Zeit auf selbigem mit dem Rücken herummer gesiehlet/ sonder Zweiffel zu versuchen/ ob er ihm solcher gestalt den unanständigen Geruch benehmen könne. Ich wil dieser Meinung nicht zu wider seyn/ sagte der Herr Obrist-Lieutenant/ man könte aber allhier fragen/ warum die Hunde/ wenn ihnen dieser Gestanck beschwerlich ist/ nicht von dem Luder weg bleiben/ zumalen wir sehen/ daß sie niemals verlangen/ etwas darvon zu geressen/ sondern sich nur auf selbigem zu siehlen/ dannenhero ich darfür halte/ daß sie es mehr deswegen thun/ sich auf dem gerunzelten scharffen Leder der Flöhe und des Juckens/ auf dem Rücken/ damit zu entwehren/ und also solcher Haut an statt eines Striegels zu bedienen. Diese *Ration* ist auch so uneben nicht/ antwortete Florissohn/ und könte auch bey selbiger/ daß sie mit dem Pissen den Ge-

stanck

stanck zu vertreiben suchen/gar wol bestehen. Indessen siehet man auch bey dieser garstigen Sache/ wie schön sich der Aristoteles verantwortet/ wenn er nur den Menschen/und keinem andern Thiere den Unterschied zwischen dem guten und übeln Geruch zuschreibet/da es doch die Erfahrung bezeuget/ daß man die Mäuse mit dem Geruche von gerösteten Maul-Esels-Klauen/die Fliegen mit Schwefel/ die Schlangen mit dem Galbano/ und andere Ungeziefer mit anderm Rauche vertreiben kan.

Unter diesen Gesprächen wurden sie gewahr/ daß Juncker Hans Martin einen Hasen vom Sattel verlohren/und nachdem er ihn wieder auf band/ von oben biß unten fleissig betrachtete. Ihr werdet gewiß/sagte der Herr von Kronhoff/ als er wieder zu ihnen kam/ gesehen haben/ was der Hase für Geschlechts sey? Es ist wohl eine Schande/ antwortete der Alte darauf/ daß ihr als ein Juncker/ und so guten Weidemanns Sohn/ noch nicht wisset/ wie es mit diesem Wildprät beschaffen ist/ daß nemlich alle Hasen beyderley Geschlechts sind/ und zu gewisser Zeit/eines mit dem andern vertwechseln/ dergestalt/daß derjenige Hase/ der heute junge Häslein gemacht/ über etliche Monate selber setzen kan. Ihr habt recht/sagte der Herr von Kronhoff/und ist euch solche Thorheit um so viel weniger zu verargen/ weil wol kluge Naturkündiger schon vor Zeiten darinnen gesteckt/ und noch nicht davon abzubringen sind/ dergestalt/ daß nicht nur der Archelaus/ Plutarchus/ und Philostratus/ solche Meinung

ming enfrig bestritten/ sondern auch alle Rabinen
der Meinung sind/daß eben darum dieses Wildprät
in den Mosaischen Gesetzen zu essen/ verboten sey.
Nun bin ich zwar in keiner Abrede/ daß sich so wol
unter den Thieren als Menschen bißweilen Wun-
der-Geburten sehen lassen/ und das Weibliche in
das Männliche/ ja wol gar andere Geschlecht verändert werden können/ wie wir denn von den Menschen gar unterschiedene Beyspiele/ und von den
Thieren dasjenige in dem Königreich Gotto ha-
ben/das des Peters *della V. alle* und anderm Bericht
nach/wenn es alt wird/in die See gehe/ und sich daselbst durch öffters Baden in einen Fisch verwan-
dele/ welches man auch in einem Vogel in China
in der Landschafft Quantung/ des Namens *Ha-
angeivyu*, meldet/ der sich den gantzen Sommer
über/als ein Saffran-gelber Vogel auf dem Gebürge aufhält/ und seine Nahrung sucht/ zu Abgang
des Herbstes aber/sich ins Meer begiebet/ zum Fische verwandelt/ und als ein angenehmer Fisch
verspeiset wird. Ob also ohne Zweiffel auch unter
Hasen Zwitter-Geburten seyn können/so wird mich
doch niemand überreden/ daß dieses so ordentlich
bey allen zugehe/ und alle Hasen Zwitter sind/son-
dern es rühret dieser Jrrtum bloß daher/ daß sich
bey ihnen ohne Unterschied des Geschlechts/ ein
par Bäulen/die dem Ansehen nach Geilen oder Hö-
lein zu seyn scheinen/ um die Gegend der Geburts-
Glieder sehen lassen/ und weil/ wie gesagt/ diese/so
bey den Weiblein als Männlein gefunden werden

so

so ist man in die Gedancken gerathen/ daß das Männliche Geschlecht in beyderley Gattung/ wie bey der Hyäna/ als von der man eben dergleichen irrigen Wahn hat/ um so viel mehr zu finden sey/ weil man diese Thiere/ aus dem/ daß sie sich ruckwerts begatten/ niemals auffspringen gesehen/ welche Vermischungs-Art auch den Löwen und andern Thieren/ die ihre Geburts-Glieder nicht vor/ sondern hinterwerts hinaus stehen haben/ eben so natürlich/ als der Schlangen/ und andern Würme ist/ daß sie sich seiten-und rings-weise/ oder wie die Krebse rücklings vermischen/ und also gewiß/ daß eben solcher gestalt/ nemlich wie die Krebse rückwerts/ sich auch die Löwen/ Panter/ Tiegerthiere/ Hasen/ und andere mehr/ vermischen.

Unter welchem gelehrten Gespräch sie also nach Hause kamen/ und bereits den Tisch gedecket funden / wo sich denn die gestrige gantze Gesellschafft wiederum ohne vieles Wort-Gepränge bald satzte/ und weil den Jägern der Appetit zimlich angestiegen war/ vorhero dem Munde ein Stücke von seinem Vergnügen gaben/ ehe selbiger wieder anfangen muste/ wo ers gestern gelassen hatte/ da denn die natürliche Frage von der Hasen Beschaffenheit wiederum die erste war/ und weil sich der alte Juncker Hans Märten seinen alten Wahn von denjenigen durchaus nicht wolte benehmen lassen/ die/ seiner Meinung nach/ nichts von dem Weidewerck verstunden/ als befahl der alte Herr von Kronhoff die gehetzten Hasen zur genauen Besichtigung her-

einer

einer zu bringen/ da man denn zwar alles/ was von den Ballichen/ und rückwarts genaturirtem Gliede besand/ damit aber dennoch den alten Juncker nicht von seiner Meinung bringen konte/ den man also nur darbey bleiben lassen/ und mit Lust ansehen muste/ wie die ermüdeten ausgestreckten Hunde/ so bald sie nur der todten Hasen innen waren/ gegen sie auffuhren/ und sich kaum von ihrer Zerfleischung abwehren liessen.

Es ist doch eine wunderliche Sache/ sagte der Herr *Magister Eusebius*, um die natürliche Feindschafft zwischen etlichen Thieren/ derer sie sich auch nach dem Tode nicht enthalten können/ ohne daß man noch auf dessen Ursache zu kommen weiß. Warum nicht? sagte Herr *Doctor Philonius*, dieses rühret unzweiffelhafft von ihren unterschiedenen Leibes-Mischungen her/ dergestalt/ daß der Hase von verbrandten schwartzem Geblüte/ und dahero ein melancholisches furchtsames Thier/ dahingegen aber der Hund *cholerisch*/ hitzig/ und mit jenem gantz widerwärtiger *Complexion* ist/ aus welcher natürlichen Widerwertigkeit denn dergleichen Tod-Feindschafft erfolget. Ich weiß nicht/ versetzte der Herr *Magister*, ob diese Ration genugsamen Stich halte/ den wenn dieses wahr wäre/ so müste auch nothwendig folgen/ daß der Hund mit der Katzen/ als die eben wol truckner und hitziger Leibes-Mischung ist/ in keiner Widerspenstigkeit/ sondern in beständig guter Freundschafft seye. Mit nichten/ verfuhr der Herr *Doctor*, daß die Katze mit dem Hun-

de

de einerley Complexion sey/ sondern sie ist eben wie der Hase eines verbrennten melancholischen Geblüts/ derohalben listig/ und die viel Stunden ohne Bewegung auf einer Stelle auf die Mäuse lauren tun/dahingegen ist der Hund geschwinde/ mutig/ lustig/ und solches auch aus diesem abzumercken/daß weil man nicht ungewöhnlich siehet/ wie sich diese zwey Thiere in einem Hause wol vertragen/ solche Feindschafft nicht natürlich/ wie zwischen Hund und Hasen/ sondern mehrentheils aus Beneidung des Essens sey.

Worbey denn auch dieses zu erinnern/ daß diejenigen gar sehr irren/ welche die hitzige Complexian zur Ursache ihrer Tollheit machen/indem wir sehen/daß fast kein Thier so geschwind erkaltet/noch sich mehr für dem Froste fürchtet/als die Hunde/die sich insgemein im Sommer an die Sonne legen/ und im Winter sehr nahe an den Ofen halten. Ich werde diesen angeführten Rationen nicht widersprechen/ antwortete der Herr Magister/ mögte aber wol wissen/ woher es kömme/ daß die Katze wenn sie mit dem Hunde oder Hasen einerley Complexion ist/so begierig auf die Fische ist/da man doch solches von jenen gar nicht spühret/dannenhero glaubende/daß sie dennoch anderer Gebluts-Mischunge seyn müsse. Es ist nicht ohne/ antwortete der Doktor, denn ob ich gleich gesagt/daß der Hund hitziger Natur sey/ so ist doch ein Unterschied zu machen zwischen der hitzigen und feuchten/ und der hitzigen trucknen Complexion, welche letztern der Katzen zugethan/

gethan/und auch solches aus ihrer Fräſſigkeit abzu=
nehmen iſt/ daß ſie wegen ſolcher Truckene auf eine
Kühlung/ voraus aber die Fiſche und Mäuſe/ die
eben wol kalt feuchter Natur ſind/ begierig iſt/ ſo iſſet
ſie auch gerne *Melonen,* daß man doch von keinem
fleiſchfreſſenden Thiere bemercket.   Wie nun aber
die Katze ein ſehr benötigter Haußrath iſt/ ſo iſt ſie
auch wegen ihrer Reinigkeit deſto angenehmer/ in
dem ſie ſich allemal über ihren Leib ſauber hält/ und
den eigenen Koth zu verſcharren pfleget/ im übrigen
auch ihre Feindſchafft mit den Mäuſen nicht ſo all=
gemein iſt / daß man nicht noch vor etlichen Jah=
ren zu *Tivoli* in Jtalien geſehen/ daß/ nachdem ein
Burger aus Schertz eine junge Ratte in ein Neſt
voll junger Katze geworffen/ in Meinung daß die al=
te Katze ſolche bald auffreſſen ſolte/ ſolches dennoch
ſo wenig geſchehen/ daß die alte Katze vielmehr ſelbi=
ge nebenſt ihren Jungen bey ſich anhängen/ und ſo
lange mit ihnen ſaugen laſſen/ bis die jungen Katzen
mit der Mutter davon gelauffen/ die junge Ratze
aber zu rücke bleiben / und für Hunger verrecken
müſſen.

Dieſes glaube ich nimmermehr/ ſagte Juncker
Hanß Märten mit ſolcher Bewegung/ daß er gleich=
ſam auffuhr/ und ein Glaß Wein dem neben ihm ſi=
tzenden Herren Licentiat auf den Teller und Kleid
ſtürtzte/ worüber er denn hefftig erſchräck/ höchlich
um Verzeihung bat/ und hinzuſatzte/ ich glaube daß
ich heute gantz rücklings aufgeſtanden bin/ indem
ich immer ein Unglück über das ander habe/ wor=

Y                                         auf

auf er denn des Holländers Hasen-Fang mit dergleichen Enser wiederum auf die Bahn brachte/als wenn man eine Gelegenheit verlohren hätte dem Türcken eine Schlacht abzugewinnen/worüber sie alle hertzlich lachten/und der Herr Licentiat anfing/ er solte sich nur zu frieden geben/ und die ungefehre Umstürtzung deß Weins mehr für ein Freudens- als Unglücks-Zeichen annehmen / daferne ihm aber etwas dergleichen mit dem Saltze widerfahren wäre/ es für eine böse Anzeigung auslegen. Das verstehe ich nicht / sagte der Herr *Magister,* und darauf der Herr Licentiat/ so muß in Warheit der Herr nicht bey dem Athenäo gelesen haben/ daß die Thrazier/und Scythen/wenn sie bey ihrer gewöhnlichen Saufflust ungefehr eine Schale Wein einander auf die Kleider gegossen/ für Freuden geschrien/ und solches für ein grosses Glücks-und Freundschaffts-Zeichen ausgelegt. Dahingegen sagt Valerianus im 3L Buche seiner *Hieroglyphicorum,* daß man vor diesem das Saltz / als ein Sinnen-Bild der beständigen Freundschafft/ bald Anfangs bey Tische den Gästen vorgesetzt/ und für ein grosses Unglück und Freundschaffts-Bruch gehalten/ wen selbiges ohngefehr verschüttet worden / da hingegen waren sie lustig und guter Dinge/ wenn sie einander den Wein auf den Hals gossen/ oder sonsten umstürtzten. Ich bedancke mich/ sagte Juncker Hans Märten / daß mir der Herr so redlich auß dem Schimpffe geholffen/ und werde bitten/ mir nur von dem süssen leichten Wein einzuschencken/damit
ich)

ich nicht so bald truncken werde/ und noch einmal den Limmel verschütte/ indem es ungewiß/ ob ich noch einmal einen so guten Vorsprecher finden dörffte. Bey leibe nicht/ anttwortete Herr Doctor Philonius/ denn wo der Juncker will länger nüchtern bleiben/ so rathe ich ihm/ daß er einen sauren und keinen süssen Wein trincke/ indem kein Zweiffel/ daß jener schon ein grosses Theil/ seines öligen Geistes/ der gleichsam die Seele des Weines ist/ verlohren/ und derohalben die Stärcke nicht mehr habe so geschwinde voll zu machen/ das man denn gar leichte mit dem Essig zu beweisen hat/ als aus dem man unmöglich einen Brandwein/ wegen seiner bereits verlohrnen Geister/ mehr machen kan/ dahingegen sagt Aristoteles im 9. Buch der Meteoren/ daß der süsse Wein gar geschwinde verrauche/ weil er süsse ist/ und sette Geister hat/ welche Geister denn eben diejenigen sind/ die wenn sie nach dem Gehirne gestiegen/ die Trunckenheit verursachen.

Das Ding ist mir alles zu hoch/ sagte der Alte/ ich weiß schon ein ander Mittel dafür; und was ist es denn? fragte der Herr Doctor/ darff man es nicht auch wissen? Ohne allen Zweiffel/ sprach der Alte/ ist aber der Herr ein Doctor/ und weiß nicht/ worzu die bittere Mandeln gut sind? zu vielen Sachen/ sprach dieser/ an wenigsten aber wide r die Trunckenheit. Ich muß mich Juncker Hans Märtens annehmen/ kam der junge Herr von Kronhof darzwischen/ indem ich mich erinnere/ daß dieses gleichwol schon ein uraltes Mittel bey dem Plutarcho/ und des daselbst angeführten Artztes Claudii *Recept* gewesen. Ich wil/ was den angeführten Ort betrifft/ solchem nicht widersprechen/ verfuhr der Herr Doctor/ gleichwie aber so wol die alte als neue Welt/ in vielen Sachen auf irrigem Wahn gewesen/ so ist es gewiß auch noch mit dieser/ und kommet alles daher/ daß sie nicht die eigentliche Ursache der Trunckenheit verstehen/ indem sie vermeinen/ das Gehirn werde uns nur aus dem vielen Trincken/ von denen aus dem Magen in die Höhe steigenden Dämpffen/ dergestalt verwirret/ welche Dämpffe sie also vermeinen mit öligten Sachen niederzuschlagen/ und unten zu halten/ da doch eigentlich diese Verwirrung herkommet/ von den Geistern des Getranckes/ die sich anfangs in die Pulß-Adern vertheilen/ und von dar/ durch ihre Zirckel-Gänge auch ins Gehirne kommen/ daselbst setzen sie sich in dessen Flächen/ und verursachen den Schwindel/ und alles verkehrte Wesen/ daß sich bey den Truncken befindet/ dannenhero kan einer auch ohne Trunck/ nur durch ein Clystier und Artznehen/ die man ihm nur an die Fersen bindet/ ingleichen mit Baden/ Waschen/ und Bähen/ truncken werden. Mit einem Worte/ die Trunckenheit entstehet eigentlich von denen sauern Theilen des flüchtigen Geistes/ der sich in die Adern/ und folgends das Gehirne einschleicht/ selbiges erhitzet/ und schläffrig machet; wil man ihm nun abhelffen/ so muß man auf flüchtige *alcalische* eröffnende Sachen gedencken/ darein sich wiederum die Säuere

des

des Getranckes vermischen/ und mit demselben abbrechen oder abbeissen kan/ damit in den Lebens-Geistern kein weiters Braussen oder Jähren entstehe. Dieser Art ist das flüchtige Saltz vom Hirsch-Horn/ und *Spiritus Sal. Armoniaci,* der auch deßwegen der Sauff-Geist genennet wird/ dieweil aber diese Artzney nicht allemal bey der Hand/ noch zu einem jeden Rausche nöthig ist/ so rathe ich Juncker Hans Märten den braunen Kohl/ der zwar nicht so viel als diese Chymische Geister/ dennoch aber ein weit gewissers/ als die bittern Mandeln thut. Ich bedancke mich/ sagte dieser/ gegen dem Herrn/ und werde selbigem schon nachzukommen wissen. Der Wein aber sey so gut er imer wil/ so halte ich es doch lieber mit einem Glaß Bier/ und einem Pfeiffel Taback/ wiewol ich auch jenen nicht ausschlage/ wenn er nur nicht aus meinem Beutel gezapffet wird.

Darnach das Bier ist/ antwortete Herr Doctor Philonius/ denn ob gleich nicht alle des Junckern Meinung sind/ sondern dem lieben Biere/ wo sie nur können/ alle Schand-Flecke anhencken/ und schon aus dem alten Galeno/ Dioscoride und Avicenna aufgezogen kommen/ daß ihr Zythus/ welches nichts anders als vom Getraide/ und mehrentheils Gersten gebrautes Bier gewesen/ den Urin zur Unzeit treibe/ die Nieren und Nerven verletze/ dem Gehirne schade/ Blähungen mache/ den Magen schwäche/ das Hertze beängstige/ das Miltz verderbe/ der Blasen schade/ Schlag-Flüsse/ Aussatz/ Lähmungen/

gen/und Kröpffe verursache/ so daß deswegen dem Engeländischen Ala oder Ale einer seiner Lands-Leute dieses schlechte Lob-Gedicht aufgesetzt:

Nescio quod Stygiæ monstrum conforme paludi.
Cervisiam plerique vocant; nil crassius illa
Dum bibitur, nil clarius est, dum mingitur, unde
Constat, quod multas fæces in ventre relinquat.

Welch' höllsche Miß-Geburt ist wieder vorgebracht?
Man nennt es Bier/ gewiß der Teuffel hats erdacht.
Wenn man es trincken muß/ so kan nichts trüber seyn/
Bruntzt man es wieder aus/ so ist es klar und rein/
Daher ohn Zweiffel man/ diß hat daraus zu schliessen/
Daß dessen Hefen in dem Leibe bleiben müssen.

So

So muß man ſolches nicht von allen/ ſondern dem rauhen/ dicken und trüben Biere/ wie dieſes ſo genandte Engeländiſche Bier insgemein ausſiehet/ und andern aus böſem Getraide/ ſchädlichen Waſſern/ und dergleichen/ bißweilen auch nicht genug gekochten/ verſtehen; da hingegen legen andere auch alte gelehrte Aertzte/ als der Franciſcus Valleriola/ Johannes Manardus/ Olaus Magnus/ Adrianus Turnebus/ und der gelehrte Conring/ ihm ein viel beſſers/ nemlich dieſes Lob bey/ daß es ſo wol in Engel- als Niederland/ Teutſchland/ und den Nordiſchen Königreichen/ den Leuten ſehr wol bekomme/ ſie geſund/ groß/ ſtarck/ ſchön/ und fruchtbar mache. Da hingegen der Wein nur an ſich ſelbſt eine Artzney/ und wenn er nicht nur zu unmäſſig/ ſondern auch zum gemeinen Gebrauch getruncken werde/ dem Leibe ſehr ſchädlich ſey/ die Nerven ſchwäche/ das Gewächſe am Menſchen verhindere/ und das Leben verkürtze/ ſo daß auſſer allem Zweiffel die Leute vor der Sündflut deßwegen ſo lange geleget/ weil ſie nichts darvon gewuſt/ und denn auch die alten Teutſchen Gallier/ und etliche andere Völcker/ ſo lange ſie deſſen entrathen/ und bey ihren Bieren geblieben/ des Tacitus/ Cäſars/ und anderer Geſchicht-Schreiber Bericht nach/ groſſe/ ſtarcke/ wolgeſetzte/ ſchöne Leute geweſen. So befindet man/ daß alle beſchriebene groſſe Rieſen/ als der Oreſtes/ Aiax/ Pallas/ Simſon/ und andere/ ſich des Weines/ als der ſich keines weges zu ſo hohem Wachsthum hätte kommen laſſen/ enthalten.

Y 4     Wie

Wie man denn auch noch heute zu Tage in denen Oertern wo selbiger angebauet und genossen wird/ sehen kan/ daß er selbige Einwohner aus dem daß er zu sehr hitzet/ und folgends trocknet/ nicht zu dergleichen Wachsthum/ Kräfften/ und langem Leben/ wie die Nordländer und andere die sich davon enthalten/ kommen läst. Zu dem ist kein Zweiffel/ daß er die Augen verletzet/ und daß diejenigen/ die sich davon entäussern/ ihr Gesicht viel länger hinaus/ frisch und scharff erhalten. Aus diesem Absehen enthielten die alten klugen Römer sich dessen/ biß zu dem 35. Jahre/ und liessen auch ihren Soldaten nur den allergeringsten zu.

Ich schlage dem Herrn Doctor bey/ sagte der Licentiat/ und halte dafür/ daß auch deswegen noch heut zu Tage die Africaner und Türcken viel gesunder und stärcker/ als die in den Wein-Ländern wohnende Europäer seyn/ und daß es der Augenschein ausweiset/ daß dessen zu grossen Liebhaber und Einwohner/ aus seinem gar zu hitzigen und gählingen Triebe/ die Natur übereile/ und die Menschen viel eher mannbar/ nemlich die Männer bebartet/ und das Weibes-Volck bebrüstet mache/ die aber auch darbey/ wie alle frühzeitige Früchte/ desto untauerhaffter sind.

Da hingegen befinden wir/ daß die alten Britannier und Teutschen/ ehe der Wein zu ihnen kommen/ ihr Alter biß auf hundert und zwantzig Jahr hinaus gebracht/ und daß auch die Mohren/ voraus aber die Seres/ die nichts als Wasser truncken/

biß

biß an das dritte hunderte Jahr geſtiegen/ ſo gibt es
die Vernunfft/ daß wenn er noch darzu/ wie insgemein geſchiehet/ mit Kalch/ Schwefel/ Gips/ Mar-
morſtein/ See-Waſſer/ ja wol gar mit Vieh-Miſt
angemacht/ und erhalten wird/ deſſen Gifft daher
verdoppelt werde/ und viel Menſchen deßwegen
vor der Zeit Erde kauen müſſen/ ohne daß ſie einmal
wiſſen/ woher ihre Natur zu geſchwinde abgebrochen wird/ dahero auch jener alte teutſche Poete
nicht gar uneben von dergleichen Wein-Pantſchern
dergeſtalt geurtheilet:

> Auch die Weinſchencken/
> An GOtt nicht dencken/
> Verfälſchen den Wein/
> Thun Unflat drein/
> Wolln dennoch ehrliche Leute ſeyn.

Wormit es aber mit dem lieben Biere nicht ſo geſchwinde Noth hat/ hindangeſetzt/ was ihm obige
Alten für ſchlechtes Lob geprieſen/ angeſehen leichte
zu glauben/ daß das ihrige mit unſerm heutigen/
(ich rede aber auch nur dem guten/ und bin in
keiner Abrede/ daß nicht viel Leute/ wenn ſie ſich mit
dem ungeſunden rohen vortheilhafften/ ſo nothwendig behelffen müſſen/ daß ſie auch für ihr gutes
Geld/ wegen etlicher Leute darunter beſonderm Ei-
gen-Nutz/ den ſie in Beſchützung ſolcher Treber-
Materialiſten genieſſen/ kein geſunders genieſſen
dörf-

dörffen / und ihnen damit verhängen / darinnen noch leichtfertiger fortzusetzen / folgends in so grossen Städten denen Herren *Doctoribus*, und Apotheckern / ja dem Tode selbst eine durchs gantze Jahr taurende Erndte machen / als mit denen es ander Gestalt kahl ablauffen dörffte / (wenn nicht zu ihrem Vorthel / dem Leibe zum öfftern von so bösen Bieren die Hinter-Pforte verriegelt würde) nicht in allem überein komme / noch von dergleichen Güte gewesen / also ohne allen Zweiffel / auch schon damals Miltz / Stein / und Gicht-Beschwerungen davon ausgehecket worden.

Denn ob sie zwar ihr Bier auch aus Getreide / und mehrentheils Gersten gebrauen / diese auch eben wie wir angefeuchtet / hernacher auswachsen / darauf dörren / und auch solches Maltz / nachdem klaren Zeugnüsse des Athenäi in seinem zehendem Buche / mahlen und brauen lassen / also keines weges / wie Plinius vermeinet / nur das darüber gegossene klare Wasser davon getruncken. Denn wie könte dergestalt solches Bier / des Diodori Siculi Bericht nach / dem Weine an Geschmack / Lieblichkeit / Geruch / und Farbe beykommen / und von dem Virgilio im 4. Buch der Georg: dieses Lob verdienet haben:

Hier schwärmen sie die gantze Nacht / und
    sauffen / haben sie nicht Wein /
Statt dessen den verjohrnen Trunck / mit
    voller Lust und Freuden ein.

So kan es nichts desto weniger gar wol seyn / daß ihnen noch eintzige Schädligkeit deswegen angehen:

henget/weil wir nirgends finden/daß sie etwas vom Hopffen gewust/als der es allerdings von den schädlichen Feuchtigkeiten reiniget/ vor der Fäule und Säure erhält/ ihm eine erwarmende Krafft beyleget/und gleichsam sein Saltz ist. Ungehindert was Plinius von dem *lupulo salictario* gedencket/als den sie nur zu den Speisen/und keines weges zu den Bieren/sondern an dessen statt/ihre *parabium* und *conyzam* genommen / wie es dann auch noch heute nichts neues ist / daß die Nordländer an dessen statt/ Wermut und Post/ die Polen aber das *Serpillum Sylvestre*, bey ihnen *Szmer* genandt/ andere was anders beysetzen / das den Kopff desto eher erhitze/und das Gehirne verwirre. Dannenhero kein Wunder ist / daß weil die Naturen und Leibes-Mischungen unterschieden/ auch einer vor der andern solche Biere schädlicher sind/ daran aber das redliche Bier an sich selbst / wenn ihm nur sein Gebührnüß mit reinem Getraide/ gesundem klarem Wasser/truckenen Holtze/verständigem Brauer/genugsamer Abjährung/ und dergleichen / ausgerichtet wird / keine Schuld / sondern zur Bezeugung seiner Herrlichkeit / die schöne fette Braunschweigische Mumme/ das reine Zerbster-Bier/ das Rostocker Oele/ das gute Bernauer / Britzner / Dantziger/ Garlebener/ Prager/ Regenspurger / Kehlheimer und die meisten See-Biere zu unverwerfflichen Zeugen/alsdenn auch wo keine so alte abgeräucherte Ahnen/ wie der/ bey den Gicht= brüchtigen / die Stelle eines Radbrechenden Henckers

ckers verwaltende Wein/ doch auch in Warheit nicht viel jüngere/ und einen so guten ehrlichen Ursprung von dem lieben Getreide/ so bey den Alten Zerwe hieß/hat/daß man ihm nicht allererst die alte abergläubische Ceres zur Groß-Mutter aufsuchen darff. Die Frantzosen heissen es *cervoise*, die Spanier *ceria*, die Engeländer *Ale*, die Dähnen Oele/ wir Teutschen Bier/ sonder Zweiffel vom Jähren/ woraus zu sehen / daß das liebe Bier ohne allen Zweiffel von sehr altem Ankommen ist.

Wolte ihm aber jemand solches bestreiten/ den will ich zu dem *l. 9. ff. de trit. vin. & oleo legat.* und noch weiter zu rücke/zu dem alten Griechischen *Bromio*, so nichts anders als aus Haber gebrauenes Bier gewesen/verweisen. Aus welchen der alten Aethiopier *cana* war / der Reussen *Buza*/ und der Brasilianer *abadii*, ist aus Hirse/der Peruaner *acua* aus Reiß/der alten Goten *busca*, und der Moren *zanna*, wie auch das *brytum crumi*, der Juyrer *habaia*, von welchen etliche das Wort Sauffen deswegen herleiten wollen/weil schon der Juvenalis einer so genannten *Sauffeia*, und *Oborius* einer *Coy Sauffey*, gedencket / waren auch aus Gersten/ der heutigen West-Indianer *Cao vin* oder Maitz vergleichet sich mit dem Weitzen/worbey mir aber selbiger alten Weiber Brau-Kessel nicht anstehet.

Andere Indianer und *Abiater* gebrauchen sich an stat des Biers oder Weins/aus allerhand Früchten/Kräutern/Blätter und Säfften/nichts minder angenehmen als gesunden Getranckes / nemlich die
Tür-

Türcken ihres *Cavees* so eine Art schwartzer Bo=
nen ist/des *Sherbets*, dessen Zubereitung *Busbe-*
*quius* in seinem ersten Sendschreiben enttwirfft/ wie
auch des *Maslab* oder *Opii*, so sie *Aphion* nennen/
die Reussen/ Polen/ und andere Völcker des über=
all bekandten Meths/ und Brandweins/ wie auch
des schon den alten bekandten Apffel= und Birnen=
Mosts/ die auf der Insul Florida ihres *Cassinets,*
die *Maldivier* der *Thuacca*, etliche der *Chocalata*,
andere des Palmen=Weins/ und voraus aus den
Bäumen *thal* und *bobo* ausfliessenden *sura, fula,*
und *Orecca,* von welcher Art auch der alten Lybi=
ner so hochgepriesenes *lotum* war/ die Chineser/ Ja=
poneser/ und Siameser haben ihre *The*, welches
nichts anders als Blätter von einem Strauche/ da=
bey aber von hertzlichen Würckungen sind/ daß nach
dem sie zu gutem Glücke auch nunmehro bey uns
Europäern ein= und zu befindlichem Nutzen ge=
bracht/ denn auch sich nicht nur fliessende/ sondern
gleichfals mit viel besserm Nutzē/ und mindern oder
keinem Gestanck wie der Rauch Taback gebrau=
chen lassen/ ich Juncker Hanß Märten seinen zwar
darfür gönnen/ gleichwol aber auch ihm alhier die=
ses Ehren=Gedächtnuß wegen seines Altertums
stifften/ und daraus so viel behaupten wil/ daß ob
zwar der allgemeine Ruff ihn allererst in vertviche=
nem Jahr=hundert vermittelst eines Französischen
Edelmannes/ *Jean Nicot* genandt/ als der ihn an=
fänglich der damals regierenden Königin Cathari=
na Medicea, oder füglicher Medusa/ überliefert/ und

von

von der er auch Anfangs den Namen *Herbe de la Reyne mere* bekommen/ aus denen erfundenen West-Indischen Inseln herausser gebracht/ wo ihn denn Anfangs ehe er auch unter selbigen Völckern zu gemeinen worden/ nur die Pfaffen wenn sie ihre Teufflische Abgötter befraget/ gebraucht haben sollen / und ihm damit ein verdächtiges Heiligthum beygeleget ist; wie gleichwol schon bey dem *Maximo Tyrio*, und *Herodoto* befunden/ daß auch die alten *Scythen* und *Massageten* in ihren Sauff-Gelachen sich deß Rauchs zur Beförderung der Vollerey bedienet/ und dannenhero ohne sonderbare feuer-würdige Ketzeren wol zu glauben seyn könte/ daß/ daferne es kein dergleichen Kraut/ jedoch etwas anders ihm nit so gar ungleichs gewesen seyn müsse.

Wir bedancken uns für so gutes Lob des auch mir mehrentheils vor dem Wein anständigen Bieres/ sagte der Herr Obrist-Lieutenant/ als inmittelst der junge Herr von Kronhoff dem Herrn Licentiat ein Stücke von einem wolgebratenen Capaun vorlegte/ dieser aber mit grosser Höffligkeit sich darfür bedanckte. Es scheinet nicht übel zu seyn/ fing der Herr von Kronhoff an/ und nöthigte ihn nochmals solches anzunehmen/ wohingegen dieser mit der Entschuldigung/ daß so bald er von dieser sonst angenehmen Speisse esse/ Gichtschmertzen empfinde / fortfuhr / und nachdem sich der Herr von Kronhoff darüber verwunderte/ der Herr *Doctor* dieses dergestalt bekräfftigte: Die Gicht/ sagte er/ ist nichts anders / als eine scharffe/ zehe/ beissende/ leimigte

migte Materie/ welche/ wenn sie nicht kan so bald verdauet werden/ in den Blut-Röhrichen die Verstopffungen und folgende Schmertzen verursachet/ hernach bis an die Nerven und Zusammenfügung der Glieder/ herausser bricht/ sich darinnen setzt/ und nicht anders als durch Schweiß/ oder Aushauchung/ oder eine andere Zertreibung wieder abweicht/ dahero sehen wir/ daß die jenigen/ die sich einer starcken Leibes-Ubung befleissen/ von selbiger keinen Zufall haben/ weil sie mit so steter Bewegung verhindern/ daß sich diese zehe Materie nicht nach und nach zeugen könne/ sondern ehe sie zu ihrer vollkommenen Geburt kommet/ zertrieben wird/ da im Gegentheil reiche und müssige Leute/ die nur in ihren Zimmern eingeschlossen verbleiben/ oder wenn sie ja auskommen/ in Karossen herummer fahren/ wie auch der eingesperrte Kapaun und Papagey/ die Zeugung solcher scharffen Feuchtigkeit nicht so wol als die auf dem Lande mit ihrer Beunmüssigung vorbeugen können. Weil denn nun aber der Kapaun/ wie der Mensch/ von warmer und feuchter Natur ist/ so siehet man auch/ daß so wol selbiger/ als die müssigen Kammer-Hündigen/ die schönen zur Arbeit selten gebrauchte müssig stehende Pferde/ und nicht weniger die nur auf der Weide befindliche zu keinem Ackerbau angeschirrte Ochsen damit geplaget/ und das Frauen-Volck/ ungeachtet es eben so müssig/ und müssiger/ als die Männer ist/ mehrentheils daher verschonet werde/ weil es feuchter Leibes-Mischung/ und weichern Fleisches ist/

welches

welches diese Zehigkeiten leichter hindurch läst/ denn auch selbige durch eine anderwärtige Reinigung ab: führet.

Es ist doch zu beklagen/ daß der Mensch als ein Meister-Stück des höchsten Schöpffers/ so vielen Gebrechligkeiten unterworffen und eines so kurtzen Lebens geniessen/ also hierinnen der König über alle Thiere geringer als eine lebhaffte Krähe oder Rabe/ oder ander lebhaffter Thiere seyn soll/ sagte der junge Herr von Kronhoff/ denn was kan wohl schmertzhaffter anzusehen seyn/ als der menschliche Leib/ der ein Meister-Stücke des Paradises gewesen/ dessen Glieder von der Annehmlichkeit selbst zusammen gesetzt sind/ dessen Fleisch an der Weisse dem Schnee/ an der Weichheit der zartesten Seiden/ an Reinigkeit dem Helffenbein Trotz bietet/ das mit lebhafften weiß und roten Rosen um das Gesichte spielet/ und auf dessen Stirne gleichsam aus einem heitern Himmel ein par Sterne mit verborgenem Feuer blitzen/ dessen Mund von Lachen lauter Annehmligkeit und Anmut von sich biesammet/ ja dessen Gold-strahlende um die Stirne spielende Haar auch die tapffersten Helden zu bestricken vermögē in einem Augenblick alles dieses verändert/ kranck ligen/ erbleichen/ sterben/ in Stanck und Fäule zerfliessen/ und in die garstigsten Würmer verändert/ zu sehen ist. Undanckbare boßhaffte Natur/ hast du dieses so schöne Geschöpffe zu keinem andern Ende der Welt aufgestellt/ als nur nach dessen

sen Untergang uns ein so erbärmliches Thränen-
würdiges Schauspiel damit vorzustellen.

Nicht zu hefftig auf die allgütigste und weiseste
Natur erbittert/ unterbrach solches Herz Florissohn mit einem Lächeln/ vielmehr werden wir befinden / wenn es mit etwas genauer Vernunfft überlegt wird/ daß selbige oder vielmehr der höchste Gott
dem Menschen auch hierinnen dahero einen grossen
Vorzug zu seiner ewigen Glückseligkeit gegönnet/
andergestalt/ ausser dem/ daß sein unsterbliches Theil
von dieser Zerrüttung befreiet / und sein bestes
Kleinod ist/ selbige als ein so vortrefflicher/ hochver-
ständiger/ ja über alle andere irrdische Geschöpffe
erschaffener Printz/ gar leicht wegen so grösser Vorzüge und Herrligkeiten/ wie ein ander Lucifer/ darüber übermütig werden/ und seinen ewigen Werck-
Meister verachten dörffte/ daferne nicht selbiger mit
so hochweisem Rathe/ so besorglichen Ubermut mit
dem Capo-Zaum der Forcht vor dem erschreckli-
chen Tode und der Kürtze des so angenehmen Lebens gezäumet hätte/ so daß der Mensch/ wenn er
auch bey seiner grösten Pracht und Annehmligkeit
nur an solches gedencket/ seinen Hochmut also bald
nicht anders als der aufgeschwantzte Pfau/ in Betrachtung seiner Flisse/ die Sonnen-gespiegelte Fe-
dern/ wieder absincken lässen muß/ davon wir ein
schönes Beyspiel bey dem Athenäo in seinem 12. Buche von dem Ptolemäo Philadelpho haben/ der/
nachdem er lange Zeit gesund/ ohne eintzige Widerwärtigkeit im grösten Glücke gelebt/ darüber so hof-

fär-

färtig worden / daß er sich eingebildet / er sey von Göttlicher Natur / und dahero unsterblich / bald aber darauf/ nachdem ihn die henckermässige Gicht angegriffen / anders Sinnes ward / und offentlich bekennen muste daß die unter seinem Fenster ligende/ das gemeine Allmosen suchende Bettler/ viel glücklicher/ als er/ wären. Freylich wol/ sagte der alte Herr von Kronhoff / ist die Gesundheit das edelste Kleinod das GOtt den Menschen gönnet/ und er ohne selbige keiner irrdischen Glückseligkeit/ wie angenehm sie immer ist/ fähig seye/ dieweil aber kurtz vorhero der Herr *Doctor* gemeldet/ daß etliche unvernünfftige Thiere solcher Glückseligkeit/ voraus aber der Gesundheit und langen Lebens sich vor den Menschen zu erfreuen hätten/ und zu dessen Beyspiele die Krähe angeführet/ dahingegen aber der Aristoteles im 9. Buche im 1. Capitel ausdrücklich dafür hält / daß keines von den unvernünfftigen Thieren solcher Glückseligkeit fähig sey/ so wollen wir auch dessen Ausführung/ und hierauf noch darzu seine Meinung erwarten/ welches von den unvernünfftigen Thieren dem Menschen am ähnlichsten/ und denn auch das grimmigste und geileste sey.

Man legt mir eine zimliche Last auf/ antwortete dieser/ doch muß ich nur sehen/ wie ich mich wieder herausser winde/ und mit Ehren bestehen möge/ da ich denn der Gedancken bin / daß was der Thiere Glückseligkeit betrifft/ Aristoteles in angeführtem Buche/ nur solches von der Tugend und von selbiger herrührenden Glückseligkeit/ nicht aber

von

von dem langen Leben/ Gesundheit/ und andern zeitlichen Vergnügen/ verstanden habe/ von welchen ich dafür halte/ daß vor angeführte Krähe mit solchen Vorzügen vor allen andern begabet sey. Denn ob man zwar dafür hält/ daß der Hirsch sich gleichfals solcher Gesundheit/ und langen Lebens zu erfreuen habe/ so kan man ihm doch solche Glückseligkeit dahero nicht beymessen/ weil er in steten Furchten leben muß/ von den Menschen und andern wilden Thieren gefangen/ und zerfleischt zu werden/ und eben solche Beschaffenheit hat es auch mit der Schlangen/ die zwar noch länger leben/ und sich mit Abstreiffung ihrer Haut verjüngern soll/ darbey aber ein beschwerliches elendes Leben ohne Füsse und Flügel führet/ sich auf dem Bauche herummer waltzet/ und den grösten Theil deß Jahres unter der Erden stecket/ da hingegen lebet die Krähe neun menschliche Alter/ und hat/ weil ihr Fleisch unangenehm/ noch zum Essen dienlich/ keine Gefahr für den Menschen/ noch weil sie mit guten Waffen begabet ist/ für andern Raubvögeln. Sie nährt sich von allen Aesern/ die ihr vorkommen/ und wird deswegen auch von dem Philosopho allfrässig genennet/ sie ist listig/ und sehr scharffsichtig/ sie leidet weder Kälte noch Hitze/ sie lebet in der Sonne/ und auf dem Eiß/ im Regen und Schnee/ am Ufer deß Meeres/ und auf dem Gebirge / auf den Wiesen und Sande/ in der Stadt/ und auf dem Lande/ und ob sie zwar/ wie gedacht/ ein schäuer Vogel ist/ so wehret sie sich doch/ wenn es die Noth erfordert/ auch

Z 2     gegen

gegen ihre mächtigere Feinde/ überaus wol/ sie flieget/ sie lauffet/ hüpffet/ und springet/ nachdem es ihr am gelegensten ist/ und hat von dem Altertum diese Ehre erhalten/ daß sie für ein Sinn-Bild der Keuschheit desswegen genommen worden/ weil man darfür hält/ daß wenn ihr einmal das Männlein abgegangen/ sie die gantze übrige Lebens-Zeit/ eine Wittib bleibet/ welches auch der Plutarchus in der Circischen mit dem Ulisses sprachenden Grille/ dergestalt artig anführet: Im übrigen werden deiner Penelope ausgestrichene Keuschheit unzehlig viel Krähen auslachen/ derer jede/ wenn ihr der Mann gestorben/ ihre Wittibschafft nicht auf etliche Jahre/ sondern auf neun menschliche Alter unverletzt behält.

Und so viel/ was der unvernünfftigen Thiere Glückseligkeit betrifft/ worauf auf die andere Frage/ welches Thier dem Menschen am ähnligsten sey/ zu kommen/ man zwar darfür halten könte/ daß es der äusserlichen Gestalt nach/ der Affe wäre/ dieweil aber hier nicht die Frage von diesem/ sondern von den Sitten/ oder inner und äusserlichen Würckungen ist/ so muß man dieses Lob den Bienen zu legen. Der Mensch ist ein Gesellschafft-liebendes Thier/ eben also auch die Bienen. Der Mensch lebt im Hause/ unter dem Dache/ eben also auch die Bienen. Der Mensch kan selten Regen/ Schnee/ und ungestummes Wetter zuvor sehen/ dieses aber weiß die Biene zum genauesten. Der Mensch bauet sich Wohnungen/ und versorget sich gegen den Winter/

bey des

beydes thut auch die Biene. Die Menschen pflegen ein Haupt oder König über sich zu erwählen/
also machen es auch die Bienen. Die Menschen
tragen ihre Todten weit vom Hause weg/ eben dieses
thun auch die Bienen/ und enthalten sich dergestalt
von allem Unflat/ daß sie deßwegen der Philosophus die reinesten von allen Thieren heist. Die
Menschen bedienen sich anderer geringer Leute/ die
für ihre Belohnung die gemeine Arbeit thun müs-
sen/ eben also machen es auch die Bienen/ welche die
Hummeln unterhalten/ die ihnen hernach für die
gegebene Kost/ des Plinii Meynung nach/ müssen
brüten helffen. Die Menschen führen für die Ehre ihres Königes/ und zur Erhaltung ihrer Häuser
und Vermögens/ Krieg mit einander/ eben dergleichen thun die Bienen. Die Menschen werden insgemein abgetheilet in Land-Leute/ und bürgerliche
Einwohner/ eben diesen Unterscheid macht der Aristoteles auch mit den Bienen/ wo er noch dieses darzu setzt/ daß sie deß Morgens alle stille wären/ biß sie
eine mit gedoppeltem/ oder einfachem Brummen
aufgeweckt/ wornach eine jedwede zu ihrer Arbeit
gehe. Wenn die Menschen nicht mehr in einer
Stadt oder Lande Platz haben/ so schicken sie ihre
Jugend fort/ neue Städte und Länder anzulegen/
und stellen ihnen zu diesem Ende/ einen General
oder Anführer vor/ eben dergleichen thun auch die
Bienen/ die gleichfals wie die Menschen/ zur unge-
stümmen Zeit/ zu Hause bleiben/ und sich von der
Nothdurfft nehren/ die sie ihnen vorhero zu derglei-

chen erwählet/ und mit einem Worte/ eine solche Vergleichnüß mit den Menschen haben/ daß Plinius gestehen muß/ daß sie ein recht förmliches Stadt-Wesen/ Rath-Schläge/ Vorsteher/ und was das allermeiste ihre Sitten und Gewonheiten haben.

Endlich ist etwas sehr merckwürdiges/was sich vor etlichen Jahren/ in dem Oppelischen Fürstentums des Hertzogtums Schlesien/ mit einer adelichen Frauen begeben/ deren sich/ nachdem sie in etwas entblösset in ihrem Garten geschlaffen/ ein Bienen-Schwarm an ihr Geburts-Glied gelegt/ und nicht anders/ als mit grosser Gefahr/ davon wieder abgebracht werden können. Uber welcher seltzamen Begebenheit mir einsmals bey einer schlafflosen Nacht/ diese Poetische Gedancken einfielen:

Rosette schlieff im Klee/ und sah als sie erwacht/
Daß sich ein Bienen-Schwarm an ihre Scham gemacht.
Was lockte sie dahin? Vielleicht fiel ihnen ein/
Daß Hönig daherum/ und Stachel müsse seyn.

Wormit ich also verhoffentlich den Bienen genugsam das Wort geredet/und nun auf die 3. Frage zu kom-

kommen / es wiederum mit dem Aristoteles im 2. Buch im 1. Capitel seiner *Politica* halte/ daß zwar der Mensch/ so lange er die Vernunfft zum Meister hat/ das allervollkommenste/ wenn er aber von derselben abweicht / das allerleichtfertigste und grimmigste Thier auf der Welt seye; dieses tödtet ohne Unterscheid alle andere Thiere/ ohngeachtet sie ihnen zur Speise dienen/ oder nicht/ dieses bricht seines gleichen auch aus der allergeringsten Ursache den Halß/ und wütet auch nach dem Tode wider selbiges/ das wir von keinem andern Thiere sehen/ dieses tödtet sein eigenes Weib/ das man noch bey keinem unvernünfftigen Geschlechte beobachtet hat/ was noch mehr/ es frist das Fleisch von seinem eigenen Geschlechte/ nicht nur aus Noth/ sondern aus Niedligkeit/ das man noch bey keinem andern Thiere/ ausser dem Hechte/ und Tonnen-Fisch bemercket.

Ich gehe noch weiter/ und frage/ welches von den unvernünfftigen Thieren (was man von dem See-Roß schreibet/ ist noch ein unbewiesener Wahn) seine eigene Eltern umbringet/ und gleichwol findet man Völcker/die also mit ihren Eltern im Alter verfahren/ und sie noch darzu vorhero mästen; dannenhero dahin schliessende/ daß weder auf dem Lande/ noch in der See einiges Thier den Menschen an Grausamkeit zu vergleichen/ und dem/ der es nicht glauben wil/ das Exempel des Königs Dejotari/ der zur Versicherung des Reichs für seinen ältesten Sohn/ alle andere Kinder mit eigner Hand um-

umbrachte/ und denn eines Sohnes deß Sultans von Ormus/ der/ des *Ludovici de Barthema* Bericht nach/ in einer Nacht/ Vatter/ Mutter/ und zehen Brüdern die Augen ausgestochen/ und sie hernach deß Morgens sämtlich verbrennet/ statt hundert seyn kan.

Worauf ich nun auch die letzte Frage beschliessen/ und ungescheuet mit angeführtem Philosopho im 22. des 6. Buchs der Historie von den Thieren sagen will/ daß wie der Mensch das grimmigste/ also auch das allergeileste Thier auf der Welt sey. Kein ander männliches Thier machet sich weiter über sein Weib/ wenn es einmal geschwängert ist/ und kein einziges geschwängertes Weib reitzet den Mann weiter darzu an/ als der Mensch/ aus Ursachen/ wegen seiner/ wie man darfür hält/ hitzigen Leibes-Mischung/ und die auch die schon geschwängerte Weiber um ihr Samen-Gefäß empfinden/ anderer grossen abscheylichen Abfallungen und Veränderungen Erbarkeit halber/ zu geschweigen. Dannenhero das Exempel der Zenobia/ für etwas sonderbares angeführet wird/ die/ so offt sie sich schwanger befunden/ niemal ihren Eh-Gemahl weiter zulassen wollen/ da im Gegentheil die Julia Augusti/ oder wie andere schreiben/ Fadilla Kayser Marci Antonini Tochter/ nachdem sie gefraget ward/ warum die andern Thiere/ nachdem sie einmal geschwängert/ sich deß weitern Beywohnens enthielten/ zur kurtzen Antwort gab/ weil sie unvernünfftige Thiere wären/ und die Sache nicht besser

ver-

verstanden. Letzlich führet der *Lerida in cap. fraternitatis de frigidis,* zu einem sonderbaren Exempel an / daß eines jungen Cataloniers Ehe-Weib sich bey dem König beschweret / daß sie ihres jungen Mannes unmässige Geilheit / und ungewöhnliche Kräffte nicht länger ertragen könte. Wormit ich mich aber keuscher Ohren zu schonen / allhier nicht länger auffhalten / sondern den / den der es ausführlich lesen will / zu angeführtem Orte verweisen / und darbey hoffen will / daß daferne ich vorgelegte Fragen nicht vollständigst / doch nach Möglichkeit abgefertiget habe.

Wir sind dem Herrn Doctor dafür grossen Danck schuldig / sagte der alte Herr von Kronhoff / wie läst sich aber der Herr Doctor die Krebse so wol schmecken / da doch selbige / meines Erachtens / als Phlegmatische Wasser-Geschöpffe / den Gicht-Schmertzen viel schädlicher als die Kapaunen sind? Keines weges / verantwortete solches dieser / vielmehr sind sie / voraus um das Vorder-Theil der Augen / ein sehr gutes Auflösungs-Mittel / worzu auch ihre zubereitete Augen insgemein gebrauchet werden. Ich will daran nicht zweiffeln / sagte der alte Herr / so viel ich aber sehe / wird man bey gegenwärtigen weder Augen noch volles Fleisch finden / als die ja so leer aussehen / daß es scheinet / als wenn sie lange Zeit keine Nahrung gehabt hätten. Das macht / sagte Florissohn / daß ihr Speise-Meister schon über vierzehen Tage von ihnen weg gewesen. Dieses Geheimnüß verstehe ich nicht / antwortete der Herr Pfarrer. So weiß auch der Herr nicht / verfuhr jener / daß die Krebse / und alle dergleichen mit Schalen versehene Meer-Geschöpffe/ als Austern / Muscheln / Schnecken / und dergleichen / mit dem vollen Monden zu / und mit dem abnehmenden wieder abnehmen? Dieser Speise-Meister/sagte Juncker Hans Märten/wird gewiß der im Monden stehende Mann seyn/ über den ich mich lange verwundert / was er doch darinnen zu schaffen habe. Uber welcher Einfalt alle lachten/ biß endlich der Herr Doctor wieder anfing/ weil der Herr Licentiat vorhero dem ehrlichen Juncker das Wort geredet / so wil ich es itzund thun / und ihn von so beygemessener Einfalt daher entschuldigen/ daß wol grosse vornehme Welt-Weisen und Naturkündiger vor Alters dieser Meinung gewesen/ daß die Flecken in dem Monde nichts anders als Gesichts-Linien einer Jungfrauen wären / wovon auch der Xylander diese Verse hat:

Hanc circum rutili totam lux funditur ignis;
In medio quædam species, sed glauca, puellæ
Conspicitur, cyano mage cœrula, cujus ocelli
Et frons ostendunt suffusum pulchra rubentem.

Man

Man ſihet wie er iſt mit lichtem Feur um-
geben/

Indeſſen Mittel-Punct ein junges Mägdlein ſchweben/

Das roſenlichtes Roth auf ihren Wan-
gen fühlt /

Und alle Liebligkeit aus blauen Augen
ſpielt.

Ander vermeinen/ daß dieſes vermeinte Geſichte der Widerſchein deß groſſen Welt-Meeres wäre/ das ſich in dieſem durchſcheinenden Körper beſpiegelte. Empedocles glaubet / daß des Monden Körper aus Feuer und Lufft beſtünde / und dieſe Flecken nichts anders als eine dichte mit Feuer umſchloſſene Lufft ſey. Plinius im 2. Buche ſeiner natürlichen Hiſtorie hält es mit den Stoicis, daß ſich die Geſtirne von einer irrdiſchen Feuchtigkeit/ gleichwie die Rüben und Erd-Schwämme unterhielten/ und derotwegen dieſe Flecke nichts anders wären / als ein irrdiſcher von dieſer Feuchtigkeit hinauf gezogener Unflat/ welcher Meinung auch der Heraclides beygepflichtet; andere haben vermeinet/ daß es nichts anders/ als ein unſaubers mit Rauch vermiſchtes Feuer wäre/ darvon man nach Belieben bey dem Plutarcho nachſchlagen kan. Anaxagoras und Democritus ſind der Gedancken geweſen/ daß der Mond wie unſere Erde

de bewohnet/ und eben so mit Bergen/ Wäldern/ Flüssen/ und Seen versehen/ also von derer letzten Schatten dieser Flecken Ursprung und Ursache wären/ da hingegen will Xenophanes, daß es eine theils gereinigte/ dicke Wolcke sey/ und was der alten Grillen mehr gewesen/ mit denen wir uns aber nicht länger auffhalten wollen/: nachdem wir nunmehro gnugsam wissen/ daß solche Flecken nichts anders seyn/ als die dünnen Theile deß Mohndens/ die der Sonnen Licht nicht annehmen/ oder wieder von sich spielen lassen/ wiewol auch hierbey der Poete Dantes wiederum zweiffeln will/ und der Gedancken ist/ daß wenn diese Flecke deß Mondens dünnere Theile wären/ nothwendig folgen müste/ das sie bey den Sonnen-Finsternüssen/ uns besser in die Augen fallen/ und zu erkennen seyn würden/ dem aber Posidonius mit dem abhilfft/ daß die Sonne auch bey deß Monden grösser Verfinsterung ihre Strahlen wegen der zu grossen Tieffe deß Monden-Körpers durch diese Flecken nicht bringen könte/ wider welches aber Dantes abermal setzt/ daß weil je weiter eine Sphära von dem ersten Feuer-Himmel/ als der der gantzen Welt ihren Geist und Licht mittheilet/ entlegner wäre/ je unvollkommener und weniger er auch von solchem Lichte hätte; allein auch diese Ration fällt dahin/ wenn wir betrachten/ daß die Planeten Saturnus und Mars diesem Himmel viel näher als die Sonne sind/ und dennoch ihr an Lichte bey weitem nicht gleiche kommen/ dannenhero wol die obige Meinung/ daß der Mond bewohnet/
und

und diese Flecken nichts anders als tieffe Thäler sind/ so lange die scheinbarste bleibet/ biß etwas bessers bewiesen wird. Es ist aber hier die weitere Frage/ warum im Monat Augusto der Mond grösser scheinet/ und obgenennte Meer-Geschöpffe/ als Austern/ Muscheln/ Krebse/ und dergleichen/ bey dem neuen Lichte ab/ bey dem vollen aber/ wieder zunehmen?

So viel das erste betrifft/ so ist wol kein Zweiffel/ daß der Augustus der wärmste Monat im gantzen Jahre/ und von den Kräfften sey/ daß er die meisten Dünste so wol von der Erden/ als dem Meere hinauf ziehe/ die sich hieraus in nachkommenden Monaten mit überflüssigen Regen und Schnee wiederum herab sencken/ mittlerzeit sie aber in der Lufft zwischen unsern Augen und dem Monde stehen/ selbigen uns viel grösser als sonst sich darstellen/ wie zum Exempel sonsten eine Müntze in einem Glaß Wasser viel grösser anzusehen/ als sie selber ist/ und denn auch das Feuer von Ferne wegen solcher mittler Lufft/ und noch mehr im Nebel die Bäume in den Feldern uns viel grösser vorkommen/ als sie an sich selber sind.

So viel aber belanget/ daß die Krebse und andere dergleichen Meer-Gewächse bey vollem Monden völliger und besser/ als bey dem neuen sind/ so verlacht zwar Aristoteles im 5. Capitel des 4. Buches seiner Historien von den Thieren/ diejenigen/ die da meinen/ daß sie sich bey vollem Lichte besser mästen/ und giebet vor/ daß ihnen solche Mägere wegen

gen der im Neuen Monden beschwerlichen Kälte herkomme/ da sie hingegen aber bey vollem Lichte mehr erwärmet und vollständiger würden. Allein der gute Aristoteles hat nicht Ursache andere/ sondern sich selbsten auszulachen/ indem wir befinden/ daß die Austern und Muscheln den gantzen Sommer durch nichts nütze/ da hingegen aber im Winter völliger und besser sind / so ist es auch nicht wahr/ daß der Mond er sey neu oder voll/ die Lufft auf einigerley Weise erwärme/ indem er kein ander als nur ein widerscheinend Licht von der Sonnen/ dergleichen Licht aber an sich selber keine Hitze hat / vielmehr sehen wir das gantze Widerspiel/ daß wenn er im Winter voll ist / viel grössere Kälte erfolget/ als wenn er neue ist/ und unter den Wolcken verborgen liget. Dahero andere dafür halten/ daß das Ab- und Zunehmen dieser Wasser-Geschöpffe vielmehr vom Thaue herkomme/ der bey vollem Lichte völliger abfällt / und ihnen ihre Kost dargibet/ wohin auch der Poet Alemann zielet/ wenn er den Thau des Monden Tochter mit diesen Worten nennet.

Der Thau/ des Jupiters und Monden liebstes Kind/

Ernährt/ was in der See er zu ernähren find.

Zu dem könte man sagen/ daß das volle Monden-Licht diese Geschöpffe desto heller zu ihrer Nahrung anweise/und wie der Poet Lucilius saget:

Luna

## Luna alit oſtera & implet echinos.

Wenn Phoebe wieder wil ihr volles Licht
aufſtecken/
So nähret ſie damit/ die Muſcheln und die
Schnecken.

Und auf dieſe Weiſe kan man laſſen gelten/ was Plutarchus ſagt/ daß der Mond ein verſorgender Geiſt dieſer Erden ſey/ dergeſtalt/ daß je näher er ſelbiger iſt/ je beſſer er ſie ſättige/ im Gegentheil aber ſie aushungere/ und daß man ſolches an den Muſcheln und andern Meer-Gewächſen augenſcheinlich beobachten könne/ welchem auch *Cardanus lib. 7. cap. 37. de varietate rerum* dergeſtalt beypflichtet/ daß alle Blut-leere Waſſer-Geſchöpffe bey vollem Lichte fetter/ bey dem abnehmenden aber dahero magerer wären/ weil bey dem erſtern Schlam und Waſſer/ davon ſie ſich nährtē/ beſſer ausgekocht würden/ und eine ſo vollſtändige Nahrung geben/ darvon ſie alſo auf zweyerley Weiſe feiſter werden können. Was wil aber ſo Plinius als Cardanus nur von den Waſſer-Geſchöpffen ſagen/ weil wir ſehen/ daß auch die Bäume und faſt alle Pflantzen/ mit dem Monden eine ſo nahe Verwandſchafft haben/ daß die in zunehmenden oder vollem Lichte abgehauen/ wegen ihres damals in die Höhe getriebenen Saffts/ verdorren/ und nur die Zwiebel ſo widerwärtiger
Art

Art/sind/daß sie bey abnehmendem Lichte besser hervor kommen/wie es denn auch nicht an denen fehlet/die zu behaupten gedencken/daß alle Geschöpffe in neuen Monden vollständiger/und die darinnen gebohrne Kinder lebhaffter und stärcker wären/denn auch der Rabinen Meinung nach/Simson alle seine grosse Thaten in vollen Monden verrichtet hätte.

Endlich haben wir auch dieses zu mercken/ daß der Mond bey etlichen Völckern in solchem Respect gewesen/daß sich die Lacedämonier niemals als nur bey vollem Lichte in ein Treffen eingelassen/ und die alten Teutschen/des Tatitus Bericht nach/ nichts rechtschaffenes/als nur bey dem neuen oder vollen Monden angefangen/wie auch das Römische altadeliche Frauen-Zimmer einen von Perlen/ Edel-Gesteinen/oder Gold gestickten neuen Moden auf den Schuen getragen hat/dessen Ursache uns der Herr Florissohn/weil ich nunmehr ermüdet/mit mehren erleutern wird. Florissohn: Ich weiß nicht aus was für Vermutung mir dieses der Herr *Doctor* beymessen kan/daß ich mich jemals um des alten Römischen Frauen-Zimmers Mode bekümmert habe/da ich doch noch niemals so vorwitzig gewesen/mich mit der Betrachtung gegenwärtiger Zeit hierinnen zu belüstigen/sondern allemal dieses löbliche Geschlechte mehr der Tugend als ihren so offt veränderlichen Kleider Aufzügen nach zuschätzen/damit aber gleichwol der Herr *Doctor* seinen Befehl nicht ohne Gehorsam abgeleget/so
glau-

glauben etliche / daß das Römische Frauen-Zimmer die gestalt eines halben Monden auf die Schu<i>t</i>z gestickt/villeichte sich dadurch zu erinnern/ daß wie der Mann die Sonne in dem Hause / also die Frau der von dessen Schein erleuchtete Mond sey / oder auch damit ihre Unbeständigkeit anzuzeigen/ indem sie sich ja so offte als der Mond verändern/ dahero jener solche Weibliche Unbeständigkeit in einem Sinn-Bilde vorzumahlen/ den Mond mit dieser Uberschrifft vorstellete: *Non vultus, non color unus,* weder einerley Gesichte/ noch einerley Farbe/ das sich denn so uneben nicht hören liesse / wenn wir nicht fünden / wie nicht nur das adeliche Frauen-Zimmer/ sondern auch die Männer dergleichen halbe Monden nicht nur auf den Schuen / sondern auch bißweilen bey Ober-Kleidern getragen. Dannenhero Plutarchus der Meinung ist/ daß solches ein Sinn-Bild gewesen / daß sie nach dem Tode in den Himmel steigen/ und daselbst den Mond unter ihren Füssen haben würden / oder auch / daß sie ihr Abkommen von den Arcadiern hätten / die sich einbildeten/ sie wären viel älter als der Mond/ und von selbigen mit dem Evander nach Italien kommen/ oder auch / daß sie sich der Unbeständigkeit dieses Lebens/ welches ja so unbeständig als der Mond/ erinnerten / oder auch damit anzuzeigen / daß wie der Mond von der Sonnen/ also sie ihren Glantz von den Gesetzen/ oder auch endlich ihren Adel von der Tugend ihrer Vor-Eltern hätten / oder wol auch die Beständigkeit des Römischen Reichs damit an-

A a zuzei-

zuzeigen/dergestalt/daß wie stets ein Monden auf den andern folget/also auch ihre Regierung unauslöschlich seyn würde / massen ich mich besinne/ dergleichen halben Monden auf der Kayserin Faustina Müntze mit der Beyschrifft *Æternitas*, und eben dergleichen auf des Kaysers Alexander Severus/ mit den Worte *Perpetuitas*, gesehen zu haben. Alleine dieser Meinungen allen unerachtet/ halte ich dafür/ daß solches Zeichen nicht eigentlich einen halben Mond / sondern die Zahl C. vorstellen / und so viel als *Centum* oder hundert bedeuten sollen/ anzuzeigen / daß sie von den ersten vom Romulus/ oder vielmehr Numa Pompilius eingesetzten C Rathsherren herstammeten/und also rechtschaffene uralte Edelleute wären / wie sich denn auch noch andere Völcker / zu dessen Bedeutung / eines gewissen Zeichens bedienen/und voraus die Attier/ eine guldene Heuschrecke zum Zeichen auf dem Kopffe getragen/ daß sie noch die ersten Einwohner dieses Landes/ und nicht anders hergebrachte Völcker / sondern allerdings den Heuschrecken gleich wären / welche nur auf dem Boden singen / wo sie geboren worden.

Florissohn hatte diesen Discurs noch nicht geendet/als Juncker Hans Märten einen grossen wilden Schweins-Kopff auffsetzen wolte/ und weilen ihm inzwischen die Hunde unter die Schenckel kamen/ bey nahe mit selbigem auf die Erden gefallen wäre. Sachte mit dieser Sache / sagte der alte Herr von Kronhof/ Juncker Märten sehet ja wol

iu/

zu / ob auch dieſe Bache zwey Augen gehabt habe/ denn es iſt wol eher geſchehen/ daß dergleichen Kopf auch den beſten Jäger umgebracht hat. Das müſte wol ein Wunder ſeyn/ antwortete dieſer/ ich habe mein lebtage ſo viel wilde Schwein gefangen/ und mich niemals vor den Lebendigen gefürcht/ was ſolte mir denn ein abgehauener Kopff thun? Nur gar zu viel/ ſagte der alte Herr/ und damit ihr nicht daran zweiffelt/ ſo wil ich euch eine warhaffte Geſchicht erzehlen/ die ſich bey Regierung des letzten Hertzogs in Pommern/ mit ſeinen Ober-Jäger-Meiſter/ der ſonder Zweiffel mit mehren dergleichen Wilde/ als ihr herummer geſprungen/ dergeſtalt zugetragen hat.

Es hatte der Hertzog auf ſeinem Förſte in der Inſel Wollin eine Jagd angelegt/ als nach verfertigter Stallung / und da man die Hunde einlaſſen wolte/ über den gantzen Wald dieſe erſchreckliche Stimme erſchollen / ob auch die einäugigte Sau in der Stallung wäre/ die den Ober-Jägermeiſter umbringen würde? Was für Entſetzen der Hertzog hierauf empfunden / iſt leichte zu erachten. Augenblickes befahl dieſer fromme vorſichtige Herr dem Jägermeiſter/ ſich mit ihme aus der Stallung/ und ſo folgends nach Hauſe zu machen/ das auch dieſer zwar mit einem verächtlichen Gelächter that/ den andern aber befahl die Jagd fortzuſetzen/ die denn auch biß funfzehen Stück fälleten/ und nachdem ſie ſolche auf den Schloß-Hof gebracht/ auf deß Hertzogs Erinnern befunden/ daß die gröſte Bache

A a 2                                           ein

einäugig / im übrigen aber ein sehr schönes Stücke
war/ die sie denn eben wie die andern handthiercten/
nemlich, auffchlugen/ den Kopff abschnitten/ und zur
Küchen schickten. Was geschicht? nach ungefehr 8.
Tagen, ward dieser Kopff nebenſt andern Speisen/
auf der Fürstlichen Taffel aufgesetzt/ und dem O-
ber-Jägermeister zum Vorlegen hingereichet/ der
denn vorhero die Schüssel ein wenig in der Hand
hielt/ und Schertzweise anfing: Bist du/ die mich
umbringen wolte? als ihm von ungefehr ein Hund
zwischen die Schenckel kommt/ und in solche Verwirrung bringet/ daß er über ihn stolpern/ und die
Schüssel mit dem Kopffe fallen lassen, muß/ der
denn zu allem Unglücke am Schenckel hinstreicht/
und ihn mit dem einen Waffen durch den
Strumpff eine so gefährliche Wunde am Schien-
Bein schläget/ darzu über wenig Tage/ alles Löschen
ungeachtet/ der kalte Brand kommet/ und ob man
gleich Anfangs den Schenckel abgelöst / dem guten
Ober-Jägermeister das Garaus machte. Was
dunckct die Herren zu dieser Sache? Dieses ist in
Warheit ein merckwürdiger trauriger Fall/ sagte
der Herr Doctor/ davon mich die Christliche Liebe
mehr meine Gedancken zu verdrucken/ als zu eröffnen heist.

Ich weiß schon / wo der Herr hin wil/ setzte der
Herr Pfarrer zu/ und wolte fast muthmassen/ thue
ich ihm aber unrecht/ so verzeihe es mir GOtt/ der
gute Ober-Jägermeister werde etliche Weide-Kün-
ste gehabt/ und GOttes Gerichte daßber geprüfet

ſet haben/ ob er gleich ſonſt ein ehrlicher Cavallier/ und ſeiner Meynung nach/ guter Chriſt mag geweſen ſeyn/ darbey aber/ wie unſer Juncker Hanßß Märten/ nicht bedacht haben/ daß die Kunſt einem das Rohr zu verſprechen/ und zu veruntüchtigen/ gewiſſe Schüſſe auszukünſteln/ Blut-Kugeln zu machen/ das Wild mit Characteren zuſammen zu bringen/ nichts anders/ als untadelhaffte Jäger-Griffe wären/ worüber ihr denn mein lieber Juncker Gevatter ein Beyſpiel nehmen/ und nach ſo vielen vergeblichen Ermahnen/ und öfftern Verſprechen/ eure alte Kugel-Büchſe/ mit der ihr/ wie ich weiß/ mit der zittrenden Fauſt/ die, wie es der Augenſchein weiſet/ kaum ein Glaß Wein zum Munde bringen kan/ einem Sperling von zimlicher Höhe/ den Kopff abſchieſſen könnet/ mit allen übrigen Jäger-Recepten dem Feuer aufopffern mögtet. Was/ meine Kugel-Büchſe? Antwortete dieſer/ ehe wolte ich mein Haab und Gut verlieren. Herr Gevatter ihr verſtehet euch beſſer auf die Bibel/ als auf die Jägerey/ darum laſt mich ungehudelt. Was aber muß das für ein Kerl geweſen ſeyn/ der dem Jäger-Meiſter die Planeten ſo hat leſen können? Ohne allen Zweiffel der hölliſche Nacht-Jäger/ ſagte der Herr Doctor/ wie denn gewiß/ und aus vielen Geſchichten bekandt/ daß die unreinen Geiſter ſich nicht nur in der Lufft/ ſondern auch auf der Erden/ in Wäſſern/ Sümpffen/ Bergen/ Hölen/ und Wäldern aufhalten/ von welchen erſtern der Hieronymus Cardanus von ſeinem eigenen Vatter dem

Facio Cardano/ dieses merckwürdige Exempel erzehlet: Ich habe/ sagt dieser/ unter meines Vatters Schrifften befunden/ wie im Jahr 1491. im Monat Augusti/ um die zwantzigste Stunde nach verrichtetem Gottes-Dienste/ der Gewonheit nach/ sieben Männer in seidenen Kleidern/ derer Mäntel/ wie es schien/ auf Grichische Art geschnitten waren/ mit Purpur-farbenen Bein-Kleidern zu ihm gekommen/ die obersten Unter-Kleider waren von einem roth-gläntzenden auf Carmesin fallendem Zeuge/ wiewol sie nicht alle gleiche/ sondern nur 2. der vornehmsten am besten bekleidet waren. Den Längsten von diesen/ der röthlicht vom Gesichte schien/ bedienten zwey andere/ und den andern vornehmern der etwas kleiner/ und blasser war/ drey/ so daß ihrer zusammen sieben waren/ ob sie etwas auf den Köpffen gehabt/ oder blosses Haupts gewesen / stund nicht darbey ihres Alters waren sie biß viertzig Jahr/ wiewol sie nicht über dreyssig zu seyn schienen. Als er/ Cardanus/ sie nun befraget/ wer sie wären? Haben sie geantwortet: sie wären Lufft-Menschen/ die geboren würden/ und wiederum stürbē/ wiewol sich ihr Leben weit über das unsrige/ und biß drey hundert Jahr erstreckte. Nachdem er sich nun weiter von der Seelen Unsterbligkeit erkundigte / haben sie geantwortet: Daß nichts von demjenigen was einem jedweden eigenthümlich zustünde/ überbliebe. Sie zwar wären vor den Menschen den Göttern um ein grosses

ses näher / von ihnen aber fast unendlicher Weise unterschieden/ oder geringer / so daß ein Unterscheid zwischen ihnen/ und uns/ wie zwischen uns/ und den unvernünfftigen Thieren/ wäre. Jm übrigen sey ihnen nichts von den Schätzen/ und andern uns verborgenen Sachen verholen/ ja der geringste unter ihnen/ were ein Schutz-Geist der vornehmsten Erdischen Leute/ dergestalt/ daß wie unter uns den gemeinsten und schlechtesten Kerls die Obsicht schöner Hunde/ und Pferde/ also jenen die Beobachtung grosser Gemüther zukäme. Jm übrigen könten sie niemand helffen/ noch schaden/ sondern nur bißweilen ein erschreckendes Gespenste darstellen/ oder auch ihre Wissenschafft mittheilen/ der Kleinere von den zwey Vornehmen / hätte 300. und der andere 200. Lehrlinge auf ihrer Academie/ woselbst ein jedweder von diesen einen Professor oder öffentlichen Lehrer abgebe.

Als nun mein Vatter sie hierauf weiter gefragt/ warum/ weil ihnen die unterirrdischen Schätze bekandt/ sie selbige nicht auch uns Menschen offenbarten; gaben sie zur Antwort/ daß ihnen solches unter einen ausdrücklichen ewigen Gesetze bey harter Straffe verboten wäre. Solcher Gestalt sind sie über drey Stunden bey meinen Vatter geblieben / und nachdem er ihre Meinung von der Welt Ursprung verlanget eine lange Weile darüber mit einander selber disputiret. Der Längere meinte/ wie GOtt selbige von Ewigkeit gemacht/ herentgegen behauptete der andere / daß GOtt noch stets die

Welt erschaffete/ so daß daferne er nur einen eintzigen Augenblick darvon abliesse/ sie alsofort übern Hauffen gehen würde/ zu wessen Bestärckung er etliche *Argumenta* aus des *Averroes Disputationen* hervor brachte/ uneracht selbiges Buch damals noch nicht gesunden ware. Er erzehlte auch die Namen etlicher Bücher/ derer theils nunmehro erfunden/theils noch im Verborgenen ligen/ und die doch alle des Averroes sind/ wie er sich denn öffentlich einen Averroisten erkläre. Biß hieher Cardanus.

Was halten meine Herren darvon? Was man von allen Erzehlungen deß Höllischen Ertz Lügners halten soll/ antwortete der Herr *Licentiat*/ aber schade/ daß sie Cardanus nicht gleichfals gefragt/ ob sie auch auf ihren *Academien Doctores* und *Magistros* machten? sonder Zweiffel/ versetzte Herr *Magister Eusebius*, nicht aber von den sieben freyen/ sondern tausend Teuffels-Künsten. Freylich/ sagte der Herr *Licentiat*/ ich stimme diesem/ daß alles dieses erdichtete Schelmen-Stücke des Seelen-Mörders sind/ bey/ und befinde/ daß solches/ und voraus was von der Geister Sterbligkeit gedacht/ eben mit dem was *Plutarchus* in seinem Buch/ warum die *Oracula* verstummet/ zu erhärten gedencket/ über einen Leist geschlagen sey/ worbey ich denn meinen Herrn etwas gleich-lautendes mittheilen will/ so mir nunmehro vor 24. Jahren/ in dem damaligen Dähnisch-Schwedischen Kriege/ ein so vornehmer als gewissenhaffter/ allem Aberglauben abge-

abgesagter Mann erzehlet/ daß ich an deſſen Wahrheit keinen Zweiffel zu ſetzen habe. Dieſer war mein Obriſter/ und verſicherte mich auf ſein Chriſtliches Gewiſſen/ daß als er damals vor etlich und dreiſſig Jahren / unter dem Glorwürdigſten Dähniſchen Könige Chriſtian dem Vierdten/ Lieutenant geweſen/ und einsmals des Mittags gegen 12. Uhr/ in Holſtein bey einem bekandten/ unweit Schleßwig ligenden Kloſter / Börßholm genannt/ ſo nunmehro zu einer Land-Schule gewiedmet/ nebenſt 2. Knechten vorbey geritten/ in Willens daſelbſt im Wirthshauſe zu futtern/ er an einem etwan einen Musqueten-Schuß von dem Wirths-Hauſe ligenden Hügel zu unterſchiedenen malen ein kläglichen Geſchrey gehöret/ Kilian iſt todt! Kilian iſt todt! worauf er ſich/ weil er gleichswol niemand im Felde geſehen/ nach dem Hügel gewendet/ und nebſt ſeinen Knechten verſpüret/ wie dieſes Geſchrey im Hügel wäre / das er auch hierauf im Wirthshauſe nach genommenen Früh-Stücke dem Wirthe erzehlet/ als zugleich die Magd eine Kanne Bier aufgeſetzt/ und ſobald ſie ſolche Erzehlung angehöret/ mit klägliger Stimme angefangen: Was? daß es GOTT erbarme/ iſt Kilian todt! und alſo fort auf den Hügel mit ſolchem Geſchrey zugelauffen/ wohin ihr denn der Wirth gefolget/ und ſo viel vermercket / daß ſie daſelbſt verſchwunden / auch niemals wieder zu Geſichte gekommen/ worauf er ſo ferner ſeinem Gaſte erzehlet/ wie dieſe Magd gan-

ter vierzehen Jahr ihm gedienet/ und sich allezeit sonder die geringste Mutmassung dergleichen Ausgangs/ ehrlich verhalten hätte. Was duncket meine Herren von dieser Sache? Ich weiß nicht/ was ich eigentlich darzu sagen soll/ antwortete der Herr Doctor/ ohne daß diese Geschichte mit dem Wunderhorn zu Oldenburg/ und denen aus der Erden in Engeland hervor gekrochenen grünen Kindern/ darvon Camdenus in seiner Beschreibung Engelands gedencket/ sehr überein kommet. Wer hiervon ein mehrers verlanget/ der kan den gelehrten Frantzosen *le Petit* von den erschaffenen Geistern/ und deß Strozzi Ligogna Magischen Schau-Platz/ *Johannem Wierum, Martin Delrio, Baptistam Codronchium, Franciscum Vallesium, Johann. Bodinum, Cornel. Agrippam,* und endlich den *Hieronymum Cardanum,* (wiewol dieser gute Herr selber beschuldiget wird/ daß er sich eines geheimen Geistes bedienet/ welches man zwar dahin gestellet seyn lassen kan/ solte es aber wahr seyn/ daß wie ein gelehrter Artzt *Hieronymus Jordanus* in seinem *Tractat de eo quod Divinum in morbis est,* mit mehrem ausführet/ dergleichen Leute gewisse Anzeigung ist/ daß sie bißweilen in ihren Schrifften/ eine fast übernatürliche Wissenschafft darzeigen/ bißweilen aber so kindische Sachen darein spielen/ daß man billig darüber lachen müsse/ so ist in Warheit der gute Cardanus nicht ausser Verdacht; denn was kan unter andern doch läppischer vorgebracht werden/ als daß seiner Meinung nach/
die

die Cometen grossen Potentaten dahero gefährlich wären/ weil sie starcke Geträncke/ und hitzige gewürtzte Speisen gebrauchten/ denn auch die Könige aus Franckreich aus eben diesen Aromatischen Tugenden in ihren Leibern/ die Kunst hätten/ die Kröpffe zu heilen/) nachschlagen/ woselbst er dieses Zeuges genugsam finden wird.

Der Teuffel ist ein Tausend-Künstler/ sagte der Herr *Magister*, der/ ob er zwar tausenderley Griffe hat/ den Menschen um seine ewige Wolfahrt zu bringen/ so finden sich doch etliche ungemeine von ihm sonderlich gebrauchte Mittel und Wege vor andern zu betrachten/ darinnen er das menschliche Geschlechte fürnemlich in fünff Puncten/ die GOtt und den Menschen angehen/ zu betriegen sucht.

Denn erstlich hat er sich stets bemühet/ und höret noch nicht auf/ das menschliche Gemüt dahin zu verleiten/ daß es glaube/ es sey gar kein GOtt/ und diesen seinen Grund wolte er wolzwar gerne so grob aus/ und dem Buchstaben nach/ fest gestellet haben/ daß nemlich kein solch warhafftiges Wesen in der That verhanden sey/ und daß nur um unsertwillen nothwendig ein solches Wesen vorzubilden/ und dasselbe nur eine Politische Chimära sey/ daß die natürliche Warheit daß ein GOtt nicht anders/ als eine künstliche Erfindung deß Menschen/ und der Schöpffer selbst nur ein subtiles Gedichte der Creatur sey. Wo er aber so weit nicht kommen kan/ so sucht er eine andere etwas glimpflichere

Athei-

Atheisterey/ und Gottes-Verlaugnung einzuführen / nemlich / ob der Mensch gleich zugeben müsse / daß ein Gott sey / so sey es doch nichts mit seiner Göttlichen Vorsorge / dahero denn folglich geschlossen worden / er gebe nur Achtung auf die Arten und Geschlechter der Creaturen insgemein / auf Personen und einzele Dinge aber werffe er keinen Gedancken / Er schaue nicht auf das / was unter dem Monden geschiehet / sondern habe die Regierung dieser unter dem Monden befindlichen Sachen einigen geringern verordneten überlassen. Und damit nun diese Gedancken desto bessern Fortgang hätten / und der Mensch über den darzu gehörigen Meinungen desto stärckeres Nachdencken bekäme / hat er etwas aufgebracht von dem Verhängnuß / von der Vor-Verordnung / von dem Glücke / vom Zufall / und von der Nothwendigkeit / oder daß ein Ding so seyn müsse / welches lauter Redens-Arten sind / die bey Leuten von gemeinem Verstande mehrentheils unrecht begriffen / auch wol bey den Klügsten / statt ihres rechten eigentlichen Verstandes / gantz verkehret aufgenommen werden / und dadurch wird in den Hertzen der Menschen nach und nach ausgelöschet der Artickel von Belohnung und Bestraffung der Tugend und der Laster / von der Hoffnung auf den Himmel / und Furcht für der Höllen / und schicket sich der Mensch in seinen Handlungen nach dem Trieb dieser seiner Bethörungen / und lebet wie die Creaturen / so deren keines fähig sind. Hierdurch nun untergräbt er nit allein den Grund

der

der Religion/ und nimmt den Haupt-Satz weg/ ohne welchen kein Glaube entstehen kan/ sondern er beleget uns auch mit einem Irrthum der am allerweitesten von der Warheit abstehet. Denn die Gottes-Verlaugnung ist die allergröste Falschheit/ und ausgeben es sey kein GOtt/ die höchste Lügen in der Natur.

Und wenn man demnach gar genau davon reden wil/ so wollen etliche vermeinen/ er bemühe sich in diesem Stücke umsonst/ und sind ihrer viel die sich nicht einbilden können/ daß jemalen ein rechter vollkommener Atheist oder Gottes-Verlaugner gewesen/ der nemlich recht hätte können außfindig machen / daß kein GOtt sey / ohne daß er wider sich selbst reden/ und sich widersprechen muß/ in seinen andern Meinungen/ und mögten dennoch die jenigen wenige/ die man in den alten Zeiten Atheisten genannt/ ettwan wol die besten unter den Heiden gewesen seyn/ und diesen Namen vielmehr desswegen getragen haben/ weil sie mehr die Heidnischen Götter verleugnet / als den wahren Schöpffer aller Dinge. Ja es sey dieses eine Meinung die so gar der gröste Feind GOttes/ und eben derjenige selbst nicht haben könne/ der solche in uns gerne wolte eingeführet haben/ denn derselbe empfinde es nur gar zu wol / daß es anders sey/ und glaubet daß ein GOtt sey mit Zittern. Und wenn man noch genauer davon reden wolte/ so könte/ etlicher Meinung nach/ keine einige Creatur nicht einmal so viel wünschen/ daß kein GOtt seyn mögte. Denn ob gleich

der

der Wille des Menschen eine Krafft hat / unmögliche Dinge zu verlangen / so sey es doch unmöglich in diesem Stücke / wolte GOtt / zu sagen / denn wenn jemand sagen wolte / er wünschte daß kein GOtt wäre / als welches unausbleiblich erfolgen müste / wenn kein solches Wesen wäre / das ihn wesentlich trüge / und so weit unterhielte / daß er nicht zu nichts wird. Und weil denn / wie einige bestärcken / keine Creatur verlangen kan / daß sie zu nichts würde / und daß nach nichts kein Verlangen zu finden seyn könne; ja daß gar nichts seyn / ärger sey / als in dem elendesten Zustande / und dabey gleichwol etwas seyn / auch daß der Teuffel selbst dis Verlangen nicht haben / und der Feind GOttes bey solcher Erlösung keine Erlösung haben könne; so komme er mit diesem auch nicht recht fort / und lasse sich solches nicht aufs höchste angelegen seyn. Sondern weil er demnach in diesem Stücke Widerstand findet / von den Grund-Regeln des menschlichen Wesens selbst / und den natürlichen Gedancken eines solchen Geschöpffs / das seinen Ursprung nicht verlaugnen kan / so machte er den Kreiß etwas weiter und wenn er nicht zu wege bringen kan / daß die Menschen dafür halten / es sey gar kein GOtt / so bemühet er sich zu machen / daß sie glauben / es sey nicht einer / sondern ihrer viel / darinnen es ihm auch so wol gelungen ist / bey gemeinen Leuten / daß er diesen ihren Glauben durch alle Wercke der Natur durchgeführet hat.

Und

Und in diesem letztem Stücke/ hat er es mit solcher List angegriffen/ daß er auf gewisse Weise seinen vorgemelten Zweck eben so wol erlanget/ denn obgleich die Meinung/ daß viel Götter seyn/ den Schein hat/ die Religion zu vermehren/ und mit der Atheisterey sich gar nicht zu reimen/ so begreiffet sie doch durch eine richtige Folge endlich eben so viel in sich/ dann die Einigkeit ist eine unzertrennliche und wesentliche Eigenschafft der GOttheit/ und wenn mehr als ein GOtt ist/ so braucht man weiter keiner Gottes-Verlaugnung/ und ist es schon so viel/ als wenn man sagte/ es sey gar kein GOtt. Und ob gleich allein Socrates um dieser Meinung willen den Tod leiden muste/ so waren doch Plato und Aristoteles eben so wol des Todes schuldig/ weil sie eben dieser warhafftigen Meinung auch waren/ daß der erste Urheber aller Dinge/ seiner Vollkommenheit wegen/ nur einer sey/ und dieser sein hoher Zustand sich nicht in viele vertheilen lassen könte/ so hätte weder einige Gewalt auf Erden/ noch das scharffe Gerichte in der Höllen so viel Macht/ sie hiervon zu befreyen. Und weil sie demnach in ihrer Wissenschafft mit so starcken Grund-Beweiß bekräfftiget/ und dieser Warheit halben so unwidersprechlich überwiesen waren/ so wäre es eben so viel gewesen/ sie zu überreden/ daß mehr Götter in der Welt wären/ als dem Euclidi beyzubringen/ daß in einem Zirckel mehr als ein Mittel-Punct/ und in einem Drey-Ecke mehr als ein rechter Winckel seyn könte/

könte/welches lauter vergebene Mühe/und so ungereimet wär/ als etwas auf der Welt.

Denn ob gleich Handwercks-Leute/ und andere von gemeinem Verstande so hoch nicht kommen/
daß sie dieses begreiffen/ als welche gemeiniglich sich
ihrer natürlichen Regeln kaum halb zu gebrauchen
wissen/ so war solches doch vor den Augen der klügern Minerven/ die gleichsam selbst aus des Jupiters Gehirn geboren waren/ nicht verborgen/ als
welche zwar unterschiedliche Dinge mit den Namen der Götter benennten/ jedennoch aber unter so
viel Namen nur eine einige Gottheit erkannten/
und dadurch vielmehr die Würckungen seiner
Macht/ und seine/ in mancherley Arten und Orden
offenbarte Gegenwart wolten zu verstehen geben/
als eine Vermehrung seines Wesens/ oder eine
würckliche Zertheilung der Einigkeit in eine Viel-
heit. Noch ferner/ damit er unsere Irrtümer noch
abscheulicher machte/ hat er sich bemühet/ die Welt
zu überreden (welches wol ein Wunder-Werck ist/
daß es GOtt so gedultet) daß er selber GOtt sey/
und weil es ihm in seinem ersten Anschlag gefehlet/
daß er nemlich wolte gleich seyn dem Höchsten im
Himmel/ so hat er dieses erlanget bey den Men-
schen/ daß er von denselben ist angenommen worden auf Erden/ allermassen er denn auch gewisse
Eigenschafften einer Göttligkeit an sich genom-
men/ und die Vortrefflichkeiten des Schöpffers nach
thun wollen/ durch Verrichtung gewisser Wun-
der-Wercke/ und angemaster Wissenschafft zukünff-
tiger

tiger Dinge / dahero er auf einen gar scheinbaren
Weg gewisse Krancken gesund gemacht/ mit wunderbaren Handlungen der Propheten ein gleich-
mässiges Spiel gehabt/ und es den Wunder-Wercken Christi und der Apostel nachgethan/ ja er hat
offenbarlich mit GOtt gestritten/ und sich demnach
nicht geschämet/ mit Mose so offt in die Wette Wunder zu thun/ da er es zwar so scheinbarlich gemacht/
daß man nicht wol hätte meinen können / als könte
etwas solches ein geringerer thun/ als GOtt/ doch
kunte er es so weit nit bringen/ daß er es zu dem Ansehen der Allmacht gebracht/ sintemal er bey Verwandlung des Staubs zu Läusen/ gantz zu Schanden worden/ da doch die *Philosophie* kaum sagen sol-
te/ daß etwas dergleichen über die Natur sey/ oder
wenn eine Materie vorher schon zugerichtet / daß
es nicht solte von der Sonnen zu wege gebracht
werden können/ und doch muste hierinnen der Kopff
der alten Schlangen bekennen/ daß er zu schwach
wäre/ gegen der Hand Mosis/ und daß der Arm seiner Zauberer sich zu kurtz befinde / gegen dem Finger GOttes.

So hat er die Leute auch überreden wollen/
daß er könne Todten wieder kommen machen/ und
den Schlüssel zum Leben und zum Tode habe/ und
etwas vermöge über die Regel/ daß von der *Priva-
tion,* oder von dem Entwerden kein Weg mehr zum
Werden sey. Die Stoici/ welche dafür hielten/
daß die Seelen der weisen Leute über dem Monde
ihre Wohnung hätten / die von den Narren aber/

B b um

um die Erde herum wanderten/ waren der Mey=
nung von dieſem Wunder-Werck gar befoͤrderlich/
da hingegen die Epicurer/ welche vermeinten/ der
Tod waͤre nichts/ und waͤre nichts nach dem Tode
uͤbrig/ werden haben widerſprechen muͤſſen/ weil
ſolches wider ihre Lehre waͤre / wie denn auch die
Pythagoraͤer/ oder die ſo die Meynung gehabt von
Verſetzung der Seelen in andere Leiber nicht leicht
werden haben Beyfall geben koͤnnen / denn weil ſie
dafuͤr hielten / daß die abgeſchiedenen Seelen
nach und nach in andere Leiber kaͤmen/ werden
ſie es ſchwerlich haben reimen koͤnnen/ wie die
Seelen aus der andern Welt wieder herkommen
ſolten / die ſie zu derſelbigen Zeit vermeinten in an=
dern Leibern zu ſtecken/ geſtalten ſich noch weniger
mit dieſen Mienungen reimet derjenige Jrrtum der
Chriſten/ von Erſcheinung der Seelen/ welche zwar
dafuͤr halten / daß die Todten in dem HERRN
ruhen/ und gleichwol glauben/ daß ſie von den Teuf=
fels-Beſchwerern koͤnnen wieder hervor gebracht
werden / eben als wenn der/ der ſelbſt gebunden iſt/
zu befehlen haͤtte uͤber die Feſſel des Todes/ oder der
da wohnet in dem Abgrunde/ etwas zu ſchaffen haͤt=
te mit der Schoß Abrahams / daher zu verwun=
dern/ wie man glauben kan/ daß der rechte Samuel
aufferſtanden/ oder daß bey dem Geiſter-Beſchwe=
ren und Erſcheinen/ wie man ſich insgemein einbil=
det / etwas anders mit vorlauffe / als Be=
trug.

Ferner

Ferner hat er ſich auch bemühet/ andern die Meinung beyzubringen/ daß er GOtt ſey/ durch Bethörung in Träumen/ und Offenbarung gewiſſer Dinge im Schlaff/ die beym Wachen ſonſt niemand wiſſen könte/ in welcher Hoffnung er die Leute in den alten Zeiten beredet/ vor ſeinem Tempel des Nachts liegen zu bleiben / auf den Häuten ihrer eigenen Opffer/ bis es ihn gelegen/ eine ſolche Antwort zu geben/ die in ſeinem Vermögen geweſen ſelbſt auszurichten/ oder er ſonſt urtheilen können/ daß ſie geſchehen würde / und ob gleich aus dieſer Art ſo gar auch GOtt dem Allmächtigen bißweilen gefallen etwas zu offenbaren/ ſo war doch darbey ein groſſer Unterſcheid/ denn was GOtt vom Himmel offenbarte/ das geſchach durch einen neuen Eindruck und unmittelbare Erleuchtung der Seelen; Da hingegen der Geiſt deß Betruges ſeine Bilder in dem Menſchen nur erweckte durch Bewegung ihres Geblüts/ oder durch Zuſammenſetzung gewiſſer in dem Gehirn ſchon verhandener Gedancken/ daraus er gleichſam Worte formiret/ ihnen ſeine Meinung im Gemüte zu verſtehen zu geben. Am allermeiſten aber beförderte er ſein Göttliches Anſehen durch die Ertheilung Göttlicher Antworten/ dadurch er an unterſchiedenen Orten der Welt ſich öffentlich für einen Gott verehren laſſen/ wie ſchlecht ſie aber von einem ſolchem Geiſt gegeben worden/ welcher dadurch ſeine Allwiſſenheit wolte beglaubt machen/ iſt genugſam zu ſehen aus ihrem ſchlechten Weſen. So gibt auch der Demo-
thenes

sthenes offentlich zu erkennen/ was mehrmals für Betrug darbey mit unter gelauffen/ als welcher in gleichmässiger Regierung sagte/ die Pythia sey gut Philippisch. Auch ist billig zu lachen/ wie sich der Hammon gegen dem Alexander gestellet/ als welcher zu demselben kam/ als zu einem Gott/ und von ihm überredet ward/ daß er selbst ein Gott wäre. Und so gab er auch dem Cröso seine Ungöttligkeit genug zu erkennen/ denn als derselbe durch seine zweydeutige Antwort in grossen Schaden kommen/ und ihm hernach vorwarff/ daß er ihn so undanckbarer Weise betrogen/ bekam er keine andere Antwort/ als/ es sey in seinem Vermögen nicht mehr gewesen/ das Verhängnüs habe es ihm nicht zugelassen: es würden ihm gewisse Gesetze von einer höhern Macht vorgeschrieben/ die er nicht vermögte zu überschreiten. So war auch aus seiner Antwort gegen die Spartaner/ zur Zeit einer grossen Pest/ nichts anders zu nehmen/ als ein gemeiner Rath/ den mancher sonst auf der Welt gibet/ oder der wol auch von dem Oracul menschlicher Vernunfft mögte herrühren/ denn als sie ihn fragten/ was dafür zu thun sey rieth er ihnen ihre Zuflucht zu nehmen zu einem jungen Hirschen/ das ist so viel gesagt/ als zu dem Nebro/ welcher zur selbigen Zeit ein guter Artzt war. Nicht mehr Göttlichkeit ließ er auch sehen gegen dem Caracalla/ welcher zwar um Rath fragte/ was er brauchen solte wider das Zipperlein/ aber keine Antwort empfing/ als/ er solte sich vom kaltem Trincken enthalten/ welches ja

nur

nur eine Warnung war vom äusserlichen Verhalten/ um derer willen er nicht hätte dörffen zum *Doctor* schicken/ sondern aus seinen eignen Tisch=und Hauß=Regeln wol für sich selbst so viel wissen sollen.

Noch mehr/ so spar auch in dem Rath/ den er dem *Democriti* wider das Hinfallen gegeben/ weiter nicht viel besonders/ wann anders etwas wahres daran ist/ daß er nemlich solte die Wärme von einem Geiß=Kopff brauchen/ denn sonst sind freylich viel grosse geheime Stücke wahr/ und wir lassen die Sympathetischen und Antipathetischen Mittel die auf blosser natürlicher Verwandschafft und Feindschafft bestehen sollen/ mit gewisser Bescheidenheit gerne gelten/ weil wir die Würckungen davon offt spüren/ ob wir gleich die Ursache derselben nicht recht begreiffen. Uber diß ist er anbey ein Natur=Künstler/ und kan viel Dings ausrichten/ so sich über unsern Verstand erstrecket/ ob es gleich auch uns nicht eben unmöglich wäre/ wenn wir nur die Wissenschafft hätten/ wie solches zu brauchen/ und hat er ein Theil solcher Dinge selbst entdecket/ theils sind auch durch menschlichen Fleiß erfunden worden/ die zwar uns etwan scheinen neue Erfindungen zu seyn/ bey ihm aber schon alte Sachen sind/ wie ich denn schwerlich glauben kan/ daß er in den alten Zeiten nichts solte gewust haben vom Magnet/ sondern bilde mir ein/ es werde seine Scharffsinnigkeit wol gemercket haben/ daß er sich nach Norden wende/ ob gleich die unsrige solches nicht beobachtet.

Denn es sind viel Geheimnüsse in der Natur/die zwar den Menschen schwer sind zu finden/ aber der Satan leicht wissen kan/ deren etliche er um eitler Ehre willen nicht kan verhölen/ andere aber aus Neid nicht will entdecken/ hingegen hat er noch ein ander Geheimnuß in seiner Betrügerey/ daß ob er uns gleich will überreden/ als sey er Gott und der Höchste in der Natur/ er uns doch auch einbildet/ ob sey er geringer als die Engel/ und Menschen/ ja als sey seine Natur nicht nur solchen Dingen die Vernunfft haben/ sondern auch solchen Handlungen unterworffen/die doch sonst keine Würckungen bey uns zeigen/ und also hat er kein geringes Theil der Welt in den Glauben gebracht/ daß eine Zauber-Kunst sey/ welche ohne vorher gemachten *Pact* zu gebieten habe über die Höllischen Kräffte. Dahero etliche beschreiben das Regiment der Geister/und ordentlich erzehlen/ wie ihre Herrschafften sich nach gewissen Ländern eintheilen/ weiter/ daß dieselben grosse Scheu trügen/ vor Beschwörungen/ Segen/ und anderen Wort-Sprechen/ daß er erschrecke vor Characteren/ vor Zeichen und Puncten/ welche doch/ wenn sie zusammen gesetzt/ gantz nichts bedeuten/ nicht allein in dem Verstand der Menschen/ sondern auch in der subtilen Sprach-Kunst deß Satans selbst/ daß einige Krafft stecken solle in Brunnen/ Hartz/ Pech/ oder Schweffel/ die Lufft zu reinigen von seiner Verunreinigung/ daß eine gewisse Tugend verborgen sey in dem Johannes-Kraut/ um deren willen solches mit recht

*fuga*

*fuga Dæmonis*, oder Teuffels = Flucht zu nennen/ dergleichen auch zugeschrieben wird der Wurtzel Baaras/ bey dem Josepho/ und dem Cynospasto/ bey dem Aeliano/ ist alles gar schwer zu glauben/ wie es denn auch nicht bloß natürlich zugegangen/ was geschrieben wird von dem Tobia/ daß er mit dem Rauch einer Fisch = Lebern den Asmodi in die Flucht gejaget.

Auch sehe ich nicht/ wie man glauben solle/ daß die Geister einen Schrecken haben vor dem Fünff= Eck Salomonis/ ob es gleich auf solche Weise an dem menschlichen Leibe geformet wird/ daß die fünf Wunden unsers HErrn hinein kommen/ daß er auch etwan die Flucht genommen vor andern Dingen/ und sich gestellt/ als ob er nicht den Vierbuch- stabigten Namen GOttes hören könte aussprechen/ auch daß er bißweilen sich mit Sprüchen der Heiligen Schrifft beschwören lasse/ und vor blossen Buchstaben und todten Worten fliehe/ da es doch nur das inwendige Leben und der beseelte Verstand derselben macht/ daß er darvor erschrecken muß. Diß alles solte man billig halten/ für eine Flucht der Parther/ für ein Zuruckweichen wie es beym Hinterhalt zugehet/ und für ein Scheuen/ das nur für den Schein geschiehet/ dadurch er uns nur in den Aberglauben in Leichtglaubigkeit setzen/ und die Meinung in uns bestättigen wil/ als hätten solche Dinge einige Krafft/ die doch an sich selbst die geringste Würckligkeit nicht haben/ und wenn er uns hernach dahin gebracht/ daß wir in unserm Hertzen

Bb 4

uns

uns auf dergleichen verlaſſen / ſo macht er / daß wir an Dingen kleben / die er nur acht / ſo weit er will / und hingegen von der warhafftigen und einigen Geiſter-Kunſt abtretten / bey welcher nichts Hölliſches mehr Platz haben kan.

Es waren aber der alten Kräuter / damit ſie den Teuffel ausbannen wolten / die *Coriaceſia, Callitia, Æthiopis, Mimois, Corinthias, Oſiritis, Cynocephalia, Aproxis, Latax, Chirocineta, Aglaophitis, Adramantis, Ophiuſa, Gelatophyllis, Ariamis,* die *Verbena,* Miſtel von den Eichen / und Johannes Kraut / das auch derowegen bey den Welſchen *Scaccia di Diavolo,* oder Teuffels-Flucht genennet wird.

Von Characteren aber vornemlich / die *Clavicula Salomonis.figuren,* unbekandte *Characteres,* Bilder / Siegel / Ringe / das ſo genandte *Thebit,* und woraus die *periapta* oder *phylacteria,* Sachen die man an Halß gehencket / denen aber ſo wenig einige natürliche Würckung beyzulegen / daß ſie vielmehr ſchon vorlängſten von gewiſſenhafften gelehrten Leuten / für nichts anders / als *Symbola* oder Kenn-Zeichen deß mit den böſen Geiſtern ſo genannten *pacti impliciti* gehalten / und von dem heiligen Baſilio / Auguſtino / Chryſoſtomo / Hieronymo / von dem Kayſer Carl dem Groſſen / und auch ſo gar von etlichen Heydniſchen Kayſern / als dem Caracalla / verboten worden / dahero man ſich nicht genugſam zu verwundern hat / was den ſo gerühmten groſſen Chriſtlichen *Conſtantin. in l.* 4. *C.*

*de*

*de malef. & mathemat.* angefochten/ als worinnen er/man mag es drehen wie man will/die Zauberey/ wenn sie nur/ seiner Meinung nach/ etwas gutes/ als die Beschützung der Gesundheit/der Feld-Früchte/gutes Wetter/und dergleichen nach sich gezogen/ zugelassen hat. Der Teuffel/ sagt *del Rio,* fürchtet sich für allem diesem Wesen/ Segnen/ angehangenen Zetteln/ an den Galgen angenagelten Haaren/Characteren/ Beschwerungen/stillschweigendem Wasser/Sieglen/Amuleten/und wie der Bettel alles heisset/ so viel/ als ein Elephant für den Flöhen/oder der höllische *Cerberus* für einem Bolonesischen Hündlein. *Omnes artes hujusmodi vel nugatoriæ sunt, vel noxiæ superstitionis, ex quadam pestifera societate hominum & Dæmonum,* sagt Augustinus und der heilige Chrysostomus. Ein Christ sol eher sterben/ als sich solcher Mittel gebrauchen. Und gleichwol hat es auch unter gelehrten Leuten dergleichen/ ich will nicht nur sagen Narren/ sondern gottlose Christen gegeben/ die den *Characteren,* Siegeln/ und oberzehltem Wesen grosse Tugenden aus einer verborgenen Krafft der Natur zugeeignet / ihre grosse Beschützer an dem Corn. Agrippa/ Alberto Magno/ Johanne Trithemio/ Petro Aponensi/ *Arnoldo de villa nova,* Roberto Anglico/ Rogero Bacone/ Theophrasto Paracelso/ Marsilio Ficino/ Varignana/ Petro Arlensi/ Francisco Rueo/ Cardano/ Petro Pomponatio/ dem berühmten Cardinal Cajetano/ und andern gehabt/ von welchen Etliche/ und zwar der Engeländische *Marsham*, vorgegeben/ daß auch des Jüdischen Hohen-Priesters Stirn- und Brust-Schildlein eben dergleichen noch von den Egyptern entlehnte Characteres/ und zwar das erstere das Creutz-formige Bildnüs des *Serapidis*, das *Urim* und *Thummim* aber/ das eigentliche *Teraphim* gewesen/ ja daß auch Moses noch ein ander grosses Theil seines Ceremonial-Gesetzes/ als die außgekleidete Stiffts-Hütten/ die Ordnung der Priester/ und ihre prächtige Kleider/ die Fest-Tage/ die Beobachtung des Mond-Wechsels/ die Opffer/ den Gebrauch des *Hyssops*, die Ceremonie mit der roten Kuhe/ des in die Wüsten verwiesenen Bockes/ die Anzündung der Lichter/ das öfftere Baden und Waschen/ die Eherne Schlange/ und die Beschneidung selbst/ von selbigen entlehnet hätte. Theophrastus und Cardanus sind in dergleichen Leichtfertigkeit noch weiter gegangen/ daß dieser unserm Seligmacher die Nativität gestellet/ und Gottslästerlich vorgegeben/ wie selbige den Tod am Creutze mit sich gebracht/ jener aber/ aus des Teuffels Eingeben/ vorgegeben/ daß er eben seine Wunder wie die Egyptischen Zauberer/ Krafft der *Cabala,* hervor gebracht.

Endlich/ damit er uns noch weiter in die Finsternüs verleite/ und vollend gar in den Labyrinth der Jrrtümer führe/ hat er die Menschen auch überreden wöllen/ daß gar keine solche Creatur sey/ als er ist/ also/ daß er nicht allein den niedrigen Geschöpffen unterworffen/ sondern gar zu rechnen wäre re in die Stelle der Dinge die nichts sind. Denn also hat er den menschlichen Gemütern mehrmals eingegeben/daß gar kein Teuffel sey/und haben ihrer viel durch ihn mehr als einerley Ursach gefunden/ warum daran zu zweiffeln/dadurch nicht allein die heiligen Engel und Geister/ aus der Ordnung der erschaffenen Dinge ausgeschlossen werden/sondern die Menschen in die äusserste Sicherheit gerathen/ und nicht glauben/ daß endlich einige Vergeltung sey. Darum hat er hierzu nicht allein verleitet die Sadducäer/ und solche Leute/ die Theil an der Gemeine Gottes haben wollen/ sondern ist auch wol zu Frieden gewesen/daß Epicurus/Democritus/und andere unter der Heydenschafft eben diese Meinung gehabt/ zu welchem Ende er auch noch heute Leute zu solcher verteuffelten Lehre aufsucht/ die entweder wegen ihrer grossen Gelehrtheit ein grosses Ansehen haben/ andern zu Lehrern vorgestellet sind/ und in hohen Ehren-Aemtern sitzen/ einer solchen Atheisterey desto bessern Credit zu machen/ denen er also vorbildet/daß die Erscheinungen und alles/ woraus zu schliessen daß Geister seyn/ entweder blosse Augen-Verblendungen / oder melancholische Einbildungen einer verderbten Phantasie wären/ und also da er dem Bruto nicht allein erschienen/sondern mit ihm geredet/war Cassius/der ein Epicurer war/ alsbald fertig/denselben zu überreden/ es wäre ihm nur so vorkommen in seiner Schwermütigkeit/ und wäre in der That nichts solches in der Natur verhanden.

So

So macht er auch/daß man nicht glauben wil/ daß Hexen und Zauberer seyn/ weil sonsten folgen müste/daß er auch etwas sey in der Welt/ und durch dieses Mittel macht er die Meinung von Unsterblichkeit der Seelen gantz zweiffelhafftig/ denn diejenigen/ die nicht glauben/ daß Geister seyn ohne Leiber/ können vielweniger zugeben/ daß ihr eigener Geist ohne Leib solte bestehen können. Und damit er diese falsche Lehren desto besser anbringen mögte/ hat er ferner gesucht/ die Beweiß-Gründe der Warheit aus dem Wege zu räumen/ das ist/ das geschriebene offenbarte Wort Gottes/ dahero er es unterschiedlich dahin gebracht/ daß etliche die Bücher Mosis verworffen/ andere die Bücher der Propheten/ etliche alle beyde/ daß etliche die Evangelien/ und die unzweiffelbare Historie von Christo nicht angenommen/ oder das Evangelium Johannis verworffen/ und das Evangelium Judä dafür angenommen/ noch andere diese alle über einen Hauffen gestossen/ und noch ein anders von Thoma hervor gezogen/ und als es ihm nicht recht angehen wollen/ als solches der Valentius und Arrius verfälschet/ oder der Marcion/ Manes/ und Ebion verstümmelt/ hat er versucht/ sie sämtlich auszurotten/ und zu vertilgen/ wie er den grossen Fleiß darzu angewandt/durch die Macht und List des Juliani/ Maximini/ und Diocletiani/ aber diese Wercke haben nun so lange gedauert/ und sind dem gemeinen Untergang durch die Vorsorge des ewig über sie wachenden Geistes/ so lange Zeit entgangen/ daß er

zu

zu letzt über solchem Vorhaben den Muth wieder sincken lassen/ und nicht nur angefangen zu zweiffeln an der Mögligkeit ihres Untergangs/ sondern endlich wieder bekennen müssen/ daß dieser Stein zu groß sey/ für Saturnus Maul/ und ein Bissen den die Vermessenheit nicht verschlucken könne.

Und ist also aus diesem allem klärlich zu sehen/ in was für seltsame Irrthümer er uns gedencket zu verleiten/ weil er Meinungen in der Welt aufbringet/ die in ihrer Falschheit einander selbst widersprechen/ und uns bald zu bereden gedenckt/ es sey kein GOtt/ bald es wären viel Götter/ bald er sey selbst Gott/ bald er sey geringer als Engel und Menschen/ bald er sey gar nichts. Mit solcher Arglistigkeit aber hat er nicht allein zu verfälschen gesucht die Meinungen von dem Schöpffer/ sondern in dergleichen Verwirrung auch zu bringen vermeinet die Lehre von unserm Erlöser/ dannenhero etliche seine Menschheit verlaugnet/und vorgegeben/ er sey einer von den Engeln gewesen/ wie der Ebion. Andere der Vätter und Sohn wären nur eine Person/ als Sabellius. Andere/ es habe nur geschienen/ daß er einen Leib gehabt/ als *Manes, Basilides, Priscillianus, Jovinianus.* Andere/ Er sey durch Mariam nur durchgegangen/ als Eutyches/ und Valentinus. Andere seine Gottheit verlaugnet und vorgegeben/ Er wäre aus menschlichem Geblüte/ und aus dem Stamme Josephs gebohren gewesen/ als Carpocrates/ Symmachus/ Photinus. Andere/ er sey gewesen
Seth

Seth/ der Sohn Adams/ als die Sethianer. Er sey geringer gewesen als die Engel / als Cerintus. Andere/ Er sey niedriger/ gewesen/ als Melchisedech/ als Theodatus. Andere/ Er sey nicht GOtt gewesen/ sondern GOtt habe in Jhm gewohnet/ als Nicolaus. Andere seine beide Naturen mit ihrer Lehre verwirret / als die jenigen/ welche aus der Dreyfaltigkeit eine Vielfältigkeit/ und aus Christo zwey Personen machen / als Paulus Samosatenus. Andere/ Er sey zwar ein Mensch gewesen/ aber ohne Seele/ deren Stelle das Wort in Jhme verwaltet/ als Apollinaris. Andere/ Er sey der Sohn und der Vatter gewesen/ als Montanus. Andere/ JEsus habe zwar gelitten/ aber Christus sey ohne Leiden geblieben/ als Cerinthus.

Auf solche Weise verwickelt er die Warheit/ und wenn er kein Mittel findet/ sie gar aufzuheben/ so verwirret er die Lehre darvon arglistiglich unter einander/ damit endlich/ weil die Meinungen von derselben so wider einander lauffen/ und so viel Gottlosigkeiten daraus entstehen/ müsse geschlossen werden/ es sey gar mit einander nichts daran.

Ob nun gleich diese Arten seines Betrugs/ bey dem grösten Theil der Christenheit nicht angegangen / so finden sich doch viel andere / dadurch wir täglich verführet werden/ sonderlich in den gemeinen Begebenheiten der Welt/ da er uns offt verleitet gewissen Würckungen solche Ursachen zuzuschreiben / die doch gar nicht zusammen gehören/ denn also verdrehet er die Ordnung und Erkäntnüß

der

der Ursachen/ und wenn diese ihre eigene Würckungen haben/ gegen die sie sich verhalten/ wie *Perpendicular*-Linien/ und Schenck-Striche/ so beuget er sie auf die Seite zu solchen Dingen/ mit denen sie gleichsam *Parallel*, oder gleich-weit fort lauffen/ also daß sie in ihren eigenen Bewegungen nie mit einander zusammen kommen.

So macht ers mit uns in der Lehre von Sternen/ und *Meteoren*, oder Lufft-Zeichen/ denen er aus ihren rechtmässigen Würckungen Dinge zuschreibet/ die doch gar davon nicht herrühren. Also hat er auch die Unwissenden überredet/ daß natürliche Dinge unmittelbar/ und gemeiniglich von übernatürlichen Kräfften herkommen/ und so macht ers mit dem Himmel und seiner Herrschafft der Lufft/ und was darinnen erscheinet/ denn ob solche Sachen gleich vor sich selbst ihre natürliche und erschaffene Ursachen haben/ wann solche würckende und leidende Materien auf gewisse Weise zusammen gebracht werden/ dergleichen wol ohne Wunder-Werck geschehen kan/ so werden sie doch von den Unverständigen allezeit für übernatürliche Wunder gehalten/ die gleichsam Ursachen und Zeichen seyn sollen gewisser daraus erfolgenden Begebenheiten/ so doch nur zufällig sind. Denn einen Regenbogen in der Nacht zu sehen/ ist bey einem *Philosopho* kein Wunder-Zeichen/ so sind auch die Sonnen- und Mond-Finsternüsse/ nichts als natürliche Sachen/ und doch bezeugen viel Exempel mit was für Aberglauben sie angesehen worden/

seithero der Trauer-Geschichte deß Nicäas und seiner Armeen. ‒ Wiewol ob es gleich wahr bleibet/ daß diese Dinge bloß natürlich seyn/ und gewisse Ursachen aus der andern Ordnung haben/ auch nicht allezeit der unmittelbaren Hand Gottes/ oder seiner dienstbaren Geister zu zuschreiben sind/ so leiden sie doch offtmals wol auch eine dergleichen Betrachtung/ und können in ihrer blossen Natur ein serner Nachdencken erwecken/ wenn sie etwan zur Zeit gewisser Welt-Händel entstehen/die sie sonst zwar nichts angehen. Also daß zwey oder drey Mond erscheinen in der Lebens-Zeit/ oder Regierung eines Menschen/ ist nicht Wunders-würdig/ wenn sich aber dergleichen begiebt zu einer sonderbaren Zeit/ oder bey einem merckwürdigen und wichtigen Welt-Handel/ so mag ein Christ sich wol Gedancken machen/ daß es mögte seine Bedeutung haben neben seinen Philosophischen Ursachen/ und daß ein Ding/ das an sich selbst zufällig ist/ etwan nicht umsonst zu eben dieser Zeit erscheine/ und daß in dem grossen Zeit-Calender Gottes diese Dinge nicht umsonst in eine Zeile zu stehen kommen.

Am meisten aber verführet er uns damit/wenn wir gewisse Würckungen solchen Dingen zu schreiben/ die doch nur den Schein haben ihre Ursachen zu seyn/ da hingegen die Sache aus ihrem eigenen geheimen natürlichen Lauff abgehet. Also hat er viel Völcker bethöret mit seinen Warsagereyen und Leber-Beschauungen/ da man aus blossen

zufäl-

zufälligen Begebenheiten, den gewissen Erfolg dieser oder jener Sache urtheilen/ und schliessen wollen/ welchen Thuskanischen Aberglauben erstlich Rom aufgebracht/ hernach aber fast gantz Europa durchgehends angenommen/ denn als Augustus zwo Gallen fand in seinem Opffer/ schloß man aus Leichtgläubigkeit zu Rom daraus/ es wäre Hoffnung, daß mit Antonio werde Frieden werden/ und zwo Personen, die dermalen in Zorn und Feindschafft wären/ sich würden näher zusammen thun/ und vereinigen. Also weil dem Bruto und Cassio ein Mohr vorkam/ und Pompejus ein dunckel Kleid anhatte in der Pharsalischen Gegend/ so muste das eine Bedeutung haben ihrer Niderlage/ welches alles doch kaum auf Redner-Art aus einander zu schliessen ist/ weil sich verblümte Deutungen aus natürlichen Dingen/ und natürliche Dinge aus verblümten Deutungen nicht schliessen lassen. Und weil nun diese Zeichen-Deutungen mehrentheils solche Begebenheiten vorbildeten/ die in seinem Vermögen stunden/ zu nöthigen/ einzurichten/ zu hindern/ und zu befördern/ so muste mehrentheils wahr werden/ was er auf solche Weise vorhero sagen ließ. Als Gracchus geschlagen ward/ wolten selbiges Tages die Hüner nicht aus dem Hüner-Korbe heraus/ und der *Claudius Pulcher* muste eben dieses erfahren/ als er die Wahrsagerey von dem Hüner-Essen verachtete/ nun kamen aber diese nichts deswegen ums Leben/ weil die Hüner nicht fressen wolten/ sondern weil der Teuffel schon vorhero sahe/ daß sie umkom-

C c  men

men würden/ so machte er daß die Hüner nicht fressen musten/ und also folgte diese Begebenheit nicht aus dem Zeichen durch eine natürliche Ursache/ sondern das Zeichen richtete sich nach der Begebenheit/ durch die Kunst und Betrügerey des Satans/ welches eine unvermerckte Art zu betrügen war/ dadurch er ihre unvorsichtige Leichtgläubigkeit/ gar künstlich zu bethören wuste. Und diesen Betrug wird er auch gar meisterlich haben angebracht vor dem Tode Sauls. Denn was in seinem Vermögen war vorher zu sagen/ das war nicht über sein Vermögen vorher zu sehen/ und also hat er können Zeugen davon aufbringen von allen Creaturen her/ und weil solche hernach durch den Erfolg bestättiget worden/ so wurden solche Zeugen zu selbiger Zeit für unfehlbar gehalten/ und also die Kunst je mehr und mehr immer ausgebreitet.

Also bethöret er auch die Menschen mit Liebes-Träncken/ Nestel-Knüpffen/ Segen-Sprechen/ Zettel anhängen/ Buchstaben oder Zeichen schreiben/ und andern abergläubischen Arten gewisse Kranckheiten zu heilen/ da er offt die Sachen erfolgen läst durch seine eigne Hülffe/ wie es die Leute von diesen Mitteln verhoffet/ und weil etliche dieses nicht gerne für offenbare Zauberey halten/ sondern der Einbildung oder gewissen verborgenen Ursachen zuschreiben/ so hat er auch dabey nicht geringen Vortheil/ indem er eine Meinung auf die Bahn bringet/ die nicht allein falsch ist/ sondern die offenbarlich zum Verderben verleitet/ denn weil die

Leute

Leute in Kranckheiten/ so durch natürliche Mittel können curiret werden/ sich auf solche Mittel begeben/ die weder an sich eintzige Krafft haben/ noch auch in diesen Fällen etwas würcken/ ausser was das äuserliche Ansehen belanget/ so stehen sie hernach/ wenn er auch seine Hülffe entzeucht/ in ihren Kranckheiten gantz bloß/ und werden also rechtschaffen bezahlet/ daß sie die natürliche Artzneyen verachtet haben/ die GOtt für sie erschaffen hat/ und weilen demnach man sich auf kein Wunder-Werck zu verlassen hat/ hierinnen aber auch aus natürlichen Gründen nicht zu schliessen/ daß solche Dinge können eine Ursache von dergleichen Würckungen seyn/ so ist es ja nicht zu rathen/ ob gleich bisweilen helffen mag/ daß man sich solcher Dinge gebrauche/ und hingegen die bekandten sichern Wege Gottes auf die Seite setzte/ und muß man demnach/ dafern man auf den rechten Wege bleibet/ wenn etwan unsere Wissenschafft nicht mehr zu erlangen/ oder die Artzneyen nicht anschlagen wollen/ sich mit Gedult unterwerffen dem Verbot der unrechten Wege/ und warten/ was der über uns beschlossen/ der solche verboten hat. Und in diesen Würckungen nun/ scheinet es zwar offt/ als wolle er es demjenigen Geiste nachthun/ der bisweilen durch natürliche Mittel übernatürliche Dinge thut/ er machet es aber damit gar anders/ als dieser/ denn seine Mittel mögen sich entweder schicken zu dem Vorhaben oder nicht/ so geschihet doch der Erfolg durch einen geheimen verborgenen Weg der Natur/ als

zum

zum Exempel / da zur Zeit Kaysers Antonini ein Blinder / Namens Cajus / muste von der rechten Seite des Altars zu der Lincken gehen / und die fünff Finger an der einen Hand auf denselben die andere Hand aber / auf seine Augen legen/ so ward er zwar sehend mit Verwunderung des gantzen Volcks / aber da war nichts in diesem gantzen Wercke / das etwas darzu helffen kunte/ es war auch nichts in seinem Vermögen/ das diese Handlungen darzu bequem machen kunte / also auch als ein ander Blinder/ Aper genannt/ den Rath von ihm bekam/ er solte sich eine Augen=Salbe machen von dem Blut eines weissen Hahnen / und von Honig/ und solche drey Tage lang auf seine Augen legen / desgleichen als Julianus von dem Blut=Speyen curiret ward mit Honig und Zirbel-Nüßlein/ die er von seinem Altar nehmen müssen/ wie auch als Lucius wider das Stechen / Aschen von seinem Altar mit Wein brauchte/ so schiens zwar/ als wenn diese Mittel etwas vernünfftig wären/ und einige natürliche Krafft wider solche Kranckheiten hätten; Wir dörffen aber darum nicht gläuben / daß sie durch ihre eigene Kräffte solches alles ausgerichtet.

Was aber von Göttlicher Krafft herkommet / gehet gantz anders zu / denn GOtt mag zu sichtbaren Wercken sichtbare Mittel brauchen/ oder nicht / so kan Er den Mitteln durch seine Mitwürckung eine neue Krafft geben / und sind demnach solche sichtbare Wege einiger bloß gemeiner natürlicher Dinge nicht gantz leere Ceremonien/ sondern

dern sie werden auf seinen Befehl zu Ursachen/ und richten solche Dinge aus über ihr gewöhnliches Vermögen/ denn wenn Naeman der Syrer sich im Jordan gebadet hätte ohne des Propheten Befehl/so halte ich/würde er eben so wenig rein worden seyn/als von dem Wasser zu Damasco. Ich will auch zweiffeln/ ob das Wasser zu Jericho würde seyn gesund zu trincken worden/ wenn ein anderer hätte Saltz hinein geworffen/als Elisa. Auch bin ich versichert/ daß ein Gemüse von Coloquinten/ oder wilden Kürbsen/ nicht von einer jeden Hand (wenn einer gleich zimlich geschickt wäre) würde tüchtig zum Essen werden/ wenn man gleich Mehl drein rühren solte. In dem Feigen-Pflaster/ das der Ezechias brauchen muste/ war zwar einige natürliche Krafft/ wir finden auch daß die Galle eine sonderbare Krafft hat zu reinigen/ und eine rechte Artzney war die Augen des Tobiä helle zu machen/ und hatten also die Mittel einige Würckung von sich selber/ sie hatten aber einen grossen Nachdruck von derjenigen Krafft/die ihre Natur erhöhen kan/ daß sie mehr würcken müssen/ als sie von Natur vermögen/ und so kan er auch würcken mit Ursachen/ die an sich keine Krafft haben/ diß zu thun/ was sie vollbringen/denn derjenige der sie verordnet hat zu gewissen Würckungen/ ist nicht so leer an Krafft/ daß er sie nicht auch solte tüchtig machen können/etwas anders auszurichten.

Noch weiter/ ob gleich die Bethörungen des Satans am allermeisten sich hervor gethan in

Sachen/ da etwas zu thun ist/ dadurch er Irrthümer aufgebracht/ die an sich sündlich und sträfflich seyn/ so unterläst er doch dergleichen auch nicht in Puncten von blosser Betrachtung die zu ihrem Zwecke nichts/ als die blosse Wissenschafft haben/ und ob gleich scheinet/ daß solche Sachen gantz gleichgültig/ und einer der darinnen irret/ nicht eben desswegen zu verdammen/ so bereitet er uns doch dadurch/ und macht uns geschickt zu Irrtümern/ daß wir folglich auf verderbliche Meinungen fallen müssen. Daß die Sonne/ der Mond/ und die Sterne lebendige Creaturen sind/ die eine Seele und ein Leben haben/ scheinet ein unschuldiger Irrtum zu seyn/ und eine Abweichung von der Warheit die keinen Schaden bringet/ aber dadurch bestättiget er gleichwol den Dienst/ der ihnen von den Abgöttischen angethan wird/ und macht dadurch/ daß sie solchen desto williger und lieber annehmen. Denn er ist klug genug/ daß er sich einbilden könne/ es würden vernünfftige Menschen sich nicht so weit verlieren/ etwas unbeseeltes in der niedrigsten Staffel der Natur stehendes anzubeten/ darum brachte er diese Meinung auf/ sie wären lebendige Creaturen/ die in Ewigkeit nicht sterben könten.

Daß die Geister cörperlich seyn/ scheinet anfänglich anders nicht zu seyn/ als eine Meinung die mit sich selber streitet/ die er vielmehr solte helffen unterdrucken/ und doch bestättigte er dadurch die Lehre von Weyhen/ Zettel anhangen/ Gegen-Sprechen/ und dergleichen/ wie wir zuvor gemeldet. Daß
zwo

zwo Grund-Ursachen aller Dinge wären/ die eine gut/ die ander böse/ und daß von der einen herkomme die Tugend/Liebe/ Licht und Einigkeit/ von der andern aber Theurung/ Zwietracht/ Finsternüß/ und Häßligkeit/ das waren die Gedancken des Pythagoras/ des Empedoclis/ und vieler alten Philosophen/ und verstund auch der Zoroaster unter dem Namen Oromasdes und Arimanius nichts anders/ als dieses: Der Satan aber erhielte dieses darben/daß er desswegen angebetet ward/ und also das schreckliche Grund-Wesen mehr Ehrsucht erlangte/als sein Schöpffer/ damit wolte er es nicht gerne fahren lassen/ sondern beförderte diese Gedancken auch in den künfftigen Zeiten/ und erwehlte desswegen die Ketzerey der Manichäer/ daß sie solches auch behaupten musten/ daß das weibliche Geschlecht zu des Menschen Geburt nichts beyträget/und bey der Empfängnüs von denselben nichts sämliches herkommet/war wie gestern gedacht/vor Alters die Meinung des Aristoteles/und wird noch bey etlichen dafür gehalten / auch wol von ihnen immer so fort gepflantzet werden. Aber dadurch lästert er die Frucht der Jungfrauen/ und stöst die Haupt-Weissagung übern Hauffen/ und kan auch des Weibes-Samen alsdann der Schlangen nicht den Kopff zertretten.

Ferner spielet er nicht allein mit solchen irrigen Gedancken/daraus gottlose Wercke folgen können/ sondern seine Boßheit ist so unruhig/ daß er auch schlechte Fehler aufbringet/die durch ihre Falschheit bloß unsern Verstand zu Schänden machen. Als zum Exempel/ wenn Heraclitus und seine Nachfolger darfür halten/ die Sonne sey nicht grösser/ als sie vor Augen ist/ wenn Anaxagoras saget/ der Schnee sey schwartz/ wenn andere vermeinen/ es wohnen keine andere Leutt auf der andern Seiten der Erden/ oder wenn jemand die Einbildung hat/ daß die Sternen herab fallen/ dem wird der Satan gerne beyfallen/ und Beystand leisten/ denn er kan nicht leiden/ daß die Warheit im Frieden ist/ und gefällt ihm wol/ wenn ihre Ströme trüb gemacht werden/ und weil er ein geschworner Feind GOttes ist/ (der die Warheit selber) so hilfft er gar gerne zu allerhand Jrrtum/ weil solcher dessen Natur zu wider/ und strafft sich selber mit allerhand Ungleichförmigkeiten der Warheit. Und wenn er zu einiger Zeit etwas spricht oder thut/ welches wahr ist/ so thut er es nur mit Fleiß/ und mit List/ das Gebot GOttes umzustossen/ nichts Gutes zu thun/ daß etwas Böses daraus komme. Und daher finden wir bißweilen/ daß auch aus der Höllen heilsame Lehren hervor gebracht werden. Denn der Spruch des Delphischen Orackels *nosce te ipsum,* lerne dich/ selbst kennen/ ist eine gute Sitten-Lehre/ wie auch daß ein gerechter Mann von GOtt geliebet werde/ unwidersprechlich wahr ist; Also wahr ist auch ein gutes Werck/ wiewol es nicht guter Meinung geschahe/ welches er durch den Vespasianum that/ als derselbige durch Anrührung mit seinem Fuß einen lahmen Mann gesund machte / und mit einem

Hand-Streich einem andern Blinden das Gesicht
gab. Aber sein Zweck hierinnen war nichts/ als
sein eigener Vortheil / denn dadurch bekräfftigte er
nicht allein die Meinung von seiner grossen Macht
bey dem Volcke / sondern auch/ daß er der Aufrichtigkeit ergeben sey/ bey den grossen Herren/ weil er
wol wuste/ daß es in derer Macht stund/ seine Oracul abzustellen/ und diesen seinen betrüglichen Antworten ein Stillschweigen aufzulegen.

Es ist aber die Warheit von Natur so ausge-
breitet/und ihr Reich so groß und weit/ daß sie auch
Platz hat in den Mauren der Höllen/ und müssen
die Teuffel selbst sie täglich brauchen und üben /
nicht allein/weil sie auf solche Weise wahre Creaturen sind/ wie das Wort Warheit in der *Metaphysic*
genommen wird/ das ist/ daß sie ein solch Wesen ha-
ben/ welches überein kommet mit dem Verstande
ihres Schöpffers/ sondern sie müssen auch Warheit
gebrauchen / wie man in der Sitten-Lehre und in
der Vernunfft-Kunst dis Wort gebraucht / das ist/
sie müssen unter sich selbst die Warheit im Gebrauch
haben/ so wol/ daß ihre Worte mit den Dingen
selbst/ als daß die Dinge mit ihren Gedancken überein kommen/ denn ob sie gleich ohne Sprache durch
blosses Ansehen einander begreiffen / so kommen
doch ihre Gedancken von den Dingen selbst her/ wie
sie sind/und sie verstehen einander durch die Bildun-
gen/ welche die wahre eigentliche Aehnligkeit der
Dinge selbst an sich haben. Und also auch nach
der Warheit / wie solche die Sitten-Lehrer verste-
Cc 5 hen/

hen. Da betrügen sie zwar uns/ lügen aber nicht einander selber vor/weil sie wol wissen/ daß alle Gemeinschafften durch die Warheit erhalten werden/ und auch das Regiment der Höllen ohne dasselbe nicht bestehen kan.

Aber noch näher zu kommen/ so reden und üben sie nit allein die Warheit/ sondern sie wünschen auch verkehrter Weise/ daß manche Sachen mögten wahr seyn/ und verlangen also/ auf gewisse Art zu reden/ würcklich derselben Ausbreitung/ denn es sind viel Dinge zwar an sich selbst falsch/ und die verlangen sie doch/ daß sie mögten wahr seyn. Zum Exempel/ er kan ja nicht anders wünschen/ als daß das mögte wahr seyn/ was er von sich ausgibt/ nemlich Wissenschafft von künfftigen Dingen zu haben. Als würden auch/ wenn es in seinem Vermögen wäre/ die Juden recht haben/ und wünschte er/ daß der Messias noch kommen solte/ desgleichen wenn es nach seinem Verlangen gienge/ mögte er wol geschehen lassen/ daß des Aristoteles Meinung wahr wäre/ daß nemlich die Welt kein End hätte/ und so unvergänglich wäre/ als er selbst/ denn dadurch mögte er vielleicht vermeiden können die Vollführung derjenigen Pein/ die er itzo nur in einer gewissen Staffel erleidet. Denn wenn man Gleichnüs weise von diesen Flammen/ der *Chymie* nachreden solte/ so ist er itzund nur im *Balneo*, oder Dampff-Feuer/ alsdenn aber wird der *Ignis Rotæ* oder das erschreckliche Feuer angehen/ dadurch
ent-

entschieden werden wird/ ob er subtiles oder groben
Wesens sey/ (wie man itzt disputiret/) daß seine Unsterbligkeit schier Noth haben mögte.

Ich weiß nicht ob diesen geistlichen Discurs
der Herr Pfarrer weiter fortgesetzt/ wenn nicht der
alte ruchlose Juncker Hannß Märten/ der mittler
Zeit aufgestanden war/ selbigen mit einem Jäger-
Horn/ das er ihm vor den Ohren bließ/ unterbrochen hätte/ und darauf zu verstehen gab/ daß man
die jenigen mit solcher Music verehrete/ die von
dergleichen Wildpret gegessen/ das er heute mit seiner
zauberischen Büchse herunter geschossen/ darum der
Herr *Magister* wol zusehen solte/ daß er nicht eine
gefährliche Unruhe davon im Leibe empfinde/ worüber sich aber dieser/ als der leichte mercken kunte/
daß er auf die noch auf dem Teller ligende Fuchs-
Wurst zielete/ dermassen eyserte/ daß er Augenblicks
darvon gegangen wäre/ wenn es nicht die andern
verhindert/ und damit sich nicht der Hr. Pfarrer beschimpfft befindete/ lustig zugriffen/ die noch übrige
gäntzlich aufzuessen.

Es ist doch eine wunderliche Sache/ sagte
hierauf Herr Florissohn/ daß wir unsere Speisen
nur auf gewisse Arten und Thiere einschrencken/
noch gründlich wissen/ woher dieser Unterscheid der
Speise bey den Völckern hin und wieder auskom-
men/ noch ob diese Gewohnheiten aus einem gewissen Vernunfft-mässigen Grunde entsprossen/ oder
nur nach und nach/ oder aus ein und ander Einbildung eingeschlichen. Denn erstlich ist es gar kein
uu

unvermeidliche Nothwendigkeit/ daß man von einem Thiere isset/ und wenn wir nicht gantzen Strömen von Zeugnüssen entgegen schwimmen/ und unterschiedlichen aus der Heiligen Schrifft genommenen guten Schlüssen widersprechen wollen/ so müssen wir bekennen/ daß vor der Sünd-Flut das Fleisch essen gar nicht im Schwange gegangen/ und unsere VorEltern ohne Schlachtung der Thiere von blossen Erd-Früchten/ sich selbst zu einem längern Leben befördert/ als ihre Nachkommen durch einig ander Mittel thun können.

Denn wenn erstmals ausdrücklich gesagt wird/ im 1. Buch Mosis im 2. Cap. v. 29. sehet da/ ich habe euch gegeben allerley Kraut/ das sich besaamet auf der gantzen Erden/ und allerley fruchtbare Bäume die sich besaamen/ zu einer Speise/ so stehet alsbald nach der Sündflut/ als dieselbe die Natur der Gewächse verderbet/ oder geschwächt/ eine gewisse Erweiterung der vorigen Erlaubnus/ mit folgenden Worten/ im 1. Buch Mosis im 9. Cap. v. 3. Alles was sich reget und lebet/ das sey eure Speise/ wie das grüne Kraut/ habe ich euch alles gegeben. Und derohalben/ ob gleich gesaget wird/ daß Habel ein Schaf-Hirte gewesen/ im 1. Buch Mosis im 4. Capitel v. 2. darbey mancher sich nicht wol einbilden könte/ daß die ersten Leute solten Schaffe gehalten/ und solche nicht gegessen haben; so finden sich doch vornehme Ausleger/ welche vorgeben/ es sey solches geschehen/ theils der Felle halber/ damit sie sich bekleidet/ theils der Milch
hal-

halber/ davon sie sich ernähret/ und theils auch des Opffers halben/ welches sie dem HErrn auch gebracht/ wie hernach.

Und weil es nicht so gar vermutlich scheinet/ daß sie Fleisch geopffert/ und nicht davon gegessen/ auch von Habel schwerlich kan gesaget werden/ im 1. Buch Mosis im 4. Capitel v. 4. daß er von den Erstlingen seiner Heerde/ und von ihren Fetten ein Opffer gebracht/ wenn man damals noch nichts dergleichen zur Speise zu sich genommen; so wird darben dieser Unterschied gemacht/ und wollen etliche/ es hätte nur das Geschlechte Cains Fleisch gegessen/ als welche mit ihrer Schwelgerey weiter um sich gegriffen/ und bey der Regel Gottes nicht geblieben/ dafern man aber zu einiger Zeit in dem Geschlecht Seths Fleisch gegessen/ so wäre solches etwas gar ungewöhnliches gewesen/ und bloß allein bey den Opffern geschehen/ oder aber (wie Grotius vermutet) wenn ja einig Fleisch essen im Gebrauch gewesen/ so sey es doch nicht gleich von Anbegin geschehen/ sondern von der Zeit an/ als die Menschen ihren Weg verderbet/ und von ihnen gesaget wird/ Genesis 6. daß die Bosheit der Menschen groß gewesen auf Erden/ dabey sich doch die Frommen und Gerechten vermutlich nach der Regel gehalten/ so ihnen im Paradiß/ und im Stande der Unschuld vorgeschrieben worden/ doch mag es zugegangen seyn unter den Menschen wie es wil/ so war doch jenes der Befehl GOttes/ und kunten ihnen derhalben die Erd-Früchte Unterhalt genug
geben/

geben/ wenn ſie gleich kein Fleiſch gegeſſen hätten/
daß ſie aber damals kein Fleiſch geſſen/ und ſonderlich die glaubige Parthey ſich deſſen mag enthalten
haben/ vor der Sünd-Flut/ ſcheinet auch daher
um ſo viel vermutlicher/ weil ſie ſich deſſen auch einige Zeit hernach davon guter maſſen enthielten/ denn
ſo wird insgemein geſchrieben von der guldenen
Zeit/ unter der Regierung des Saturni/ welches
gehalten wird/ die Zeit Noah zu ſeyn/ vor dem Bau
des Babyloniſchen Thurns/ und wenn man etwas
genauer betrachtet / wie ſich dieſe Zeit ſo gar wol
mit der Erzehlung der Heydniſchen Scribenten
vergleichen läſſet/ ſo kan man ſich leichtlich einbil-
den/ daß die Fabeln derſelben ihren Urſprung nir-
gend anders herhaben/ als aus der Geſchicht Noah/
denn alſo ſchreiben dieſelben von der guldenen Zeit/
daß damals nur einerley Sprache geweſen/ daß der
Saturnus alle ſeine Kinder geſreſſen/ ausgenommen drey/ daß derſelbe geweſen ein Sohn des Ocea-
nus und der Thetis/ (wordurch das Meer und
groſſe Waſſer bedeutet werden) daß derſelbe zu ſeinem Wappen und Sinn-Bilde ein Schiff gehabt/
und daß er den Wein-Bau gelehret/ und den Acker-
Bau angeſtellet daher er auch mit einer Sichel gemahlet wird / welches alles ſich gar wol auf den
Noah ſchicket.

Es endigte aber dieſe Gewonheit ſich vom
Fleiſch eſſen zu enthalten keines weges mit ihm/ ſondern ward auch nach ſeiner Zeit von vielen beobach-
tet/ dergleichen nicht nur die Pythagoriſten vor Alters

terswaten/ und die Benjanen heutiges Tages in
Indien sind/ welche ihre eigene Meinungen darüber haben/ um derer willen sie sich des Fleisch-Essens enthalten; sondern auch viel andere mehr/ wie
die Historien theils andeuten/ theils auch weitläuftig beschrieben/ doch wollen wir so spät nicht hinein
rücken/ als Asclepiades/ welcher/ wie Porphyrius
schreibet/ der Meinung gewesen/ man habe erst angefangen Fleisch zu essen zur Zeit der Regierung
Pygmalions/ welcher der Dido Bruder gewesen/ dahero derselbe allerhand Marter erfunden/ die jenigen/ so Fleisch gegessen/ damit zu besträffen. Es enthielten sich aber nicht allein die Menschen anfänglich von Fleisch-Essen/ sondern wie etliche dafür
halten/ auch die Thiere frassen einander nicht/ und
finden sich gewiß nicht geringe Vermutungen daß
die dermalen Fleisch-fressende Thiere zu selbiger
Zeit von dieser Natur nicht gewesen/ allermassen
auch die Göttliche Vorsorge ihnen dasselbe nicht zur
Speise geordnet/ wenn gesaget wird im 1. Buch
Mosis im 1. Capitel v. 30. und allen Thieren
auf Erden/ und allen Vögeln unter dem Himmel/
und allem Gewürme das da lebet auf Erden/(verordne ich) daß sie allerley grün Kraut essen/ welches
auch genugsam zu schliessen ist aus der Zahl der
Thiere/ so in den Kasten geführet worden/ darunter
wie es scheinet/ keine gewesen/ so anderen Fleisch fressendes zur Speise dienen sollen. Denn von jeder
Art der unreinen Thiere gingen nur zwey in den
Kasten/ davon dieselben nicht Fleisch gehabt/ auf etliche

liche wenige Tage / geschweige denn auf ein gantzes Jahr.

Dem sey aber nun/ wie ihm wolle / und mag das Fleisch-essen angegangen seyn/ wenn es wil/ so ist aber serner zu fragen/ wie es doch zu gegangen seyn mag / daß sie auf so unterschiedene Arten der Thiere gerathen/ und hingegen so viel andere auf die Seite setzen? denn so viel den Unterschied der reinen und unreinen Thiere betrifft/ so weiß man nicht eigendlich/ wenn derselbe seinen Anfang genommen/ und kan zu der vorhabenden Gewonheit nicht dienen/ denn kein Thier ist von Natur unrein/ oder hat einig solch natürlich Kennzeichen an sich /. und ist demnach noch nicht ausgemacht/ ob nicht in dieser Unterscheidung ein gewisses Geheimniß stecke / ob nicht Moses die Historie von den unreinen Thieren bey der Sünd-Flut erst damals geschrieben/ da dieser Unterschied schon gemacht gewesen/ also daß er eben der Zeit Noah solche Beniemung nur Vorschmits-weise gethan/ serner/ ob nicht dieser Unterscheid vor der Sünd-Flut bloß allein in Ansehung der Opffer gebraucht worden/ wenn es aber hernach wiederholet wird/ eigendlich aufs Essen gehe/ (denn viel Thiere waren rein zu essen / und doch nicht rein zum Opffer) oder ob nicht diese Beniemung nur in gewisser Vergleichung statt habe/ und von solchen Thieren zu verstehen sey/ die nicht so bequem zu essen sind / als andere / wiewol sie nicht schlechter Dings böse sind.

Belangend aber diesen Unterschied/ wie er zur
Zeit

Zeit Mosis gemacht worden lange nach der Sünd-
Flut/ so kan derselbe uns hierinnen nicht dienen/
weil er bey den Völckern so auſſer dem Judenthum
in ihren Speiſen/ oder natürlichen Wahl/ diß oder
jenes zu eſſen/ oder nicht/ vor keine Regel angenommen ward/ aus Urſachen/ weil ſolches Verbot und
Zulaſſung gewiſſe Thiere zu eſſen/ bey den Juden
gewiſſe abſehende geheime Erinnerungen in ſich
enthielt/ und zugleich inſonderheit dieſen Zweck hat-
te/ daß die Juden mit den Heyden keine Gemein-
ſchafft haben/ noch an einem Tiſche mit einander eſſen ſolten/ oder damit ſie auf ſolche Weiſe abgezogen
würden von der Abgötterey der Egypter/ aus deren Lande ſie ausgezogen waren/ indem ihnen auf-
erleget ward durch das Fleiſch eſſen der Schaafe
und Ochſen/ die Götter der Egypter zu ſchlachten
und zu eſſen.   Mit einem Worte/ derſelbe Unter-
ſchied der Thiere war über diß auch ein Sinn-Bild/
und gab ſeinem inwendigen Verſtande nach/ ihnen
zugleich erkennen / daß ſie ſich enthalten ſolten von
gewiſſen Laſtern/ welche durch die Naturen derſelbigen Thiere Geheimnüs-weiſe bedeutet worden/
wie man genug ſehen kan/ in dem Verbot der
Schweine/ Caninichen/ Eulen/ und mehr anderer
dergleichen.

Zum wenigſten war der Zweck nicht auf die
Artzney gerichtet/ dardurch jemand hätte können
bewogen werden/ es nach zu thun/ denn von etlichen
enthalten wir uns / die doch das Geſetz zu läſt / als
da ſind Heuſchrecken/ und andere mehr / hingegen

werden etliche in demselbigen verboten/ welche doch
für gute und bequeme Speise gehaltẽ werden/ auch
von scharffen und behutsamen Aertzten. Als da
sind nicht nur unterschiedliche Fische/ so weder Floß-
Federn noch Schuppen haben / sondern auch
Schweine / Caninichen und Hasen / welche alle
bey den Alten für köstliche und herrliche Speisen gehalten worden / wie nicht nur Galenus schreibet/
sondern auch Martialis bezeuget/ wenn er spricht:

Jnter quadrupedes gloria prima
Lepus.

Das ist.

Unter Thieren die zu schätzen
Ist der Hase vorzusetzen.

Wie denn auch die gemeine Rede und Meinung davon gehet/ daß man schön wird von solchem Fleisch/
daher auch Cato den Hasen und Kappis-Kraut mit
unter seine Tisch-Regeln gestellet / und bey den
Spartanern das Schwartz-Fleisch für etwas sonderliches gehalten ward/ welches zugerichtet ward
mit dem Blut und inwendigen Gliedern vom Hasen. Und wenn wir hierbey auch auf andere Völcker mit schauen/ so finden wir/ daß um gleicher Ursachen willen / sich theils unter ihnen auch von gewissen Speisen enthalten. Und geschahe diese Enthaltung bey etlichen um gewisser geheimer Erinnerungen willen / als wenn sich die Pythagoreer von
Fi-

Fischen enthielten/ anzuzeigen/ daß man solche schleckerische und köstliche Speisen vermeiden solle. Auf solche Weise äſſen/ wie Herodotus berichtet/ etliche Egypter kein Schweinen Fleisch/ weil dieses gar ein unsauberes und unflätiges Thier iſt/ daher auch diejenigen/ ſo daſſelbe nur anrührten/ für nöthig hielten/ ſich zu waſchen oder zu baden. Andere hatten einen gewiſſen Aberglauben und geheime Betrachtungen von Religions-Sachen bey dergleichen Enthaltung. Und ſo aſſen die Syrer weder Fiſche noch Tauben. Die alten Egypter enthielten ſich von Hunden/ Aalen und Crocodilen/ wiewol Leo Africanus ſchreibet/ daß ihrer viel nachgehender Zeit mit guter Luſt davon eſſen. Allermaſſen auch Herodotus Bericht gibet / daß die Egypter/ ſo in der Stadt und Gegend *Elephantina* gewohnet/ (als bey denen dieſe Thiere nicht für heilig gehalten worden) auch bey den Alten davon gegeſſen/ wie man denn auch Zeugnüß findet/ bey gewiſſen Scribenten/ daß dieſe Thiere noch heutiges Tages in Indien und America gegeſſen werden. Deßgleichen ſchreibet Julius Caſar / daß bey den alten Britanniern bey Leib und Leben verbotten geweſen/ von einer Ganß zu eſſen/ da doch heutiges Tages kein Tiſch iſt / an welchem dieſer Orten dergleichen nicht verſpeiſet werden. Bey etlichen Völckern entſtund dieſe Enthaltung von gewiſſen Policey-Ordnungē wegen eines Staats-Nutzens/ dannenhero enthielten ſich die Theſſalier von Störchen/ weil dieſelben ihnen die Schlangen wegfraſsen/ dergleichen auch bey andern Völckern mit einigen sonderbaren Thieren geschiehet. Und also gibts auch Thiere/ die man nicht gegessen/ um aller vorgemeldten Ursachen willen. Denn die Juden enthielten sich von Schweinen Fleisch essen/ um gewisser geheimen Ursachen willen/ weil nemlich dieses Thier ein Sinn-Bild ist der Unreinigkeit/ und keines weges aus Furcht den Aussatz davon zu bekommen/ wie ihnen Tacitus auf dichten will. Die Cretenser thaten dergleichen um eines gewissen Götzen-Glaubens willen/ weil unter ihnen die Sage ging/ der Jupiter wäre in demselben Lande von einer Sau gesäuget worden. Einige Egypter thaten den Schweinen nichts aus gewissen Staats-Ursachen/ weil ihnen an statt des Pflügens/ die Schweine den Acker aufwühlen musten/ und mögen vielleicht aus gleichen Bedencken die Phönicier und Syrier/ sich dieses Thieres auch enthalten haben/ wie auch nach des Solini Beschreibung/ die Araber und Indianer/ also daß ein groß Theil der Menschen dieses beste Gerichte nicht gemögt/ da doch Pythagoras selbst davon gegessen. Allermassen/ wie Aristoxenus erzehlet/ demselben die Spansärcklein gar angenehm zu essen gewesen/ davon zu lesen beym Gellio. Und demnach wenn wir also nur von gewisser Speisen essen/ und uns von andern enthalten/ so scheittet solches nur aus freyer Willkühr/ und aus einer und anderer Meinung herkommen und entsprungen zu seyn/ denn man befindet auch/ daß theils Speisen für gut und hoch gehalten worden/

zu

zu einer Zeit / die man hernach zur andern Zeit stehen lassen/ und einen Eckel dafür gehabt. Also hielt man zur Zeit/ als Mäcenas im Leben war/ kein Fleisch für zärter und besser/ als das von jungen Eseln/ dafür doch in folgenden Zeiten/ und noch/ jederman grauet. Auf der Tafel des Kaysers Heliogabali wurden die Hahnen-Kämme für ein köstlich Gericht gehalten/ welche bey allen nit mit aufgetragen werdē. Also war bey den Römern für etwas köstliches gehalten die Wampe samt den Dutten von einer saugenden Sau/ oder Schwines Mutter/ die sie bisweilen liessen todt schlagen/ und zerknirschen/ wie auch die Bär-Mutter von demselbigen Thier/ sonderlich wenn eine Sau unfruchtbar/ oder sonst verworffen hatte/ wiewol dasselbe ein zähes häutigtes Wesen ist/ dazu wir unsern Magen nicht überreden können/ wie uns ihr Alec oder Suppe von Fisch-Därmen/ oder ihre Muria/ welches eine Suppe war von Thyn-Fischen/ wie auch ihr Garum/ welches eine Suppe von kleinen Steinbeissen war/ schmecken und anstehen solte/ weiß ich nicht. Aber das ist gewiß/ daß wenig seyn werden/ die einen Wolschmack finden könten in ihrem Tranck *Kykeon* genannt/ welcher gemacht war aus Honig/ Käse/ geröstetem seutem Gersten-Mehl/ Oel und Wein/ welches sie gleichwol für etwas köstliches hielten/ und viel Wesens davon machten. So gehet es auch mit den Fischen/ denn uns ist es eine Plage/ wenn wir Fische essen/ und fahren wir unser Meinung nach gar übel/ wenn wir kein Fleisch von andern Thieren geniessen dörffen. In den alten Zeiten war man gantz anderer Meinung/ denn Pythagoras/ um zu verhüten/ daß die Seinigen sich nicht auf den Schleck verlegten/ verbot ihnen/ daß sie nichts von Fisch-Werck zurichten oder essen solten/ nach der Zeit pflegten die Rhodiser diejenigen Bauern zu heissen/ die Fleisch assen / (so hoch hielten sie die Fische) und Plato wenn er vorstellen will/ wie unmüssig die edlen Griechen vor Troja gelebt/ ziehet an/ man finde nicht/ daß dieselben Fische gegessen/ ob sie gleich so lange Zeit nahe bey m Hellespont gelegen/ und werde allein von den Gefehrten des Menelai gemeldet/ daß als sie schier Hunger gestorben/ sie erst angefangen zu fischen/ um die Gegend Pharos genandt.

Ich vermeine auch nicht/ daß das Gutachten der Naturkündiger und Aertzte Grundes genug sey/ daß der gemeine Gebrauch davon herkommen können/ wie solches genugsam auszuführen ist/ aus den alten Scribenten/ als da sind: Hippocrates/ Galenus/ Simeon Sethi/ und erst nach der Zeit der Nonnius und der Castellanus/ denn Aristoteles und Albertus rühmen das Fleisch von den jungen Habigten/ Galenus hält viel von dem Fleisch der Füchse/ sonderlich im Herbst/ wenn sie Weintrauben fressen/ er verwirfft aber die Wachteln/ und rechnet die Gänse nur zu den Straussen/ welche doch heutiges Tages von jederman hoch gehalten/ und für etwas Gutes verspeiset werden.

So bildet man sich ein/ es gehe sehr hart her/ wenn man zur Zeit grossen Noth so weit kommet

met/daß man Hunde essen muß/ aber Galenus
schreibet/ daß junge Hunde/ wenn sie sett und ge-
schnitten/ bey vielen Völckern gegessen und verspeiset werden/ und Hippocrates rechnet das Fleisch von
jungen Hunden den Vögeln gleich/ wie er denn
auch rühmet/ daß sie gut seyn wider die Miltzsucht/
und die Empfängnüs befördern. Zu Galeni Zei-
ten/ war man der Meinung/ welcher auch Plinius
folget/ daß das Pferde-Fleisch überaus schädlich
sey/ so gar/ daß man auch von demselben Blut würde sterben müssen/ und gleichwol ist unter den Tartarn nichts gemeiners/ als Roß-Fleisch essen/ allwo
man auch solch Blut zu trincken pfleget/ und ob
man gleich sagen mögte/ es gehöre solche Kost nur
für die Nordlichen Mägen/ so erzehlet doch Herodo-
tus/ daß auch an den heissesten Orten von Persien/
man Pferde zu Gastereyen verspeiset/ und bey den
Malzeiten/ auf Geburts-Tagen solch Fleisch aufge-
setzt/ da man gar gantze Pferde/ Kamele und Esel
aufgetragen/ und die Griechen mit ihren schlechten
Speisen bey Gast-Malen ausgelacht/ als ob sie
nicht so viel anzurichten wüsten/ davon die Gäste
recht satt werden könten. Wenn wir nun also mit
den Speisen auf unterschiedliche Oerter herum den-
cken/ so wird sich finden/ daß schier alles gegessen
wird/ was in der Welt ist/ denn was man in einem
Lande nicht isset/ das man in einem andern/ und
wenn man das Urtheil der gantzen Welt zusammen
nimmt/ so hebet sich der hier und dar befindliche Unterschied der Speisen von sich selber auf/ und also

Dd 4 wäre

wäre es nicht schwer zu beweisen/ daß in unterschiedlichen Ländern auch Tieger-Thiere/Elephan-
ten/Kamele/Mäuse/Fleder-Mäuse/und andere solche Dinge mehr zur Speisse genossen werden. Und
schreibet Lerius nebst andern mehr/ daß etliche
Americaner von allerley Arten essen/und sich so gar
von Kröten und Schlangen nicht enthalten/ ja es
machen es etliche so grob/ daß sie auch des Menschen
Fleisches nicht schonen/ welches ein unverantwortlicher Brauch ist/ davon kein Exempel zu nehmen/
weil er alle Regeln überschreitet/ und ein Zeugnüs
des grossen Langmut GOttes ist. Will man denn
einwerffen/und sagen/der Unterschied mache sich in
dem/daß man die Raub-Thiere und Raub-Vögel
nicht isset./ so kan sich auch darauf unser Brauch
nicht gründen/ dieweil wir dergleichen Unterschied
bey Fischen nicht beobachten/ und nicht ansehen/
daß Hechte/Börßlinge/und Aale auch Raub-Thiere sind/welches sich auch findet/wenn man die Magen der Meer-Aale/der Cabbeliauen und der Stock-
Fische durchsuchet. Auch ist nicht genug/ daß wir
unser Wolvermeinen/ daher zu kommen/ weil etliche Thiere gar garstige Speisen essen/ dafür man
deßwegen einen Eckel habe / denn zu geschweigen/
daß derselben natürliche Hitze solche Speisen genugsam verwandeln/und zu einer tauglichen Nahrung machen kan / so lassen wir uns keines weges
grauen für etlichen/ die viel unreinere Dinge essen/
als vielen deren/ die wir verwerffen/ wie man sehen
kan an Schweinen/Enten/ Wiedhopffen/ und vielen

len andern mehr/ und sehen wir demnach/ daß der Gebrauch von Speisen keinen gewissen Lauff hält/ noch einige richtige Regel zu finden/ warum diese vor jene erwählet werden/ indem etliche so ohn allen Unterscheid gefrässig sind/ daß sie schier alles essen; Andere hingegen/ durch einig furchtsames Nachdencken/ gar vielerley stehen lassen/ worbey doch auch die Noth/ die Vernunfft/ und die Artzney offt den meisten Ausschlag geben/ denn gewißlich/ es werden viele Thiere gegessen/ wie auch viel Kräuter/ nit eben zur Nahrung sondern zur Artzney/ wie denn viel für diesem oder jenem einen Eckel haben/ auß eigner Meinung/ oder von der Auferziehung her/ so daß manche die gemeinen Speisen nicht leiden können/ und Sachen stehen lassen/ die ihnen zu ihrer Kranckheit oder Leibes-Beschaffenheit doch gar gesund wären.

Endlich wäre hierbey wol ferner zu bedencken/ und zur Gesundheit gar dienlich:

1. Ob es nicht das beste wäre/ daß man sich zu den schlechten Speisen unserer Vor-Eltern gewöhnete?

2. Ob nicht rein und schlecht Wasser gesünder wäre/ als das verjohrne Geträncke?

3. Ob nicht genug zu essen in der Welt wäre/ ohne auf das Fleisch zu dencken/ wenn man mit Honig/ Oel/ und den unterschiedlichen Theilen der Milch/ wie auch mit den vielen Arten von Getreide/ Zugemüsse/ und allerley Arten von Früchten/ vorlieb nehme/ weil doch mehrentheils/ aus allen/ ent-

weder Brod oder Getranck gemacht werden kan?

4. Obs auch wahr sey/daß sich gantze Völcker zu gewissen Speisen gewöhnet/und darzu gleichsam verschrencket/oder ob nicht die gemeine Speise des einen Landes/einem andern offt angenehmer sey/ als seine eigene?

5. Obs nicht unrecht/daß alle Leibes-Beschaffenheiten so gar ohn Unterschied einerley essen/ und daß man die Speisen/so für die junge Leute taugen/mit denen so gar vermenget/so für die Alten gehören? Denn dieses alles/wenn es recht beobachtet würde/mögte vielleicht wol viel zu längerem Leben dienen/es gehöret aber nicht eigentlich zu dieser Handlung.

Dieses lässet sich alles wol hören/sagte der Herr *Licentiat*, und wundere ich mich darbey nichts mehr / als die schleckerhafften Römer so grosses Werck vom Schweinen Fleisch gemacht da einem doch billig/wenn er bedencket/worinnen dieses garstige Viehe seine Nahrung suchet/dafür grauen solte/und gleichwol hieß es bey dem Poeten:

Iste tibi faciet bona Bacchanalia porcus,

Dieses wolgemäste Schwein/
soll dir gut zur Fasnacht seyn.

Dafür ich mich, aber/wenn sie mir nichts bessers
vor

vorsetzen wollen/ leichtlich bedancket hätte. Wenn es aber ein gantzes grosses mit allerhand Vögeln gefülletes wildes Schwein gewesen wäre/ so vermeine ich/ der Herr würde es nicht abgeschlagen haben/ sagte der junge Herr von Kronhof; ja wol nicht/ antwortete der Herr *Licentiat*, und um so viel weniger/ weil es sonder Zweissel damals geschehen/ wenn ein Kayser erwählet wurde/ oder sonsten wenn ein grosses Fest gewesen/ wie es noch heute bey uns mit dem gebratenen Ochsen üblich ist. Keines weges/ sagte jener/ denn solcher Gestalt würde es langsam/ und an wenige kommen seyn/ vielmehr befinden wir/ daß es ein tägliches Gerichte gewesen/ und man es dem Kayser Tiberio für eine Filtzigkeit ausgeleget/ daß er nur ein halbes auffsetzen lassen. Bey einem Kayser/ fuhr jener fort/ gehet es noch wol hin/ dessen Tractementen nicht für alle gemeine Mäuler kommen. Auch diesen/ antwortete jener/ hat es so weit daran nicht gefehlet/ daß nicht auch bey gemeinen Banqueten eines/ ja zwey und drey dergleichen gebratene grosse wilde Schweine nur für ein Theil der Taffel/ oder statt eines Gerichts aufgesetzet worden/ welches man denn gar leicht siehet aus des Juvenalis Versen:

> Quanta est gula quæ sibi totos
>    Ponit apros, animal propter convivia natum.

Man

Man setzt der Gurgel vor ein gantzes wildes Schweins/
Ein Thier/ das nur zum Schmauß erschaffen scheint zu seyn.

Welches dämit der Herr nicht meinet/ daß es eine Poetische Auffschneiderey sey/ der Plinius so weit bestärcket/ daß es einer P. *Servilius Rullus,* zur Zeit als Cicero Burgermeister gewesen/ auffgebracht/ und es bald ein so gemeines Ding worden/ daß man des Seneca Bericht nach/ ein Einsehen darein haben müssen. *Non jacebit in conspectu aper ut vilis caro à Mensâ relegatus,* sagt dieser in seiner 70. Epistel. Woraus erscheinet/ daß es eine noch nicht von den vornehmsten Speisen/ sondern nur als ein Schau-Essen auf die Seite gesetzt/ und damit niemand sich nur etwan Färcklein einbilde/ großmächtige Hauer und Bachen gewesen/ *illatos apros Erymantheos, eosque argenteis venabulis transfixos, & in quadratis quibusdam lancibus singulos singulis Conviuis appositos,* stehet bey dem Athenäo von dem Gast-Gebote des Carani.

Das müste erschrecklich seyn/ sagte der Herr Licentiat/ daß man einem jedweden Gaste dergleichen mit silbernen Jäger-Spiessen erlegtes wildes Schwein vorgesetzet hat. Wundert sich der Herr darüber/ sagte Floris Sohn/ so wird sich der Herr noch mehr über dem Orte bey dem Plutarcho verwundern/ worinnen er den Artzt Philotas mit diesen Wor-

Worten anführet: Ich kam gleich nach Alexandria/ als Antonius mit der Cleopatra im Sauß und Schmauß lebte/ und weil ich so viel von dessen Pracht und Uberflüssigkeit gehöret/ so bekam ich Lust solches persönlich mit anzusehen/ und durch Bekandschäfft mit einem Hofe-Koche gute Gelegenheit darzu. Da ich denn unter andern in der Kuchen gantzer acht grosser wilder Schweine gebraten gesehen/ als ich mich nun darüber verwunderte/ und den Koch fragte/ ob denn Antonius dieses mal so viel Gäste haben würde/ gab mir dieser lächlende zur Antwort/ daß derer nicht mehr als eine Taffel von zwölff Personen wären/ daß man aber so viel wilde Schweine briete/ geschehe darum/ weil der Antonius niemals eine gewisse Stunde zur Taffel hielte/ dannenhero man allezeit so viel bey der Hand haben/ und solcher Gestalt braten müste/ damit man alsdenn auffs wenigste zwey oder drey warm/ und in ihrem Saffte auffsetzen könte. Das lässet mir Schlemmer seyn/ fing der Herr *Doctor Philonius* an/ ich kan mich aber nicht wol darein finden/ daß es durch und durch wilde Schweine müssen gewesen seyn/ weil ja solcher Gestalt fast gantz Europa nicht Wälder und Wild darzu genug gehabt hätte.

Es ist nicht ohne/ sagte der junge Herr von Kronhoff/ und halten etliche desswegen dafür/ daß die Römer auf ihren Meier-Höfen Zucht-Schweine darzu gehalten/ und also selbige daselbst gezeuget haben/ welches man wiederum aus des *Seneca* Wor-

Worten in der *III.* Epistel *Animalia diu pasta, & coacta pinguescere, & quæ vix saginam continent suam,* und weiter eben daselbst/ *Non magnam rem facis, quod vivere sine regio apparatu potes, quod non desideras milliarios apros,* bemercket/ wie er damit zu verstehen gibet/ daß es Stücke von tausend Pfunden/ und nicht kleine Fröschlinge gewesen. So hätte ich wol die Schüssel darzu gerne sehen mögen / und wie sie aufgesetzet gewesen/ sagte der Herr Obriste-Lieutenant. Diese waren viereckicht/ antwortete der junge Herr von Kronhof/ und weil der Jäger-Spieß Silber gewesen/ sonder Zweiffel von nicht geringern Metall und solcher Grösse/ daß das mit Vögeln/Eyern/und andern Gewächsen/gefüllte Schwein/ auf einem grossen Schober Aepffel/ Kastanien/ und dergleichen ligen konte. *Ingenti pomorum strue cingere, & primæ formæ feras captas multa strage venantium,* saget Seneca wiederum *cap. 4. de providentia,* woraus abermal zu sehen/ was es für Thierichen/ worüber mancher ehrlicher Jäger vorhero ins Graß beissen müssen/ gewesen sind. Weil es ein so grosser Mann saget/ beschloß der Herr Licentiat/ so muß man es nothwendig und um so vielmehr von den Aepffeln glauben / weil man noch heute insgemein einem abgekochten wilden Schweins-Kopffe einen Apffel in Rüssel steckct/ und auch solcher Gestalt unsere kleine Span-Fercklein auftischet. Das wäre viel/ sagte der Herr Pfarrer/ daß wir dergleichen Gewonheit / woran nicht viel gelegen/ so lange Jahr durch auf uns behalten/
und

und viel hohe wichtige Dinge in Abgang kommen laſſen.

Daran iſt kein Zweiffel/ antwortete der Hert Doctor, es ſind wol geringere und gemeine Sachen/ davon wir uns einbilden/ daß ſie der Aberglaube allererſt vor ein par hundert Jahren aufgebracht/ da ſie doch nicht nur nach dem Heidentum riechen/ ſondern daraus klärlich können bewieſen werden/ als zum Exempel/ wenn einem ein Haaſe über den Fuhr-Weg lauffet/ ſo werden ihrer wenig ſeyn/ die nicht glauben/ daß es ihnen ein Unglück bedeute/ *inauſpicatum dat iter oblatus lepus,* und gleichwol wiſſen wir aus dem *Maimonide,* daß ſolches ſchon zur Zeit Moſes in Gebrauch geweſen/ und unter anderZeichen-Deuteren in deſſen 5. Buche im 18. Capitel verboten wird. Gleiche Beſchaffenheit hat es/ wenn einem Eulen oder Raben vorkommen/ als welches ſchon zur Zeit Alexandri Magni beobachtet/ und eine Anzeigung ſeines/ wie auch des Römiſchen Craſſi Todes ſeyn muſte/ weil ſie ſich bey jenes Einzug zu Babylon/ und vor dieſes Treffen mit den Parthern ſehen lieſſe. Daß man die Eyer-Schale zubrechen müſſe/ wenn das Ey verzehret iſt/ lehret man uns in der Jugend/ als ein Stücke der übergebliebenen alten aberglaubiſchen Gebräuche/ daß man die Eyer-Schalen/ ſo bald einer daß Ey genoſſen/ zerbrechen/ oder mit den Löffeln durchboren ſoll/ ſagt Plinius/ und Dalechampius/ damit die Zauberinnen nicht Namen
oder

oder andere Zeichen darein reissen/ und etwas zäuberisches damit anfangen können.

Der treue Liebhabers-Knopff oder Zweiffels-Knoten/ ist/ wie Turnebus angemerckt/ der rechte alte Hercules Knoten/ und daß wenn einem die Backen brennen/ oder das Ohr klinget/ iemand von uns redet/ schon bey dem Plinio unter den Wörten/ es ist auch eine gemeine Meinung/ daß die Abwesende durch das Ohren = Klingen spüren können/ daß man von ihnen redet/ eine abergläubische Thorheit gewesen. Und gleiche Bewandtnis hat es mit dem Sprichwort von der Rose/ und daß was darunter geredet wird/ verschwiegen bleiben solle/ wie denn Lemnius und andere vermelden/ daß die Rose eine Blume der Venus gewesen/ welche der Cupido dem Harpocrati oder dem Gott des Stillschweigens gewiedmet/ dahero sie auch dessen Sinn-Bild worden/ anzuzeigen/ daß die Buhler-Stücklein zu verhölen/ und verschwiegen zu halten seyn sollen.

Daß der Rauch dem Schönsten zufahren soll/ wird man schon bey dem Athenäo/ und daß man die Schenckel nicht Creutz-weise halten/ noch die Hände falten solle/ beym Plinio unter diesen Wörten finden/ *poplites alternis genibus imponere, nefas olim*, so findet man auch bey dem Athenäo/ daß es vor Alters die Zauberer also zu machen pflegten/ und die Juno auf solche Weise gesessen/ als sie verhindern wolte/ daß die Alcmena nicht niederkommen solte. *Ungues Mercurio, barbam Jove, Cypride crines.*

Die

Die Nägel dem Mercur/
Den Bart dem Jupiter/
Die Hare gib der Hur
Der schönen Venus her.

Sagte schon vor diesem Ausonius/ wie man die Har und Nägel abschneiden solle/ und das andere Buch der Chronica im 34. daß dieses ein Stück von der Gottlosigkeit/ dadurch der Manasses sein Maß voll machte/ gewesen/ und abermal Plinius/ daß man schon zu seiner Zeit ein grosses Bedencken gehabt/ die Hare von den Wartzen und Mahlen im Gesichte abzuscheren. Man macht auch grosse Gedancken von dem häutigten Wesen/ welches man insgemein Affter-Häublein nennet/ und bisweilen den Kindern auf den Köpffen gefunden wird/ wenn sie auf die Welt kommen/ welches hernach schon bey dem Spartiano den Advocaten zu gutem Glücke verkauffet worden/ da man doch genugsam weiß/ was dieses Häutlein sey.

Endlich gehören auch noch hieher die Verschönungen und Frey-Briefe der Schwalben/ die man vor diesem schon/ dem Aeliano nach/ den Hauß-Göttern geswiedmet/ und bey ihrer Zuruckkunffte im Frühlinge/ des Athenäi Bericht nach/ mit grossen Complimenten empfangen/ ingleichen was der Aberglaube den Korallen für Schütz-Mittel wider die Zauberey beygeleget. Die Wahrsager halten dafür/ sagt Plinius/ daß/ wenn man Korallen trägt/

trägt/dadurch vielerley Gefahr abgewendet werde/ und wenn man den Kindern solche Zweige anhänget/ so sollen sie für vielem Unfall sicher seyn.

Wer wolte daran zweiffeln/ sagte der alte Herr von Kronhof/ und schnit gleich ein par von vorgesetzten Melonen mit diesen Worten auf: Hätte der grosse Natur-Lügner/ oder Künstler wolte ich sagen/ Plinius/ ein gutes Mittel/ diese Früchte bey itziger Hitze kühl und annehmlich zu erhalten/ so solte es mir lieber seyn/ als alle diese erwehnte aberglaubische Fratzen. Zu diesem ist leichte Rath/ sagte der Herr Obriste Lieutenant/ und nur dahin zu sehen/ daß man sich bey bequemer Zeit mit Eiß versorge. Der Herr Bruder hat recht/ sagte dieser/ und habe ich mir vielmal fürgesetzt/ bey meinen ohne diß wegen des sumpffigten Boden/ auf dem das Haus stehet/ unbequemen Kellern/ eine Eiß-Gruben anzulegen/ darzu mich aber die anderwertigen nöthigern Wirthschaffts-Angelegenheiten bishero noch nicht kommen lassen. Dieses erforderte wenig Mühe und Unkosten/ antwortete der ander/ indem ich selbige nicht ungemein in Ungern/ auch bey gemeinen Leuten gefunden/ und gesehen/ daß sie nur an einem bequemen truckenem Orte/ eine zimliche tieffe Grube machen/ die sie hernach entweder mit Schilff oder Stroh auskleiden/ und das Eiß den gantzen Sommer darinnen so gut/ als in einer ausgemauerten/ behalten. Das ist etwas wunderliches/ sagte der alte Herr von Kronhoff/ vielmehr solte ich meinen/ daß das Stroh die Grube erwärmen/ und

das

das Eiß desto eher ſchmeltzen ſolte / indem wir insgemein ſehen / daß mit deſſen Bedeckung die Früchte für der Kälte erhalten / und erwärmet werden / dannenhero nothwendig folgen muß / daß das Stroh zweyerley widerwärtige Eigenſchafften haben / und bisweilen erwärmen / bisweilen abkühlen könne. Dieſem iſt auch alſo / ſagte Herr Florisſohn / und erinnere ich mich / daß der Philoſophus Alexander Aphrodiſäus im 1. Buch ſeiner Aufgaben / ſolches einer verborgenen Eigenſchafft des Strohes zuſchreibet / woraus wir aber ſo klug als vormals ſind.

Da hingegen vermeinet Plutarchus in ſeinen Gaſt-Geſprechen / daß das Stroh / das Eiß und Schnee deßwegen erhalte / weil es nicht nur ſelbiges vor der äuſſerlichen Lufft bewahret / ſondern mit ſeiner Bedeckung auch verhütet / daß es nicht ausdampffe / welches ſich ſo uneben nicht hören läſt / ob ich gleich dafür halte / daß die feuchte Wärme / die alle gemiſchte Sachen zerrüttet / durch das Stroh / als eine truckene Sache / zumalen wenn es noch friſch aus der Scheuren kommet / ſowol als andere truckene Dinge / als Aſche / Sand / Miehl / Kleyen und dergleichen / abgehindert / die Wärme aber hingegen in den warm-genaturirten Dingen / vermittelſt ſolcher Bedeckung / abgehalten werde / daß ſie nicht ausdampffe / denn weil die äuſſerliche Lufft voller Feuchtigkeit iſt / ſo greifft ſie mit ihrer Verſaulung die weichen Körper leichte an / daſern ſie nicht mit truckenem Stroh davon abgehalten wird.

Wiewol auch dieses nur auf eine Zeit/ und nicht so lange gut thut/ als Oele/ Pech/ Hartz/ und dergleichen. Indessen und weil wir für diesesmal die Melonen ohne solche Eiß-Erkühlung essen müssen/ so hätte nicht schaden können/ wenn man sie vorhero/ ehe sie aufgetragen worden/ auf eine Stunde oder etwas an die Sonne geleget. Wie soll ich das verstehen/ sagte der alte Herr von Kronhoff/ indem ich mir/ und verhoffentlich alle andere allhier/ einbilden/ daß sie von der Sonnen-Strahl noch mehr erwärmet / und zum Essen gantz veruntüchtiget werden solten. Gar nicht/ sagte Herr Florissohn/ denn wo man dem Aristoteles in seinen *Problematibus* glauben darff/ so kühlen sich etliche Speisen in der Sonnen viel eher ab/ als in dem Schatten/ dieses habe ich nun von den Melonen gar offt in Italien gesehen/ und bey weiterm Nachdencken daraus die Ursache empfunden/ daß ein warmer Schatten die zufällige Wärme bey dergleichen Früchte viel beständiger erhalte/ als die Sonne/ die mit ihren austruckenden Strahlen sie viel eher und kräfftiger von dergleichen Natur kühlenden Früchten/ auskühlet/ und sie wiederum zu ihrer angebornen Kühlung bringet; so ist es nichts ungemeines/ daß diejenigen/ die in Sommer-heissen Tagen beständig arbeiten müssen/ aus eben solcher *Ration* viel eher und stärcker im Schatten/ als an der Sonne/ als die beständig den Schweiß wieder abtrucknet/ schwitzen / so gedencket auch der *Philosophus Sextus* in seinem 1. Buch *Pyrrhoniarum Hypotyposeon,* des Alexan-

*xandri Magni* Marschalls *Demiphontis,* daß er jedesmal in den wårmsten Bade Kålte / in dem Schatten aber eine annehmliche Kühlung empfunden.

Unter welchem Discurs von Melonen allererst die Frau von Kronhoff / nebst dem Herrn *Doctor,* der unter wehrender geistlichen Ausführung von des Teuffels Listigkeit von der Taffel zu der am Fieber leidenden Jungfer abgefordert worden / wieder kam / und ihrem Eh-Herren erzehlete / was für einen harten *Paroxysmum* diß gute Kind / diesen Mittag ausgestanden hätte / über welcher Kranckheit denn unterschiedliche Urtheil fielen / und der Herr Florisjohn des *Aristoteles Problemant.* 20. Meinung anführte / daß das Fieber nichts anders / als eine übermäßige Hitze des gantzen Leibes wåre / und deroswegen das menschliche Leben oder dessen Kräffte / anstatt sie selbiges unterhalten solte / ausbrennete / so / daß wenn man nicht zeitige Rettung thåte / den Wurtz-Safft / als die Lebens-Lampe / gäntzlich auslöschte / *Febris est excedens calor totius corporis,* sagt der Philosophus in angeführtem Orte / und der Herr Doctor Philonius darauf / daß er gantz widriger Meinung wåre / dafür haltende / daß wenn solches wahr wåre / nothwendig folgen müste / daß die Febricitirenden / voraus wenn sich das Hertz-Geblüte mit entzündete / viel stårcker und kräfftiger seyn müsten / als die gesunden / welches man zwar bey den Rasenden / keines weges aber am Fieber leidenden befindete.

Andertens würde folgen/daß wenn das Fieber eine übermäſſige Hitze aller Glieder wäre/die Krancken gröſſere Luſt zum Eſſen haben/und die Speiſen beſſer verdauen würden / angeſehen ſo vermehrete Hitze im Magen/die Speiſe eher ſchmeltzen / durchtreiben/und deſto eher neuen Hunger erwecken würde / ungehindert was etliche dartwider einwenden/ daß dieſe übermäſſige Hitze die Speiſen / an ſtatt daß ſie ſelbige ſchmeltzen ſolte/ ausdorrete/und ſo verbrennete/daß ſie im Magen bleiben müſten/denn wenn dieſes wahr wäre/würde auch folgen/daß der Strauß mit ſeinem hitzigen Magen nicht das Eiſen verdauete / ſondern nur deſto mehr erhärtete / ſo weiß man auch von keinem Exempel daß man bey einem dergeſtalt verſtorbenen die Speiſe im Magen verbrennet / wol aber roh und unverdauet beſunden / welches denn unfehlbar aus Mangel der Hitze geſchehen / ſo wird auch verhoffentlich niemand widerſprechen / daß nicht die Verdauung/ vermittelſt einer Verfaulung geſchehe / und deſſen geſauberte Theile/dem Geblüte zugeführet werden/ welcher Meinung auch / nebenſt dem Philoxeno, und Praxagoras / zweyen von den älteſten *Medicis,* der Artzt Daphnis bey dem Athenäo im 7. Buch/ mit dieſen Worten iſt: *Coctionibus alimentorum prodeſt ſydus, quod putredinem effecit, quia putredine fit coctio,* woraus wir abermals von einer Würckung des Monden hören.

Drittens iſt unzweiffelhafft/daß wenn das Fieber eine übermäſſige Hitze des gantzen Leibes wäre/
die

die *febricitirenden* eben so schwitzen würden/wie diejenigen/die in einer starcken Leibs-Ubung begriffen sind/davon wir aber nichts/ sondern vielmehr dieses befinden/ daß sie bey den *Paroxysmis* insgemein über den gantzen Leib frieren. Galenus/wenn er diesem Zweiffel abhelffen will / setzet im 16. Hippocratischen *Aphorismo*, daß zwar das Fieber keine übermässige Hitze deß Leibes sey/ sondern daß die natürliche Wärme zu einer feurigen Hitze entzündet würde / *sed calor naturalis in igneum conversus,* sind seine Worte/ welches auf zweyerley Weise kan verstanden werden. Als erstlich/ wenn es so genommen wird/wie Etliche dafür halten/ daß die innerliche Hitze in dreyen unterschiedenen Gestalten bestehe/als an der Himmlischen/an der Seelen/und Elementarischen/und daß wenn selbige ihre Natur verändern/als wann zum Exempel die Lebens-Hitze zur Elementarischen wird/solches die Ursache deß Fiebers sey/ womit ich aber auch nicht zu frieden bin/ angesehen ausser dem/ daß man keine Elementarische Hitze im menschlichen Leibe zustehet/ solche aus keinem andern Ursprunge/ als nur der Sonnen und andern himmlischen Körpern herkommet/ folgends keinen andern Unterschied/ als nur nach den *Gradibus* und Theilen des Leibes hat. Brennet nun das irrdische Feuer/ und vermehret sich/ nachdem es bequemen Stoff zu solcher Vermehrung antrift/so kan solches auch die Sonne und so gut als das irrdische Feuer seinen Stoff/ vermittelst deß

Magens/ als einer Pfanne/ kochen/ zerschmeltzen/ verbrennen und verderben.

Ich will noch weiter gehen/ die Wärme des Saamens zeuget die Thiere/ die Wärme der Sonnen kan es auch thun/ wie man denn solches aus denen von der Faulung hergekommenen Thieren/ und nicht weniger auch aus der Würckung deß irrdischen Feuers/ wenn es zu einer bequemen Hitze angeleget wird/ beobachten kan/ daß es Heümen/ in den Caminen/ Seiden-Würme in Welschland/ und junge Hüner in Egypten hervor bringet. Wolte man nun gleich wiederum sagen/ daß die innerliche Wärme bey den Krancken ihre Natur verändere/ und zu einer Verderbungs-Hitze geriethe/ so müste auch nothwendig folgen/ daß solches übermässiges Feuer alsobald das gemässigte auslesche/ und also kein Krancker wieder genesen könte/ Ursache/ weil es dem andern zuwider ist/ und folgends die natürliche Wärme/ wie man auch in dem gemeinen Feuer sihet/ gäntzlich auslöschen würde. Derohalben ich der gäntzlichen Meinung bin/ daß das Fieber nicht so wol aus der übermässigen zu einem verzehrenden Feuer gediegenen Leibes-Hitze/ sondern vielmehr aus der ungleichen Austheilung der aus dem Hertzen dem gantzen Leibe zufliessenden Wärme oder Hitze herkomme/ dieses/ nemlich das Hertze/ ist der Mittel-Punct und Brunnen des Lebens/ weil es der Brunn und Mittel-Punct der Wärme ist. In diesem hat die natürliche Hitze ihren Urquell/ und von selbigem aus/ wird sie durch alle Glieder dergestalt

stalt geleitet/ daß jedem sein gebührendes abgemessenes Maß zukommet/ worauf auch der Mensch so lange sie in solcher *Symmetria* verbleibet/ gesund/ und der Leib ohne Anstoß ist/ sobald sie aber von solcher *proportionirten* Austheilung abweichet/ die Fieber ankommen/ zum Exempel/ wann das Hertze von so gemäſſigter Hitze oder Wärme zehen Theil auszutheilen hat/ so muß es vier Theile für sich behalten/ zwey dem Magen/ drey dem Geblüte/ und eines den Nerven zutheilen/ widrigen falls und daferne der Magen nicht sein gebührendes Theil hat/ sondern alles dem von bösen Feuchtigkeiten angefüllten Geblüte zukommet/ so wird alsofort daselbst von so übermäſſiger dem Geblüte zugeflossener Hitze/ das Fieber/ welches hernach/ an statt sie in ihrem gemäſſigten Brunnen/ das Lebens-Licht/ wie das Oele in der Lampen/ erhalten sol/ solches vielmehr wie angezündeter Schwefel/ Pech/ Hartz/ und dergleichen/ ausleschet.

Und eben daher entspringet auch die äuſſerliche Hitze und Schwäche des Magens / als der wegen Entziehung seiner gebührenden Hitze / keine rechte Dauung verführen kan/ ingleichen die Truckenheit der Lunge/ und die darvon biß zur Zungen aufsteigende Hitze/ wie deñ die *febricitirende* insgemein die Ankunfft der *Paroxysmorum* auf diesem Gliede empfinden/ und solcher Gestalt hinfält/ was Galenus anderwärts im 1. Buche / vom Unterscheide der Fieber im 3. Capitel vermeinet: Es entstünde kein Fieber/ es wäre denn/ daß die Hertzens-Wärme zur zu grossen Hitze geriethe/ indem solcher Gestalt eher die Raserey hervor kommen würde/ als bey der man insgemein ein grosses Hertz-Klopffen verspürete/ wiewol auch solches bisweilen bey den Fiebern ob gleich aus gar andern Ursachen/ nemlich mehr aus Mangel der im Hertzen verbliebenen Hitze/ wie auch die Ohnmachten und das Zittern/ ingleichen die Kälte/ so die Krancken bey Ankunfft des *Paroxysmi* empfinden/ daher kommet/ weil das Hertze in der Noth den innerlichen Gliedern zu Hülffe kommet/ und die den eusserlichen Gliedern gebührende Wärme jenen zuschicket/ diesem aber nur die gröbere und kalte überläst/ davon auch hernach dem Patienten die blasse Farbe entstehet/ wiewol es auch endlich seyn kan/ daß wenn die in Verwirrung gerathene Feuchtigkeit/ die innerliche Glieder verläst/ sich in die eusserliche Theile ergiesset/ und also jene wegen entwichener Wärme und Geister/ in ein solches Zittern gerathen/ daß der gantze Leib davon erschüttert wird. Welchem allem man aber endlich mit guten Mitteln und göttlichem Seegen abhelffen kan/ es sey denn/ daß diese entzündete Feuchtigkeiten biß in den Lebens-Brunnen/ nemlich das Hertze durchdringen/ woraus nichts anders/ als der unzweiffelhaffte Tod erfolgen kan.

Hiermit endigte der Herr Doctor/ und hatte mit solchem Discurse die Frau von Kronhoff zu solcher Wehmut gebracht/ daß sie die Thränen nicht länger verdrucken könte/ sondern aufstund/ und sich wieder zu ihrer Patientin begab.   Ich weiß nicht/
wie

wie mir meine Liebste heute vorkommet/ sagte ihr Herr/ hat es etwan mit meinem Kinde grössere Gefahr als bishero? Ausser Gottes Gewalt/ antwortete der Doctor/ keines weges/ sondern vielmehr das Ansehen/ daß das Fieber schon wiederum in der *Declination* und zur völligen Abweichung gute Hoffnung ist/ so viel ich aber spüren kan/ kommet diese Wehmuth von einen eiteln Traume her/ daß nemlich der guten Jungfer geträumet/ als wenn sie in einem langen weissen Kleide angethan/ einen Krantz auf dem Haupte/ und in solchem Auffzuge von der Frau Mutter Abschied genommen hätte; hierzu kommet/ daß das närrische Gesinde vorgegeben/ als wann es verwichene Nacht einen harten Fall gehöret/ worüber sich nun die Frau Mutter die Gedancken macht/ daß solches das so genannte Leichen-Bret gewesen/ da doch eines wie das ander nur eitele/ bey den Krancken und Furchtsamen nicht seltsame Einbildungen sind/ die an sich selber nichts zu bedeuten haben.

Dieses wünschen wir von Grund unsers Hertzens/ sagte der Herr Licentiat/ ich weiß aber nicht/ ob alle Träume so schlechter Dings hinzu verwerffen/ und nicht bisweilen wie schon vor diesem die *Peripatetici* geglaubet/ Würckungen der abgesonderten Seelen seyn/ indem wir ja sehen/ daß der Leib mit seinen Gliedmassen gleichsam erstorben darliget/ und nichts zu den Träumen zutragen kan.

Dieses redet der Herr aus dem Aeliano/ antwortete der Herr Doctor/ der mir aber verzeihen wird/

wird/ wenn ich sage/ daß dieses niemals der *Peripateticorum* Meinung gewesen/ denn solcher Gestalt müste folgen/ daß auch die Hunde/ Pferde/und andere traumende Thiere / solcher abgesonderten Seele fähig wären zugeschweigen daß die Träume insgemein verworren/ und von verworrenen Dingen ohne Ordnung sind / welches aber der Seelen um so viel weniger kan beygemessen werden/ man müste denn glauben / daß der Verstand oder Schlaff im Traum verwirret sey). Denn wenn wir gleich sehen/ daß die Traumenden laut reden/ auffstehen/ und herummer gehen / so geschihet doch solches nicht mit Verstand/ denn wenn sie diesen hätten/ so würden nicht unterschiedene zum Fenster hinaus gestiegen seyn/ und den Hals gebrochen haben/davon wir mehr als ein Exempel wissen.

Der Aristoteles/wenn er auf diese Materie kommet/ gibet im 3. Buche von den Träumen für/ daß sie nichts anders als Gesichter wären die von denen bey Tage empfundenen Sachen in der Phantasia übrig geblieben/ und hernach im Schlaffe die auffsteigenden Geister wieder auffweckten/ und solcher Gestalt bald förmliche bald unförmliche Träume/ nach dem die Phantasia viel oder wenig beweget würde/vorbildeten/das man denn an den Truncenen und Krancken am meisten beobachten könte/ als Denen insgemein wegen ihres melancholischen Geblütes/ das eben dergleichen Geister nach dem Gehirn schicket / erschreckliche und furchtsame Träume vorkommen. Dannenhero macht dieser

ſer Philoſophus dieſe *Definition* davon/ *ſomnia ſunt motus imaginarii in ſenſoriis,* die Träume ſind nichts anders als einbildende Bewegungen in den empfindlichen Theilen/ davon ich aber wiederum gantz anderer/ und der Meinung bin/ daß es nicht nur einbildende/ ſondern vielmehr würckliche Bewegungen ſind/ denn ob zwar dieſer Philoſophus zu ſeiner Ration hat/ daß eben dergleichen Phantaſien/ die einem im Schlaffe erſchienen/ bisweilen auch den Wachenden/ und voraus den Kindern/ vorkämen/ als die ſich im Finſtern/ ob ſie gleich ſchon wachen/ einbilden/ ſie ſehen ihren ſo genannten Popelmann/ der ſie erſchrecke/ ſo laſſe ich mich gleichwol nicht von meiner Meinung bringen/ denn wenn ſolche Regel wahr wäre/ ſo müſte folgen/ daß auch bisweilen die Wachenden traumeten/ und daß die jenigen/ die des Nachts auffſtehen/ und herummer gehen/ ſolches dahero thäten/ weil ſie wie die Kinder eine ſehr ſchwache Einbildung hätten/ die ihnen gar leichte die Phantaſie angriffe/ da man doch ſihet/ daß ſolche insgemein melancholiſche Leute ſind/ denen das ſchwartze Geblüte die Phantaſie dermaſſen ſchwächet/ daß ſie bisweilen auch die allernärriſchten Dinge begehen/ wie ich mich denn zu meiner Zeit eines Italiäniſchen Jünglings/ mit Namen Alphonſus Vaccari erinnere/ deme einsmals traumete/ er wäre ein ſchwangeres Weib/ ſich deswegen im Bette auffſetzte/ und ſo laut um der Hebamme Beyſtand ſchrie/ daß darüber das gantze Hauß auffgewecket ward/ und ihn lange Zeit nicht von dieſem

sem Wahn oder Schlaffe bringen kunten/bis sie ihn endlich an den Camin setzten/ wo er denn von der empfindlichen Wärme wieder zu sich selber kam.

Und ob zwar Aristoteles im 5. Buche von Geburt der Thiere hierbey abermals unter diesen Worten: Man hat Leute die im Schlaffe auffstehen/ herummer gehen/ und so gut sehen/ als wenn sie wachten/ der Meinung ist/ daß solche Nacht-Wandler mit offenen Augen sehen/ so muß ich ihm doch auch hierinnen abfallen/ denn ob es zwar seyn kan/ daß sie einen schimrenden Schein empfinden/ so ist doch selbiger keines Weges so vollkommen/ als wenn sie wachten/ oder daß sie damit zu unterscheiden wüsten/ was eines für dem andern wäre/ zugeschweigen/ daß auch dergleichen Nacht-Wandlung kein eigendlicher Traum/ sondern vielmehr eine verworrene Phantasie ist/ so daß sie vermeinen/ sie thun dieses/ da sie doch was anders thun/ wie ich mich denn eines solchen Nacht-Gängers in Wälschland erinnere/ den ich zu Padua/ nebst meinem Stuben-Gesellen zum Diener hatte/ der einsmals des Nachts auffstund/ und mit blossen Degen wider seines Bettes Vorhänge/ die er für einen Feind hielte so lustig zuhieb/ daß die Stücke herummer flogen/ hierauf kam er zu uns vor den Camin/ uñ fing an herzu schwatzen/ er sehe etwas/ als wir ihn nun fragten was er sehe/ gab er zur Antwort/ Pomerantzen/ da es doch eigentlich das Feuer war/ welches er in Warheit/ daferne er sein völliges Gesichte gehabt/ so wenig für Pomerantzen/ als den Bett-Vorhang für sei-

seinen Feind angesehen haben würde/ dannenhero aus der Sachen desto besser zu kommen/ ich dafür halte/ daß unterschiedene *Gradus* des Schlaffes sind/ als erstlich eines tieffen und geruhigen/ bey welchem sich/ weil die Einbildungen und alle Sinnen ruhig sind/ keine Träume ereignen. Im andern Grad ist der jenige Schlaff/ der zwar nicht so tief und feste/ wie der erste/ gleichwol aber auch nur von nicht sonderbarer Verwirrung der Einbildungs-Kräffte/ und dannenhero so schlechten Träumen ist/ daß man sie des Morgens insgemein wiederum gantz/ oder zum Theil vergisset. Der dritte *Gradus* ist der jenigen/ die einen leichten Schlaff/ und desto schwerere Träume haben/ als da sind die Melancholischen/ die wegen ihres truckenen Gehirnes/ und dahin auffsteigender schwartzen Dämpffe/ insgemein an erschrecklichen/ garstigen/ furchtsamen Träumen leiden; und denn im vierdten Grad der Krancken/ mehrentheils aber Febricitirenden/ die aus Ursache ihres schwachen/ Speise-leeren Magens/ zu keinem Schlaffe kommen können/ sondern wenn sie es gleich darzu gebracht/ von den schweren bösen Träumen so weit verunruhiget werden/ daß sie bald wiederum erwachen müssen. Welchen endlich im fünfften Grad auch bey zu setzen/ die jenigen/ bey denen die Melancholey so überhand genommen/ daß darüber ihre Einbildungs-Kräffte gantz geschwächt/ und mit melancholischer Feuchtigkeit dergestalt angefüllet sind/ daß so bald sie nur die Augen zuthun/ die schwartzen Dünste
aus

aus dem Magen hinauf steigen/ und die Sinnen dergestalt zerrütten/ daß sie nichts anders/ als wachende und rasende reden/ schreyen/ aus dem Bette springen/ mit den Händen um sich schlagen/ und zwischen Freunden oder Feinden keinen Unterschied machen können/dahero man sagen kan/daß sie weder wachen noch schlaffen/deñ weil sie viel Sachen thun als Wachende/ viel als Schlaffende/ so mißbrauchen sie solcher Gestalt mehr ihrer Sinnen/als daß sie sich derer bedienen/ haben sie gleich die Augen offen/so sehen sie doch nicht/reden sie gleich/ so reden sie wie volle unbesonnene Leute / wollen sie auf eine Seite gehen/so fallen sie auf die andere/so daß sie alles thun/ausgenommen dasjenige/was sie thun sollen/und derowegen des Aristoteles Meinung keines weges bestehen kan/ daß sie nemlich sehen wie die erwachten Kinder/ und sich noch im finstern/ wegen der Schwachheit ihrer Einbildungs-Kräffte/fürchten/ und ihnen erschreckliche Gespenste einbilden/ das sich auch zum öfftern bey den Sterbenden aus eben dergleichen Ursachen ereignet.

Diese angeführte Rationes von Träumen sind zwar wichtig/ sagte der Herr Licentiat/ gleichwol aber noch nicht von solchen Kräfften / daß sie mir meine Meinung von Würckung der Seelen/ und daß es bisweilen dergleichen abgibt/ die keiner andern als solcher Würckung können zugeschrieben werden/abhelffen/denn ist jemand auf der Welt von Träumen geplaget/ so bins gewißlich ich / als der von Jugend auf so wunderliche Begebungen darinnen

innen empfunden / daß man gantze Bücher davon
schreiben mögte / davon ich nur ein oder andere erzehlen will. Als ich nach der Krönung Ferdinand
des IV. Römischen Königs/ mich etliche Monat zu
Augspurg aufhielt/ und einesmals des Abends/ bey
gesunden Kräfften/ zu wissen wünschte/ in welchem
Monat und Tage des Jahres ich doch geboren wäre / erschien mir bey gar geruhigem Schlaffe die
Vorbildung meiner bereits 12. Jahre vorhero verstorbenen seel. Mutter in einem Todten-Kleide/ mit
aufgeschlagenem Hute / auf dessen Rand in Asche
gleichsam mit einem Griffel eingerissen war der 13.
November/ ohne daß ich lange Zeit auf dessen Aus-
deutung kommen können/ und mir zum öfftern gegen diesen Tag wunderliche Grillen gemacht / biß
allererst etliche Jahre hernach/ ich bei meiner Zurük-
kunfft ins Vatterland von meiner seel. Mutter ei-
genhändig aufgeschrieben befunden / daß ich den 13.
Novembris 1630. geboren wäre.

Kurtz hierauf, traumete mir in eben dieser
Stadt/ als ich mich des Abends vorhero mit vielen
Sorgen gequälet/ was meine Sachen/ wegen Ermangelung benöthigter Mittel / endlich für einen
Ausgang nehmen würden/ wie mir eben meine liebe Mutter vorkäme/ mich bey der Hand fassete/ und
durch eine mit Dornen/ Nesseln/ und Spinneweben
überwachsene Garten-Laube so mühsam führete/
daß ich fast geduckt hin und wieder von Nesseln
gebrennet/ durchkriechen muste/ bis sie mir an dessen Ende eine schöne Landschafft / und ein in selbi-

ger auf einem hohen Berge liegendes Schloß zeigte/ dessen Ausgang war/ daß nachdem ich ben dreyvierteljahren zu Straßburg an ziemlichen Geld-Mangel/ Kranckheit und andern/ Bekümmerniß und Noth genug ausgestanden/ darauf in Oesterreich bey einem vornehmen und hochgelehrten Cavallier als dessen Sohns Hoffmeister/ ankam/ und an dessen Residenz eben so vorgebildetes Schloß wie nicht weniger von selbigem die an der Donau liegende liebliche Landschafft so eigentlich befand/ daß mir sie kein Maler deutlicher hätte vormalen können. Ein ander mal hatte ich/ schon bey meiner jetzigen Wohnung/ die gantze Nacht mit einem Persianer zuthun/ der eine über die massen hellstralende Sonne in der rechten Hand trug/ davon ich doch des Tages nichts vor Augen/ oder dem Gemüte gehabt/ Tages darauf aber/ als ich ohngefehr zum Fenster hinaus sahe/ befand/ daß ein eben dergleichen bekleideter dem Persianer durchaus ähnlicher Pole/ mit einer grossen überguldten Schale/ über den Platz trat/ worein die Sonne so artig ihre Stralen warf/ daß sie einer hellleuchtenden Sonne gleich schien. Und was kan merckwürdiger seyn/ als daß mir insgemein bei Bevorstehung eines Gicht-schmertzenden Paroxysmi träumet/ wie an dem Orte wo er anbrechen wird/ als zum Exempel/ an den Füssen/ die Schuhe/ an den Händen die Handschue/ an den Armen die Ermel/ an der Hüffte/ die Hosen zerrissen wären/ so ist es noch nicht gar lange/ daß mir traumete/ ich singe das bekannte Lied/ wenn mein Gesundheit leidet Noth/ und wie
mir

mir der Tod hierauf einen Pfeil in die rechte Achsel
schiesse/worüber ich zwar erwachte/ und gleichwol
keine Schmertzen empfand/ bis allererst Mittag
darauf der *Paroxysmus* an der rechten Achsel an=
brach/und von daraus durch die ander Glieder der=
gestalt wütete/ daß ich mich des unzweifelhafften
Todes befürchtete/träumet mir aber hierauf weh=
render Kranckheit/wie ich zu Augspurg wäre/so ist
es ein unfehlbares Zeichen bevorstehender Gesund=
heit/ mit welcher Traum Materie ich mich aber
nicht aufhalten/sondern nur mit dem Beyspiel mei=
ner jünst verstorbenen Ehe=Liebsten / welcher bey
gantz gesundem Leibe träumete/als wenn sie Lunge
und Leber von sich spie/und wenig Tage darauf/
von einem zur selbigen Zeit/ eingerissenen Durch=
bruch so überfallen ward/daß ungeachtet aller Ge=
gen=Mittel/sie in solches Erbrechen geriet/darüber
sie die Seele ausblasen/und deß Artemidori Aus=
legung/ ungeachtet sie von selbiger nichts wuste /
wahr machen muste. Sind nun aber alle Träu=
me/wie Galenus und andere vermeinen Nachspie=
lungen der Dinge/die uns bey Tage vor Augen und
ins Gemüte kommen/oder wie der Herr Doctor sa=
get/unordentliche von den auffsteigenden Dünsten
erregte Verwirrunge der Einbildungs=Krafft/wo=
her kommen denn die so viel Stunden darauf aller=
erster erfolgende warhaffte Vorstellungen der vor=
gebildete Sache?oder warum muste ich eben zu der
Zeit/als der Polnis.Persianer über den Platz gieng
auffstehen/ und zum Fenster hinaus sehen? Da ich

Ff 2 doch)

doch den gantzen Morgen über gesessen und geschrieben hatte? So geschihet es auch nicht allemal daß die Träume ohne Ordnung sind/ gestalt ich den Herrn versichern kan/ daß in meinem Kopfe bisweilen dergleichen nach ihren *Actibus* und *Scenen* abgetheilte Schauspiele mit so herrlichen Erfindungen/ *Præsentationen*/ und guten Worten gespielet werden/ dergleichen mir wachender Zeit anzugeben oder abzufassen/ unmöglich wäre/ zu geschweigen der schönen nirgends befindenden Bücher/ Gemählden/ und Kupffer-Stiche/ die ich bisweilen lese/ und so eigentlich sehe/ daß mir des Morgens noch grosse Stücke/ und gantze Verse/ die ich auch wachende schwerlich besser machen könte/ im Gedächtnus verbleiben/ wolte ich nun gleich darzu setzen/ daß mir zu ein und andern malen ein gewisses vorhin unbekanntes Mittel oder Kraut für eine Kranckheit/ und voraus einsmals bey der höchstbeschwerlichen Miltz-Kranckheit etwas offenbaret/ so ich mit guten Nutzen gebrauchet/ so möchte man mirs für eine Auffschneiderey auslegen. Dannenhero ich lieber damit abbrechen/ und denn auch den Herrn Doctor versichern will/ daß die so genannten Vorspockungen und Erscheinungen nicht so gar eitel sind/ als sich etliche vorbilden/ denn ungeachtet ich hierbey dem Teuffel keines weges das Wort reden/ oder ein anders glauben wil/ daß die bey den Heyden erfolgte uñ voraus von dem Plutarcho dem *Alcibiades* p. 210. dem grossen Alexander p. 682. dem Cassio 1001. Cicero 861. Cäsari Octaviano 964.

Paulo

Paulo Aemilio 260. Philippo Macedoni 272. *Romæ restaurandæ* 145. Dioni 968. Dionysio ibid. erschienene angeführte auch mehrenteils noch heute befindliche Erscheinung dessen Hand-Griffe sind/ so weiß ich doch nicht/ ob nicht etliche/ und sonderlich die bey unterschiedenen hohen Hausern befindliche/ als zum Exempel/ weisse Frauen/ schwere Fälle/ Anklopffungen/ und dergleichen/ von selbigen abzusondern/ und also nicht alles/ was wir nicht bald mit unser Vernunfft begreiffen können/ den Teufels Würckungen zuzuschreiben sey. Es ist nicht ohne/ sprach der alte Herr von Kronhof/ daß noch viel den menschlichen Verstand übersteigendes in der Natur verborgen lieget/ und die Träume nicht so gar verwerfflich seyn/ daß es nur damit heisset/ was der Poet saget:

Ludere fallaci temeraria somnia
nocte.
Ich habe diese gantze Nacht/
Mit eitlen Träumen zugebracht.

Die heilige Schrifft befihlet uns gar einanders zu glaubē/ und stellet uns so viele Beyspiele davon mit dem Abraham/ Jacob/ Laban/ Joseph/ Daniel/ Abimelech/ Salomon/ und den Weisen aus Morgenland vor/ daß wir bißweilen an derer Wichtigkeit nicht zweiffeln dörffen. Zumalen da auch bey den Heyden und dero Geschichten /  selbige nicht
schlech-

schlechter Dings hin verworffen werden. Voraus aber sind bey den Christlichen denckwürdig gewesen/ deß Kaysers Heraclii/ der Helend/ Kaysers Mauritii/ von den Heyden aber deß grossen Alexanders/ Cambyses/ Xerxis/ Artabani un anderer. So bezeuget Plinius/ daß dem *Publio Cornelio Rufo,* vorher geträumet/ als wenn er seines Gesichts beraubet wäre/ ehe es also würcklich geschahe/ und einem andern/ als wenn ihm der eine Schenckel gantz steinern worden/ ehe er noch selbigen Tag vom Schlage daran berühret ward. Dahero deß Aristotelis Meinung/ als wenn selbige niemals etwas nothwendiges zu bedeuten hätten/ auch schon damals nicht von allen/ und am wenigsten von den Stoicis/ Protagora/ Artemidoro/ und Tyanäo/ noch auch von dem Plato selbsten angenommen/ voraus aber von dem Jesuiten Daniel *Bartoli de la Ricreatione di Savio,* übern Hauffen geworffen/ und die Würckung der abgesonderten Seele sehr wol verfochten ist/ wenn er nach Verwerffung deß alten Pythagorischen Traumes/ daß denen Schlaffenden sich die Seelen der Verstorbenen einspieleten/ und ihnen allerhand Sachen vorstelleten/ mit dem Tertulliano dahin schleust/ *quod somnia, animæ sine morte fugitivæ sint licentia,* welches auch schon Plato verstund/ und nebenst ihm der heilige *Augustinus de resur. carn. cap. 12.* unter diesen Worten: Wenn der Leib entschläfft/ so schliessen sich dessen Fenster die Augen/ damit die abgesonderte Seele nicht dadurch etwas sehe/ so sie verhindere.

Sol-

Solcher Gestalt ruhen im Schlaffen nicht nur die Augen/ sondern auch die Ohren/ die Hände/ die Füsse/ und alle Glieder/ ausgenommen das Hertze/ welches niemals ruhet. Was aber macht die Seele/ schläfft sie etwan auch? Keines weges/ sondern sie zieht sich von denen Werckzeugen des Leibes in sich selber zusammen/ nicht zwar/ daß sie selbigen verlasse/ und ausserhalb selbigen herummer spatzire/ sondern in selbigem verbleibe/ und sich so weit der äusserlichen Sinnen entäussere/ daß sie auch bißweilen der härteste Donnerschlag nicht erwecken kan/ wiewol der gelehrte Jesuite auch hierinnen viel Gegen-Stände findet/ und derowegen mit diesen Worten schleust: *Scrutator Majestatis suæ opprimetur à gloria,* anzuzeigen/ daß viel Göttliches darunter verborgen liege/ wohin zu reichen/ unsere Vernunfft viel zu kurtze Armen hat. Zu welchem auch schon damals nicht wenige gewesen/ die den so genannten Alp nicht nur der Beschwerung des melancholischen Gemüts/ sondern auch zu weilen einer Hexerey wider den Hippocrites/ Oribasius/ Galenus/ Posidonius/ Joh. Wierus/ Ambrosius Pareus/ Hier. Cardanus/ als die alle nichts davon halten wollen/ zuschreibē/ und wider diese/ den Plato/ Philo/ Josephus/ Justinus Martyr/ Cyprianus/ Clemens Alexandrinus/ Tertullianus/ Del Rio/ Vallesius/ Bodinus/ zu Felde führen/ denn auch zu jener Ubertwindung/ nach so viel geprüfften Beyspielen/ wenige Kräffte brauchen/ darbey denn kein Zweifel/ daß der vor etlichen Jahren befundene

Fran-

Frantzose/der im Schlaff auf alle nur erſinnlichſte Sprachen/ ja ſo gar auf etliche Americaniſche geantwortet/ ohnerachtet er wachend nichts als Frantzöſiſch verſtanden/den Teuffel zu ſeinen Dolmetſcher gehabt/und von ſelbigem beſeſſen geweſen wormit ich mich aber gleichwol ſo viel den Punct der abgeſonderten Seele betrifft/nicht zu tief einlaſſen/ ſondern nur ſo viel darvon melden will/ daß man ſich über derer Verwerffung des Averrois nicht ſo ſehr zu verwundern hat/weil er eben ſo wenig als Galenus/Petius Pomponatius/beide Cardani und andere/ ſelbige/ oder aufs wenigſte derer Unſterbligkeit geglaubet/vielmehr wünſchte ich auf den rechten Grund etlicher anderer Vorſpügnuß/ als der weiſſen Frauen/ und ſo genannten Leichen-Bret-Fäll zu kommenen/davon ich ſelber zwey unbetrügliche Exempel befunden/und denn auch/was das bisweilen bey etlicher Leute Abſterben verſpürtes Hunde-Geheule ſey/ von dem ich noch vor weniger Zeit bey eines in meiner Nachbarſchafft zu Belliſſa abgeſtorbenen ehrlichen Mannes Abſchiede/des Nachts um 12. Uhr/ als er gleich die Seele ausbließ/bey hellem Monden-Schein geſehen/daß ein groſſer grauer Hund in vollem Lauff über den Platz kam/und nachdem er mit der an deſſen Hauß-Thüre angelegten Schnautze etwan eine viertel Stunde lang erbärmlich geheulet/ wiederum dahin lief/wo er hergekommen war.

Die gemeine aufgeworffene Ration/ als wenn die Hunde wegen ihres genauen Geruchs/den Leichenchen Geruch zeitiger: als die Menschen empfindeten/ löset dieses Räzel nicht auf/ denn wenn dieses wäre/ so müste folgen/ daß sie allen Leichen nachlieffen/ und sie anheuleten/ und warum thaten es damals nicht auch die andere auf dem Platze liegende Hunde/ derer keiner sich rührte/ noch einen Schall von sich hören ließ. So sind es noch wenige Jahre/ das nachdem einer meiner guten Freunde seine Anverwandte besuchte/ und sich des Abends bey ihr mit einem Becher Wein ergötzte/ sich von ungefähr dero Schoß-Hündlein von der Banck erhoben/ und mit vollem Rachen gegen das in selbigem Zimmer stehende Bette/ worinnen diese Frau des Nachts zu schlaffen pflegte/ so erbärmlich geheulet/ daß sie alle darüber erschrockē/ und um so vielmehr nachdem das Hündlein zu ein und andern mal furchtsam zurücke/ und bald wieder mit wiederholtem Geheule ans Bette angesprungen. Der Ausgang dieser Begebnuß war/ daß diese gute Frau noch selbige Nacht/ in eben diesem Bette/ von einem überfallenen Schlag-Flusse/ den Geist aufgab. Woraus wir also sehen/ daß noch viel Sachen in dem geheimen Cabinet der Natur verborgen ligen/ die Gott keinem andern offenbaren wil/ als nur denen er das Amt eines Sehers anvertrauet/ beschloß der alte Hr. von Kronhof/ uñ kriegte zugleich den altē Juncker Hanß Mårten bey den Armen/ dem nunmehro die übrigen Gläser und diese Traum-Discurse/ den Schlaf so tief in das Gehirne gebracht/ daß er schon eine gute Weile geschnarchet/ und bey nahe über den Sessel gestürtzet wäre/wenn ihm nicht der alte Herr ergriffen hätte. Ihr alter Hahnrey/ sagte er hierauf zu ihm/ möget wol auffstehen/ wenn ihr nicht länger wachen könnet/ und euch indessen etwas zur Ruhe legen/ worüber sich denn dieser dermassen entrüstete/ daß er laut zuschreyen anfing: dieses wäre insgemein bey Hofe der Danck/für alte treue Diener/ daß man sie wie die Handwercker die abgenutzten Werckzeuge hinter die Banck würffe/ oder wie die alten Pferde und Hunde gar zum Thor hinaus jagte/ das aber bey ihme nicht nöthig wäre/ indem er schon selber den Weg dahin / und solche Gelegenheit wüste / wo man einen alten acht-ahnen-ächtigen/ Schrott und Korn-mässigen Edelmann ehrlicher hielte.

Uber welchen Worten denn alle hertzlich lachten/ und nachdem er fort/ der alte Herr von Kronhof anfing: Es ist doch eine Närrische Sache/ daß sich der alte Gecke über dem Worte Hahnrey so sehr enfert/ da er es mit seinem alten, nahe 70. jährigen Weibe/ die eben so schöne wie ein alter Affe/ und so freundlich wie ein krancker Spanier ist/ unmöglich darzu bringen könnte/ daß ihm einer diese Ehre anthäte/ worbey ich denn auch nicht ergründen kan/ woher man einen verheyratheten Mann/ denn ein leichtfertiges Weib auf solche Weise beschimpffet/ bey uns Teutschen einen Hahnrey/ oder wie ich vermeine eigentlicher einen Hornreich/ nemlich nach dem Wälschen *Cornuto* oder *Becco*, einen Bock nennet/ da doch die Hörner vor Alters so wenig eine

Schande

Schande waren/ daß sie vielmehr eine Ehre bedeuteten/ so daß man auch den Teuffel zum Zeichen seiner Hoffart damit mahlet/ und an vielen Orten der heiligen Schrifft gefunden wird/ daß sie stets für ein Zeichen des Adels/ der Stärcke/ und Macht gehalten worden/ indem sie gleich als erleuchtende Himmelwerts-steigende Strahlen gemahlet werden/ und auch deßwegen der grosse Mann Moses selber damit gezieret wird/ so lesen wir auch bey dem Valerio Maximo/ daß dem Genitius Cippus/ die Hörner für ein Zeichen seiner künfftigen Hoheit/ wie nicht weniger dem Clodius Albinus/ die Geburt eines gehörntes Kalbes/ so mit ihm zugleiche geboren/ als ein Zeichen seines künfftigen Kayserthums/ ausgedeutet worden/ und in wie vielen Adel-Wappen sihet man nit noch diese Zierraten/ als Zeichen ihres alten Adels/ voraus aber in Teutschland/ dahero diejenige Meinung nicht so ungereimet ist/ die dafür halten/ daß die ersten Königlichen Kronen nach den Hörnern formiret gewesen/ wie man auch noch heute an deß Hertzogs von Venedig dergleichen/ und aus vielen Orten der heiligen Schrifft/ derer Bedeutung darunter sehen kan/ nicht weniger finden wir/ daß bey den Alten Jupiter Ammon/ Bacchus/ Alexander Magnus/ Seleucus/ Lysimachus/ und andere auf solche Weise abgeschildert werden. Ingleichen bey dem Ptolemäo im Leben deß Hephästion/ daß des Herculis Sohn dem Illo ein kleines Horn/ als eine Hand breit/ auf der Stirne gewachsen/ und bey dem Aboali und Abumeron/

meron/daß in Arabia unterschiedenen Leuten/ unter ihren Kranckheiten/Hörner hervor gekommen/ zugeschweigen/ daß man auch vor diesem die Götter der Flüsse/ und Wälder mit Hörnern gemahlet/wie es denn auch noch vor kurtzer Zeit das Venetianische Frauenzimmer für keine Schande gehalten/ ihre Haare/ingleichen nach des Barthema Bericht/ etliche Völcker im Reiche Arabia/ dieweil sie keine Hörner von Natur haben können/eben so künstlich vor die Stirne aufzuflechten.

Aus welchem allem ich also nicht finden kan/ woher solche Zieraten itzo einen Schimpff bedeuten sollen/ noch was der Artemidorus für Grund gehabt/ daß er in seinem andern Buch im 12. Capitel einen jungen Freyer/ deswegen/ weil ihm geträumet/ daß er auf einem Widder geritten/ und vorne herunter gefallen/ solches dahin ausgeleget/ daß er ein Hörner-auffsetzendes Weib bekommen würde/ und dieses von den Hörnern insgemein. Worauf nun ferner auf die Frage zu kommen/ woher/ wenn man einen/ einen Bock/ oder dergleichen gehörntes Thier heist/solches auf des Weibes Unkeuschheit/und deß Mannes darauf bestehenden Schimpff auszudeuten seyn kan? Der Pierius in seinen *Hieroglyphicis* fällt auf die Gedancken/ daß die Ziegen in der Heerde sich an keinen gewissen Bock halten/sondern bald diesen/ bald jenen aufspringen lassen/dannenhero auch die Zicklen zwar ihre Mutter/niemals aber den Vatter recht erkeñen könten. Weil denn aber die unzüchtigen Mütter sich ebenso

ver-

verhielten / und keines gewissen Vatters versichert
wären / so ginge es auch ihren Männern wie erwehnten Böcken / und würden dahero mit diesem
Namen verehret. Alleine diese Ration hält dahero
nicht Stich / weil nicht nur die Ziegen / sondern auch
die Schafe / Kühe / Katzen / Hunde / und andere Thiere mehr / sich unter einander ohne gewisse Vätter be-
gatten / noch von diesen als Kindern erkennet würden.

So legt der Aristoteles *lib. 3. Cap. 6. de anima-
libus,* den Ziegen bey / daß sie viel eher als die Schafe
ruhig legen. Andere halten dafür / daß der Bock
so viel als einen geilen Menschen bedeuten soll / und
bedienen sich des Zeugnüß aus dem Aeliano / welcher vorgibt / daß selbiger schon im siebenden Tage
nach seiner Geburt (es wäre wol an der siebenden
Woche genug) die Ziege bespringe. Allein dieses
dienet auch nicht zur Sache / denn gesetzt / daß er solche Geilheit mit den Weibern ausführe / so wird
ihm doch solches niemals zur Unehre / sondern wol
offters von ihm selbsten zu einem besondern Ruhm
ausgeleget / nach dem Exempel des Tyrannen
Procli / der sich wider den Probum aufwarf / und
in seinem Schreiben rühmete / daß er in einer Nacht
zehen Polnische gefangene Jungfrauen geschwängert hätte.

Etliche tretten etwas genauer hinzu / und halten dafür / es käme daher / daß der Bock seinen Neben-
Buhler nicht nur gedultig um sich leide / sondern
auch / ob er ihn gleich bey seiner Ziege sehe aufstei-
gen /

gen/dennoch schmeichele/ und lecke/ an statt daß er
solchen Schimpff mit den Hörnern rächen solte/
derohalben sie daraus einen solchen Ehe-Mann/
der an statt/daß wenn ein Fremder ben seinem Weibe auffsteiget/ es auf alle Wege anten solte/ es dennoch dahin gestellet seyn läst. Ja wol wie Kayser
*Antonius*, wie *Jul. Capitolinus* in dessen Leben er-
zehlet/ die jenige so seine Faustina misbrauchten/ zu
vornehmen Aemtern beförderte/ihnen/ ungeachtet
sie es gnugsam wissen / alle ersinnlichste Ehre an-
thun/in welcher Reihe denn auch der Kayser Claudius gewiß die oberste Stelle hatte. Etliche lassen
solches aus Gewinst und Ehrsucht geschehen / wie
nach des Cornelii Taciti Zeugnuß/der Mario/Ca-
pitain unter des Kaysers Tiberii Leib-Wache/der/
damit er sich den zum Reichs Nachfolger erkläre-
ten Caligula/ zum Patron machte/ ihm sein schönes Weib freywillig zuschickte/ und unterrichtete/
wie sie ihn zum Beyschlaffe bewegen solte. Eben
dieses rühmet auch Plutarchus dem *Quinto Cab-
ba* nach/der/nachdem er vermerckte/ das *Mæcenas*
sich in sein Weib verliebet/ ihn zu Gaste lud/sie
ihm an die Seite satzte/und wenn er spürete/ daß
dem *Mæcenas* die Liebes-Geister auffstiegen/ sich
schläffrig stellete/ nur diesen Patron an seinem
Schertze nicht zu verhindern/ welches denn auch
noch heute zu Tage kein so ungewöhnliches Ding
ist/ und also diejenigen/die ihre Ehre soweit hindansetzen / zwar allerdinges dieses Namens würdig
sind/ ob mir gleich diese des Pierii Ration auß dem
noch

noch nicht genugsam/ weilen diese Gedult nicht bey allen Böcken so gemein ist/ daß man nicht/ nach Anführung des Cölii Rhodignii im 12. Buche im 58. Capitel wol ehe gesehen/ einen Bock einen Calabrischen Hirten/ nachdem er ihn bey seiner Ziege ertappet/ die Hörner in Leib rennen/ so hält auch Servius über die Worte der *3. Ecclogæ*

Transversa tuentibus hirquis.

dafür/ daß der Bock ein sehr eyfriges Thier sey/ daß keinen Neben-Buhler leiden könne/ und vom Aristotele wegen seiner Geilheit unter die jenigen Thiere gerechnet werde/ die wie der Hirsch in der Brunst gehen. Am allerwenigsten aber findet auch allhier die Ration statt/ so etliche aus des Catulli Versen:

> Solis putatis esse mentulas vo-
> bis,
> Solis licere quicquid est puella-
> rum
> Confutuere, & putare cæteros
> hircos.

Meint ihr/ daß ihr allein zur Venus seyd
bereit
Daß alle Mägdlein stehn zu euren blossen
Wincken/

Daß

Daß ihr in diesem Streit so grosse Helden
seyd/
Und andere Leute wie die geilen Böcke stin-
cken.

hieraus klauben wollen / daß etliche Leute wie die
Böcke dergestalt stincketen / daß sich die Mägdgen
für ihren Beyschlaff wie für stinckenden Böcken
schämen solten/denn gesetzt es stincke der Mann so/
so folget doch noch nicht / daß sein Weib also fort
eine Ehebrecherin werde/indem dieser Geruch nicht
allen zu swider ist/ so hat man wol ehe einen so heiligen Bock zu Mendesio in Egypten gesehen / der in
einem verschlossenen saubern Zimmer von den Händen der schönsten Mägdgen muste gespeiset/und den
gantzen Tag über von ihnen geliebkoset werden.
Weil mich denn nun auch unterschiedene Hirten
versichert/wie es zwar zum öftern geschehe/daß ob-
gedachter massen nach / die Böck einander lecketen/
und wen einer die Ziege bestiege/ der ander vor ihm
stunde / und gleichsam mit offenen Maule darzu
lachte/gleichwol aber auch zum öftern darüber un-
einig würden / und aus Eyfersucht mit den Hörnern über einander her wären / so bleibe ich bey der
Meinung / daß ein so liederlicher / lasterhaffter/
schand-stinckender Kerls/der mit lachendem Munde zuläst/ daß sein Weib zur Hure wird / und ihr
wol selber darzu beförderlich folgends seiner Kinder
so wenig / als der Bock der seinigen vergewissert/
denn

denn auch der Bock/unter allen gehörnten Thieren fast das gröste gehörnte und stinckenste Thier ist/daher ein Bock und Hörnerträger genännt werde/ungeachtet/was oben von der Würdigkeit der Hörner angeführet worden: deñ wie zweyerley Kronen sind/ als nemlich eine/ damit man Könige bekrönet/ und andere damit man Hexen/Strassen-Rauber/ und andere Ubelthäter beschimpfft; also können auch/ ohne des würdigern Beschimpffung/ zweyerley Hörner/ nemlich des Moses und anderer obangeführter grosser Leute Ehren-Hörner/ und denn wiederum Schand-Hörner/ als die man dem bösen Feinde auffsetzet/ und diesen Lumpen-Gesindel/ die ihre eigene Weiber verkoppeln/ oder ihrer Geilheit nachsetzen/zu zueignen seyn/wie denn auch die Hörner nicht allenthalben in der heiligen Schrifft in einerley Verstande/ sondern mit dem Unterschiede im 69. Psalm in diesen Worten genommen werden: *Et omnia cornua peccatoris confringam, & exaltabantur cornua justi.* Ich will alle Hörner des Sünders zerbrechen/da hingegen sol das Horn des Gerechten erhöhet werden/worbey denn auch letzlich die Ration/daß weil die Böcke mit den Ziegen-Heerden-Weise weiden/ und heute eine Ziege von einem morgen vom andern Bocke besprungen wird/ diese Vergleichung nicht so gar übel überein kommet.

Sind nun aber diese gehörnerte Zierraten bey uns Europäern gemein/ so mangeln sie auch nicht in den Asiatischen und Indianischen Ländern/ wie

G g denn

denn der Linschot schreibet/ daß voraus die Insel
Goa/ so Horn-fruchtbar damit sey/ daß wenn man
auch nur ungefehr ein Horn auf die Erde wirfft/
selbiges alsobald Wurtzel fasse/ und mit dem spitzigē
Theile herausser wachse/ welches dann in diesem
Reinigten Orte ein sonderbares Wunder/ und sonder Zweiffel ein natürliches Sinnen-Bild selbiger
Portugesischen Weiber ist/ als die in dergleichen
Krönung so vortreffliche Meisterin sind/ daß sie/
vermittelst einer gewissen Frucht/ Dutroa ge-
nannt/ ihre Männer dergestalt entsinnen können/
daß wenn sie auch gleich in ihrer Gegenwart solche
Schand-That treiben/ sie dennoch solches nicht
empfinden/ sondern darbey sitzen/ lachen/ und sich
gleichsam selber belustigen; also wol billig die obe-
re Stelle in dem Hahnrey-Orden haben können/
derer Ehre man vor diesem den alten Einwohnern
zu Lüttig lassen müssen/ als deter Lehns-Schuldig-
keit war/ ihren *Canonicis* ihre Bräute die erste
Nacht zu überlassen/ um ihnen die Hüfften zu eröff-
nen/ daher sie auch dieses schöne *Vasallagium das
Jus laxandæ coxæ vel cunnagium* nenneten/ biß sie
endlich sonder Zweiffel/ aus der alten zu diesem
Wercke nunmehr untüchtigen Antrieb/ solche saubere Lehns-Pflicht zu Gelde geschlagen haben/ davon man mit mehrerm den *Choppinn mad l. An-
dian.* und den *Henelium in otio Wratisl.* nachschla-
gen/ denn auch bey diesem sehē kan/ wie es eigentlich
mit dem Worte *Cornutus* beschaffen/ und daß solches
vielmehr *Carrucus,* von der Graß-Mücke/ als die

dem

dem Guckuck die Eyer ausbrütet folgends auch/ das in den alten Lehns-Rechten unlateinische Wort *uxorem domini cucurbitare,* eigentlicher *currucare,* heissen solte. Ich will die Hornreiche Materie mit ein paar schönen Wälschen Versen/ mit welchen vor etlichen Jahren einem zu Padua neu angetretenen *Podesta,* vom Geschlechte *Cavallo,* der eine *cornarin* geheyratet/ die lustig-studirende Jugend dergestalt empfangen:

> Cavallo venne, cervo n' anderai,
> Colla madonna il nome cangerai
> Ella cavalla, il cornar sarai.

Du kommst zwar als ein Hengst in dieser Stadt zu leben/

Doch wird dir dein Gemahl den Namen anders geben/

Sie heist ein Horn-Thier/ doch es trifft nicht eben ein/

Du wirst dergleichen Vieh/ sie eine Stutte seyn.

Und dem schönen Pasquill so man vor etlichen Jahren einem Meyländer/ Cesare genennet/ der eine beruffene Dame/ des Namens Roma/ geheyratet/

ratet/ mit diesen Worten unter den Teller gelegt/ *Cave Cæsar, ne Roma sint Respublicæ,* beschliessen/ und dem Herrn Florissohn das weitere Urtheil übertassen.

Man muß diese gehörnte *Rationes* gelten lassen/ sagte dieser/ ausser das ein ehrlicher Kerls/ wenn er mit dergleichen stinckendem Unflat besalbet ist/ ausser seiner Schuld keinen Schimpff davon haben kan/ *cùm nemo ex alterius facto obligetur,* hilfft er aber selber darzu / so ist er ein Schelm/ wie sein Weib eine Hure. Nicht so eyfrig/ antwortete der junge Herr von Kronhof darauf/ denn solcher Gestalt würden auch die edlen Röm:r mit beschimpfset/ die den Julius Cäsar unter andern ansehnlichen Verehrungen und Vorzügen / ausdrücklich/ und zwar durch einen Rath-Schluß/ zuliessen/ daß er sich ihrer Weiber unbehindert ihrer / so offt und viel/ als es ihm beliebt/ bedienen dorffte. Das wäre viel/ sagte der Herr Florissohn/ und gar billig gewesen / daß man ihnen als authorisirten Hahnreyen/ das gewöhnliche *S. C.* mit guldenen Buchstaben auf die Hörner gedruckt. Dieweil es aber auf dergleichen unsichtbaren Zierraten nicht wol geschehen können/ so kan es wol seyn/ das ob erwehntes Zeichen eines gehörnten Mondens / auf den Kleidern solches bedeuten/ und da es auch gleich älter/ als solches Horn-Decret gewesen/ eines mit dem andern vorbilden können.

Dieses wäre eine angenehme Materie für unsern Juncker Hanns Märten gewesen / sagte der Herr

Herr Obriste Lieutenant/und die er wol schwerlich/ wie deß Herrn Pfarrrrn geistlichen Discurs mit seiner lieblichen Jäger-Pfeiffe unterbrochen hätte/ so viel mich aber bedunckt/ ist es nunmehro Zeit/ seinem Exempel nach/ von der Taffel aufzustehen/ und dem Herrn Bruder nicht so viel Ungelegenheiten zu erweitern.

Wenn der Schlaff dem Herrn so nahe wie dem alten Hudler zuhängt/ so will ich sie daran nicht verhindern/ antwortete der alte Herr von Kronhoff/ dieweil ich aber nicht sehe/ was das eingebrochene Regen-Wetter ihnen daraussen für Ergetzlichkeit zulassen könte/ so stelle ich zu ihrem Belieben/ ob wir nicht hierinnen/ mit Aufhebung der Taffel/ die Zeit ferner mit einem guten Gespräche fortsetzen wollen/ zumaln da/ wie ich sehe/ mein Schreiber die aus Belissa überschickte Zeitungen herbringet/ die denn uns Materie genug darzu geben werden/ womit sie alle zu frieden waren/ und zwar anfangs auffstunden/ Wasser nahmen/ doch sich bald theils hin und wieder satzten/ theils auf und nieder giengen/ als inmittelst der alte Herr von Kronhoff seinem Sohn das Pacquet übergab/ mit Erinnerung/ sich in den gedruckten/ als worinnen gemeiniglich nicht viel sonderliches zu finden/ um so viel weniger aufzuhalten/ weil/ wie er sehe/ sehr viel geschriebene Bogen/ und worinnen insgemein etwas wichtigers begriffen/ für diesesmal beygeschlossen wären. Es ist eine schöne Sache/ sagte der Herr Obrist Lieutenant/ wenn man bey uns auf dem Lande eine richtige Correspondenz/von den wichtigen Welt-Händeln in Europa haben kan / und sich nicht mit den allgemeinen ungründlichen Schmierereyen behelfen darf. Es ist nicht ohne / antwortete der alte Herr / denn ob gleich diese von einem vornehmen Manne in Belissa eingerichtete des Jahrs ein hohes kostet/ so lasse ich mich doch ein paar Dutzend Reichsthaler nebenst andern beyzutragen nicht reuen / wormit er zugleich seinem Herrn Sohn befahl/ dafern er etwas in den gedruckten aufgefunden/selbiges her zu lesen. Es ist nichts sonderliches hierinnen / antwortete dieser / als daß / wie sie von Amsterdam schreiben / der Holländische General Mombas / bey der Frantzosen Ubersetzen über die Mosel und Rhein / geschlagen / dessen Regimenter gäntzlich zertrennet/ und weil hierauf das gemeine Volck deßwegen so hefftig über ihn erbittert ist/daß er nicht der Ordre nach/an der Jsel stehen geblieben/ und nur *defensivè* gefochten/ er darauf aus Furcht ein Wittisches Tractament zu bekommen / zu den Frantzosen über gegangen sey/ worauf er nunmehr für einen öffentlichen Verräther erkläret ist.

Wer ist doch der Mombas? sagte hierauf der alte Herr von Kronhoff/ denn so viel ich mich erinnere/ so hat man vorhin nichts von ihm gehöret / derohalben glaube / daß er auch kein grosser Held/ sondern ohne Zweiffel ein von den Hochmögenden Herren Staaten mehr zur Kauffmannschafft als dem Degen tüchtiges Mit-Glied seyn werde. Keines weges mein Herr/ antwortete Florissohn/

er

er ist vielmehr ein rechtschaffener Cavallier/ und guter Soldat/ der solcher Profession, bey der Kron Franckreich/ von Jugend auf/ obgelegen/ und durch alle Kriegs-Aemter/ biß zu der Obersten-Stelle/ gestiegen ist/ weil er denn nun wol sahe/ daß er bey den Frantzosen wegen der Reformirten Religion schwerlich höher kommen würde/ so kam er/ vor ungefehr zwölff Jahren/ wieder in sein Vatterland/ verheyratete sich mit deß Peter Grooten Tochter/ als des grossen Grotii Enckelin/ und lebte von seinen Mitteln so gut als ein Cavallier leben kan/ biß endlich diese Unruhe eingebrochē/ und ihn der Rath vom Estat würdig erachtet/ das Unter-Commando ihrer Völcker/ nebenst dem Printzen/ zu führen/ darzu er denn in Warheit auch tüchtig genug/ und diese empfangene Schlappe nicht von solcher Wichtigkeit ist/ daß man mit ihm darüber so hart verfahren dörfte/ denn zu geschweigen/ daß der übersetzende Feind vier mal stärcker/ als er mit seinem in der Eil von allerhand Lumpen-Gesindel zusammen geworbener sechs Regimentern/ gewesen/ so hat er/ wie meine Briefe ausweisen/ diesen Sieg den Frantzosen theuer genug verkaufft/ und ausser dem Longueville/ noch unterschiedenen vornehmen andern/ mit seinem altē Dragoner Regiment/ das Licht ausgeblasen/ wie nicht weniger sich sowol retiriret/ daß die Bestürtzung bey dem Volcke/ und voraus der Verdruß bey dem Printzen als dem man ihn wider Willen aufgedrungen/ grösser als der Verlust seyn mag/ derowegen ihm gar nicht zu verdenken/ daß er

Gg 4 zur

zur Vermeidung deß unbändigen Pövels gefährlicher Raferey/ sich so gut er gekunt/ versichert hat.

Hier weiß ich/ daß man dem guten Mombas vorwerffen könte/ er hätte der gegebenen Ordre nachleben/ an der Issel stehen/ und sich nicht anders als *defensive* mit dem Feind einlassen/ keines weges aber so weit herausser bis an den Rhein rucken/ und daselbst des Landes Wolfart auf die Spitze setzen sollen. Binde den Esel dahin/ wo der Herr will/ und laß ihn hernach die Wölffe fressen/ sagen die Rabbinen. Worben ich aber gar anderer/ und der Gedancken bin/ daß die genaueste Nachlebung solcher Krieges-Ordren/ nur damals/ wenn sie von einem souverainen Fürsten/ und der den Krieg selber verstehet/ herkommet/ nicht aber so unvermeidlich sey/ wenn ein verständiger General von Leuten die einen grössern Verstand auf die Ele und Gewichte/ oder endlich auch wol auf das *Corpus Juris* haben/ commandiret wird/ und noch darzu solcher General einer ihrer klügsten Krieges-Verständigsten ist/ auf welchen Fall er denn/ wenn sich eine Gelegenheit zu seinem Vortheil ereignet/ solche Befehle nicht zu genau zu beobachten hat/ zumalen wir sehen/ daß auch bißweilen gute Kriegs-erfahrne Printzen/ mit so genauen unverbrüchlichen Ordren/ zum Exempel/ Otho/ sich ins höchste Verderben gestürtzt/ als der auch aus Mißtrauen gegen seinen Generalen den Suetonius/ Paulinus/ Annius/ Gallus/ und Marius Celsus seinen Soldaten anbe-

anbefahl/ so bald sich die Gelegenheit ereignet/ sich auch wider dieser Willen mit dem Feinde einzulassen/ darüber aber zugleich das Leben mit dem Reiche verlohr/ da im Gegentheil der hiervon gewitzigte Antonius gegen den Vitellium eine gar andere Conduite führete/ deß Mucianus/ als deß Vespasiani General-Lieutenants Ordre auf die Seite setzte/ und dergestalt seinem eigenem Kopffe folgte/ daß er dem Vespasiano damit das Römische Reich erhielt. Zu diesem ist es nicht allemal rathsam hinter den Trencheen zu ligen/ und sich nicht mit dem Feinde einzulassen/ zumalen wenn ihm auch andere Pässe zum Durchbrechen/ wie allhier den Frantzosen bey Utrecht/ ihm Mombas dadurch hinter den Rücken zu kommen/ offen seyn/ dahero Marcellus bey den Römern von wegen seiner Geschwindigkeit eben so grossen Ruhm/ als der Fabius mit seinem Leyren verdiente/ daß man ihn deß Römischen Volkes Degen/ den Fabius aber dessen Schild genennet hat/ die Umstände der Gelegenheit sind im Kriege nicht allemal so gleich/ daß man sich von einem Exempel aufs andere beziehen kan/ und voraus wenn alles an der Gelegenheit und Eile gelegen ist/ selbige/ wenn sie uns anlächt/ zu küssen/ oder auch/ wenn voraus eine Republic mit solchen Vorstehern versehen/ die den Krieg nicht selber verstehen/ sondern sich auf andere verlassen müssen. Wie schöne Gelegenheiten sind im verwichenen Teutschen Kriege/ wegen so verschrenckter Ordre/ und daß man sie allererst/ wenn man schon vor dem Feinde gestan-

den

den/ und fast des Sieges versichert gewesen/ von Hofe halen müssen/ verlohren gegangen/ da hingegē wird wol niemand so alber seyn/ der dem Marquis von Marignano für einen Mangel ausstellen wolte/ daß er in dem Kriege wider Siena/ dem Hertzog von Florenz/ der ihn/ aus Mangel Geldes/ zum Tressen nöthigen wolte/ ins Gesichte sagte/ daß seine Armee des Kaysers Armee wäre/ und daß er schlagen würde/ wenn es ihm gut deuchte/ hätte aber der Hertzog nicht Mittel/ solche Armee zu unterhalten/ so solte er solchen Krieg unter wegen gelassen haben.

Hierauf laß der junge Herr von Kronhoff aus den gedruckten von Londen fort/ daß die Gemeine daselbst starck auf die Beruffung eines Parlements dringte/ darzu aber der König so wenig verwilligen wolte/ daß er unterschiedene/ die ihm deßwegen eine Bittschrifft überreichet/ und unter selbigen etliche Lords in den Tower werffen lassen/ wie auch andern der Verrätherey bezüchtigten ebestens den Proceß machen lassen würde/ zu diesem Ende auch schon den Tower mit Stücken/ die Stadt aber mit etlichen Regimentern besetzt hätte. Dieses ist eine gefährliche Sache/ sagte der alte Herr von Kronhof/ von einem solchen Printzen/ dem seines Vatters/ Blut-Beyl noch vor Augen liegt. Ein Fürst sehe wol zu/ sagte der verständige Spanische Secretarius Perez/ daß er sich seine Unterthanen nicht lasse das Wammes messen/ das ist/ seine Kräffte prüffen/ als die man allezeit für grösser hält/ als sie an sich selber
find.

sind. Worvon nun das mächtige Spanien zu einen genugsamen Beyspiel dienen kan / denn ob zwar etliche seynd / die ihm dieses beylegen / daß es sich im Krieg wieder die Niederlande dieser Regel dergestalt gemäß verhalten / daß es niemals seine gantze Macht wider diese abtrünnige Unterthanen zu Felde geführet / so wäre es doch weit besser gewesen / wenn man sie gar nit biß zur Verzweiflung gebrämset / darauf soviel Millionen / damit man gantz Africa gewinnen können / in Koth geworfen / und endlich nichts mehr darvon zum besten gehabt / als daß man das Land darüber verlohren / und was das übelste / seine Schwäche der gantzen Welt vor Augen gestellet / also der klug=vermeinte Philipp noch damals als zur Zeit Papsts Gregorii des Dreyzehenden / der Hertzog von *Terranova* dahin geschicket ward / zu versuchen / ob man diese gefährliche Händel in der Güte beylegen könte / der König aber durchaus den Papst nicht zu beleidigen / die Gewissens=Freyheit auf keinerley Weise verwilligen wolte dem Abte von S. Gertrud / der in einer langen *Oration* in Gegenwart des Päpstlichen Nuntii Sega / das gantze Wiederspiel rieth / den Ausgang vor Augen stellete / und daß die Inquisition eine zugifftige Artzeney für diese Kranckheit / mit einem Worte dieser Ausgang zu besorgen wäre / daß man am Ende würde mit Elen weg geben müssen / worzu man noch damals mit Fingern auskommen können / gefolget / und sich auch an dem vormaligem Exempel mit Ludwig dem letzten Grafen von Flandern

dern gespiegelt hätte/ der auch/ nachdem er mit denen von Gent zu Händeln komen/ und sie dahin gebracht/ daß sie von ihm demütigst Vergebung gebeten/ ihnen solche durchauß anderst nicht zustehen wolte/ als wenn sie sich mit einem Stricke um den Hals/ auf die Knie vor ihn werffen/und hernach altererst zu erwarten haben würden / was er ihnen weiter für ein Urtheil zu sprechen gesonnen/worüber sie denn zu solcher Verzweifflung gerieten/ daß nur 5000. von ihnen/ wie die rasende Hunde/ seine in 40000. Mann bestehende Armee anfielen/ in die Flucht schlugen/ und den Grafen selbsten dahin brachten/daß er mit Noth in eines Tag-Werckers Kleide entwischen/ und sein gantzes Land darüber verlassen muste. *Libenter cupit commori, qui sine dubio scit se moriturum.*

Wer sterben muß/ der stirbt ohn alles Wiedersprechen/
Wenn er nur auch den Hals kan seinem Feinde brechen.

Hätte auch König Johann aus Franckreich / den zehen tausend Engeländern/die das Gewehr niederlegten/ Quartier gegeben / und sie nicht zur Verzweifflung gebracht so hätten sie schwerlich seine 50000. geschlagen / ihn selbsten gefangen nach Engeland geführet/ und hierauf das gantze Reich hinweg genommen.

War-

## Warschau.

Gestern hat allhier der Reichs-Tag seinen Anfang genommen/ und jedermann erwartet/ wie sich der Ertz-Bischoff von Gnesen über seinem an die Versammlung zu Schreda abgelassenen aufrührischen Schreiben wider den König verantworten würde/ der auch hierauf ohne sonderbare Ehrbezeigung aufgetretten/ und also zu reden angefangen: allhier wolte der junge Herr von Kronhoff abermals fortfahren/ als ihm solches der Herr Vatter mit dieser Erinnerung unterbrach/ daß man solche Polnische Rede/ wie auch daferne etwas vom Serini darbey befindlich seyn werde/für keine neue Zeitung/ sondern als Sachen/ die bereits vor ein paar Jahren geschehen / annehmen müsse/und um die er nur wegen ihrer Seltsamkeit/ seinen Correspondenten sie aufzusuchen/ ersucht hätte/ worauf also der junge Herr fort laß: Ich bin ein Edelmann / und von so altem Hause bey dieser Republic/ daß ich keinem andern/ er sey wer er wolle/ einen Schritt zuvor gebe/ ich bin hierauf durch alle Ehren-Staffeln bis zu dieser höchsten Würde aufgestiegen/ und habe in allem meinem Thun die Freyheit meines Vatterlandes/ dergestalt zur Richtschnur gehabt/ daß ich auch noch alhier aus derer Antrieb dencken werde/ was ich will/ und frey herauß sagen was ich gedencke/ ohne daß ich mich besorge/ daß solches Euer Königl. Majestät zu wider seyn kan/ als die eben in dieſem freyen Vatterlande gebohren/auferzogen/ und von einem gemeinen Edelmann auf den Thron geſtiegen ſind/ derotwegen werden Eure Majeſti mir um ſo viel leichter vergeben/ und ohne Empfindnuß mein freyes Wort/ das mir jedoch mit gehorſamſten nnd ſchuldigſten Reſpect die auf ſo öffentliche Freyheit/ und Eu. Majeſtät Erlaubnuß gegründete Zuverſicht in Mund geleget / und darunter die Erklärung meines Schreibens gnädig annehmen/beſſen ich mich denn nicht im geringſten ſchäme/ noch daß ich es geſchrieben habe/ am wenigſten bereue.

Wir ſtehen allhier nicht vor Gerichte / oder daß ich die Stelle eines Anklägers vertrette/genugſam wiſſende/daß es eine gefährliche Sache ſey/ſich mit ſeinem Fürſten ſolcher Geſtalt einzulaſſen/ derohalben ſage ich nur dieſes/daß es wahr ſey / daß ich dieſes Schreiben an die Zuſammenkunfft nach Schreta abgelaſſen/ und daß ich auch noch andere dahin/und abſonderlich an die Weywodſchafften in Groß-Polen geſchickt/ja noch darzu einen von meinen Capitularen von Gneſen perſönlich nach Schrega abgefertiget habe/der ſich aber die daſelbſt entſtandene Händel ſo weit abſchrecken laſſen/ daß er ſelbige Briefe nicht abgegeben/ ſondern ſie mir eben zu der Zeit zurücke gebracht/als ſich gleich der Staroſta von Borzuchai nebenſt andern Cavallieren/ bey mir befunden/ in derer Gegenwart ich ſie auch aufgemacht/ und geleſen. Mein Gewiſſen iſt mein Zeuge/daß ich das jenige was ich geſchrieben/ nicht

nicht aus Haß oder Leichtfertigkeit/ſondern aus derjenigen Pflicht geſchrieben habe/ die ich mehr als einmal an dieſem Orte abgeleget/ im Fall mir etwa zu wiſſen kommen ſolte/ das der Republic ſchädlich wäre/ ſolches auf alle Weiſe zu unterbrechen/ dannenhero ich auch ſolches vorhero wol überleget und ſolchen Bericht allerdings auf die Warheit gegründet habe. Genug alſo/ daß ich ſolches Schreiben für das Meinige erkenne/ und daß ich bereit bin/ ſelbiges wenn es die Noth erfordern ſolte/ mit mehren klaren nicht hirnmäſſigen/ ſondern ſichtbarlichen und handgreiflichen Zeugnüſſen zu beſtättigen.

Solchem nach iſt der erſte Punct meines Schreibens/ ob er gleich nicht am erſten Orte geſezt iſt/ (mit unterthänigſter Erlaubnuß vor Eurer Majeſtät zu reden) der von E. Majeſtät über der *Capitulation* mit der *Republic,* abgelegte EydSchwur/ mit Vorbehaltung im Gemüthe/ oder ſo genannte *reſtrictione in mente*, von der mich Eu. Majeſtät zartes Gewiſſen/ und aufrichtiges Gemüte nicht zweiffeln läſt/ daß ſie ſolches laugnen werden/ was ich allhier ſage/ und daß ſie ſich derohalben zu erinnern habē/ wie ſie bey ihrer Krönung als ſie gleich von dieſen Händen die Krone empfahen ſolten/ und etliche uncatholiſche Stände zu murmeln anfingen/ daß ſolcher Eyd-Schwur mit einigem ihnen nachtheiligen Anhange verclauſuliret wäre/ mir dieſe Worte in die Ohren blieſen/ ich habe geſchworen mit der Vorbehaltung im Gemüte/

te/welches sie auch kurtz darauf/als ich ihr die Polnische Krone vor dem Altar aufs Haupt satzte/mit eben diesen Worten: *Juravi cum restrictione in mente* deutlich widerholeten/und mir nun diese Gedancken machen/ daß sie auf solche Weise/ und mit Erweiterung solchen Eyd-Schwures / auch ihr Gewissen dermassen erweitert/ daß sich hierauf/ wie ich itzund erweisen will/ nicht schuldig erachtet haben/die Reichs-Capitulation auch im übrigen zu halten/sondern sie mit dieser Vorbehaltung im Gemüte/ so offt es beliebt/zu zernichten / solches auch bald mit nachfolgendem Stücke an Tag gegeben. E. Majestät wissen/daß die Gesetze des Vatterlandes ihrem Könige und Herren untersagen/sich auf keinerley Weise mit einem andern/ohne der Republic vorbewust/in Tractaten oder Allianz einzulassen/ nichts destoweniger haben Eu. Majestät solchem ausdrücklich zu wider gelebt/ wenn sie ohne der Republ. Vorbewust das güldene Fluß vom Hertzog von Burgund auf gewisse Bedingung haben angenommen. Eu. Majestät glauben doch nicht/ daß diese Bagatelle die ihr da vom Halse auf die Brust henget/eine so grosse Sache sey/als bey derer Erhaltung sie die Lehns-Pflicht dem Hertzog von Burgnnd ablegen/ und sich verpflichten müssen dessen Nutzen zu befördern/und seinen Schaden abzuwenden/ welche Pflicht aber anders nicht/als zu unserm höchstē Nachtheil geschehen kan/deñ an statt sie ein Printz über ein freyes Volck sind / haben sie sich hiermit eines andern Befehl unterworfen/wel-
ches

ches ohne Vorwissen der Rupublic nicht geschehen sollen.

Hier mögte zwar einer sagen/ daß auch Dero Vorfahren dergleichē gethan/welches zwar wahr/ jedoch aber auch dieses zu betrachten ist/daß die Könige vom Jagellonischen Hause zum ersten diesen Orden angenommen/ darbey aber/ wie an dem Exempel Vladislai des Vierdten und seines Herrn Bruders Johann Casimirs zu sehen/gleichwol keinen solchen Eyd darüber abgeleget haben/als die da viel zu großmütig waren/ ihre Krone mit diesem guldenen Fluß in gleiches Gewigte zu legen.   Da hingegen haben Eu. Majestät/ vermittelst dieses Eydes ihrem ersten das gröste Nachtheil angethan/ und ihn damit übern Hauffen geworffen.

Hierauf folgte die bald nach der Erwählung in Warschau vermittelst des Carmeliters Silvani/ ohne mein und anderer damals gegenwärtige Vorbewust/abgekartete Vermählung/wobey ich denn keines weitläufftigen Zeugnusses vonnöthen/ sondern mich nur auf die Republic zu beruffen/ und von selbiger zuerwarten habe/ obes nicht wahr sey/ daß bey der Wahl ausdrücklich von allen Ständen beschlossen/ und der Capitulation unter dem gewöhnlichen § einverleibet worden/ daß Eu. Majestät keine Gemahlin ohne der Republic Vorwissen nehmen solten; aus dieser Urquelle sind hernach die Articfel wegen der Krönung auf den Land-Tagen der Weywodschafften Sandomir/ Haliz/ und wo ich nicht irre/ auch zu Chelm hergeflossen/ derowegen

Hh                    gen

gen hätten billich Eu. Majestät diesem alten Gebrauch / und vorgeschriebenen Gesätzen nach / solche Heyrath anders nicht / als mit Vorbewust und Rath-Schluß des gantzen Reichs-Raths beschliessen sollen; zwar gestehe ichs / daß wir darüber zum Rath beruffen / und der Unter Cantzlers uns vorgetragen / wie Euer Majestät das Absehen zu der Durchläuchtigsten Herzogin von Oesterreich / meiner zur Zeit gnädigsten Königin und Frauen hätten / man kan aber wol mit Warheit sagen / daß dieser Rath damals zu keinem andern Ende zusammen beruffen war / als nur dem Papst eine Nase anzudrehen.

Es waren damals unser zwey und zwantzig Reichs-Räthe beysammen / die sich zwar die Person der Braut gefallen liessen / weil wir uns allemal mit den Königen von diesem Durchläuchtigsten Hause wol vertragen haben / wir erinnerten aber nichts destoweniger Euer Majestät / sich in diesem Wercke nicht zu übereilen / sondern solches so lange zu verschieben / biß sie es der gantzen Republic würden wissend gemacht haben. Etliche von den Reichs Räthen hatten noch andere Gedancken / und unter denen nicht wenige / die die Schwägerschafft mit denen Ausländern gäntzlich widerrieten / dafür haltende / daß es besser seyn würde / wenn Euer Majestät ihr Absehen auf eine Dame im Reiche behielten. Der Ausgang dieser Berathschlagung war / das man sich gegen dem Reichs-Rath für solches Gutachten bedankte / und daß Euer Majestät Absehen

sehen mit selbigem allerdings überein käme/da doch
sonsten die Krafft und Natur eines jedweden Rath-
Schlages ist/daß sich Euer Majestät ausdrücklich
erklären sollen/ ob sie bey unsern Stimmen beru-
heten oder nicht. Alleine hier geschahe das gantze
Widerspiel/ denn ob wir zwar biß auf den dritten
Tag warteten/der Hoffnung/daß wir diesen Rath-
Schlag zu enden/wiederum zusammen zu beruffen
seyn würden/ so war doch alles dieses vergebens/
weil der Schluß bereits mit etlichen wenigen/ohne
Vorbewust der Reichs-Räthe/ die noch deßwegen
beysammen waren/ in dem Cabinet dergestalt abgefast war/daß hierauf alsbald der Herr Unter-Cantzler diese Heyrat abzuhandeln/ nach Wien verschi-
cket wurde/der mir denn wol sagten mögte/vermit-
telst welches Rath-Schlusses solches geschehe/und
wenn ihm solche *Instruction* eingereichet worden/
nichts destoweniger machte er sich mit dem Siegel
und einem vom Könige unterschriebenen Blanquet/
aus dem Reiche/ und gab mir/ nachdem ich ihm
mein Mißvergnügen darüber vorgestellet/ diese
kaltsinnige Antwort/ daß man vorhero eine *Constitution* darüber machen müste/worauf er nach ver-
richteter Sache/nach dem Exempel des Przerems-
ki/bald wieder zurücke kommen wolte.

Ferner haben Euer Majestät geschworen/dem
König Johann Casimir/meinem gnädigsten Herrn
und Wolthäter/die von der Republic jährlich aus-
gesetzte *Pension* richtig abführen zu lassen/wie hält
man aber dieses eydliche Versprechen? In Warheit

heit nicht anders/ als daß sich dieser armselige Herr in fremden Landen zum Schimpff unserer gantzen Nation darüber beschweren muß.

Weiter sind Euer Maj. laut der Capitulation/ schuldig/ die Vestung Kaminiec/ als das Bollwerck von gantz Podolien/ bauständig zu erhalten/ woran es aber auch so weit fehlet/ daß sie einen so geschickten Kriegs-Bau-Meister dahin geschicket/ der nicht so viel Verstand/ als ein gemeiner Maurer hat.

Anderer geringer Sachen zu geschweigen/ mit denen ich mich allhier nicht aufhalten/ sondern nur auf denjenigen beruhen will/ daß ich so wenig einzige eitele oder unwarhaffte Sache vorgebracht/ daß ich sie alsobald/ daferne sie Euer Majestät umzustehen gedencken/ genugsam beweisen kan/ wie es denn unter der Versammlung nicht an treuen Patrioten ermangelt/ die solches mit eigenen Ohren gehöret/ und es Euer Majestät unters Gesichte sagen werden. Was hat man hierauf nun bey erfolgtem Beylager nicht für Schulden gemacht/ die/ wie ich höre/ über anderthalb Millionen hinaus lauffen/ und dahero Euer Majestät schon anfangen/ uns mit einer Geld-Hülffe zu belästigen/ Sie werden uns aber vergehen/ wenn wir sagen/ daß das Unvermögen unserer armen Unterthanen nit zulassen wird/ Ihr in solchen Nöthen beyzuspringen. Mit einem Worte/ der Herr Unter-Cantzler hat die gröste Ursache an dieser Vorbehaltung im Gemüte/ weil er selber bey Unterschreibung der Capitupitulation diese Worte hinzugesetzt: Ich unterschreibe dieses/unter der ausdrücklichen Erklärung das etliche Puncte wider die alten Rechte von Seiner Königlichen Majestät Authorität sind. Wer wolte nun einfältig seyn/ der wenn er diesem etwas genauer nachdencket / nicht bekennen müsse/ daß mit solcher Unterschrifft Eurer Königlichen Majestät Gewissen/ Thür und Angel aufgemacht wird/ und daß eben die *restrictio in mente*, oder Vorbehaltung im Gemüte darunter verborgen lige/angesehen/unter solcher Euer Majestät vorbehaltenen Authorität/das Leben und Wolfart des gantzen Adels in Gefahr seyn würde/als mit dem sie nach ihren eigenen Belieben/ umspringen mögten. Es würde gethan seyn um die Sicherheit aller ehrlichen Leute/und um die Heiligkeit der alten die Königliche Macht umschreckenden Gesetze / wiewol mir auch noch der Herr Vice-Cantzler sagen muß/ woher diese seine angeführte alte Gesetze/ihren Ursprung und Ende herhaben / indem ich versichert bin/daß vor diesem/als unsere Könige freye und ungebundene Fürsten/waren/ ihnen dennoch keine solche Freyheit zugestanden / derer sie sich itzund anmassen/und da man doch/ nachdem das Jagellonische Haus durch so lange Nachfolge auf dem Throne geblieben / unser freyes Volck mit unterschiedenen Gesetzen einzwingen müssen. Denn anderer Gestalt würde nichts anders folgen/ als daß Eu. Königl. Majestät / so bald sie es für sich rathsam/und Ihrem Interesse dienlich erachtet/daß ich/

oder

oder ein anderer ehrlicher Mann das Leben laſſen
ſolte/ ſich alſobald darzu der Spaniſche Apothe=
cken/oder Wieneriſchen Inquiſition bedienen köntē.
Ich muß bekennen/ daß dieſer Rath voller Erger=
nüß iſt. Im übrigen nochmals bittende/es wollen
Euer Majeſtät mir dieſe Rechtfertigung nicht für
übel haben. Denn/ wenn ich allhier mit einem
ausländiſchen Fürſten/ der etwan zu uns übers
Meer kommen/und nicht mit einem ſolchen zu thun
hätte/ der unſer eigener Landesmann/ und von ſei=
nen Vättern und Großvättern in den Polniſchen
Sitten wol unterwieſen/ ja der noch kurtz vorhero
nichts beſſer/als wir/war/und wol weiß/ von was
für Natur die Polniſche Freyheit iſt/ ſo würde ich
vielleicht Bedencken haben/ die Warheit ſolcher
Geſtalt vorzutragen/ und vielleicht hätte ich es/
weñ ich mein Gewiſſen betrachte/ auch nit gethan;
wiewol ich auch endlichen kein ſo ernſthaffter Un=
terſucher der Königl. Schuldigkeit über Dero Ver=
ſprechen ſeyn will/dafür haltende/daß Euer König=
liche Majeſtät mehr aus anderer Leute Antrieb/
und Untwiſſenheit/ als aus freyem Willen geſündi=
get haben/ſelbe darbey verſichernde/ daß ich bereit
bin/ Proben von meiner Redligkeit/ Glauben und
Aufrichtigkeit/ abzulegen/ und daß ich es ſo ferner
auf allen Fall/ wie bißher/ aus unterthänigſter
Pflicht/ zur Beſchirmung der Königlichen Autho=
rität/mit Darſetzung alles und jedes/was mir auch
lieber/als das Leben iſt/dergeſtalt darzeigen werde/
wie es ohne dis billig iſt/ und die Pflicht an ſich
ſelbſt

ſelbſt von dem oberſten Reichs-Rath / und Euer Majeſtät getreuen Diener erfordert.

Auf ſo außgelaſſene Außputzer ſchwieg ein jeder/ ausgenommen der Fähndrich von Sandomir Dembeski/ der es dem Ertz-Biſchoff ſo nahe brachte/ daß er ihn öffentlich darüber lügen hieß/ nichts deſtoweniger nahm der Biſchof von Krakau/ und der von Cujavia/ ihn bey den Armen/ und ſchlepten ihn mehr/ als daß ſie ihn führeten/ vor den Königlichen Thron/ Seine Majeſtät bittende/ daß ſie alles vergeſſen/ und ihn wieder zu vorigen Gnaden annehmen wolten/ worauf der Vice-Kantzler in deſſen Namen antwortete/ wie das Seine Majeſt. aus Liebe zur gemeinen Ruh und allen großmütigen Hertzen angebornen Danckbarkeit/ dem Ertz-Biſchoffe der ihm die Polniſche Krone aufgeſetzt/ allen Schimpff und Beleidung/ jedoch dergeſtalt verziehe/ daß daferne er wiederum in ſolche Schwachheit verfallen ſolte/ er darüber der Republic Red und Antwort zu geben haben würde; worauf endlich auch der Ertz-Biſchoff/ nachdem ihm der von Cujavia einen Winck gegeben/ den Vice-Kantzler/ zum Zeichen der Verſöhnung/ wie wol kaltſinnig umfieng. Armſeligſter König/ oder vielmehr unbeſonnener Pfaffe/ ſagte der Hr. Obriſte Lieutenant/ wie ich denn nicht weiß/ ob ich mich mehr über deß letzten Unbeſonnenheit/ als des erſtern Langmut zu verwundern habe/ er ſolte ſolches dem Könige in Franckreich gethan/ und geſehen haben/ wie lange ihm die Gurgel zu solchen Schand-Flecken offen geblieben.

Dieses glaube ich selber wol/ sagte der alte Herr von Kronhof/ es ist aber ein so grosser Unterschied zwischen dem Parlament zu Pariß/ und dem Reichs-Rath in Polen/ als Himmel und Erden/ denn ob zwar vor Zeiten diese Könige auch von unumschrenckter Macht und Gewalt gewesen/ so hat sich doch selbige nach der Zeit/ und voraus damals sehr vermindert/ als König Ludwig/ damit er wider die Reichs-Satzungen/ die Krone auf seine Tochter bringen kunte/ dem Adel ein sehr grosses/ und noch vielmehr Jagello von dem Königs-Rechte enthieng/ damit er seinen Sohn bey der Nachfolge erhielt. Dannenhero das Cromeri Bericht nach/ in 6. Buch/ Vladislai des Ersten Gemahlin Christina/ gar recht sagte/ daß die höchste Königliche Gewalt in Polen/ nur Schatten-Werck wäre/ am allerkläresten aber/ legt solches Stanislaus Orichovius in seiner Rede an den Polnischen Reichs-Rath mit diesen Worten vor Augen: Der König in Polen ist nichts anders/ als eures Reiches Mund/ dessen ihr euch/ vermittelst eurer freyen Wahl/ bedienet/ dergestalt/ daß selbiger nichts thun/ sich nichts unterfangen/ ja nicht einmal reden darf/ was nicht zuvor von euch offentlich gebilliget ist. Zu diesem Ende wird ihm stets einer von den Reichs-Räthen als Hüter ihrer Freyheit/ an die Seite gesetzt/ damit er ihm sowol die Begierden einzäume/ als unterweise/ wie er sich für die allgemeine Wolfart zu verhalten habe.

habe. Daß auch Sigismundus Augustus Anno 1548. vermittelst eines ausdrücklichen Reverses/ wie er nemlich nichts ohne der Stände Vorwissen thun wolte/zu Petrikau versprechen muste/vermöge dieser Freyheit/ und den Adel überlassenen Rechte/ stiessen sie des Casimiri M. ohne des Raths Vorbewust/gemachtes Testament um/ und verboten dem Jagello/daß er Anno 1398. die Creutz-Herren nicht bekriegen/auch nicht einmal ohne ihren Vorbewust/nach Littauen reisen dorffte/ ja sie machten ihm/nachdem er ohne ihre Beystimmung zu der vierdten Ehe geschritten/ so viel Händel/daß seine Regierung voller Widerwärtigkeiten war/ worvon man weitläufftiger den Cromer besehen kan.

Ferner haben sie mit dieser Freyheit den König so weit umschrencket/daß er nicht ein Gesetze ohne sie machen darff/sondern vielmehro die alten in ihrem Werth erhalten/ und jedweder König darauf schwören muß/ deren wir unzehlige Exempel haben/ zu welchem auch noch darzu ihm die rechtliche Provocation/als die nicht an ihn/sondern den gantzen Reichs-Rath abgehet/und was das allermeiste/ die Direction des Schatzes so weit benommen ist/daß König Alexander Anno 1504. solches an den Schatz-Meister resigniren müssen/ als der ohne diß/aus dem Privilegio Jagellonis/ das Recht zu müntzen hat/wiewol ich dafür halte/daß voraus in diesem letzten/heutiges Tages etwas verändert sey; mit Erwehlung der Gemahlin aber/hat es/so viel ich weiß sein Bestandnuß/ derowegen auch der Ertz-Bischoff desto besser darüber das Maul auffsperren können/ und dem Könige mit Recht das Schelmen-Grifflein mit der *Restriction in mente* unter die Nasen gerieben/ denn was kan leichtfertiger seyn/ als solcher Gestalt gantze Stände zu betriegen/ und noch darzu GOtt/ wie es aller Eyd-Schwüre Eigenschafft ist/ zum Zeugen und Deck-Mantel darüber anzuruffen/ derohalben es auch kein Wunder gewesen/ daß dieser untüchtige König nicht lange die Polnische Krone auf dem Haupte behalten/ sondern sie so bald nebenst dem Leben wieder ablegen müssen.

Meines Herren Urtheil über diesen Polnischen Printzen ist so hochvernünfftig/ daß man selbigem in allem beypflichten muß/ sagte Florissohn/ indem es mit dessen Verachtung so weit kommen/ daß ich es selber zu Warschau gehöret/ wie/ nachdem er zu Reusch-Lemberg etliche ins Feld gestellte Regimenter zu besehen erschienen / und bey eingebrochenem Regen/ der etwan hundert Gulden würdigen weissen Federn zu verschonen/ den Hut mit selbigen nach Hause geschickt/ keiner von seinen Leuten so ehrerbietig gewesen/ daß er ihm eine Mütze sich damit vor dem Regen zu bedecken/ gelehnet hätte/ nichts destoweniger aber halte ich dafür / daß wenn sich dieser Printz nur etwas in solches Glücke hätte schicken können/ es ihm gleichwol nicht an Ehre und einem glücklichen Leben gefehlet hätte/ ob er gleich nicht mit der Krone auf dem Haupte geboren

ren worden/ angesehen diese Geburts-Prinzen/ ob sie gleich nicht so vielen Schwierigkeiten wie andere unterworffen/ dennoch wenn wir die Sache wie sie an sich selber ist/ betrachten/ dahero viel unglückseliger/ als die andern sind/ weil sie nicht wissen/ was Widerwärtigkeit ist/ und also nur gegen diese zu rechnen/ halb glückselig sind/ die sich vorhero manchen sauren Wind müssen lassen unter die Nasen blasen/ und nachdem sie selbigen überstanden/ alsdenn allererst den rechten Geschmack eines glückseligen Lebens empfinden/ denn wer nicht weiß was Unterthänigkeit sey/ beherrscht zu werden/ Mühe und Arbeit auszustehen/ Schimpff zu erdulten/ nicht erlangen können/ was man will/ nichts haben damit man sich gute Freunde erwerben köne/ mit einem Worte/ nicht alle Unglücks-Fälle eines Privat Lebens zu prüfen/ der kan in Warheit auch nicht wissen/ was die aus der Mutter-Brust gesogene/ von keinem Unglück unterbrochne Glückseligkeit sey; als zum Exempel/ ich schätze für keine Glückseligkeit/ daß ich mein volles Gesicht habe/ weil ich solches von meiner ersten Geburt her habe/ wäre ich aber blind geboren/ und hätte eine zeithero des Lichtes beraubet seyn müssen/ so ist kein Zweiffel/ daß ich die Erlangung des Gesichtes/ für meine gröste Glückseligkeit auf der Welt halten würde; eben diese Beschaffenheit hat es auch mit einem Printzen/ der aus dem Privat-Stande zu solcher Hoheit aufgestiegen/ wenn er das Vergangene mit Gegenwärtigem überleget/ da es denn nicht anders seyn kan/
als

als daß er mit tausend Freuden überschwemmet werde/davon wir ein klares Beyspiel an dem Lysimacho haben/der/nachdem er aus einem gemeinen Krieges=Obristen/König in Thrazien worden/dergestalt für Freuden auffuhr/daß er sich gegen die zu seinem Reverentz erschienene Bizantiner verlauten ließ / daß er nunmehro mit seiner Lantze bis an den Himmel reichte / worauf ihn aber einer von ihnen lächelnde antwortete/daß er wol zusehen solte/daß er nicht etwan ein Loch in Himmel borete/ und damit machte/daß etwas herunter fiele.

Dahingegen sehen wir / wie schlecht sich ein geborner Fürst in die Unglücks=Fälle und Widerwärtigkeiten schicken kan/deñ weil er seine Geburt nicht vom Glücke gehabt/ so erkennet er sich auch nicht für dessen Schuldner/sondern hält dafür/ daß ihm auch der geringste widerwertige Zufall schimpflich und dergestalt beschwerlich sey/daß er sich unmöglich bald daraus wieder zu entwickeln vermag / da im Gegentheil der aus dem Privat=Stande aufgestandene Printz/ solches für nichts gegen sein neue Glückseligkeit achtet/und weil er schon vorhero zum öfftern in dergleichen unglücklichen Widerwärtigkeiten gestecket/ sich gar leichte wiederumb daraus helffen kan/ *Satis sibi nominis, satis posteris suis nobilitatis quæstum, post Julios, Claudios, Servios se primùm in familiam novam imperium intulisse.* Ich habe Ehre und Adel genug für meine Nachkommen erworben/ nachdem ich nach den Juliern/Claudiern/und Serviern/ zum ersten das
Kay=

Kaysertum auf mein Geschlechte gebracht/ sagte der sich zum Tode bereitende Otho wieder seinen weinenden Enckel/ und gar wol Cardanus in seinem Buche von den Sinnen/ daß die Armen viel grössere Ergötzlichkeit und Wollust für den Reichen empfindeten/ weil sie im Gegentheil wiederumb Noth und Kummer außstehen müsten/ welches eben dieses ist/ was Agatharchis von den Völckern im glückseligen Arabien mit diesen Worten urtheilet. Im übrigen/ spricht er/ ist zwar bey den Sabäern ein über die massen starcker Geruch von so vielen Stauden und Bäumen/ darbey aber weniger Annehmligkeit/ denn weil sie von Jugend auf darbey erzogen werden/ so beweget solcher auch desto minder ihr Gemüte/ und halten solches für nichts besonders/ weil sie niemals einigen widerwärtigen Geruch empfinden.

Es ist nicht ohne/ sprach der alte Herr von Kronhoff/ es gehöret aber ein anderer Verstand darzu/ als wie man eine gute Polnische Suppen kochen/ oder den Französischen Schneidern die Garnituren auf den Kleidern angeben könne/ welches dieses Königes gröste Lust und Reichs-Sorge gewesen. Was haben wir aber weiter?

# Wien.

Alhier ist jedweder bekümmert/ was es mit den dreyen gefangenen Ungarischen Grafen für einen Ausgang haben werde/ viel vermeinen/ daß der
Peter

Peter Serin/ weil er sich so willig gestellet/ auch sonsten der Christenheit gute Dienste gethan/ wol mit dem Leben darvon kommen dörffte/ warum er auch Kayserliche Majestät in nachfolgender Bitt-schrifft dieser Tagen sehr demütigst angeflehet:

## Aller Durchläuchtigster Groß-mächtigster und Unüberwindlichster Kayser ⁊c.

DEmnach ich über alles Verhoffen und wider aller großmütigsten Hertzen / voraus aber dem Ertz-Hause Oesterreich/ dergestalt angebornen Genade / und Langmut / daß sie gleichsam bey selbigem erblich worden/ so lange in dieser Gefängnuß und trübseligsten Zustande aufgehalten werde / so habe ich der Nothdurfft erachtet / Eu. Kayſ. und Königl. Majestät meine Unschuld hiemit vorzutragen/ gehorsamst bittende/ selbige geruhen sie mit allergnädigsten Ohren anzuhören und dermaleinst/ meinem Kummer ein Ende zu geben.

So viel nun anfänglich meine Beschuldigung betrifft / so ist Eu. Kayſ. Majestät und der gantzen Welt bekant/ daß ich mich in keine Verbündniß mit dem Türcken eingelassen/ keinen Vergleich unterschrieben/ keine Feindseligkeit gegen Eu. Majest. in der That verübet/ noch eintzigen meiner Soldaten oder Diener wider sie bewaffnet/ sondern vielmehr allen Dero Befehlen und Wincken gehorsamst nachgelebt/ meinen Sohn voraus nach Wien ge-schi-

ſchicket/ ſelber freywillig hernach gefolget/ vermittelſt meiner Briefe an den Ragozi es dahin gebracht daß ſich die Ober-Ungariſche Unruh geſtillet / und mit einem Worte bey dieſer Sachen ſo viel gethan habe/ daß im Fall ich mich gleich eintziger Verbrechen ſchuldig wüſte / ich dennoch ſolches mit dieſer eintzigen That ſo weit ausgebeſſert/ daß meine Sünde/ dafern ſie ja mit dieſem Namen zu benennen/ noch für heilig und ſeelig zu nennen ſeyn ſolte/weil Euer Kayſerlichen Majeſtät damit ſolche Glückſeligkeit verurſachet worden. Und ob es zwar das Anſehen hat/ als wenn dieſes nur das Werck von auſſen betreffe/ und man auch meine innerliche Gedancken rechtfertigen wolte / ſo ſihet man doch / wie die allgemeinen Geſetze nur die äuſſerlichen Verbrechen züchtigen/ und niemals ein großmüthiger Fürſt ſich um die innerlichen Gedancken des Gemütes bekümmert habe / zu dieſem Ende ließ Julius Cäſar des Pompeji/ und hernach auch des Scipionis Cantzley/ nachdem er in Erfahrung gebracht/ daß der wider ihn verſchwornen Römiſchen Bürger Briefe und Geheimniſſe darinnen zu finden / alſobald ins Feuer werffen / ohne daß er eintzige Schreiben davon geleſen / oder angeſehen hätte/ dafür haltende/ daß es nicht löblich wäre/ derjenigen Verbrechen zu unterſuchen/ die nicht die Waffen offentlich wider ihn ergriffen hätten. Von dieſem auf meinen Vorſatz/ das Geheimnuß meines Hertzens zu kommen

men/ weil alles daran ligen soll/ so weiß! solches niemand beſſer als ich/ und daß ich mit einem Eyd-Schwur bekräfftigen kan/ wie ich denn bereit bin/ ſelbigen alle Augenblick förmlich abzulegen/daß ich niemals den Vorſatz gehabt/ zu rebelliren/ weniger mich dem Türcken zu unterwerffen/ oder mit ihnen zu vereinigen/ ſondern ſie vielmehr ſo viel möglich zu verderben/ und auszurotten/ ſo habe ich mich auch nicht in das Ober-Ungariſche Weſen gemiſcht/ oder mit in ihren Rath getretten/ ob ich es gleich aus andern Orten gerochen/ daß die Sachen daſelbſt nicht zum beſten für Eu. Majeſtät ſtunden/ ſolches auch alſofort den vornehmſten Miniſtern offenbaret/ daß man aber daſelbſt nicht glauben wollen/ ſondern es nur für mein Gedichte gehalten.

Dieſes geſtehe ich/ daß ich den Hauptmann Buscowazſci nach der Türcken geſchickt/ und mit Creditiv-Briefen/ unter meiner Hand und Siegel verſehen/ es iſt aber ſolches aus Eu. Kayſ. Majeſtät Erlaubnuß geſchehē/ als die mir zugelaſſen/ vermittelſt ſolcher Kundſchaffter der Türcken Vorhaben und Anſtalten zum genauſten auszuſpähen/ wie ich denn auch noch vorhero durch den Graffen von Rothal Eu. Majeſtät die von ihnen vermittelſt eines meiner Sclaven Omer Iſpaya angetragene Verſprechen aufrichtig entdecken laſſen/ daß ſie denn zwar anfänglich ſchwerlich geglaubet/ gleichwol aber hierauf befohlen/ mit den Türcken eine genaue Correſpondenz zu unterhalten/ worauf ich auch

auch allererst gemeldten Hauptmann dahin abgeschickt/ der Türcken Beschaffenheit in allem genau zu bemercken/ um hernach selbige desto leichter übern Hauffen zu werffen/ zu diesem Ende gab ich ihm die *Instruction*, daß er sich/ dem Schein nach/ mit ihnen in Tractaten einlassen/oder sich vielmehr stellen solte/ wie er sich mit ihnen einliesse/ um Euer Kayserl. Majestät hernach zu zeigen/ wie man sich auf ihre gezuckerte Worte und Versprechen/ keines weges zu verlassen hätte/ sondern daß sie damit nur so viel suchten/ den Hof zu betriegen/ daß ihre Verbündnisse betrüglich wären/ und daß ihre Versprechen nur so lange hielten/ biß sich die Gelegenheit zu ihrem Vortheil ereignete. Damit aber dieser mein Hauptmann nicht so weit käme/ daß er den Fuß nicht wieder zuruck ziehen könte/ so gab ich ihm ausdrücklich mit/ sich ein und andern Punct vor zu behalten/ und fürzugeben/ wie er keine Vollmacht darüber zu schliessen hätte/ ehe er vorhero wieder zu mir käme. Indessen breitete sich durch Zuthat meiner Feinde allenthalben das Gerüchte aus/ der Serin rebellirte/ und würde ehestens mit einer grausamen Türckischen Armee die Christenheit überziehen/ wie er denn bereits/ zu diesem Ende/ seine Gesandten bey der Pforten unterhielte; hierauf ward alles mit Furcht und Schrecken angefüllet/ die ich auch/ die Warheit zu bekennen/ um damit im trüben Wasser zu fischen/ und solcher Gestalt/ die so oft verweigerte Belöhnung meiner Dienste/ desto füglicher heraus zu erzwingen/ so

Ji wenig

wenig verminderte/ daß ich sie vielmehr lauffen ließ/und noch darzu etlicher massen mit unterschiedenen auf den Schein verdächtigen Briefen/Handlungen/ Reden/ und dergleichen/ die man itzund wider mich zu Beweisthümern anführet/ vermehrte/ da doch alles mit verstelltem Gemüte und Gesichte zu diesem Ende geschahe/ daß ich mit dieser List und Schatten=Schrecken/ein grösser Ansehen und Beförderung erhalten/ und meiner Vorfahren stets unverruckte treue Verdienste/ die man eher verwundern/ als nach thun kan/ voraus meines verstorbenen Bruders/ und ohne Ruhm meine eigene Helden Thaten/ die gleichsam mit dem Vergessungs=Schimmel verdecket lagen/ wiederum ans Tage=Licht kommen mögten/ worbey es aber doch so ferne gewesen/ daß ich mit dieser Krieges=List/und ehrlichen Betrug/mein Gemüte dergestalt beflecket/daß ich keine Untreu begangen/ mich aller Feindseligkeiten enthalten/ und nicht das geringste gethan/ so Eu. Majestät schädlich wäre/ ja noch darzu/sobald der zu Eu. Majestät abgeschickte P. Forstat/wiederum zurücke kommen/auf Dero und des Hofes Winck dieses Spiegel=Gefechte ausgegeben/ und alles gethan/ was Eurer Majestät angenehm gewesen/ da es mir doch ein leichtes seyn sollen/ viel Böses zu thun/ und wie alle gestehen müssen/ die nach und nach ohne Ordnung und Vorsichtigkeit ankommende Kayserliche Völcker leichte übern Hauffen zu werffen.

Auf

Aus diesem nun ersehen Eu. Majestät nicht allein die wahre Beschaffenheit dieser gantzen Sache/ sondern auch das innerste meiner Gedancken/ mit denen ich denn verhoffentlich nichts gesündiget hätte/ ob ich gleich solcher Gestalt zu meinem gewünschten Zweck gelanget/ das ist/ ein vornehmes Amt/ oder anderwärtige Beförderung mit dieser Krieges-List herausser gezwungen/ angesehen solches auf einen solchen Mann und Geschlechte kommen seyn würde/ das sich/ ohne Ruhm/ um die gantze Christenheit genugsam verdienet gemacht/ und an der Treue gegen das Haus Oesterreich/ niemals jemanden etwas zuvor gegeben hat. Derohalben ich auch solcher Gestalt nicht gesündiget hätte/ wenn ich etwas bekommen/ noch es Eurer Majestät so groß geschadet/ wenn sie mir etwas gegeben/ wiewol ich gestehen muß/ daß man sich solcher Gestalt weder im Schimpff noch Ernst/ mit seinem Fürsten einlassen solle/ ist es aber dennoch geschehen/ so ist es gleichwol noch für kein Verbrechen der beleidigten Majestät/ für keine Rebellion/ Untreu/ oder Abfall/ sondern vielmehr für eine solche List zu halten/ derer sich vor diesem auch getreue Unterthanen/ wenn sie sich von ihren mächtigern Feinden gedruckt und verfolgt befunden/ bedienet/ und voraus an Eu. Majestät Hoff kein so ungemeines Exempel von meinen eigenen Landes-Leuten/ die sich eben dieser Kunst-Griffe beflissen/ und die Eu. Majestät viel eher mit aller ersinnlichsten Vergnügung befriediget/ als daß sie es zu einem

Ji 2  harten

harten Schlusse kommen lassen wollen. Daß nun eben dieses mein Absehen gewesen / kan ich mit vielen augenscheinlichen *Rationibus*, Vernunfft=Schlüssen / und nachfolgenden Ursachen darstellen.

Denn erstlich ist gewiß/daß der Türcken Glauben falsch / und so beschaffen sey / daß sich niemand darauf verlassen kan / wie wir denn kein Exempel haben / daß sie selbigen nur einem aus so vielen Erlauchten Häusern/die sich ihnen untergeben / gehalten hätten / wie hätte ich mir den vorbilden können / daß diejenigen / die auch alsofort leichtfertiger Weise den Frieden mit Eu. Majestät selber brechen/ mit mir ehrlicher handeln würden?

Fürs andere / ist zwischen meinem Geschlechte und den Türcken / eine gleichsam natürliche angeborne Feindschafft / und darüber hin und wieder so viel Bluts vergossen worden/daß unmöglich/selbige lange oder gäntzlich auf die Seite zu setzen / oder darüber eine beständige Freundschafft zu befestigen seyn können.

Drittens/ weist es die Unmögligkeit selber aus/ daß ich ohn anderwärtige Verbündnus und Beystand/solche Anschläge nicht zu Wercke richten können / sondern vielmehro die gantze Christenheit mir zum Feinde gemacht hätte.

Vierdtens / ist unbegreifflich / daß ich mich unterstehen wollen/die bißhero unbefleckte Treue meines Hauses / mit dessen Ehre und so viel Helden=Thaten/solcher Gestalt zu beflecken.

Fünff=

Fünfftens/wird niemand sagen können/ daß ich einigen Königlichen Reichs-Stand/ oder meine Nachbarn auf meine Seite gelocket / und ohne derer Beystand doch nichts hätte geschehen können.

Sechstens ist gewiß/ und das erste/ so ich gethan/daß ich selber am Kayserlichen Hoffe diese verstellte Rebellion geoffenbaret / meines Bruders Wittib fortgeschafft/und anfänglich den Zagiabiensischen Bischoff / hernacher aber den *P.* Forstal mit allerhand anderwärtigen Anzeigungen zu Eurer Kayserlichen Majestät abgefertiget habe / und ob zwar mein Schwager darauf drang/ auch aus einer andern Ursache diese Wittib mit samt dem *P.* Forstal fortzuschaffen/ so habe ich doch gar andere Gedancken darüber gehabt/ und den *P.* Forstal behalten/ wie nicht weniger die Wittib bey ihrer Abreise gebetten/daß sie sich bemühen wolte / bey Hofe diese Händel beyzulegen/und zu gedencken / daß sie bald wieder kommen würde/ welches alles ich aber schwerlich gethan hätte / wenn ich der Türcken Hülffe/ als die allererst im Julio zu Felde gehen/ erwartet/unterdessen aber alles in der Stille und erdichteter Freundschafft biß zur bestimmten Zeit verdecket gehalten.

Das siebende und allernachdrücklichste *Argument* ist/ daß ich keine Zubereitung zu solchem Kriege gemacht/ keine Soldaten geworben/keine Munition herbey geschafft/und mich nicht auf einen Tag mit Proviant versehen/wie hätte ich mich

denn der Oesterreichischen Macht entgegen setzen
wollen/ niemanden von meinen Leuten beordret die
Waffen zu ergreiffen/ keinen Wiederstand gethan/
noch einige Feindseligkeit verübet/ ob ich gleich Eu.
Majestät kaum 3. oder 4000. Mann austragende
Völcker/ als die müde/ und ohne Ordnung daher
marchiret kamen/ leichte niederhauen lassen kösten.
Vielmehro habe ich meinen Sohn ohne eintziges
Bedencken oder Verzug/ durch den P. Forstal/ Eurer
Majestät zu geschicket/ und versprochen/ entweder
bald mitzuziehen/ oder unverzüglich nachzufolgen/
so bald es Euer Majestät befehlen würden/ da mir
es doch ein leichtes gewesen/ mich entweder nach
Welschland/ Teutschland/ Ungarn/ Türcken/ oder
wohin es mir sonst beliebet/ auf die Seite zu ma-
chen/ dessen unerachtet aber/ und ob es mir gleich
meine Freunde eifrig widerraten/ bin ich gleichwol/
weil ich mich keines Verbrechens schuldig befunde/
nach Wien komen. Wer wolte denn nun/ in Erwegung dessen/ auf die Gedancken kommen/ daß ich
von Euer Majestät ab/ und den Türcken zufallen
wollen? entweder dieser? oder ich müste tolle seyn.
Daß ich aber mir auf eine solche Weise und Verdacht eintzigen Nutzen und Ruhm bey dem Fürsten
von Auersperg/ als Euer Majestät damaligen vornehmsten Minister schaffen wollen/ dieses ist darum geschehen/ weil es auch andern unter diesem
Minister/ als der sonsten auf keine Verdienste sahe/
dergestalt angegangen/ und daß auch ein jeder/ dem
der Zustand dieser Zeit bekandt ist genugsam er-
ach-

achten kan. Und ob es zwar mir nicht allerdings zuträglich zu seyn schien/ mein geheimes Absehen dieser listigen Anschläge vielen zu offenbahren/ so vertrauete ich es dennoch denen/von denen ich versichert war/ daß man es ihnen vertrauen dorffte/ und denen selber daran gelegen war/worüber ich zu Zeugen ruffe die Herren Vicebanne/ Peter Brasinczki/ und Nicolaus Bataschich/ vor welchen ich mich so weit ausgelassen/ daß ich mit Kayserlicher Verwilligung eine Correspondenz/ jedoch zu keinem bösen Ende/mit den Türcken unterhielte/ sie darben versichernde/daß ich nimmermehr ein Verräther meines Vatterlandes/oder des Kaysers Rebell werden würde/darüber ich mehr genennten P. Forstal zu Zeugen ruffe/ als dem ich/ nachdem ich ihn über so vermeinter Rebellion erschrocken gesehen/mein gantzes Hertz eröffnet)ihn getröstet/ vorausaber/ als einsmals der Orpheus Franchipan allerhand ungereimte Sachen/aus seinem Gehirne herschwatzte/ und der P. Forstal darauf antwortete/wie unsere Gedancken weit von diesen Chimärischen Anschlägen/die sich der Franchipan einbildete/ die Sache mögte nun im Schimpf oder Ernst verstanden werden/entfernet wäre/und noch andere Sachen mehr/ hinzuthat/ der Orpheus aber darauf zornig versetzte/ wie die Sache nicht so gar schwer wäre/zumalen da es so weit kommen/ daß kein Vergleich mehr zu hoffen/und man nicht mehr dem Hoff/und der Teutschen Worten trauen/ sondern aus der Noth eine Tugend machten müste/ ich

nicht

nicht allein dieses Gespräche unterbrochen/ sondern auch darnach in Geheim den P. Forstal nochmals meines Christlichen guten Vorsatzes versichert/ dabey aber erinnert/ hiermit er inskünfftige seiner eigenen Sicherheit halber etwas gelinder vor denjenigen reden mögte/ von denen er genugsam sehe/ wie übel sie gesinnet wären/ ihn auch etliche Tage hierauf selten zu mir gelassen/ und kein Wort mehr in Gegenwart des Orpheus oder Marggrafens davon vorgebracht/ zu geschweigen noch unterschiedener meiner anderer Worte/ die ich zum Zeichen meiner gegen Euer Majestät stets beständigen Treu vor dem *Rectore* des Urastinensischen *Collegii* der Societät Jesu/ und vor dem *Canonico* Höflinger herausser gelassen/ daß ich mich nemlich mehr fürchtete für der Türcken Freundschafft/ als Feindschafft/ nebst vielen andern angeführten Ursachen/ Schrifften/ Wort und Wercken/ aus welchen ich meine unverbrüchliche Treu gegen Euer Majestät überflüssig darstellen könte.

Und dieses ist also/ Allergnädigster Kayser/ die gantze und wahre Beschaffenheit meines Vorsatzes/ nach welchem ich mich zu Dero gegebenem Worte/ Glauben/ und Versicherung/ als Eurer Majestät Hofes/ und nach aller Völcker Recht versicherste Beschirmung wende. Denn gesetzt/ doch niemals gestanden/ daß es mein rechter Ernst zu dieser Rebellion gewesen/ so muß doch Eurer Majestät heiliges Wort unverruckt bleiben/ zumalen da man siehet/ daß auch Gott zum öfftern den Eydbruch wider

der die Türcken und Unglaubige enfrig gestrafft
habe/ zudem so hat Dero Durchlauchtigstes Ertz-
Haus von Oesterreich bishero so genau über ihrem
Wort und Versprechen gehalten/ daß es sich mehrmals viel lieber augenscheinlicher Gefahr unter-
werffen/ als selbiges brechen wollen/ und nicht un-
billig/ weil sich einmal auf diesem aller Völcker
Recht/ und des gantzen menschlichen Geschlechts
Wolfart gründet. Treu/ Glauben/ und Gnade/ sind
die drey Stützen/ über welchen dieses Durchlauch-
tigste Haus beruhet/ und so lange selbige beständig
verbleiben/ nicht übern Hauffen gehen kan.

Nun haben aber Eu. Majestät mir in Ihrem
durch den Zagiabiensischen Bischoff überschickten
Schreiben/ nicht allein die Fortsetzung aller Kayserlichen Gnade/ sondern auch noch mehrere neue-
re Hulde und Gewogenheit versprochen/ wie nicht
weniger mich hierauf Eurer Majestät erster *Minister* und Oberster Hof-Meister der Fürst von Lob-
kofwiz/ deutlich und ausführlich im Namen Eurer
Majestät durch den Augustiner-Münch *P. Marcum* Forstal versichern lassen/ daß ich nicht für einen Rebellen oder Untreuen zu erklären seyn wür-
de/ noch mich etwas am Leben/ Gütern/ Ehre/
Freyheit/ Aemtern/ Würden/ und Privilegien zu
befahren haben solte/ wenn ich nur zeitig gehorsa-
men/ meinen Sohn zur Geissel/ und denn auch ein
mit meinem Namen unterschriebenes *Blanquet*,
zum Zeichen meines Gehorsams/ Eu. Maj. alsobald überschickete. Ja sie haben mir noch ferner

auf solchen Fall das Generalat zu Waraßin oder Carlstadt / doch der gestalt / daß ich zugleich den Croatischen Bann aufgebe / versprochen/ mit fernerm Zusatze / meines Hauses biß auf etwan 40 tausend Gulden außlauffende Schulden zu bezahlen / sich mein Geschlechte in Gnaden anbefohlen seyn zu lassen / und meine Sachen bey Hoffe einen guten Ausschlag zu geben / ja mich stets als einen liebwehrtesten Anverwandten nicht zu verlassen. Dergestalt/ daß wie der heilige Petrus/ nachdem er auch auf eines Weibes-Stimme gesündiget/ nachmals aber Busse gethan / so wenig etwas darüber verlohren / daß er vielmehro hernach aller Apostel Fürst worden/ eben es mir also / wenn ich mich bekehrete/ ergehen solte/ mit zum öftern wiederholten Worten/ daß er/ nemlich der Fürst von Lobkowitz/ noch niemals eintzigen Menschen betrogen/ sondern allemal sein Wort genau gehalten hätte / daß die Oesterreichische Gnade unendlich wäre / und dergleichen/ welches alles mir hernach der Hertz-Hoff-Cantzler/ Freyherr von Hocher/ bestättiget/ und bey der Conferentz seine Rede unter der Herausstreichung der alten Verdienste angefangen / mit der Ausführung / daß mir mein Fall im geringsten nicht schaden/ sondern noch eine Belohnung für meine Busse und neuen Gehorsam mit wieder Aufweckung der alten Serinischen und meiner eigenen Verdienste/ nicht anders als wie GOtt selber mit den bekehrten Sündern zu verfahren pflegte / zu erwarten seyn solte/ welches/ und noch viel anders

das

das ich geliebter Kürze halben übergehe/mit der P. Forstal weitläuffig herausser gestrichen/und nachdem er mir einen Handschlag darüber gegeben/mich dahin bewogen/daß ich ihm meinen Sohn und das *Blanquet* eingehändiget / wie nicht weniger mich dahin erkläret/ daß ich bereit wäre / ihnen alsobald zu folgen/ so bald es nur Euer Majestät befehlen würden.

Eben dieses hat mir hernach der Fürst von Lobkowitz/in Gegenwart des Freyherren von Hocher/ nachdem ich allhier zu Wien vor sie gefordert war/ mündlich versprochen/wenn ich nur noch belieben mögte/ der Ober-Ungarischen Unruh / vermittelst meiner Briefe/abzuhelffen/ daß ich denn gleichfals unverzüglich gethan / und so nachdrücklich an meinen Eydam geschrieben/ daß er sich/mit Göttlicher Lenckung auf dieses schlechte Schreiben alsobald Eu. Majestät wiederum unterworffen / und den Grafen von Starenberg los gelassen. Wird der Herr Vetter dieses zu Wercke richten / sagte der Fürst damals/so verspreche ich ihm nicht allein den gäntzlichen Perdon / völlige Freyheit/die vormalige Kayserl. Gnade / die Wiedereinräumung seiner Güter/alle vorige Ehren/Chargen/und das nechst offene Generalat/mit kurzem/ ich will noch einen grossen Mann aus ihm machen.

Denen die Schwäche Eu. Majestät Armee in Ungarn bekannt ist / und die da wissen daß ihrer zehen daselbst / einen Paß wider hundert beschützen können/werden in keiner Abrede seyn/ daß ich mit
diesem

dieſem Briefe ein ſo gutes Werck gethan/ daran die gantze Glückſeligkeit Eu. Majeſtät in dieſen Lande hänget. Zwar geſtehe ichs/ daß ich Anfangs über die Außfertigung des *Blanquets* an den P. Forſtal etwas angeſtanden/ angeſehen man gar leichte darauf das Urtheil meines Lebens und Todes / oder auch die gantze Aufhebung itzterwehnten Verſprechens ſetzen können / dannenhero ich mich auch ſehr verwunderte/ warum man es von mir verlanget/ demnach aber hierauf der P. Forſtal verſetzte/ daß man nicht ſcrupuliren müſte/ wenn man mit einem ſo gnädigſten Kayſer zu thun hätte/ und daß man ſelbige zu keinem andern Ende verlangte/ als nur obiges Verſprechen darauf zu beſtättigen / ſo habe ichs ihm auch alſobald ohne Furcht und Bedacht ausgehändiget / und nachdem ich ihn hierauf alhier/ als er zu mir gelaſſen wurde / befragte/ was man denn mit ſolchem *Blanquet* gemacht hätte/ ſo hat er mir darauf geantwortet/ daß er in des Fürſten Zimmer mit eigener Hand darauf geſetzt was er ihm anbefohlen/ das aber auch nichts anders geweſen/ als daß ich mich verbündlich gemacht / die Kayſerl. Beſatzung einzunehmen/ in Perſon nach Wien zu kommen/ und die Mitſchuldigen/ daferne eintzige verhanden/ anzuzeigen/ da doch bereits alles dieſes ſchon vollkommen von mir geſchehen war.

Derohalben daferne Eu. Majeſtät allergnädigſt nicht geſonnen ſeyn ſolten/ nach Dero unendlichen Güte mit mir gnädig zu verfahren/ ſo ſolte ſie doch dieſe ihre letzte Reſolution uud auf ſolches

*Blan-*

*Blanquet* geseßtes Wort/ darzu veranlaſſen/ uner⸗
achtet man itzo vorgeben will/ daß vielleicht der *P.*
*Forſtal*/ ſeines eigenen Nutzens wegen ſo groſſes
Verſprechen ausgeſonnen/ und daher geſchnitten/
ingleichen daß des Fürſten von Lobkowitz/ und
Hoff-Cantzlers Worte nicht genug/ oder Eu. Ma⸗
jeſtät alles zu halten/ ſchuldig wären/ was Dero
*Miniſtri* verſprechen/ und daß endlich auch dieſes
*Blanquet* zwar mich/ nicht aber Eu. Majeſtät ob⸗
ligirten. Alleine dergleichen Subtilitäten gehören
für die *Profeſſores* in die Schulen/ und werden
kaum unter ehrlichen Kauffleuten gedultet/ wie
viel weniger am Kayſ. Hoffe/ oder wenn man mit
ſeinem Fürſten *tractiret*/ als an deſſen Worten ich
gar nit zweiffeln ſoll. Hat derohalben der *P.* Forſtal
übel gethan/ hat er geirret/ oder die Gräntzen ſeiner
Vollmacht/ wie ich doch nicht glaube/ überſchrit⸗
ten/ ſo mag er zuſehen/ aufs wenigſte kan mir ſein
Irrthum nicht ſchaden/ indem ich gethan habe/
was ich thun ſollen/ zu dieſem habe ich mit dem
Fürſten von Lobkowitz/ und den Hof-Cantzler/ ſo
weit ſie Eu. Kayſerl. Majeſt. vornehmſte *Miniſtri*
ſind/ und Dero eigene Perſon darſtellen/ mich ein⸗
gelaſſen/ derowegen mir auch ihr Wort des Kay⸗
ſers Wort/ und die auf das *Blanquet* geſetzte Obli⸗
gation beyderſeits verbündlich iſt. Denn warum
hätten ſonſten Eu. Majeſtät dieſe Puncte alleine/
und nicht noch andere darauf ſetzen laſſen/ wenn ſie
nicht mit dieſen allein zufriden hätten ſeyn wollen?
ſolcher Geſtalt könte man mit dergleichen Kunſt-
Grif-

Griffen den Weg bahnen/ jedes Versprechen umzustossen. Alleine der Kayserl. Adler fängt nicht Fliegen. Kayserl. Worte müssen weitdeutig und vorträglich/ oder genädig auszulegen/ nicht aber mit dergleichen Subtilitäten einzuschräncken seyn. Derohalben gesetzt/ daß in dem mir gegebenen Worte Perdon und Versprechen/ etliche Formalitäten/ oder genaue Rechts-Erforderungen ermangelten/ die ich denn selber nicht verstehe/ noch Könige und Kayser (als denen zu stehet/ Rechte zu setzen/ zu ändern/ und zu verbessern) nicht groß achten/ so sehe ich doch in Warheit nicht/ was mir/ der ich ehrlich darinnen gehandelt/ selbiges schaden könne.

Kayser Carln dem V. wird fast kein grösser Mangel ausgestellet/ und worüber er eine grössere Reu bezeiget haben soll/ als daß er auf das Granvellani Rath/ den/ dem Land-Grafen von Hessen ertheilten Perdon auch solcher Gestalt gedrehet/ und zweydeutig ausgelegt. Uber dieses bitte ich Euer Majestät bedencken doch allergnädigst/ wie unterschiedene uncatholische Häuser/ unerachtet sie ihre offentliche Feindseeligkeit wieder sie verführet/ und ihre Waffen Dero Waffen entgegen gesetzt/ ja derer Vorfahren es nicht besser gemacht/ sie dennoch wiederum begnadet/ und in vorigen Stand gesetzt; da hingegen soll mir mein Gehorsam/ meine Zuversicht auf Eur. Kays. Majestät Gnade/ mein und meiner Vorfahren Treu zum Schaden und Untergang gereichen/ daß ich mich aller Feindseligkeit enthalten/ und zu Eu. Majestät Füssen als der

besten

besten Zuflucht geworffen habe/ jenen ist ihre Verwegenheit und Ungehorsam so weit zu Nutzen kommen/ dahergegen muß ich/ der ich weder mit Gedancken noch Worten/ noch Wercken/ Euer Majestät jemals entgegen gestanden/ für einen Rebellen gehalten werden/ daß ich also mit der Penelope wol sagen mag.

Troja ist zwar aufgerieben/
doch für mich noch stehn geblieben.

Euer Majestät geruhen allergnädigst zu erwegen/ daß niemand kan mit doppelter Straffe beleget werden/ dessen unerachtet/ muß ich über den Verlust/ so vielen Versprechens/ so viel und grosse Marter ausstehen/ die mir schwerer als der Tod selber sind/ als an meiner Ehre/ guten Namen/ Vermögen/ Gütern/ Freyheit/ und zwar in dieser so langwierigen Gefängnuß ohne eintzigen Trost / und daß mir nur ein Rechts-Verständiger zugelassen werden mögte / mit dem ich mich hierüber beraten/ und Euer Majestät meine Rechtfertigung vortragen lassen könnte/ ja ich leide allhier nicht alleine/ sondern auch mein gantzes Hauß/ und zwey unschuldige Kinder/ voraus aber mein Sohn/ der nachdem er dieses eitele Geschrey vernommen / in allem seine zarte Liebe gegen Eur. Majestät dargestellet hat / und dahero vielmehr eine erkäntliche Danckbarkeit verdienet/ als daß er so lange allhier in dieser Gefängnuß von seinen Studien/ und der

Zu-

Tugend = Bahn abgehalten wird. Allhier leiden wir nun wider die Rechte und Freyheiten unsers Vatterlandes/ die doch Eu. Majestät so heilig beschworen/und dieses ausdrücklich in sich haben/daß man niemanden gefänglich anhalten / keines Güter einziehen/ keine Execution verstatten/ und niemanden bestraffen solle der nicht zuvor rechtlichen vorbeschieden/mit seinen Vertheidigungen angehöret/und Gerichtlichen verdammet sey. Uber dieses ordnen diese Gesetze/daß keines Weges der Sohn des Vatters Missethat tragen/noch das gantze Geschlechte wegen eines von ihnen/der Uhr=Vätterlichen Güter zu berauben seyn solle. Dennoch spielet man gegen uns das gantze Gegentheil / mit uns fängt man von Executionen/ und Confiscationen an/ dergestalt/daß diejenigen Gesetze/ die doch andern ersprießlich gewesen/ nur gegen diejenige keine Krafft noch Milde haben/ die an Alter und Langwierigkeit ihrer Dienste/keinen/ oder doch sehr wenig gleiche haben. Eu. Majestät geruhen sich nur genädigst zu erinnern / daß uns des Römischen Reichs/und ander Länder Gesetze nichts angehen/ da hergegen haben sie sich zur Beobachtung der Ungarischen gütigst verbunden/nach denen es also billig wäre/unsere Sachen durch solche Richter / die dieser Gesetze kundig sind / zu entscheiden/ dessen allem unerachtet aber / wo es ja so gefällig/nehme ich meine Zuflucht zu der eintzigen Oestereichischen Gnade / dieses Haus ist mit der Gnade gebohren/ mit der Gnade erwachsen/ aufgewachsen/ und bestätti-

ſtättiget / und wird auch nimmermehr / als nur
wenn dieſe Gnade verloſchen/ und geſtorben/ verlöſchen und untergehen.

In allen Jahr-Büchern dieſes Durchlauchtigſten Hauſes / wird man kein eintziges Exempel
gegenwärtiger Ernſthafftigkeit finden / daß man
den erſten Fall (dafern man ihn alſo nennen ſol/) eines ſo wol verdienten Hauſes dermaſſen beſtraffet/
ich nenne dieſes den erſten Fall/ weil die Verbrechen
die man überwieſen/ und dafür erkennet/ nichts für
ſolche Fälle zu achten ſind; eines ſolchen Geſchlechtes oder Hauſes / ſage ich / das ſo viel hundert Jahr
her/ für das Oeſterreichiſche Wache geſtanden / ſein
Blut für ſelbiges überflüſſig vergoſſen / Wunder-
Wercke gethan/ und als ein Wunder des Glaubens
und der Beſtändigkeit / bey den Oeſterreichern/ unter ſo viel Stürmen/ als ein eintziger feſter Feltz / beſtanden / niemals eintzige Feindſeligkeit verübet/
freywillig erſchienen / da es doch Fliehen und Entweichen / oder auf ſo koſtbaren Verheiſſungen ſich
anderswerts hinwenden können / und dennoch muß
es ſich itzund ſo ſchrecklich / auf Gutbefindnuß und
falſche Anklage etlicher Mißgünſtigen aus Kärnten/ Steyer-Marck/ und Croatien/ unſern Gütern
und Schlöſſern nachſchnappenden Geſchlechtern
plagen und ängſtigen laſſen / derer Helden-Thaten
und Verdienſte / ſo ja eintzige verhanden / ich nicht
durchziehen wil/ da hingegen wie viel Exempel ſind
nicht verhanden / daß auch Eu. Majeſtät ärgſte/
ja aus dem Saamen ihrer Rebellen entſproſſene
Feinde/

Feinde/ wie grossen Schaden sie auch immer gethan/und ob sie gleich mit Gewalt/oder im gerechten Kriege gefangen/dennoch von der Oesterreichischen Milde nicht allein begnadet/und in vorigen Stand gesetzt/ sondern auch mit Reichtum und Ehren vermehret worden.

## Es sind Königliche Sitten/ Den Gefallnen Hand zu bieten.

Diese meine Mißgünstige wissen genug/ daß wir Tag und Nacht geschwitzt/ und Wache gehalten/ für Steyermarck/Kärnten/und Croatien/und daß wenn die Seriner gewacht/sie auf beyden Ohren sicher schlaffen und schnarchen können/davon ich der alten Exempel zu geschweigen/ nur diß eintzige anführen will.

Vor 6. Jahren hätten die Tartarn Steyermarck gefressen/ wenn es mein Bruder nit errettet/und die barbarische Hunde in der Muhre ersäuffet hätte. Rinckschich/sonsten Zovolevick Bassa/ hätte Kärnten und Croatien zur Aschen gemacht/ wenn ich nicht auch von dem General Auersperg/ der sich Sicherheit halben nach Labach begeben hatte/gäntzlich verla[sse]n/die Türcken geschlagen/ und des Bassa leiblichen Bruder gefangen hätte. Itzund kommen nun diese Leute und rathen / daß man uns zur Danckbarkeit mit Stumpff und Stiel ausrotte/ oder anderwerts hin versetze/ damit sie nur unsere

Güter/

Güter/die uns doch so viel Blut und Geldes kosten/
übertommen mögten.

Es trette hervor / der sich einbildet und mit
Warheit versichern kan/ daß er oder die Seinigen/
dem Hauß Oesterreich / oder der gantzen Christenheit mehr zu Diensten thun könne/ als die Sermer
gethan haben/und weiter thun werden/wenn man
sie in vorigen Stand gesetzt/ oder ob sie mit gleicher
Treu und Beständigkeit/ besser/ als sie/ den grausamen Erb-Feind bestreiten können / so will ich willig
und gerne/ solchen Begierden nach/ den Unsrigen
Beyfall geben/ist aber niemand/der sich dasjenige/
wovon alle Geschicht-Bücher biß zur Erstaunung
voll sind/ nun in die Gedancken kommen lassen darf/
warum solten denn nun die Zweige von diesen Bäumen nicht weiter fortgepflantzet/ und so gebauet
werden/ daß sie wieder solche Wurtzel fassen/ und
gleiche Früchte bringen könten? Vielleichte ereignet sich noch wol die Gelegenheit zu erweisen/ wer
da williger sey/ sein Blut zu des Hauses von Oesterreich Dienste zu vergiessen. Wolte GOtt; daß sie
sich alsdenn mit solchem Eyfer wider den Feind/wie
gegen unsere Güter bezeigten/ worauf wir alle um
die Wette miteinander auf den Feind loßbrechen
wolten. Neid und Abgunst haben sich dißhero genug an uns gerieben/nunmehro wäre es Zeit/ daß
sie aufhörten/ und sich an unser Tugend vergnüg-
ten;allein es ist der Mißgunst Natur/ daß sie nicht
eher aufhöret/ biß sie ihren Verfolgten zum äussersten Verderben gebracht. Denn gleichwie die Son-

ne keinen Schatten macht / so lange sie zu oberst
am Himmel stehet / selbigen aber desto mehr erweitert / wenn sie untergehet; also ist es auch mit der
Mißgunst beschaffen / daß sie demjenigen / der schon
auf seinen Abfall abhänget / völlig gantz hinunter
hilfft / indessen aber / weil es insgemein ein Laster
schlechtwürdiger Gemüter ist / stets in Furchten leben / daß er sich nicht etwan wieder erhole / oder aufrichte / wiewol ich diese und andere die sich für unserer Rache und Zorn fürchten / und derohalben wie
ich höre / Euer Majestät rathen / daß wir deßwegen
weder in unsere Güter / Vatterland / Aemter / und
Freyheit nicht wieder einzusetzen seyn sollen / ob es
gleich nur eine eitele Furcht / und solche Entschuldigung ist / die alle Gerechtigkeit übern Hauffen
wirfft / darüber versichern / und alle verlangte
Bürgschafft stellen / ja allen nur ersinnlichsten Vergleich mit ihnen dauber eingehen will. Kan man
doch wider alles Ubel / ausgenommen den Tod /
Mittel finden. Derohalben verlangte ich / daß mir
GOtt meine Sünden nicht vergeben solle / wenn
ich ihnen nicht alle angethane Beleidigung dermassen Christlich zu verzeihen verspreche / daß ich auch
nicht mehr einmal daran gedencken will.

Derowegen nochmals in allertiefstem Gehorsam bittende / Euer Majestät geruhen doch mit mir
nach Dero angebornen Güte und Gnade zu verfahren / und sowol in Ansehung unser getreuen
Dienste / als dero darüber gethanen Versprechen /
und geheiligten Wortes / die Strahlen ihrer barmher-

hertzigen Augen auf mich zu werffen/ und nicht zu
verhängen/ daß daßjenige Hauß/ das allemal zu
Euer Mhjeſtät getreuen Dienſten geſtanden/ und
ſich keines Fehlers ſchuldig weiß/ zu beſchimpffen
ſeyn möge. Vor aus aber bitte ich/ daß mir doch
mittler Zeit die Freyheit mögte gegönnet werden/
meine Sache vor ſolchen Leuten/ die unſerer Geſetze
kundig ſind/ auszuführen/ meine Unſchuld zu ver-
fechten/ und auf Mittel zu gedencken/ Euer Majeſt.
wiederum zu verſöhnen/ wie ich denn nicht zweiffle/
daß Sie mir ſo wol dieſe/ als alle andere Gnaden/
die Sie ſelbſt in dieſem Zuſtande für mich nöthig
befinden/ ertheilen werden/ dafür GOtt bittend/
daß er Euer Kayſerliche und Königliche Majeſtät
in allem höchſt-geſegneten Wolſtande erhalten
wolle ꝛc.

Dieſer Vogel ſingt viel anders als der vorige/
ſagte der Herr Obriſt-Lieutenant/ das macht/ daß
er im Gebauer ſitzt/ antwortete der alte Herr von
Kronhof/ wäre er aber noch in Krabatiſcher Lufft/
ſo würde er ſonder Zweiffel den Schnabel gar anders ſpitzen / und ob zwar dieſe Verantwortung
ziemlich weitläufftig/ und darinnen nichts vergeſ-
ſen iſt/ was zur Herausſtreichung der alten Sermi-
ſchen Dienſte/ und Vorruckung deß Kayſerlichen
Worts/ vonnöthen geweſt/ ſo ſcheinets doch/ daß
der gute Kerl ſich beſſer auf den Säbel und etwan
ein par Poeten / als unſern Herrn Cornelius verſtehet / der ihm denn gar andere Regeln vorſchrei-
ben wird / wie man mit ſeinem Fürſten umgehen/

und sich keines weges mit ihm soppen sollte/ dafern man es ja glauben soll/ daß seine Rebellion nur ein Spiegel-Fechten gewesen. Gegen Fürsten soll man allemal mit Respect verfahren/ und wie der weise Mann saget/ wenn man auch nur mit ihnen redet/ ein Messer an die Kehle setzen/ solches auch von den wilden Gänsen lernen/ die/ wenn sie wiederum von den Morgen=nach den Abendländern fliegen/ ehe sie das Taurische Gebürg erreichen/ einen Stein in Schnabel stecken/ damit ihnen nicht etwan über solchem Gebürge/ wo die grosse Adler häuffig nisten/ein Geschrey entfahre/ und sie in Gefahr setze/ am allerwenigsten aber sol man ihnen seine Verdienste fürwerffen/ denn ob man zwar bey diesem Durchläuchtigsten Hause noch niemals jene tyrannische Worte/oder was Tacitus im ersten Buche seiner Historien saget: *Quicquid est excelsum cadat, nobilitas, opes, omissi, gestique honores pro crimine sunto,* und an einem andern Orte/ *sinistra erga Eminentes interpretatio, nec minus periculum ex magna fama, quàm ex mala* gespühret / es auch wol seyn mag/ daß / wie der Serini anführet/ ein und anderm Hause/ aus erheblichen Ursachen/ ein glücklicher Perdon verstattet/so ist es doch eine grosse Unbedachtsamkeit / daß er seiner Vorfahren grosse Thaten dermassen heraus streichet/als wenn das gantze Kayserliche Vermögen erschöpffet wäre/ solche zu belohnen. Grosser Herren Gunst/ ist wie ein unbändiges Pferd / auf dem sich niemand ohne dem Zaum der Bescheidenheit erhalten kan / *hinc tantum*

*tantum eo usque læta sunt merita, dum videntur exolvi posse, neque exprobrantur; ubi multum antevenere & ambitiosè jactantur, pro gratia odium redditur.* Sie sehen grosse Verdienste nur so lange mit gütigen Augen an/ so lange sie vermeinen/ daß sie solche mit anderwärtiger Gnade wieder ausgleichen können/ kommet es aber darzu/ daß diese Schuld zu hoch steiget/ und man sie ihnen noch darzu vorwirfft/ so können sie nicht einmal wie *banqueroutirte* Kauffleute ihre Glaubiger mit günstigen Angen ansehen/ sondern fertigen sie insgemein mit Haß oder Verfolgung ab. Alte Dienste sind verjährte Anforderungen/ sagt der kluge Perez/ Fürsten wollen auch dasjenige/ was sie schuldig sind/ für eine Gnade angenommen haben/ dergestalt/ daß/ daferne sie zu unverschämt gemahnet werden/ nach der anderwärtigen Cornelianischen Erinnerung/ *gratia oneri, ultio in quæstu,* mit dem Tode und Verfolgung zahlen/ welches dort C. Silius/ nachdem er sich zu viel berühmte/ daß/ wenn auch seine *Legiones,* als die andern rebellirten/ dergleichen gethan hätten/ dem Tiberio schwerlich die Krone auf dem Kopffe geblieben seyn würde/ genugsam erfahren/ und mit dem Leben bezahlen muste/ ja sie gehen so weit/ daß sie alles dasjenige/ was ihre Feldherren und Diener glücklich oder löblich gethan/ keinem andern als sich selbsten zugeschrieben haben wollen/ so/ daß es zu Rom für ein Laster der beleidigten Majestät angenommen ward/ wenn einer seinen Namen auf einiges Gebäude

bäude schrieb/ und nichts deß Fürsten oben her setzte/ welches denn auch die alten Teutschen zu thun pflegten/ dahingegen lieff seiner so genannte Georgius bey dem Kayser Moritz nicht geringe Gefahr/ als er vorgab/ daß der König in Persien mehr seinem Verstande/ als dem Kayser zu gefallen/ den Frieden verwilliget hätte. Wie es dem blutdürstigen Hertzog von Alba mit seiner hochmütigen Säule in Niederland/ und dem tapffern Consalvo nach überwundenen Königreich Neapolis ergangen/ ist männiglich bekandt. Dieser tapffere Held meinte Wunder gethan zu haben/ daß er dieses Königreichs grosse Gemüter wieder gewonnen/ und ihre Gunst auf seine Seite gebracht hatte/ erhielt aber dieses dafür zum besten Danck/ daß er von dar zurücke beruffen/ und in Spanien seine übrige Zeit ohne eintzige Hochachtung zubringen muste. Denn gleich wie dir es nicht gefallen würde/ sagte dort der Mede Cyaxares bey dem Xenophon/ daß dir einer deine Hunde so wartete/ daß sie ihn mehr als dich kennten/ und liebten/ oder deinen Bedienten solwol thäten/ daß sie lieber bey ihm als bey dir seyn wolten/ oder auch dein eigen Weib dergestalt liebkosete/ daß sie ihm hulder/ als dir wäre; also ist es auch mit dem Fürsten beschaffen/ daß sie für höchste Beleidigung annehmen/ wenn man die ihnen schuldige Lieb und Ehrerbietung auf einen andern versetzet.

Und ob es zwar alhier das Ansehen hat/ wo es nur auch in Warheit ist/ was der Scrim setzt/ daß
man

man ihm die durch den *P.* Forstal/ und andere so hohe geistliche Personen/ denn auch so hohe Kayserliche *Ministros* versprochene Sicherheit halten sollen/ so ist doch das Laster der beleidigten Majestät/ und die Rebellion ein dergleichen abscheuliches Verbrechen/ das mit keiner Bereyung oder Verzeihung abzuwischen/ und derselbe der gröste Narr/ der sich einbildet/ daß ihm solches jemals sein beleidigter Fürst von gantzem Hertzen vergeben werde. Man kan unmöglich ferner eine Liebe zu demjenigen tragen/ die wir einmal zu harte beleidiget haben/ *proprium enim est humani generis, odisse, quem læseris,* sagt nebst dem Seneca/ Tacitus. Liebe ich nun einen nicht/ so hasse ich ihn/ hasse ich ihn/ so wünsche ich seinen Untergang/ wünsche ich seinen Untergang/ so befördere ich auch selbigen auf alle ersinnlichste Wege. Worvon statt hundert anderer/ der Cardinal Alphonsus Petruccius zum Beyspiel dienen kan/ der/ nachdem er den Pabst Leo dem Zehenden nach dem Leben gestanden/ und vermittelst deß Spanischen Bottschaffters Beystand/ den völligen Perdon und Lebens-Versicherung bekommen/ wenn er sich wieder zu Rom stellen würde/ darauf aber alsofort im Gefängnis erdrosselt ward/ was auch der Spanische Bottschaffter darüber *protestirte*/ und schrie/ als dem der Pabst trucken ins Gesichte sagte/ daß man demjenigen/ der nach des Pabstes Leben gestanden/ keinen Perdon/ wie feste er immer versprochen/ oder verclausuliret seyn mögte/ zu halten schuldig wäre.

Kk 5          In-

Ingleichen halff es den Französischen Connestable Rudolph/Grafen von Guiennes nichts/daß als er unter dem unglücklichen Könige Johannes/ vom König Eduard in Engeland gefangen ward/ und zum Erlösungs-Gelde 40000. Pfund/oder da er selbige nicht auffzubringen vermögte/die Vestung Guiennes zu liefern versprach/ ob er gleich dieses letzte/weil er mit dem Gelde auffgekommen/nit thun dörffte/ daß ihm nicht/ nachdem solches außgebrochen/der Kopff genommen ward/ was auch der gute Connestable protestirte/ daß es nur auf gewisse Bedingungen geschehen/und zu keiner Würckligkeit kommen wäre. Wiewol ich die Außführung dieses Streits nicht auf mich nehmen/sondern selbigen nur mit des *Trajani Bocalini Cent. 2. cap. 11.* Worten beschliessen wil. *Majestatis crimen esse peccatum cujus pœnitentia recipiatur nulla, cujus pœna remittatur nunquam, cujus infamia duret æternum,* daß nemlich das Verbrechen der beleidigten Majestät ein solches Laster sey/ das mit keiner Reu abzuwischen/dessen Straffe niemals entlassen wird/und dessen Schande in Ewigkeit dauret. Hat nun solches der *Serini* gewust/ oder doch wissen sollen/so hat er sich nicht zu verwundern/ daß man auch ihn mit so ansehnlichen Leuten ins Garn gelocket/man muß Füchse mit Füchsen fangen/ und was dessen übrige Rechtfertigung anlanget/ nicht mit grossen Herren die Wette lauffen/ als die sich allemal das Ziel näher stecken/ und gleiche Beschaffenheit hat es mit dem ihn bis dahin verfolgtem Neide/ als der freylich wol/
son-

sonderlich bey Hofe/wo es eine stete Faßnacht abgiebet/weil ein jeder beständig verlarvet gehet/ die grosse Hof-Eule ist/ die das Licht eines anderwärtigen Glücks nicht vertragen kan; derotwegen muß man sich nicht beklagen/wenn ein anderer/ der gleich von schlechten Verdiensten ist/ vorgezogen wird/ denn alhier spielet man allezeit Triumph/da die gewählte Karte/wenn sie gleich nur eine Sieben ist/den Ober-Buben stechen kan. Es wäre ihm also besser gewesen/ wenn er solcher Gestalt dem Aristides/ dem Marcus Agrippa/ und andern klugen Männern nachgefolget/ sich des Hoffes gäntzlich entäussert/ auf seinen Gütern in Ruhe und Friede gesessen/ und sein andere in die Augen stechendes Haus/ wie der Römische *Valerius Publicola* eher weiter abgebrochen / als (wohin sein gantzes Absehen gehet) besser an die Wolcken erhebet wissen wollen. Derohalben nur fürchtende/ daß er in dem getrübten Wasser den Tod erfischen/ und auf dieser hohen Ehren-Bahn auch einen Streich/ nicht zwar von einem wilden/ wie sein Bruder/ sondern zahmen/ doch desto schärffern Hauer/erjagen dörffte.

Jch bin selber dieser Meinung/ sagte der Herr Obriste Lieutenant/solte es aber gewiß seyn/daß der Niclas Serini von einem natürlichen wilden Schweine sein Letztes bekommen? Denn so viel ich mich erinnere/ waren damals gar andere/ und viele der Meinung/ daß ihm ein grosser dergleichen Namen führender abgünstiger Minister diesen Fang geben lassen.

Man

Man thut diesem hierinnen so weit unrecht/ sagte der Herr Licentiat/ daß ich selbst damals bey Hofe gewesen/ und es aus einer versicherten teutschen Person Mund habe/ die mit auf der Jagd gewesen/ und solches mit Augen angesehen/ daß es ein rechtes/ auf wenigste so gestaltes wildes Schein/ gewesen/ und nur dieses darben zu beobachten ist/ daß ob es gleich schon vorhin angeschossen gewesen/ man es hierauf auß der Jagd verlohren/ und der Grafe viel Jahre hero im Gebrauch gehabt/ daß er des Nachtes aufgestanden/ einen guten Säbel nebenst einer Bärenhaut zu sich genommen/ und gantz alleine nach diesem Walde gegangen/ von dannen aber des Morgens mit solcher Müdigkeit wieder kommen/ als wenn er sich die gantze Nacht mit einem Troup Feinde herummer geschlagen hätte. Wolte nun jemand hierauß schliessen/ daß dieser Käuler etwan auch/ aus einerley Forste/ mit der Pommerischen einäugigten wilden Säu gewesen/ und GOtt offtmals stumme Sünden mit offener Straffe züchtige/ dem will ich seine Meinung nicht widerstreiten. Die Gedancken sind Zöll: aber nicht Höllenfrey/ versetzte der alte Herr von Kronhof/ und fragte zugleich seinen Sohn/ ob nichts aus Paris verhanden wäre?

Nur dieses/ antwortete dieser/ finde ich aus dem gedruckten/ daß der König wiederum gegen Flandern ausgebrochen/ etliche Holländische Vestungen anzugreiffen/ und sein grosses Werck auszuführen/ zuvor aber etlichen Orten in der Provinz 300. tausend

send Cronen zahlen laſſen/ ihren damit erlittenen Waſſer-und Wetter-Schaden auszubeſſern. Es iſt in Warheit dieſer König in vielen Stücken ein großmütiger ſeiner Unterthanen ſorgfältiger Printz/ ſagte der Herr Obriſt-Lieutenant/ weil er ſich in ihren Nöthen ſo hülffreich und freygebig erweiſet/ wohin aber dieſes groſſe Werck angeſehen ſeyn?

Es iſt nicht ohne/ antwortete Florisſohn/ er machet es aber was ſolche Freygebigkeit betrifft/ nichts beſſers/ als die Gärtner mit den Bienen/ die ihnen auch wenn ſie ſehen/ daß ſie Noth leiden/ etwas Honig zuſchieben/ damit ſie ihnen hernach gantze Fläden wiederum ausſchneiden können/ ſo viel aber ſein abgeſehenes hohes Werck/ nemlich das in der Hoffnung ſchon aufgefreſſete Europa betrifft/ ſo iſt ſelbiges kein ſo verdecktes Eſſen mehr/ daß man es nicht ſchon ſo wie es von einem verrätheriſchen teutſchen geiſtlichen Koche abgeſotten/ und überwürtzt/ in Holland und dem Reiche herummer trägt/ und mir mit verwichener Poſt folgender Geſtalt zugeſchicket hat: Eurer Königl. Majeſtät großmütigſter Vorſatz/ ihr blühendes Franckreich wiederum in die alten Gräntzen zu rucken/ und die Frantzöſiſche Nation der gantzen Welt furchtbar zu machen/ alſo ihre Macht allerdings wieder auf denjenigen Fuß zu ſetzen/ auf dem ſie ſich zur Zeit des groſſen Kayſer Carls befunden/ iſt in Warheit/ ſo wol was Eu. Majeſtät eigene geheiligte Perſon/ als der gantzen Frantzöſiſchen recht uralten

ten teutschen Nation Autorität betrifft / von so hochweisem Rathe/und Hochachtung/daß ich selbigen in allem billigen muß / und also nur auf Eu. Majestät genädigsten Befehl/jedoch ohne Maßgebung/erinnern werde/was für Verhinderungen darbey zu besahren / und wie selbigen abzuhelffen seyn mögte/darbey bittende/nit einer Abgunst beyzumässen/was ich etwan für unmöglich auszuführen erachten werde.

Die Gräntzen von alt Franckreich waren vor diesem die Ost-See/der Rhein/die Loyre/und das Pyrenäische Gebürge/Burgund verlohr die Französische Nachlässigkeit / und eben auch also Schweitz/Savoyen/Piemont/und Meiland/ als die man leichte erhalten / oder doch aufs wenigste verhindern können daß sie nicht zur gegenwärtigen Hoheit aufgestiegen wären. Um Teutschland hat man sich aus Furcht der umschrenckten Regierung/ wiewol sehr unbedächtig/ bisher enthalten / angesehen/wenn man solche zwey Mächten vereiniget/damit gar leichte nicht nur gantz Europa / sondern auch noch ein Stücke von den andern Welt-Theilen/ das Seil über die Hörner werffen können.

Ich weiß /daß Eu. Majestät diese Unachtsamkeit Dero Vorfahren verdammen/ die ich aber versichere / daß wenn sie sich noch darzu schicken / und Hand an dieses Rad legen/sie den Wagen der Französischen Thorheit bis zu dem höchstē Gipffel der Ehren hinauf führen werden/zu welchem Vorsatze ich mich Eu. Majestät nebenst gantz Europa/und daß
sie

sie alle Verhindernüsse glücklich abwaltzen/ von dem innersten meiner Seelen Glück wünsche/ wozu aber allerdings der Anfang mit dem Reiche Gottes/ das ist/ Ausrottung der Ketzereyen zu machen/ und dieses darvon zu erwarten seyn wird/ daß sie hernach auch mit zusammen gesetzten Kräfften aller Christlichen Potentaten/ den Türckischen Hochmut übern Hauffen werffen werden.

Nun bestehet aber der Ketzeren gröste Stärcke bey den Nordischen Königen und denen Holländischen Kaufleuten/ denn daß Engeland etwas hierinnen für selbige thun solte/ ist nicht zu besahren/ angesehen Eu. Majestät genugsam wissen/ daß dieses Königes Wunsch und Absehen einzig dahin gerichtet ist/ wie er wieder füglich zur Catholischen Religion umkehren/ und gantz Britannien wie vor diesem unter des Römischen Pabstes Gehorsam bringen mögte/ worbey ich aber gleichwol nicht rathe/ daß bald von Anfang Eu. Majestät diese entlegene Könige wider sich in Harnisch bringe/ als wozu man zur Zeit weder wider einen/ noch andern einzigen scheinbaren Vorwand hat/ derohalben rahtsamer/ daß man sie selbst einander in die Hare hetze/ daß sich auch leichte wird thun lassen/ wenn man nur den Dänen Geld verspricht/ derowegen der sicherste Anfang von den Holländern zu machen ist/ derer Macht auch keines weges der Französischen Hitze so lange/ wie der Spanischen Langsamkeit widerstehen wird/ so hat sich auch Eu. Majest. darüber weder für Spanien noch Teutschland zu befahren/

fahren / daß sie ihr mit ihrer Trägheit zuvor kom̃en werden / vielmehr ist zu versichern / daß ehe sie sich zum Widerstande geschikt / Eu. Majest. schon ihre Triumph-Lieder abgesungen haben werden / zu dem so überreden sie nur die Catholischen / daß es einzig und allein auf die Religion angesehen sey / worauf sich's schon befinden wird / daß keiner die Gedancken haben wird / sie an so heiligem Wercke zu verhindern / zu diesem ist in Warheit die Holländische Macht an sich schwächer / als vormals die in Franckreich befindlichen sämtlichen Ketzer / sie verlassen sich mehrentheils auf ihre Vestungen / auf ihr Geld / und auf ihre einzige Flotte / die aber Eu. Majestät mit der vereinigten Engelischen Flotte / gantz nicht zu vergleichen / und wenn sie einmal in Grund geschossen / nimmermehr wieder aufzubringen seyn wird / ingleichen darff man auch wieder ihre Vestungen nicht viel Canonen / sondern nur Duploiken führen / worauf sie sich schon geben werden. Denn ausser dem / daß wie es Eu. Majestät mir selber erwehnet / ihre Obern zur Zeit untereinander uneins / und mehrentheils so beschaffen sind / daß die meisten sich nach einer Neuerung sehnen / und Eurer Majestät von Hertzen zugethan sind / so sihet absonderlich der noch daselbst übrige dem Printzen zugethane Adel der Kauffleute Reichtum und Aufnehmen mit scheelen Augen an / nicht zweifflende / es sey Eurer Majestät Absehen / dieses Printzens Macht / vermittelst ihrer Waffen in festen Stand zu setzen / das gantze oder doch meiste Geld bestehet bey Amsterdam

sterdam/ welche Stadt aber für andern schwächer/ zärtlicher/ und so beschaffen ist/ daß ich ihre Bürger viel eher Eurer Majestät Bottmässigkeit unterwerffen / als ihr Vermögen in die Schantze schlagen werden / so wird auch selber der Bischof von Münster so wol den Weg dahin weisen/ daß sie keiner grossen Armee bedürffen/ sind sie nun solcher Gestalt mit ihrer siegenden Armee in dieses Etats Hertzen / so wird sich die Furcht von daraus/ desto grösser ausbreiten/ und Euer Majestät die Residenz in dem Hage nehmen/ woselbst sie alsdenn alle Zusammenkunfften deß Volckes verbieten / und alle Guarnisonen/ theils mit eigener Bezahlung ihres Soldes/ theils freywilliger Abdanckung begütigen können / das sie auch um so viel lieber thun werden/ wenn sie gesehen/ daß sonst niemand mehr übrig sey/ der sie commandire und bezahle.

Jedoch muß auch dieses/ so viel möglich eilends geschehen/ ehe Eurer Majestät die Mißgunst von Europa einen Stein in Weg gewaltzet / das sie aber/ wenn sie nur werden gesehen haben/ wie Dero Macht in diesen Provinzen schon dergestalt befestiget ist/ daß man sie anders nicht/ als mit sehr gewaltsamer Hand wieder ausreissen müste / wol werden bleiben lassen/ und also eher ihren Unmut darüber verdauen/ als daß sie wegen eines andern sich selber in Gefahr setzen solten/ aufs wenigste bin ich versichert / daß ehe sich das zwieträchtige Teutschland/ das entlegene Spanien/ oder Schweden

den resolviret/ und ihre Macht zusammen gebracht/ Euer Majestät ihre Sachen schon werden gethan/ und feste genug gesetzet haben/. Engeland alleine dörffte nicht glauben halten/ als das ohne diß alle Handlungen seines Königes in Verdacht ziehet/ man darf sich aber auch alhier nicht fürchten/ sondern nur auf den König verlassen/ als der dem Volcke mit seinen eigenen Kräfften/ schon genugsam gewachsen ist/ und noch gewachsener seyn kan/ wann ihm Euer Majestät auch mit ihrer Macht unter die Armen greiffen. Was auch Euer Majestät im Spanischen Rathe vermögen/ das wissen sie am besten/ und ich nur so viel/ daß die wider sie übelgesinnte/ gleichwol vor den andern nicht auskommen können/ und gesetzt auch/ daß solches auf Antrieb anderer ausländischer Printzen/ oder Estaaten geschehe/ so wird doch unzweiffelhafft Euer Majestät schon von Holland und den gantzen Niderlanden völliger Meister seyn/ ehe sie einmal ihre Armee auf die Beine gebracht. Wie Teutschland unter sich selber mit Haß/ Mißgunst/ und Verdacht verwickelt ist/ das wissen Euer Majestät am besten/ und belachen es nicht selten/ als die auch kaum ihre daselbst befindliche/ feile/ nach dem Französischen Golde schnappende/ dahero gewogene Gemüter mehr zehlen können.

Brandenburg hat mehr Hertze als Kräffte/ war gute Generalen/ aber wenig Volck/ und Geld/ und zu diesem nöthig/ daß es das Auge auf mehr als einen verborgenen Feind habe/ dieses wird also Eu.

Ma-

Majeſtät keine Händel machen/ ſondern wol zu frieden ſeyn/ wenn es nur Euer Majeſtät ſelber zu frieden laſſen/ und ihm etwan eintziges Vortheil darzeigen/ nach welchem allen die viel Kinder haben/ begierig ſind.

Und geſetzt auch/ daß ſich dieſes mit dem geſchwächten Hauſe Sachſen/ und denen nichts minder getrennten Lüneburgern zuſammen/ und Eurer Majeſtät entgegen ſetzte/ ſo werden ſie doch hierauf bald wider ſich die viel mächtigern geiſtlichen Chur- und Fürſten im Harniſch finden/ und auch Chur-Bayern ſchon zu verhindern wiſſen/ daß ſich Oeſterreich nicht rühren darff/ wie nicht weniger Schweden es ſo machen/ daß ſich der Kanyſer nirgends einlaſſen kan/ ehe und bevor er verſichert iſt/ wo dieſes ſein Abſehen hin hat/ genugſam wiſſende/ daß ohne diß/ dieſe Nation nicht lange ohne Krieg ſtille ſitzen kan/ das alsdenn auch ſchon zu ſehen wird/ dem ohnmächtigen mehr an Drauen-als Kräfften-reiche Dennemarck/ den Zügel über dem Kopffe zu halten.

Schweitz iſt getheilet/ und derohalben leichte unter Eurer Majeſtät Gewalt zu bringen/ denn ob zwar dieſe Nation vor Zeiten behertzt/ und kriegeriſch genug war/ ſo iſt ſie doch itzo vermittelſt ſo langer Ruhe/ Raſt und Maſtung/ weit davon herunter kommen/ dergeſtalt/ daß ihr gantzes Glücke auf einem Streiche beruhet/ und wenn ſelbiger Eurer Majeſtät geglücket/ die geſamte Catholiſche Cantonen zu ihren Geboten/ die Uncatholiſchen aber/

Ll 2 ſo ni

so in die Enge ihrer Clausen einzuschliessen haben/ daß sie GOtt dancken werden/ wenn man sie nur zu einem gütlichen Vertrage wird kommen lassen.

Und eben solche Beschaffenheit hat es mit dem übrigen Teutschland/ das nur noch einen Schatten von seiner vorigen Freyheit übrig behalten/ das Eu. Majest. schon längst von gantzem Hertzen zugethan ist/ und mit dem in Holland erworbenen Gelde dergestalt noch näher so zu gewinnen seyn kan/ daß wenn sie nur für einen Reuter zu werben 100. und für einen zu Fusse 50. Ducatonen geben lassen/ sie gar leichte eine Teutsche gegen eine Teutsche Armee zu Felde stellen/ oder vielmehr gantz Teutschland unter ihren Fahnen führen können. Wollen Euer Majestät daran zweiffeln/ so schlagen sie nur den verwichenen Teutschen Schwedischen Krieg unter dem Könige Gustaph Adolph auf/ so werden sie leichte befinden/ daß daselbst mehr Teutsche Seelen feil liegen/ als sie Euer Majest. oder ein ander zu kauffen verlanget.

Die Reichs-Städte sind zu weit von einander entlegen/ von keinen Geld-Mitteln/ und die sich nur auf ihre Mauren verlassen/ die aber das blosse Geräusche von Eu. Majest. Armee/ als die sie stets mit sich zu führen haben werden/ dergestalt erschrecken wird/ daß sie sich ergeben und nach ihren Befehlen leben werden/ worzu denn abermal sehr dienlich/ wenn Euer Majest. offentlich vorgeben/ wie sie den Religions-Krieg führeten/ und einerley Glauben in

Europa

Europa einführen/ alſo ſolcher Geſtalt auch gen Türcken mit Stamm und Wurtzel ausrotten wollten.

Von Welſchland werden ſich verhoffentlich Euer Majeſtät enthalten/ als die genugſam wiſſen/ daß man ſich zwar ſchon zum öfftern daran gemacht/ ſolches aber niemals überwunden habe/ man laſſe derowegen ſolches den Riegel für andere Reiche ſeyn/ biß auf Savojen/ als von dem Eu. Maj. ſchon ſelber wiſſen/ was damit zu thun ſey.

Genua hätte zwar wol eine Züchtigung verdienet/ für das ich auch nit bitte/ gleichwol aber darfür halte/ daß man es/ biß man mit Teutſchland fertig/ anſtehen/ und hernach Capital und Intereſſe zu gleich von ihnen abfordern könte/ worbey ſich denn auch noch viel anders geben wird/ deme Euer Majeſtät/ dero hohem Verſtande nach/ ſelber gar leichte werden abhelffen können.

Venedig iſt ſchon längſt zu dero Züchtigung reiff geweſen/ das aber auch ſo lange anſtehen könte/ biß man in Elſaß und Tyrol die Armeen zu verlegen/ und ſich hernach Euer Majeſtät mit ihnen deſtwegen zu vernehmen/ wie auch die übrigen Italiäniſchen Fürſten dahin zu bringen haben werden/ daß ſie ſich ihrer entziehen müſſen.

Der Pabſt hat nicht Urſache/ warum er Eu. Majeſtät ſolches Aufnehmen mißgönnen ſolte/ zumalen da er ſihet/ wie die Catholiſche Kirche damit von dem Allerchriſtlichſten und freygebigſten Könige erweitert wird/ und der ſich niemand überre-

Ll 3   den

den lassen wird/ daß er/ der Pabst/ nicht der Oberste unter allen Bischoffen/ oder das *Patrimonium Petri* zu dessen ruhiger Besitzung sey/ und um so viel mehr/ wo ihm Eu. Majest. wie ich hoffe/ auch ein Stücke von den eroberten Ländern zu werffen/ auf welchen Fall er denn gewiß den Reichtum seines geistlichen und weltlichen Schatzes über sie ausgiessen/ und sich erfreuen wird/ des grösten Monarchen von der Welt Vatter geheissen/ und also kürtzlich dahin zu trachten seyn/ daß man den Pabst mit Liebe/ den König in Spanien aber mit seinem eigenen Verderben dahin halte/ daß Sie E. Majest. nicht schaden können.

Solcher Gestalt ist endlich die eintzige und zwar nichtigste Furcht für dem Kayser/ wenn nicht selbiger viel eher auf die Türcken und Ungarn ein mißtrauendes Auge haben müste/ und nit zu glauben wäre/ daß nicht ihm selber mit Ausrottung der Ketzereyen gedienet seyn solte/ zumalen zu der Zeit/ da sein Haus mit keinem männlichen Erben bestätiget/ und er also um die Nachfolge im Reiche desto minder bekümmert ist/ zu diesem/ ist er in seinen eigenen Erbländern so mächtig/ daß daferne nur nicht das gantze Reich auf E. Majest. Seiten stehet/ er Sich für Dero Einbruch daselbst nicht zu befahren hat/ kommet es aber darzu/ so wird er schon wissen/ daß er E. Majest. nicht gewachsen ist/ und derowegen kein Bedencken haben/ mit selbiger dergleichen Friede zu machen/ den Sie selbsten für beyderseits rathsam erachten werden ⁊c.

Dieses

Dieſes iſt in Warheit ein ſehr ſchmackhafftig Gerichte/ ſagte der alte Herr von Kronhof/ und nur ſchade/ daß man die Schlüſſel mit ſamt der Brüh dem geſchornen Koch ins Geſichte ſchmeiſſet/ denn ob ich zwar nicht der einfältigen Gedancken bin/ daß er es ſolcher Geſtalt dem großmütigſten Könige vorgetragen/ als der dieſe Rath-Schlüſſe ſchon vorlängſt mit gar andern Leuten abgefaſt/ ſo iſt doch kein Zweiffel/ daß dieſe Leute auf allen Seiten ihres Vatterlandes Freyheit für ein oder andern Frantzöſiſchen fetten Biſſen/ oder Biſchofftum zu verrathen/ kein Bedencken haben.

Es iſt nicht ohne/ antwortete der Herr Florisſohn/ Tellier und ſein Sohn Louvoys haben ſchon ſelber Verſtandes genug/ dieſe Sachen auszuführen/ und ſo viel Vorſichtigkeit/ daß ſie ſo geheime Anſchläge nicht ſo weit aus dem Cabinet kommen laſſen/ angeſehen ſolche Rath-Schlüſſe wie die Minen/ die/ ſo bald ſie entdecket/ auch zernichtet ſind/ wie ich ſie denn auch verſichere/ daferne ſich einer von ihnen ſolches ſolte gelüſten laſſen/ es ihm in Warheit nichts beſſer/ als dem Cavalier von Lignerol im verwichnen Jahrhundert bey der Parisiſchen Blut-Hochzeit/ gehen würde/ als der/ nachdem er etwas von dieſem Geheimnus erſchnapt/ ſolches dem in Gedancken ſtehenden Könige aus zimlicher Jugend Unbedachtſamkeit ins Ohr raunte/ er ſolte nur gutes Muts ſeyn/ es wäre nur noch um ein par Tage zu thun/ worauf ſeine Rebellen die Züchtigung wol fühlen würden; wie h, fragt der

König über diesem erschrocken/ ist leichte zu erachten/ augenblicklich beruffte er seine Frau Mutter/ den von Retz / und den Hertzog von Anguien zu sich/ und wolte/ weil es niemanden als diesen dreyen offenbaret worden/ durchaus wissen/ von wem unter ihnen seine Heimligkeit auskommen? worauf es denn zwar der Hertzog bekandte/ daß ers dem von Lignerol vertrauet/ und dabey dessen Verschwiegenheit über alle die massen heraus striech/ darbey aber nichts mehr damit richtete/ als daß der König augenblicklich den Cavalier von Villeclair/ als deß Lignerols bekandten Feind/ zu sich ruffte/ und ihm befahl/ alsofort eine Ursache aufzusuchen/ wormit er den Lignerol zum Zwey-Kampff herausser bringen/ und ihm den Halß brechen könte/ das auch dieser noch selbigen Tages/ nebenst dem von Mansfeld glücklich verrichtete / und damit nichts mehr zur Busse trug/ als daß er etliche wenige Tage/ zum Scheine im Arrest bleiben muste.

Solcher Gestalt bedancke ich mich der Könige Heimligkeit zu wissen/ sagte der alte Herr von Kronhof. Was gibt es aber weiter?

Aus Berlin dieses/ fuhr der junge Herr fort/ daß selbiger Chur-Fürst/ die von dem Könige in Franckreich angebotene Neutralität durchaus nicht annehmen / sondern seine Länder beschützen will/ und zu diesem Ende bereits seine Ritter-Pferde aufgebotten habe.

Das ist eine löbliche That/ sagte der H. Obriste Lieutenant/ von diesem Herren/ der nichts als löbliche

liche und kluge Thaten zu thun weiß/ und den man mit gutem Rechte noch die beste Stütze deß baufälligen Römischen Reiches nennen mag/ genugsam wissende/ daß er mit solcher Neutralität/ *que neque Amicos parat, neque Inimicos tollit*, wie jener Capitain bey dem Livio sagte/ dem Feinde die Thore zu Teutschland nur weiter öffnen würde/ ungehindert solcher Gestalt seine eigene Clevische Städte drauf gehen/ wie ich mich denn erinnere/ daß es ohne diß sein Sprich-Wort von der Neutralität ist/ es käme ihme selbige vor/ wie diejenigen/ die in einem Mittel Stocke deß Hauses wohneten/ und von den Untersten den Gestanck/ von den Obersten aber den Staub in sich fressen müsten. Ferdinand König von Arragonien/ kunte kein besser Mittel finden/ den Peter von Albert/ König von Navarren in sein Netze zu bringen/ als daß er ihn zu der Zeit/ da er mit dem Könige in Franckreich Krieg führte/ zur Neutralität beredete/ genugsam wissende/ daß ihn die Frantzosen darnach zur Danckbarkeit auch wieder im Stiche lassen würden/ das auch redlich geschahe. Eben so gieng es in dem Kriege/ den Carl der Achte in Franckreich/ wider den Ludwig Sforza von Mayland führte/ mit den Florentinern/ die auch weder Fisch noch Vogel seyn wolten/ und darnach von dem Könige dichte genug auf die Finger geklopfft wurden/ welches sie denn/ wenn gleich der Sforza die Oberhand behalten/ eben wol von ihm zu gewarten gehabt hätten. Voraus aber gehet die Neutralität nicht an/ wenn es um die Wolfart deß Vatterlandes zu thun ist / woselbsten ein jedweder Wasser zutragen / und also billig deß Salons alte Gesetze / vermöge twessen derjenige für einen Verräther deß Vatterlandes erkläret ward/der bey allgemeiner Gesahr und Noth neutral seyn wolte/ zu erneuren seyn solte / welches alles / absonderlich diejenigen / die damit sie nur ihre Töchter mit den Frantzösischen Lilien bekrönet sehen mögen / und derowegen dem Frantzösischen Hochmut die Thore desto mehr erweitern/wol mercken / und sich an dieses löblichen Churfürsten unvergleichlicher Treu/ wol spiegeln mögten.

Von dem auch unter andern die gute Einrichtung seiner Kriegs-Verfassung / voraus mit seinen Lehn- oder Ritter-Pferden höchlich zu loben / und dergestalt eingerichtet ist/daß bey ereignender Noth/ ein jedweder schon weiß / wieviel er wegen seiner Lehn/ entweder an Mannschafft oder Geld beyzutragen schuldig sey. Dieweil denn nun aber nach des Vegetii Worten in seinem andern Buche vom Kriege/ *Ad præfecti laudem subjectorum redundat virtus*, einem grossen General oder Fürsten eine sonderbare Ehre ist / wenn er wackere Leute unter seinem Commando hat; so muß man in Warheit solches diesem Herren lassen / daß er nemlich für sich selbsten ein vollkommener Soldat ist/der seines gleichen nicht in Europa/ und noch weniger in den andern Welt-Theilen / denn auch dergleichen Generaln und Officiers unter sich hat/die sich bishero als rechtschaffene Soldaten erwiesen / und die Herren

geben

geben nur Achtung bey diesem Französischen Kriege unter/ und mit diesem ihren grossen Capitain zu der höchsten Ehre der Teutschen Nation Wunder-Wercke verführet werden. Was machen aber doch die trägen Spanier?

## Madrit.

Man macht alhier grosse Zubereitung zu dem Stier-Gefechte/ das aber Dom Juan nicht abwarten wird/ denn weil sich die Widerspenstigkeiten mit ihm und der Königin noch nicht legen wollen/ als hat er sich auf seine Güter begeben/ wo er sich mit der Jagd belustiget. Der Gouverneur der Niederlanden schreibet zwar einmal übers ander/ ihm mit Volck und Geld an der Hand zu stehen/ unter der Versicherung/ daß gegenwärtiges Wetter auch in kurtzem in den Spanischen Provintzen einschlagen werde/ es scheinet aber/ daß er wenig Gehör finde/ und man auf nichts weniger/ als dieses bedacht sey.

Der muß fürwar rechtschaffen blind seyn/ der am Mittage die Sonne/ und bey diesem Französischen Einbruche nicht sehen kan/ daß es mehr auf die Spanisch = als Vereinigten Niederlande gemüntzet sey/ sagte Florissohn/ als die man nur deswegen zum ersten angreiffet/ ihnen den Arm zu lähmen/ damit sie nicht so balde diesem Nachbar/ und wem es nebenst ihm weiter gelten wird/ wie es doch der Estats = Nutzen erfordert/ zu Hülffe kommen kön-

können. Monteren siehet dieses genugsam/ er klopffet aber bey denen von Französischem Gelde verstopffeten Ohren umsonst an/ und diß sind die Früchte eines Regiments/welches mit keinem tüchtigen Regenten/und so vielen windsüchtigen eigennutzigen Rähten versehen ist/ so/ daß mir daselbst fast dieses vorkommet/ was Tacitus im 12. seiner Jahr-Bücher von des Claudii Regierung meldet/ *Cæde Messalinæ convulsa Principis domus, orto apud libertos certamine, quis deligeret uxorem Claudio.* Denn ob zwar itzo in Spanien noch nicht die vornehmste Sorge seyn mag/ ihrem unverständigen Printzen ein Weib zu geben/ so wäre es doch auch für ihn besser/ wie damals für den Claudium/ wenn er mit recht tüchtigen für so vielen widerwärtigen unterschiedenen Interesse obligenden Ministern versehen wäre/ als die nichts anders thun/als wie sich einer für dem andern in des Königes Gnade eindringen/ einander darüber verschneiden/und damit ihren eigenen Nuzen befördern mögen/der Gemeine mag bleiben wo er will. *Nihil arduum videbatur in animo Principis, cujus non judicium, non odium erat, nisi indita & jussa,* sagt Cornelius ferner/hat sich nun dieser Claudius/ der doch sonsten nicht von den unverständigsten gewesen/alleine nicht helffen können / sondern nur nach seiner Leute Pfeiffe tanzen müssen/wie viel weniger wird solches dieser ohne diß zarte im Frauen-Zimmer ausgequeichelte/ der Regierung durchaus unverständige Printz thun können? zwar wil ich mich

alhier

alhier nicht mit derjenigen Meinung vereinigen/die da wollen/es wäre besser/wenn man dem Dom Juan/ oder einem andern vornehmen Minister/ das Ober-Estats-*Directorium* biß zu des Königes völligen Jahren verliesse/ angesehen solches/ und voraus mit dem erstern/ eine sehr gefährliche Sache seyn würde/vielmehr halte ich dafür/daß man sehen solte/etliche ehrliche Leute/die es mit dem Reiche redlich meinen/auffzusuchen/und ihnen nebenst der Königin/ die Regierung anzubefehlen/ die aber ihnen/ und nicht ihrem eigenen/ oder von einem Pfaffen gelenckten Kopffe folgen müste. Tiberius/ wie schlau er immer war/ kunte kaum und kaum dem von seinem eintzigen Estats-Diener dem Sejano gelegten Fall-Brete entspringen/ worauf doch hernach viel andere/ als der Decius/ Gordianus/ Numerianus/ und zu unser Zeit Alexander von Medices nebenst andern gestürtzt sind. Die Begierde zu herrschen/ ist ein so angenehmes Confect/ darüber man/des Cäsars Meinung nach/weder Treu noch Glauben halten darf/bekommet es nun einer in die Hand/so ist es unmöglich/ daß ers nicht kosten/ und wenn er dessen Geschmack empfunden/ selbiges wieder aus den Händen lassen solte.

Wie kan sich aber eine bessere Gelegenheit darzu ereignen/als wenn ein so verschlagener Minister einen unverständigen Fürsten gantz alleine in seinen Händen hat/ und ihn dahin lencken kan / wohin er will/Sejanus konte nicht zu diesem Zwecke gelangen/weil er den verschlagenen Tiberius vor sich hat-
te/

te/ hätte er aber mit dem Claudius zu thun gehabt/ so wäre es ihm ein so leichtes Werck gewesen / als dem Gygas mit dem Candaules.

Zwar könte man sagen/ daß bey eines eintzigen klugen Ministers Rathe/ die Rath-Schläge eher beschleuniget/ und zur Würckung gebracht würden/ welches ich so weit zugebe/ wenn solche Rathschlüsse an sich selber nicht nütze / sondern schädlich seyn/ dahingegen wird man befinden / daß ein von vielen abgefaster Rath-Schluß/ wenn sie nur ehrliche Leute sind/ und kein anders Absehen als des Estats-Nutzen/ vor sich haben/ weit zuträglicher und besser sey/ zugeschweigen/ daß man auch solcher Gestalt nicht so viel Betrug mit einspielen könne/ daß es die andern nicht mercken solten/ das aber einem alleine bey einem unverständigen Hertzen eine leichte Sache ist. Und wie kan es möglich seyn/ daß einer/ bey einer so grossen Regierung/ die Last alleine über sich nehmen/ und selbiger so vorstehen könne/ daß er allem ihre Ausrichtung gebe? Das aber/ soll der Estat wol vor sich gehen/ und in seiner Ordnung verbleiben/ nohtwendig seyn muß; dahero sehen wir bey wol eingerichteten Regierungen/ daß ein Fürst offt geheimen Raht hält/ und nicht nur seiner Räthe Stimme genau erweget/ sondern auch die *Expeditiones* so unter sie vertheilet/ damit ein jeder sein Theil habe/ und nicht die besten Sachen so lange liegen bleiben bis wenn der eintzige Minister nur hilfft/ wem er helffen will/ das andere aber auf die Seiten wirfft/ das Volck darüber schwierig werden/

den/und über keine Außrichtung schreien darff/ solche Printzen/ sagt ein gewisser Politicus sind/ sie mögen sonsten so leutselig seyn / als sie immer wollen/ Tyrannen/ weil sie ihren Unterthanen statt eines Herzen/ zwey vorstellen; worben es denn auch unmöglich fehlen kan/ daß weil insgemein dergleichen Lieblinge aufgeblasen sind/ und alle andere ehrliche vor ihnen geschicktere Leute verachten/ diese nicht zum Verlust und Haß wider des Fürsten Unachtsamkeit bewogen werden/ was aber solche Verachtung für Unheil nach sich ziehe/ ist leichte zu erachten/ derowegen dahin schliessende/ daß Spanien wol Ursache hätte die Augen besser aufzusperren/ alle Widerwärtigkeit auf die Seite zusetzen/ und weil Dom Juan witzig genug ist/ die Sachen so einzurichten/ damit/ vermittelst eines guten Vernehmen mit der Königin/ dem Monterey erfolget/ und die Niederlanden in Sicherheit gesetzt werden/ ehe der wachsame König Ludwig vor Gent und vielleichte Brüssel selbsten mit seinen grossen Feuer=Schlüsseln anklopffet. *Sed manum injicientibus fatis, bebetantur sensus hominum.* Wenn GOtt straffen will/ so nimmt er vorhero die Vernunfft hinweg. Was meinet der Römische *Pasquinus* darzu?

# Rom.

Gestern und heute hat der Pabst über den Händeln wegen der Ambassadeuren und ihrer angemasten Freyheiten/ *Consistorium* gehalten/ und einen gemeinen

nen Geistlichen nach Galiläa geschicket/ den man überwiesen/ daß er nachfolgende Schrifft hin und wieder ausgestreuet habe.

Hier wolte der junge Herr von Kronhof fort lesen/ dieweil aber der alte Herr sahe/ daß die Speisen wieder auf dem Tische waren/ als ermahnete er ihn biß dahin zu verziehen/ die Herren darbey nöthigende / daß sie wiederum Wasser und ihre vorige Stellen zu nehmen / belieben mögten/ das auch nach kurtzem Wort-Gepränge geschahe und weil sie Juncker Hanß Märten vermißten/ bald nach ihm fragten/ von dem Schreiber aber zur Antwort bekamen/ daß nachdem er eine zimliche Weile unter einem Baume im Garten den Rausch ausgeschlafen/ sich hernach in den Kretscham erhoben hätte/ wo er auch noch seine Zeit mit den Bauren und einer Pfeiffen Taback zubrächte. Laſt denn den Hudler so lange da sitzen/ als es ihm gefällt/ denn wenn man die Sau zu sehr streichelt/ so leget sie sich gar in Koth/ sagte der alte Herr/ und nachdem sie eine Zeit gegessen/ und er sahe/ daß sie begieriger zu weitern Zeittungen als mehrern Essen waren/ seinen Sohn erinnerte/ daß er das übrige vollends herlesen mögte / der denn in der Römischen Relation dergestalt fort fuhr.

Das Römische *Vatican,* so seinen Ursprung von den Heydnischen *Vaticiniis* hat / und bald anfangs eine Wohnung der lügenhaften Teuffels-Beschwerer war/ itzo aber die Hoffhaltung des Römischen Pabstes ist / hat sich bald von seiner Geburt an bean bemühet / über alle Welt zu steigen / und sonderlich dem Rathe der Stadt Rom / als der grossen Wolffs-Mutter tausendfältiges Unglücke so anzukündigen / als auszuüben / dannenhero es sich aus eusersten Kräfften beflissen/ mit Unterdruckung dieses grossen Raths unerachtet sich dessen Macht damals so weit erstreckte / als die Sonne ihre Strahlen streuete / solche Hoheit an sich zu reissen / und zu dessen Behauptung/ sich mit dem allvermögendem Glücke zu vermählen/ um mit dessen Beystande und zwar unter dem ertichteten Schein der Göttlichen Gerechtigkeit / solchen Anschlag den Sternen zu Trotze auszuführen/ womit es ihm auch so weit geglücket / daß es endlich nach Uberwältigung tausentfacher Gegenstände/ die höchste Staffel der weltlichen Hoheit erstiegen/ und von selbiger alle Welt gezwungen/ seine ob zwar von Anfang geritzte/ nunmehro aber glorwürdigste und heiligste Füsse anzubeten und zu küssen.

Gleichwie aber schon damals der Welt-berühmte Pompejanische Schau-Platz dem *Vatican* weichen müssen / indem doch jener vorlängst unter seinem eigenen Grauß begraben ligt / dieses aber hergegen die Ehre gehabt / nicht nur deß Cäsars Vermögen auszufressen/ sondern sich auch von dem Nero/ dem Armenischen Könige die Hoheit deß Römischen Reichs damit vorzuzeigen/ in einem eintzigen Tage auffs neue mit Golde bekleidet zu sehen/ so ists auch geschehen/ daß nach selbiger Zeit fast alle in der Welt zusammen gezogene Gold-Wolcken sich

Mm daselbst

daselbst ausgegossen / biß endlich die allgemeine Gold=Begierde die Barbarn auch von den entlegensten Welt=Winckeln dahin gelocket / die denn zwar selbiges von diesem eitelen Schmuck gäntzlich entblösset / hingegen aber mit einer viel herrlichern unschuldigen und tugendhäfften Zierat dergestalt bekleidet / daß es nicht mehr einem irrdischen Vaticau / sondern dem himmlischen Sitz der Ewigen Gottheit ähnlich worden / indem sein Gemüte von dergleichen Reinigkeit bestand / daß selbiger kein Alabaster zu vergleichen / und gantz Numidien viel zu wenig war / es mit seinen köstlichen Werck-Stücken in bessere Gestalt zu legen. Die Diamantē so itzo auf den geistlichen Kleidern schimmern/ hatte es damals in dem Hertzen / und um seinen Halß die köstlichsten Perlen reinster Unschuld. In seiner Seelen strahlete der Hyacinth guter Wercke / und von seinem Thron blitzte die höchste / jedoch von allem Hochmut entfernete Majestät / seine Krone war besetzt mit den Carbunckeln der Demut / und den Smaragden der Göttlichen Weisheit. Die fleischliche Begierden / funden an diesem heiligen Orte keinen Platz / weil die Heiligkeit des Geistes sich keines Weges mit dem Fleische vereinigen konte / und die frommen Hirten mit der Ruten in der Hand alle schädliche Thiere abweisende / keine hinein liessen / als nur die sich mit den unschuldigsten lebenden Engeln vergleichen konten / woraus erfolgte / daß diejenigen / so darinnen aufgenommen zu werden verlangten, sich nothwendig mit der Demut / der Göttlichen

lichen Weisheit/der Ehre/und Warheit vermählen musten / wolten sie anders nicht von diesem herzlichen Gebäude ausgeschlossen werden / wie man denn sahe / daß die wahren Geistliche damals zu Rom unter dem Mantel der Hoffnung/ zu keinen andern Ehren / Würden/ und Renten / als nur zu Marter-Kronen/ und zwar mit dergleichen Verlangen und Eyfer / nicht etwan sich auf Erden zu verewigen/ sondern nur den Himmel zu gewinnen/ kommen kunten / zu welchem Ende man sich um das Priestertum mit Verachtung auch deß angeerbten rechtmässigen Reichtums drang / um so viel mehr/in dem Stande der Armut/das eigene Hertze dem Erlöser aufzuopffern:

Sie haben allen Pracht
Der stoltzen Welt veracht/
Aus Liebe / nur dem Höchsten zu gefallen.

Gleichwol währete auch diese Glückseligkeit mit allgemeiner Erbauung der Völcker / nur etliche wenige Jahr hundert/ biß die übermässige Andacht zum Aberglauben ausartete/und die Glaubigen der Kirchen einen dermassen starcken Gold-Trunck zubrachten / das schon damals selbiger kräfftig genug war/ auch die Diener des Paradises taumelnde zu machen / und in die unterste Hölle zu stürtzen/ wie man denn sahe / daß so bald das Gold die Ober-
Stelle

Stelle in dem *Vatican* erhielte/ alſofort die Tugend daraus erwieſen/ und die vormals heilige Augen/ durch die guldene Strahlen dermaſſen verblendet worden / daß ſie ſich nicht mehr an den in tieffſter Armut gekreutzigten JEſum hefften/ noch dem bußfertigen Petro nachfolgen konten/ ſondern es war vielmehr ein jeder bemühet/ mit groſſem Eyfer in deß Simonis Fußſtapffen zu tretten / und alſo die geiſtliche Würden gleich jenen Veſtungen/ von welchen der König Philippus in Macedonien zu ſagen pflegte / daß ein mit Gold beladener Eſel mächtig genug wäre/ ſelbige zu erobern; dem obwol nunmehro dieſes *Vatican* alle Ehrbegierige Gemüter von der Welt an ſich lockte / ſo wurden doch nur diejenigen eingelaſſen/ welche die weltliche Eitelkeit zum Zweck hatten/ und mit dem guldenen Schlüſſel verſehen waren. Dannenhero ſahe man nunmehro daſelbſt aufgeſtellte Pfeiler von Rauch/ und wie ſich die vörigen Schätze der Seelen/ in guldene Kaſten-Schätze verwandelten/ dann daß nunmehro die Prieſter mit guldenen Händen und höltzernen Gewiſſen am erſten angenommen / und die meiſten Würden denen gegeben worden/ die am wenigſten Gehirn hatten/ dergeſtalt/ daß je unverſtändiger einer war/ je höher ſelbigen der Geitz ans Bret ſetzte/ und herentgegen alle noch übrige dem Gewiſſen und Wiſſenſchafften ergebene Gemüter gäntzlich ausrottete/ die auch ſolcher Geſtalt/ und weil ſie mit keinem guldenen Leuchter in der Hand die Ehren-Bahne finden konten / darauſſen bleiben / und

ſich

sich gezwungen sehen musten/ aus ihrem Lebens Schau=Spiele/ doch mehr aus der Schau=Bühne deß Jammers/ als der Freuden vorzustellen/ hers entgegen hörte man im *Vatican* nichts anders als Simonische Müntzen klingen/ und nach dessen Klang die Geistlichen von allen Orten mit vollen Sprüngen hinzu eilen/ nicht etwan sich daselbst in den Göttlichen Wissenschafften zu üben/ sondern die Griffe der Wechsel=Banck zu begreiffen/ wie man denn auch in Warheit nach selbiger Zeit keine wahre Nachfolger Christi/ sondern nur solche Leute daselbst antraff/ welche aus dem *Tacito/ Machiavello* und *Cardano* gelernet hatten/ Fürsten zu äsen/ und das gemeine Volck zu betrügen.

Mit kurtzem/ das *Vatican* war in vorigem Stande der Unschuld allerdings dem irdischen Paradieß gleich/ nemlich ohne Sünde/ wie man denn sahe/ daß auch damals dessen Priester/ wie unsere erste Eltern barfüssig/ und mit zurissenen Kleidern einher giengen/ um den Augen der Welt ihre Unschuld und reine Heiligkeit desto besser zu entdecken/ biß sie endlich auch/ wie jene/ nemlich unsere/ vermöge eines kurtzen Appetits zu schlechten Frucht zum Abfall gerathene erste Eltern/ mit einem guldenen Apffel/ welchen ihnen die höllische Schlange darzeigte/ dergestalt verführet worden/ daß sie von dessen Glantz verblendet/ sich gar in einem Augenblick aller vorigen Heiligkeit beraubet sehen musten/ gleichwol aber dieses noch zum besten behielten/ daß sie sich gleichwol für einen schönen Gold=Apffel/

und nicht wie jene für so nichts-würdige Frucht dem Teuffel ergeben/ wie man denn sihet/ daß ob zwar das Absehen unserer ersten Eltern mit den Vaticanischen Geistlichen auf einen Zweck/ nemlich zur Hoffart gezielet/ dennoch sehr ungleiche Würckungen/ für einen als den andern/ heraus gekommen/ angesehen jene mit dem ersten Anrühren deß verbotenen Apffels nicht nur den verlangten Titul Göttlicher Hoheit im Paradieß/ sondern noch darzu alle bereits erhaltene herrliche Vorzüge elendiglich verlohren/ herentgegen aber diese/ Krafft dieses Apffels/ *Vice-*Götter auf Erden worden/ dergestalt/ daß je begieriger sie diese Frucht angebetet/ je höher sie gestiegen/ biß sie sich endlich in lauter Gold verwandelt/ und in solchem Glantze von der gantzen Welt anzubeten/ aufgestellet haben/ wie man denn noch heute zu Tage keine andere Heiligkeit daselbst/ als in Golde erkennet/ dergestalt/ daß auch der Statthalter Christi selbsten sich damit zu verkleiden/ für nöthig erachtet/ um seine Hoheit zur Göttlichen Anbetung der Welt desto prächtiger fürzuzeigen.

Armseligste Ur-Eltern/ was würdet ihr gedencken/ wenn ihr dieses alles ansehen soltet? würde euch nicht das Hertze in tausend Stücken brechen/ wenn ihr diese Vaticanische Könige in Göttlicher Hoheit/ und daß ihr eben wegen dieses angezielten Tituls/ aus dem Paradieß zu den Teuffeln verstoßen/ betrachten sollet? diese haben sich durch den unendlichen Geitz fast in Gold/ wie jener Midas/
ver-

vergraben / da hergegen ihr wegen eines ſchlechten Apffels verdammet worden / unter Dornen und Diſteln zu wandeln; jene ſeynd nach verlohrnem Stande der Unſchuld zu gröſſerm Reichtum und Herrligkeit gelanget/ da hergegen ihr aus ſelbiger zu unendlichem Elend und Armut verſtoſſen worden. Jene haben ferner aus ihrem Abfall dieſen Vortheil erworben/ daß ſie ihren Freunden und Nachkommen Erbſchafften von unbegreifflichen Schätzen verlaſſen können / und ihr hergegen ſeid gezwungen worden/ wegen einer eintzigen Sünde für eure Kinder das nachtheilhaftige Teſtament von der Welt zu machen / und ihnen darinnen ein Capitel unendlicher Mühe / Arbeit/ und Sorgen / nebenſt einem Schatze unglückſeligſter Armut / welche mit der Zeiten Ewigkeit dauren wird/ auszuſtecken/ wiewol ihr gleichwol dennoch dieſen Vorzug für jenen habet/ daß ihr mit dem Elende des zerbrechlichen Leibes eurer Kinder ewige Seelen-Wolfahrt befördert; Da hingegen jene mit ihren Lüſten / Hoffart / und Golde/ ihre Freunde und Nachkommen in den Pful der ewigen Schmertzen ſtürtzen. Mit dieſem Golde ſage ich / das die Kirche in ſo viel Spaltungen zerriſſen / und die Religion in ſo viel Ketzereyen zertrannet/ das in Erwählung der Römiſchen Biſchoſe/ ſo viel Unreinigkeiten unter den Prälaten / tauſenderley Verfolgung / die Freyheit der verfluchteſten Sünden / die verteuffelte Ehrſucht in den Hertzen der Prieſter Chriſti/ die ärgerlichſten Eitelkeiten unter der Römiſchen Geiſtlichkeit / und unbeſchreibschreibliche Drangsalen unter dem Volcke/ die Simonien aus den Altären/ den Geitz der Päbstlichen Befreundten/ die Tyranney der Statthalter auf den Kirchen-Güttern/ und endlich die unersättliche Begierde/ auch das äusserste Blut von allen auszuzäpffen verursacht: Ja mit einem Worte/ des Vaticans gantzes Eingeweide so zernaget/ daß weil solches Ubel schon so viel hundert Jahr hero je länger je mehr um sich gefressen/ und noch von Tage zu Tage zunimmt/ selbiges nunmehr fast dem Tode in die Armen geworffen hat.

Vortreffliche Worte/ und recht heilige Gedancken/ sagte der Hr. Licentiat/ was solte wol diese alte gottselige Demut gedacht haben/ wenn sie des Königs Philippi deß Dritten in Spanien Beicht-Vatter in einem Wort-Streite mit dem Hertzog von Lerma über ihren Ehren-Vortzügen/ diese lästerliche Worte herausser stürtzen/ gehöret hätte: Was bildet ihr euch? Meine Authorität bey dem Könige ist nicht kleiner als die eurige/ wisset derohalben/ daß ihr mit einem Manne zu thun habet/ der täglich GOtt zwischen den Fingern/ und wochentlich einmal den König auf den Knien vor den Füssen hat.

Wer die Warheit geiget/ dem schläget man die Fidel um den Kopff/ sagte der alte Herr/ darum es kein Wunder/ daß man mit dem guten Kerls nach
den

den Galeren gewandert/ wiewol er nicht gelogen/ und wenn man die Sachen bey dem Lichte besehen/ will/ der so doch heraus gestrichene grosse Kayser Constantin an allem diesem die grösste Schuld hat/ als der diesen guldenen Apffel der zeitlichen Glückseligkeit der vormals unschuldigen Kirche zu zeitig dargereichet/ und sie aus den Unschulds-vollen unterirdischen Grüfften zum ersten in die eitele Tempel und folgends dieses lügenhaffte *Vatican* geführet hat. Und ob zwar dabey niemand/ welchem noch erlaubet ist/ die freye Augen in das Alterthum zu kehren/ glauben wird/ daß dieser Constantin jemals/ oder doch bald u. auf einmal die Kirche/ wie sie vorgeben/ mit dergleichen Herrlichkeit und Begnadungen überschüttet/ weil ja solcher Gestalt dessen Nachfolger/ und die von der Kirchen selbsten für so gute Christen/ als der Constantinus gepriesen werde/ nicht Ursache gehabt hätten/ selbige dieser *Prærogati*ven alsofort wiederum zu entsetzen/ massen wir lesen/ daß der fromme Kayser Theodosius den Bischoff Demophilum mit diesen Worten: Weil du Frieden und Einigkeit hassest/ so schaffe ich dich hiermit von der Kirchen/ ausgebannet/ und der Theodosius das Concilium zu Nicäa/ Marcianus das zu Calchedon ausgeschrieben/ und gleichwie der grosse Constantin selber darinnen *præsidi*ret/ die straffbaren Bischöffe abgeschafft/ und andere hingegen eingesetzt/ auch was noch mehr/ die abgefasten Glaubens-Regeln unter seiner Authorität publiciren lassen/ so ist doch gewiß daß dieser grosse

Conſtantin mit dergleichen unzeitigen Erhöhnung / der Kirchen mehr geſchadet / als Nero / Verus / Diocletianus / und andere mit allen vorgehenden Verfolgern. Und was hätte auch wol der höchſte GOtt der Kirchen für ſonderliche Wolthathen durch einen ſolchen Menſchen erzeigen ſollen / welcher ſeinen eigenen Kayſer und Schwieger-Vatter aus Ehrſucht und Herrſchungs-Begierde / ja ſein eigen Kind und Gemahlin ermordet / aus dem ihm von der Kirchen verehrten Nagel des Creutzes Chriſti (wo es wahr ſeyn ſoll) Zauberiſches Pferd-Gebiß ſchmieden laſſen / wie nicht weniger nach Ausweiſung des ſaubern Geſetzes *l. 4. C. de malef.* an Tage geleget / wie er ſolcher Zauberey nicht abhold / denn auch ein ſolcher Wirbel-Wind geweſen / der heute den Rechtglaubigen eine Kirche gegeben / und morgen ihre frömmſte Biſchöffe / wie das Exempel mit dem Athanaſio und andern bezeiget / verjaget / ja zum öfftern wiederum die Heydniſche Parthey erwählet / und endlich zu Nicæa auf die verfluchte Arrianiſche Ketzerey getaufft und geſtorben iſt.

Auf dieſen ſchönen Anfang nun / folgte ein gleicher Fortgang / dann da vormals die Kirche zu Zeiten der Apoſteln / und in den unterirrdiſchen Grüfften / nur von dreyerley Ordnung der Kirchen-Bedienten / als den Biſchoffen / Prieſtern / und *Diaconis* oder Helffern wuſte / ſo fing ſie nunmehro / nach der Einführung in die heydniſche Tempel / an / die Chriſtliche Ordnung zu verlaſſen / und die Heydniſche anzunehmen / dergeſtalt / daß wie dieſe in

dreyer-

dreyerley Claſſen als der *Protoflaminen, Archiflaminen*, und *Flaminen* beſtand/ alſo auch dieſe ihre Ordnung darnach einrichteten/ und in des *Protoflaminis* Stelle den heiligen Petrum/ und die Patriarchen/ in des *Archiflaminis* die Ertz-Biſchoffe/ und in der *Flaminen* die gemeine Biſchoffe ſtellte/ wie ſolches das Päbſtliche Recht ſelbſten *diſtinct.* 80. *Cap.* 1. 2. 3. & *diſtinct.* 99. *cap.* 5. bezeugen muß/ und wie könte es bey ſo geſtalten Sachen anders ſeyn/ als daß nach verworffener Demut nunmehro die ſchändliche Hoffart ihren Sieges-Fahn auffſtecken/ und einem jeden die oberſte Hoheit einblaſen muſte/ wie wir denn ſehen/ daß bald darauf der Conſtantinopolitaniſche Patriarch/ und dem entgegen der Alexandriniſche Cyrillus ſich ſolcher oberſten Herrſchung angemaſſet/ ja dieſer noch darzu der erſte geweſen/ der ſeine Hand mit an die weltlichen Richter-Stühle gelegt. Denn ob gleich ſchon vorhero/ und abſonderlich von dem weibiſchen Kayſer Juſtinian der Kirchen einige Erkäntnuß in Gerichtlichen Sachen ertheilet ward/ ſo erſtreckte ſich ſelbige doch nicht weiter als nur auf unterſchiedene die Kirchen ſelbſt angehende Sachen/ und war eigendlich nur eine biſchoffliche Verhörung mehrentheils armer geſangener/ und anderer nothdürftigen Leute genennet/ wie davon *L.* 1. *L.* 3. *L.* 7. *& totus Titulus C. de Epiſcopali audientia* weitläufftiger bezeugen; herentgegen muſten ſie von den übrigen *Judiciis* die Hände gäntzlich abhalten/ dergeſtalt/ daß wenn
in

(556)

in den Provintzien ein Weltlicher oder Geistlichen gerichtlich besprechen wolte/ er nicht sothigen vor seinem Bischoffe/ sondern dem Römischen Statthalter bekangen/ und des Bescheides daselbst gewärtig seyn muste/ nach Ausweisung *L. cum decernimus, L. omnes L. Jubemus C. de Episc. & Clericis*. biß endlich der Kayser-Mörder Phocas das Griechische Kaysertum mit seines Herren Leben an sich rieß/ und zu dessen ungerechtesten Behauptung/ die Römische geistliche Authorität zu Hülffe rieff/ also zur Vergeltung des wolgeleisteten Dienstes/ den Römischen Bischoff über alle andere aus Kayserlicher Gewalt erhoben/ welchem zu seiner Zeit der grosse Teutsche Carl nachtrat/ und aus eben gleicher Danckbarkeit/ für die Erhöhung auf den Französischen Thron/ mit Unterdrückung des letzten unschuldigen Kron-Erbens/ Merovingischer Linie/ dem Römischen Pabste Leo *III.* und dessen Nachfolgern noch ein grosses Siegel der ertichteten Constantinischen *Donation* anhing/ wie dann dieser grosse Carl der Erste gewesen/ der die von jenen in Purpur und Gold gekleidete Kirchen/ auch mit dem Degen bewaffnet/ dergestalt/ daß wie absonderlich der Jesuite Johann Beussiers in seinen Französischen Historien bezeüget/ man zum ersten mal unter dieses Kaysers Heertzügen gesehen/ die Bischoffe mit güldenen Degen/ Sporn/ und Schildern/ aufziehen/ Beyschläfferin mit sich zu führen/ und dergleichen/ zu welchem allem der Kayser/ theils weil er mit dergleichen *indulgenz* und des Römischen Bischoffs

schoffs, Hülffe sich auf den Königlichen Frantzösischen und Kayserlichen Teutschen Thron geschwun-
gen/ theils weil er selber dergleichen Geschlechte
nicht ungerne sahe/ geschiehen/ und also das schöne
Lob verließ/ daß aller Geschicht-Schreiber Bericht
nach/ kein teutscher Kayser gewesen/ der mehr Pfaffen und Huren mit sich zu Felde geführet hat; gleich
wie aber insgemein dergleichen ärgerliche Unordnungen auf des Urhebers Kopff ausgehen/ also hat
man auch hier gesehen/ daß der entzüssets Ubermut der gewaffneten Pfaffen dem unbedächtigen
Kayser schlechten Danck ersetzt/ als die nach dessen
Tode die greulichste Uneinigkeit zwischen dessen
Kindern angefeuret/ und es endlich dahin gebracht/
daß der jüngere Bruder Lotharius, dem ältern im
Kayserthum nachtretenden Ludwig/ und zwar aus
keiner andern Ursache/ als daß dieser fromme Kayser denn bewehrten Pfaffischen Hochmut und un-
gescheuten Mutwillen nicht länger vertragen wol-
te/ sondern auf eine Christliche *Reformation* bedacht
war/ mit ihrem Beystande dahin brachte/ daß er
Kron und Reich abschweren/ und in des unrecht-
mässigen Bruders Hände überliefern muste/ worzu denn der Römische Bischoff Gregor. der *IV.* unter dem Schein eines Unterhändlers/ fleissig Hand
mit anlegte/ und den frommen Ludwig mit einem
Judas-Kuß/ seinen lieben Söhnen den Bischoffen
überantwortete/ wiewol der gerechteste GOtt den
ehrlichen Kayser wiederum wunderbarlich auf-
halff/

Hals/ und allen seinen geschwornen Feinden zum Trotz auf den Thron satzte.

Wären nun aber diese Söhne schon damals so mächtig/ daß sie Könige vom Thron heben kunten/ was solte nicht der heilige Vatter zu Rom selber vermögen/ der sich denn auch deß unverständigen Volcks Aberglauben bedienende/ damals zum ersten die Vaticanische Blitze gegen die höchsten Berge zu spielen angefangen/ womit sie es auch so weit gebracht/ daß die Gesalbten des HErrn zum öfftern den Dienst eines Reit-Knechts bedienen/ und absonderlich Kayser Heinrich der *III.* sich vor des Pabstes *Commissarium Hanno* Ertz-Bischoffen zu Cöllen stellen/ wie der allergeringste Mensch ausfiltzen/und hernach noch darzu abgeisseln lassen muste. Noch viel grausamer verfuhren sie mit Heinrich dem *II.* Könige in Engeland/den sie dahin zwungen/ daß er zu deß ermordeten Bischoffs von Canterburn Grabe barfuß gehen/ sich daselbst auf die Erde strecken/und von 80. München/derer jeder ihn 3. Streiche gab / abkarbatschen lassen muste/ welches auch im Jahr Christi 1208. Reimunden Grafen von Tholosa widerfuhr/ den sie wegen eines in seinem Gebiete ermordeten aufrührischen Münches / gantz nackend biß auf ein par leinene Hosen auszogen/ hernach ein Münchs Hembde um den Hals hingen/ und bis zu des ermordeten Münches Grab mit Ruten striechen/ bis sich endlich noch ein anderer gefunden/ der sich so wenig das Seil an die Hörner werffen lassen/ daß er vielmehr

mehr selber Pabst und Bischoffe zu Chor getrieben/ von welchen denn absonderlich die Othones zu loben waren/ dergestalt/ daß der grosse den sonder seinen Willen und Wissen auffgeworffenen Gregor den Vierdten wiederum von Stuhle stieß/ und an seine Stelle den achten Leo einsetzte/ und dann Otho der Dritte/ welcher den fünfften Gregor einsetzte/ und dem Crescentius den Kopff vor die Füsse legen ließ/ also erwiesen/ daß sie Kayser/ und keine Pfaffen-Knechte wären.

Diesem löblichen Exempel folgten Kayser Heinrich der Dritte/ welcher den 2. Clemens/ und sein Sohn Heinrich der *IV*. der den 2. Victor zu Päbsten einsetzten/ und solcher Gestalt darwiesen/ daß dem Kayser allerdings gebührte/ solche Wahl auf wenn sie wolten/ zulegen/ bis endlichen die Päbstliche Hoffart solches länger nicht erdulten kunte/ und nach eingesetzter Ordnung der Cardinäle sich oberwehnten Aberglaubens des ohne dis zum Aufruhr geneigten gemeinen Volckes/ wider die Lehre unsers Heylandes und seiner Aposteln/ so wol bedienten/ daß sie vorgedachten Kayser Heinrich den *IV*. aus keiner andern Ursache/ als daß er seine Kayserliche *prærogativen* wider diese popularische Gewalt behauptete/ den Halß brachen/ und nachdem auch Ludwig der Bayer/ und andre fromme Fürsten in Sack gejaget/ sich zu vollständigsten himmlischen und weltlichen Ober-Herrschern machten.

Auf so fest gesetzte weltliche Gewalt nun stiessen

diese Vaticanische Götter alle löbliche Christi und Weltliche Gesetze/ so weit von sich/ daß da absonderlich vorhero die Kayser die Päbste erwähleten/ und bestättigten/ nunmehro diese sich solcher Gewalt annahmen/ Könige und Kayser ein- und wenn sie es nicht nach ihrem Kopffe machten/ wiederum absetzten / zu welcher Zeit auch die hohen/ Göttliche/ angemaßte Eigenschafften hervor kamen: als der Pabst sey der Ursprung/ Brunn/ und Sonne aller Gewalt/ dem alle Macht gegeben ist im Himmel und auf Erden/ der über alles Recht/ dergestalt/ daß er wider die heilige Schrifft über das Evangelium/ die Aposteln/ ja Christum selbsten / *dispensiren* könne / aus welchen ja nothwendig folgen müste/ daß weil der grosse Schöpffer in seiner Gewalt/ auch dessen Geschöpffe Ursache hätten / sich seiner Botmässigkeit zu unterwerffen/ wie wir denn davon Exempel haben/ daß sie Teuffeln und Engeln befohlen/ wie sie mit den Verstorbenen verfahren solten/ ja es kam so weit/ daß sie sich offentlich in dem Lateranensischen Concilio für GOtt selbsten publiciren liessen/ und solches dem gemeinen Volcke so feste eindruckten/ daß es den Pabst allerdings für Gott selbsten hielt/ der sich keiner andern Speise/ als der von den Heyden erdichteten Ambrosien gebrauchte/ und derowegen keines Auswurffes vonnöthen hätte.

    Uber dem Bilde Pabst Pauli *V*. stunden diese Worte: *de dis ei Dominus potestatem & omnes po-*
*puli*

*puli ipsi servient, potestas ejus potestas æterna, quæ non auferetur, & regnum ejus non corrumpetur.*

So redete Simon / Bischoff von Madruz/ den Pabst Leo mit diesen Worten an: *Ecce venit Leo de tribu Judæ, radix David, te, Leo beatissime, Salvatorem expectabamus.* Und was kan erschrecklicher seyn / als daß man kurtz vor Luthero auf den Hohen Schulen disputirte / ob der Pabst nur ein Mensch/ oder nicht auch beyder Naturen wie Christus theilhafftig wäre? Wer wolte nun bey dergleichen abscheulichen Greuel nicht in die Gedancken verfallen / es hätte der höchste GOtt/ aus gerechter Straffe / seine vormals liebste und reine Braut gäntzlich von sich gestossen/ und dergleichen Mensch zu solcher Schändung ohne eintzige Barmhertzigkeit hingelassen/ wenn wir nit befinden/ daß er noch seines Versprechens eingedenck/ auch hier/ wie zur Zeit Ahabs/ noch etliche/ die das Zeichen des Thieres nicht angenommen/ übrig behalten/ die denn auch zu Trotz dieses aufrührischen Bannes mit Schwerdt und Feder diesen Greul widerstritten/ von welchen erstern absonderlich der König Philipp der Schöne in Franckreich dem Pabste den nach Franckreich ausgeschickten Blitz mit solchen Kräfften auf eigenen Kopff zurücke warff / daß dieser Vaticanische Jupiter darüber vom Stule taumlen/ und kurtz darauf in die Erden beissen muste.

Auf diesen folgte Ludwig der 12. der es auch so weit brachte/ daß das Concilium zu Pisa An. 1513.

den eyfrigen Donner-Gott den andern Julium vom Thron ſtieß/ dem Kayſer ſolchen Strahl abwiſchte/und an jenes Stelle den zehenden Leo erwehlete bey welchem Concilio abſönderlich zu mercken/ daß der König auf die zu deſſen Gedächtnüß geprägten Müntzen/ dieſe nachdrückliche Worte:

## Perdam Babylonem.

( Welcher Ehren-Titul ihnen denn um ſo viel augenſcheinlicher/ und unzweiffelhaffter zukommet/ wo es wahr/ wie diejenigen/ die ſolche geſehen/ betheuren/daß auf der Päbſtlichen Kron/ recht auf dem guldenen Bleche vor der Stirne/ das Wort *Myſterion,* womit der Evangeliſt Johannes in ſeiner Offenbarung cap. 18. dieſe Römiſche Dame bezeichnet/zu finden iſt) ſetzen/und der Kayſer Maximilian nach des Jeſuiten Johann Buſſieres *p.* 2. *lib.* 15. *p. m.* 212. Meinung nicht geringen Appetit blicken laſſen/ die dreyfache Päbſtliche Krone/ mit der Kayſerlichen zu vereinigen/ alſo die Päbſtliche Würde an die Kayſerliche zu hefften/ welches dann/ daſern es deß Höchſten Wille ſeyn wollen/ein ſolches Werck geweſen wäre/weſſen ſich die Chriſtenheit in Ewigkeit zu erfreuen gehabt hätte. Was auch noch vor dieſem der Kayſer Sigismundus auf dem Concilio zu Coſtnitz/ für eine ſchöne *Cenſur* unter den dreyen ſaubern Römiſchen Päbſten gehalten/ iſt mehr denn genugſam bekandt/und nachdencklich/was König Waldemar der

der Dritte in Dennemarck im Jahr Christi 1370. für eine tapffere Antwort dem Römischen Jupiter/ der ihm auch die grosse Constantinische und Carolinische Prärogativen heraus strich/ und mit dem Blitz zu drauen anfing/ mit diesen Worten zurücke schrieb:

Waldemar/der König von Dännemarck/entbeut dem Römischen Bischoff seinen Gruß/ wir haben die Natur von GOtt/ das Reich von den Unterthanen/unsern Reichtum von unsern Eltern/ und die Religion von deinen Vorsahren/ willst du nun selbige uns nicht länger gönnen/ so schicke ich sie hiermit/Krafft dieses Briefes/zurücke. Gehab dich wol. Solte jemand diese Resolution zu harte dünken / den frage ich hingegen/ was der Pabst sich für Gewalt aus den Constantinischen Träumen über diese Königreiche anzumassen gehabt/ zumalen da ausser dem / daß das Christliche Gesetze keinen Menschen seines Rechtens entsetzet / dieser Kayser/wenn auch gleich solche Lügen lauter Warheit seyn solten/nicht einen Fuß breit Landes in dem Nordischen Reiche gehabt / und also auch nichts davon vergeben können / *cùm secundum Paulum ICtum,ante omnia videndum, ne conventio in alia re facta, aut cum persona in alia re, alia ve persona noceat.*

Und diese Streiche führten etliche unverzagte Christliche Potentaten wider den Vaticanischen Colossum/ den auf der ändern Seite mehr gelehrte Federn anfielen/ von welchen man absonderlich in dem Catalogo der Zeugen der Warheit/ den Cardinal Damianus und Cassianus/ den Zabarclla/ Picus Mirandula/ den Polydorus Virgilius/ Trithemius/ Petrarcha/ und andere nachschlagen kan/ bey denen man Wunder zu lesen und vorauß den schönen heiligen Vatter Alexander den Sechsten/ zu betrachten hat/ der ausser seinen andern Abscheuligkeiten bey der Vermählung seiner preiß-würdigsten Tochter Lucretia an den Hertzog von Ferrar/ die Römische Faßnacht biß zum Ausgang deß Monats Julii/ dieser Tochter und ihrem säubern Bruder die Lust zu ergrössern/ verlängerte/ derer sie sich auch sowol gebrauchten/ daß dieser mittler Zeit alle berühmteste Huren aus Rom ins *Vatican* brachte/ und mit selbigen allerhand Schand-Actus vollführte/ zum höchsten Vergnügen deß Vatters und der Mutter/ nemlich der Ehrwürdigen Frauen Päbstin Vanozza/ welche/ nebenst ihrem Päbstlichen Herrn Gemahl/ aus einem andern Zimmer/ diese schöne Actiones mit ansehen/ und davon sehr beliebende urtheileten.

Ob aber auch der Pabst *pro Cathedra* irren könne/ davon mag man den *Andr. Tiraquellum de Nobil.* nachschlagen/ der aus vielen angeführten Orten/ aus den geistlichen Rechten darzeiget/ wie offte und viel sich die Päbste auch in Glaubens-Sachen widersprochen/ und einer für falsch erkennet/ was der andere zu halten und glauben/ befohlen gehabt.

Unerachtet aber gleich nun so viel hundert mit mehr tausend Degen unterstützte Federn auf diesen *Vaticani*schen Colossum zustürmeten/ so war es doch unmöglich selbigen auch einen Fußbreit von seinem Stande zu bringen / ehe es dem Höchsten gefallen / ihn durch einen geringen Augustiner-Mönch von Wittenberg / zu dergleichen Wunder/ gegen welche alle Anti Christische nichts zu rechnen sind / wo nicht gantz über einen Hauffen zu schmeissen / doch so zu erschüttern / daß ihm seine Donner darüber aus den Händen gefallen / und verlohren/ herentgegen aber / sonderlich dem tapffern Teutschlande und den Nordischen Reichen das Seil von den Hörnern gezogen worden.

Gleich wie aber insgemein der Höchste / wenn er etwas sonderliches vor hat/ selbiges durch geringe Werckzeuge / oder vor menschlichen Augen unansehnliche Leute anfänget/ und hernach durch grössere ausführet / oder jene auch mit weltlicher Macht unterstützet.  Also hat man auch hier gesehen/ daß der erleuchte Luther von dem grossen Kayser Carl dem *V.* unangesehen es vor menschlichen Augen das Ansehen hatte/ als wenn dieser Kayser solche Reformation so wenig billigte/ daß er ihn auch darüber auf dem Reichs-Tage zu Wormbs/ nach hertzhafft abgelegten Glaubens-Bekäntnis / und zwar aus erheblichen Ursachen den allzugählingen egfährlichen Veränderungen im Reiche vorzubeugen / in Bann that / ja etliche Teutsche Chur-

Nn 3           und

und Fürsten selbst/ darum bekriegte/ und zur Gefängnis brachte/ unterstützet ward. Daß aber der
fromme Kayser deß Luthers Lehre verdammet/
oder die Bestürmung des Pabsttums im Hertzen
widerstritten haben solte/ ist so wenig zu glauben/
daß wir vielmehr befinden / wie selbiger sich solcher
Leute/ als deß Augustin Cacallä/ Francisci Briverii/
und Constantini Pontii/ zu Gewissens-Führern
biß an sein Ende beständig gebrauchet/ die hernach
die H. Inquisition für Lutherische Ketzer erkläret/ und
derer aufgegrabene Körper zu Valladolid/ deßwegen öffentlich verbrennen ließ / und was darff es
viel Beweises/ weil ja der löbliche Kayser selber sich
über deß Pabstes Hochmut / mit diesen Worten beschwerete:

Alle Rath-Schläge deß Pabstes zielen nicht
auf Friede und Gerechtigkeit/ sondern vielmehr dahin / wie er Krieg und Hader anfangen / und den
Schatz der Kirchen wider Christum selbst/ und seine
Kirche/ verschwenden mögte; welchen Mutwillen
zu steuren/ er auch kurtz hernach seine Armee unter
dem Hertzog von Bourbon nach Rom schickte/
selbiges einnehmen/ plündern/ und den Pabst in der
Engelburg hungrig genug gefangen halten/ im übrigen aber in Spanien von allen Cantzeln GOtt
um seine Erledigung bitten ließ / kurtz hernach nöthigte ihn der Kayser / in ein freyes Concilium zu
verwilligen/ und verschaffte mittler Zeit daß ein jedes Theil seiner Glaubens-Ubung frey und ungehindert abwarten dorffte / wiewol des Kaysers
Mey-

Meynung mit solchem Concilio nach seiner Abdanckung/ gar nicht den rechten Zweck erreichte/ weil das hernach zu Trient gehaltene *Conciliabulum* der Päbstischen Fuchsschwäntzer/ und die nichts anders thaten/ als was ihnen jenes zu halten vorschrieb/die Anti Christische Greuel mehr bestärckte/ als deß Kaysers/ und vieler anderer Catholischen Printzen Wunsche nach einschrenckte. Vorhero aber donnerte der Pabst auf obertvehnte von dem Kayser verstattete Religions-Freyheit mit solchem Eyfer/daß er ihn mit dem Ozia/Dathan/Core/und Abiram verglich/ tausenderley Göttliche Straffen ankündigte/ und es endlich dahin brachte/ daß sich der Kayser mit Francisco König in Franckreich vergleichen muste/ um desto füglicher den Krieg wider die Protestirenden in Teutschland fortzusetzen.

Was aber auch bey diesem Kriege der Kayser für eine Meinung von der Religion gehabt/ ist daraus abzunehmen/ daß ob gleich der Sieg für ihn gefallen/ und die Häupter der Protestirenden gefangen waren/ er dennoch dessen freye Ubung so wenig aufgehoben/ daß er vielmehro nach wie vor auf das Concilium gedrungen/ und mittler Zeit das sogenandte *Interim*, wie nicht weniger/ als solches den Ständen nicht anstund/ im Jahr 1552. zu Passau/ den bekandten Vertrag aufrichten ließ.

Welcher Passauische Religions-Frieden auch nicht nur unter den nachtrettenden Kaysern Ferdinand

dinand *I.* Maximilian *II.* und Rudolpho in Kräfften blieb/ ſondern noch darzu dieſer letztere denen Evangeliſchen viel *Extenſiones* deſſen/ ſonderlich aber dem Lande Böhmen und Schleſien/durch den ſo genandten Majeſtät-Brief/ verſtattete/ biß endlich der Feind der wahren Kirchen/ ſonderlich durch die letzte Teuffels-Brut/

Quibus atratam ſubnectit fibula veſtem.

ein neues Feuer aufbließ/ und durch die drauf erfolgte Böhmiſche Unruhe/ und den Schwediſchen Krieg/ beyderſeits Religions-Verwandten mit Verwüſtung vieler Länder und Städte/ auch Vergieſſung unzählich viel Chriſten-Blutes/ einander ſo lange die Hälſe brachen / biß endlich auch durch den Anno 1648. zu Münſter erfolgten Frieden/ die Evangeliſche Religion im Römiſchen Reiche/ dem Pabſte/ und ſeinen *Proteſtationen* zu Trotze/ von dem Glorwürdigſten Kayſer Ferdinand dem Dritten aufs neue feſt geſetzet ward. Denn ob zwar der Pabſt auch) mit ſolchem Frieden ſo wenig zu frieden war/daß unverachtet die dreyſſig Jahr über ſolche Verwüſtung mehr die Römiſch Geſinnten/als Evangeliſchen betroffen/und eine unzählige Menge Päbſtlicher Kirchen und Klöſter verwüſtet worden/ſo ſchien es doch/daß das Kind deß Verderbens/ ſeinen Blut-Durſt noch nicht geſtillet hatte / welches er auch durch eine in Druck gegebene *Proteſta-*

*testation,* worinnen er aus eingebildeter oberster
Macht/solchem Frieden widersprach/und alle denen so genandten Ketzern verstattete Freyheiten
umzustoßen vermeinte/an Tag gab/dessen unerachtet aber gleichwol erfahren muste / daß sowol der
Glorwürdigste Kayser/ als andere Catholisch-und
Uncatholische Stände/sich so wenig daran kehreten/daß der Kayser dem *Nuncio Apostolico* rund
ins Gesicht sagte/der Pabst hat gut vom Kriege zu
reden / wenn er sich mit dem Haupt in der Donna
Olympia Schoß ligend sein leise krauen läst/damit
er darüber einschlaffe; und unterschiedene gelehrte
Federn / absonderlich aber sein eigener Geistlicher
lieber Sohn Pater Caramuel ihm widersprochen/ und die Beständigkeit deß Friedens eiferig versochten / sonder daß sich der H. Vatter mit seinen
Blitzen ohne Zweiffel gewitziget von dem unglückseligen Streiche seines Vorfahren des Pauli deß
Vierdten gegen die Venetianer/ mit welchen er beynahe/ und daferne er ihn nicht bey Zeiten wieder an
die Wand gestoßen/diese köstlichste Perle selber aus
seiner dreyfachen Krone gestoßen hätte / mehr rühren dorffte/wie denn sehr merckwürdig/daß für diese *gloriose* Republic damals so viel gelehrte Catholische Federn gefochten / und insgesamt dem eingebildeten Hochmut widersprochen / die Venetianer auch selbst so wenig dieses Bannes geachtet/
daß sie vielmehr die Vaticanischen Gehasianer und
Prophetische Waffen-Träger / oder so genandten
Jesuiten/ aus ihrer gantzen Stadt ausgejagt/ und

N n 5 den

den Römischen Gottes-Dienst mit andern Orden versehen lassen/ die sich auch allerdings darzu verstehen musten/ wolten sie nicht auch mit jenen fortwandern/ oder sehen/ daß man eine andere Art Kirchen-Diener von Genff einführete/ welches auch noch endlich über kurtz oder lang geschehen dörffte/ zumalen da dieser Staat von so trefflichen Leuten begabet ist/ die noch heute so wenig sich das Römische Joch einzwingen lassen/ daß sie vielmehr mit klugen Augen in die Vaticanischen Maximen hinein kucken/ und sie in ihrem Hertzen verfluchen/ davon unter vielen Exempeln der eintzige Ort bey einem berühmten Catholischen Scribenten und Edelmann von selbigen Estaat/ nemlich dem unvergleichlichen Franciscus Loredanus statt tausend seyn kan/ der in seiner daselbst von der *Inquisition* censirten und gebilligten Anno 1643. zu Venedig gedruckten *Dianea p. m. 324.* diese Worte setzt: Ich begab mich in das Reich des Glückes/ und zwar in diejenige Stadt/ welche unter dem Namen der Liebe/ Roma, (*sotto nome del Amor*) alle Gemüter an sich locket/ ob sie ihnen gleich nichts in der That/ als den Tod schenckt. Allhier bekam ich Gelegenheit/ den an diesem Hofe Sieg-prangenden Ehr-und Geld-Geitz zu verfluchen/ nebenst welchem die Heuchelen die erste Stelle hat/ indem sich ein jeder bemühet/ vermittelst selbiger bey diesen Groß-Herren in eine hohe Staffel zu setzen. Raub und Verkauffung der Gottes-geheiligten Oerter werden da für keine Schande gehalten / weil es abſonderlich die Groſſen an dieſem Hofe verüben. Die Blutdurſtigkeit hat daſelbſt ihren Fürſtlichen Sitz. So weiß man von keiner andern Liebe / als nur der / die wider die Natur iſt / Gold wird vornemlich denen zu Theil / die von keinem Verdienſt / noch eintziger Wiſſenſchafft ſind / herentgegen führen ſie die Heiligkeit / Unſchuld / und Frömmigkeit nur auf der Zungen / und den Kleidern / die ſie aber im Wercke ſelbſten mit Füſſen zu Boden tretten. Zu dieſem habe ich daſelbſt alles feil gefunden / ſo daß ſich auch etliche ſelbſten für eine eitele Knechtiſche ungewiſſe Hoffnung verkauffen / und die um ſo viel ungewiſſer iſt / weil ſie auf einen alten von Artzney und Jahren verzehrten Leben beruhet. Die Könige werden daſelbſt durch die Wahl hervor geſucht / dannenhero ſie ſich aufs äuserſte bemühen / zum höchſten Schaden des Reiches / und ihrer Unterthanen / für ſich reich zu werden / zu welchem Ende / Genade und Straffe blindlings ausgetheilet / und mit Geſchencken auch die gröſten Schwürigkeiten aufgehoben werden / weil doch an dieſem Orte kein höher Verdienſt / als der Reichtum ſeyn kan. Die Gerechtigkeit hat in dieſem Reiche Augen und Hände / ſo ſiehet man daſelbſt keine andere Religion / als auf der Zungen / und den Kleidern / wiewol auch dieſe insgemein ſo leichtfertig ſind / daß ſie den allgemeinen Huren-Kleidern nichts zuvor gebē. Die Tugend / ſo vormals alhier vor allen bekrönet ward / iſt nunmehro ſo verachtet / daß man ſie entweder gar nicht mehr kennet / oder aufs äuserſte verfolget / herentrentgegen/legt man sich auf die Heucheley/ die Einfältigen um so viel sicherer zu betrigen/ zu welchem Vortheil sie bemühet ist/ die Warheit zu unterdrucken/ und selbige Pinseln und Federn zu verbieten. Mit einem Worte/ sie verbieten diejenige Sachen/ darinnen sie sich selber ergetzen/ und bestraffen mit der grösten Schärffe diese Verbrechen/ die sie an meisten selbsten begehen. Kurtz zu sagen/ die aller abscheulichsten von Natur und Gesetzen verfluchten Laster sind an diesem Hofe für eine natürliche Gewonheit angenommen. Biß hieher der Edle Venetianer.

Worbey sich nicht genug zu verwundern/ daß die heilige *Inquisitores* diese schöne Beschreibung ihres Römischen Hofes/ nicht besser beobachtet/ da doch sonsten insgemein ihres Amtes ist/ die Warheit dieses Falles so viel möglich zu unterdrucken/ und damit die Hoheit des Vaticanischen Gottes zu erhalten/ mit welchen sie auch/ voraus in Spanien/ so weit kommen/ daß sie ihre Greuel zu befestigen/ die reine Evangelische Lehre dem gemeinen Manne so verlästern/ daß sie ihnen fest eingebildet/ die Lutherischen glaubten an keinen GOtt/ ja so gar an den Teuffel/ nach Ausweisung eines Einfältigen damals von den Holländern in Mastricht gefangenen Spaniers/ der um sein Leben mit diesen Worten bat: *Credo en diablos comos vos otros.* Ich glaube auch an den Teuffel gleich wie ihr. So habe ich selber vor etlichen Jahren mit einem Spanischen Pfaffen zu Wien gute Gemeinschafft gehabt/ und

sel-

selbigen schwerlich überreden können/ daß wir an den Drey Einigen GOtt/ und sonderlich an den H. Geist glaubten/ auch die Jungfrau Maria mit aller Ehrerbietigkeit verehreten/ ingleichen glaubten/ daß sie eine unbefleckte Jungfrau geblieben. Eben dieser Pfaffe war so eyfrig/ daß er in den verbotenen Tagen auch nicht ein Ey anrührete/ hergegen aber hielt er für keine Sünde/ wann er einer Ehebrecherischen Huren für ihr Geld/ wie er mir selber bekannt/ alle Donnerstage eine Messe hielt/ und selbiger Begierden so in diesem bestund/ daß sie ihre Hurerey mit einem andern Kerls/ in den sie sich verliebt/ ausführen mögte / unter dem Kelch / wie sie es zu nennen pflegen/ legte/ wiewol es scheinet daß was diese Hochachtung des Römischen Pabstes betrifft/ er heutiges Tages auch unter den Päbstlern mit seinem Kram von Heiligtümern und dergleichen/ zimlich gesuncken/ so daß wenn er ins künfftig die Potentaten/ oder Soldaten zu dem Türcken-Kriege aufmuntern wolte/ er nicht mehr mit den Pragerischen lächerlichen Jesuiten-Geschencken ausgezogen kommen/ sondern seine Gold-Kronen hervor suchen müste/ welche Jesuiten-Presente denn/ so nach dem Pragerischen Siege die Jesuiten dem General Boucquoi 1621. den 21. Febr. daselbst verehret/ in nachfolgenden Stücken bestanden/ als an 200. Rosen-Krantze/ 200. *Officiis divæ virginis*, 200. Meß-Opffern/ 200. Communionen/ 80. Buß-Psalmen/ 200. Litaneyen von unser lieben Frauen/ 200. Litaneyen des Namens JEsu / 200. Litaneyen aller
Hei-

Heiligen/ 200. Litturyen vom H. Geiste/ 60. Fasttagen/ 60. härne Hembder/ 60. Disciplinen oder Geißlungen.   War dieses nicht ein ansehnliches Jesuiter-Present? Von diesen armen Leuten/ die nur im Königreich Böheim 18. Millionen Güter/ und weil das gantze Königreich auf 60. Millionen geschätzt wird/ dessen dritten Theil besitzen/ folgends wie ein gelehrter Mann ausgerechnet/ wenn gleich auf jeden Jesuiten 300. Reichsthaler jährlicher Unkosten gerechnet werden/ noch über 7. Hundert tausend Gulden Nutzungen in ihren verborgenen Schatz legen können/ wo bleiben noch darzu der andern Klöster Einkommen/ die in allen Kayserlichen Erbländern bis 16564. gezehlet werden?

Es ist kein Zweiffel/ sagte Florissohn/ daß noch viel tapffere gewissenhaffte Leute im Pabstum sind/ die das Zeichen des Thieres genugsam sehen/ und vor solchen Greuln ein Abscheu haben/ wiewol ich die Herren auch versichern will/ daß die meisten von dergleichen Schrifften/ nicht eben aus solchem Eyfer zur Warheit/ sondern mehrentheils entweder aus Verdruß/ daß sie nicht auch zu einigen hohen Priesterlichen Würden gelangen können/ und ihnen andere darinnen vorgezogen werden/ oder auch aus Gewinnsucht ihrer Urheber/ also guten theils zu dem Ende herausser kommen/ den Teutschen/ die insgemein/ wenn sie zu Rom sind/ zu dergleichen Sachen Belieben haben/ die Beutel zu leeren/ woraus sie ihnen denn solche Schmähe-Schrifften/ wie sie vorgeben/ in grosser Geheim um ein sehr hohes anschmie-

schmieren/dieſe aber wunder vermeinen/was ſie für
Schätze mit ſich ins Vatterland zurücke bringen
werden/ da ſie doch ſelbige hernach daſelbſt ſchon zu
Genff gedrucket/und in ſolchem Preiſſe finden/ daß
ſie dasjenige/worfür ſie zu Rom 10. bis 12. Kronen
gegeben/ daſelbſt als keine ſonderbare Seltzamkeit
mehr/ für eine halbe haben können/ wiewol es ſcheinet/ daß dem Leti zu Genf/ als der alle dieſe anzügliche Schrifften/ als *L' Ambaſciata di Romulo, L' anima di Ferrante Pallavicino, l Vaticano langvente, L' Italia Regnante, La Doppia impiccata, Le vita di Donna Olimpia,* und unzählich andere zum Druck beförder/ das Handwerck
geleget/ und nun nicht zu glauben iſt/ daß dieſe
Schrifften ſo gemein mehr ſeyn dörfften/ worbey
es denn abermals nicht ohne ſolche *Paſquinanten*/wenn man hinter ſie kommet/nicht geringe Gefahr haben/auf die Galleren/ die alhier der Zeitung-
Schreiber/ unter dem Worte Galiläa verſtehet/
geſchmidet/ ja auch wol gar an Händen und Zungen/ wie zu Zeiten Pabſtes Sixti *V.* geſtümmelt zu
werden/voraus aber lauffen ſieGefahr/wenn ſie die
Kronen angreiffen/wie ich mich denn erinnere/daß
der Spaniſche Geſandte vor etlichen Jahren zwey
tauſend Kronen auf die Auffindung des Urhebers
ausbot/ der bey damaligem Verluſt der freyen
Grafſchafft Burgund/ unterſchiedener andern
feſten Plätze in den Niederlanden/ auf die Fragen/
warum doch die mächtigen Spanier ſo ſchöne Plätze und gantze Länder verlohren gehen lieſſen/ ohne
daß

daß man einen rechten Ernst zu derer Erhaltung anwendete/ diese Antwort dem Pasquino angehangen: Es wäre eben zu selbiger Zeit von dem Statthalter des Königsreichs Neapolis die Nachricht eingelauffen/ wie sich auf selbigem Palaste/ recht vor dem Zimmer wo der Staats-Rath gehalten wurde/ eine alte Banck befindete/ auf welches sich insgemein das aufwartende Gesindel setzte/ und so viel Geplänter machte/ daß die Königliche *Ministri* nicht selten in ihren Rath-Schlüssen darüber beirret würden/ weil er sich denn zu erinnern wüste/ daß der neulich entstandene Auflauf unter dem *Mas Aniello* aus eben dergleichen kleinen Veränderung seinen Zunder genommen/ und darauf im Rath vom Staat geschlossen worden/ mit dergleichen inskünfftig gegen diesem der Neuigkeiten stets begierigen Volcke nichts weiter ohne Vorwissen des gantzen Spanischen Staats-Raths zu Madrit vorzunehmen/ als verlangte er von dar Befehl/ wessen er sich in diesem schweren Wercke zu verhalten hätte/ worauf auch dieser grosse Rath solches in gehörige Hochachtung gezogen/ und sich kaum nach vierfächtigen grossen über ein Jahr hinaus laussenden Rath-Schlüssen/ dahin vergleichen können/ daß man vor dem End-Bescheid einen Courrier nach Neapolis abfertigen solte/ die Länge/ Breite/ und Dicke dieser Banck abzumässen/ und darüber alsdenn weitern Bericht abzustatten/ das zwar auch nach einer halb jährigen Verrichtung geschehen/ und darauf fast der Schluß dahin gegangen/
daß

daß man solche Banck wegschaffen/ und zu den an#
dern Staats-Angelegenheiten fortschreiten sollte/
wenn nicht abermals einer von den Grossen auff
geworffen/ wie nicht nur der Currier vergessen zu
beobachten/ von was für Holtze diese Banck wäre/
sondern er sich auch zu besinnen hätte/ daß selbige
schon zur Zeit Kayser Carl deß Fünfften dahin ge#
setzet worden/ der grosse Rath vom Estat aber sich
genugsam zu erinnern hätte/ wie gefährlich es wä#
re/ und daß eben solches der gröste Antrieb zu ober#
wehnter Rebellion gewesen/ diesem Volcke auch
das geringste/ so sie von diesem Kayser hätten/ zu
verändern/ derohalben dahin rathende/ daß weil
es sich mit des Staats unverständigen Couriren
nicht thun liesse/ eine ansehnliche Commission
aus ihrem eigenen Mittel/ jedoch aber auch nur
dergestalt/ daß selbige gleichwol nichts darinnen
schliessen/ sondern alsdann vorhero wiederum be#
richten solte/ dahin zu beordnen inmittelst aber alle
andere Reichs-Angelegenheiten/ biß dahin anste#
hen zu lassen/ das auch endlich von allen beliebet/
und *Don Camillo de Monte fulminante* zu sol#
chem *principal Commissario*, nebenst andern be#
nähmet wäre/ der denn nunmehro seinen
Zugehörigen *apparat* darnach einrichtete/ um et#
wan nach ein par Monaten von Madrit außzu#
brechen.

Ich muß bekennen/ sagte der Herr Doctor/ daß
dieses ein spitziger die Spänische Langsamkeit ziem#
lich durchhechelnder Vogel gewesen/ mich darbey

verwundernde/ daß die listigen Jesuiten/ als die ja sonst die hundert etliche und zwantzig Jahr her/ als sie in der Welt ausgetretten / ihre äusserste Sorge seyn lassen / alle die Römische Kirche überstreitende Schrifften zu unterdrucken/ und zu verfälschen/ nicht besser auf solche Schmähe-Schrifften Achtung geben/ und dafür Rath schaffen.

Sie sparen auch hierinnen keinen Fleiß/ sagte Florissohn/ was aber meinet der Herr Doctor daß dieser Orden allererst vor so wenig Jahren aufgetretten sey)/ hat er denn so wenig unsern so offte angezogenen *Cornelius Tacitus* gelesen / daß er nicht fast zu Ende deß 16. seiner Jahr-Bücher bemercket/ wie er unter diesen ausdrücklichen Worten: *Mox datus testibus locus, & quantum misericordiæ sævitia accusationis permoverat, tantum iræ P. Egnatius testis concivit Cliens hic Sorani, & tunc emptus ad opprimendum amicum authoritatem Stoicæ sectæ præferebat, habitú, & ore ad exprimendam imaginem honesti exercitus, cæterùm animo perfidiosus, & subdolus, avaritiam ac libidinem occultans, quæ postquàm pecuniâ reclusa sunt, dedit exemplum, præcavendi, quomodo fraudibus involutos aut flagitiis commaculatos, sic specie bonarum artium falsos, & amicitiæ fallaces.* Diesen Orden nach seinen Wissenschafften/ Gewissen/ Sitten/ und arglistigen Künsten / so eigentlich beschreibet/ ja ihren Urheber den *P. Jgnatius* / welches eben so viel als Egnatius ist / so ausführlich mit Namen nennet/ daß

daß/wenn er gleich hundert Jahr ihr geheimer Secretarius gewesen/ es nicht ausdrücklicher her er-
zehlen/oder ihre Sitten beschreiben können.

Uber welcher artigen Erfindungen sie alle hertzlich lachten/und der junge Herr von Kronhof weiter
so fortfuhr:

## Lissabon/ vom 26. Julii.

Verwichener Tagen fuhr ein harter Donner-
Streich in hiesigen Pallast/ und zwar durch das
Zimmer und Bette/dessen sich vorhin der gefangene
König bedienet/welches jederman für ein Zeichen seines Todes auslegte/ und um so vielmehr/ weil bald
darauf von Tercera Nachricht einlieff/ daß er gefährlich krank darnieder lege. Es hat aber die darau
erfolgte Post mitgebracht/ daß er schon wieder in
gutem Stande sey/ welches dem Don Pedro mit
seiner Gemahlin schlechte Vergnügung gibt.
Alter Herr von Kronhoff. Unglückseeliger
König/der du auch die bittern Früchte eines geilen
Weibes schmecken must/ als die ohn allen Zweiffel
stärckere Lenden bey dem Schwager/ als dem Gemahl empfunden/ und weil der weiblichen Leichtfertigkeit nichts unergründliches ist/ leicht ein Mittel gefunden haben wird/ ihm wie eine andere Circe/
einen dergleichen kräfftigen Zauber-Becher zu zu-
richten/ der den vielleicht ohne diß schwachsinnigen
Printzen zum völligen Unmenschen/ folgends deß
Reichs untüchtig/ihr aber damit die Bahn zu dem

Schand-Bette mit dem angenehmen Schwager gemacht hat/ und vielleicht kan es auch wol seyn/ daß sie sich deß Recepts der geilen Portugesinnen zu Goa darzu bedienet/ von welchen (wie bereits erwehnet worden) Linschot und andere schreiben/ daß selbige eine gewisse Gifft-Mischung aus dem Kraute Dutroa hätten/ welches sie ihren Eh-Männern/ zur Bedeckung ihrer Geilheit/ so annemlich beybrächten/ daß/ wenn sie auch gleich vor ihren Augen dergleichen Schand-That verübten/ diese dennoch gleichsam lächende darbey säßen/ und entweder nicht bemerckten/ oder nicht unterscheideten/was sie thäten. Was sagt der Herr Magister darzu?

Eusebius. Dieses/ daß ich Eu. Gestreng. hochverständigem Ur-theil hierinnen gerne Beyfall gebe/ und der Gedancken bin/ daß wie der leidige Satan alles Uebel durch ein Weib in der Welt eingeführet/ also noch täglich dahin trachte/ vermittelst dieses bequemen Werckzeuges/ selbiges darinnen zu erhalten/ weiter auszubreiten/ und damit sein Höllisches Reich zu erweitern. Worbey ich denn alle ehrliche/ fromme und tugend-ergebene Weiber ausgeschlossen/ und zur Behauptung solcher Meinung nicht allererst die von den Geschicht-Schreibern aufgenkerckte Trauer-Spiele/ aufwecken/ oder zu derer Ausführung eine Biblische Delila/ Jesabel/ Herodias/ eine Römische Tullia/ Griechische Jrene/ Böhmische Drahomira/ Frantzösische Brunihildis/ Neapolitanische Johanna/ Englische Maria/

ria/ Schottische Stuarda/ Polnische Rixa/ oder auch endlich diese Portugesische Circe/ sondern nur ein und andere viel geringers/ so zu sagen/ gemeine Weiber anführen/ noch auch dero Geilheit und Unteuschheit weitläufftiger entdecken will/ angesehen dieses Laster voraus in den grossen Städten/ und bey grossen Leuten/ schon so weit unter ihnen Bürger-Recht gewonnen/ daß es für keine Schande mehr gehalten wird/ sondern mancher ehrlicher Mann mit gedultigen Augen ansehen muß/ wie ihm seine Ehebrecherin eine frembde Pflantze nach der andern/ in seinen mühsamen Garten setzt/ und ihn dahin verbindet/ daß er Tag und Nacht so wol für solche Banckerte als seine eigene Kinder zu sorgen/ und will er nit noch den allgemeinen Schimpf darzu haben/ oder sich/ dem Sprichwort nach/ mit abgeschnittener Nasen das Antlitz selber schänden/ die Augen zuzumachen/ und seiner Ehebrecher mit aller ersinnlichen Ehr-Bezeugung entgegen zu gehen/ ja auch noch wol selbsten ins Hauß zu locken hat; sondern nur ihren Geld- und Ehr-Geitz kürtzlich zu berühren/ so zeiget der Augenschein/ wie sie ihre äusserste Sorge seyn lassen/ sich vor andern ans Bret zu setzen/ zu grossen Mitteln zu gelangen/ und sich voraus ihrer Männer Autorität/ die sie in Richterlichen Aemtern haben/ darzu zu bedienen/ dergestalt/ daß wenig Urtheil auf den Rath-Häusern in die Feder kommen/ die nicht bereits schon vorher in der Feder-Cantzeley abgefast seyn/ dann ob ich gleich nicht leugnen will/ daß es noch viel ehrliche

liche Leute giebet/ die sich ihres Gewissens/ und zu der heiligen Gerechtigkeit geleisteten Eides, erinnern/ und gute Gedancken haben mögten/ selbigen redlich nachzukommen/ so fällt es ihnen doch endlich unmöglich/ daß sie nicht zu dem von ihrer Eva theils mit Schmeichel-Worten/ und Thränen/ theils mit Trutz und Befehl dargereichten guldenen Apffel greiffen / und darinnen den Gewissens-Wurm zu ihrer nachmaligen ewigen Verweisung des Paradises fressen. Worbey denn diese Höllische Werckzeuge keine besser nachdringende Uberredungs-Gründe gebrauchen können/ als wenn sie selbige von ihren Kindern nehmen/ und so viel darstellen/ wie man deß H. Apostels Erinnerung nach dahin sorgen müsse/ sie nicht nur in dem allererst auf sie erworbenen Adel-Stande/ und andern Würden zu erhalten/ sondern auch noch mehr bey noch instehendem Leben höher hinauf zu bringen/ angesehen leichte zu erachten/ daß/ wenn der Altar zerbrochen/ man keine Kertze mehr darauf setze/ das ist/ wenn ihr Vatter das Haupt gelegt/ hernach keine Zeit mehr darzu/ sondern sie in keinem grössern Ansehen / als viel andere dergleichen Wittwen seyn würden/ die man itzo/ ob gleich ihre Ehe-Herren damals so grosse Säulen/ und von so guten Verdiensten bey dieser Stadt gewesen/ daß man vermeinet/ man würde es ihnen auf Kind und Kindes-Kinder nicht genugsam vergelten können/ so zu sagen/ nicht einmal durch den löcherigten Zaun mehr ansehe.

Und

Und dieses verſtünde die kluge Frau Cornelia von Geilenſteiu gar wol / die ihrem Eheherren eben ſolches wol eingedruckt / und darben ſo glücklich wäre/daß faſt kein Tag hingienge/daß ihr nicht bald die feiſteſten Rinder/ bald ein ſchönes Stück Wildprät/ bald etliche Eymer Wein in Küche und Keller/bald etliche hundert Rthl. in Beutel / und manches ſchönes Stück Silber / bevoraus bey Erſetzung der Militariſchen Aemter / in den Silber-Schrancken fliege / welches alles denn in Warheit ſehr wol Haußhalten hieſſe / und ein Beyſpiel ſo rühmlicher vätterlicher Vorſorge wäre / deine andere/und voraus er/Herr von Scharrenburg (denn alſo hieß dieſer Herr von dem Regiment der Stadt) billig und um ſo viel mehr nachfolgen ſollte / weil er eben mit ſo viel Kindern beſeeliget / und was das meiſte/ſo viel als ein anderer / ja noch wohl mehr Anſehen und Verſtand auf dem Rathhauſe hätte. Mit welchen ſo Vernunfft- als höllmäſſigen Schein-Gründen / auch endlich dem guten Herren von Scharrenburg das Hertze dermaſſen gerühret ward/daß er ſolchem Statt gab / und voraus mit dieſem Beyſpiel eine ſo gute Probe ſeiner vätterlichen Vorſorge/und weiblichen Gehorſam ablegte/ daß weil er von ſolcher verſchmitzter Klugheit war/ daß er auch Haare von einem Ey ſcheren / und einer Sache / ſie mögte ſo ſchlimm ſeyn / als ſie immer wolte / eine wächſerne Naſen andrehen kunte/Leute genug/ und voraus diejenige Zünfften/ die das Armut mit dem Aufſchlage der Lebens-Mit-

Dd 4 tel zu

tel zu drucken gedachten/ an sich brachte/ die ihm zu diesem Ende den Beutel mit alleuthalben zusammen gesuchten alten Reichs-Thalern/ und grossen Gold-Stücken/ die Küche mit Fleisch und Wildprät/ den Keller mit Wein und Bier/ darneben aber auch die Hölle mit so vielen Brandscheitern des Zorns GOttes mehreten/ daß zu besorgen/ daferne ihm und seines gleichen nicht vermittelst einer ernstlichen Busse/ die Göttliche Barmhertzigkeit zu Hülffe kommen/ ihm solche schöne Goldstücke zu glüenden Höllen-Kohlen/ auf seiner armen Seelen werden/ und die zu diesem Ende gleichfalls spendirte *Frontinjac-Canarien-* und Muscateller Weine/ alsdenn sehr geschweffelt schmecken dörfften. Wiewol man auch darben gesehen/ daß diese Höllen-Küchlein schlechten zeitlichen Segen gehabt/ und kaum auf den dritten Erben kommen/ dannenhero die andern Gestrengen Frauen/ von dem Regiment der Stadt viel klüger thun/ daß sie sich nicht in Kasten/ sondern an allerhand Uppigkeit/ und an das Salomonische Kauffmanns-Gut von Ophir/ als Gold/ Silber/ Affen/ Pfauen/ Papagenen und dergleichen/ legen/ um gleichwol allhier noch eintzige Ergetzlichkeit davon zu geniessen/ ehe sie dermaleinsten nebenst ihren Herren Gemahlen/ schwere Rechenschafft darvon werden geben müssen.

Ich muß bekennen/ daß der Herr Magister denen Ehr- und Geld-süchtigen Frauen einen harten Text gelesen/ sagte der Herr Licentiat; Sind aber dieses alles ihre Griffe/ mit denen sie ihre Ehe-Männer zur ner zur Beförderung der Ungerechtigkeit/ und Verkauffung der Aemter an diejenige/ die das meiste dafür geben/ verleiten/ und also aus den GerichtsStühlen eine öffentliche Kauffmanns-Bude machen? Oder haben sie nicht auch etwan die Hand mitten in dem geistlichen Sode? Dergestalt/ daß schwerlich auch dergleichen Beförderung vor sich gehet/ worbey sie nicht zu Mit-Helffern erkaufft werden.

Auf welchem Fall ich dann diejenigen/ die nach solchen Beförderungen lauffen/ und sich so gottloser Mittel/ der Gottlosigkeit im heiligen PredigAmt zu widerstehen/ bedienen/ für noch leichtsertiger und ungewissenhaffter/ als diese Gold-Eulen/ ja gäntzlich dafür halte/ daß alle diejenigen/ die solcher gestalt sich zu dem Altar deß HErrn eindringen/ keinen ordentlichen Beruf/ aus den sie sich im Creutz und Unglück gründen können/ sondern nach deß Seel. Herrn Johann Gerhards Ausspruch in seinen *L. C. de Ministerio* ein böses Gewissen/ und einen immer-nagenden Wurm im Hertzen haben/ wohin auch der Kayser *Justinian in l. si quenquam 31. C. de Episc. & Cler.* ingleichen *Navell. 6. c. 1.* mit diesen Worten ziehlet: *Neq; pecuniâ oportet Sacerdotium emere, sed solius Domini DEI culturam respicere.* Das wahre Zeichen eines rechtmässigen Beruffes ist/ sagt der Seel. Herr Gerhard/ in angezogenem Orte/ wenn du den/ der dich sendet/ in dem Hertzen empfindest/ das ist/ wenn du nicht selber lauffest/ und der Gedancken bist/ das Amt zu zu deinem Nutzen zu erhalten/ sondern deinen gantzen Vorsatz dahin zu richten/ eher alles/ als den feurigen Eyfer des Wortes GOttes außzugeben.

Wie kan man aber dieses von demjenigen hoffen/ der so viel Geld darauf waget/ und laut der Sächsischen Kirchen-Ordnung *Rubric*: Vom Beruf und Annehmung der Kirchen-Diener/ eine offentliche *Simonie* damit begehet/ oder auch fehlen/ daß ein solcher nicht hierauf seine äuserste Sorge seyn lasse/ solche Unkosten wiederum mit dem ärgerlichen Geitz/ und verfluchten Kirchen-Wucher zu ergäntzen/ also sich diejenigen verdammlichen Mittel zu bedienen/ über die sich schon zu seiner Zeit der gelehrte *Erasmus* in seinen *Chiliadibus* mit diesen Worten beklagt:

Ob es gleich den Christlichen Fürsten sehr unchristlich anstehet/ alles was der Mensch zu seiner Nothdurfft braucht/ mit so vielen Auflagen zu beschwehren/ so ist doch solcher Wucher und Gewinnsucht bey der Geistligkeit noch viel verdammlicher/ als die das jenige was sie umsonst bekommen/ wieder umsonst hergeben sollen. Was siehet man aber nicht für Trauer-Spiele/ die sie mit ihrem Zehenden bey dem gemeinen Volcke anrichten? Kan man auch zur Tauffe kommen/ das ist ein Christ werden/ man bezahle sie denn dafür? Sie verwilligen keine Ehe/ es sey denn Geld dar/ sie hören keine Beichte/ es klinge denn der Groschen dafür. Sie halten keine Messe ohne selbiges/ sie beten nicht umsonst/ sie singen nicht umsonst/ sie predigen nicht umsonst

sonst. Sie legen nicht die Hand auf umsonst. Sie
weihen keinen Kelch oder Stein ohne Geld. Ja
sie geben nicht eher den Leichnam Christi her/ er
werde ihnen denn bezahlet. Was ziehen sie nun
nicht für Geld aus den Beicht-Stühlen? aus den
Ehe-Verwilligungen? aus der Erkauffung der
geistlichen Würden? und was kan man endlich umsonst bey ihnen finden/ nachdem ihnen auch der
Tod/ und das Begräbnus so theuer bezahlet werden muß/ da doch selbiges auch bey den Heyden jederman ohne Geld offen war.

Dahingegen darffst du dir bey den Christen
nicht einbilden/ unter die Erde zu kommen/ wenn du
nicht den kurtzen Raum überflüssig bezahlest/ und
je näher du bey dem Altar liegen wilst/ je mehr Geld
dafür giebest/ wormit es aber auch noch nicht gethan ist/ wenn du nicht auch das Leichtuch/ die Lich-
ter/ die Bahre/ das Kreutz/ die Glocken/ mit vielem
Gelde auf eine halbe Stunde erkauffest. Doch ist
das Aergste darbey/ daß insgemein diejenigen diese
guldene Messen einsammlen/ die nichts tüchtiges
vom Worte GOttes/ und unsträflichen Wandel
aussäen/ sondern sich nur insgemein mit dem Apo-
stolischen Spruche behelffen/ daß ein Arbeiter seines
Lohns werth sey. Gleich als wenn zwischen einem Priester und Tagelöhner kein Unterscheid wäre. Knechtische Arbeit belohnet man billig;
Fürstliche und Priesterliche Dienste aber sollen von
dergleichen Gewinnsucht entfernet seyn. Was hält
der Herr Magister von dieser Erasmischen Lection?

*M. Eu-*

*M. Eusebius.* Dieses/ daß ob zwar der Erasmus solches von der Römischen Clerisey geredet/ ich zwar auch solchen Mißbrauch bey unserer Kirchen nicht rechtfertigen/ dabey aber verhoffen wil/ es werde dem Herren Licentiaten der Apostolische Ausspruch/ daß derjenige/ der dem Altar diene/ auch vom Altar leben solle/ ingleichen genugsam bekand seyn/ daß eine löbl. Obrigkeit bey unsern Kirchen dem *Ministerio* solche Accidentien/ vom Tauffen/ Trauen/ Begräbnüssen/ Beichte sitzen/ und dergleichen/ meistentheils statt ihrer Besoldung zugeeignet/ und sie sich derowegen solcher mit gutem Gewissen/ wol bedienen können.

Der Herr hat recht/ versetzte jener/ daß Erasmus damals noch von der Römischen Geistligkeit geredet. Ich frage aber/ ob es heute zu Tage bey unsern Evangelischen Kirchen besser hergehe/ und ob nicht auch daselbst bisweilen Kröten unter der Schwelle des Tempels/ und Mäuse um die Lade GOttes nisten? Ob man nicht in etlichen grossen Städten nach dem Zeugnus des Wahremunds von Ehrenberg/ bisweilen für eine Begräbnus-Stelle zu hundert Reichsthaler/ für das Leich-Tuch nicht viel weniger geben/ denn auch die Tauffe und Absolution mit dergleichen Aergernuß erkauffen müsse/ daß uns desswegen die Reformirten/ und sonderlich der David Paraus über das 4. Capitel des Propheten Oseä/ mit diesen Worten nicht unbillig außhecheln: Sie wollen die Sünden und die Geschwüre des Volcks nicht recht anrühren: warum?

weil

weil sie ihren Nutzen davon schaffen. So sagt auch das Geistliche Recht, mit dürren Worten/ *Cap. non satis 8. cap. cum in Eccles. extra de Simonia,* daß/ wer etwas von den Begräbnüssen bezahlet nehme/ eine offentliche *Simonie* begehe. Warum? *Ne clerici causeantur humanis mortibus gloriari, si ex cadaveribus studeant quærere compendia.* stehet im *Can. quæst. est in fin. D. cauſ. 13.* Und wo uns dieses Recht nicht anständig ist/ in des *B. Carpz. Conſiſtorial-*Rechten *lib. 2. def. 374.* daß man das Armut umsonst begraben solle. Wo geschihet aber solches? Oder so sehen wir ein so löbliches Exempel/ welches der Barbarische Hebron dem Fremdlinge Abraham darstellete/ als er kein Geld für die Stelle zu der Sara Begräbnuß haben wolte?

Der Herr Licentiat ist in den Consistorial-Rechten viel zu erfahren/ antwortete der Herr Pfarrer/ daß ich zweiffeln solte/ er wüste nicht/ daß/ wie vorgedacht/ dergleichen Accidentien unsern Leuten/ als ein grosses Stücke ihrer Besoldung/ und zwar nicht aus ihrer eigenen Willkühr/ sondern abgemessenen Theil ihrer Obern zukommen/ und sie sich derowegen auch selbsten mit gutem Gewissen/ und darunter auch dasjenige/ was ihnen so wol für die Tauffe gegeben wird/ als des den Herren Reformirten so ärgerlichen Beicht-Pfennigs/ um so viel mehr bedienen können/ weil ihnen beydes nicht als eine Schuldigkeit/ sondern als ein freywilliges Geschencke/ das man thun und lassen kan/ zukommet.

Dannen-

Danntenhero auch die Theologische Facultät zu Leipßig/ und mit selbiger Herr D. Johann Gerhard/ Dedeken/ Balduin/ und andere gewissenhaffte Theologi gar wol schliessen/ daß weil nicht nur der Apostel an die Galater im 6. befihlet/ das Predig-Amt zu verehren und versorgen / sondern auch im alten Testament den Priestern unverboten war/ Geschencke zu nehmen/ und ihr Theil an den Opfern zu haben/ auch unsere heutiges Tages an solchen Beicht-Pfennigen kein so grosses Aergernus begehen/ daß sie die Reformirten deßwegen mit dem Gehasi schimpflicher Weise vergleichen dörffen/ zumälen da ihnen selbiger ingleichen was für die Tauffe kommet/ nicht als eine Schuldigkeit/ sondern als ein solches Geschencke gereichet wird/ das man thun und lassen kan/ wie denn itzt angeführte Facultät/ und Gottseelige Lehrer unserer Kirchen/ dieses darbey ausdrücklich erinnern/ daß man solchen Beicht-Pfennig nicht als ein Lohn/ für vergebene Sünden ansehen/ noch ihn vor/ sondern allererst nach der Absolution/ von den Unvermögenden aber nichts annehmen/ noch eintzigen Verdruß oder Eyfer im Hertzen empfinden solle / man bekomme viel oder wenig/ etwas oder gar nichts. Es hüten sich/ sagen sie daselbst/ unsere Kirchen Diener für aller schändlichen Gewinnsucht/ und daß sie nicht in dem Beicht-Stuhle/ oder bey dem heiligen Abendmal/ wegen des Beicht-Pfenniges/ die Reichen den Armen vorziehen/ sie werffen keinen Groll auf diejenigen/ die ihnen entweder nichts geben können / oder
nichts

nichts geben wollen / noch auf ihre Mit-Brüder/ wenn sie sehen / daß sie mehr als sie bekommen. Mit einem Worte / sie sehen wol zu / daß sie nichts aus Gewinnsucht / sondern alles aus gutem Willen thun!

Es sind schöne Worte und gute Erinnerungen / versuhr der Herr Licentiat / ich weiß aber nicht / ob die Herren Geistlichen selbigen in allem so genau nachkommen/oder auch obiger Vorruck wegen des Beicht-Pfenniges mit dergleichen Behutsamkeit genugsam abgewischt ist. Denn / was ist daran gelegen / ob ich dasjenige was ich geben muß / vor oder nach der Absolution gebe / so versuche es nur einer / wenn es keine Schuldigkeit seyn sol/und sehe ob er nicht so viel Verleumdungen vom Priesterlichen Hause aus / und so viel Stichel-Worte von der Cantzel hören werde / die er gerne sechsfältig abgeltete. Müssen / und gezwungen werden geschicht nicht auf einerley Weise/oder daß ich einen offenbarlich um eine Schuld mahne / sondern auch / wenn ich es ihm mit Verkleinerung so nahe bringe/daß er gerne etwas nicht ansihet / selbige zu vermeiden.

Last uns aber hören / was Herr Luther selber zu dieser Sache sagt. Es ist eine rechte Simonie/ spricht er/wenn man die von GOtt umsonst verliehene Geistliche Gaben / als die Vergebung der Sünden / die heilige Sacramenta / und die Gnade des heiligen Geistes verkauffet. Wo stehet allhier etwas von obiger *Limitation*,oder daß man es vor/ oder nach der Absolution geben solle?

Damit

Damit es aber nicht das Ansehen habe/ als ob ich mich unterstünde die löbliche Evangelische Kirchen-Ordnung zu reformiren/ oder den Herren Geistlichen ihre Zugänge zu mißgönnen/ so wil ich vielmehr selbige gar gerne billigen/ wenn es nur/ wie es nebenst mir viel andere Ehrliche Leute wünschen/ dergestalt könte eingerichtet werden/ daß man den Beicht-Groschen nicht eben bey diesem andächtigen Wercke/ es sey nun vor/ oder nach/ abgielte/ sondern wie es in unterschiedenen Orten gar löblich eingeführet ist/ in einem besondern Orte in der Kirchen ablegte/ und denn endlich auch unter das sämtliche *Ministerium* eintheilete. Sagen sie hierauf/ wie denn dessen gemeine Entschuldigung ist/ daß solcher Gestalt die Leute nicht so viel geben würden; So frage ich/ ob nicht solches ihren Geitz offentlich an Tage lege/ und wie solches mit angeführter Kirchen-Ordnung/ und dem Gebot zufrieden zu seyn/ man bekomme viel oder wenig/ etwas oder nichts/ übereinkomme? Und was kan wol ärgerlicher seyn/ als wenn ich eben zu der Zeit/ da ich meine Sünden/ worunter auch der Geitz und die Geld-Begierden sind/ bereue/ und derer Vergebung suche/ eben denjenigen/ der mir selbige ertheilen sol/ von mir sehe/ den von meinem Vorgänger empfangenen Reichsthaler betrachten/ was Schlags/ oder Schrot er ist/ oder den Ducaten biegen/ ob er auch lötig genug sey/ noch mehr aber/ seinen Amts-Bruder gegen über sitzen/ und die Zähne übereinander beissen/ wenn er sihet/ daß um den andern ein grösser Gedränge / und vornehmere/ folgends nutzbare Beicht-Kinder stehen.

*Avaritia quandoq;, (cur non semper?) clericos invadit.* Die Geistliche Kappe ist bisweilen ein schöner Teppicht/ der garstige Wände bedeckt/ stehet in des *Carpzovii Consistorial*-Rechten lib. I. tit. 9. derohalben leichte zu erachten/ wie dem weniger empfangenden das Hertze für Neid koche. Was kan ich aber für Zuversicht zu einem Artzte haben/ daß er mir der Gicht-Schmertzen abhelffen solle/ der sich selber wegen dieses Ubels nicht auf den Füssen halten kan? So wäre auch wol zu wünschen/ daß die Herren Geistlichen ihre liebe Weiber dahin hielten/ damit sie nicht solches Sünden-Geld zur eignen Uppigkeit/ Geilheit/ Pracht/ und dergleichen/ anwendeten/ noch auch theils so harte darauf verpicht wären/ daß sie ihre Männer/ wenn sie auch schon gleich von den Krankheiten bis auf den Tod zernichtet sind/ und ihrem Amte unmöglich weiter vorstehen können/ mit Zanck und Zwang dahin nötigten/ aufs wenigste diesen so angenehmsten Groschen/ nicht eher aus den Händen zu lassen / biß ihnen die darüber abgemattete Seele ausfähret.

Vor allen Dingen aber wäre zu wünschen/ daß eine löbliche Obrigkeit selber ein wachsames und sorgfältiges Auge auf so gewissenhaffte Sachen hätte/ und voraus bey Beruffung der Kirchen-Diener / mehr das Absehen auf dieser Leute Naturen/ Gemüts-Neigungen/ Sitsamkeit/ Gelehrtheit/ und dergleichen / als den darunter befindlichen Eigennutz/

nutz/ oder ihrer Frauen unverſtändige und erkauffte Recommendationes hätte. Unter welcher erforderten Gelehrtheit aber mehr angeführte löbliche
Kirchen-Ordnungen keines weges die Sophiſtiſche
Gelehrtheit oder vielmehro Zanckſucht/ vermittelſt
welcher ſich derer etliche die gröſte Kunſte einbil-
den/ wenn ſie alles/ was vorkommet/ lincks und
rechts drehen/ und ihres Neben-Bruders Predigten oder Meinungen bey den Patronen wol durchhecheln können/ ſondern vielmehro eine ſittſame
Wiſſenſchafft der Heiligen Schrifft und unſerer
Theologen gelehrten Schrifften vorſtehen/ und die
mit einem Worte in ihren Predigten ſelber vor
Andacht brennen/ wenn ſie andere damit recht anzünden wollen. *Hujus Doctoris Ecclesiastici ver-
ba tonitrua sunt, cujus vita fulgur est*; ſagt ein
gewiſſer Lehrer/ da hingegen aber Nazianzenus/
daß derjenige/ der wol lehret/ und übel lebet/ mit einer Hand wieder einreiſſe/ was er mit der andern
gebauet hat.

Ferner ſolte man bey dergleichen Beruff ſolche
Leute meiden/ die ſich gerne in weltliche Händel mi-
ſchen/ wuchern/ und Kauffmannſchafft treiben/
ſich der Quackſalberey und Kalendermachen be-
fleiſſen/ und eher ein Waſſer-Glaß als die Bibel in
der Hand haben/ denn wol leſen wir/ ſagt der ſelige
Herr Doctor Gerhard/ daß jemals ein Apoſtel zu
rechte geſeſſen/ oder etwan einen Gräntz-Commiſ-
ſarium abgegeben? Zwar finden wir wol/ daß ſie
offte vor Gerichte geſtanden/ und gerichtet worden/
nie-

niemals aber/ daß sie selber Richter gewesen. Fragt man warum? So wird uns der Kayser Ludwig bey dem Aventino mit diesen Worten bescheiden: Weil ein anders der Psalter/ ein anders die Leyer/ ein anders der Gekreutzigte/ und die oberste Gewalt/ ein Soldat/ und Priester/ der Predigt und Schöppen-Stuhl/ der Kayser und Hirte/ Waffen und Heiligtum/ Krieg und Friede/ Herr und Knecht. So hat es auch mit ihrem Straff-Amte eine solche Beschaffenheit/ daß sie es des Apostels Erinnerung nach/ mit Sanfftmut treiben/ und nicht diese heilsame Artzney mit Gifft vermischen/ das ist/ ihre eigene Affecten auf die Kantzel bringen/ sondern nur gedencken sollen/ daß/ wenn sie ehrliche Leute daselbsten entweder mit ausgedruckten Namen/ oder doch solcher Beschreibung/ daß es die Bauren wol mercken können/ anzapffen/ man sie eben deßwegen wol vor Gerichte fordern/ und den ausgesetzten Rechten nach/ straffen könne.

So wäre es auch endlich besser gethan/ wenn eine löbliche Obrigkeit/ nach Anweisung mehr-berührter Sächsischer Kirchen-Ordnung/ bey dergleichen Beförderungen/ stets auf ihre eigene Lands-Kinder und *Stipendiaten* sehe/ uñ sie den Frembdē vorziehe/ angesehen auſſer diesem/ daß man ihre Eltern/ und sie von Jugend auf kennet/ weiß wie sie erzogen/ oder was sie gelernet haben/ und daß man nicht an statt eines Hirten/ einen Miedling/ der den Schäfen die Wolle abzwackt/ oder tückischen Fuchs bekomme/ und selbigen hernach gleichwol wider Danck

und

und Willen behalten müsse / solche Lands-Kinder gleichsam aus angebohrner Liebe dem Vätterland viel treuer sind / und auch einem ehrlichen alten Bürger / wenn er das Sehlige bey so gemeiner Stadt grösten Theils aus dem Absehen beygesetzt / damit er sein Kind in ein oder ander Ehren-Stelle sehen könne / nicht anders / als mit blutigen Hertzen-Strienen empfinden kan / wenn er selbigem einen Fremden und Ungeschicktern / aus keinem andern Verdienste vorgezogen sihet / als daß er etwan bey einer Gestrengen viel vermögenden Frauen von dem Regiment der Stadt / von einer Ehrsichtigen Schwieger-Mutter / oder andern dergleichen Mecklern eingekaufft ist.

Mit welcher kützlichten Materie ich mich aber nicht länger aufhalten / sondern von dem Herrn Doctor die Natur-Gründe vernehmen will / auf welche diejenigen sich lehnen / die da vermeinen / daß wenn der Donner in Palläste / Kirchen und Thürne einschlägt / solches insgemein eine Anzeigung bevorstehender grosser Veränderung sey.

D. Philonius. Davon weiß ich keine andere / als die der Königliche Prophet schon vorlängst erwähnet / daß Donner und Wind / Feuer / Wasser / und alle Elementa dem Höchsten GOtt / zur Ausführung seiner Straffen / dienen müssen / und daß sich sonder Zweiffel dergleichen Mutmassung auf die so bey den Heyden als Christen mit so vielen Beyspielen befestigte Erfahrung gründet / worvon man mit mehrerm den Valerius Maximus / und

nach)

nach ihm den Julius Obſequens/ ingleichen deß Matthiä Berneggers *Obſervationes* nachſchlagen kan.

Es iſt nicht ohne/ ſprach der alte Herr von Kronhof/ daß GOtt bißweilen mit ſolchen Zeichen der Würckung ſeines gerechten Zorns vorſpiele/ die wir aber nicht ſowol in den Elementen/ ſondern nur bey uns ſelber/ und voraus bey den Gerichts-Stülen ſuchen dörfften. Ich habe es aus der Erfahrung/ ſagt ſchon vor dieſem der Heyde Saluſtius/ daß alle Reiche/ Städte und Völckerſchafften/ ſo lange eine glückliche Regierung geführet/ ſo lange bey ihnen guter Rahtſtatt gefunden/ da hingegen aber wenn ſie das Glücke verlaſſen wollen/ alle nutzbare Raht-Schläge zu nichte gemacht. Ingleichen der Vellejus Paterculus: Man ſihet es insgemein/ daß wenn GOtt ein Volck mit Unglück heimſuchen will/ er vorher allen ihren guten Raht zu nichte mache/ und ſie mit Blindheit ſtraffe.

Stultum facit fortuna quem vult perdere.

Sagt der Poet Syrus. Wormit ſie alſo die Zeitungen beſchloſſen/ als zugleich die von ihrer krancken Tochter zurückkommende Frau von Kronhoff/ ihrem Herrn etwas lächelnde ins Ohre rante/ der auch darüber alſobald auffſtund/ und nachdem er ſeinem Herren Sohn anbefahl/ die Herren indeſſen

sen zu bewirthen/ nebenſt ſeiner Liebſten abtratt/ bald aber darauf mit ihr/ und der Frauen von Ruhmſtein/ wie auch dero Jungfer Tochter zurücke kamen/ und nachdem ſie von allen bewillkommet/ und die Jungfrau dem Herrn Obriſt-Lieutenant der eine ſonderbare/wiewol wegen einer ſo unverhofften Ankunfft erſtaunte/ Freude darüber empfand/an die Seite geſetzt/zu dieſem anfing: Habe ich es nicht geſagt einen Mágneten zu finden/ der den Herren Bruder noch einige Zeit bey mir verarreſtiren ſolte/was dúncket ihn nun zu der Sache? Dieſes/antwortete der Herr Obriſt-Lieutenant/daß der H. Bruder zwar einen Wahrſager-Geiſt habe/ gleichwol aber meiner weitern Beſchwerligkeiten noch nicht genug verſichert ſey/ angeſehen ich meiner Hochwerteſten Frauen Mutter/ auf die Frau von Ruhmſtein deutende/ Meinung/ wie lange ſie alhier zu verweilen geſonnen/ noch nicht vergewiſſert/im übrigen aber mich nach dero Befehl zu richten/ſo gehorſam als ſchuldig bin. Es wird wenigen Beſehls brauchen/verſetzte die Frau von Kronhof/ſondern nur dahin zu gedencken ſeyn/ wie wir uns der Jungfer von Ruhmſtein verſichern/ worauſſichs ſchon weiſen wird/ daß ein eintziges Jungfern-Haar ſtárcker ziehe/als zehen Joch Ochſen. Mit dieſen und andern annehmlichen Geſprächen ſatzten ſie eine Weile fort/ worunter die Frau von Ruhmſtein auf des Herrn Florisſohn Befragung/ wie das Wildadeliche Kindes-Tauffen abgelauffen/erzehlete/daß der Vogelbach deß Morgens bey

ihrer

ihrer Abreise/in gehabten Zwey-Kampffe/dem von Weidesporn einen so gefährlichen Hieb in der Puls-Ader am rechten Arm versetzet/ daß man das Blut nicht zu stillen vermogt/ sondern der gute Kerls auf dem Platze bleiben/ der von Vogelbach aber/ sich nach der Polnischen Gräntze versichern müssen. Wie wäre es sonst Adelich abgegangen/ sagte der alte Herr von Kronhof/ wenn sie nicht einander ritterlich die Hälse gebrochen/ und mit Hoch-Adelicher Tapfferkeit zum Teuffel gefahren/ ihre Weiber und Kinder aber an Bettel-Stab gesetzt hätten.

Dieses letztere ist von der wenigsten Beobachtung/ sagte die Frau von Ruhmstein/ denn weil beide Frauen von diesen ihren Junckern sich nichts mehr zu erfreuen gehabt/ als daß sie ihnen dasjenige/ was sie von der Barmhertzigkeit ihrer mildreichen Nachbaren bißweilen eingesammlet/ vor dem Maule weggefressen/ und liederlich verschwendet haben/ so können sie itzo dieses entübriget/ und wegen solchen Unglücks desto milder von ein und andern zu trösten seyn.

GOtt behüte mich für dergleichen schwermütigem Troste/ sagte die Frau von Kronhof. Wo aber hat unser Herr Obriste Lieutenant seine Gedancken/ daß er so wenig redet und nur bißweilen seitzet/ als wenn ihm die Jungfer von Ruhmstein etwas entfremdet hätte/ und derohalben sie mit stummer Sprache um dessen Wiedererstattung anflehet/ die es aber im Gegentheil auch nicht besser/ und uns dahero Gelegenheit zu fragen macht/ woher so wel

dero angenehmſte Scharmhafftigkeit/ als des Herrn Obriſt-Lieutenants entfallene Sprache, entſtehe? woraus uns denn/ weil wir ihn ſelbſt in ſeinen verliebten Gedancken nicht irre machen wollen/ abermals der Herr Florisſohn wird helffen können. Ich weiß nicht:/ antwortete dieſer/ wie alle dieſe Liebes-Fragen auf mich / in der Liebe bißher unerfahrnen kommen/ da ich doch vermeine es ſolten ſolches die vermählten Herren und Frauen nach ſo offter Jugend-Prüfung am beſten wiſſen / und uns hierinnen zu Lehr-Meiſtern dienen / gegen denen ich es denn alſo verſuchen/ und hernach dero Urtheils gewärtig ſeyn will/ ob ich es werde getroffen haben/ wenn ich von dem erſten dafür halte / daß ein Verliebter bißweilen bey unverhoffter Ankunfft ſeiner Liebſten die Sprache wegen ihrer Hochachtung verliere/ ſich fürchtende/ daß er nicht etwas/ wie bey groſſen Herren reden und begehen mögte/ das ihm daſelbſt eine Verachtung verurſachte. Man wolte denn ſagen/ daß auch ſolches aus der zu hefftigen Gemüts-Neigung / die die Geiſter in Verwirrung bringt/ herrührete/ ſo daß ſie auch wie bey dergleichen andern zu hohen Affecten nicht in ihrer Regelmäſſigen Ordnung bleiben können. Ein ſolches begegnete damals dem vortreffl. Redner Demoſthenes vor dem Könige Philipp in Macedonien / dem Theophraſto Creſio in der Raths-Verſammlung zu Athen / und zu unſern Zeiten vielen andern/ ob ſie ſchon in ander Wege die allervortrefflichſten Redner geweſen. Worbey ich mich zwar noch
ein-

eintziger andern von einem sonderbaren Kopffe außgeworffenen Ursache erinnere/ der dafür hält/ daß etliche Strahlen oder Geister aus den Augen der Liebsten herausser schiessen/ und nach deß Liebsten Hertzen zu steigen/ wo sie denn als frembde Gäste/ diese Unordnung verursachten/ denen aber alsdann bald widerum das Geblüte aus dem Angesichte zu Hülffe kommet/ und die darauf erfolgte Blässe verursacht. Welche *Ration* mir aber dermassen subtil ist/ daß ich sie nur in der Poesi passiren lassen kan/ und also auf die andere Frage/ warum die Schamhafftigkeit vielmehr das Gesichte erröthe/ als erblasse/ zu kommen/ den Gedancken bin/ daß wie die Scham ein Stücke der Furcht ist/ die Furcht aber grossen Theil in zweyen *Spiritibus* als dem Tode und der Schande/ dergestalt bestehe/ daß diese eine Blässe/ jene aber dahero eine Röthe verursache/ weil/ wie der Aristoteles sagt/ bey der Furcht das Geblüte hinunter/ bey der Scham aber/ hinauswärts stiege. *Color, sagt er, in timore deorsum, sed in verecundia sursum fertur.* Der Philosophus Telesius will zwar auf etwas anders kommen/ wenn er dafür hält/ die Schamhafftigkeit sey eine Art deß Zorns/ und dieses Eigenschafft/ daß er das Geblüte nach den äussersten Theilen schickte. Ich sehe aber nicht/ wie er damit fortkommen könne/ und bleibe also bey dem vorigen/ daß die Schamhafftigkeit eine gemässigte Furcht sey/ daß man nichts unanständiges voraus an dem Gesichte begehe/ und derowegen

gen ben solcher Befahrung die Hertzens=Kräffte dahin zu Hülffe beruffe. Wir wollen aber unsern verliebten Herrn Obrist=Lieutenant bald redend machen/ und von ihm vernehmen/ welches bey der Liebe am annehmlichsten sey/ die Liebste zu sehen/ und nicht mit ihr reden dörffen/ oder mit ihr zu reden/ sonder daß man sie sehen könne?

Gleich recht antwortete dieser/ ich habe kaum das Glücke gehabt/ meine allerwehrteste Liebste hier an die Seite bekommen/ umb mich an dero hochstrahlenden Blicken zu belustigen/ daß ich davon wieder abzuziehen seyn solte. Ich geniesse hierbey/ so eines/ als das andere/ und bekümmere mich derowegen um keines Verlust/ als von dem ich wol versichert bin/ derowegen ich denn auch die Auflösung solcher Frage dem Herrn Bruder/ auf den jungen Herren von Kronhof deutende/ überlassen/ und alhier als in einem sichern Hafen ohne Furcht zusehen wil/ was sie für Stürme über einem oder dem andern dergleichen Verluste hermahlen werden.

So sol ichs nun thun/ und solche Fragen über/ eine Sache auflösen/ die ich niemals geprüfet habe/ sagte dieser/ sie mögen es aber auch hierauf so gut annehmen/ als ichs weiß/ und mir Beyfall geben oder nicht/ wenn ich glaube/ daß ob zwar das Gesichte die Königin aller Sinnen sey/ und des Aristoteles Ausspruch nach/ *amore captis inficere est amabilissimum, magisq; hunc sensum quam cæteros eligunt, utpote cum ex eo amor maxime existat.* Das ist/ daß die Liebhaber ihr grosses Vergnügen finden/wenn sie ihre Liebste sehen können/ angesehen aus solchem Anschauen die Liebe mehrentheils erzeuget wird.

### An nescis oculi sunt in amore duces?

Saget auch der Poete/ und dessen allen ungeachtet sage ich/daß/ wenn man eines von beiden entbehren solle / es viel leidlicher sey/ die Augen als die Zunge zwingen müssen/ angesehen die Sprache hierinnen ein weit mehrers thut / und der Liebsten viel näher kommet/als das Gesichte.

Andertens zeigen die hin und her gewechselte Worte schon eine Besitzung der Liebsten an/ als die zwar wider ihren Willen kan angesehen werden/ selbigen aber daferne sie nicht von der Liebe darzu angetrieben wird/ nicht hören darf.

Drittens/ kan man weit besser mit den Worten der Liebsten die Liebe vorbilden/ und sie selbiger dergestalt versichern/ das den Augen nicht möglich ist. Denn auch endlich vermittelst solcher Worte das Hertze erweichen/alle Gegenwürffe abwenden/ sein Verlangen mit Bitten verdopplen/ auch aller Gegentreu versichern/ und wer wolte wol so alber seyn / der/ wenn er die Wahl hätte/ entweder seine Liebste bey Lichte zu sehen/ und nicht zu sprechen/ oder im Finstern mit ihr zu reden/ ohne daß er sie sehe/ nicht dieses letzte vor dem erstern erwehlete?

Wor-

Wormit also der erstern Frage abgeholffen/ und die Ordnung an der andern ist. Ob es nemlich schmertzlicher sey/ die Süssigkeit der Liebe gar nicht zu empfinden/ als nach der Empfindniß zu verlieren? worben es zwar Anfangs wiederum das Ansehen für das erstere hat/ angemerckt dergleichen Verliebter sich sein Verlangen viel hertzlicher/ vortrefflicher und süsser vorbildet/ als es in der That ist/ und dannenhero von dessen Entbehrung auch desto mehr gequälet wird.

Andertens ist der Menschen gemeiner Brauch/ daß/ je mehr ihnen eine Sache verweigert wird/ je enfriger sie darnach trachten/ und sie weit höher schätzen/ als diejenigen/ die sie bereits erhalten/ und ihrer genossen haben: können sie denn solches nicht bekommen/ so ist auch ihr Verdruß desto grösser.

Drittens ist der Verlust eines Dinges/ darüber man keinen Trost hat/ allzeit empfindlicher/ als der noch eintzigen Trost verläst. Nun hat sich aber derjenige/ der der Liebe verlustig wird/ mit diesem zu getrösten/ daß er sie gleichwol einmal besessen/ und genossen hat/ da im Gegentheil der ander auch von dieser Annemlichkeit oder Trost nichts weiß/ und sich also mit gedoppeltem Schmertzen quälen muß.

Vierdtens ist gewiß/ daß das Verlangen/ so auf zweyerley Endzwecke sein Absehen hat/ von weit grössern Nachdrucke ist/ als das nur auf einen zielet. Nun ist aber desjenigen/ der noch niemals zur Liebe gelanget/ Absehen gedoppelt/ nemlich solche zu

erlan-

erlangen/und lange Zeit zu geniessen/ da im Gegentheil derjenige/ der schon in der Besitzung gewesen/ und selbige verlohren hat/nichts mehr begehret/ als nur selbige wiederum zu erlangen/ welches denn nur ein einfaches Verlangen/ und vor jenem vielleichter.

Fünfftens ist ohne allen Zweiffel/ daß/ wenn zwey Personen über der Begierde eines Dinges zusammen kommen/allemal derjenige/der dem andern nachgesetzt wird/den grösten Verdruß daraus empfinde/ daß man ihn für dem andern geringer schätze/ gesetzt nun/ daß zwey zusammen auf eine Liebe zieleten/ und der eine bald abgewiesen/ der ander aber zwar selbige erhielte/nach einziger Zeit aber selbiger wieder verlustig würde/wer wollte nun zweiffeln/daß nicht der erste für dem andern übler daran sey/ weil er sich verachtet gesehen / und noch darzu nichts erhalten hat/ dahingegen aber der ander gleichwol noch die erste Ehre und einzigen Genuß zum besten gehabt.

Der Herr Bruder urtheilet/ als einer/ der vielleichte schon zum öfftern die Proben von beyden ausgestanden/sagte Herr Florissohn/ wird mir aber vergeben/wenn ich ihm hierinnen widerstehen/ und das gantze Gegentheil/ nemlich daß es schmertzhaffter sey/ die einmal genossene Süssigkeit der Liebe wiederum zu verlieren/ als selbige niemals geschmeckt zu haben/ mit nachfolgenden Rationen verfechten werde.

Denn

Denn erſtlich iſt kein Zweiffel/ und aller Welt-Weiſen Meinung/ daß man das Gute nicht beſſer erkenne/ als nur im Gegenſatze deß Böſen/ woraus denn nothwendig folget/ daß derjenige/ der keine Annehmligkeit jemals genoſſen/ ihm auch unmöglich derer Entbehrung ſo ſchwer als einem der ſie gekoſtet/ und verlohren hat/ ankommen läſt/ zum Exempel: Ein Reicher der verarmet/ wird ſein Armut mit weit gröſſern Betrübnus und Ungedult ertragen/ als einer der arm geboren iſt/ deſſen Urſache iſt leichte bey der Hand/ denn weil dieſer nicht geprüffet/ was der Reichtum für Wolluſt mit ſich führet/ ſo iſt ihm auch deſſen Entbehrung deſto leidlicher/ jenem aber deſto beſchwerlicher.

Andertens iſt unwiderſprechlich/ daß derjenige/ der ſein Vergnügen niemals erlanget/ auch nicht ſeinen Stand ändert/ wie der ander/ der/ was er ſchon gehabt/ verleuret/ welche Veränderung aber unmöglich anders/ als mit vielen Hertzens-Stöſſen abgehen/ und ihm nicht anders geſchehen kan/ als wenn einer von dem höchſten Glücke/ zu dem tieffſten Elend herunter ſtürtzte.

Drittens/ wird derjenige/ der ſeine Annehmligkeit verloren/ Tag und Nacht von dem Verlangen gequälet/ ſolches wieder zu erlangen/ von dem aber derjenige/ der nichts verloren hat/ entübriget iſt.

Vierdtens/ wer nichts hat/ verlieret auch nichts/ ſondern erhält nur nicht/ was er verlanget/ dahingegen iſt der ander anfänglich auch mit der

Be-

Begierde ſolches zu erlangen gequålet/ und muß hernach den ſchmertzhafften Verluſt noch darzu haben.

Fünfftens hat derjenige/ der nicht zu ſeinem Vergnügen kommen kan/ ſolches ſeinem widrigen Glücke/ da hingegen aber der ſie erhalten/ und wieder verlohren/ ſolches ſich ſelber oder ſeinem Unverſtande/ daß er es nicht beſſer zu verwahren gewuſt/ zuzumeſſen/wie denn kein Zweiffel/daß uns diejenigen widrigen Zufälle/ ſo uns aus unſer eigenen Schuld widerfahren/viel empfindlicher ſind/ als die uns das Unglücke ohngefehr übern Hals ſchicket.

Sechſtens und letztens/verdoppelt in alle wege das Andencken verlorner Glückſeligkeit den Schmertzen/ dahero ſagt jener Poete:

Lieben wer ein ſchönes Weſen wenn es nicht ſo bald erſtürbe/
Oder doch mit ſeinem Sterben ſein Gedächtnuß nicht verdürbe.

Wormit ich mich aber nicht länger aufhalten wil/ zumalen ich mich ohne dis befahre/daß mit dergleichen fruchtbringende Materie/voraus dem Frauen-Zimmer wenig gedienet/ und es nunmehro auch Zeit ſeyn werde/ dem Herren von Kronhof die Ruhe/dem Herren Obriſt-Lieutenant aber noch etwas Zeit zu vergönnen/ſich/ohne unſere Beirrung/ mit ſeiner Frauen Schwieger-Mutter und Liebſten/

alleine

alleine zu erhalten/ womit sie sich also sämtlich von der Taffel erhoben/ und nach genommenen Wasser/ der Herr von Kronhof zu verstehen gab/ daß er endlich/ weil es ihnē so gefiele/ in diese zeitige Auffstehung desto leichter verwilligen könte/ weil nunmehro sein Haus mit einem solchen Magneten beglücket/ der schwerlich den Herren Obrist-Lieutenant eher als mit dessen Abweichung von dannen entlassen/ und weil er ohne dis die Ehre von des Herren Florissohn angenehmsten Verweilung/ noch auf ein par Wochen versichert/ sich/ sonder Zweiffel auch morgen schon eitrige Gelegenheit ereignen dörffte/ den Herrn Licentiat und dessen Beystand/ wie nicht weniger auch den Herrn Doctor darzu zu vermögen/ wormit sich also abermals diese zur Ruhe begaben/ der Herr Obrist-Lieutenant aber/ seiner angenehmsten Liebstē etwas länger zu geniessen/ selbiger noch ein par Stunden abbrach/ denn auch sich vorsetzte/ folgenden Morgens Vormittig/ mit deß alten Herrn von Kronhof/ und deß Herrn Licentiaten Beystande/ seinen Zweck so vollends einzurichten/ daß sie ohne sonderbare Weitläufftigkeiten und eigennützige Bedingung/ wie viel er vorhero auffwenden/ und hin und wieder spendiren müste/ ehe er/ wie voraus der schändliche Gebrauch in dem eigennutzigen Belissa eingerissen/ seine Liebste erkauffen könte/ die Ehe-Beredung auszusetzen/ auch selbige zu unterzeichen beschlossen/ und auf inständigstes Anhalten/ deß Herrn von Kronhofs sämtlichen versprachen/ sich noch diesen Tag über solcher Ehre bey ihm zu bedienen.  Das

# Der Edelmann.

## Vierdtes Buch.

Eß Morgens hierauf/ kamen der alte Herr von Kronhof/ der Obrist-Lieutenant/ die Frau von Ruhmstein/ und der Hr. Licentiat Hülffrecht/ nebst dem Hr. Pfarrer in einem Zimmer zusammen/ der zwey Verliebten Ehe-Verlöbnus solcher Gestalt kürtzlich abzureden/ und abzufassen/ als inmittelst der junge Herr unserm Holländer/ auf seinem Reit-Platze hinter dem grossen Obst-Garten/ mit Vorführung ein par wol abgerichter Pferde unterhielt. Sie rennten hierauf etliche Rennen nach dem Ringe/ und brachen ein par Lantzen nach dem Quintan/ als ungefehr Juncker Hans Märten mit seinem Weide-Werck über Felde zurücke kam/ den der junge Herr von Kronhof hierauf anschrie/ er solte zu ihnen kommen/ und weisen/ was er Gutes gefangen hätte/ das aber der Alte durchaus nicht verstehen wolte/ sondern sich stellete/ als hörete er es nicht/ und seines Weges/ ohne daß er sie einmal

einmal begrüsset hätte/ dem Hofe zuritt. Dieses ist
ein Zeichen/ sagte der junge Herr von Kronhof/ daß
der alte Phantaste etwan ein par Hasen erjaget/
oder sonst etwas sonderliches geschossen habe/ wormit er sich nun so viel einbildet / als wenn er ein
Dutzend wilde Schwein erlegt hätte. Er ist ein
alter gottloser Mann / der schwerlich deß Jahrs
über ein par Vatter Unser betet/ und weder schreiben noch lesen kan / darbey aber gleichwol so hoffärtig ist/ daß es ihm in dem Hertzen beist/ wenn etwan
mein Herr Vatter einen Gelehrten bey Tische über
ihn setzt/ indem er sich einbildet/ daß weil er nur ein
Edelmann/ alle andere wackere Leute unter ihm stehen müssen. Alle alte Jäger-Streiche/ die er nur gehöret/ haben enttweder er/ oder sein Vatter gethan/
wormit er denn solche Lügen herschneidet/ daß man
Pferde darauf tummeln mögte. Nichts destoweniger aber / ist er klug genug/ bey Verkauffung
des Holtzes/ Partiten zu machen/ und mit den Bauern / welche seine angenehmste Gesellschafft sind/
seinen Unterschlieff zu haben/ wormit er aber neulich so anlief/ daß es nicht viel fehlete/ es hätte ihn der
Herr Vatter / dafern ich ihn nicht erbetten / deßwegen abgeschafft/ weil er noch darzu die leichtsertige
Gewonheit an sich hat/ den Bauern/ wenn er bey
ihnen im Kretscham sitzet / viel von ihren alten Gerechtigkeiten herzusagen/ und sie zu ermahnen/ daß
sie sich nicht darvon bringen lassen solten/ wormit
er auch schon ein und andere Ungelegenheit so weit
verursachet / daß man die Unterthanen zu etlichen
ent-

entwohnten Diensten nicht mehr bringen können/ und als man sie hierüber gezüchtiget/ erfahren müssen/ daß sie ehe alle zum Dorffe hinaus gelauffen/ als sich darzu bequemen wollen.

Etwan vor einem halben Jahre/ hätte er es mit dem Holtze so grob gemacht/ daß er etliche zwantzig Reichs-Thaler in seinen Beutel gestrichen/ und sich dafür einen schönen mit Silber-belegten Hirschfänger/ nebenst darzu gehörigem Gehencke machen lassen. Mein Herr Vatter der sich leicht einbilden kunte/ wo das Geld darzu hergekommen/ fragte ihn gleichwol darum/ dem er aber eines daher log/ als wenn die gesamte Unterthanen dieses Gutes Ritterfeld/ auf Beförderung deß Schultzens/ ihm solchen zur Danckbarkeit hätten machen lassen/ daß er in die zwantzig Jahr hero so viel Wölffe aus dem Wege geräumet hätte. Sie haben recht gethan/ sagte mein Herr Vatter/ last mir aber bald den Schultzen/ mit den Gerichten herkommen/ daß ich es persönlich von ihnen vernehme/ und mich selber für diese Erkäntlichkeit gegen meine Bediente/ bedancke; worauf auch der alte Gecke mit guten Freuden zu ihnen rannte/ und als hätte er alles wol ausgerichtet/ den Schultzen mit den Gerichten unverzüglich herbrachte. Ihr habt/ wie ich höre/ fieng hierauf der Herr Vatter an/ euch gegen Juncker Hanß Märten/ daß er euch die Wölffe sowol aus dem Wege geräumet/ danckbar gehalten/ und diesen Hirsch-Fänger machen lassen/ welches denn eine lobwürdige Sache ist/ sagt mir aber gleich-

Qq 2 wol/

wol/ weil ihr euch allemal beschweret/ wie ihr das Geld zu den allgemeinen Anlagen nicht aufbringen könnet/ wie ihr diesesmal so geschwinde zu Mitteln kommen seyd?

Was solten wir thun/ fing der Schultze an/ Gestrenger Herr/ weil Juncker Märten gleichwol ein ehrlicher alter Juncker ist/ der uns bißher viel Unthiere aus dem Wege geraumet/ und noch ferner aus dem Wege zu räumen versprochen/ so sahen wir endlich/ wie wirs machten/ daß wir ihm zwantzig Reichs-Thaler zu diesem Hirsch-Fänger zu wege brachten/ die ich unterdessen von meinen eigenen Mitteln vorgeschossen habe/ und schon sehen werde/ wie ich es von den Leuten nach und nach wieder zusammen bringe.

Ihr leichtfertige Halluncken/ fing hierauf der Herr Vatter an/ schämet ihr euch nicht/ so frech vor mir/ als eurer Obrigkeit/ solches her zu lügen/ indem ich genugsam weiß/ wo der Hund begraben ligt/ und daß ein und ander unter euch/ ihm die Partiten mit dem Holtze habe helffen machen/ hernachmals aber versprochen/ ihm zur Danckbarkeit eurer Holtz-Dieberey/ welches eigentlich die aus dem Wege geräumte Unthiere sind/ dergleichen falsches Zeugnus abzulegen. Weil ihr denn nun zu dergleichen Leichtfertigkeit kein Bedencken gehabt/ an statt ihr als Gerichte/ andern mit gutem Beyspiel vorgehen solt/ so wil ich/ daß ihr drey Tage mit Händen und Füssen im Stocke ligen/ und nicht eher araus zu entlassen seyn sollet/ biß ihr von dem

Herrn

Herrn Pfarrer ein Zeugnüs bringet/ daß ihr/ weil ihr ja so viel Geldes übrig habt/ zwantzig Reichs-Thaler würcklich in den GOttes-Kasten eingeliefert habet/ womit sie auch/ alsobald über Halß und Kopff in Stock musten/ als inmittelst der alte Hüner-Fresser wie ein begossener Hahn dastund/ und nit wuste/ was er sagen solte. Jhr soltet euch als ein alter Ritters-Mann in Hals hinein schämen/ daß ihr noch bey euren alten Tagen/ mit dergleichen Partiten umgehet/ sagte mein Herr Vatter weiter/ und noch darzu die Unterthanen zu dergleichen Leichtfertigkeit verleitet/ gleich als wenn euch etwas an meinem Brode fehlete/ oder ihr nicht ein Edelmann geblieben wäret/ wenn ihr gleich nicht einen mit Silber-belegten Hirsch-Fänger trüget/ und ob ich zwar Ursache hätte/ selbigen als meinem Forste abgezwacktes Geld/ wiederum in Stücken zu brechen/ und das Geld gleichfalls den Armen zuzueignen/ so will ich ihn euch doch für dißmal lassen/ darbey aber dieses versichern/ daß/ daferne ihr euch nur das geringste weiter darvon gelüsten lasset/ ich euch in meinem Brode nicht länger leiden werde; wormit er ihm den Hirsch-Fänger/ den er bißhero in der Hand gehalten/ vor die Füsse warff/ den aber Juncker Hans Märten geschwinde aufhub/ und ohne eintzige Verantwortung damit darvon gieng/ mich nach etlichen Tagen bittende/ ich wolte ihm doch/ weil er ihn nunmehro ohne Scheu tragen dörffte/ etwan ein Sinn-Bild mit einem Weide-Spruche an das flächste Theil des Silbers oben an der Scheide/ angeben/ und auf meine Unkosten stechen laſſen/ worauf ich auch nicht ſaumete/ und ihm hin und wieder etliche Haſen/ Wind-Hunde/ und Rehe/ an das oberſte flache Theil aber/ eine Sau mit einem Eſels-Kopffe/ und darunter dieſe Reimen ſtechen ließ:

Als dein' Eltern dich gezeugt / kunten ſie
nicht bald erachten/
Ob ſie etwan eine Sau oder Eſel aus dir
machten.
Ich will/ fing der Vatter an/ daß es wer-
den ſoll ein Schwein.
Und ich/ ſprach die Mutter drauf/ daß es
ſoll ein Eſel ſeyn.
Endlich ſah' man aus dem Streit eine
Mißgeburt erſcheinen/
Derer Haupt dem Eſel gleicht/ und das
übrige den Schweinen.

Mein Herr Vatter muſte lachen/ als er dieſe Erfindung ins Geſicht kriegte/ und der alte Narr hat
es noch zur Zeit nicht gemercket/ daß er damit an-
geſtochen iſt/ denn ob ihm zwar das Schwein mit
dem Eſels-Kopffe verdächtig vorkam/ ſo berichtete
ich ihn doch/ daß dermaleinſt dergleichen wilde Sau
bey meines Herrn Groß-Vatters Zeiten auf den
Gütern wäre gefangen worden/ worauf er ſich ſeiner

ner Meinung nach/ auch bald besann/ und darben schwur/ daß er sie noch in der Jugend auf dem Hofe hätte abgemahlet gesehen/ über welchem Gespräche des Herrn von Kronhoffs Leib-Knabe zu ihnen kam/ und sie erinnerte/ wie bereits die Taffel gedeckt wäre/ und die übrigen Herren auf sie warteten/ worauf sie auch nicht säumeten/ sondern sich augenblicklich zurücke/ und nach Tische verfügten/ wo es denn an ein Glückwünschen zur nunmehr besestigten Ehe/ des Herrn Obrist-Lieutenant/ mit der Jungfer von Ruhmstein anging/ und damit diesem lieben Kinde abermals ein und andere Tugend-Röthe abgejagt ward/ biß endlich Juncker Hans Märten einen grossen Trappen/ den er selbigen Morgen geschossen/ und sich bey der Zuruckkunfft damit so viel eingebildet hatte/ aufsetzte. Dieses ist wol ein rechtschaffenes Wildprät/ sagte der alte Herr von Kronhoff/ auf meinem Tische/ und eine sonderbare Ehre für euch Juncker Hans Märten/ daß euch heute das Weide-Glücke damit begünstiget hat/ denn ob zwar vor etlich und zwantzig Jahren dieses Feder-Wildprät auf meinen Gütern nicht so ungemein war/ so hat sichs doch nach der Zeit so weit verlohren/ daß man selten etwas mehrer davon zu Gesichte bekommet; dessen Ursache/ sagte *M. Eusebius,* ist leichte herbey zu bringen: die Welt/ und dero Werckmeisterin die Natur/ nehmen von Jahr zu Jahr/ je länger je mehr ab/ so daß zu befahren/ daß es je länger je schlechter mit dergleichen Geschöpffen und allen andern Erd-Gewächsen werden dörffte.

Dar-

Darvon kan niemand besser/ fiel Juncker Hans Märten drein/ als ich/ und andere Jäger reden/ als die bey weitem nicht so viel Wild mehr in den Wäldern / so viel Fische in den Seen/ so viel Vögel in Gebüschen/ als bey meines Vatters Zeiten finden/ da alles in grossem Uberfluß war/ und mich noch wol die Zeit gedencket/ da man einen Reh=Bock hier aus dem Fenster/ und in dem Obst=Garten ein par wilde Schweine ohne sonderbare Bemühung schiessen konte. Wol getroffen/ antwortete der alte Herr von Kronhof/ hätte euer Vatter/ ihr und andere seines gleichen vor diesem biß hieher nicht die Wälder und Weiher so ungenüssig ausgejaget/ und ausgefischt/ so würdet ihr sonder Zweiffel noch iho einen bessern Uberfluß haben. Am allermeisten aber kommet hierbey in Betrachtung/ daß zur Zeit eures Vatters/ und eurer Jugend/ Teutschland in vollen Kriegs=Flammen stund/ und die wenigsten Lands=Leute bey dem ihrigen bleiben/ oder ihre Güter bewirthen / zugeschweigen auf das Weide=Werck gedencken kunten/ dahero sich das Wild/ und alles über die massen mehrete/ und das Land zu desto besserer Fruchtbarkeit ausruhete/ da hingegen sind zu dieser Zeit aller Orten die Felder ausgerottet/ die Wälder dünne worden / und solcher Gestalt dem Wilde der Auffenthalt geschmälert/ selbiges hin und wieder mit grösserm Fleisse aufgesucht/ die gemeinen Fortzeugungen verhindert/ alle Seen ausgeleeret/ und alles dergestalt geschmälert worden/ daß sie ohnmöglich einen so weitern

tern Uberfluß geben können/ es wäre denn/daß die Göttliche Gerechtigkeit abermals unsere Sünden mit dergleichen Kriege und Landes-Verhinderungen straffte/ auf welchen Fall denn unzweiffelhafft alles dieses wieder zu voriger Menge kommen würde/für welchem Seegen aber uns und unsere Nachkommen die Göttliche Barmhertzigkeit lange Zeit in Gnaden verschonen wolle.

Freylich wol/ fieng der Herr Pfarrer an/ wäre dieser entbehrliche Seegen GOTTES nicht zu wünschen/ gleichwol aber sagt auch die Heilige Schrifft selber/ daß die Himmel veralten/ und mit der Zeit wie ein abgenütztes Kleid zu verwandeln seyn werden/ woraus unwidersprechlich folget/ daß die Natur mit allen ihren Geschöpffen abnehme/die Liebe in den menschlichen Hertzen gegen diese letzte Grund-Suppe der Welt erkalte/ alle Wissenschafften in Abgang gerathen/ die guten Künste untergehen/ und was noch darvon übrig ist/nichts anders als Stückwercke/ oder ausgeschriebene Sachen der rechtschaffenen Gelehrten Alten seyn/ zudem/wo sihet man dergleichen vortrefliche Gebäude/wie die Alten auffführten/ und nicht vielmehr die Erde wegen ihres Altertums hin und wieder vermittelst der Erdbeben/ Wasser-Fluten/ und dergleichen Risse zu gewinnen/ also allgemach auf ihren gäntzlichen Untergang/wie ein baufälliges Haus abzuhängen/ von welcher Meinung ich mich auch als ein Gottes-Gelehrter/ und der in allem die Heilige Schrifft zu seinem unbetrüglichen

Weg-

Weg-Weiser hat/ nicht so leichte kan abwendig machen lassen. Um Vergebung/ fiel allhier der Herr Doctor Philonius drein/ mein Herr Magister/ die Heilige Schrifft wird wol in ihrem Werthe bleiben/ und noch darzu viel deutlicher zu verstehen seyn/ wenn man sie nicht mit Teutschen oder gemeinen Augen/ sondern nach dem Grund-Texte ansiehet/ darzu ich aber/ weil es ohne dem schon so viel verständige Leute/ und voraus der unvergleichliche Joh. Jonston in seinem vortrefflichen Buche von der Beständigkeit der Natur/ zur Genüge verfochten/ nichts mehr sagen will/ als daß diejenigen/ die sich auf so irrigen Wahn lehnen/ entweder die Natur selber nicht verstehen/ oder da sie etwan wissen/ daß diese Welt mit dem von der wahren Gottheit ausgehendem Lichte oder Glantze dergestalt beseliget wird/ daß keine Blume/ ja kein Gräßlein ist/ so nicht von demselbigen sein Wachsthum findet/ nicht begreiffen können/ so lange solche/ ja Laub und alle wachsame Dinge jährlich in ihrem Wachsthum hervor kommen/ Winter und Sommer einander ablösen/ und alle Sterne in ihrem Zirckel verbleiben/ wie es der Augenschein weiset/ alle Elemente in ihrer Ordnung und Würckung verharren/ die Welt nicht abnehmen/ oder sich verringern könne/ und voraus die Erde von nichts minder beständiger Natur/ als der Himmel selber sey/ welches auch/ daferne sie/ wie zu dieser Zeit genug erwiesen/ der Mittel-Punct der Welt ist/ ihre Beständigkeit so viel nöthiger als aller übrigen Welt-Körper/
mit

mit einem Worte eben dieses ohne eintzige wesentliche Veränderung ist/ was sie von Anfang gewesen/ und bis ans Ende der Zeiten seyn wird/ hat sie aber etwan damals bey der Sünd-Flut einen allgemeinen Schaden/ oder auch durch andere Zufälle/ als da sind Zerberstungen oder Uberschwemmungen von der See oder Flüssen erlitten/ so ist solches mehr geschehen durch GOtt den Allerhöchsten/ der ein Theil seines gantzen Reiches/ oder gewisse Stücken und Gesetze in der Welt Ordnung verändern wollen/ oder durch eine gewisse Zerrüttung/ und also gleichsam mehr durch gewisse Kranckheiten der Natur/ als durch Abneigung oder Mangelhafftigkeit der Erden selbsten/ denn es haben alle Körper der Welt ihre gewisse Kranckheiten und Gebrechen/ ob gleich auf unterschiedene Weise/ wie auch die Naturen unterschiedlich sind/ und eine immer vollkommener ist/ als die andere/ doch verändern solche Zufälle der Dinge/ die Natur und Tauerhafftigkeit gegen den gantzen Bau gerechnet/ selbsten nicht/ dem ewigen GOtt aber allein gehöret die Tauerhafftigkeit/ und Unendlichkeit schlechter Dinges zu/ der Himmel aber/ das Wasser/ die Erde/ und die andern Welt-Körper werden ihrem Wesen nach wol bleiben/ bis an das bestimmte Ziel ihres Endes.

Wie denn Thomas Burnetius/ ein gelehrter Engeländer in seinem Buche/ das er *Theoriam telluris sacram* nennet/ mit vielen ansgesuchten Beweiß-Gründen zu verführen bemühet ist/ daß vor der

Sünd

Sündflut weder Berge noch Thäler/ noch die grosse Welt-See/ das Paradieß aber in der heutigen Australischen Welt-Ecke/ und die Zona torrida der Engel mit dem flammenden Schwerdt gewesen/ der die in selbigen Welt-Theile ausgestossene Menschen nicht hierüber in unser Nordliches gelassen. Daß das Paradeis nicht auf einmal verwüstet/ oder seine gänkliche Herrligkeit verlohren/ sondern derer Theils die Leute noch bis zur Sündflut/ mit der es vollends übern Hauffen gegangen/ genossen. Daß bis dahin kein Regen noch Regenbogen/ und die Erd-Kugel glat/ ohne Seen/ Berge/ Thäler/ Inseln/ und denn auch gräder gegen die Sonne gestellet/ also weder Sommer/ noch Winter/ noch Unfruchtbarkeit/ weil das Paradies höher in der Lufft gelegen/ gewesen. Daß mit der Sündflut/ Mosis eigenem Zeugnus nach/ sich der Erden Abgrund eröffnet/ und damit allererst die grosse Welt-See herausser gestürtzet/ die denn so hohes Wasser/ und nicht der vierzigtägigte Regen alleine verursachet/ angesehen wenn es gleich 40. Jahre nach einander geregnet/ nicht so viel Wasser damit herunter kommen können/ daß nur etliche Flüsse über der dichten ungeborstenen Erd-Kugel gewesen/ die sich an etlichen Orten hervor gethan/ und hernach wiederum gleichsam durch ihre Schweißlöcher eingesencket. Daß die Berge allererst nach solcher Börstung hervor gesprungen/ und auch damit so grosse Hölen/ also das schöne Erd-Gebäude

hin

hin und wieder gleichsam zertrümmert/ und zurissen worden.

Daß sich die Erd=Kugel näher gegen Mittag gesencket/ und darauf derer Betrückung wie auch die Jahres Veränderungen / als des Winters/ Sommers/ Frühlings/ Herbsts/ und aus solchen Veränderungen aller Kranckheiten/ und so kurtzen Lebens/ Ursache sey. Daß die Menschen auch dahero länger gelebet/ weil alle Kräuter und Gewächse keiner Verwüstung und Verderbung unterworffen gewesen/ und daß auch die vom Mose erzehlte Schöpffung nicht auf die vielfältige vielleicht wol unzähliche Himmel/ sondern nur auf die Erde und selbige umgebende Elemente/ oder auch nur unterste Sphären zu verstehen.

Daß alle Planeten und Sterne bewohnet/ und die unsichtbaren Himmel/ mit der unermäßlichen Gottheit unerforschlich / denn auch itzo nicht mehr die Frage wäre/ wie die Menschen nach der Sündflut nach der neuen Welt/ sondern daß sie vielmehr aus selbiger nach diesen Nordlichen Theilen kommen. Und daß endlich dieser Haupt=Schluß wo kein Regen/ da sind auch keine Berge/ wo keine Berge/ da ist kein Meer/ wo kein Meer ist/ da sind auch keine Inseln/ derowegen wo nicht Regen/ da ist weder Berg noch Meer/ noch Inseln / ein so unwidersprechlicher Beweiß=Grund wäre/ den man ihm mit keiner Herculus=Keule würde auswinden können.

Und

(622)

Und eben diese Bewandnus hat es auch/ was der Herr *Magister* von der alten sonderbaren Weisheit oder Wissenschafft/ oder daß wir ohne selbige zu dieser Zeit nichts wüsten/ oder nichts bessers hervor bringen könten/ aufgeworffen; wir sind in Warheit in diesem Fall zu abergläubisch/ und auf der alten Wahn zu sehr verpicht/ wenn man glauben soll/ es sey alles/ was die Alten gethan/ recht/ und unwidersprechlich gut gewesen/ vielmehr sage ich/ daß der gröste Tod-Feind/ dardurch der Wissenschafft und Warheit der meiste Schade geschehen/ dieser sey/ daß man sich gar zu unumgänglich auf das Zeugnus anderer beziehet/ und insonderheit seinen Glauben bloß auf das gründet/ was die Alten davon gesagt/ denn es wird einem jeglichen genugsam bekant seyn/ daß man zu itziger Zeit sich so abergläubisch auf die vorigen Zeiten berufft/ daß dieser Zeugnussen mehr gelten/ als jener Vernunfft-Gründe/ denn weil jene Alten so weit von unser heutigen Zeit entfernet sind/ so sind ihre Wercke und Schrifften (dergleichen heutiges Tages selten unwidersprochen bleiben/ es geschehe zu oder kurtz nach ihrer Zeit) nunmehr schon so weit zurücke/ daß sich der Neid nicht mehr an sie zu machen hat/ und je weiter sie von uns ab sind/ je näher vermeinet man sie der Warheit selbst zu seyn. Mich dunckt aber/ wir thun uns selbsten offenbarlich unrecht/ und weichen weit ab von dem Pfade der Warheit. Denn erstlich legen solche Leute ihren Zeiten eine grosse Dienstbarkeit auf/ welche die Freyheit/ derer sich

sich eine jede Zeit natürlich zu bedienen hat / nicht solte leiden / und übernehmen / gestalten auch noch keine so stoltz gewesen / daß sie einer andern etwas dergleichen aufgebürdet / und so hielt es Hippocrates/welcher schon vor 2000. Jahren gelebet / nicht für unrecht / die Lehren seiner Vorfahren entweder zu untersuchen/oder gar zu widerlegen / desgleichen auch Galenus und Aristoteles am allermeisten gethan / und bildete sich doch keiner unter ihnen ein / daß er nicht solte fehlen können / gaben auch ihre Lehre nicht für so unwidersprechliche Warheit aus / sondern wenn sie entweder von ihrer eigenen Erfindung Meldung thaten / oder eines andern Meinung verwarffen / so brauchten sie überal Verstand und Redligkeit / und bestättigten nicht allein das Jhrige mit starcken Gründen / sondern unterwarffen sich auch andern bessern Gedancken / wenn künfftig etwas weiters davon solte entdecket werden.

Zum andern bedencken diejenigen / so die vergangene Zeiten so anbeten / nicht / daß selbige einsten auch gegenwärtig gewesen / wie die Unsrigen itzund sind / und daß sich die Unsrigen also gegen die Zukünfftigen verhalten / wie jene sich gegen uns dermaleins / und wie nun wir uns an sie binden / so mögten dieselben auch mit uns thun / und auch uns so hoch halten / da wir doch solcher Gestalt anitzo uns selbst so unwehrt machen / und gehen solche ungereimte Dinge täglich unter uns vor / da wir doch unsere itzige Zeit so hoch ausstreichen / und andere dagegen vernichten / und wenn man unpar=
	then=

thenisch davon reden wil/ so begehen alte Leute/ von denen wir die grösten Exempel der Weißheit nehmen solten / in diesem Stücke die grösten Thorheiten/ und rühmen die Zeit ihrer Jugend/ deren sie sich doch kaum mehr erinnern/ aufs wenigste die Sache nicht wol verstehen/ indem sie dieselben Jahre erheben/ welche doch ihre Vor-Eltern auch verworffen/ und hingegen diejenigen vernichten/ welche von alten grauen Häuptern/ aus ihren Nachkömmlingen auch hoch gehalten werden/ und also findet sich auch ein artiger Brauch etlicher Köpffe/ daß sie die Zeiten ihrer Vor-Eltern groß ausstreichen/ und scharf wider die schlimme Art der gegenwärtigen Welt schreiben/ und reden/ und das können sie doch nicht füglich thun/ wenn sie nicht hefftige Redens-Arten und spitzige Stachel-Schrifften aus den alten Zeiten zu Hülffe nehmen/ und also schelten sie auf die Laster ihrer Zeit/ mit Beschreibung der Laster von jenen Zeiten/ die sie so hervor ziehen/ woraus nichts anders kan geschlossen werden/ als daß zu beyderley Zeit müssen solche Laster im Schwange gegangen seyn/ denn Horatius/ Juvenalis/ und Persius/ sind keine Propheten gewesen/ ob gleich ihre Verse bisweilen scheinen auch unsere Zeiten mit anzustechen/ und ist demnach eine gewisse Anzahl von Lastern die zu allen Zeiten begangen werden/ darwider auch alle Scribenten geschrieben/ und die werden auch tauren so lange die Menschliche Natur tauren wird/ wenn man diese in gewisse ordentliche gemeine Stellen eintheilet/ und aufschreibet/

schreibet/ so kan man sich derer immer zum Predigen bedienen/ und wird sich keine Zeit davon auszuschliessen haben/ biß der grosse Gerichts-Tag kommen wird.

Zum dritten sind auch die Zeugnüsse der Alten/ die unter uns gleichsam als eine Göttliche Antwort geehret werden/wenn wir sie recht betrachten/ nicht allezeit so gar richtig/ daß man ihre Lehre nicht solte etwas besser untersuchen dörffen. Denn etliche und zwar wol die allersubtilesten unter ihnen/ haben uns viel Sachen hinterlassen/ die falsch sind/ und Widerspruch leiden/ nicht nur/ wenn man sie nach genauen und scharffausgesuchten Vernunfft-Gründen überleget/ sondern sie lauffen theils gar wider die allgemeine Erfahrung aller Orten und Länder/ und hiervon könte man viel Exempel anführen aus dem Aristotele und seinem gantzen Buche hindurch von den Thieren/wir wollen aber nur drey anziehen/aus seinen Aufgaben/ die alle unter einer Abtheilung enthalten stehen; denn erstlich fraget er/warum der Mensch huste/ und die Ochsen oder Kühe nicht? Da doch bey Haushaltern gar offt das Gegentheil befunden wird/so gar/ daß auch diejenigen/ so ausdrücklich vom Land-Leben und Haushaltung geschrieben/solches bekräfftigen/und gewisse Mittel darwider aufzeichnen. Weiter fraget er/ warum das Vieh/ als Pferde/ Ochsen und Esel nicht rülzen oder auffstossen? Da man doch das Gegentheil gar offt erfähret/ wie solches auch Columella anmercket. Zum dritten ist seine Frage/

ge/ warum der Menſch alleine graue Haar habe/ da doch jederman vor Augen hat/ und taͤglich ſehen kan/ daß Pferde/ Hunde und Fuͤchſe/ wenn ſie alt werden/ auch grau werden/ in unſern Landen/ und in kalten Laͤndern viel andere Thiere mehr/ und ob gleich dieſes alles etwan moͤgte eine glimpfliche Auslegung leiden/ und ihn in etwas entſchuldigen koͤnnen/ ſo wird man doch ſchwerlich ein Maͤntelein finden koͤnnen/ uͤber dasjenige/ was er im vierdten Buche von den Lufft-Begebnuͤſſen ſetzet/ daß nemlich das Saltz ſich am allerleichteſten aufloͤſen laſſe im kalten Waſſer/ eben ſo wenig/ als dasjenige/ was Dioſcorides ſetzt/ daß das Queck-Silber ſich am beſten aufbehalten laſſe in zinnernen oder bleyernen Geſchirren. Andere Scribenten ſchreiben offtmals zweiffelhafftig/ und zwar in Sachen/ da man gewiſſe Warheit erwartet/ und ſetzen ſolten/ wie es an ſich waͤre/ an derer ſtatt ſie zu verſtehen geben wollen/ daß ſie ſichs nicht getraueten/ und alſo mit anhencken die Woͤrtlein/ *ajunt, ferunt, fortaſſe*, man wil ſagen/ man gibt vor/ es moͤgte vielleichte ꝛc. wie man beym Dioſcoride/ Galeno/ Ariſtotele/ und vielen andern mehr befindet.

Andere ſchreiben vom Hoͤrenſagen/ und beſtehet alles/ was ſie geſchrieben/ nur auf Trauen und Glauben/ alſo daß ihre Buͤcher nichts ſind/ als ein zuſammen geklaubtes Weſen/ ſo ſie entweder aus dem Munde/ oder von Scarteken anderer Leute zuſammen getragen/ wie zu ſehen iſt/ an dem Plinio/

nio/ Aeliano/ Athenäo/ und vielen andern mehr.

Nicht wenig haben das Jhrige nur umgeschrieben/ und ihren Namen unter eines andern Arbeit gesetzt/ und ist also alles was sie gemacht/ nur etwas umgesetztes. Es sey nun/ daß die Lateinischen es aus dem Griechischen übersetzt/ oder daß sowol Griechen als Lateiner es einer von dem andern abgeschrieben/ also hat Justinus alles das seinige von dem Trogo Pompejo entlehnet/ und Julius Solinus/ auf gewisse Weise den Plinium abgeschrieben. Also haben Lucianus und Apulejus/ sich mit dem Lucio Patrense bereichert/ alle beyde zu einer Zeit gelebet/ und ein einiges Buch ausgeschrieben/ und in ihre berühmte Bücher versetzet/ darvon der eine das seinige Lucius/ der andere seines den guldenen Esel nennet. Auf gleiche Weise hat Simocrates in seinem Buche vom Nilo gehandelt mit dem Diodoro Siculo/ wie man sehen kan aus dem Werck/ das dem Herodoto angehenckt und übersetzt ist von Jungermanno. Also hat Eratosthenes gantz umgeschrieben/ den Timotheum de Insulis/ so gar/ daß er nicht einmal eine andere Vorrede gemacht/ sondern die vorige behalten/ dergleichen erzehlet Strabo vom Eudoro und Aristone in einem Buche/ so auch den Titul vom Nilo hat. Clemens Alexandrinus hat viel dergleichen Exempel unter den Griechen aufgezeichnet/ und Plinius redet hiervon gar deutlich in seiner Vorrede/ daß er nemlich/ als er seine Schrifft-Stellen gegen einander gehalten/ und ein Werck neben

Rr 2 dem

dem andern durchlesen/ befunden/ daß gemeiniglich die Nachkommenden das ihrige von Wort zu Wort ausgeschrieben aus den Aeltern/ und derer Bücher doch nie mit einem Worte gedacht/ zugeschweigen daß das Sinnreiche Werck des Ovidii mehr gehörig ist dem Parthenio Chio/ als ihm/ und der hochberühmte Virgilius alle seine Wercke von andern entlehnet hat/ nemlich die *Eclogen,* oder Hirten-Gespräche/ vom Theocrito/ die *Georgica,* oder vom Feld-Bau/ vom Hesiodo/ und Arato/ die Bücher vom Aenea/ vom Homero/ darunter er das ander Buch/ darinnen er die Geschicht mit dem Sinon und dem Trojanischen Pferde erzehlet/ (wie Macrobius anmercket) von Wort zu Wort genommen aus dem Pisander. Auch ist unsere eigene Kunst (von Artzney-Sachen) hiervon nicht frey/ wie denn der Oribasius/ Aetius/ und Aegineta das ihrige auf gewisse Weise aus dem Galeno geschrieben/ aus dem Scribonio Largo von Zusammensetzung der Artzneyen/ und so gar dessen Schluß-Rede nicht aussen gelassen/ daraus können wir sehen/ daß die Alten auch nur Menschen gewesen/ eben gleich wie wir/ und daß die Art des Ausschreibens/ so sich etwan heute zu Tage zuträget/ kein Wunder gewesen ist/ zu ihrer Zeit/ alldieweilen das heutige Schrifft-Stehlen/ oder daß einer seinen hochtrabenden Namen anderer Leute Erfindung oder Arbeit vorsetzet/ sich nicht angefangen mit dem Bücher drücken/ sondern schon zu der Zeit vorgegangen/ als solche Dieberey noch schwer zugieng/

und

und man diese schöne Kunst schon gekunt / als noch nicht so viel Bücher in der Welt waren.

Weil wir denn nun so hefftig an dem Altertum ankleben/ und so gerne anführen/ was in den vorigen Zeiten geschrieben worden / so ist nicht undienlich/ daß wir gleichwol auch betrachten / wie Fabelhafft dieselben Leute gewesen/ und das werden wir nicht laugnen können/ wenn wir bedencken/ wie verlogen insgemein das Volck der Griechen gewesen / von denen wir die meisten Erzehlungen herhaben/ ja daß ein groß Theil der alten Zeit von den Griechen selbst wird die Fabel-Zeit genennet/ weil alles/ was davon geschrieben ist / mehrentheils in lauter Mährlein bestehet; und in Warheit zu selbiger Zeit war man viel geneigter zu Fabeln und Mährlein als sonst jemalen/ und schwärmete / oder dachte damals alles auf solche Gedichte/ und zwar offt aus einem gar schlechten Grund und Anfang/ davon gleichwol die Welt darauf immer vergifftet gewesen/ biß anhero / und können wir / wie grob sie es in diesem Stück gemacht / Exempel haben aus dem Paläphato in seinem Buche von Fabelhafften Geschichten. Die Fabel vom Orpheus/ welcher durch den Klang seiner Harffen/ Wälder uñ Bäume bewegē können/ daß sie ihm nachgefolget/ hatte ihren Ursprung aus einem schlechten Grunde / denn es war ein Hauffen toller Weiber beysammen gewesen/ welche sich in ein Gebürge begeben / und als sie der Orpheus mit seinem Seiten-Spiel wieder besänfftiget/ waren sie von dannen wieder herab kommen/

mit

mit grünen Laubeꝛ-Aesten in ihren Händen / und dieses dauchte die dichtreiche Art derselbigen Zeiten genug zu seyn / die zauberische Krafft der Harffe dieses Orphei so hoch herauszustreichen / und der gantzen Nach-Welt vorzustellen / daß sie auch Sinn-lose Bäume zu- und nach sich ziehen können.

Daß die berühmte Zauberin Medea alte Leute wieder jung machen können / war nichts anders / als daß sie aus der Wissenschafft vieler natürlichen Dinge / unter andern ein Mittel gehabt / graue Haare schwartz zu machen / und alte Köpffe so zu verändern / daß sie wieder jung ausgesehen.

Die Fabel von Gorgon und Cerbero mit drey Köpffen war dieses: Gorgon war aus der Stadt Trinacria / welche den Namen hatte von drey Köpffen / und Cerberus war einer von seinen Hunden an selbigem Ort / welcher / indem er seines Herrn Ochsen nachspürete / in eine tieffe Höle gelauffen war / und weil nun Hercules ihn mit Gewalt aus selbigem Ort heraus getrieben / so wird daraus ein solches Wesen gemacht / biß auf den heutigen Tag / daß Hercules in die Hölle gestiegen / und den Höllen-Hund in die Gegend der Lebendigen herauf gebracht.

Auf gleichem Grunde stehet auch die Fabel vom Briareo / welcher in einer Stadt gewohnet / Namens Hecatonchiria / das ist / hundertarmig / davon die Phantasey derselben Zeiten ihme zuschreibet / daß er hundert Armen und Hände gehabt / auch meineten sie Ursach genug zu haben / dem
Dæda-

Dädalo Flügel anzudichten / weil er von dem Minoe aus einem Fenster entronnen / und mit seinem Sohn Icaro davon gesegelt/und weil er sein Schiff wol zu regieren gewuſt / davon gekommen / da hingegen sein Sohn/weil er das Segel zu hoch geſpannet/ertruncken.

Daß Niobe vom Weinen über ihren Kindern zu einem Stein worden/war nichts anders / als daß sie noch bey ihrer Lebens-Zeit auf ihrem Grabe ihr Bildnus von Marmor setzen laſſen.

Alſo nachdem Actäon das Seinige mit Hunden und groſſen Aufgang von Jagd-Bedienten durchgebracht/ machte man von ihm die bekandte Erzehlung/ daß er von seinen Hunden wäre gefreſſen worden. Und diß war auch die Urſache/ warum man von des Diomedis Pferden zu erzehlen pflag/ daß sie Menschen-Fleisch gefreſſen.

Einen solchen schlechten Grund hatte auch die Fabel von Minotaurus / denn es hatte einer / Namens Taurus / ein Diener des Königes Minos/ deſſen Gemahlin Paſiphae geſchwängert/ von welchem das davon gezeugte Kind Minotaurus genennet ward/ und dieses war zu denselbigen Fabelhafftigen Zeiten schon genug / die Paſiphae zu beschuldigen / als hätte sie mit einem Ochsen zugehalten / daraus hernach in künfftigen Zeiten die Boßheit deß Domitiani Urſach nahm/ dieſe Fabel in der That/ und würcklich so zu spielen.

Auf solche Art / wie Diodorus ausdrücklich meldet / hatte auch ihren Urſprung die bekandte

Rr 4 Fabel

Fabel vom Charon/ welcher nichts anders war/ als der gemeine Schiffmann in Egypten/ der die todten Leichen zu Miemphis über das Wasser füh:
rete/daraus hernach die Griechen ihn zu dem Uber:
führer der Seelen in der Höllen machten/ und aller:
ley solche Mährlein mehr von ihm ausgaben.

Endlich wollen wir uns nicht weitläufftiger hierbey aufhalten/ wenn auch das wahr ist/ was man für den Grund hält/ warum Castor/ Pollux/ und Helena aus einem Ey sollen geboren seyn/ weil nemlich ihre Mutter mit ihnen niederkommen auf einem Altar/ wie denn das Griechische Wort zwar ein Ey heist/ aber bey den Lacedämoniern auch die: se andere Deutung gehabt.

Weiter erheben wir viel Dinges das die Alten gesagt / das doch an ihm selbst nur etwas gemeines ist/und wir selbst offt kurtz vorher in den Gedancken gehabt; zum Exempel: man pflegt gewöhnlich hoch heraus zu streichen/ und können wir es gleichsam in unsern Kunst: Reden nicht lassen / daß wir nicht anführen solten/ was die Weisen aus Griechenland gesagt/ als da sind / das *nosce te ipsum*, wie Thales gelehret/ das ist/ lerne dich selbst können. Oder wie *Pittacus, nosce tempus*, schicke dich in die Zeit. Wie auch den Spruch deß Cleobuli / *ne quid nimis*, man solte in keinem Dinge zu viel thun / welches doch gleichwol unpartheyisch davon zu reden/ nur ge: meine Sitten: Lehren sind/ die nichts sonderbares weiter in sich halten / als was auch unter uns wol gemeine Leute/ ohne weitläufftiges Nachdencken/
offt

offt auf der Stelle zu erinnern pflegen. Also macht man auch so grosses Wesen von den denckwürdigen Sprüchen / oder scharffsinnigen klugen Antworten der Alten / deren man viel findet bey dem Lacertio/ noch mehr bey dem Lycosthene/ wie auch nicht wenig in dem ändern Buche des Macrobii/ dergleichen auch sind die nachdencklichen Reden Ciceronis/ Augusti/ und der Comödien-Schreiber selbiger Zeiten/ darunter doch auch die meisten nicht so groß Wunders werth / und meines Erachtens wol bessere vorfallen zu unsern Zeiten / nicht nur von ernsthafftigen Beantwortungen kluger Leute/ sondern auch von Schertz-Reden in Gesellschafften/ und andern kurtzweiligen Sprüchen/ auch will man ihre Sprich-Wörter so hoch achten/ und hat der Erasmus grosse Mühe angewandt/ daß er dieselben zusammen geklaubet/ darunter doch meines wenigen Erachtens die meisten von unpartheyischen Richtern auch nicht so gar sonderlich geachtet werden/ und wol ihres gleichen haben/ wo nicht übertroffen werden von einigen/ so bey ein und anderm Volck vorfallen / da man nicht so viel studiret / wie auch von vielen / so unter uns gebräuchlich.

Ferners ziehen wir offt zum Zeugnuß an/ da es nicht vonnöthen ist/ und müssen offt Schrifften aus alten Scribenten herhalten / Dinge zu beweisen/ die man ohne dis für gewiß glaubet/ und da ein jedweder der es höret/ und Vernunfft hat / gleich muß Beyfall geben/ auch ohne solches Anführen/

Rr 5 wie

wie denn dergleichen sind. *Nemo mortalium omnibus horis sapit:* Es ist niemand zu allen Zeiten gleich vernünfftig; *Virtute nil præstantius, nil pulchrius:* Es nichts treflichers / noch schöners als die Tugend. *Omnia vincit amor:* Die Liebe überwindet alles. *Præclarum quiddam veritas.* Es ist ein herrlich Ding um die Warheit. Diese alle ob es gleich bekante und gemeine Dinge sind / werden doch offt von vielen angezogen / und würden wol offt wenn sie bloß aus unserm Munde gingen / für läppische Reden gehalten / wenn man aber darbey meldet / so saget Plato / Ovidius / oder Cicero / so muß es alsobald ein zierlicher Spruch heissen. Unter viel hunderten nur ein Exempel anzuziehen / das uns unter die Hand fällt / so fängt der Antonius Guevarre / der wolberedte Spanier / in seinem Buche / die Fürsten Uhr genant / sein Schreiben also an: Apollonius Thyanäus / als er mit den Schulern Hiarchas disputirte / sagte unter andern / daß unter allen natürlichen Leidenschafften keine der Natur gemässer sey / als die Begierde / so ein jeder hat / sein Leben zu erhalten; Dis ist eine bekande Sache / so von jederman wahr gehalten wird / und war also gar zu überflüssig ein Zeugnuß darüber anzuführen / vom Apollonio / oder bis von Indien heraus eine Bekräfftigung zu holen / und deshalben die Gelehrten Schüler des Hiarchä mit einzumengen. Und laß ich demnach einen andern und klügern urtheilen / ob dieses nicht eben so viel ist / als wenn man die gemeinen Regeln / oder das Einmal eins / das

ein

ein jeder weiß/ mit Mathematischen Zeugnüssen bestärcken/ oder sich einbilden wolte/ ein ander wird es eher glauben / daß das gantze grösser sey / als ein Stücke davon/ wenn man den Euclidem darbey anziehe / als wenn es nur bloß an sich gebracht würde. Gewißlich es ist eine Gewonheit die treflich nach Schulfücherey schmeckt/ und ist noch etwas übriges von der Kindheit her/ die wir von der Schulen an noch nicht abgeschüttelt/ allwo man uns mit kleinen Sprüchen anfüllet/ weil man uns zu höhern Dingen noch nicht anführet/ die sich hernach bey uns verjähren / ob wir gleich zu besserm Verstande kommen/ und sich nimmer ausschwitzen lassen/ bis uns das Gedächtnuß gar vergehet. Endlich weil wir der Antiquität so andächtig nachhängen in etlichen Dingen/ so bedencken wir nicht/ daß wir dieselbe gantz hindansetzen in gewissen andern Stücken/ denn gewißlich sie sind nicht nur sehr unvollkommen gewesen in etlichen Meinungen/ sondern haben viel andere Dinge entweder gar nicht gewust/ oder darinnen grob gefehlet/ denn sie verstunden nichts von der Bewegung des achten Himmel-Kreises so von Westen gegen Osten gesetzt wird/ und vermeinten also die so genante Länge der Sternen sey unveränderlich. Sie bildeten sich ein/ der dürre heisse Erd-Gürtel sey unbewohnet/ und hielten also das schönste Theil der Welt für nichts nütze. Jetzund wissen wir aber wol/ daß es volckreich genug ist/ und soll so glücklich und gut daselbst zu wohnen seyn/ daß/ wie vorgedacht/ etliche vermeinet/ es

sey)

ſey das Paradeiß der Erden geweſen/ und ſo wenig glauben daß es unbewohnet ſey/ daß ſie es für das erſtbewohnete halten wollen. Viel von den Alten wolten auch nicht zu laſſen/ daß Leute wären/ ſo die Füſſe gegen uns kehrten/ ſo gar daß etliche die jenigen ſo das Gegentheil behaupteten/ mit dem Bann belegten. Aber die Erfahrung/ und unſere weitgehende Schifffahrten machen/ daß man dieſes nun wol annehmen/ und ungezweiffelt für wahr halten kan. Haben wir ſie nun in etlichen Stücken gantz und gar verlaſſen können/ ſo darff man uns wol für keinen Hochmut auslegen/ daß wir auch in andern ihre Meinung unterſuchen/ und iſt der Vernunfft gar nicht gemäß/ daß man ihnen in allen Stücken anhangen ſoll/ als ob ſie nicht hätten irren können in einigem Dinge. Vielmehr kan man ihnen beweiſen/ daß ſie/ voraus in der Natur-Kunſt/ ſo läppiſche und irrige Meinungen gehabt/ daß man ſich nicht genugſam darüber verwundern kan.

Unter hunderten/ nur etliche weniger zu gedencken/ haben ſie geglaubet/ daß das Criſtall nichts anders/ als ein hartgefrornes Eiß ſey/ da doch ſelbiges unwiderſprechlich unter die Edelgeſteine zu rechnen iſt. Welcher Irrthum ſich auch auf den Magnet/ und andern anziehende Körper/ auf den Diamant/ daß er ſich durch Bocks-Blut erweichen laſſe/ daß das Glas Gifft ſey/ und das Gold eine groſſe Würckung in der Artzney habe/ die Korallen unter dem Waſſer weich/ und der Porcellan aus Eyer-und Krebs-Schalen/ allererſt in hundert Jahfahren gezeuget werde/ auf die unbefindlichen Würckungen der Edelgesteine/ auf die Alraun-Wurtzel/auf das Kraut Eisenbrech genant/ auf den Lorber-Baum/ daß er vor dem Wetter sicher sey/ und andere unbefindliche weitere Würckungen der Kräuter hinaus gezogen. Und was kan närrischer seyn/ als daß man die Leute von dem Elephanten überreden will/ er habe kein Gelencke/ und könne sich nicht niederlegen. Von dem Pferde und der Taube/ daß sie keine Galle hätten/ die sie doch/ wenn sie nur in der Leber gesucht/ wol würden gefunden haben. Von dem Bieber/ daß er dem Jäger zu entkommen/ sich selber seine Geilen ausbeisse. Vom Dachse/ daß er auf der einen Seite kürtzere Beine habe/ als auf der andern. Von der ungestalten und unvollkommenen Geburt des Bärens/ vom Basilisken/ von dem langen Alter der Hirschen/ von dem Eiß-Vogel/ daß er/ wenn man ihn auch ausgedorret aushänget/ den Schnabel dahin kehret/ wo der Wind herkomme. Von den Greisen. Vom Phoenix/ vom Krötenstein. Vom Salamander/ von der doppelgängigen Schlange Amphisbäna/ von der Geburt der Natter/ von der Blindheit der Maulwürffe/ vom Chamäleon. Vom Strauß/ daß er das Eisen verdauet/ und dergleichen. Welche Irrtümer der gelehrte Engeländer Thomas Browne/ in seinem vortrefflichen Buche von Untersuchung gemeiner Irrtümer weitläufftiger angeführet/ und dergestalt widerleget hat/ daß wir solches alhier zu wiederholen keine Ursache

ha-

haben/ ſondern nur dem Herrn Pfarrer auch den übrigen Wahn/ daß bey den Alten auch die andern Wiſſenſchafften der ſo genannten Diſciplinen in gröſſerer Vollkommenheit als bey uns geweſen/ zu widerlegen/ anfänglich/ daferne es ſo gefällig/ von des Herren von Kronhoffs Geſtrengigkeiten erwarten wollen/ wie der Alten Land-Leben beſtellet geweſen/ und gegem dem heutigen zu vergleichen ſey. Worauf ſich ſonder Zweiffel die andern Herren werden gefallen laſſen/ von ſelbigem auf die übrige Wiſſenſchafften fortzuſchreiten/ und damit einen völligen Sieg über des Herrn *Magiſters* Meinung/ daß wir es den Alten nicht gleich thäten/ oder die Welt abnehme/ zu erhalten. Dieſes wird ohn allen Zweiffel keine unedle Zeit-Vertreibung ſeyn/ ſagte dieſer alte hochgelehrte Ritter/ was ſoll uns aber der Herr Pfarrer ſchuldig ſeyn/ wenn er als ein Uberwundener ſeine Fahnen vor uns wird ſencken müſſen? Einen allergehorſamſten Danck/ fing dieſer an/ für ſo hochgeneigte Unterweiſung/ und Abhelffung meiner Unwiſſenheit/ nebenſt einem Glaß Weine/ ſetzte der alte Herr von Kronhof hinzu/ welches der Herr Gefatter jedesmal zur Bezeugung ſeiner Uberwindung wird annehmen müſſen/ worauf er denn alſo anfing:

Vom

## Vom Acker-Bau und Land-Leben.

JN was für Werth bey den alten Römern der Acker-Bau und das Feld-Leben gewesen/ kan man aus des Ciceronis Worten *de Officiis*, abnehmen. Uber das Feld-Leben ist nichts ergetzlichers/ nichts angenehmers/ und das einem freyen Gemüte besser anstehet/ dahero sehen wir/ daß sich bey ihrer ersten Republic auch die vornehmsten Bürger und Raths-Herren dessen nicht geschämet/ und dahero die Fabij/ Lentuli/ Pisones/ Sejani/ Agricolä/ und andere/ ihre Zunamen bekommen/ worbey aber niemand gedencken darff/ als wenn solches Feld-Leben nur bloß auf dem Acker- und Getreide-Bau bestanden/ das denn zwar ein Stücke von selbigem/ und wie noch heute zu Tage von uns mit dem Gesinde und Unterthanen beurbaret war/ dahingegen hatten die Herren selbsten kein Bedencken/ ihre Hände in den kostbaren Weinbergen und Baum-Wercken zu beunmüssigen/ von welchen prächtigsten Gärten voraus berühmet waren/ der Lucullische/ Neronianische/ und Salustische/ derer etliche wie Seneca meldt/ auf hohen Türnen und köstlichen Palästen dergestalt gebauet/ daß sie gleichsam schwebend anzusehen gewesen/ das auch ferner aus des Strabo Worten abzunehmen/ ist/ wenn er des Carrarischen Marmor dergestalt geden-

gedencket. Es sind/ spricht er/ Marmor-Brüche und Bau-Materialien genug daselbst/ die aber mehrentheils nach Rom zu ihren Pallästen in der Stadt/ und auf dem Lande verführet werden/ in welchen letztern denn/ sie grosse Königliche Palläste/ an statt der Lust-Häuser/ auf die Persianische Manier/ aufführen/ worbey es denn das Ansehen hat/ daß voraus des Nero Garten/ von dem vielleicht an einem andern Ort zu handeln seyn wird/ und das Gordianische Vorwerck/ den Vorzug gehabt. Dieses lag/ des Capitolini Bericht nach/ auf dem Prænestinischen Wege/ und hatte dreyhundert Säulen auf einem Fusse/ von welchen 50. Caristische/ 50. Claudianische/ 50. Sienitidische/ 50. Numidische alle von gleicher Gröse waren/ daselbst sahe man 300. mit allem Zugehör ausgezierte Säle/ und dergleichen warme Bäder/ die ausser Rom in der gantzen Welt nicht zu finden waren. So sehen wir denn auch/ daß sie ihre Garten-Spagliere so künstlich/ als wie in Gestalt unterschiedener Thiere/ Thürne/ Schiffe/ und dergleichen ausarbeiten können/ gleichwol aber damit der itzigen Welt nichts zuvorgethan/ denn zugeschweigen/ daß wir nichts von dem Saamen-Werck wissen/ so haben wir noch darzu den aus Indien gebrachten Maiz/ mit vielen andern seltsamen Gewächsen/ und nicht nur daselbsten/ sondern auch im Königreich Neapolis und Sicilien das angenehme Zucker-Gewächse/ von welchem die Alten kaum im Traum etwas gehöret hatten/ dannenhero es Plinius mit

diesen

dieſen Worten beſchreibet: Das Saccaron wächſt in Arabien/ und noch beſſer in Indien/ es iſt aber nichts anders/ als in Rohr gewachſenes Honig/ ſo wie das Gummi weiß ausſihet/ und ſich mit den Zähnen zerbeiſſen läſt/ ſeine gröſte Stücke ſind etwan wie eine Haſelnuß/ und werden zu den Artzneyen gebraucht. Zwar könte es das Anſehen haben/ daß es die Römer der itzigen Welt mit dem Weinwachs/ und itztnennten groſſen Garten-Gebäuen zuvor gethan/ angeſehen ſie ein groſſes Geld drauf ſpendirten/ und alles was in Aſien/ Griechenland/ Armenien und Perſien ſeltſam und koſtbar zu finden war/ abſonderlich aber eine groſſe Menge der prächtigſten Säulen dahin verſetzen lieſſen/ unter welchen Früchten ſie denn/ ſo viel wir ſehen/ die Abricoſen/ Pferſig/ Cedern/ Limonien/ Pomeranzen und dergleichen/ in gröſtem Wehrte/ und ſo viel auf ihre Gärten hielten/ daß/ des Tacitus Bericht nach/ der Valerius Aſiaticus/ als ihm ſchon die Seele ausfahren wolte/ noch für ſeinen Sorge getragen/ nachdem er geſehen/ daß der Holtz-Stoß/ worauf er zu verbrennen geweſen/ dem Baum-Werck gar zu nahe geſtanden/ befohlen/ ſelbigen/ damit ſie von der Flamme keinen Schaden erlitten/ anderwerts hin zu verſetzen. Was ſol aber alles dieſes gegen die Menge oder Pracht der heutigen Römiſchen und Italiäniſchen Gärten zu ſchätzen ſeyn/ unter welchen auch in dem geringſten der Uberfluß von ſo vielen Indianiſchen Gewächſen zu finden/ davon die guten Alten nicht einmal gehöret hatten/

hatten. Ihre so hoch geschätzte Cedern / Pomerantzen/Limonien und dergleichen/ brauchen unsere heutige Gärtner daselbst mehrentheils zu Spaglieren / und wissen so viel fremde Gewächse außzuweisen / daß bißweilen eine eintzige Blumen-Zwiebel und ausländische Staude zu tausend Gulden geschätzet werden/ so haben wir von den alten Bilder-Säulen und Bilder-Wercken auch diesen Vortheil/ daß wir sie nicht/wie jene/mit fast unbeschreibl. Unkosten/aus Asien bringen/ sondern sie nur unter den alten Schutt-Hauffen/wohin sie die Länge der Zeit vergraben/wieder ausgraben/und mit viel grösserer ihnen von der Länge der Zeit beygelegter Hochachtung/wiederum auffsetzen lassen können. Ingleichen sind auch der alten Schildereyen und Mahl-Wercke/ gegen der itzigen/ nur Tocken-Werck / und was den Wein-Wachs anlangt / damit fast alle Hügel durch gantz Welschland befruchtet/ die berühmsten aber/die Neapolitanische / Albanische / Marinische/ Gradulischen/Montferatischen/die rothen Piemonteser / und nicht weniger die Modonesischen / was hierzu Spanien / Franckreich / Teutschland / und Ungarn für edele Gewächse hergeben/ ist jederman bekandt/und dahero unnöthig weiter auszuführen. Was sol man aber von den heutigen Thier-Gärten sagen/ in denen so vielerley Arten Indianischer seltsamer Thiere/Vögel/Fische/und dergleichen/zu finden/ davon die lieben Alten nicht das geringste gewust haben. So legen ohne allen Zweiffel die heutigen Wasser-Künste und Grott-Wercke/ voraus in Welschland/ ihre Erfindungen weit zurücke. Denn was ſolte wol ein Lucullus oder Gordianus heutiges Tages gedencken/ wenn er ſehen ſolte/ aus dergleichen Kunſt-Wercken Lebens-Groͤſſe metallene Drachen/ Loͤwen/ Tieger und dergleichen/ aus mehr als hundert Roͤhren/ gantze Fluͤſſe in die Lufft werffen/ die denn Anfangs daroͤb allerhand Kunſt-Bilder/ als Sonnen/ Regen-Bogen/ und dergleichen vorſtellen/ nachmals aber mit einem angenehmen Geraͤuſche uͤber Klippen und Thaͤler ſich herunter ſtuͤrtzen/ und auf der Ebene eine weite See/ in ſolcher aber wiederum Inſeln/ und in dieſen Inſeln abermals neue Waſſer-Kuͤnſte vorſtellen/ was wuͤrden ſie gedencken / wenn ſie in ſolchen Inſeln nicht nur hoͤreten vollkommene Muſiken ſpielen/ ſondern auch Voͤgel ſingen/ die von den natuͤrlichen am wenigſten zu unterſcheiden ſind/ wie man es denn mit dieſen Stuͤcken ſo weit gebracht / daß der Peter Aldobrandinus ſchon vor hundert Jahren in ſeinem Fraſcatiſchen Kunſt-Garten nicht nur ein beſtaͤndiges vollkommenes Orgel-Werck eingerichtet/ ſondern auch dergleichen kuͤnſtliches Wind- oder Lufft-Zimmer angelegt / ans welchem die andern Zimmer erkuͤhlet werden koͤnnen. Voraus aber waren/ zu meiner Zeit/ in Welſchland beruͤhmt der Garten deß Cardinals Hippolyti von Ferrara zu Tivoli/ dann deß Groß-Hertzogs von Florentz zu Pratolino / und viel andere mehr.

## Von der alten und neuen Ge-
bäuen.

Nach so gegen einander gehaltenem Land-Leben / und Garten-Wercke wollen wir zu den
andern Gebäuen fortschreiten/ dabey es denn zwar
Anfangs einigen Zweiffel abgeben dörffte / ob wir
es zu dieser Zeit den alten Römern / Griechen / und
Asianern in diesem Fall gleich thun/ denn ob zwar/
was die ersten betrifft / sie sich in diesem Anfangs so
mässig verhielten / daß der berühmte Cincinnatus/
als er zum *Dictator* erwählet ward/ mehr nichts als
vier Gewende Ackers besaß / so kam es doch nachmals damit so weit/ daß man nichts vermeinte/ rau-
mig genug zu wohnen / wenn man nicht ein Hauß
hatte / das so groß / als deß Cincinnati Felder gewesen / unter welchen aus den noch befindlichen
Schutt-Mauren deß Kaysers Adriani Vorwerck
und Palast zu Tivoli / und denn auch dasjenige/
worinnen der Clodius gewohnet/ nicht ein schlechtes Häußlein muß gewesen seyn/ weil es/ deß Plinii
Bericht nach / vier hundert sieben und viertzig
$H. S.$ an unserm Gelde biß für sechs mal hundert
tausend Kronen erkaufft war / voraus aber streichen uns die Geschicht-Schreiber das sogenannte
guldene Hauß des Kaysers Nero / so er nach einge-
äschertem Rom für sich aufführen lassen / als ein
sonderbares Wunder-Werck dergestalt heraus/
daß er darinnen ein ehernes Bild von hundert und

zwan-

zwantzig Fuß hoch/und dreyfache Gallerien/ deren jede 1000. Schritt lang gewesen/ in dem Garten aber einen Weiher/ der fast so groß als ein See war/ angelegt/ und um selbigen so viel ansehnliche Gebäue herummer geführet/ daß sie das Ansehen einer Stadt gehabt. In eben diesem Palaste befunden sich Aecker/ Wiesen/ Weiden/ Auen/ Weinberge/ Feder und dergleichen/ mit einer grossen Anzahl wilden und zähmen Viehes/ das rechte WohnGebäu war über und über mit Golde überzogen/ und mit Perlen/ Perle-Mutter/ und Edelgestein an den vornehmsten Orten versetzt. Alle Taffel-oder Speise-Säle waren mit Helffenbeinern Wänden/ und Decken dergestalt angelegt/ daß sie sich von sich selbst verwandelten/ und die Speisenden mit köstlichen Bälsamen und Blumen besprengten. Voraus aber war unter selbigen zur höchsten Verwunderung der eine Saal in Gestalt einer Himmels-Kugel angelegt/ die sich von sich selber wie die natürliche *Sphæra* Tag und Nacht bewegte/ und den ordentlichen Lauff deß Gestirnes vorstellete/ mit einem Worte/ es war so groß und voller Gold/ daß man es insgemein das guldene Hauß nennete/ und die Römer mit diesen StichelVersen darauf spieleten:

Rom wird ein ettzigs Hauß/
Ihr Römer packet ein / daß ihr nach
Vejos ziehet/

Doch schaut auch ob sichs nicht/eh ihr euch
noch bemühet;
Streckt biß nach Vejos aus.

Wolte nun jemand zweiffeln / daß itzo dergleichen Privat-Gebäu auf der Welt zu finden / den kan man dahin bescheiden / daß weil es ein Kayserlicher Sitz gewesen / keines weges unter die Privat-Gebäue zu zehlen / und hierauf in der Vergleichung mit den offenen / vielleicht noch wol seines gleichen haben werde. So ist kein Zweiffel/daß ob gleich bißweilen bey den alten Geschicht-Schreibern zimliche Schnitte mit unterlauffen/nicht noch heute unter den Privat-Gebäuen / voraus in Rom / unter denen Palästen der Cardinäle/ etliche von nicht geringerm Wehrten / als deß Clodii gewesen seyn soll/ gefunden werden / dergestalt/ daß man wol eher daselbst gesehen/ein kaum halb verfertigtes Lust-Haus mit einem kleinen Garten für hundert und funfzig tausend Kronen verkauffen/wie hoch solte man nun das *Vatican*, oder Farnesischen/ Colonnesischen/ Borghesischen/ und andere Paläste schätzen/ deren keiner weniger als sechs Stock-Werck übereinander hat.

Voraus aber hatte unter diesen allen zu meiner Zeit des Cardinals Farnesii den Vorzug/ und so viel man aus dem Vitruvio und Tacito sehen kan / Rom vor dem Neronischen Brande schlechte Häuser und so enge/ trumme und lange Gassen/ daß kaum einer dem andern ausweichen / und keine
Ord=

Ordnung beobachtet werden kunte/ denn weil man damals daß Volck zu Rom mit Millionen zehlete/ und es dahero unmöglich war/ herunter auf der Ebene genugsamen Platz zu finden/ so bemühete sich ein jeder mehren Raum in der Höhe zu gewinnen/ und dergleichen Gebäue auffzuführen/ die mehr den Thürnen als Häusern ähnlich waren/ biß endlich Augustus gebieten ließ/ daß keiner höher als siebenzig Schuhe bauen dorffte/ um ander Gestalt dem Nachbar nicht das Licht zu benehmen/ zu diesem kam/ daß da etwann ein ansehnlicher Pallast gestanden/ im Gegentheil wiederum viel hundert geringe Häuser mit heraus gezogenen Vorhöfen/ und Lauben/ unter welchem die Barbirer dazumal ihr Scher-Handwerck trieben/ zu sehen waren; zu dem kan man auch aus den grossen Palästen schlechte Bequemlichkeit abnehmen/ weil wie vorgedacht/ die Römer viel auf kostbare Säulen hielten/ und die nothwendig ein grosses Stücke des Raumes/ zumal wenn sie in dreyfacher Ordnung hinter einander gesezt/ wegnehmen musten. So findet man auch nicht/ daß sie so prächtige Fenster wie wir/ wol aber so enge Gassen gehabt/ durch welche man nicht anders als zu Fusse gehen können.

Last uns aber von den Privat-zu den andern offentlichen von den alten Geschicht-Schreibern mehrentheils für Wunder-Wercke ausgeschryenen Gebäuen fortschreiten/ von welchen Cassiodorus diese Worte führet:

Die Alten/ spricht er/ zehleten sieben Wunder-Wercke der Welt/ als der Dianä Tempel zu Epheso/ des Königs Mausoli Grab/ den Colossus zu Rhodus das Bild deß Olympischen Jupiters/ deß Königs Cyri Palast/ die Mauren zu Babylon/ und die Pyramides in Egypten/ wer will aber zu dieser Zeit glauben/ daß solches die vornehmsten Gebäu in der Welt gewesen/ weil wir in Rom die Menge von dergleichen sehen/ derowegen wir ihnen auch keinen andern Vorzug als nur deß Altertums gönnen können/ und daß sie zu der Zeit gebauet worden/ da man noch nichts dergleichen oder bessers in der Welt sahe/ zu dieser Zeit aber kan man mit Warheit sagen/ daß Rom das gröste Wunder-Werck der Welt sey. Biß hieher Cassiodorus.

Wollen wir nun aber die so heraus gestrichene öffentliche Gebäue in dem alten Rom etwas genauer durchsuchen/ so werden wir darinnen befinden vier hundert vier und zwantzig Tempel/ unter welchen man dem auf dem Capitolium den Vorzug beylegte.

Dieser war bey nahe ins Viereck gebauet/ indem er nur funfzehen Fuß länger als breit war/ sein gantzer Umfang hielt in sich acht hundert Fuß/ sein prächtigster Giebel war gegen dem Palast/ wo man den Berg hinauf gieng/ und hatte daselbst drey Ordnungen prächtiger Säulen/ von denen eine über die ander stund/ auf den andern zwey Giebeln waren nur zwey Ordnungen/ und das allerkünstlichste/ das vornehmste Thor mit dem
Dach-

Dach-Wercke/ so alles von Ertze und mit Golde so dichte überzogen war/ daß wo man dem Plutar=
chus/ im Leben deß *Publicola*, glauben darff/ diese Verguldung deß Daches alleine biß auf sieben Millionen Kronen unsers Geldes gekostet hat: Grösser als der Capitolinische war/ deß Lipsi Mei=
nung nach/ der Tempel des Friedens/ den Vespa=
sianus am Ende des grossen Marck aufgeführet/ und dessen Länge von drey hundert/ die Breite aber von zwey hundert Schuch/ soll gewesen seyn/ wie=
wol dieser Raum/ aus dessen noch heute zu Tage befindlichen Grund-Gemäuer/ und Uberbleibun=
gen nicht herausser kommet. Plinius und Jose=
phus melden/ daß Vespasianus den kostbaresten Raub und Zierraten aus dem Salomonischen Tempel nach dessen Zerstörung da hinein gebracht habe.

Wie groß das Pantheon/ der grosse Schau=
platz/ und die Adrianischen Gebäue gewesen/ kan man noch heute zu Tage/ wie auch noch ein grosses Theil der warmen Bäder sehen/ von welchen Lip=
sius bezeuget/ daß sie von unbeschreiblicher Weite/ und in dem eintzigen Antoninischen sechzehen hun=
dert Sessel/ auspolirtem Marmor/ zum Gebrauch der Badenden/ befindlich gewesen.

Voraus wendeten die Römer ein grosses auf die Wasserleitungen/ die sie viel Meil-Weges durch Berge und Thäler in die Stadt zu solchen Bä=
dern/ Fisch-Weihern/ und Gärten leiteten/ unter welchen allen man dem vom Kayser Claudius

verfertigten/den Vorzug laſſen muß/als der vierzig Meilen von der Stadt ſeinen Anfang nahm/ und zu ſolcher Höhe gebracht war/ daß man daraus das Waſſer auf allen Bergen der Stadt haben kunte/ und 3000. *H. S.* gekoſtet haben ſoll.

Nicht wenig Wunder-würdig war der ſo genannte Appiſche Weeg/ den der Römiſche Zunfft-Meiſter Appius von Capua biß nach Rom in ſolcher Breite angelegt/ daß 2. Wägen einander leichte ausweichen kunten/ das merckwürdigſte aber davon/ daß die aus andern Orten hergebrachte Kieſel-Steine dermaſſen poliret/ und ins Vier-Ecke geſchnitten/ ingleichen ohne eintziges Metall ſo dicht und feſt an einander geſetzt waren/ daß noch zu des Procopii Zeiten/ und als bereits 900. Jahr darüber hin gefloſſen/ unerachtet er ſolche Zeit über/ täglich ja ſtündlich beritten und befahren worden/ noch kein Stein aus ſeiner Ordnung gerucket/ oder gebrochen ſeyn ſoll/ ungeachtet ſich ſeine Länge ſo weit erſtreckte/ als ein guter Kerl 5. Tagen gehen kunte. Dieſem allem aber ſey wie ihm wolle/ ſo ſehe ich doch nicht/ was uns auch hierinnen die alten Römer zuvor gethan/ das man nicht bereits heute zu Tage theils nachgemacht/ oder wenn man nur Mühe und Unkoſten daran wenden wolte/ noch viel prächtiger nachthun könte. Zum Exempel/ haben nicht 12. Römiſche Päbſte/ ein ſolches Gebäu an der Kirchen zu St. Peter aufgeführet/ das dieſen Appiſchen Weeg/ und alle übrige Wunder-Wercke hinter ſich leget? Hat nicht der Groß-Hertzog

Herzog von Florenz/ so viel Berge abgleichen/ so viel Thäler erhöhen/ und mit unbegreifflichem Unkosten/ durch die grösten Berge/ Wege und Strassen machen lassen/ derer Länge den alten nichts zuvor giebet? Zu geschweigen der von andern Päbsten/ und sonderlich Sirto und Paulo dem V. angelegten kostbaren Wercke/ und daß es auch diesen nichts besonders gewesen/ das Wasser von 16. Meilen her durch Berge/ Thäler und Hügel nach Rom zu leiten. Zwar muß ich gestehen/ daß die warmen Bäder/ wegen ihrer weitschweiffigen Gebäue/ Pläze/ Gärten und andern Lustbarkeiten etwas sonderlichs/ und voraus die Diocletianischen und Caracallischen mit den Antoninischen die prächtigsten gewesen.

Was sind aber diese gegen das vom Philippo dem Andern in Spanien erbauete biß zwantzig Millonen Reichsthaler kostbare Escurial zu schätzen? Mitten in diesem ins Vier-Ecke gebauten Pallaste sihet man das Kloster des heiligen Laurentii/ in dem 100. Münche so bequemlich wohnen können/ daß sie den Königl. Hof/ wenn er aldar ist/ nicht im geringsten irren. Dieses Gebäu hat 20. Gallerien/ eilff tausend Fenster/ mehr als 800. kostbare Säulen/ fast unzehlbare Säle und Zimmer/ an Schildereyen und Mahl-Wercken aber/ fast das beste/ so in der Welt zu finden. Eine Bibliothec von hundert tausend Büchern/ worunter viel eigenhändige Schrifften unterschiedener Heiligen sind. In dessen Sacristey sihet man einen Schatz

von

von unbeschreiblichen Priesterlichen mit Perlen und Edelgesteinen versetzten Kleidern/ und Meß-Gewand/ viel Kelche und Patenen von dichten Golde/ die übrigen zum Dienste der Kirchen erforderten Werck-Zeuge aber/ als Leuchter/ Lampen/ und dergleichen/ von lauter Silber. In dieser Kirchen sind 40. Altäre/ derer jeder des Jahres 40. mal auf eine andere prächtige Weise umgekleidet werden kan. Das gantze Gestühle im Chor/ ist von Indianischem künstlich-ausgeschnittenem Holtze/ und gibet dem so weit beruffenen bey St. Dominico in Bolonien nichts zuvor. Das Sacrament-Häusel/ oder so genannte Tabernacul ist ein Werck von lauter Orientalischen Edelgesteinen/ und auf zwey mal hundert tausend Kronen geschätzt. In dieser Kirchen sind die Königliche Begräbnüsse/ und darbey die lustigsten Gärten/ Wasser-Künste/ und Fisch-Weiher/ wohin der König gemeiniglich in den hitzigen Monden/ weil dieses Gebäu von guter Lufft ist/ und an dem Gebürge liget/ welches beyde Castilien von einander scheidet/ zu kommen pfleget.

Damit wir aber wieder zu der alten Tempeln kommen/ so waren absonderlich berühmet/ daß Römische Pantheon/ der Capitolische Tempel/ des Friedes/ der Diana zu Epheso/ und der Jerusalemische/ oder Tempel Salomonis. Vom Tempel der Diana/ der unter die Sieben Wunder-Wercke der Welt gezehlet wird/ meldet Plinius/ daß er zu mehrer Versicherung für dem Erdbeben/ auf einem sumpffichten Grund gebauet/ und dieser Grund

An-

Anfangs mit Kohlen ausgefüllet / nachmals aber mit Wolle überlegt / gewesen. Hätte man den Grund von St. Peters-Kirche zu Rom eben auf eine solche Weise anlegen wollen / so würden in Warheit alle Wälder und Schaffe in gantz Wälschland nicht genugsame Kohlen und Wolle darzu gehabt haben. Dieses ist ein Werck das gegen der Höhe sich gleichsam biß an die Wolcken anklimmet / und unterwerts biß fast in den Abgrund hinunter steiget / indem sein Grund an sich selber so breit / als unterschiedene andere grosse Tempel / und so tief / als die grösten Thürne / mit einem Worte 100. Werck-Schuh tief / 50. aber breit ist / das darauf gesetzte gantze Gebäu bestehet von innen und aussen / aus dem besten Tiburtinischen Marmor / und der Vordertheil des Giebels zwischen zweyen Thürnen in der Höhe von 500. Werck-Schuen / er hat 6. Thore und eine grosse Anzahl von den köstlichsten Säulen / Gewölbern / und Boden / voraus aber ruhet das Gewölbe auf 13. der grösten Pfeiler. Die Gestalt dieses Tempels ist weder rund noch viereckicht / noch Eyformig / sondern wie ein wunderbares Kreutze. Die gröste Copula mit ihrem Kreutze ist an sich selbsten ein Wunder-Werck / und bestehet in der Höhe von der Erden von 666. Werck-Schuen / im Umfange aber von 200. und die übrigen 4. Copulen von 50. Werck-Schuen. Die Breite des gantzen Tempels bestehet in 625. die Länge aber mit zugerechneter Mauer in 840. und also der gantze Umfang von 2460. Geometrischen Schuen / welches

denn

denn in Warheit eine solche Weite ist/die das gantze Capitolium mit den Tempel des Friedens/ zusammen in sich begreiffen könte. Ja ich wil noch mehr sagen/ daß das Pantheon/ von dem doch Marcellinus so viel Wesens macht / nicht grösser als die grosse Copula und 12. mal kleiner / als diese gantze Peters-Kirche/ ja von daraus die Wunder-Wercke selbsten zu kommen/ der Diana Tempel/ über welchem doch gantz Asien vier hundert Jahr gebauet/ und in der Länge vier hundert und zwantzig/ in seinem gantzen Umkreise aber 1260. Geometrischer Werck-Schue ausgetragen / nicht einsten halb so groß / sondern unter der Helffte noch 5. Schue enger/ als diese Kirche gewesen/ die auch zu ihrer Aufbauung/nicht eine so lange Zeit/ sondern nur etwas über hundert Jahr/ und alleine 12. Päbste/ daran doch etliche kaum ein par Monate gelebet/ guten Willens vonnöthen gehabt/ dann auch jenem in diesem weit zuvor gehet/ weil sein Dach nur von Holtz gewesen. Alhier aber sihet man nichts dergleichen/ sondern lauter Marmor und Metall/ indem sie von oben mit übergoldem Bley/ von innen aber mit den allerfeinesten auf allerhand künstliche Art ausgearbeiteten Marmor so gar biß auf den Bodem bekleidet/ihre Altäre aber von den beruffensten und besten Mahlern die damals gelebet/ ausgemachet sind / und was sol man sagen von den hundert Säulen/ so vor diesem von den alten Kaysern mit unbeschreiblichem Unkosten aus Asien und Africa nach Rom gebracht/ von den Päbsten aber zu

dieser

dieser Kirche gewidmet / und noch andern so nach der Zeit von Alexander dem VII. vor selbigen ausgerichtet sind? Oder auch von den 12. andern von dem schönsten Marmor ausgearbeiteten Säulen/ von denen man glaubet/ daß sie noch aus dem Salomonischen Tempel herkommen/ und Anfangs von dem Vespasiano in den Tempel des Friedens/ von dar aber in diese Kirche versetzet worden oder auch endlich von denen fast unzehlbaren Porphirischen/ Africanischen/ von Serpentin/ Agaten/ Jaspis/ Amethysten / Berg-Krystall/ dichtem Golde/ und Silber ausgearbeiteten Säulen/ von denen man bey dieser Kirche kein grosses Werck machet/ worbey ich denn auch noch dieses gedencken muß/ daß weil die Griechen mit keinem Worte des Salomonischen Tempels gedencken/ sondern nur allenthalben diesen Ephesischen als ein unvergleichliches Wunder-Werck heraus streichen/ jener nicht diesem/ und folgends noch weniger dem Römischen St. Peter zu vergleichen sey. Von diesen Tempeln und Palästen nun/ wollen wir auf die Krieges-Vestungen kommen/ und sehen wie die Alten gegen den heutigen den Stoß halten. Das Capitolium war ausser allem Zweiffel bey den Römern das vornehmste/ und von solcher Stärcke/ daß weil es mehrentheils aus Holtz bestand/ in einem kurtzen Scharmützel im Rauche aufflog/ und nicht besser ging es der Vestung Illiturgum in Spanien / die Scipio mit dem ersten Sturm weg nahm. Alexa und Ussolodum in Gallien hatten ihren eintzigen Vortheil/ an

der

der Höhe. Keine Stadt war fester als Syracusa mit ihrem Castell Arcadina/ welche drey gantzer Jahr die Belagerung zu Wasser und Lande/ under den unvergleichlichen Römischen General-Marcellum außhielt/ und gleichwol bekennet Livius// daß Archimedes mit seinen Mathematischen Werckzeugen ein mehrers zu ihrer Beschützung gethan/ als ihre Vestung/ oder die Tapfferkeit der Soldaten/ wie lange aber solte das gute Syracusa mit seinem Castell außgedauret haben/ wenn es 600000. Canonen-Schüsse/ wie zu unser Zeit Mialta/ aufnehmen/ oder sich mit so vielen Batterien wie Ostende eingeschlossen/ oder mit einem feurigen Hagel von 8000. glüenden Kugeln/ Stinck-Potten/ Carcassen/ und fünff hundert pfündigen Bomben etliche Tage nach einander beängstiget sehen müssen. Ich halte dafür/ Archimedes würde bey Zeiten seinen Mathematischen Kram eingeleget haben/ am allermeisten aber weisen die heutigen Castelle zu Meyland/ Antwerpen/ Metz/ Perpignan/ Malta/ Piacenza/ *Palma nova*, Straßburg/ Küstrin/ Rab/ Comorra/ Wien/ und hundert andern/ was für ein Unterscheid zwischen den alten und neuen Vestungen sey.

Und gleiche Beschaffenheit hat es auch mit der Schönheit und Wolgelegenheit der Städte an sich selbst/ von welchen bey den Alten nur diese drey im Beruff waren/ als Rom in Italien/ Alexandria in Egypten/ und Corinth in Achaja/ Athen/ und Carthago waren mehr berühmt/ und streitbar/ als
schön/

ſchön. Was ſind ſie aber gegen das heutige Rom/ Venedig/ Neapolis/ Meyland/ Florenz/ Genua/ Verona/ und Bolonien zu rechnen? Das einzige Venedig legt aller dreyen Preiß zurücke. Denn wo hat man vor dieſem geſehn/ eine ſo groſſe ſechs Welſche Meilen umfangende Stadt mit dergleichen Paläſten/ derer theils über hundert Werck-Schue aus dem Meer hervor ſteigen/ auf die offene See bauen? Andere wenn ſie dergleichen thun wollen/ ſuchen wo der Grund am feſteſten iſt/ und vermeinden mit Fleiß die ſumpffigten und wäſſrigten Oerter/ Venedig hat das gantze Widerſpiel gethan/ und zum Trutz dieſes Elements/ Tempel/ Thürne/ und Paläſte/ an denjenigen Orten aufgeführet/ wo vor dieſem die Schiffe nicht gar ſicher ligen kunten. Voraus aber muß man/ was die Luſtbarkeit betrifft/ Neapolis den Preiß für allen Welſchen Städten gönnen/ indem die Natur alles was ſich anderwärts zerſtreuet befindet/ als an fruchtbaren Bergen/ annehmlichen Flächen/ luſtigen Thälern/ ſchönen Gärten/ Wieſen/ Inſeln/ Ufern/ Wäldern und Feldern/ daſelbſt zuſammen gebracht/ ſo daß jener Poete gar wol darvon geurtheilet/ daß daſelbſt ein Stücke vom Himmel auf die Erden gefallen ſey. Das Meer iſt daſelbſt ruhig und ſtille/ und ſcheinet daß es ſich an dem ſtets wiederholten Kuſſe der zweyen Berge Veſuvius/ und Pauſilypus nicht genugſam erſättigen könne.

Tt        Die

Die herum liegenden Inseln sind lustig / und fruchtbar / die Hügel trächtig von Wein / Oliven / Pomeranzen / Limonien / Granaten / Cedern und dergleichen / die Felder voll Blummen und Früchte / voraus aber die Stadt selbst von den schönsten und prächtigsten Palästen. Alhier finden sich so viel Cavallier und Herren / als in hundert andern Städten. Das Frauen-Zimmer ist daselbst das schönste in gantz Europa / und das Volck in solcher Menge / daß man insgemein daselbst biß vier hundert tausend Seelen zehlen kan. Nichts destoweniger wie prächtig / reich / groß schön / und volckreich / Neapolis immer seyn mag / so übertrifft es doch Rom an Kirchen / und Palästen / Genua an Reichtum / Bolonien an Gelegenheit / und Uberfluß der Früchte / Florenz und Ferrara / an Schönheit der Strassen / Meyland aber an der Grösse und Menge der Einwohner.

Von

# Von der alten und itzigen Zeit Hoff= und Prang=Zierra= then.

LAſt uns aber/ weil wir noch bey der Bau=
Materie ſind/ weiter umſehen/ wie ſich die Al=
ten mit den Hof=und Prang=Zierraten gehalten/
und ob ſie es uns an Gold und ſilbernen Teppich=
ten/ Spaglieren/ Seſſeln/ Betten/ Schildereyen/
Schreibetiſchen/ Kutſchen und Libereyen/ gleiche
gethan/ worauf wir denn befinden werden/ daß/
wenn es das Bilder=Säul=Werck/ und Uberkrüſti=
rung des feinen Marmors/ denn den Bade=Zeug
betrifft/ wir heutiges Tages ſehr wenig von dieſen
aufzuweiſen haben/ angeſehen Seneca in ſeinem
87. Send=Schreiben/deſſen Uberfluß dergeſtalt be=
ſchreibet: Keiner hält ſich heutiges Tages etwas
zu ſeyn/ wenn nicht ſeine Zimmer und Wände von
groſſen und koſtbaren Taffeln gläntzen/ wenn ſie
nicht von dem köſtlichſten Alexandriniſchen und
Numidiſchen Marmor überleget/ die Fiſch=Weiher
aber mit dem Pariſchen und Thaſiſchen Alaba=
ſter/ den man vor dieſem kaum in den Tempeln zu
Geſichte bekam/ ausgetäffelt ſind/ wenn nicht in
ihren Bädern das Waſſer aus ſilbernen Röhren
flieſſet/ und zwar dieſes alles bey dem gemeinen
Volcke/was ſol man nun ſagen/ wenn man zu den
Bädern der freygelaſſenen Knechte kommet? Welch

Tt 2       eine

eine Menge köstlicher Bilder-Säulen sihet man nicht daselbst/ nicht daß sie etwas nutzen oder tragen/ sondern damit sie nur die grossen Unkosten darzeigen/ja es ist so weit mit der Wollust kommen/ daß nichts mehr übrig/ als daß wir nur vollends auch den Erdboden mit Edelgesteinen pflastern. Damit nun dieser übermütige Pracht nicht weiter hinaus lieff/ so muste man unter den Burgermeistern Quinto Artorio und Octavio Frontone das Gesetz heraus geben/ daß sich forthin niemand mehr gelüsten lassen sollt/aus Massiv guldenen Geschirren zu speisen/und dieses geschah in dem prächtigen Rom/ dem es aber die wollüstige Cleopatra/ voraus mit demjenigen Banquet/ mit welchem sie den Marcum Antonium bewillkommete/ bey weitem zuvor that/ als bey welchem nicht allein alles und jedes Geschirre von dichtem mit Edelgesteinen künstlich-versetztem Golde war/ sondern es hatte auch diese wollüstige Königin/ nachdem sie gesehen/ daß sich der Antonius über solchem Pracht verwundert/ihm alsofort solches alles geschenckt/ und folgendes Tages alles viel prächtiger auffsetzen lassen/ also nichts gespahret/ wormit sie diesen stolzen Römer zur Bestürtzung ihres Reichtums bewegen können.

Das Schiff/sagt Plutarchus/ worauf sie dem Antonio entgegen kam/ war über und über verguldet/die Segel von Purpur/die Ruder von Silber/ und dergestalt eingerichtet/ daß ihre Bewegung gleichsam eine Music vorstellte. Sie/die Königin lag/

lag/wie die Venus ausgekleidet/ unter einem güldenen Gezelt/ und hatte neben sich eine Anzahl kleiner in Gestalt deß Cupido ausgeschmückte Knaben / ihr Frauen-Zimmer war zum Theil wie die Wasser-Göttinnen/ theils wie die Huldinnen ausgekleidet/ davon etliche die Hände selber mit an die Ruder legten/ andere aber sich nur beygesetzt hatten/ das übrige Frauenzimmer stund sehr artig ausgekleidet an beyden Usern/ und erfülleten die Lufft mit dem kostbarsten Rauch-Werck. Athenäus setzt hinzu/ daß über diesen Pracht 12. Speiß-Zimmer mit den allerfeinesten Gold- und Silber-eingewirckten Spaglieren/ und so viel Betten ausgekleidet gewesen/ von welchem Teppich-Werck wir bey den Römern nichts / als nur etwas weniges bey den Schau-Spielen befinden/ bey den Morgenländischen Printzen und Griechen aber waren sie etwas gemeiner/ und sonder Zweiffel diejenigen *Aulæa*, derer Quintus Curtius im Leben deß Alexanders gedencket.

Man lasse aber endlich der Cleopatra den Ruhm/ daß es ihr hierinnen bey den Römern niemand gleich gethan/ so ist es doch nur ein Exempel/ dem es unsere heutige Printzen/ daferne sie zu dergleichen Verschwendung Lust hätten / gar leichte nachthun könten. Und was sollte man wol an köstlichen Mahlereyen und andern von Edelgesteinen/ Gold- und Seidenen Zeugen/ Spaglieren/ Teppichten/ voraus aber an mit Edelgesteinen/ als Amethisten/ Carniolen/ Agaten/ Smaragden/

Rubinen/ Saphiren vrrſetzten Schreib-Tiſchen zuſammen bringen/ wenn man nur der groſſen Printzen Kunſt-und Schatz-Kammern/ zugeſchweigen dieſes was Welſchland darvon hat/ beyſammen ſehen ſolte/ ungemeldet der koſtbaren Karoſſen/ worvon der Alten den Unſrigen nicht im geringſten zu vergleichen/ als die/ wenn ſie auffs höchſte kamen/ mit Purpur und Silber ausgekleidet waren/ die allerprächtigſte war deß Kayſers Commodi/ von welcher Julius Capitolinus meldet/ daß ſie ſich auf der Stelle wenden/ und der Lufft wohin ſie gewolt/ genieſen/ denn auch hierinnen abnehmen können/ wie weit ſie gegangen/ oder wie viel Stunden gelauffen/ das aber zu dieſer Zeit eine gemeine Sache/ und auch den Römiſchen Prälaten nicht zu viel iſt/ ſich einer Karoſſe von fünff biß ſechstauſend Kronen/ biß dreyſſig Edel-Knaben/ ſo vieler Laqueyen und Kutſcher und dergleichen/ alle in den feinſten ſeidenen mit Gold-und Silber-verbrämten Kleidern/ zu bedienen.   Wormit ich alſo meiner Ausführung ein Vergnügen gethan/ und der Herr Geſatter/(auf den Herr Pfarrer deutende/) ſchuldig ſeyn wird/ ſolches entweder bald zu widerlegen/ oder ſich der Anfangs ausgedungenen Straffe/ (ihm darbey ein groß Glaß Wein reichende) zu unterwerffen/ das auch dieſer mit der höflichſten Entſchuldigung/ wie ihm das erſtere unmöglich wäre/ annahm/ und darauf der alte Herr von Kronhof ſeinem Sohn befahl/ die bereits angefangene Materie von den Röm. Bilder-Säulen und Schildereyen weiter auszuführen.                      Von

## Von der alten Bilder-Säulen/ und Mahlwerck.

Er auch solches zwar gehorsamst über sich nahm/ darbey aber anführte/ daß ihm eine solche Materie aufgegeben/ darinnen er sich schwerlich/ voraus wegen der Bilder-Säulen/ einen grossen Sieg über den Herrn Pfarrer einbilden könte/ gleichwol wil ich es versuchen/ fuhr er fort/ und mich deß Cassiodori bedienen/ der/ wenn er von der Menge der vor diesem zu Rom gewesenen Säulen-Bilder gedencket/ diese Worte führet: Man sagt die Thuscer haben Anfangs in Italien die Bilder-Säulen erfunden/ an welchen hernach die Nachkommen ein solches Belieben gehabt/ daß man fast so viel von der Kunst/ als Natur gebildete Menschen zu Rom gesehen/ das auch Plinius bestättiget/ und darbey den Marcus Scaurus anführet/ der bey seinem Bau-Meister-Amte drey tausend kostbare Bilder-Säulen auf eine kurtze Zeit auf den Schau-Platz gebracht/ so habe Mummius nach überwundenem Achaja/ die gantze Stadt damit angefüllet/ sey aber hierauf in solcher Dürfftigkeit gestorben/ daß er nicht einmal seiner Tochter ein Heyrat-Gut verlassen. Es ist aber hierbey zu mercken/ daß ich nicht rede/ von den Bilder-Säulen/ so die Alten auch ihren Gebäuen/ Gärten/ und Vorhöfen aufrichteten/ und mehrentheils Vor-

Bilder oder Ahnen ihrer Vor-Eltern/ oder Haus-Götter und dergleichen/ von Holtz/ Marmor/ Metall/ etliche schöne/ etliche schlecht gleichwol aber in solcher Menge gewesen/ daß wie Dio schreibet/ der Kayser Clàudius bewogen worden/ ein Einsehen darein zu haben/ und nachdem er ein grosses Theil übern Hauffen werffen lassen/ zu verbieten/ daß ins-künfftig niemand weiter/ ohne Erlaubnus des Raths/ etwas dergleichen auffsetzen solte/ es wäre denn/ daß er etwan ein offentliches grosses Gebäu stifftete/ oder erneuerte. Sondern ich will nur der köstlichsten von Marmor/ Gold-und Silber gemachten Säulen gedencken/ die sie zu Ehren ihrer Götter oder Kayser/ in den Tempeln/ und auf den offenen Plätzen auffsetzten/ und darinnen die allervortrefflichsten Meister/ als den Phidias/ Polycletus Myron/ Scopa/ Policles/ Leocharis/ Lysippus/ Agesander/ Athenodorus/ Apollodorus/ und andere mehr gehabt/ biß endlich das Heydentum übern Hauffen gieng/ und die Kunstliebenden/ nachdem sie gesehen/ wie die neuen Christen solche Bilder ohne Unterschied in Stücken schlugen/ die besten und künstlichsten darvon begruben/ die denn zu unser Zeit/ guten Theils wiederum hervor kommen/ ausgesaubert/ und so häuffig wieder aufgesetzt sind/ daß man sie nicht nur in den Kirchen und auf den grossen Plätzen/ sondern fast in allen Häusern und Gärten der Römischen Prælaten findet/ also den Kunstliebenden Köpffen damit Gelegenheit gegeben/ sich wiederum auf diese Kunst zu legen/ und
solche

solche Leute auszubringen/ die/ als voraus der Michael Angelus/ der Buonaroti/ der Sansovino/ der Donato/ der Verrochio/ der Desiderio/ der Bandinello/ Bollajelo/ Johann von Bolonien/ Guilielmo de la Porta, Bernier, Fontana den Alten nichts zuvor gegeben/ wie denn kein Zweiffel/ daß wenn man heutiges Tages diese Kunst so hoch wie bey den Alten belohnete/ sich noch weit mehr solche Köpffe darinnen hervor thun würden/ von denen man Wunder-Wercke sehen solte/ denn obzwar *Athenæus* als etwas sonderbares anführet/ daß sich einer Clisophus Silimbriacus genannt/ zu Samos in das Bild der Juno/ und ein anderer aus Cypern bürtiger Jüngling in das beruffene vom *Praxiteles* verfertigte Venus-Bild verliebet/ denn auch deß *Aliani* Bericht nach/ ein ander Schwindel-Hirn zu *Athen* gegen das Bild deß guten Glückes/ so liebesbrünstig gewesen/ daß er sich vor selbigem umgebracht/ sonder Zweiffel auch noch mehr dergleichen Narren in der Welt gewesen/ und noch sind/ so bestehet doch der höchste Preiß dieser Kunst nicht eigentlich in einem nackten zur Geilheit reitzenden Weibesbild/ sondern ich halte dafür/ daß der vom Lysippo gemachte/ im *Capitolio* aufgesetzte/ Metallene Hund/ solchen geilen Bildern weit vorzuziehen sey/ von welchem *Plinius* in seinem siebenden Buche meldet/ daß er in der Capelle deß Jupiters gesessen/ und seine Wunde geleckt/ darbey aber von solcher Aehnlichkeit gewesen/ daß man ihn nicht zu schätzen gewust. Von der Bildhauerey wollen wir auf die Mahlerey kommen / und in einer kurtzen Vergleichung die alten gegen die neuen setzen/ von welchen/ so viel man noch finden kan/ bey den Griechen/ als Urhebern vieler guten Künste voraus berühmet waren der *Polygnotus*, *Apollodorus*, *Zeuxis*, *Parrhasius*, *Timanthes*, *Apelles*. *Protogenes*, und *Aristides* von *Theben*. *Polygnotus* hatte den Ruhm / daß er zum ersten die Schattirung an den Kleidern erfunden/ und ein gutes Maul mit Zähnen gemacht/ *Apollodorus* soll der erste gewesen seyn / der eine Gesichts-Abbildung gemacht. Zeuris ist noch weiter gegangen / und hat in selbigem die Gemüts-Neigungen ausgedruckt/ wie er denn absonderlich eine *Penelope* gemacht/ von welcher *Plinius* bezeuget/ daß er darinnen rechtschaffen die *Affecten* gemahlet hätte. Mit diesem Zeuris enferte *Parrhasius* der/ nachdem jener etliche Wein-Trauben so natürlich gemacht/ daß die Vögel darnach geflogen / dahingegen ein weisses Tuch über eine Taffel so künstlich gemahlet/ daß er den Zeuris/ als der es aufheben wollen/ selbst damit betrogen / absonderlich aber soll dieser *Parrhasius* in kleinen Sachen ein grosser Künstler gewesen seyn/ und der Kayser Tiberius einen auf sechtzig H. S. geschätzten Auerhahn von dessen Händen gehabt haben.

Uber diesen Parrhasium ist kommen Timanthes / der bey Abmahlung des Opffers der Jphigenia des Agamemnons Gesichte / mit dem Zipffel seines Kleides bedeckte/ welches man hernach durch

gantz

gantz Griechen-Land für eine unvergleichliche Erfindung ausgeschryen / gleich als wenn es eine so ungemeine Sache wäre / daß ein Vatter die über dem Tode seiner Tochter außgepreste Thränen zu bedecken suchte. Unter dieses Timanthes Schildereyen ist auch berühmet gewesen / ein auf einer kleinen Taffel entschlaffender Poliphemus / neben welchem ein kleiner Satyrus mit seinem Schäffer-Stabe die Länge seines Fingers abmisset. So soll Apollodorus der Erste gewesen seyn / der ein gutes Auge gemahlet. Vor allen diesen aber kommet der Apelles in sonderbare Hochachtung/ dem zwar Anfangs der Protogenes den Vorzug bestritten / sie sind aber hernach gute Freunde / und der Apelles berühmt worden / daß er die Affecten der Sterbenden wol ausdruckte / dieser ist auch der Erste gewesen/ der den Fürniß erfunden / und ins Profil zumalen angewiesen / wie er denn den König Antigonus/ der im Treffen ein Aug verlohren / deswegen auf solche Art gemahlet/ und vom grossen Alexander für ein eintziges Gemähle 20. Talent Geldes bekommen haben soll/ dieses war seine Abbildung mit einem so natürlichen Blitze in der Hand/ daß es/ wie Plinius bezeuget/ geschienen/als wenn die Finger mit solchem Blitze über die Tafel hervor reichten. So soll auch König Atalus ein Bild des Bacchi vom Aristide für 100. Talent erkaufft / und selbiges hernach der Lucius Mummius/ unter der Griechischen Beute/mit nach Rom gebracht / in der Ceres Tempel gesetzt / und mit dieser Gelegenheit zum ersten

sten etliche gute Meister auch daselbst eingeführet haben.

Diese waren nun fürnemlich/ des Plinius Bericht nach/ der Cimon Cleonäus/ Timagoras von Chalcedonien/ Philoxenus/ Etrerius/ Asclepiodorus/ Nicophanes und Arellius/ der seine Beyschläfferinnen in Gestalt der Göttinnen abmahlete/ und in die Tempel setzte/ welches denn zu diesen Zeiten an etlichen Orten auch keine so ungemeine Sach ist. Zu diesen sind zu setzen/ der Cornelius Pinius/ der Aetius Priscus/ und derjenige Amulius/ der die Minerva so künstlich gemahlet/ daß es geschienen/ daß sie alle Leute von welcher Seit es auch gewesen/ die sie anschaueten/ wiederum ansahe/ das aber zu dieser Zeit keine so sonderbare Sache/ sondern ein allgemeines Wesen bey unsern Mahlern ist/ von welchen ich jenen achten/ so viel andere an der Zahl/ nemlich den Soriano/ den Titian/ den Raphael von Urbin/ den Michael Angelo Buonaroti/ den Andreas di Sarto/ den Parmigiano/ den Antonio Corregio/ und denn auch den Albrecht Dürrer/ mit dem Leonhardo von Vinci entgegen setzen will/ diese können nicht nur ein gutes Maul mit offenen Zähnen/ und sichtbaren oder verwendeten Augen/ Blitze/ Donner und Stralen/ das man am Apelle so hoch heraus streichet/ mahlen/ sondern gar andere Erfindungen/ und dergleichen Firnisse und Schattirungen angeben/ damit Apollodorus/ mit den seinigen/ so weit zurücke bleiben muß/ daß ihm auch die berühmte Fontana darinnen den Preiß ab-

abgewinnen würde. Hat auch Zeuris ein Meister-Stuck an den Weintrauben gethan/ so können es die Unserigen heute zu Tage an allen Früchten/ und zwar ohne dergleichen Auffschneiderey/ daß die Vögel in einem volckreichen Orte/ wie jene/ ihnen nachfliegen dörffen/ als die sich auch an den natürlichen nichts dergleichen gelüsten lassen/ oder die Reb-Hüner ein abgemahltes angesungen haben solten/ als von denen man niemals dergleichen leiblichen Gesang höret/ sie müsten denn in Griechenland andere Schnäbel gehabt haben. Last es aber endlich auch seyn/ daß Parrhasius ein Meister in kleinen Sachen/ als Bärten/ Haaren/ Federn und dergleichen/ gewesen. Ich zweiffle gar sehr/ daß er damit dem Albrecht Dürrer beykommet/ als dessen Miniaturen in der Vaticanischen Bibliotheca nicht ohne Verwunderung und Entsetzen anzusehen sind. So hat verwichnes Jahrhundert/ Italien einen Tempesta gesehen/ der an kleinen Sachen niemals seines gleichen in der Welt gehabt/ und da der grosse Monarch Tiberius einen Auer-Han für 60. *H. S.* bezahlet/ ein eintziger Spanischer Cavallier 1000. Gold-Kronen für einen vom Parmigiano gemahlten Cupido gegeben/ dieser war gemacht in der Grösse und Gestalt eines Jünglings von ungefehr 14. Jahren/ der sich bemühete einen Bogen zu schnizen/ hinter ihm stunden 2. kleine nackte Knäblein/ derer eines mit der grösten Anmut lachte/ das andere aber weinete/ auf dem Haupte des Cupido schien es/ als wenn sich die Haare mit ihm bewegten/
und

und über der Stirnen in die Höhe gaben/die Augen aber lauter Liebligkeiten ausfunckelten. Er lachte alle Anschauer mit dergleichen Anmut an/ daß es das Ansehen hatte/ als wenn er einen lebendigen Athem aus dem Munde hervor hauchte/ im übrigen wieß er/ indem er sich gleichsam buckende auf seinen Bogen lehnte/ selbigen mit einem Messer auszuputzen/ alle Adern und Muskeln zwischen einem über die massen zarten weichen Leibe/ von sich/ daß alle die ihn ansahen/ kaum wiederum das Gesichte davon abwenden kunten. Nebenst diesem hat man auch vor einiger Zeit unter den Gemählen des Hertzogs von Modena ein vom Titian gemahltes Bildnus unsers Heylandes gesehen/ das in der Hand den Groschen mit der Uberschrifft: Gebet dem Kayser/was des Kaysers ist/ mit dergleichen ernsthafften vermischten Annehmligkeit hielt/daß es unmöglich die Zunge so wol aussprechen kan/ als es der Pinsel entworffen hatte. Ferner sihet man noch zu Tage in der Kirchen *alla Nonciada* zu Florenz ein und anders Marien-Bild vom Correggio/ Parmigiano und Sarto/ davon Zeuxis mit dem Parrhasius/ wenn sie noch lebten/ und nicht weniger vor dem vom Michael Angelo in Rom verfertigten jüngsten Gerichte/erstarren würde/und was soll zu diesem die Abbildung des Polyphemi mit seinem Satyro vom Timanthe für sonderlichs vor der Abschilderey unserer heutigen Wallfische haben/ auf welchen die Fischer in einer so wol abgefasten Proportion/ nach der verjüngten Abmessung/ auf

und

und absteigen/ daß es eine Lust anzusehen ist dahingegen sihet man zum öfftern bey den Alten und ihren Schilderey̆en ein sehr schlechtes Urtheil / denn was kan närrischer seyn als ein Reb-Huhn auf eine Säule setzen/welches eben so viel ist/gleich als wenn man eine Ganß auf eine Fichte oder Weide mahlen wolte / und was soll auch wol für Wunder der Apelles mit des Antigoni Profil gethan haben? Dieses ist heute zu Tage ein gemeines Werck/ und von dem Corregio in weit anderer Vollkommenheit zu sehen / dann auch nicht so hoch zu verwundern daß der Alexander/ dem gantze Städte weg zu schencken ein gemeines Wesen war/ 12000. Cronen für seine Abbildung gegeben. Schätzt man doch heute zu Rom/ die Marterung des H. Peters / das Crucifix zu Antwerpen von Rubens/ und die H. Margareta zu Wien in des Ertz-Herzog Leopold Wilhelms Gallerie/nichts minder/in welcher Gallerie denn/ein dergleichen Auszug so vieler kostbarer Gemähle / als wol sonsten schwerlich an einem Orte der Welt / und denn auch in dem Päbstlichen Palast etliche Stücke vom Corregio und Raphael zu finden sind / gegen welche des Alexanders Hand mit dem Blitze nur für Kinder-Werck zu rechnen ist. Solte man nun zu diesen den Daniel von Volterra/ den Polidoro von Caravaggio/ den Pietro Perusini / den Julio Romani / den Cangiaso von Genua/ den Bellini von Tintoretto/ die zwey Dossi von Piombo/ den Barroccio/ den Caratcioli/ den Cavallier Giuseppo von Cigala / den Caravagravaggino/ den Guido von Bolonien/ den Possignano/ die vortreffliche zwey Weiber Lavinia und Fontana/ den Pomarantio/ Carlo Venetiano/ den Rubens/ Guido Reni/ den Dyk/ den Flinck und viel andere tapffere Holländer/ Engeländer/ Franzosen/ und Teutschen setzen/ wo würden doch die armen Alten mit ihren Groß=Meistern bleiben/ die auch deswegen von itziger Welt zu rücke stehen müssen/weil man mit eröffneten Indien/ weit bessere und beständigere Farben gefunden/ und die nicht wie die Alten so zeitig verderben; so glaube ich wol schwerlich/ daß derjenige/ der obgedachte von dem Cavallier Giuseppino verfertigte grosse Copola zu St. Petern mit den vier Kirchen=Lehrern und der Gregorianischen Kapelle/ voraus aber des Groß-Herzoges von Florenz angelegte Capelle recht betrachtet/so schwaches Sinnen seyn werde/daß er der alten Musaische Kunst=Stücke mit gegenwärtigen vergleichen wolte. Zu welchem noch vor kurtzer Zeit ein Hertzog von Arschott in Flandern nach seinem Tode/ein Cabinet zu feilem Kauffe verlassen/in welchem sich befunden: 2000. Schilderey-en/ von den besten Meistern in Europa. Alle Bildnüsse der vornehmsten Potentaten in der Welt/ in Edlensteinen/ als Jaspis/ Carniolen und dergleichen geschnitten, 18000. alte guldene/ silberne/ und metallene Müntzen der Römischen und Griechischen Kayser/ Burger-Meyster/ und anderer vornehmer Geschlechte. 200. Geschirre von Agath/ Chalcedonier/ Agtstein/ Berg-Kristall und andern

Edel-

Edelgesteinen. Dieses war das Cabinet eines Privat-Cavalliers/ und gegen der Kayserl. Kunst-Kammer zu Wien am allerwenigsten zu vergleichen/ als worinnen sich unter hundert andern/ vornemlich nachfolgende Stücke befinden:

## Nota Prima.

Der erstere Schrancken hat vier Fächer/ und darinnen allerhand Helffenbeinerne Geschirre/ worunter einige/ welche erläuchte Personen selbst gearbeitet/ vornemlich ein Kändlein/ so Ihro Majestät Leopoldus der Erste/ mit eigner Hand gemacht/ auch sind hier unterschiedliche Gefässer von Rhinozer-Horn/ und im untersten Fache allerhand Corallen-Arbeit und Corallen-Zincken/ auch Messer-Gabel-und Löffel-Stiele; mehr eine grosse in Gold-eingefaste Helffenbeinerne Kanne/ so neulich der Hr. Hertzog von Neuburg dahin verehret/ etliche Stücke/ so Rauchmüller künstlich gearbeitet/ Moyses mit den Gebots-Taffeln/ sehr schöne/ wie auch Abraham mit ausgezogenem Schwerdte den Isaac zu schlachten.

## N. 2.

Im andern Schrancken ist dergleichen Helffenbeinerne Arbeit/ sonderlich ein hoher aus einem eintzigen Zahn künstlich-bereiteter Pocal/ auf welchem zu oberst ein Schiff; mehr wird gewiesen auf einem hohen Fusse eine Kugel/ auswendig mit unter-

Uu

terschiedenen Brust-Bildern/ inwendig aber/ wenn man durch ein Löchlein gucket/ wird das Bild Christi und Mariä gezeiget. Item Johann Baptistä Enthauptung/ allwo sonderlich sich der Körper sehr natürlich zur Erden streckt/ denn auch Actäon zierlich gearbeitet.

## N. 3.

Im dritten Schrancken an der inwendigen rechten Thüre/ ist ein alter Greiß sehr naturell gemahlet/ von Albrecht Dürern. Hier sind allerhand künstliche Uhren/ worunter eine mit allerhand köstlichen Edelgesteinen/ in Gestalt einer Monstranze/ die Graf Martinitz hin verehret. Item eine andere Uhr/ worauf Bacchus stehet. In diesem Schrancken ist aussen auf der Seiten ein künstlich Frauen-Bild/ das Corregio gemahlet.

## N. 4.

Im vierdten Schrancken sind dergleichen Kunst-Uhrwercke/ darunter eines Türckischen Bassa Uhr/ mehr eine Himmels- und Erd-Kugel. Item eine Gallee und ein ander Schiff. Hierbey ist an der Seite noch ein künstlich Frauen-Bild in *Original*, und in *Copia*/ die Copey wird vorhero gewiesen/ das *Original* aber ist weit künstlicher. Alle hier befindliche Frauen-Bilder seyn von dem gedachten Mahler Corregio.

N. 5.

## N. 5.

Im fünfften Schrancken ist allerhand silberne Drat-Arbeit/ hierunter insonderheit eine Chinesische Schäle/ ingleichen die Flucht Christi/ viel silberne Kannen/ und ein aus einem Straussen-Ey formirter Han/ mehr 2. Juden/ so die Traube aus Canaan tragen/ ein hölzerner Satyrus/ mit einem von Silber-Drat gewundenem Korbe/ eine sehr grosse auf eine halbe Elen lange Indianische Nuß in Gold eingefasset.

## N. 6.

Im sechsten Schrancken sind 8. Fächer/ darinnen eitel Kleinodien und Edelsteine. Vornemlich auf einer kleinen Muschel eine Schlacht/ dann eine grössere mit allerhand Thieren. Ein Römisches Brust-Bild in Gold eingefast/ geschätzt auf 30000. Reichsthaler. Alexander Magnus und seine Gemahlin/ hart aneinander gefüget/ in Onix geschnittene Bildnus/ da die natürliche Farben des Steines aus dem Gesichte schimmern/ auf 12000. Reichs-Thaler/ ein anders Brust-Bild aus Onix/ geschätzt auf 2000. Reichsthaler. Item eine Agat-Taffel mit vielen Bildnüssen/ allerhand Ringen und Edelgesteinen. Ein Tantz unterschiedener Leute auf eine kleine Muschel geschnitten. Eine natürlich in Stein gewachsene Schlacht. Eine Ketten von

Edelsteinen/ darinnen allerhand Ertz-Hertzogliche Bildnüs/ biß auf Ferdinandum *III.*

## N. 7.

Im siebenden Schrancken sind allerhand silberne Pocal/ vornemlich aber eine grosse silberne Scatull/ darinnen Kaysers Maximiliani *I.* aus Holtz geschnitztes Antlitz/ und an der rechten Seiten des Haupts ein klein Büschelein seines eigenen Haares gezeiget wird. Item ein überaus grosses silbernes Becken; mehr ein grosses Rhinozer-Horn eingefast. 12. Römische Heydnische Kayser-Bilder. Ein überaus schön gemahltes Weibs-Bild.

## N. 8.

Im achten Schrancken sind eitel Gold-Geschirre/ in dem untersten Fache etliche schöne guldene Giß-Becken/ darunter eines in der Mitten mit Rubinen versetzet/ über welchem die jungen Ertz-Hertzoge getauffet werden. Ein guldenes Pettschafft eines Türckischen Bassa/ mit Characern/ es wird darbey ein Zettel gewiesen/ worauf in Italiänischer Sprache die Bedeutung der Characteren ausgeleget sind. Mehr/ viel guldene Pocale/ darunter ein sehr grosser in runder Form mit Steinen versetzt/ da der Deckel als eine Reichs-Krone aussihet/ welchen die Grafschafft Grätz verehret/ soll 4000. Reichs-Thaler gekostet haben/ auch sind hier viel guldene Giß-Kannen zu sehen/ und endlich

lich drey mit Golde beschlagene Hunde-Halsbänder/ welche nebst den Hunden der König von Engelland Jhro Majestät geschickt. Item unterschiedene Säbeln. Miehr findet sich daselbst ein groß und wol 1. halbe Breßlauer Ele breit in die Runde abgegossenes Silberstücke/ mit einem silbernen Ohr/ und dergleichen Ketten / welche Massa zuvor/ eitel Silber gewesen / durch Kunst aber eines vornehmen Alchymisten/ nemlich deß Freyherrn von Reinburges/ mehr als über die Helffte in Gold verwandelt worden / worbey man sagt / der Künstler hätte zuvor ein gewisses Pulver bereitet / den grossen Groschen hernach in das Feuer gelegt/ und Jhro Majestät das Pulver selbst aufgestreuet/ so weit nun solches gelanget/ so weit ist das Silber zu Golde gemacht/ auf der einen Seiten waren viel Kayserliche Brust-Bilder/ und in der Mitten Jhro Majestät LEOPOLDUS I. mit Dero Gemahlin/ auf der andern Seite/ folgende Uberschrifft:

S. ac Potentiſſimo Imp.
Leopoldo I.
Arcanorum Naturæ Scrutatori
Curioſiſſimo
genuinum hoc veræ ac perfectæ
metamorphoſeos metallicæ
Specimen
pro exiguo anniverſarii diei

U u 3          No-

Nominalis Mnemosino, cum omnigenæ prosperitatis voto humillima veneratione offert & dicat:
Johan. Wenceslaus de Reinburg, Numinis Majestatisque devotissimus
Anno Christi 1677. die & festo S. LEOPOLDI cognom. P. P. P. olim Marchionis Austriæ nunc autem Patroni Augustissimæ Domûs Austriæ benignissimi.

Diesem nach / weisen sie auch ein aus einer Wein-Rebe von gediegenem Golde gewachsenen Drat.

## N. 9.

Im neundten Schrancken sind allerhand Geschirre von Edelgesteinen / als ein Agat-Krüglein für 4000. Reichsthaler/ und eine dergleichen Schale für 60000. Reichsthaler / eine schöne Schale von Onix für 30000. Reichsthaler. Unterschiedliche Geschirre vom *Lapide Nephritico.* Eine grosse Amethist-Schale/ so die verwittibte Kayserin Ihro Majestät dem Kayser LEOPOLDO zum Aderlaß verehret. In dem Untersache ligen auch 2.

Zey-

Zepter von Jaspis/mehr eine grosse Muschel/so der Hertzog von Neuburg verehret.

## N. 10.

Im zehenden Schrancken sind dergleichen Gefässe/ eine Schale von Ungarischen Diamanten. Viel Gefässe aus Böhmischen Topas/und andern Böhmischen Steinen. Ein Blummen-Krug von Orientalischem Topas/ die Blumen sind aus allerley Steinen unterschiedlicher Farben zusammen gesetzt. Ein Stück Jaspis wie ein halb Hertze gestalt/ darinnen ein Amethist gewachsen. Ein grosses Stück Ambra/ welches ein Türckischer Bottschaffter anhero gebracht. Eine Onix-Schale/ in Gold gefasset/darinnen ein schwartzer Adler.

## N. 11.

Im eilfften Schrancken sind allerhand Krystallene Gefässe/ und vornemlich eines als ein Thurn vom Messeran gearbeitet/ daran fünf Absätze aus dem gantzen in die Höhe getrieben. Item ein Stück Krystall-Mutter. In dem untersten Fache ist ein sehr grosses Geschirr/ in Gestalt eines Drachen.

## N. 12.

Im zwölfften Schrancken eben dergleichen/ vornemlich ein Blumen-Krug und Kanne.

## N. 13.

Im dreyzehenden Schrancken ſind eitel Kleinodien/ als eines von einem Korn=Rubin/ in der Mitten ein groſſer Diamant/ und unten eine ſehr groſſe Perle/ die allein für ſechtzig tauſend Reichs-Thaler/ und alle drey Stücke zuſammen auf zwey hundert und funfzig tauſend Reichsthaler geſchätzt werden. Ein anderes Diamant=Kleinod hundert tauſend Reichsthlr. Vier Smaragden an einander viertzig tauſend Reichsthaler geſchätzt. Ein Model der Römiſchen Kron/ wie ſie zu Nürnberg liget. Die Kayſerliche Haus=Krone. Der Reichs=Apffel mit dem Kreutze/ daran die zwey Reigen Perlen in Garten=Erbſen Gröſſe. Der Zepter von Einhorn. Dieſe drey Stücke hat Rudolpus *II.* arbeiten laſſen/ werden zuſammen geſchätzt auf zwey hundert tauſend Reichsthaler. Eine Krone/ ſo dem Ungariſchen Rebellen *Bozkay* von dem Türcken gegeben/ und hernach von dem Kayſer abgenommen worden. Die Kronen ſtehen alle auf roten Sammeten Polſtern. Es ſind auch hier zu ſehen/ etliche Schnüre ſchöne rare groſſe Perlen/ noch ein Zepter und ein Reichs=Apffel. Oben hengen etliche Säbel mit Edelgeſteinen verſetzet/ dabey ein ſchöner Degen mit Diamenten reichlich verſetzt. Hinten an dieſem Schrancken/ iſt in zimlicher Gröſſe das Fürſtliche Würtenbergiſche Wappen auf einem Schilde durch und durch mit Perlen geſtickt/ unweit

weit davon hengt ein Bild/ welches Uladislaum *Locticum Regem Polon.* abbildet/ worbey zu mercken/ daß dieses Bild seine Lebens-Grösse geben und Anno 1333. gemahlt seyn soll/ die Statur aber/ ist nicht viel über eine Wienerische Ele lang. Hierbey steht auf einem Tischlein eine Scatulle darinnen ein Gefäßlein aus einem einigen Smaragde mit einem Deckel/ dieses Stücke ist auf zwey hundert tausend Reichsthaler geschätzt. Die oberwehnten Smaragde seynd aus diesem Stein geschnitten. Und alles dieses ist auf der langen Seiten dieses Zimmers zu befinden.

## Hierauf

Kommt die Quer-Seite/ worinnen nur zwey grosse Allmern / und darinnen im untersten Fache eitel alte beschriebene/ gerissene und gemahlte Bücher. In obersten Fächern aber viel und schöne Roß-Gezeuge/ Türckische Pusikanen / und andere Gewehr/ und darüber allerhand gedrehete Schalen sind. Darauf kommt die andere und lange Seiten an denen Fenstern/ bey welcher viel Tisch stehen/ und darauf

### *I.*

Ein aus Korallen gedrähetes Schach-und Bret-Spiel/ darneben liegt ein grosses Buch/ worinnen alle hier befindliche Sachen aufgezeichnet sind.

## II.

Eine *Scatull* mit allerhand Messern/ worunter sonderlich ein Türckisches/ deſſen Klinge ſtarck riechet/ ſo damit jemand verletzet wird/ kan er nit geheilet werden. Es wird auch ein zimlich groſſes Meſſer gewieſen/ dergleichen das Türckiſche Frauenzimmer zu gebrauchen pfleget.

## III.

Zwey Schach-Spiel von gutem Golde/ auch guldene Steine zum Bret-Spiel/ geſchätzt auf 12. tauſend Reichsthaler.

## IV.

Ein Schrancken darinnen viel von Wachs gemachte Bilder/ unter andern die Herodias mit dem Haupte Johannis/ und ihrer Mutter. Item ein kurtzweiliger Menſch/ welcher ihm eine Ader öffnen läſſet/ und gar den Mund darnach zeucht. Die Judith ſehr ſchöne/ mit ihrer alten Magd/ die deſto häßlicher iſt.

## V.

Ein Kryſtallene Apothecken.

## VI.

Ein Helffenbeiner Tiſch/ Stuhl/ und Schrancken darauf.

## VII.

Auf einem groſſen Kaſten/ ein groß ſilberner Leuchter/ mit 8. Tillen/ aus Spanien geſchickt.

## VIII.

In einer Scatul allerhand Gläſer.

## IX.

Ein Tiſchlein/ worauf ein Nähe-Käſtlein/ ſo
die

die verwittibte Kayserin Eleonora mit eigner Hand gemacht/ ist gemahlet/ und mit Glas überzogen.

### X.

*Carolus Audax, ult. Burgund. Dux,* kniet in Lebens-Grösse.

### XI.

Ein gantz gläserner Tisch und Schrancken/ daran.

### XII.

Ein ander Schrancken / darinnen sonderlich gewiesen wird / ein altes Messer / einer Spannen lang/ welches Anno 1622. ein Bauer verschlungen/ und ihme nach 9. Monaten hernach / ohne Verletzung seines Lebens / ausgeschnitten worden. Item in drey Fächern allerhand eingefaste Bezoar / derer etliche schwartz/ etliche grau und rauch aussehen.

### XIII.

Doppelt über einander künstlich aus Holtz geschnittene Bilder / und darunter ein Bretspiel.

### XIIII.

Eine gantz guldene Traplier-Karten / jedoch mit 48. Blättern / deren jedes Blat so groß als die beym Picquet-Spiel / ist aus Spanien Jhro Majestät zugeschicket worden. Item ein sehr grosses Rhinozer-Horn/ und darneben in einer Scatul guldene *dantes,* und eine grosse dicke Massiv guldene Scheiben/ von 2000. Ungarischen Ducaten/ so An. 1656. geschlagen/ und wird der Rest zum Spiel genennet.

### XV.

Ein mit Perlen-Mutter eingelegter Schreib-Tisch

Tiſch/darinnen auch unter andern des Graf Tylli
Bildnüß auf Kupffer gezeiget wird.
### XVI.

Zwey ſehr groſſe Krüge/ und in der Mitten ein
Käſtlein darinnen ein Aufputz für das Frauen-
Zimmer von Ambra.
### XVII.

Ein Vergröſſerungs-Glaß/worunter die Ant-
werpiſche Kirche gemahlet/ und dadurch anzuſehen
iſt.
### XVIII. XIX. XX. XXI.

Sind vier eingelegte Schreibe-Tiſche
### XXII.

Eine groſſe Agat-Schale ſo neun Spannen
im Umfange hält/worinnen gegen der lincken Hand
dieſe ſelbſt gewachſenen Buchſtaben. *B. X R I S-
T O.* ausdrücklich / gegen der rechten Hand etliche
unbekante Characteres zu ſehen. Bey dieſer
Schale wird berichtet/daß ſolche ein *Fidei commiſſ,*
aus dem Hauſe Burgund/und nicht vereuſſert werden könte / darüber ein überaus ſchönes künſtliches
Rhinozer-Horn / und dann noch eines / daraus
Menſchen/ſo an einander hengen/geſchnitten.
### XXIII.

Auf einer Taffel 9. Einhörner/ und von dergleichen Horn ein Schwerd nebſt dem Heffte / und
der Scheide.
### XXIIII.

An einem Fenſter ein Perſpectiv-Käſtlein/wo-
rinnen durch ein kleines Loch gezeuget wird / wie
Jhro

Jhro Majeſtät an einem Tiſche angelehnet/ Audienz zu geben pflegen.

NB.

Uber alles dieſes/ ſind in dieſem langen Zimmer zu beyden Seiten viel und künſtliche Schildereyen zu beſchauen. Von dar gehet man in das andere und kleinere Zimmer/da gewieſen wird.

I.

Ein Poſitiv oder Orgel-Werck durch Uhr-Werck getrieben.

II.

Die Schlacht zu St. Gotthard/ ſehr künſtlich vom Jacob Peuchelin geſchnitten.

III.

Ferdinandi *III.* und ſeiner Gemahlin Bildung von lauter kleinen Steinlein zuſammen geſetzt.

IV.

Zwey gantz ſilberne Kunſt-Büchſen.

V.

Eines alten Theologi/ Stephani Schätzel Bildnus/ der zu St. Johann in Schweitz 34. Jahr Pfarrer geweſen/und 4. Jahr in tödtlicher Geſtalt/ wie ſie dargezeiget wird/herum gegangen/und noch geprediget/ hernach geſtorben Anno 1590. den 27. Februarii/ſeines Alters 59. Jahr.

VI.

Vier künſtliche groſſe Uhren.

VII.

Ein ſchöner groſſer Schreib-Tiſch/ darinnen die ſieben Kirchen zu Rom vorgeſtellet werden/ iſt
Jhro

Jhro Majestät von dem Herrn Cardinal von Hessen/ von Rom geschicket worden.

### VIII.

Eine von Holtz sehr künstlich geschnitzte Wendel=Stiege/ in Gestalt einer Pyramide.

### IX.

Drey grosse Helffenbeinerne künstlich geschnittene Gieß=Kannen und Becken/ darunter eine aus Hirsch=Horn/ darbey auch ein Helffenbeinern Crucifix.

### X.

Jhro Majest. Leopold *I.* Bildnus aus Pfauen=Federn in Indien gemacht.

### XI.

In einem Schrancken Philippi des *II.* Königes in Spanien Bildnus/ in einem silbernen Harnisch/ darbey sind viel Schwerdter und Degen/ mit der Uberschrifft: *Arctum annulum ne gestato.*

### XII.

Ein Hirsch=Geweih/ wormit der Hirsch durch eine Eiche gelauffen/ so/ daß das Stück Holtz noch in den Zincken steckt.

### XIII.

Zwey grosse Spiegel ein ander gegen über stehende mit vielen Krystallinen Zieraten.

### XIV.

Ein Altar aus Börnstein gearbeitet/ so der Hertzog von Curland verehret/ mit 6. Auffsätzen/ und oben ein Creutz.

### XV.

Gustavi Adolphi Königs in Schweden Kollet/

kt/darinnen er erschoffen worden/ mit 4. Kugeln/ den 19. Novemb. 1632.

### XVI.

General Altringers Hut / an deme eine Stück-Kugel ein groß Loch geriſſen/ und doch das Haupt nicht beſchädigt.

### XVII.

Des Obriſten Schlanges höltzerne Hand/ welche er gebraucht/ als ihme die ſeine abgeſchoſſen worden.

### XVIII.

General Tylli Leib-Degen im Geſäß mit Silber eingeleget/ nebenſt einem groſſen roten Feld-Zeichen.

### XIX.

Ein groſſer aus Börnſtein gemachter Stuhl mit Lehnen / und geſticktem Polſter/ unter einem Baldachin/ welchen der Churfürſt von Brandenburg verehret.

### XX.

Viel Gemähle des Alberti Dürers/ darinnen er ſich ſelbſt gemahlet/ein Stöcklein in der Hand habende/und auf folgende Schrifft weiſende: *Ipſe faciebat, Anno Domini 1580. Albertus Dürer Alemannus.*

Hier-

## Hierauf werden ferner in der Geiſtlichen Schatz-Kammer gewieſen.

### I.
Ein Nagel/ welcher durch die rechte Hand unſers Heylandes am Creutze geſchlagen/ und von Nürnberg hergeſchicket worden ſeyn ſoll/ verwahret in einem ſchönen Gehäuſe mit gläſerner Thür.

### II.
Ein Stück Dorn von Chriſti Kron in einem dergleichen kleinen Gehäuſe.

### III.
Zwey Crucifix aus des HErrn Chriſti Creutz/ und deſſen Holtz geſchnitzt.

### IV.
Ein gröſſer Schranck/ darinnen allerhand *Reliquien*, unter andern auch in einem Glaſe etwas vom allerheiligſten Blute Chriſti will gewieſen werden/ iſt aber keinem Blute ähnlich.

### V.
Ein Kryſtallen Crucifix.

### VI.
Ein Crucifix von lauter Perlen geſtickt.

### VII.
Drey Helffenbeinerne Crucifix nebenſt einem gegen über geſtellten Bilde von Helffenbein/ ſo 2000. Reichsthaler gekoſt.

### VIII.
Ein Biſchofflich Meß-Gewand von lauter Perlen geſtickt/ und unterſchiedene Kaſeln.

IX. Zwey)

### IX.

Zwey aneinander gewachsene Steine / welche in Ungarn zu Schemnitz am Fest der heiligen Annä Anno 1622. aus Brod verwandelt worden/ als daselbsten nemlich ein Weib Brod gebacken / wie es Michael Koch ausgesaget / und unterschiedliche Geist- und Weltliche diese Aussage schrifftlich bezeuget haben.

### X.

Ein Helffenbeinern Engel mit *fil de grain* Arbeit.

### XI.

Unsers HERRN Christi aus der vier Evangelisten Schrifften und *Emblematibus* entworffener gantzer Lebens-Lauff / in Gestalt eines Altars / mit dreyfach übereinander gehenckten Flügeln.

### XII.

Catharinä *Senensis* künstliches Bildnüs vor einem Crucifix kniende/ vom Sigismundo König in Polen mit eigner Hand gemahlet/ An. 1603.

### XIII.

Zeit dem ist vom Pabst *Innocentio* XI. in einem Glase mit 4. verguldten Säulen auf Knöpsen als ein Sarg stehende/ einverwahret geschicket worden/ ein Knochen von des H. Mauritii Märtyrers Gebeinen / irgend einer Breßlauischen Elen lang.

Uber dieses sind in vorbeschriebenen Zimmern auch wol noch viel Seltzamkeiten vorhanden/ so auf einmal nicht können bemercket werden.

*Florissohn.* Jch muß bekennen/ daß der Herr Bruder jedesmal ein grosser Liebhaber guter Schildereyen gewesen/ und denn auch mit einem sehr köstlichen Gedächtnus begabet ist/ daß er so viel Stücke aus dem Uberflusse dieser Kayserlichen Kunst-Kammer bemercken können. So haben sich in Warheit auch oberwehnte vortreffliche Mahler für einen sonderbaren Ruhm zu rechnen/ daß mit ihren so köstlichen Gemählen/ auch ihr Nam und Gedächtnus unter dergleichen Königlichen Schätzen mit verehret wird/ welcher Ehre sich aber theils der gemeinen Schmierer/ und am allerwenigsten diejenigen/ die keinen Verstand von dem Altertum besitzen/ oder mit einem recht guten Urtheil begabet sind/ nicht anzumassen haben/ denn was kan närrischer seyn/ als wenn sie einen alten Römer mit einem Türckischen Bunde/ oder einen Türcken mit Französischen Stieffeln und Sporn hermahlen/ und in den Landschafften der alten Biblischen Figuren/ als da Abraham seinem Bruder Loth zu Hülffe kam/ Kirchen mit Kreutzen/ Capellen auf den Wegen/ Wind Mühlen/ Stücke vor den Vestungen/ und den Fisch/ der den jungen Tobias fressen wolte/ so groß als etwa einen Karpfen vor ein par Groschen/ mahlen? so kan ich die Herrn mit Warheit versichern/ daß man noch vor wenig Jahren in einer nicht unbekandten teutschen Stadt gegen den Welschen Greützen in einer Altar-Taffel/ die Ausführung Christi zwischen zwey begleitenden Capucinern/ derer einer ihm das Crucifix vorhielt/ und an einem

einem andern Orte das Abendmal zu Emaus mit einem gemahlten Schincken gesehen/ oder ihm ist nicht bekant/ daß diese Schmierer insgemein den Pelican mit einem spitzigen Schnabel/ mit dem er seine Brust aufritzet/ da doch dieser eigentlich eine mit einem langen stumpffen Schnabel begabte Löffel-Ganß/ und das andere nur eine *hieroglyphi*sche Erfindung der alten Egyptier ist/ die Delphinen wider alle Warheit/ mit einem krummen Rücken/die verführische Paradiß Schlange mit einem Menschen-Gesichte/ Adam und Even wider alle Vernunfft mit Nabeln/ unsers Heylandes Abendmal in der Gestalt/ wie wir heute zu Taffel sitzen/ abschildern. Ferner den bereits über 25. Jahr alt gewesenen Isaac/ als einen Knaben von ungefehr 7. Jahren bey dessen Opfferung/ den Moyses mit Hörnern/ die Stein=alten Sybillen wie junge Mägdchen/ des Heil. Hieronymi Bildnus mit einer damals noch lange nicht erfundenen Schlag-Uhr/die Elephanten mit gemauerten Castellen auf ihren Rücken/ und endlich Johannes den Tauffer/ mit einer Cameels-Haut vorstellen/ da doch eigentlich solches/dem Griechischen Text nach/nichts anders/ als ein rauher von Cameels-Haaren gemachter grober Zeug gewesen/ wiewol man noch diesen Fehler etwas zu gut halten könte/ angesehen es noch viel Gelehrten an der eigentlichen Wissenschafft der alten Griechischen und Römischen Kleidungen fehlet. Davon ich denn dasjenige/ was mir bewust gerne vollends beysetzen/ und damit dem Herrn Ma-

Magister gar leichte beweiſen will / daß es die Alten auch / mit ihrer Kleidung der itzigen Welt bey weitem nicht gleich gethan. Wenn ich nur noch dieſer Materie beygeſetzt / daß eine Schildereŋ wol zu beurtheilen / auch ein gleich-geſinntes *Temperament* haben muß / dergeſtalt / daß ſchwerlich ein Melaŋcholiſcher ein luſtiges Stücke / und ein Choleriſcher ein trauriges belieben wird. Zu dieſem Ende ſchreibt Aelianus / daß nachdem der beruffene Mahler Theon einen Soldaten abgemahlet / und von dem Volcke gebetten worden / ſelbigen vorzuzeigen / er ſolches nicht eher gethan / biß er vorhero eine Kriegeriſche Muſicke und darinnen Stürme / Treffen / Kriegs-Geſchreŋ und dergleichen vorgeſtellet / nachmals aber / nachdem er gemercket / daß die Gemüter ganz mit dieſen Kriegeriſchen Gedancken und Belieben eingenommen / den Vorhang weg gezogen / und ſeinem vorgeſtellten Cavallier damit ein ſo unſchätzbares Lob erworben habe / deſſen er ſich vor ſolcher kriegeriſchen Zubereitung nicht zu verſehen gehabt. So kan man auch denen oberwähnten berühmten Mahlern nicht zum Ruhme auslegen / wenn ſie / wie der Michael Angelo Buonaroti gethan haben ſol / einem armen Menſchen ans Kreutze hefften / oder auf andere Weiſe zu Tode martern / nur die Geberden der Sterbenden eigentlicher auszudrucken / wiewol es auch ſeŋn kan / daß man ſolches dem guten Mann zur Unſchuld andichtet / und dieſes beyleget / was der alte Parrhaſius mit einem Sclaven vorgenommen / den er /

den

den an den Felsen angehessteten Prometheus recht eigentlich abzubilden/eben wol also angeheffrtet/und mit Feuerl Dampff/ Zangen-Zwicken und dergleichen / biß auf den Tod gemartert hat. Worauf nun:

## Von der alten und heutigen Kleidung

Zu kommen. So wird sonder Zweiffel jedweder leichte abnehmen können / daß weil sich die alten Römer so offte baden musten / ihre Kleidung dahero viel schlechter / als die heutige / und dem Unflat zuträglicher gewesen / das auch dahero nicht wol anders seyn können/ weil sie sich keines leinenen Zeuges / als Hemder / Strümpffe / noch rechter Schuen bedienet / sondern nur mit den wollenen Tüchern auf dem blossen Leibe beholffen. Zwar was die Griechen anlanget/ so finden wir nicht/ daß sie so offte als die Römer gebadet/ es ist aber solches nicht deswegen geschehen/ daß sie sauberere Kleider getragen/ sondern weil sie truckener Natur/ und also nicht so sehr dem Schweiß untergeben gewesen / wiewol es auch dabey nicht so genau abgegangen/ daß sich nicht einiger Unflat / auch bey den Vornehmsten gezeuget / indem wir lesen / daß der Spartanische König Agesilaus kein Bedencken gehabt/ sich der Läuse auch in dem Tempel zu erwehren/ und mit diesen Worten darüber geschertzt: Daß die Rache
auch

auch vor dem Altare eine angenehme Sache wäre/ welcher Unflat denn von ihm nicht zu vermuten gewesen/ wenn er sich der leinen Unter-Kleider bedienet hätte.

Und obzwar Julius Pollux meldet/ daß die Griechen leinene Kleider biß über die Füsse getragen/ so ist doch solches nicht von allen/ und noch weniger zu verstehen/ daß es rechte unsern leinen Hemden gleiche Unter-Kleider gewesen/ ungehindert was auch Plinius saget/ wie es bey dem Serianischen Geschlechte eine eingewurtzelte Gewonheit gewesen/ daß die Weiber keine leinene Kleider getragen/ und folgends so viel daraus zu schliessen/ daß es bey den andern eine gemeine Sache müsse gewesen seyn/ noch auch was *Ulpianus in L. 25. ff. de argent. & aur. leg.* setzet/ daß unter dem Worte Kleider/ alles was aus Wollen/ Leinwand/ und Baumwolle gemacht/ zu verstehen sey/ indem die Römer alles Lein genenennet/ was aus der Erden gewachsen/ und sich spinnen lassen/ unter welchen auch der köstliche Asbestus gewesen/ aus welchem sie Hand-Tücher und Säcke machten/ um ihrer Königlichen Leichen Asche/ nachdem sie den Körper bey der Verbrennung hinein gewickelt/ als in einem Zeuge/ dem das Feuer nichts schaden kunte/ desto reiner beysammen zu erhalten/ das denn Plinius mit diesen Worten anführet. Man hat nunmehro auch etwas erfunden/ das vom Feuer frey ist/ und das Lebendige genennet wird/ wir haben davon Tisch-Tücher gesehen/ die

man

man so weit ohne Schaden ins Feuer geworffen/ daß es selbiges vielmehr von dem angenommenen Unflat wiederum aussaubert. Aus diesem machet man die Königlichen Leichen-Kleider/ um ihre Asche von dem Holtze desto besser abzusondern. Es wächst aber in den abgelegensten Indianischen Wüsten/ wo kein Regen fällt/ zwischen den gifftigsten Schlangen/ und ist sehr schwer zu finden/ noch schwerer aber wegen seiner Kürtze zu wircken/ hat man es aber einmal gefunden / so gleichet es am Preisse den köstlichsten Perlen. Biß hieher Plinius.

Weßhalben etliche der Meinung sind/ daß es zu dieser Zeit nicht mehr gefunden/ sondern unter die verlorne Sachen gezehlet werde/ das aber wider die offentliche Erfahrung streitet/ angesehen man solches noch hin und wieder in etlichen Kunstkammern sihet/und keines weges/wie der gute Plinius meinet / in so abgelegnen Wüstenen/ sondern Strabonis eigentlichem Bericht nach/ in der Insel Caristo anzutreffen gewesen. In Caristo/ spricht er in seinem zehenden Buche/wächst ein Stein/den man erstlich scheren und hernach wircken kan/ aus diesem macht man dergleichen Hand-Tücher/ die/ wenn sie beschmutzt/ mit dem Feuer/ wie die gemeinen mit Wasser wieder ausgesaubert werden können. Zu meiner Zeit fand man solches in der Verzeichnus der alten Kunst-Kammer/ so zu Neapolis der *Ferrante Imperati*, und zu Rom der *Gualdo di Rimini* vor diesem gehabt / selber habe ich nichts darvon gesehen/ halte aber dafür/ daß es eine Mineralische/ dem Marchasit nicht ungleiche/ rauhe werckhaffte Materie sey/ die sich wie die Indianische Cocos-Nuß/ spinnen läst/ wir Teutschen heissen es Federweiß. Die Lateiner *Alumen plumosum*, so auch/ ausser Zweiffel/ in unterschiedenen Kunst-Kammern zu finden ist.

Damit ich aber wiederum auf meinen Zweck/ nemlich die Römische Kleidung komme/ so nenneten selbige auch den *Byssus*, und die Baumwolle/ Leinen-Zeug/ oder Leinwand. Dieses aber wird mich niemand überreden/ daß sie dergleichen Hemde/ wie wir/ getragen/ sondern ihr *subucula* war eben wol/ des Varro Bericht nach/ ein wollenes Kleid/ dergestalt/ daß sie zwey dergleichen Röcke über einander zogen/ und den einen *subuculam*, den andern aber *indusium* nenneten/ also keines weges/ sich aus Mangel der Leinwand deß Unflats enthalten konten/ sondern/ wie obgedacht/ deswegen des öfftern Badens gebrauchen müssen/ und um so viel mehr/ weil noch damals der seidene Zeug sehr ungemein/ und der Seiden Ursprung ihnen so unbekandt war/ daß man billig den Aristoteles und Plinius mit demjenigen/ was sie darvon herfabeln/ auslachen muß/ wormit wir uns aber allhier nicht aufhalten/ sondern nur bey den Römischen Kleidern verbleiben wollen/ worbey wir denn befinden/ daß sie ihre beste Tücher aus Portugal und Carthago gebracht/ die daraus gemachten Kleider aber insgemein weiß/ und wie heute zu Tage etlicher Mönche

che zugeschnitten. Dannenhero dem Schmutz eher zugethan / und die Leute des Badens / zumalen da man insgemein einen zum Tod verurtheileten Menschen aus solchem unflätigen und schmutzigen Kleide erkandte / desto benöthigter waren.

Zwar weiß man / daß sie sich auch des Purpurs bedienet und der Phönicische mit den Coischen berühmt / der Tyrische aber / den man doppelfarbigt nennete / der beste / und so hoch am Preisse war / daß ein Pfund dessen an unserm Gelde biß auf hundert Kronen kommen / es kam aber selbigen zu tragen / nicht allen / sondern nur den grossen / und auch nur auf gewisse Masse zu / heute zu Tage haben wir ihn nicht mehr so gut / können ihn aber auch gar leicht entrathen / weil wir / voraus nach eröffneten Indien solche Materien gefunden / die bessere Farben und weniger kosten / als der Charmesin und Scharlach / die das Rote aufs höchste bringen / und die Cochenille mit den sogenannten Färber-Körnern / die das Blaue so hoch hinauf spielen / als jemals ihr Purpur gewesen / von welchen aber die Alten / allem Ansehen nach / nichts gewust / es wäre denn daß ihr Coccus einige Verwandschafft / so viel das Blaue betrifft / damit gehabt. *Prasinus* war ihr höchstes Grüne / *Venetus* unser heutiges Türckisches Blau / und *roseus color*, unser heutiges Rosen-rot / oder Fleisch-Farbe / bey welchen drey Farben sie insgemein bleiben / und wenig oder nichts von gemischten Farben / als dem Regenbogen / Taubenhälsigt / und Pfauenfarbigten wusten / das uns aber heute eine

Xr 5 ge-

gemeine Sache/ und keine Blume kein Kraut/ kein Stein/ kein Metall/ keine Feder kan gefunden werden/ die man nicht nach ihren natürlichen Farben nachmachen kan.

Damit wir aber etwas genauer auf den Unterschied der Römischen Kleidung kommen/ so ist zu wissen/ daß nur den Freygebornen/ und etlichen in Ehren-Aemtern sitzenden zugelassen war/ zum Unterschied der Freygelassenen ihre Kleider mit etwas Purpur auszumachen; das *Laticlavium* war eines Rathsherren-weiter mit Purpurnen auf Blumen-Art ausgeschnittenen Litzen verbrämter Rock/ die man auch endlich mit etwas Gold zu vermischen pflegte/ wormit sie es aber endlich so viel machten/ daß es der Julius Cäsar wiederum verbot/ und auf die alte Mode brachte. Den reinen oder weissen Rock trug nicht nur das gemeine Volck/ sondern auch die Edelen/ ausgenommen die Rathsherren/ und andere in richterlichen Aemtern sitzende. Der alte Adel ließ zum Unterschied deß neuē einen silbernen Monden/ oder vielmehr wie schon gedacht C. das Zeichen hundert/ obangeführter Ursachen halber/ auf die Kleider sticken. Das ehrliche vornehme Frauenzimmer trug einen langen weiten Rock/ biß über die Füsse/ und schlug seine schwartze Haare unter ein Netze/ ausgenommen die Huren/ die sie weiß und rot färbeten/ aufkräuselten/ und sich kurtzer enger Kleider bedieneten/ welcher Unterschied auch noch lange Zeit in etlichen vornehmen Städten in Welschland/ voraus aber zu

Venedig verblieben ist / und ich mich zum öfftern verwundert/ woher doch der Holländer Bruyn in seinem Wetzstein der Vernunfft/ zu beweisen hat/ daß sich das Römische Frauen-Zimmer die offne Wartzen an den Brüsten verguldet/ und deß Königs Salomonis Hofe-Junckern die Haare mit dem feinsten Golde eingepulsert haben.

Dieses gebe ich zu/ daß wir den Byssus zu dieser Zeit rechtschaffen verlohren haben/ und da ja noch etwas in den äussersten Theilen Asiens übrig/ sehr schwer zu bekommen sey. Vor diesem wuchs er/ des Plinius und Pausanias Bericht nach/ in Achaja/ und zwar so ungemein/ daß er im Gewichte dem Golde gleiche kam / Pausanias hat diese wenige Worte von ihm: In den Wunder-fruchtenden Eleischen Feldern/ wächst auch der Byssus/ der nur alhier/ und sonsten nirgends in gantz Griechenland auffkommet / an Zartheit gibt er dem in India wachsenden nichts nach/ jedoch ist er nicht so gelbe. Ein gewisser Italiänischer Cavallier/ der noch vor etwan 60. Jahren etwas davon gesehen/ beschreibet ihn / daß es eine kleine Pflantze gewesen/ die man eben wie die Baumwolle kampelte/ woraus sich ein ohngefehr drey oder vier Finger langer Faden ergeben / und auf die Art der allerzärtesten Seiden gefallen/ an der Farbe sey er aufs Weisse/ so ins Haar-Farbe abfällt / und fast auf die Federn des Paradieß-Vogels kommen: derjenige aber/ so auf Blaue gestiegen/ und den Federn an den Tauben-Hälsen

oder

oder Pfauen-Schwäntzen gegleichet/ für den edelsten gehalten worden.

Last es aber seyn/ daß wir dieses Gewächse gar nicht mehr haben/ so ist doch unzweiffelhafft dessen Verlust mit so viel hunderterley Arten Gold-und Silber-Stücken überflüssig genug ersetzet. Von welchen Tacitus ein grosses Werck macht/ daß die prächtigste Kayserin von der Welt Agrippina bey den Ficinischen Wasser-Spielen einen Mantel von guldenem Stoffe um sich gehabt/das denn heute zu Tage bey dem gemeinen Adel keine so überprächtige Kleidung/ noch so viel Wesens zu machen ist/ daß des Plutarchi Bericht nach/ der König Demetrius ein ungemeines Kleid/ mit darauf gesticktem Firmament gehabt. Wer des langen Französischen Ludewigs *Graderobbe*, und darinnen sein Kleid/ so 5. Millionen Francken gekostet haben sol/ gesehen/ wird leichte glauben/ daß dieser König die alte und gegenwärtige Welt auch in dieser Eitelkeit übertroffen.

Es hatten aber die Römer noch über erwehnte Kleidung/die so genannte Tunica/ so allerdinges mit einer Mönchs-Kutte überein kam. Die Lacerna war ein weites Ober-Kleid / daß sie über die andern anlegten. Die Lanea ein gedoppeltes Winter-und die Palla eigentlich ein Trauer-Kleid / die Pänula eine Art von Peltzen/ das *Paludamentum* eines Obersten Feldherren Mantel/ *Chlamys* ein Soldaten Rock/ *Sagum* aber ein ausländisches Kleid/ das die Soldaten gemeiniglich aus den Teutschen und
Galli-

Gallischen Feld-Zügen mitgebracht. Die Zona und Stola waren eine Art Weiber-Kleider/ und die Ciclada gleichfals ein gefaltener Weiber-Rock. Das *Pallium* ein Griechischer Mantel. Die *subucula* und *indusium* aber Unter-Kleider ohne Ermel. Die *Feminalia* eine Art von Strümpffen/ und *Caligæ*, Stieffeln biß an die Helffte der Schenckel/ *Calceamenta* waren eine Art von Schuen über den gantzen Fuß/ die *soleæ* wie die Capuciner-Schue/ und die *Crepidæ*, unsere heutige Pantoffeln. Ob sie durch und durch Hüte getragen/ ist ungewiß/ so viel weiß man/ daß sie selbige freygelassenen Knechten gegeben/ sie so lange zu tragen/ biß ihnen wiederum die Haare gewachsen. So viel aber die Adelichen Bürger betrifft/ giengen selbige/ wie noch heut zu Tage an ihren Bilder-Säulen zu sehen/ mit blossem Haupte/ und bedeckten sich bey dem Regen-Wetter mit der *Pænula* oder dem Zipffel von dem weiten Rocke/ worbey es aber auch wol seyn mag/ daß sie bisweilen Mützen getragen / worvon wir etwas dergleichen vom Augusto und etlichen andern vornehmen Frauen-Zimmer bey dem *Svetonio* befinden/ welches alles aber unserer heutigen fast übermässigen/ von so vielen Arten prächtigen Zeuge gemachten Kleidung bey weitem nicht beykommet / angesehen es keine so ungemeine Sache mehr ist/ daß mit den kostbaren Degen/ Federn/ Ringen/ Spitzen/ und voraus deß fast unerträglichen Weiber-Prachts/ ein Cavallier 5. biß 600. Reichsthaler und drüber/ auf ein Pagen-Kleid/ ein

Kö-

Königlicher Printz aber/zu viel tausenden auf seines spendiret/ und zum öfftern ein gemeiner Laquey kostbarer/ als ein damaliger Römischer Burger-Meister/außziehet. Endlich muß ich diese Materie mit den Bärten beschliessen/weder daß ich weiß/ auf was für eine Art sie scheren lassen/ zumalen da ich die meisten Römer glat=maulich oder stumpffbärtig/ und allererst in der Antoninischen Regierung etliche mit langen Bärten/ als den *Antoninum, Pupienum, Nigrum, Alexandrum Severum*, und andere befinde/ dannenhero darfür haltende/ daß zwar die ersten Römer und Griechen lange Bärte/ und die Morgenländer Knebel-Bärte gehabt/ die Römer aber mit den Ihrigen zum öfftern geändert haben/ also allererst nach langer Zeit derer Hochachtung dahin kommen/ daß *Baldus ad L. reos. C. de Accus.* und nach ihm *Tiraquellus arb Jud. quæst.* mit Beystimmung Landrechts. §. *si quis aliquem de pace tenenda* setzen dörffen/ der Bart sey ein menschliches Glied/ und der sich daran vergreiffe/ eben so strafwürdig/ als wenn es an einem andern geschehen/ da doch der gute Baldus/ wie man aus seiner Abbildung sihet/ selber ein kahles Maul/ und sonder Zweiffel solchen Schimpff zu vermeiden/ keinen Bart gehabt.

Wormit sich also meine Herren vergnügen/und weil ich wol sehe/ daß den Herrn Obrist-Lieutenant als dem sonsten diese Aufgabe billig zukäme/ sein Magnet von uns ab/und zu seiner Liebsten ins andere Zimmer gezogen/ vom Herrn Florissohn vernennehmen werden / wie es mit den alten Waffen beschaffen gewesen/ und ob nicht die heutigen Kriegs-Arten viel besser eingerichtet sind?

## Von den alten und iꜩigen Kriegen.

Viel grausamer! Antwortete dieser/ weil ich ja einen Soldaten vertreten muß/ der es ohn allen Zweiffel besser hinaus führen würde/ will der Herr Bruder sagen/ indem ausser allem Zweiffel die Alten uns an Menge dergleichen tapferer Leute übertroffen/ nichts desto minder ist es gewiß/ daß wir sehr viel neue und bessere Waffen-Erfindungen haben / mit welchen wir eher mit einander fertig werden können/ so legen wir auch unsere Vestungen auf eine gantz andere Art als die Alten an/ als derer mehrentheils auf den Bergen lagen/ und von der Natur selber befestiget waren. Damit ich aber diese Materie desto besser entgliedere/ so muß man meines Erachtens mehrentheils auf nachfolgende Ordnung sehen/ nemlich auf die Ursache/ warum man krieget/ auf das Glücke und die Tapfferkeit der Soldaten/ voraus aber die Erfahrung derer Generalen/ so die Wissenschafft die Feld-Züge wol einzurichten/ die Battaglien zu stellen/ die Flotten wol anzuführen / sich auf die Krieges-Listen/ auf den Belägerungs-Zeug/ Proviant/ den Vestungs-Bau/ Aufbringung der Mittel verstehen/ voraus aber wie eine Armee wol zu erhalten sey / in welchen allen es

denn

denn ohne allen Zweiffel die heutige Welt der Alten bey weitem zuvor thut/ denn zugeschweigen/ daß man von unsern heutigen Printzen als Christen nichts anders glauben soll/ oder sie doch darfür angesehen seyn wollen/ als daß sie jedesmal den Krieg für eine gerechte Sach führen/ so wird wol niemand bestreiten/ daß wir nicht auch mit bessern Waffen und erfahrenen Generalen/ vbraus aber was den Vestungs-Bau betrifft/ versehen sind; denn so viel wir befinden/ hatten die Römer nur zweyerley Art Reuter/ nemlich die Bogen-Schützen/ und leichte Pferde/ welche letztere nur halb bewaffnet/ die erstere aber halb nackend waren. Da hingegen haben wir heute zu Tage leichte Pferde/ und Arquebusirer/ oder wie sie die Frantzosen nennen/ Carabiner-Reuter/ so ohn allen Zweiffel besser als die alten Bogen-Schützen und Lantzenirer ausgerüstet sind/ weil/ wie man noch aus den alten Steinen sihet/ die erstere Art Römischer Reuter keine andere Waffen hatten/ als nur ein offenes Casquet/ und von hinten zu einen halben Küraß oder Pantzer-Hemde/ einen grossen Schild und Streit-Hammer/ zudem ritten sie ohne Steigbügel auf dem blossen Bogen-Sattel/ da hingegen haben die Unsrigen nicht nur Steigebügel/ und einen guten geschlossenen Sattel/ darinnen sie sich desto steiffer und fester zu Pferde halten/ sondern auch einen geschlossenen Helm/ der ihnen den Kopff mit dem Halse beschützt/ ein par Pistolen/ Carabiner/ einen tauglichen Degen/ und einen guten Schußfreyen Harnisch. Zwar
hatte

hatte man vor diesem auch gantze vom Haupte biß auf den Fuß bewaffnete Kuraſſirer/ die man aber heutiges Tages wegen der groſſen Unkoſten/ſo darauf giengen/ und den ſchlechten Nutzen/ indem ſie zwar Anfangs wie eine Mauer ſtunden/ wenn ſie aber einmal getrennet/ und vom Pferde kommen waren/nicht leichte wieder hinauf kommen konten/ mehrentheils abgeſchafft/ wiewol etliche/ und vor- aus Vegetius/ der Meinung ſind/ daß auch die Römer dergleichen gantze Kuraſſirer gehabt/ und ſie hernach eben dieſer Urſachen wegen abkommen laſſen.

Wilhelm *du Choul* in ſeinen Büchern von der alten Lager-Schlagung/nennet ſie gleichſals gewaff- nete Reuter/ und weiſet eine Figur von einer alten Säulen auf/die mit einem Pantzer-Hembde biß auf die Knie mit Ermeln/offenem Helm/eiſernen Bein- Schienen/ und Streit-Hammer bewaffnet iſt/ welches/ ſeiner Meinung nach/ ein Clibanarius/ oder gantzer Kuraſſirer ſoll geweſen ſeyn/ allein ich halte dafür/ daß es eben einer von oberwehnten leichten Pferden geweſen/indem wir nicht befinden/ daß ſich die Römer insgemein ſo ſchwer bewaffne- ter Reuter/ ſondern nur einer und ander von den mächtigſten Barbaren derer bedienet haben/ doch kan es endlich auch wol ſeyn/ daß unter den letzten Kayſern/ und ſonderlich dem Maxentio/ bey wel- chem der Clibanariorum gedacht wird/ etliche mit unter geritten ſind. So viel aber hierauf die Waffen des Fuß-Volcks betrifft/ ſo iſt kein Zweiffel/ daß die

alten

alten Römer/ was die Beschirmungs=Waffen an=
langt/ damit beſſer/ als wir/ verſehen geweſen / an=
geſehen ſie nicht nur eine Pickel=Haube/ Schild
und Bruſt=Harniſch/ ſondern auch eiſerne Arm=und
Bein=Scheiden hatten / da hingegen ſind die unſri=
gen/ und zwar nur die Piquenirer mit einer Pi=
ckel=Haube/ an den Beleidigungs=Waffen aber beſ=
ſer/ als jene/ verſehen/ indem die heutigen Piquen/
halbe Piquen und Brand=Stöcke viel tüchtiger/
als der alten Kugel=Spieſe ſind/ die Reuterey von
ſich abzuhalten/ worbey ich mich erinnere/ daß der
Kayſer Leo im fünfften Buche *de bellico Apparatu*
ſaget/ es hätten vor dieſem die Römer und Mace=
donier 16. Elen= oder 22. Fuß=lange Spieſe gehabt/
das auch von den letzten Aelianus und Polybius
beſtättiget/ iſt es nun wahr/ ſo ſind ſie um ein groſ=
ſes länger/ als die unſrigen geweſen/ wiewol ich von
den Römern zweiffele/ es ſey denn/ daß es damals
geſchehen/ als das Römiſche Reich auf die Grie=
chen kommen/ herentgegen ſind unſere Degen län=
ger / und zum Hieb und Stich zu gebrauchen/ wie
nicht weniger die heutigen Muſqueten/ Carabiner
(*Patricius* mag ſagen was er will) den alten
Schleidern und Bogen weit vorzuziehen / ſo daß
wenn einer damit auf die Haut gebrennet wird/
ſelbiges nicht ſo leichte/ als eine Bäule vom Schlei=
derſtein/ oder Pfeil=Wunde zu heilen ſeyn kan. Nicht
weniger übertreffen wir auch die Alten ſo weit mit
dem Kriegs=Zeuge/ daß ein einziges Stücke alle Wid=
der/ groſſe Maurenbrecher/ Schleidern/ Scorpio=
nen/

nen/Katzen/und dergleichen hinter sich legt. Zu dem kommen auch die alten Schiffe mit unsern heutigen Kriegs-Schiffen in keine Vergleichung/ denn ob ich zwar wol weiß/ daß sie Galeen biß zu 20. und die Griechen/ voraus aber der Ptolemäus/ biß auf 50. Ruder-Bäncke gehabt/ so sind sie doch des Nutzens halber mit unsern heutigen Galeonen/ Galeatzen/ Fregatten/ Brigantinen/ Tartanen/ Polaken/ und andern grossen Orlogs-Schiffen keines weges zu vergleichen/ als die nicht nur auf dem Mittel- und Eurinischen/ sondern auf dem grösten Welt-Meere die gantze Welt umlauffen/ und wenn sie zum See-Streit mit Volck und Geschütze angeführet werden/ die grösten Vestungen/ Städte und Königreiche übern Hauffen werffen; hierzu kommen so viel ausgerüstete Zeug-Häuser/ mit dergleichen Kriegs-Zeuge/ davon den Alten nicht einmal geträumet hat; denn ob wir gleich lesen/ daß auch die Römer und Carthaginenser darinnen so berühmet gewesen/ daß sie in kurtzer Zeit eine grosse Schiffs-Macht ausrüsten können/ und daß der Ptolemäus Philopator/ und der Syracusanische Hiero Schiffe gebauet/ derer Grösse fast allen Glauben übertrifft/ indem jenes drey tausend Soldaten/ nebenst vier tausend Ruder-Knechten/ und noch darzu vierhundert Officirer einnehmen/ dieses aber sechsmal hundert tausend Malter Getreide einladen/ und nach Alexandrien überführen/ also wegen seiner abscheulichen Grösse in die wenigsten Häfen einlauffen kunte/ so waren doch selbige mehr eine

Yy 2 un-

ungeschickte Wunder-würdige Last/ und ich will nicht sagen/ nicht mit demjenigen Schiffe/ das den Columbus in Americam übergeführet/ sondern nicht einmal mit dem geringsten Stücke auf selbigem/ der Erfindung wegen/ zu vergleichen. Zu diesem ist ohne allen Zweiffel die heutige Art Städte zu belägern/ und zu beschirmen/ von der vorigen weit unterschieden/ als derer Vestungen/ wie vorgedacht/ nur aus blossen hohen Thürnen/ ohne Schutt und Wall befestigten Mauern bestunden/ die man denn mit dem heutigen Geschütze in wenig Stunden übern Hauffen werffen könte. Deroswegen man selbigen vorzukommen heutiges Tages gar andere Vorsorge an Bastionen/ Wällen/ Courtinen/ Contrescarpen/ Gräben/ Aussenwercken und dergleichen machen/ und zu diesem Ende die meisten Regel-mässigen Vestungen/ so viel möglich/ auf ebenen Platz legen muß. Da hingegen befleissigen sich die Belagerer auf dergleichen Minen/ die Mauren/ Wälle und Bastionen in die Lufft zu werffen/ und erbrechen die auf den Felsen liegende/ mit Pedarden/ oder schicken ihnen einen Hagel von viel tausend Bomben/ Carcassen/ Stinck-Potten/ glüenden Kugeln/ mit unauslöschlichem Feuer übern Hals/ die sie wol herausser bringen. Ja es ist so weit kommen/ daß man auch dem Meer und Flüssen Fessel anleget/ selbige mit Dämmen einzwinget/ und wol gar abführet. Damit ich aber nicht allen Kriegs-Ruhm den Alten benehme/ so lasse ich zu/ daß sie/ als Ubertvinder so vieler Königreiche/ au

Em-

Einrichtung der Schatzungen/ guter Kriegs-Zucht/ an der Bezahlung und Gehorsam der Soldaten/ Ordnungen / Verschonung des Land-Mannes/ Mäſſigkeit/ und dergleichen ritterlichen Tugenden berühmet geweſen/ alſo was zu unſerm euserſten Spott gereichet/ uns darinnen weit übertroffen haben/ wormit ich mich aber nicht länger aufhalten/ ſondern nur noch die Frage entgliedern will/ ob wir ſie/ oder ſie uns in der Reit-Kunſt übertroffen? So viel wir hiervon bey dem Athenäo ſehen/ ſo waren Anfangs die Lydier/ und darauf die Sybariter ſo berühmt/ daß ſie ihre Pferde abrichteten/ nach der Pfeiffe und Trompeten zu tantzen. Ingleichen lieſet man von dem Gothiſchen Könige Totilas/ daß er in vollem Rennen einen Wurff-Pfeil vor ſich hin in die Lufft geworffen/ und ſolchen in vollem Lauffe wiederum eingeholet/ oder wenn er auf die Erde gefallen/ ihn in ſolchem Rennen/ ohne daß er vom Pferde ſtieg/ wieder aufhub/ das aber heute bey den Türcken und Perſianern/ als die wol andere Sachen darinnen vorzeigen/ ein gemeines Weſen/ und denn auch jener Pferd-Tantz mit den heutigen Roß-Balleten/ voraus aber demſenigen/ ſo bey dem Beylager Alphonſi des Aeltern Hertzogs zu Ferrara/ als in welchem man aus Bergen/ Tempeln/ Caſtellen/ Schiffen unter Donner und Blitzen die prächtigſten Ritter zu Pferde hervor kommen/ und einen künſtlichen Roß-Tantz geſehen/ noch weniger aber dem/ bey dem erſten Beylager der itzo regierenden Kayſerlichen Majeſtät gehaltenem/ zu ver-

vergleichen ist. Wollen wir nun auch die Jagd/ als ein Vorspiel des Krieges/bey dieser Materie mit überschlagen/ so werden wir ausser den Morgenländischen Printzen/als die selbiger sehr ergeben waren/wenige von den ersten Römischen Kaysern finden/daß sie/ausser dem Alexandro Severo/ und Adriano daran grosses Belieben gehabt. Da hergegen ist es unser heutigen Printzen angenehmste Zeit-Verkürtzung/ und etlichen als dem Pabst Leo dem Zehenden/ dem Türcken Bajazet dem Ersten/ ingleichen dem Kayser Maximiliano dem I. denn auch dem Könige Muleasses zu Tunis/ der in seinem Thier-Garten mehr als 200. von ihm selbst erlegter Löwen Häute aufgewiesen/ ein so angenehmes Spiel gewesen/daß sie fast Tag und Nacht darüber zugesetzt/ und wolte GOtt/ daß es nur bey diesen grossen Printzen bliebe/ und nicht bißweilen die Geringere ihre Unterthanen damit in Grund verderbten! worvon wir ein grausames Exempel bey dem Possevino von einem Vice-Grafen Bernabus genandt haben / der so rasende auf dergleichen Jagd-Lust gewesen/daß er allen und jeden/ die ihm etwan einen Hasen/ Rehe/ und anderes Wildprät gefangen / ohne Unterschied die Augen ausgraben/ oder aufhencken/ und zu diesem Ende fünf tausend Hunde seine Unterthanen bey Straffe deß Stranges / wenn sie nicht wol bey Leibe waren/ außsietzen/denn auch/welches das allergrausamste/ zwey deßtwegen an ihn abgeschickte Capuciner-

Mön-

Mönche / nachdem er sie befraget: Wem der Hase auf dem Felde zukäme? und sie darauf geantwortet: Niemand als Euer Excellenz / als Got-
tes-Lästerer mit diesen Worten: Ihr Schelmen / ist
er nicht unsers HErrn GOtts? verbrennen ließ.
Wormit nunmehr ohne allen Zweiffel der Herr
*Magister* auch sein Vergnügen / und von den andern zweyen Herren / als dem Herren Doctor / und
Licentiaten zu vernehmen haben wird / wie es mit
der alten Policey-Ordnung / und Freyen Künsten
bestanden / und ob es die itzige Welt der alten gleich /
oder vorthue; worauf denn der Herr Licentiat dergestalt fortfuhr: So viel mir von dieser Sache
wissend / so bestunden der Alten eingerichte Stadt-
Wesen mehrentheils in diesen dreyen Ordnungen /
als an dem Acker-Bau / den Soldaten / und Künst-
lern / worunter wir alle Gelehrte verstehen / und
weil von den ersten zweyen zur Gnüge gehandelt / uns zu den Freyen Künsten / unter selbigen aber
zum ersten auf die Sprach-Kunst wenden
wollen.

Yy 4 Von

# Von der alten und itzigen Sprach-Kunſt.

Von der wir wiſſen/ daß ſie zu ihren Urhebern die alten Phönicier/ und wo man den alten Griechiſchen Schrifften glauben darf/ zu ihrem erſten Lehr-Meiſter den Cadmus/ Palamedes/ die Carneutaden Simonides/ Epicharinus gehabt/ zu welcher Achtbarkeit ſie darauf bey den Griechen geſtiegen/ iſt alhier unnöthig anzuführen. Nach Rom kam ſie ziemlich ſpat/ und hatte/ nach des Suetonius Zeugnüs in ſeinem Buche von den vornehmen Sprach-Meiſtern nur 22. die vor andern berühmet waren/ und derer gantzer Zweck dahin zielete/ die Jugend in der Griechiſchen und Lateiniſchen Sprache anzuüben. Weiter kamen ſie nicht/ biß endlich das Römiſche Reich von den Barbarn übern Hauffen ging/ und alle gute Künſte gleichſam unter einem Schutthauffen ſo lange verborgen lagen/ biß ſie die Teutſche Kayſer/ und ſonderlich der Lotharius/ wiederum ſo weit ans Licht brachten/ daß itzo an ſtatt ſolcher 22. viel tauſend berühmte *Grammatici* in Europa zu finden ſind/ die es nicht nur in obertwehnten zweyen/ ſondern allen Sprachen/ von der Welt/ ſo gar biß auf alle erfundene Indianiſche/ und der Menſchen-freſſenden Canibalen/ bey weitem zuvor thun/ und alſo weit beſſern Nutzen ſchaffen/ als daß ſie wie der

Ca-

Catullus wider den Arrius über dem Buchstaben *E*. und *J. H.* so lange Zeit zu Felde ligen/ voraus aber war unter den erstern Ersetzern dieser benöthigten Sprach-Kunst berühmt Guarinus/ Chrysoloras/ Manutius/ Chalcondyas/ Calderinus/ Bembus/ und andere/ auf welche folgte der Castelvetro/ der noch einen grossen *Commentarium* auf den Bembus/ und auf diesen wiederum der Salviati in der Halienischen Crisi geschrieben/ darinnen sie es auch noch heute zu Tage/ voraus nach Anno 1466. erfundener Buchdrucker-Kunst/ so in dieser/ als allen andern Wissenschafften der alten Welt/ um ein grosses bevor thun können.

### Von der Dialectica.

Und eben diese Beschaffenheit hat es mit der *Dialectica* oder *Logica*, die etlicher Meinung nach/ vom Prometheo/ oder wie andere wollen/ vom Plato/ oder dem Parmenide/ oder dessen Schüler dem Zeno erfunden seyn soll. In dieser waren bey den alten Griechen voraus berühmet/ Crysippus/ Cleanthes/ Stilpo/ Ctesiphon/ Carneades/ Diogenes/ Euclides/ Protagoras/ Antisthenes/ Menedemus/ Adrastus/ Sextus Empiricus/ Porphyrius/ und vor allen Aristoteles/ da hingegen war sie bey den Römern als eine Kunst zierlich zu lügen/ und die Leute unter dem Schein der Warheit zu betrügen/ so veracht/ daß der Zunfftmeister Cato/ nachdem er gehöret/ daß unter den dreyen Atheniensischen Groß-Gesandten der Carneades mit aufgezogen kommen/ dafür gehalten / man sollte / weil aus dieses Kerls Worten nicht abzunehmen / was wahr / oder erlogen wäre / sie alle drey bald wiederum dahin abfertigen / wo sie hergekommen wären.

Wir wollen aber gleichwol dem Griechischen Altertum seinen Ruhm nicht gar darinnen benehmen / sondern ihme nur entgegen setzen den *Scotum, Cajetanum, Paulum Venetum, Petrum Hispanum, Augustinum Niphum, Zabarellam, Achillinum, Pomponatium Hugonem Zimaram, Critonium,* nebenst vielen hundert andern Frantzosen / Teutschen und Spaniern / die den Alten nichts nachgegeben voraus aber hat *Hugo* auf dem Concilio zu Ferrara alle Griechische Lehrer heraus gefordert / und für sich allein zu bestreiten / über sich genommen / entweder deß Platonis Sätze / wider den Aristoteles / oder dessen wider den Plato zu verfechten / solches auch so würcklich gethan / daß alle Anwesende darüber zur höchsten Bestürtzung geratḧen; Diesen übertraff der Ramus / der zu Paris offentlich anschlug / gegen jedweden zu bestehen / daß alles und jedes / was Aristoteles gesagt / und geschrieben / lauter Falschheiten wären. Worüber sich denn in Warheit die gantze Welt verwunderte / und was soll man von dem Grafen Johann Pio halten / der zu Rom anschlug / 900. *Conclusiones* von den allerverborgensten Wissenschafften der Welt / offentlich zu behaupten / oder auch vom oberwähnten Scoto / der im 22. Jahr seines Alters / alles und jedes / was ihm vorgelegt / rühmlich verfochten hatte.

Von

## Von der alten und heutigen Musicke.

Und eben diesen Ruhm muß man heute zu Tage unserer Musicke beylegen/ uneractet wir wissen/ daß sie bey den alten Griechen in solchem Werth gewesen/ daß man sie in allen Schulen gelehret/ und weder die Thebaner/ noch die Cretenser/ Mantineer/ Archivi/ Lacedämonier/ noch Arcadier jemals ohne selbige zu Felde gezogen/ oder sich mit dem Feinde eingelassen/ dahero schreibet Plutarchus/ und Polybius/ daß die Cretenser aus keiner andern Ursache/ so ungeschlachte wilde Leute würden/ als daß sie selbige aufgegeben/ da doch der Aristoteles selber gelehret/ daß man sie von Jugend auf allen Menschen als ein Mittel einpflantzen solle/ welches das Gemüte beruhiget/ den Zorn dämpffet/ und die Gemüts-Neigungen zu allem guten lencket/ dahingegen hielten sie die Römer und Egyptier für ein knechtisch Werck/ das die Jugend und gute Gemüter mehr verderbte/ als ausbesserte/ wie ich mich denn auch nicht zu besinnen weiß/ daß ausser dem Boetio/ Severino/ ein eintziger Römer davon geschrieben/ wol aber dieses/ daß der Kayser Nero sich und sein gantzes Hauß damit beschimpffet habe. Nichts destoweniger war sie/ wie vorgedacht/ bey den Griechen in desto grösserer Achtbarkeit/ und der gemeine Wahn/ daß die ersten Poeten/ als der Amphion/ Olympus/ Linus/ Orpheus/

Ter-

Terpander/Clona/Ardalus/Archilochus/ und andere / zugleich Poeten / und Muſicanten geweſen/ und des Plutarchi Meinung nach / ihre Verſe abgeſungen/abſonderlich aber ſich dieſer dreyen Arten/ als der Doriſchen/ Lydiſchen/ und Phrygiſchen befliſſen haben.

Der Doriſche Geſang / ſagt Plutarchus / war eines ernſthaften Tons / und am bequemſten die Gemüts-Neigungen zu beugen. Der Lidiſche hingegen traurig / und der Phrygiſche liederlich/ oder zur Geilheit reitzende / derowegen ſich die Tugend-liebende des Doriſchen befliſſen / und ſelbigen bey ihren Feld-Treffen/ die Gemüter damit anzuſchärffen/gebrauchten/wiewol man ſich nicht allerdings auch ſo daran gebunden / daß man nicht bisweilen eintzige luſtige Sachen darinnen aufgeſetzt/ dahingegen aber Trauer-Spiele auf dem Phrygiſchen abgeſungen/ für mein Theil glaube ich/ daß ſie bißweilen dieſe Thone untermiſchet / und aus ſolcher Zuſammenſetzung/ des Caſſiodori Meinung nach/noch mehrere als dieſe 3. Thone abgeſetzt/welches auch des Gregorii Giraldi nachfolgenden Worten zu ſehen iſt.

Der Doriſche/ ſagt dieſer/ erwecket den Verſtand/ und reitzet zur Keuſchheit/ der Phrygiſche zum Streite und Wut/ der Aeoliſche beſänfftiget die Gemüts Unruh/ und reitzet zum Schlaff/ der Joniſche ſchärffet den ſtumpffen Verſtand/ und leitet das Gemüte von den irrdiſchen Eitelkeiten zu den Himmliſchen Begierden. Der Lydiſche dämpfet

pset die schweren Sorgen/ und stärcket das Gemüthe/ in Wegnehmung des Verdrusses. Etliche setzen noch den Hypodorischen/ Mixolydischen/ und Hypophrygischen darzu/ die aber sonder allen Zweiffel gemischte Thone/ und das gantze Werck von der Vocal-Musica gewesen/ zu welchen sie/ des Athenäi Bericht nach/ was die Instrumental-Musicke angehet/ zwar sehr viel Instrumenta gehabt/ die aber den Unsrigen bey weiten nicht gleich kommen/ als die wir ihre gute behalten/ und noch bessere darzu ersunden/ so daß was das Pfeiff-Werck anlanget/ wir nichts von dem ihrigen missen/ und noch der Trombon und den Fagot/ davon sie nichts gewust/ darzu haben/ zu deme zweiffle ich/ ob sie etwas von unserm Cornet gewust/ ob gleich etliche der Gedancken sind/ es sey eben dieses ihr Monaulus gewesen/ das aber dahero nicht wol seyn kan/ weil/ wie Juba schreibet/ der vom Osiris erfundene Monaulus aus vielen Pfeiffen zusammen gesetzt gewesen/ dahingegen bestehet unser Cornet nur in einer/ worben ich gleichwol gestehen muß/ daß ihre Pfeiffe/ die Flöte/ die Cornumusa/ die Sampogna/ die Formica/ die Siringa/ ihr Orgel-Werck/ die Posaune/ das Horn/ und noch etliche andere/ uns nicht zum genausten bekandt sind/ aus vielen Umständen aber gleichwol abzunehmen ist/ daß sie es an der Annehmligkeit den unsrigen bey weiten nicht gleich gethan. Von Seiten-Wercken/ war der Psalter/ und die Sambuca am berühmtesten/ die wir auch noch heutiges Tages mit so vielen Arten Geigen haben/
wie

wiewol ich anstehe/ ob der Psalter unsere heutige Harpffe gewesen/ indem man noch verwichenes Jahrhundert eintzige Merckmal von jenen befunden/ daß es eine längliche mit ehernen Seiten überzogene Taffel gewesen/auf der sie mit zweyen kleinen Schlag-Höltzern gespielet/ dannenhero glaubende/ daß es vielmehr die Morianische *Dobbudda,* oder das bey uns sogenannte Hacke-Bret/die *Sambuca* aber/unsere Trompetta Marina/oder doch dergleichen mit einer Seiten bezogenes Instrument gewesen.

Die Zittern und Leyern waren vor Zeiten die edlesten Instrumenta/heutiges Tages bedienen sich derer die blinden Bettler und Marct-Singer/ worben ich abermals zweiffele/ob sie unsere Harffen und Lauten gehabt/ ob ich gleich weiß/ daß die Syndophe/ der Magadin und Aenecardo/ Instrumenta von vielen Seiten gewesen. So hatte auch die Testudo gar keine Verwandtschafft mit unserer Laute/ doch gebe ich zu/ daß die Pandora ein altes Instrument sey/ angesehen wir im Leben des Heliogabali finden/daß sich dieser Kayser damit belustiget habe. Ingleichen stehet dahin/ob die vom Boetio erfundene Citarme eben unsere Citharra sey/ gewiß ist es/ daß allererst diese uns die Gelegenheit zur Laute/die Laute aber zur Citharrone oder Tiorba gegeben/ welche Beschaffenheit es auch mit der Trommel hat/angemerckt wir lesen/daß sich/wie vorgedacht/ die meisten Griechen nur der Pfeiffen bey ihren Feld-Treffen bedienet/ ungehindert was Plutarchus im Leben

Leben des Crassi meldet/ daß auch die Parther Paucken geführet/ als welches keines weges von unsern Trommeln oder rechten Heer=Paucken/ sondern nur den kleinen Päucklein/die noch heutiges Tages die Türcken und Mohren über dem Sattel führen/verstanden werden muß.

Und so viel von der alten Vocal= und Instrumental=Music/ die in Warheit/ andere mögen darvon glauben/was sie wollen/ denen unsrigen weder an der Menge/ noch Liebligkeit beykommet/ gesetzt auch/ daß die alten Poeten so grosse Meister=Sänger darbey gewesen/ denen aber weder Rudellus/ Sordellus/ Folchetto von Marsilien/ Raimund/ Jordanus/ Anselmus/ Faidit/ Ugo/ Brunetti/ Bernhardo/ Ventadorno/ Arnoldo di Maraviglia/ Pontio Bruillo/ Pietro Vidale/ Ciaberto di Puccibatto/ Amerigo di Belvedere/ Riccardo di Nove/ und viel andere tapffere Welsche/ so eben zugleich Poeten und Musicanten gewesen/ nicht um ein Haar weichen werden/ zugeschweigen/ so vieler edeln in den Päbstlichen Kayser= und Königlichen Capellen oder Schau=Spielen befindlichen Stimmen/ denen nichts ungemeines ist/ die Gemüts=Neigungen dergestalt zu bewegen/ und die Thränen aus den Augen zuzwingen. Zwar glaube ich gerne/ daß die Lamia/ die den Demetrius/ und die Stratonica/ so den Mithridates mit der Liebligkeit ihrer Stimmen in die Liebes=Fessel geschlagen/ nicht übel müssen gesungen haben/ und denn auch der vom Nero so hochgeliebte Citariste Terpno/ kein schlechter

ter Kerl/ und eben ein ſolcher die Spartaniſche Aufruhr/ vermittelſt ſeiner lieblichen Stimme ſtillende Terpander/ über beyde aber der Timotheus Muleſius müſſe geweſen ſeyn/ der mit ſeiner Stimme das Gemüte des groſſen Alexanders dergeſtalt bewegte/ daß er auffſprang/ und die Hand an den Säbel ſchlug. So lieſet man von einem Edel-Knaben des Kayſers Theodoſii/ der etliche gottſelige von dem Biſchoff Flavius gemachte Lieder ſo beweglich hergeſungen/ daß dem Kayſer darüber die Thränen aus den Augen gefloſſen/ und daß endlich auch einer Amebeus genannt/ ein ſo vortrefflicher Meiſter-Sänger geweſen/ der niemals auf den Schau-Platz getretten/ ehe man ihm an unſerm Gelde biß 600. Kronen voraus gegeben. Heutiges Tages greiſſen ſich unſere Leute nicht ſo hoch an/ ob es gleich ſolcher Geſtalt keines weges an dergleichen Künſtlern fehlen würde/ die es dieſem Amebeo nicht nur gleiche/ ſondern noch wol zuvor thäten/ und wem iſt nicht die allgemeine Hiſtorie des Däniſchen Harpffenſchlägers aus dem Lilio Gregorio Gyraldo und Cornelio Agrippa bekannt/ der mit dieſem Inſtrument den König Harald zu ſolcher Raſerey gebracht/ daß er darüber etliche Hofleute ermordet/ mit dem wir aber nichts zu thun haben/ ſondern viehmehr lieber den Julio Modono wolten gehört haben/ der ſich vermaß/ mit ſeiner anmuthigen Harpffen eines jedtweden Gemüte von ſeinem ernſthafften Geſchäffte abzuwenden/ und an ſich zu locken/ darüber auch dieſe Probe ablegte/ daß/ nachdem ſich etliche Hoff-
leute

leute des Pabstes Clemens des VII. in einem Zimmer mit dem festen Vorsatze verschlossen/ sich keines weges/ den vor der Thür spielenden Modono bewegen zu lassen/ gleichwol als er kaum angefangen/ sich nicht enthalten konten/ daß sie nicht mit gleichen Füssen zu ihm hinaus sprungen.   Wir wollen diese edle Materie mit der Hochschätzung etlicher grossen Fürsten beschliessen/ die sich nicht schämen/ selbige zu lernen/ und zum öfftern sich damit zur Erleichterung ihrer hohen Amts-Sorgen mit dem Aufsatz eines annehmlichen Musicalischen Kunst-Stücks/ belustigen/ und uns so ferner zu der Musicanten Stieff-Brüdern den Poeten wenden.

## Von den alten und heutigen Poeten.

Von welchen voraus die alten Griechen gantze Schwärme voll hatten/ und sie insgemein in die zweyerley Arten/ als Comische/ oder Lustige/ und Tragische oder Traurige abtheileten/ die wir auch noch heute zu Tage/ und noch darzu die dritte Art von so genannten Pastorellen oder Hirten-Liedern mit diesem Vortheil haben/ daß unsere heutige Gedichte mit vielem bessern Nachdruck ausgearbeitet werden/ und solcher Gestalt der Lucanus/ Statius/ Silius Italicus/ Ovidius/ Horatius/ keine so grosse Wunderthäter gewesen/ denen man es nicht noch heute zu Tage/ ja ihrem Ausschreiber dem Virgilius/ oder was noch/ das meiste/ dem so hoch heraus gestrichenen Vatter aller Poeten/ nemlich dem Homero selbsten/ weit zuvor thun kan/ als der unwidersprechlich in seinem Helden-Gedichte von Troja so viel närrische und läppische Sachen eingeführet/ daß man darüber nicht genugsam lachen kan/ davon ich alhier ein und andere erwehnen will. Zum Exempel/ in dem 1. Buche seiner Jliadis gegen dem Ende/ führet er den Jupiter ein/ der seiner Gemahlin der großmächtigsten Juno Ohrfeigen anbietet/ das denn in Warheit ein recht Königliches götterwürdiges Tractament ist. Eben däselbsten stellet er die darüber erboste Juno vor/ die ihr lieber Sohn Vulcanus/ mit einem Becher Wein besänfftiget/ gleich als wenn die grosse Göttin nicht ohne dem zu trincken gehabt. Hierauf erzehlet er ihr/ wie ihn sein Vatter vom Himmel geworffen/ daß er darüber den Schenckel gebrochen. Worüber die Juno hertzlich lacht/ gleich als wenn es eine lächerliche Sache wäre/ wenn die Mütter sehen/ daß den Kindern dergleichen Unglück begegnet/ oder sie auch selbst nicht besser gewust hätte/ was damals vorgegangen.

Jm 2. Buche führet er den Agamemnon ein/ der anstatt/ daß er auf des Jupiters Befehl die Soldaten zum Treffen auffrischen sollen/ ihnen gebietet/ sich zu entwaffnen/ und damit er nur eine Meuterey unter sie brächte/ zur Ruhe zu begeben/ das denn in Warheit eine sehr kluge und vorsichtige That/ eines vor dem Feinde stehenden Feldherren ist.

Jm

Im 3. Buche schlägt sich Paris mit dem Menelaus um sein Weib / und gibt / nachdem er überwunden / Fersen-Geld / mit so ruhigem Gemüte / daß / sobald er nur wieder in Troja kommen / sich nicht anders / als wenn er vom Tantze käme / entkleiden läst / und ob es gleich allererst Mittag war / mit seiner Helena zu Bette gehet / da er doch kaum vor 6. Stunden von ihr aufgestanden / und ihn wol schwerlich der Kützel in der furchtsamen Flucht wird gestochen haben. In eben diesem Buche rühmet er die alten Trojaner / daß sie sehr beredte annehmliche Leute gewesen / die unter den Thoren gesessen / und mit einander so annehmliche Gespräche gehalten / wie die Heuschrecken zwischen den Bäumen. Das in Warheit eine annehmliche Vergleichung / und wol schwerlich zu vermuthen ist / daß man bey den Belagerungen mit dergleichen faulem Geschwätze unter den Thoren sitzt.

Im 5. Buche schlägt der Diomedes dem Mars und der Venus die Haut so voll / daß sie darüber nach dem Himmel flüchten / und sich von des Jupiters Barbier / dem Päon / verbinden lassen müssen. Schöne Gedancken! daß der mächtige Mars / der in allen Streiten zu Hülffe geruffen wird / von einem Menschen Schläge kriegt / darüber das Hasen-Panier aufschlägt / und sich deßwegen wie eine alte Hure mit weinenden Augen beklaget. Im 6. Buche stösst Agamemnon mit eigner Hand den ihm vom Menelaus anvertrauten Adrastus / von dem er doch schon das Löse-Geld bekommen / nieder/ das denn gleichfalls eine ehrliche That für einen Obersten Feldherren ist.

Eben da fällt dem Hector ein/ daß seine Mutter ein Opfer für ihn verrichten solle/ derotwegen verläst er die Armee/ ihr solches anzuzeigen/ gleich als wenn er niemand zum schicken gehabt. Kurtz hierauf begegnet im Treffen der Glaucus dem Diomedes/ und erzehlen in einer langweiligen Geschichte einander ihren Ursprung/ gleich als wenn es unter so viel tausend Lantzen die rechte Zeit gewesen/ von solchen Sachen zu schwatzen/ und die Waffen zu verwechseln. Wobey absonderlich Homerus den Glaucus durchziehet/ daß er seine güldene für eiserne gegeben/ als wenn ihm nicht diese bey dergleichen Gelegenheit viel bequemer als jene gewesen.

Im 7. Buche fordert Hector die Griechen zu einem besondern Kampffe aus/ die aber/ ohnerachtet sie vorhero so grosse Helden gewesen/ daß sie dem Mars selbst die Haut voll geschlagen/ nicht daran wollen/ biß ihnen endlich Menelaus mit grosser Mühe ein Hertze einspricht.

Im 8. Buche fechten die so hoch herausgestrichene Heldenhaffte Griechen/ von denen Agamemnon kurtz zuvor ausgeschnitten/ daß ihrer einer gegen zehen Trojaner stünde/ so tapffer/ daß sie von diesen/ wie eine Heerde Viehe in die Flucht getrieben werden. Worbey sich absonderlich der ehrliche Ulysses so tapffer verhält/ daß er den Nestor im
Stiche

Stiche läst/ und sich nicht eher sicher hält/ biß er sich ins Schiff verkrochen hat.

Jn 9. Buche fängt der Agamemnon an für Furcht wie eine alte Hure zu weinen/ und ermahnet seine Soldaten zur Flucht/ biß ihm endlich diese Berenhäuteren von Diomedes mit zimlich harten Stichel-Worten verwiesen wird.

Eben daselbst stellet sich eine ansehnliche Griechische Gesandschafft bey dem Achilles ein/ der sie hierauf mit einem kostbaren Gast-Mahle bewirtet/ und nebenst dem Patroclo Schüssel und Teller wäscht/ das Viehe schlachtet das Feuer aufschüret/ selber kochet und bratet/ das denn eine Heldenhaffte Sache gewesen/ oder es hat der Achilles nicht Leute gehabt/ die solches verrichten können.

Jm 10. Buche gehen Ulysses und Diomedes miteinander auf Kundschafft aus/ bekommen darüber den Dolon gefangen/ und versprechen ihm das Leben/ wenn er ihnen des Feindes Anschläge entdecken würde/ der es auch thut/ und nichts destoweniger hierauf von ihnen niedergemächet wird. Hierauf waschen sich erst diese zwey Helden in der See/ und gehen darnach ins warme Bad/ von dar aber zur Mahlzeit; worbey vier unförmliche Puncte zu beobachten/ als erstlich/ daß sie wider gegebenes Wort den Dolon niedergemacht. 2. Daß sie sich anstatt des Feindes Anschläge zu hintertreiben/ auffs Beuten gelegt. 3. Daß sie zwischen der Belagerten Schiffen gebadet. 4. Und früh Morgens/ noch vor der Sonnen Aufgang/ zum Fressen/

gehen/

gehen/da sie doch allererst des Abends gegessen/und auch ein gutes Stücke geschlaffen hätten. Eben daselbst vergleicht er den tapffern Ajax/ einem Esel/der von den Kindern von der Weide getrieben wird.

Als hierauf im 13. Buche dem Menon die Lantze gebrochen/laufft er geschwinde aus dem Treffen/ nach den Schiffen/ eine andere zu holen/ das denn eben damals die rechte Zeit war/ oder er nicht auch einen Degen an der Seite gehabt.

Eben daselbst will Jdomeneus das gantze Trojanische Heer alleine auffressen/ schreyet aber so bald ihm Aeneas entgegen kommt/ den Ascalophus/ Aphorräus/ Merion/ und Antilochus um Rettung an.

Jm 14. Buche trincket der ehrliche alte Nestor dem verwundeten Prummius einen guten Becher alten Wein zu/ und ermahnet ihn/ so lange lustig zu trincken/biß die Magd das Wasser/die Wunden damit abzuwaschen/ warm gemacht. Sind das nicht Heldenhaffte Schreibens-würdige Erfindungen? Und nicht weniger diese/ daß eben daselbst Jupiter seiner Gemahlin der Juno desto grössere Begierde zum Beyschlaffe zu machen/ ein Hauffen Dinges von seinen anderwärtigen Verliebungen und Ehe-Brüchen herschwatzte/ gleich als wenn dergleichen Erinnerung die Weiber nicht mehr zum Eifer und Zorn/als Liebe bewegte.

Jm 15. Buche bietet der grosse Jupiter dieser seiner lieben Gemahlin abermals Schläge an/

weil

weil sie nur ihre Gewogenheit gegen die Barbarn spüren liesse. Herentgegen hengt ihm diese kurtz hierauf alle Schand-Flecken an/ und heisset ihn einen aufgeblasenen Blut-dürstigen Vogel/das denn in Warheit die rechte Art von Complimenten unter dergleichen grossen Leuten ist.

Jm 16. Buche begegnen Sarpedon und Patroclus einander / springen darauf von Wagen/ und begeben sich fechtende zu Felde/ woselbst denn dem Patroclus der Streich dergestalt verfehlet/ daß er des Sarpedons Kutscher/ dieser aber dessen Pferd getroffen / woselbst er gleichsals das Griechische Heer / einem Fliegen-Schwarm vergleichet.

Jm 17. sagt er/ die Griechen und Trojaner/ hätten sich bemühet / des gebliebenen Patroclus Leichnam davon zu bringen / und ihn darüber so ausgedehnet/ wie die Gärber das Leder/ woraus des Achilles Pferde dieses gebliebenen Helden Tod beweinen.

Jm 18. Buche spatziret die Thetis den Schmid Vulcanus zu besuchen / der sich im Himmel das schönste Haus gebauet hatte/und so bald er der Göttin Ankunfft vernommen / Hammer und Zange weg wirfft/ ihr aus der Schmiedte entgegen gehet/ sie bey der Hand führet / und als ein Cavallier bedienet/das denn ein schöner Außzug von diesem lähmen Kerl gewesen seyn muß.

Jm 19. Buche bittet Achilles seine Mutter die Thetis / daß sie des Patrocli Leichnam die Fliegen wehren wolte / woselbst auch zwischen dem Agamemnon und Achilles der Vertrag erfolget / daß diesem die Briseis wiederum auszufolgen seyn solte. Worbey Ulysses ungebetten vom Agamemnon einen Eyd-Schwur abgefordert / daß er sie nicht beschlaffen hätte / das denn ein schlechter Verstand von einem Schieds-Mann / und noch schlechtere Ehre für zwey so vornehme Generals ist / sich über einer Hure zu zancken / zudem auch / damit die Narrheit vollmässig wäre / Xantus des Achilles Pferd reden muß.

Als sich hierauf im 20. der tapffere Aeneas mit dem Achilles herum schlägt / rucket er ihm auf / daß ihm im verwichenen Treffen Jupiter gute Beine verliehen hätte / sich mit der Flucht zu retten / und läst sich hierauf mit ihm in ein langes Geschwäße von den Schmertzen über seines Freundes Tod ein / welches eben damals zur rechten Zeit war / oder der Aeneas nicht schon längsten den Achilles gekennet hätte. Darauf hauet dieser dem Orthritis mit der Lantze den Kopff in einem Streich in zwey Stücke / das denn eine wunderliche Lantze muß gewesen seyn.

Jn 21. schiest Achilles eine Lantze nach dem Asterophäo / die aber neben ihm hin an das Ufer fähret / und als sie dieser / unwissende daß er einen Degen an der Seiten habe / herausser ziehen wil / darüber vom Achilles erleget wird. Wie solte sich dieses nicht reimen?

Jn 22. dräuet und schmähet Achilles auf den Apollo / welches einem solchen Cavallier wol anstehet

het. Hierauf folget der sonderbare Zwey=Kampff zwischen ihm/und dem Hector/von welchem sich dieser durchaus weder Vätter noch Mutter wil abwendig machen lassen/ und doch/ so bald er nur des Achilles ansichtig wird/zu dreyen malen die Flucht um die Trojanische Mauren nimmt/ohne daß ihm einer von seinen Leuten heraus zu Hülffe kommt/ biß ihn endlich die Pallas betreuget/und dem Achilles in die Hände bringt / der ihm darauf die Lantze mit so guter Vorsichtigkeit in Hals sticht / daß er ihn nicht bald/ weil er vorhero noch gerne mit ihm reden wollen/ die grosse Blut=Ader berühret/ gleich als wenn der Hector wie ein angebundener Ochse vor ihm gestanden/oder auch mit dieser ungeheuren Lantze/ damit er vorhero dem Orthritis auf einmal den Kopff zerspaltet/ diesem wie mit einer Lanzeten/ ungehindert er sich mit Schwerdt und Schild zum möglichsten beschirmet/zur Aderlassen können.

Im 24. Buche wollen Juno / Pallas / und Neptunus/daß des Hectors Leichnam/unerachtet er ihnen bey Leben alle Ehre angethan / von Hunden gefressen werden solte / woselbst auch Apollo und Jupiter über der Zeit/in welcher Hector geblieben / nicht eines sind / indem jener in der Götter Versamlung saget/daß es zwölff Tage wären/ Jupiter aber/ wenn er es der Thetis erzehlet / nur von 9. meldet/worauf auch diese ihren Sohn den Achilles erinnert / daß weil er in kurtzem selber bleiben würde/ sich vorhero noch ein und ander mal mit einem jungen Mädigen lustig machen solte/und was der kindischen abgeschmackten Sachen mehr sind. Nichts desto weniger hat Aristocles Messenius zehen gantzer Bücher geschrieben/ ob Homerus nicht vortreflicher als Plato sey/ und ihm noch zu unserer Zeit der Angelus Politianus dieses Lob beyleget/ daß dieser Poete wegen seines unvergleichlichen hohen Geistes den Himmel zum Vätterlande/ und die Calliope zur Mutter gehabt.

Wer des Tasso erlösetes Jerusalem lieset/ wird gar andere Auszüge seiner daselbst angeführten Helden / und an stätt man vor diesem nur von Lateinischen / Griechischen / und etwan wenigen Morgenländischen Poeten gehöret/ itzo befinden/ daß keine Völckerschafft in der gantzen Welt sey/ die sich nicht / ja auch so gar die äusersten Lappen und Menschen-Fressende Cannibalen darauf legen/ wormit ich mich aber auch nicht länger aufhalten / sondern von der Poeterey/ zu der Rede-Kunst fortschreiten will.

Von

# Von der Rede-Kunst.

Von der mir faſt ein Zweiffel beyfället/ ob es die Unſrigen den Alten gleiche/oder zuvor thun/zumalen wenn ich anſehe/was Demoſthenes/ Cicero und voraus der Egeſias Cyrenaicus gethan/ der in ſeinen Reden eine ſo durchdringende Krafft hatte/daß wenn er des menſchlichen Lebens Elend herauſſer ſtrich/ſich die Leute Hauffen-weiſe umbrachten/ welchem an die Seite zu ſetzen Anaximenes/ und Gorgias Leontinus / die bald und unbedacht von jedweder angetragener Sache/ eine vollſtändigſte Rede halten kunten. Heutiges Tages beſtehet dieſe Kunſt mehrentheils auf den Cantzeln/ wo ſich denn gleichfals viel dergleichen vortrefliche Leute befinden.

Von welchen vor dieſem berühmet waren der beruffene Capuziner Hyacinthus von Cahab/ der mit ſeiner durchdringenden Zunge nicht allein das Volck zu Meyland/ Breſcia/ Placentz/ und Ceſena zur Aufruhr erregte / und alle Wälſche Fürſten ſo feſte in ſeiner Hand hatte / daß ihm keiner das geringſte/ was er auch verlangte/ verweigern kunte. Und wem iſt nicht die Würckung der beredten Zunge des Savonarola/ noch des Eremiten Petri Ambiani/ noch des Johannis von Leiden/ des Thoromäi / und des Peters von Ron eines Flämiſchen Leinwebers bekant/ von welchen der erſte den Pabſt Alexander den Sechſten beſtürmete / der andere den

den bekanten Zug nach dem Heiligen Lande unter dem Gottfried von Bouillon / der Dritte die widertäufferische Unruhe / der Vierdte den Friedens-Bruch mit dem Türcken / unter dem unglücklichen Ungarischen Könige Ludwig erregten/ der Fünffte aber gantz Flandern wider den König Philipp den Schönen in Franckreich dergestalt in die Waffen brachte / daß er darüber in offener Schlacht überwunden / des Landes verlustig / und der arme Leinweber zum Freyherrn von Guido gemacht ward?

## Von den Geschicht-Schreibern.

Wollen wir nun hierauf ohne weitern Umschweiff zu den Geschicht-Schreibern fortschreiten / so werden wir unter den Alten bey den Griechen den Xenophontem/ Thucydidem/ Herodotum/ Polybium/ Halicarnassäum / unter den Lateinern den Livium / Salustium / Cäsarem/ Quintum Curtium/ und Cornelium Tacitum/ und bey den unsrigen den Franciscum Guicciardinum/ Philippum Comineum/ Paulum Jovium/ Sigonium/ Machiavellum/ Thuanum/ Sleidanum/ Stradam/ und viel hundert andere befinden/ die es den Alten auch aus diesem zuvor thun / daß wir nach der Zeit eine gantz neue Welt erfunden / und noch biß zu Tage nicht alles davon beschrieben haben/ von welcher nuen Welt Beschreibung ohn allen Zweiffel unter den Mathematischen Wissenschaffschaffen etwas weitläufftiger hervor kommen/ und dero Außführung unbeschwert von dem Herrn Doctor zu übernehmen seyn wird.

## Von der Mathematica.

Worzu sich auch dieser sehr willig befand/ und dergestalt fortfuhr: So viel die Theoria dieser Mathematischen Wissenschafft an sich selbsten angehet/ so sollte man fast im Zweiffel stehen/ ob es die heutige Welt der Alten darinnen gleich thue/ zumalen wenn wir aus dem Aristotele sehen/ daß damals die Jugend gleichsam von der ersten Kindheit sie zu begreiffen anfieng/ dahingegen ist sie bey uns lange Zeit zurücke geblieben/ biß endlich auch darinnen viel tapffere Leute / und unter selbigen der Tartaglia/ Commandinus/ Tycho Brahe/ Kipler/ Clavius/ Copernicus/ Galiläus/ Gauricus/ Magnus/ Regiomontanus/ Otho Guerike/ voraus aber Vieta/ Descartes rc. durch die *Analysin speciosam* hervor getretten/ die den Alten nichts zuvor geben/ und absonderlich dieser letztere dem Archimedes gar andere Erfindungen weisen würde. Von dem Mittel-punct der Erden/ der Zahl der Planeten / dem Lauffe des Himmels / dessen Höhe/ Cometen/ Sonne und Monden-Flecken/ von der Grösse des Meeres/ und des gantzen Erdbodens/ wusten sie so viel als nichts/ die itzige Welt aber mehr als genug. Zwar hatten die Alten so viel die *Practique* betrifft/ darinnen etliche Kunst-Stücke/ als der Archytas von Tarent/ eine höltzerne Taube/die in der Lufft herummer flo-

ge/

ge/ dahingegen machte Regiomontanus Fliegen/ die in den Zimmern herummer schwårmeten/ und einen Adler/ der dem Kayser von Nürnberg aus/ ein gutes Stücke Weges entgegen flog/ und ihn hernach über dem Haupte biß in die Stadt begleitete; so weiß ein jeder von dem redenden Haupte/das Albertus Magnus gemacht: die guten Alten machten gleichfalls viel Wesens von den Orgeln/ und Wasser-Uhren/ die Ctesibius erfunden haben soll/ von des Archimedes Feuer-Spiegel/und daß ein ander genant Priscus ein Werkzeug erfunden/mit dem er/ als der Kayser Severus Byzantz belagerte/ die Schiffe von der Kayserlichen Flotte anfaste/ und unters Wasser zoge. Was ist aber dieses gegen die hundertfältige Erfindungen des vorernennten *P. Kirchers?* Des Magini Feuer-Spiegel/ und den Lufft-*Experimenten*, des unvergleichlichen Otho Guerikens? Oder was sollen wir von der grossen Himmels-Kugel sagen/die der Severinus Boetius gemacht/oder von so viel künstlichen Uhren/von denen fast in gantz Holland befindlichen Glocken-Spielen? Von den künstlichen Uhr-Wercken zu Pavia und Straßburg/ die nicht nur singen/ schlagen/ und den Lauff der Planeten weisen/ sondern auch die bevorstehende Finsternüssen/ Conjuncturen und Aspecten/Breite und Höhe der Planeten/ ja den gantzen Himmels-Lauff weit hinaus vorstellen/anderer künstlichen je länger je höher steigenden Uhrtwercke zugeschweigen/ für welchem allen Archytas/ Ctesiphon/ Eudoxus/ Archimedes/

Bri-

Brisonus/ Theodorus/ Euclides/ Proclus/ Strabo/ und alle übrige Alten würden erstaunen müssen.

## Von der Stern-Kunst.

Zu dieser Mathematischen Wissenschafft gehöret auch die Astronomie und Astrologie/ von welchen die erste bestehet in Betrachtung des himmlischen Firmaments/ am Lauff der Sonnen/ Veränderung des Mondens/ Finsternüssen/ Planeten/ und dergleichen/ die andere aber bemühet sich zu wissen/ was diese Aspecte für Einflüsse in die Unterwelt einlassen/ und daraus einem jedtweden Menschen/ ja gantzen Ländern an Glücke/ Gesundheit/ Veränderungen/ Leben und dergleichen/ zu erwarten sind/ davon auch die erstere/ nemlich die Astronomia schon vor langer Zeit gebilliget/ und in allen Schulen/ voraus aber bey den Babyloniern/ von ihren Erfindern/ als dem Thales/ Pythagoras und Anaximander gelehret worden/ auf diese sind gefolget/ der *Eudoxus, Conon, Theon Alexandrinus,* und dessen Tochter die *Hypatia, Ptolemæus, Aratus, Manilius,* und andre/ da hingegen haben wir zu unser Zeit gesehen/ den *Sacrobosco, Alphonsum, Pontanum, Piccolomineum, Regiomontanum,* der die 10. *Sphæra* erfunden/ *Copernicum, Clavium, Tycho Brahe, Kepler, Maginum, Galilæum, Riccioli, Gemma, Hagecium, Rœslinum, Tannerum, Cabæum, Gloriosum, Licetum, Reita, Tellez, Bullialdus Arriagam, Cysatum,* und andere vortrefliche Männer/ die jenen vorgehen/ so weit es ohn diß eine solche Wissenschafft ist/
die

die sich mit der Länge der Zeit in beſſere Vollkom̃enheit ſetzt/ und voraus/ vermittelſt der Schiffarten/ mit denen man ein gantz neues *Hemisphærium*, mit unterſchiedenen/ den Alten unbekandten Sternen erfunden/ und denn auch der groſſen Stern-Gläſer/ damit der Sonnen/ und dem Monden/ biß in ihre innerſte Eingeweide geguckt/ alſo auch ihre genaueſte Flecken/ ingleichen noch ſechs neue Planeten/ gemercket worden/ und daß abſonderlich auch die Cometen eine gantz andere Art von Krebſen ſind/ als Ariſtoteles und deſſen Anhänger fabuliret haben.

So viel aber die Aſtrologie mit ihren eingebildeten Stern-Einflüſſen und Nativität-Stellungen betrifft/ von denen man glaubet/ daß der Hipparchus Nicäus der erſte geweſen/ der die Sterne gezehlet/ und in gewiſſe Häuſer eingetheilet/ denn auch die Werckzeuge erfunden haben ſoll/ damit man ſich einbildet/ ihre Gröſſe abzumeſſen/ ſo iſt wol kein Zweiffel/ daß nicht dieſe ihren Urſprung von den Chaldäern genommen/ und des Julii Firmici Meinung nach/ den Petoſiris und Necephos zu ihren Erfindern haben. Es iſt aber dieſe Kunſt niemals unter diejenigen/ die einen rechtſchaffenen Grund und zuverläſſige Wiſſenſchafft haben/ gerechnet worden/ ob ſie gleich von etlichen Alten/ als dem Tiberio/ Adriano/ Publio/ Nigidio/ Ptolemäo/ Julio Firmico/ Parmenion/ in einiger Achtbarkeit/ denn auch nach der Hand/ bey den Arabern mit ihren Abenragel/ Abumaſar/ Abuali/ Avenazra/ Albatebateguius und Bubalacar/ der den Mahometanischen Aberglauben prophezeyhet haben soll/ berühmet gewesen/ da hingegen wissen wir/ daß sie GOtt seinem Volcke hefftig verbotten/ und nicht weniger zum öfftern zu Rom/ weil sie mit ihren Lügen und Betrug den Estat in Verwirrung satzte/ gantz ausgebannet worden. Nichts destoweniger haben sich zu unser Zeit auch viel wackere Leute/ als der Donatus, Cardanus, Gauricus, Junctinus, Leovicius, Schoncrus, Nabat, Origanus, Ranzovius, Mästlinus, Fromondus, nebst viel hundert andern Kalender-Schreibern/ so weit darauf beflissen/ daß sie den Alten nichts darinnen nachgeben/ und da sie gleich auch nicht in allem wol eintreffen/ dennoch auffs wenigste so gut/ als jene/ lügen können.

Absonderlich aber ist zu mercken/ daß diese Leute insgemein der siebenden Zahl eine unglückseelige Würckung zu schreiben/ und dannenhero den Monat September/ für den unglückseligsten Monat im gantzen Jahr halten/ weil damals die Sonne in die Waage tritt/ und der feindseelige Saturnus in seiner Erhöhung ist/ dannenhero nichts anders/ als böse Ausflüsse über die Erde/ und eine unglückseelige Geburts-Leitung derjenigen/ die damals geboren werden/ erfolgen könne/ zu wessen Bestärckung sie dann allerhand derer in diesem Monat erfolgten Unglückseligkeiten und Trauer-Fälle anführen/ als daß Roderich/ König in Spanien/ in diesem Monat von den Mohren überwunden/ und darauf das gantze Reich verlohren gegangen/ daß eben in diesem Monate/ das grösteTheil von Ungarn/ nach dem Treffen bey Mongaz/ an den Türckischen Solymann verfallen/ König Jacob in Schottland geblieben/ die Palåologi Constantinopel eingenommen/ und die Grafen von Flandern verjaget/daß den 24. September Christiern König von Schweden/ seines Reichs entsetzet/ und den 27. Maria Königin von Schottland/ in Engeland deß Todes = Urtheil bekommen. In diesem Monat wåren gestorben Augustus/ Tiberius/ Vespasianus/Titus/Domitianus/Aurelianus/Theodosius der Erste/ Valentinianus/ Gratianus/ Basilius/ Constantinus/ Leo der Vierdte/ Rudolphus der Erste/ Friederich der Dritte/ Carl der Fünffte/ Sultan Solyman/ Ferdinandus der Erste/ Pipinus/ Carl der Weise/ Ludwig der Jüngere/ Philippus der Dritte/ Lotharius/ Carolus Calvus/ Könige in Franckreich/ und denn auch König Ludwig in Ungarn.

Weiter bemercken sie/ daß die grösten und meisten Erdbeben in diesem Monat erfolget sind/ von welchen das erschrecklichste/ so zur Zeit des Kaysers Theodosii des Andern/ Constantinopel dermassen erschütterte/daß darüber unter einer grossen Anzahl Häuser/ 57. Thürne übern Hauffen gestürtzt/ und bey 15000. Personen geblieben sind/ so daß sich der Kayser nebenst dem Patriarchen Proclus/ und allem Völcke aus der Stadt begeben müssen/ bey welchem Erdbeben dann dieses Wunder geschehen/

daß

daß ein Wirbel-Wind einen Knaben biß über die sichtbare Lufft geführet/ und ohne Schaden wiederum auf die Erden gesetzt/ worauf er erzehlet/ daß er daselbst von den Engeln/ diese Worte/ Heiliger HErr GOTT/ Heiliger starcker GOtt/ Heiliger und unsterblicher GOtt/ erbarme dich unser/ gehöret/ die auch der Kayser hierauf anzustimmen/ anbefohlen/ und darauf solches Erschüttern alsobald nachgelassen habe.

Auf dieses sey abermals in eben diesem Monat Anno 545. und abermals eines/ in welchem in Syrien bey zehen tausend Menschen umkommen/ dann abermals auf dieses/ unter dem Pabst Gregorio dem Vierzehenden eines/ in welchem 5. an der See gelegene Städte übern Hauffen gegangen/ und noch viel andre mehr erfolget. Endlich gehen sie noch weiter/ setzen aus dieser siebenden Zahl den so genannten Climacter zusammen/ und führen nicht nur allein unterschiedene grosse Leute/ die entweder in dem 49. oder 56. oder 63. oder 70. Jahre/ und also weiter/ die Welt verlassen müssen/ sondern auch ein und andern Königreichen gefährliche Nativitäten ein/ als von jenem den Augustus/ der im 77. den Aristoteles/ Cicero/ Chrysippus/ und andere/ die im 63. Theophrastus der im 84. Isocratem und Hieronymum/ die im 91. Plinium und Bartholum/ die im 56. gestorben/ ingleichen den Julius Cäsar/ und Heinrich den Vierdten König in Franckreich/ die gleichfalls in diesen so genannten Stuffen-Jahren

ren ermordet worden; von diesen aber voraus Rom an/ das im 364. Jahre/ nach seiner Erbauung von den Galliern/ und im 539sten vom Hannibal bey nahe übern Hauffen gegangen/ von welchen letztern/ biß auf des Augustus Regierung/ und des Quintilius Varus Niederlage abermals 224. nemlich siebenmal 32. Jahr/ von Einäscherung der Stadt Carthago aber/ biß zu der Zeit/ als auch Totilas diese Stadt Rom angezündet/ 700. Jahre verflossen. Ingleichen hätte man beobachtet/ daß die Mohren im Jahr Christi 707. im 7. Jahre deß Königes Roderichs sich Spannien bemächtiget/ und 777. Jahre hierauf von dem König Ferdinand von Arragonien wiederum daraus getrieben worden. Ja es hätte sich/ etlicher dergleichen Stern-Weisen Meinung nach/ Venedig auf das Jahr 1800. also 1428. Jahr nach seiner Erbauung/ seines gefährlichen grossen *Climacters*, und nicht weniger eben dergleichen eine vornehme Teutsche Residenz-Stadt in dem 1700. Jahre/ im siebenmal zwey und zwantzigsten/ nach seiner erstern Belagerung im 7. Monate des Jahres/ im zweymal siebenden Tage deß Monates mit seinem benachbarten Königreiche/ nach dem viermal siebenden auf seines Königes Krönung erfolgten Jahre/ eben eines sehr gefährlichen Anstosses zu befahren. Für allem aber ist merckwürdig/ was der gelehrte Welsche Grafe Bisaccioni bey der Anno 1647. bekanten Neapolitanischen Aufruhr angemercket/ daß nemlich auch im Jahr Christi 1547. also (gleich) 100. Jahr vorhero/

hero/dergleichen Aufruhr/wiewol nicht von solcher
Wichtigkeit/ zu Neapolis und derer Rädelsführer
gleichfals Masaniello genennt/ gewesen. 2. Daß
sie aus einerley Ursachen/ nemlich übersetzten Zölles entstanden. 3. Daß so ein als anderer Masaniello in wenig Tagen den Halß darüber gebrochen
4. Daß diese beede Königreiche Neapolis und Sicilien/ diß und jenseit deß Pharos/ ob sie gleich kein
Vernehmen deßwegen mit einander gehabt/ zugleich aufgestanden. 5. Daß man bey dieser letzten
zu Neapolis absonderlich die siebende Zahl spürcken
gesehen/ indem selbige in dem 47. Jahre deß angehenden siebenzehen hundersten Jahr Hundert/ im
17. Monat der Regierung deß damaligen Unter-
Königes *Duca di Arcos*, am siebenden Tage deß
Monats/ am siebenden der Woche/ um sieben Uhr
deß Abends den Anfang genommen/ und was das
allermerckwürdigste/ siebenderley Art Leute/ nemlich 1. die Buben unter obgedachtem Masaniello.
2. Die Bürger unter dem Gennaro Arnese. 3. Der
Adel unter dem Hertzog von Guise. 4. Die Studenten. 5. Die Franciscaner-Mönche/ die sich bey
einer Procession nicht über der Kappen/ und ob sie
ihrem heiligen *Antonius* eine runde oder spitzige anlegen solten/ vergleichen konten/ sondern darüber
zu einem neuen Aufruhr gerieten. 6. Die Krancken in den Siech-Häusern/ und endlich 7. die Bettler auf den Strassen/ als welche beide über ungleiche
Wartung/ und Austheilung deß Allmosens schwürig worden/ solchen Auflauff zu sieben unterschie-

denen malen wiederum aufgeweckt/ und also selbiger nicht eher/ biß allen diesen ihr Vergnügen geschehen/ nach weiterer Anführung angeregten Bisaccioni/ völlig beygeleget werden können/ dannenhero unterschiedene vornehme Stern-Weise/ und voraus der *Andreas Argolus* beständig dafür halten/ daß der Gestirne Ausguß/ und sonderlich das Haupt der Medusa/ als welches damals diesem Königreiche *vertical* gewesen/ solchen Aufruhr unzweiffelhafft verursachet hätte.

## Von der alten und neuen Erdmessung und Beschreibung.

Ich will zu diesen Mathematischen Wissenschafften/ noch die Welt-Abmessung und Beschreibung nehmen/ und hierauf die Natur-Kunst mit meiner Profession der *Medicin* abhandeln/ dem Herrn Licentiat aber darauf seine Facultät/ und dem Herrn Pfarrer die Theologie überlassen/ genugsam versichert/ daß er in selbiger unserer sämtlichen Meinung keinen Eintrag thun/ oder die alten Heydnischen vermeinten GOttes-Lehrer/ denen heutigen warhafftern vorziehen werde.

So viel nun hierauf diese Welt-Abmessung betrifft/ so ist kein Zweiffel/ daß sie auch von den Griechen ihren Anfang genommen/ und etliche gute Leute darinnen gehabt/ als den Thales/ der sie zum ersten dahin gebracht/ und von den Egyptern geler-

gelernet haben soll / auf diesen ist kommen Hecataͤus / und *Anaximander,* der das *Oroscopium,* und die Mathematische *Sphæra* erfunden / so soll er auch / deß Laertius Meinung nach / der erste gewesen seyn/ der den Umfang der Erden und deß Meers abgemessen / nebenst diesen / waren die beruͤhmsten Briso / Democritus/ Theodorus/ Cyrenaͤus/ und Archytas/ vor allen aber der Euclides/ ingleichen der Eratosthenes / Strabo/ und unter allen der beruffenste *Archimedes,* welchen ferner erfolget Thimosthenes deß Ptolemaͤus Admiral/ Polemon/ Helladicus Alexandrinus/ Hipparchus/ Dionysidorus/ von welchen der Ptolemaͤus und Strabo zwar wiederum die beruͤhmtesten / gleichwol aber weder sie noch die vorigen / von solcher Vollkommenheit gewesen / daß nicht die heutige Welt viel grosse Fehler/ und voraus von des Nilus Ursprung/ und Mohren-Landes Graͤntzen / in ihren Schrifften findet/ und wie hat es auch wol anders seyn koͤnnen / weil diese gute Leute nicht einmal mit den Gedancken dahin kommen koͤnnen/ wohin die unsrigen heute zu Tage fast uͤber beyde Polos wegsegeln / und eine gantz neue Welt erfunden? also leicht entdecket haben / wie falsch jener Meinung sey/ daß die Erde allein der Mittel-Punct der Welt / und nur dieses *Hemisphærium* bewohnet / also von den 5. Zonen zwey gaͤntzlich unbewohnet waͤren; daß Island der Erden-Graͤntzen / und man das grosse Mittel-Meer/ voraus gegen Norden/ unmoͤglich beschiffen koͤnte / daß man aber alles heute zu Tage / wo man

Aaa 4 kein

kein grosses Werck mehr macht / die Welt um und um zu beschiffen / und nunmehro fast kein Winckel mehr ist / den wir nicht durchkrochen / weit besser weiß / unerachtet endlich dasjenige geschehen seyn mag / was Strabo vom Ptolemäo Evergete schreibet / daß er nach Anweisung eines auf dem Arabischen Meer gefangenen Indianers / den Weg über das rote Meer nach Indien gefunden / und etliche Schiffe dahin gebracht habe. Was ist aber dieses gegen die heutige Schiffart / da man die gantze Welt umsegelt / und derer Entdeckung / voraus dem Christophoro Columbo / darauf dem Magellan / dem Americo Vesputio / dem Ferdinand von Cortes / und nach der Zeit vielen andern tapffern Engel- und Holländern / wie nicht weniger die Beschreibung solcher Erfindungen / sehr viel vornehmen tapffern Leuten zu dancken hat.

# Von der alten und itzigen Natur- und Artzney-Kunst.

UNd eben diese Bewandnis hat es auch mit der Natur- und Artzney-Kunst / von welcher erstern abermals kein Zweiffel / daß sie die Griechen von den Egyptern geholet / und in grosser Achtung gehabt / bey den Römern aber ist in so schlechtem Werth gewesen / daß ob sich zwar etliche tapffere Leute / als der Brutus Cassius / Seneca / Thrasea / Arulenus / Soranus / und andere darauf geleget / dennoch ohne allen Zweiffel solche Wissenschafft

schafft ihren Untergang befördert hat/ voraus aber war nach der Zeit/ und noch nicht gar lange/ der *Aristoteles* für den Fürsten dieser Wissenschafften gehalten/ dessen Hoheit aber nach der Zeit mercklich gefallen ist/ nachdem unsere heutige Naturkündiger seine meiste Sätze falsch/ und alles viel besser befunden/ als in so vielen Kräutern/ in dem Himmels-Lauffe/ und Ursprung der Cometen/ von dem Berg-Gewächsen/ von der Seele/ von Erschaffung der Welt/ von der Natur deß Meeres/ der Erden/ der Lufft/ und dergleichen/ worinnen dieser grosse Philosophus mächtig über die Schnur gehauen/ dessen unerachtet aber/ muß man ihm doch in etlichen Stücken seinen Ruhm lassen/ und ist wol zu verwundern/ daß zwar dessen Bücher zu unterschiedenen malen verlohren/ jedoch aber allemal wieder hervor kommen/ und allererst aus dem Arabischen/ vermittelst Kayser Friederich deß *II.* hohen Unkosten/ ins Latein gebracht worden. Heutiges Tages haben wir so viel dieser Leute/ daß sie fast nicht mehr zu zehlen/ und unter selbigen voraus den *Cartesium*, wie nicht weniger in der Artzney-Kunst solche Lichter/ die den Alten nicht um einem Tritt weichen/ ungeachtet diese zu jenen Zeiten in solcher Achtbarkeit waren/ daß wann ihnen ein und anders geglücket/ man alsobald Götter/ als aus dem *Apolline, Mercurio, Æsculapio,* und andern machte/ so sind wir auch nicht der Gedancken/ die andern Alten/ als den Hippocratem/ Prodicum/ Stratonicum/ Philotimum/ Dioclem/ Herophilum/ Nicandrum

drum/Erafiſtratum/ Aſclepiadem/ Dioſcoridem/ Galenum/Serenum/Paulum/Oribaſium/Trallianum/ Eudemium/ und hundert andere tapffere Leute/ihres wol verdienten unſterblichen Ruhmes zu berauben/ ob wir ihnen gleich gedoppelt ſo viel wackere Leute / als den Ficinum / Fracaſtorium/ Fernelium/ Cardanum/Leonicenum/Valleſium/ Altomarium Mercurialem/ Jonſtonum/ und unzehlbare andere/ ſo biß auf dieſen Tag ihnen rühmlich nachgetretten/entgegen ſetzen/und uns rühmen können/daß es die Alten uns in der Wund=Artzney=Kunſt/derer Urheber bey den Alten Chiron geweſen ſeyn ſoll/bey weiten/ voraus aber dem Veſalio/ Aquapendente/ Tagliacozzo/ Branca Siciliano/ der den Handgrieff erfunden abgeſchnittene Naſen/ Ohren/und Lefftzen zu ergäntzen/ dem Gabriel Fallopio/ Franciſco Cavalcaute/ und viel hundert andern noch befindlichen Welſchen/ Frantzoſen/ und Teutſchen/ nicht das Waſſer reichen werden/ wormit ich aber/weil ohne diß dieſe Materie/geſtern und vorgeſtern/weitläufftig auf dem Teppicht geweſen/ mich nicht länger aufhalten/ſondern dem Herrn Licentiat den Platz zu ſeiner Juriſterey machen.

will.

Von

## Von den alten und heutigen Juriſten.

Er auch alſofort dergeſtalt fortfuhr, Es iſt kein Zweiffel / daß dieſe Wiſſenſchafft ſchon vor dem Juſtiniano in groſſer Achtbarkeit geblühet/ indem dieſer in ſeiner Vorrede über die *Digeſt* ausdrücklich meldet/ daß ehe er dieſe Ordnung angelegt / 2000. Bücher voller Geſetze geweſen / welche denn nothwendig von derogleichen Leuten herkommen / und daß abſonderlich die jenigen/ derer ſich dieſer Kayſer bedienet / als der Tribonianus/ Theophilus/ Dorotheus/ Theodorus/ Midorus/ vortrefliche Männer / und in nicht geringerm Anſehen Jabolenus/ Celſus/ Neratius/ Marcellus/ Labeo/ Capito/ Julianus/ Fronto/ Sulpitius/ Nervius/Caſſius/Scävola/Papinianus/Ulpianus/ Paulus/ Pomponius/ Sabinus/ Modeſtinus geweſen / auf welche zu unſerer Zeit / im eilffhunderten *Seculo* gefolget/Jrnerius/der zu erſt wiederum zu Bolonien/ damit auf die Cathedergetretten/ auf welchen weiter gekommen/ der Accurſius/ Ugolinus / Martinus Placentinus / Oſſianus/ Azo/Dinus/Cynus/ Richardus/ Bartolus/ Baldus / die beyden Brüder Alberici/ Salicetus/ Paulus Caſtrenſis/Alexander/Felinus/Joſon/Decius/ und nach dem auch das Päbſtliche Recht von Honorio dem Dritten/Jnnocentio dem Fünfften/Alexandro dem Vierten Bonifacio dem Achten / Clemente

mente dem K., eingerichtet/ und von Gregorio dem
Dreyzehenden in allem verbessert worden/ sich auch
über dieses viel tapffere bekandte Leute biß auf diesen heutigen Tag gemacht/ die noch darinnen je
länger je grössern Nutzen schaffen/ und zwar für seinen nicht an der Wissenschafft / an diesen aber unglücklicher gewesen / daß da jene insgemein vornehme Kayserliche ansehnliche Räthe/ und Römische
Raths-Herren waren / heute zu Tage diese edele
Profession so weit herunter kommen/ daß sie zwar
noch eintzige Achtbarkeit auf den hohen Schulen/
und andern tugendergebenen Städten behält/ in
den meisten aber/ und voraus wo Mercurius seine
Residentz hält/ so verächtlich gehalten wird/ daß sie
ihr Brod kaum und kaum mit dem Maule/ und der
Feder ersechten kan / und im übrigen nichts besser
als zu Murcia oder Ruvo mit Außstossung von allen Ehren-Aemtern gehalten wird / was vermeinet aber der Herr *Ma-*
*gister.*

Von

# Von der alten und heutigen Gottes-Lehre.

Oder wie jener Erkäntnus gegen das heutige Christenthum zu schätzen sey?

Darfür wird mich die Göttliche Allmacht in Gnaden bewahren/ antwortete der Herr Pfarrer/ daß ich in die Gedancken gerathen sollte/ als wenn des gantzen Heydentums irrige Götter-Lehre einem eintzigen Puncte unsers Christentums an die Seite zu setzen/ zu geschweigen vorzuziehen wäre/ angesehen jener Grund auf dem augenscheinlichen Irrtum/ unsere Christliche Lehre aber/ auf dem Grunde der Warheit selber beruhet. Und ob ich allhier zwar weiß/ daß so bey den Griechen/ als Römern/ die Religion wie an etlichen Orten noch heutiges Tages/ guten theils für den Kap-Zaum des gemeinen Volckes gebrauchet wird/ und also viel vortreffliche Leute bey ihnen/ keine solche Narren gewesen/ daß sie an solche Hirn-Götzen/ als den Jupiter/ Apollo/ Mars/ ꝛc. geglaubet/ sondern voraus der Trismegistus/ Orpheus/ Hesiodus/ Linus/ Thales/ Anarimenes/ Anaximander/ Zeno/ Crtylus/ Speusippus/ Plato/ Aristoteles/ Numa Pompilius/ Cicero/ und hundert andere/ gar andere Meinung von dem Göttlichen Wesen gehabt/ und einen Blick/ voraus aber der Trismegistus so weit hinein gethan/ daß er in seinem Pimandro so vernünfftig davon redet: Nachmals hat er sieben Regierer

gierer geschaffen/ die in ihren Circkeln die empfindliche Welt umgeben/ und derer Würckung hernach das Fatum oder Schicksel genennet wird. Hierauf hat das Göttliche Wort aus denen hinab sinckenden Elementen das allerreineste Kunst-Stücke der Natur zusammen gefüget/ das auch hernach dem Schöpfer an seinem Wesen/ als der Gottheit allerdinges gleiche worden/ denn es war ihm gleich selbstständig. Und also waren die hinab sinckende Elemente der Natur/ ohne Vernunfft gleichsam nur eine eintzige Materie/ die hierauf das höchste Göttliche Wesen zugleich mit dem Worte in ihren Circkeln erhält/ und mit der grösten Geschwindigkeit diese grosse Kugel nach sich herummer wältzt/ dergestalt/ daß sie sich vom Anfange biß zum Ende ohne Ende beweget/ indem sie allemal daselbst wieder anfängt/ wo sie geendet hat: aus solcher Umfahrung dieses grossen Cörpers sind/ weil es GOtt so haben wollen/ vermittelst der untersten Elementen/ alle unvernünfftige Thiere erzeuget worden/ denn er hat ihnen keine Vernunfft mitgetheilet/ es hat aber die Lufft die Vögel/ und das Wasser die Fische hervor gebracht/ so seynd auch diese zwey Elemente/ als die Erde/ und das Wasser/ so von einander abgesondert/ wie es dem höchsten Wesen gefallen. Hierauf hat die Erde die Thiere/ als die vierfüssige-kriechende-wilde-Feld-und Haus-Thiere hervor gebracht/ und endlichen auch der Vatter alles Verstandes/ das Leben/ und der höchste Glantz/ den Menschen zu seinem Ebenbild erschaffen/ und ihm darzu Glücke

ge-

gewünschet/ denn er war schön/ und nach seines Vatters Ebenbilde gemacht/ derowegen er sich/ als an seiner eigenen Gestalt/ an ihme belustigte/ und ihm alle seine Geschöpffe zum Gebrauch hingelaßen hat.

Aus diesem erscheinet/ daß der Trismegistus/ nebenst andern/ wie gesagt/ einen Schimmer von dem Göttlichen Lichte möge gehabt haben/ und sehr weit von dem Abertvitz gewesen/ dem Teuffel nach Delphos/ und wo er sonst seinen Wahrsager-Sitz gehabt/ wie voraus die tollen fabelhafften Griechen/ nachzulauffen/ und die doch augenblicklich bey der Geburt unsers Heylandes/ aller Orten verstummen müssen. Was ist aber dieses/ gegen die unschätzbare Gnade GOttes/ vermittelst welcher er durch die Geburt seines einigen Sohnes/ sich der Welt mit seinem Geheimnüsse der Heiligen Drey-Einigkeit/ so weit geoffenbaret/ daß wir heute zu Tage/ uns fast in das innerste seiner Göttlichen Natur geschwungen/ und darauf den Grund unserer unzweiffelhafften Seligkeit bauen können/ darinnen auch viel vortreffliche Leute gehabt/ und noch haben/ die/ ich rede hier ohne Unterscheid der Religion/ und voraus die heilige Apostel mit den Vättern der ersten Kirchen/ und vielen darauf erfolgten in der Römischen und protestirenden Kirchen/ von weit anderer/ und besseren Göttlichen Erkäntnus/ als der Trismegistus und alle Egnptier gewesen. Mein Herr hat recht/ versetzte der Herr Doctor/ und nur in diesem so viel es scheinet nicht

die

die genaueste Wissenschafft/ daß alle Oracula oder Wahrsager-Sitze/ alsobald mit der Geburt unsers Heylandes verschwunden seyn/ angesehen wir nicht nur aus dem Cornelio Tacito in dessen anderen Jahr-Buche/ und dem Svetonio/ wie nicht weniger dem Baronio/ und andern Kirchen-Historien befinden/ daß noch zur Zeit des Kaysers Tiberii der Wahrsager-Sitz zu Delphos/ und bey der Regierung des Vespasiani auf dem Berge Carmel bestanden/ und denn auch noch der abtrünnige Julianus den Teuffel nicht ohne Antwort um Rath gefraget hat/ biß sie endlich nach und nach/ mit weiterer Zunehmung des Christentums gäntzlich verschwunden und verstummet sind. Wie nun aber ohne allen Zweiffel ist/ daß die Oracula oder Wahrsager-Höhlen/ noch lange Zeit nach unsers Seeligmachers Geburt/ ja so gar biß zu des Kayser Theodosii/ Arcadii und Honorii Zeiten/ und zwar nicht nur an einem oder andern Orte/ sondern so wol das Dodonäische/ als Delphische/ Ammonische/ Dydimäische/ Colophonische/ Carmelische/ der Paphischen Venus/ des Tiresiä/ Mopsi/ Amphilochi/ Jonis/ Nicephori/ Aesculapii/ Amphiroi/ Sarpedonis/ Trophonii/ Hermiones/ Pasiphaes/ Geryonis/ Veneris Aphacitidis/ und Abydonis/ beständig geblieben/ denn auch nicht zu laugnen/ daß der Teuffel in selbigen sein Spiel mit unter gehabt/ so ist doch auch nicht minder gewiß/ daß viel Betrug von den Pfaffen mit unter gelauffen/ so daß selbigen auch schon theils Heyden gemerckt/ und sie deswegen

wegen von dem Cicero/ dem *Epicuro, Peripateticis, Cynicis* und voraus dem Luciano ausgelacht worden/ welcher Betrug dahero leichte zu erachten gewesen/ weil sie selbige gemeiniglich in die untersten Höhlen angelegt/ wohin dero Pfaffen durch verborgene Gänge unter den Tempeln leichte kommen/ und die Fragenden mit der Nasen herummer führen kunten/ welches ihnen denn um so viel leichter angieng/ weil sie insgemein die herummer wohnenden gleichsam zu eingeweiheten oder *initiatis* solcher Güter annahmen/ derer Pflicht war/ durchaus von solchen Geheimnüssen bey Leib- und Lebens-Verlust nichts zu offenbaren/ ob sie gleich solchen Betruges innen worden/ wiewol auch solche Geheimnüsse endlich nicht so beständig bleiben kunten/ daß sie nicht/ wie vorgedacht/ auch noch unter den Heyden ausbrachen.

Wollte man sich nun hierbey verwundern/ daß sie gleichwol noch so lange Zeit/ so viel Christliche Kayser geduldet/ und nicht vom Grund aus verstöret hätten: Dem wäre leichte zu antworten/ daß die geheimen Estats-Regeln selbiges so lange nicht verstattet/ biß das Christentum besser Wurtzel gefaßt/ ander Gestalt hätte es leichte geschehen können/ daß wenn die Christlichen Kayser zu frühe das gantze Heidentum/ dessen Götzen-Dienst sich auf den Dörffern erhielt/ und sie dahero Pagani genennet/ selbigem auch noch viel grosse Leute zugethan waren/ zu gähling hätte ausrotten wollen/ sie solche wider sich in Harnisch bringen/ und damit das gantze Christentum in Gefahr setzen können.

Aus diesen Ursachen sind auch nach gäntzlicher Aufhebung der Oraculen/ noch viel andere Heydnische Ceremonien bey den Christlichen Kaysern/ als die Bäder/ der *Pontificat*, die Anbetung des H. Purpurs/ ingleichen daß sie Göttliche oder *Divi* genennet werden/ und zwar theils biß auf den heutigen Tag geblieben. Denn auch die H. Kirchen-Vätter/ voraus aber der Augustinus/ mit denen aus eben diesen Teuffels-Höhlen übrigen Glücks-Versuchungen oder *Sortilegiis*, sie mögen nun aus dem Virgilio/ oder Homero/ genommen werden/ beschmutzt gewesen.

Daran ist kein Zweiffel/ sagte der Herr Licentiat/ ich verwundre mich aber gleichwl darben/ daß so viel tapffere verständige Heyden diesen lügenhaften Teuffels-Possen so lange Glauben gegeben/ und voraus nach ihrer Verstummung nicht besser auf ihre betrügliche Sprünge kommen sind/ und was sie sich doch/ nachdem sie fort gewesen/ von ihnen eingebildet.

Glaubet denn der Herr/ antwortete der Herr Doctor/ daß es allen ein rechter Ernst/ und derer nicht viel tausend gewesen/ die so wenig eintzigen Glauben in sie gesetzt/ daß sie selbige vielmehr verspottet/ als verehret haben? Nahm nicht der Dionysius dem Jupiter den Mantel/ und dem Aesculapius den guldenen Bart/ der tapffere Marius aber mit hönischen Gelächter dem Delphischen Apollo
die

die von dem Aberglauben des gemeinen Volckes dahin geopfferte Gold- und silberne Geschirre zu Bezalung seiner Soldaten ab? Der Persianische König Ochus machte es noch gröber/ und fraß nebenst seinen Hofleuten/ den unter der Gestalt eines lebendigen Ochsens verehrten Egyptischen Abgott Apis/ mit Haut und Leder auf/ ohne daß ihm ein Knochen darvon im Halse stecken blieben.

Hierbey erinnere ich mich/ wie auch Cambyses die meisten Oracula dergestalt auf die Probe setzte/ er sandte unterschiedene Boten dahin/ mit dem ausdrücklichen Befehle/ daß sie alle auf einen Tag und zu einer Stunde fragen sollten/ was er Cambyses zur selbigen Zeit vorhätte/ das auch jene thaten/ und von keinem als dem zu Delphos/ die Warheit/ wie nemlich Cambyses damals Schöpsen-Fleisch in einem eisernen Topffe/ oder Helmen kochte/ erhielten. So viel aber von den gelehrten Heyden in diesen Stricken geblieben/ haben/ deß Plutarchus Bericht nach/ geglaubet/ daß sie entweder gestorben/ oder in eine andere Welt/ derer etliche biß dreyhundert und achtzig behaupten wollen/ gewandert wären.

Es ist von beyden eines so wahr als das andere/ sagte der Herr Pfarrer/ mit etlicher massen über diesem Fehler empfundenen Unmuthe/ sind dieses aber alle Künste und Professionen/ die man wider mich zu Felde führen wollen/ warum gedenckt man nicht auch/ der fast hunderterley Arten Handwercker/ und hält darinnen die alte Zeit gegen die neue/ um zu sehen/ wer die besten Meister darinnen gehabt?

habt? Hierzu würde uns nicht eine Woche/ zu geschweigen die noch übrigen par Stunden reichen/ anttwortete der Herr Doctor/ derowegen wir nur die edelsten und tugendhaffteste anführen wollen. Die edelsten? versetzte der Herr Magister/ hat man doch oben gesagt/daß weder die Theologie/noch Philosophie adeln/ wie soll man denn nun solches von ihren Theilen/als der *Dialectica, Logica, Rhetorica, Historia, Mathesi,* und dergleichen gewärtig seyn/ da man im Gegentheil heutiges Tages in etlichen grossen Städten/ nicht wenige Geschlechter sihet/ die viel eher hinter den Thran-und Garn-Fässern/ aus dem Sonnen-Krame/ Schneider/ Schuster- und andern Werckstätten/ ja wol vom Pfluge selbst/ vermittelst vorher gegangenen hohen Diensten/ als daß entweder sie selbst/ oder der Herr Vatter/die Kayserliche Armeen mit Stock-Fischen/ Heringen/und dergleichen/oder auch nur/ *quia in magnis vel voluisse sat est,* eine Compagnie mit Brandwein und Taback/ versehen/ die Frau Mutter aber den Kayserlichen Waffen die Hemder geflicket/ zu den Adelichen und Freyherrlichen Würden hervor gestiegen sind? Dieses ist ein grätichte Sache/ antwortete der Herr Doctor/ die nicht ohne Gefahr zu verführen/und warum nicht? sprach der Herr Magister/ hat man doch gestern aus dem Cicero angeführet/ *quod majorum gloria posteris quasi lumen sit,* warum wolte ich solches nit umkehren/ und sagen/ *quod & posterorum gloria majoribus suis quasi lumen sit,* dergestalt/daß wen einer aus der Schneider-Becker-Schuster-Kirschner-Strümpffen-Händler/

Son-

Sonnen-Krämer-Gewandschneider-Zunfft / oder
dergleichen vermittelst der Tugend ( oder vielmehr
deß Geldes / fiel der Herr Licentiat drein) hinauf
steiget / er mit solcher Adelichen Ehre nicht nur sein
Geschlechte / sondern auch zugleich die Zunfft woraus er gestiegen / dergestalt erleuchtet daß diese so
viel erleuchtende Ehren-Säulein / für die Ehre ihrer
Zunfft/als so viel von ihnen entsprossene grosse Leute vor sich sehen / und also gar löblich thäten / wenn
sie derer Abbildung in ihren Zunfft-Stuben aufrichten liessen/um sich selbst/oder aufs wenigste ihre
Kinder / damit / wie der Cäsar und Scipio zur
Nachahmung deß grossen Alexanders/anzuermahnen/ und was meinen die Herren wol / wie es einem
ehrlichen Meister Klauel aus der Schneider-oder
Kirschner-Zunfft gefallen müsse/ wenn er etwan in
der Kirchen seines Bruders-oder Schwester Sohn/
mit dem Namen deß Hoch-und Wol Edelgebornen
Herrn von Klauendorffs / Scherensteins / oder dergleichen von der Kantzel herunter donnern höret/
und obwol Hans Wurm/ weyland Bauer und Einwohner zu Riltzendorff/ wenn er wieder aufstehen/
und seinen Enckel / als deß vormahligen Sohnes
*Doctoris Vermiculi* Sohn / an dem Namen deß
Herrn von Wörmsburg erkennen / und den ursprünglichen Wurm darinnen finden würde? Und
was solte es auch wol schaden / daß man den gemeinen Leuten dergleichen Erhöhung ihrer Kinder
vorstellen / oder die Erhöheten ihrer so schlechten
Geburt erinnerte / als die ihnen solcher Gestalt
mehr

mehr Ehre als Schimpff zulegen/ zumalen wir bereits ehegestern gehöret/ daß weder der Agathocles/ Tamerlanes/ Maximinus/ Abdolominus/ Galerius/ Diocletianus/ Justinus/ Valentinianus/ noch andere Könige sich derer geschämet/ und daß wie Seneca gesagt/ die edelsten Römer nicht vom Himmel gefallen/ sondern wie es die Namen selbst geben/ die Crassi/ Cicerones/ Pisones/ Fabii/ Fabricii/ Sertorii/ und andere/ von Bauren/ und Handwercks-Leuten/ ja wenn sie biß auf ihren Urheber den Romulus zurücke sehen wollen/ gar von einem Huren Kinde herkommen. Wenn es dem Herrn beliebet/ so kan ers versuchen/ sprach der Herr Doctor/ darben sich aber vorhero mit Gedult wider die Verfolgung/ und einen guten Advocaten wider die Fiscalische Processe versehen. Es ist nicht mehr um diese Zeit/ da Berta span/ und obernennte tapfere Leute kein Bedenken hatten/ ihre gringe Ankunst redlich heraus zu beichten/ oder sich derer zu rühmen.

Wolan denn/ sprach der Herr Magister mit solcher Freudigkeit/ daß er gleichsam vom Stuhl auffuhr/ so habe ich doch an einem/ und zwar nicht dem geringsten Stücke recht/ daß nemlich die Welt an der Redligkeit und Aufrichtigkeit abnehme/ dem sie alle freudig beyfielen/ und der alte Herr von Kronhof/ dem Herrn Pfarrer so weit recht gab/ daß er in diesem Satze gewonnen/ und sich der Herr Doctor mächtig verhauen hätte.

Freylich wol/ sprach der darüber erwachte Juncker Hantz Märten/ mit noch fast schlummernden

den Augen/ ist es wahr/ daß man nicht mehr so redlich wie vor diesem herum sauffet/ noch einen ehrlichen langen Bart mehr wachsen läst / sondern ein jedweder junger Kerl/ wenn er ein par Jahr bey den Wälschen gewesen / und hernach mit einer langen Paruquen und 26. Haaren reichen Barte nach Hause kommet/ sich vielmehr einbildet/ als ein alter graubärtiger Ritters-Mann / der mit Ehren sein Groß-Vatter seyn könte/ er solte nur vor diesem zu meines Vatters Zeiten so ausgezogen kommen seyn/ ich meine/ man würde ihm die Paruque gekrauselt haben / damals saß man bey einem Glaß Bier/ Brandwein/ und Pfeiffe Taback/ sein vertraulich beysammen/ und redete von nichts/ als lauter adelichen Sachen/ als Jagen/ Hetzen/ Spielen/ Fressen/ Sauffen/ wie man einmal die Wasch-Magd beym Kopffe bekommen/ und dergleichen/ bißweilen kriegte man auch wol selber einander bey der adelichen Karthause/ und hieben sich deß Morgends darauf/ so Rittermännisch herum/ daß die Haare stoben/ da hingegen sagt man itzund nichts/ als von allerhand wunderlichen Grillen / und so tummen biß aus der andern Welt hergeholten Historien/ die ich mir nimmermehr einbilde/ daß sie wahr seyn können.

Wer wolte zweiffeln daß ihr nicht ein verständiger Kerl wäret/ und euch abermals über die massen wol verantwortet / oder vielmehr die Narren Hauffen weise aus dem Kopffe fallen lassen/ sagte fast entrüstet/ der alte Herr von Kronhof/ voraus aber

aber habt ihr wol Ursache das ritterliche Leben eurer Vor-Eltern heraus zu streichen/ gleich als wenn
wir nicht noch beyde den Bauer-Hof allhier zu Rit-
tersfeld kenneten / darauf euer Groß-Vatter und
Vatter/ ihre so vortreffliche Residentz gehabt/ und
ihr selbst darauf gebohren worden / dieses rede ich
weder euch noch ihnen zur Schande / genugsam
wissende/ daß sie dennoch gute ehrliche Ritters-Leu-
te gewesen / und das Armut an sich selbst dem Adel
nichts benehme / darbey ihr mich aber auch nicht
überreden müst / daß es so vollbrätig bey ihnen her-
gegangen. Ein par Stücke guten Fleisches/ und
ein Fäßlein Bier/ so mein Vatter dem eurigen wochentlich aus Barmhertzigkeit geben ließ/ war eure
gröste Herrligkeit / sonst mustet ihr euch wol mit
Plautzen/ oder wenns hoch kam / ein Stücke von
einer alten Hecke/ Milch/ Käse/ Butter/ Miolcken/
Zugemüsse/ und dergleichen/ behelffen/ daher ich
nicht sehe / wenn oder wo solche Banquete angerichtet worden / es wäre denn auf den gemeinen
Wurstreiten geschehen / darbey denn in Warheit
grosse Ehre / und noch zu Tage vortreffliche Tra-
ctamente zu finden sind/ dahingegen habt ihr nun
schon ins viertzigste Jahr bey diesem Tische ein
Stücke Fleisch / einen Trunck Bier/ und ein Glaß
Wein/ so gut ich es selber geniesse/und ich/ ohne daß
ich es euch vorrucke/diß dafür zum Dancke/ daß ihr
noch wol vermeinet/ es wäre euch vor diesem besser
gegangen/stehet euch aber unsere gelehrte Zeit-Vertreibung nicht an / so können wir eures Schnar-
chens

chens darben auch wol entbehren / und geschehen lassen/ daß ihr eine anständigere Gesellschafft eurer Gewonheit nach/ im Kretscham suchet.

Auf welchem verdienten Verweiß / Juncker Hanß Märten zimmlich beschämet ward/ und zu seiner Entschuldigung anbrachte/ wie er es keines weges böse gemeinet / sondern nur/ weil der Herr Pfarrer mit seiner Verantwortung so weit zurücke geblieben / und er nicht das hunderste verstanden/ was man hin und her geredet/ darüber eingeschlummert/ biß er halb schlaffende gehöret/ daß auch endlich dieser angefangen/ und weil er es bald Anfangs mit ihm gehalten / daß es nicht mehr so gut als vor Alters sey / nunmehro ihm ja weiter beystehen müsse / da er es denn so gut fürgebracht / als er es verstanden / denn aus den Büchern wüste er nichts/ wol aber dieses / daß man kein so gutes Geld mehr sehe / als vor diesem / sondern da man vor 30. und 40. Jahren nichts als Ducaten und Reichsthaler bekommen / wenn man ein Malter Weitzen oder Korn in die Stadt gebracht / so bekäme man jetzund nichts als allerhand wunderliches Geld unter einander / das nicht einmal der Edelmann/ geschweige der Bauer kennte / da hingegen hätte er noch von seinem Groß-Vatter den schönen Spruch gehöret:

Die Müntze kan uns lehren/
Wie sich die Welt thut verkehren.

Der denn dem Herrn Pfarrer am besten aus der Bibel bekandt seyn würde/ und weil er sich hiermit seiner so tapffer angenommen/ selbiger das übrige völlends ausmachen solte.

Es ist recht/ sagte der Herr Licentiat/ und um so vielmehr/ weil er dem Juncker seine meiste Straff-Gläser zugeschantzt/ und ihn zum öfftern mit dem Fusse zu derer Ubernehmung erinnert hat/ damit er aber siehet/ daß ich sein beständiger guter Freund sey/ so will ich selber wiederum seine Vertrettung übernehmen/ und beweisen/ daß die Alten (jedoch etwas besser zurücke/ als zu seines Groß- oder Alter-Vatters Zeiten) besser gefressen/ und gesoffen/ und sich darben rechtschaffen herum geschlagen/ denn auch mehr Geld als wir gehabt haben/ den ob es gleich heute zu Tage mit dem Schwälgen/ Fressen/ und Pracht so weit kommen/ daß man wol billig ein Einsehen darein haben solte/ so sihet man doch noch kein adeliches Frauenzimmer/ wie die Lollia Paulina eine Million schätzbare Edelgesteine täglich auf den Kleidern tragen/ noch einen Apicius einen Fisch (*Mullus*) und der/ wo nicht selber eine Barbe/ doch nicht viel grösser gewesen/ für 300. Reichsthaler an unserm Gelde bezahlen/ noch einen üppigen Comödianten wie den Claudius Aesopus für 15000. Reichsthaler-Vögel/ auf einmal/ oder wie der Kayser Vitellus gethan/ für 25000. Reichsthaler Speisen in einer Schüssel auftischen/ denn ob zwar etliche unserer Schwälger dieses auch so weit nach zu thun bemühet sind/ daß
sie

sie in einer Schüssel so viel auspacken/ womit man
sonsten wol 12. gemeine anfüllen/ damit eine
gantze Taffel besetzen könte/ und sich wol ein gemeiner Kauffmans Bube/ dessen Groß-Vatter GOtt
gedancket/ wenn er täglich einen Weck zu genies-
sen/ und des Sonntags etliche alte Kühe-Knochen
zu benagen gehabt/ gelüsten läst/ von den kapponir-
ten Phasianen und Rebhünern nur die Brüste auf-
zutischen/ und das übrige auf die Seiten zu schmeissen; So sind doch noch zur Zeit solche Schüsseln
nicht so groß/ daß man zu derer Verfertigung/ wie
zu den Vitellianischen einen eigenen Gieß-Ofen zurichten müsse/ noch jemals erhöret/ daß man wie Lucullus sich und seine Haus-Frau mit den Kindern/
ohne Gäste ordentlich mit einer Mahlzeit von 5000.
Reichsthalern nach der Ausführung des *Justi Lipsii in Admirandis* &c. bedienen lasse/ der uns denn
auch weitläuftiger beweisen wird/ daß insgemein
die Römer bey ihren Gast-Geboten Fechter gehal-
ten/ und niemals lustiger darbey gewesen/ als wenn
sie einander so grausam über den Hauffen stiessen/
daß das Blut über die Speisen spritzte/ ja sie waren
dergleichen Mordschlägereyen so gar ergeben/ daß
ihnen die Kayser keine grössere Lust erwecken kon-
ten/ als wenn sie in ihren Schau-Plätzen etliche Ge-
schwader dergleichen Fechter/ oder wilde Thiere auf-
führen/ und sich einander aufreiben liessen/ worben
denn derjenige/ der solches am prächtigsten vorstel-
lete/ das höchste Lob behielt/ zu diesem Ende ließ
Julius Cäsar in solchem Fecht-Spiele mit den wilden

den Thieren/ das er zu Ehren seinem verstorbenen Vatter hielt/ alle Waffen/ Jäger-Spiesse/ und Netze von Silber machen/ und den Platz selber worauf der Kampff geschach / mit Silber-Staub bestreuen. Nero machte es noch ärger/ und ließ den gantzen Schau-Platz mit Golde überziehen/ alle Zubereitungen musten von Golde/ und die Vorhänge von/ mit guldenen Sternen eingewircktem Purpur seyn/ dahero auch derselbe Tag der guldene Tag genennet ward. Auf ein ander mal/ wandten ein par Römische Printzen als Lucius Muräna/ und Cajus/ 124000. Pfund Silber auf eben dergleichen Kampf-Platz/ welches man zu diesen Zeiten wol muß bleiben lassen. Jch muß bekennen/ sagte der alte Herr von Kronhof/ daß ich in meiner Jugend über der Uberlesung dieser Oerter bestürtzt worden/ und mir die so grossen Unkosten fast nicht einbilden können/ daher vermeinet/ daß der gute Lipsius bisweilen in der Rechnung über die Schnur gehauen/ denn ob es wol seyn kan/ daß des Marci Crassi Vermögen/ solcher Rechnung nach/ auf 5. Millionen/ und des Lentuli Auguris an 10. Millionen Reichsthaler bestanden/ so scheinet es dennoch unmöglich gewesen zu seyn/ daß auch der Seneca acht halb Millionen solle gehabt haben/ so viel Tonnen Goldes würden schon übrig genug für einen Philosophus gewesen seyn/ zu dem kan ich nicht begreiffen/ wenn schon damals so viel Gold in der Welt gewesen/ wohin doch solches mitler Zeit kommen/ und weil wir selbiges nicht etwan essen/

oder

oder sonsten verzehren/ es auch nicht wie andere Metalle von dem Rost aufgefressen/ sondern vielmehr nach eröffneten Indien je länger je mehr aus der Erden gegraben wird/ warum selbiges dennoch heutiges Tages nichts gemeiner/ sondern noch wol seltener als vor diesem ist? zu diesem mögte ich auch wol wissen/ was die Römer für so grosse und hohe Unkosten müssen gefressen haben/ weil sich ja die Natur mit wenigem vergnüget/ und wir befinden/ daß es niemals zu Rom so gar theuer/ sondern zu Zeiten so wolfeil gewesen/ daß absonderlich zur Zeit des ersten Cato ein Sicilianisch Malter Getreide 4. Heller/ und ein Eymer Wein nichts mehr gegolten/ ingleichen daß da Metellus gesiegpranget/ des Varro Bericht nach/ ein Scheffel Getreide einen Pfenning/ und ein Eymer Wein/ deyn auch 30. Pfund Fleisch/ eben so viel/ ingleichen Feigen und Oele nichts mehr gestanden.

Weil der Lipsius aus dem Römischen Geschicht-Schreiber so grossen Reichtum herrechnet/ so muß man es ihm zu Gefallen glauben/ sagte der Herr Licentiat/ und sich freylich mehr an der Ab-als Zunahm des Goldes verwundern/ davon etliche der Gedancken sind/ wie ausser dem/ daß vor Alters das Gold zwar bey den Römern in Uberfluß/ in den andern Welt-Theilen aber so selten gewesen/ daß sich weder die Teutschen noch die Scythen/ noch viel andere Nordische und entlegene Völcker/ dessen bedienet/ ja auch so gar die Griechen dessen so wenig gehabt/ daß König Philippus in Macedonien/

des

des grossen Alexanders Vatter/ des Athenäi Bericht nach/ eine guldene Flasche so hoch geschätzt/ daß er sie jedesmal/ damit sie ihm nicht gestohlen würde/ des Nachts unter das Haupt-Küssen geleget/ und dann vielleichte auch/ daß es sich wegen seiner täglichen Verfolgung etwan wiederum unter die Erde verkreucht/ und aus solcher Furcht/ des Diogenis Meinung nach/ so blaß aussihet/ ein sehr grosses davon auf das Ubergulden in den Tempeln und Palläsien/ und noch ein mehrers auf das wircken des güldenen Zeuges und Spitzen gegangen/ auch noch gienge/ und verschleudert würde/ welches ich dahin gestellet seyn lasse/ und allhier nur zufälliger Weise/ aus des alten Philosophi Agatharchidis Bericht/ den er von den alten Mittags-Ländischen Völckern dergestalt anführet/ (Gold findet man daselbsten auch unter den Erd-Schollen in grosser Menge/ und das man nicht allererst mit grosser Kunst ausschmeltzen darf/ sondern es wächset alsobald vor sich/ dahero es auch die Griechen Apyron/ das ist/ ohne Feuer/ nennen/ dessen kleineste Stüklein sind so groß/ als die Oliven-Körner/ die mittelste als eine Wespel/ und die grösten als eine welsche Nuß/ die Einwohner durchboren solche Stückgen/ und tragen sie zwischen andern glänzenden Sachen/ um die Hände/ und den Hals/ wenn sie es aber an die benachbarten Völcker verkauffen/ so nehmen sie 3.mal so viel ander Ertz/ und gedoppelt so viel Eisen dafür/) fragen muß/ ob nicht/ ehe noch Columbus dahin kommen/ die Alten von dem Gold-reichen

Ame-

America schon Wissenschafft gehabt/ oder auffs wenigste solches von dem äussersten Africa oder Guinea zu verstehen sey?

So viel aber die Römische Speisen betrifft/ so weiß ich mir selber nicht hieraus zu helffen/ woher dero Preiß so hoch hinaus kommet/ und solte man auch gantze Schocke wilde Schweine aufgesetzt haben/ dieses finde ich gleichwol/ daß sie auch gerne Phasianen und Austern gefressen/ und dannenhero gantze Flotten nach den erstern biß an den Fluß Phasis in Parthien/ als ihrem Vatterlande/ nach den andern aber/ noch Dalmatien oder Africa ausgerüstet/ also ohne Zweiffel alle Unkosten mit angerechnet/ ingleichen die anderwärtige grosse Zubereitungen/ und die fast mehr als die Speisen gekostet/ mit eingerechnet haben/. darvon mehr genandter Lipsius absonderlich deß Metelli Banquet dergestalt anführet/ daß es mit den prächtigsten Tapeten oder Spaglieren wie ein Comödianten Saal ausgekleidet/ und der Bodem über und über mit Saffran/wie man in Tempeln zu thun pflegete/ bestreuet/ über der Taffel aber das Bild des Sieges/so künstlich angeleget gewesen/ daß es ihm mit Donner und Knall den Siegs-Krantz unter währendem Speisen aufgesetzt/und die Bediente mit vielerhand köstlichem Rauch-Wercke aufgewartet haben. Das beste hätte ich bald vergessen/ nemlich/ daß auch die schleckerhafften Römer unsere Piltze/ oder Erd-Schwämme so hoch geschätzet/ daß man sie unter die fürnehmsten Speisen gerechnet/ und

gar

gar: *Porphyrios* oder Kinder der Götter genennet hat/ welches man auch etlicher massen aus des Taciti Worten *delectabili boletorum cibo,* und daß sie an einem andern Orte Nero gar *cibum Deorum* nennet/ ingleichen des Martialis Zu-Schrifft an seine Liebste:

Ich kan dir Woll und Kleid von Gold und
Silber-Stücken/
Doch keine Pilße schicken.

abzunehmen/ und solcher Gestalt Juncker Hanß Märtens vätterliches Tractament/ nicht so gar zu verwerffen hat/ als das sonder Zweiffel mit diesem ädelichen Gewächse/ zum öfftern so reichlich wird beseeliget gewesen seyn/ daß er damit einen Römischen Raths-Herren/ und wäre es auch Lucullus selber gewesen/ mit Ehren hätte bewirthen können.

Für diese so gute Verantwortung muß ich in Warheit ein groß Glaß Wein liefern/ sollte ich mir es gleich borgen/ sagte der alte Juncker/ und darauf der alte Herr von Kronhof/ solches darlehn wird nicht nöthig seyn/ weil ich euch hiermit eines auf guten Vergleich/ und bessern Bedacht/ was ihr redet/ zubringen/ von dem Herrn Magister aber erwarten will/ ob er noch auf seiner Meinung/ daß die Welt abnehme/ beruhe/ und uns darinnen weiter etwas entgegen zu setzen habe?

Die-

Dieſes würde ein unverantwortlicher Fehler ſeyn/ antwortete dieſer/ wenn ich mich ſo vieler gelehrten Leute grundmäſſigen *Rationen* allein entgegen ſetzte/ ob ich gleich der unvergreifflichen Gedancken bin/ daß noch etwas bey den Alten geweſen/ ſo nicht auf uns gekommen/ ſondern mit ihnen zu Grabe gegangen/ als zum Exempel ihr Papier/ und Pergament / die Uberkruſtirung des Marmors/ das von dem Mummius erfundene Corinthiſche Ertz/ die Murrhiniſche Geſchirre/ die koſtbaren Schau-Spiele/ die ewigen Lichter/ die Geſchmeidigkeit deß Glaſes / daß man es hammern könnten/ die Verwandlung der Metalle/ ſo ſie vermuthlich gewuſt/ die Waſſer-Taucher/ das redende Bild von Memnon/ und deß Archytas Taube/ der kleine künſtliche Wagen vom Mileſiſchen Mührmecide/ und die in eine Nuß-Schalen gebrachte Homeriſche Ilias/ wie auch endlich der Elephantiſche Seil-Tantz.

Dieſe letztere Verantwortung will ich noch über mich nehmen/ ſagte der Herr Floriſſohn/ und dem Herrn Magiſter beweiſen/ daß ob zwar jetzt ernandte Künſte bey den Griechen und Römern in groſſem Geſchrey geweſen/ dennoch daran die jetzige Welt ſo wenig etwas verlohren/ daß wir ſie theils noch haben/ und da ja etwas darvon abgegangen/ ſelbiges mit zehenfach andern beſſer erſetzet ſey.

Und zwar/ was das Papier anlangt/ deſſen Erfindung man den Alexandrinern/ das Perga-

weit aber/ den Pergamesern zuschreibet/ wiewol
Plinius meldet/ daß man schon in des Numa Pom-
pilii Grabe/ Papier gefunden habe/ so muß man
keines weges glauben/ daß solches dem unsrigen/ so
aus alter Leinwand gemacht wird/ ähnlich/ noch in
solcher Menge/ noch auch von dergleichen Güte
gewesen/ daß es die Schrifft über 500. Jahr unversehret aufhalten können/ und eben diese Bewandnüß
hat es mit dem Marmor-Schneiden/ welches Ma-
murra/ ein Römischer Cavallier/ zum ersten erfun-
den/ und hierauf so lange verlohren gewesen/ biß
es zu dieser Zeit wiederum mit dergleichen Voll-
ständigkeit/ hervor gebracht/ daß wir nicht nur den
Marmor/ sondern auch den Porphyr/ und alle
Edelgesteine, ohne den Dienst so vieler tausend Scla-
ven/ schneiden können. Die Elementa/ als das
Wasser/ müssen uns statt derer dienen/ und die Flüsse ihre Hände darzu bieten. Das Corinthische Ertz
lohnet nicht der Mühe/ daß man es wieder hervor
suche. So sind ohne Zweiffel/ die vom Pompejus
zum ersten aus Asien gebrachte Murrhinische Ge-
schirre/ entweder die Porcellanen selbsten gewesen/
oder diese heute zu Tage weit besser und gemeiner.
Haben wir keine so kostbare Fecht-Spieler/ so ist
auch wenig an solcher Blut-Erlustigung gelegen/
oder doch mit den Rittermässigern Turnieren/
leichte ersetzet/ zu diesem können auch unsere Todten
ohne die ewigen Lichter ruhen/ dannenhero auch an
derer Abgang nichts verlohren ist/ und vielleichte
wären auch noch wol Leute zu finden/ die/ wenn eintziger

tzigen Nutzen/ davon zu hoffen / solche wiederum
anzünden könten. Die Geschmeidigkeit des Glases
wäre etwas gewesen/ wenn es der Künstler probiren
dörffen. Man lasse es aber auch verlohren seyn/ da
hingegen aber die Muranischen und Barcelloni-
schen Glase-Hütten/ ihre Geschicklichkeit darinnen
auffweisen/ so wird man andere hundertfältige
Kunst-Stücke/ und unter selbigen vielerley Arten
grosser prächtiger und künstlicher Spiegel befinden/
wiewol auch Cardanus bezeuget/ daß er einen
Frantzosen gesehen/ der gläserne Ketten gemacht/
die er ohne eintzigen Schaden/ auf die Erde geschmissen habe/ zu dem ist auch das Glaß bey
uns in keiner so grossen Hochachtung/ wie bey den
Alten/ indem zum öfftern darvon bey einem Cavalier mehr in einem Monate/ als vor diesem in 10.
Jahren an einem Kayserlichen Hofe/ zerschmissen
wird/ vielmehr befleissiget man sich auf das Berg-
Krystall/ in welchem sich die Kunst so weit geäusert/
daß man in unterschiedener Printzen Kunstkam-
mern/ voraus aber deß Großhertzogs von Florenz/
und in der Kayserlichen/ wie oben zu sehen/ gewesen/
gantze Galeeren und Schiffe/ mit deren völligen
Zubereitungen/ als Mast/ Stücken/ Segeln/ An-
ckern/ Leitern/ ja nicht nur aus dem Krystall/ sondern auch Agaten/ Carniolen/ Jaspis und dergleichen geschnitten/ voraus aber an der kostbaren
Agat-Schale/ darinnen die Natur selbst den Namen ihres Schöpffers/ ausgedrucket/ dergleichen
Wunder zu sehen hat/ daß alle Asiatische/ Griechische und Römische Kunst-Stücke/ und wären auch

Ccc 2

noch

noch tausend grössere verhanden/ an der Vortrefflıgkeit hinter sich leget. Was wollen wir aber von der *Alchimie* sagen? Man lasse es dahin gestellet seyn daß die Alten etwas davon gewust/ indem wir lesen/ daß sich der närrische Caligula bemühet/ Gold aus Auripigment zu ziehen/ da hingegen aber der Kayser Diocletianus alle dergleichen Schrifften in Egypten aufsuchen/ und verbrennen lassen. So mag es vielleichte auch wol wahr seyn/ daß wie man in den Paduanischen Historien lieset/ vor etlicher Zeit daselbst/ in einem alten Begräbnus/ fliessend Gold mit einer Bey-Schrifft gefunden/ daß es durch Kunst der *Alchimie* gemacht/ und von einem sogenandten Maximus dem Höllischen Gott Pluto/ dahin geopffert worden/ so ist es doch gewiß/ daß diese Kunst niemals zu dergleichen Vollkommenheit/ oder Augenscheinlicher Beweisung/ wie itzo gelanget/ davon ich denn nicht etwan zum Zeugnüs den Nagel zu Florenz/ noch das fliessende Gold/ aus dem Spanischen *Escurial*, sondern vielmehro einen jungen Mönchen anführen will/ der/ vor ungefehr zehen Jahren/ der itzt regierenden Kayserlichen Majestät vermittelst eines von ihm gefundenen Pulvers/ solches an beyden Metallen/ als Silber/ und Gold/ so augenscheinlich dargewiesen/ daß weil es der Mönch Höchst-gedachter Kayserlichen Majestät selbst/ und auch andern Cavallieren/ in die Hände gab/ solches auch in seiner Abwesenheit zu versuchen/ kein einziger Betrug daraus zu verspüren wär/ und eben aus diesem Pulver ist obernenn-
tes

ter grosser Groschen in der Kayserlichen Kunst-Kammer gemacht/ denn auch daselbst noch einer/ von einem andern Künstler längst vorher verfertigter zu sehen/ wiewol nicht ohne/ daß der von dem Mönche darben gefundene geschriebene Proceß niemals/ ungeachtet alles von den besten Kayserlichen Chymisten angewandten Fleisses/ dergleichen Pulver hervor bringen wollen / sondern man sich nur mit diesem/ so mehr-gemeldter/ nachmals in den Freyherren-Stand/ unter dem Namen deß Herrn von Reinburgs/erhöheter Mönch gehabt/ vergnügen müssen.

Zwar weiß ich/ daß ihrer noch viel sind/ die sich die Richtigkeit dieser Kunst/ nicht überreden lassen wollen/ sondern beständig bey ihrer Meinung verbleiben/ daß sie insgemein ihren Lieblingen/ mit Lügen/ Betrug/ und Armut ablohne/ dessen unerachtet/ist doch unwidersprechlich/ daß auch solcher Gestalt vermittelst selbiger/ und ihrem abgemessenen Feuer/ viel herrliche Artzneyen/ köstliche Farben/ und den wahren so weit nachartende Edelgesteine hervor gebracht worden/ daß wie die ersten der menschlichen Gesundheit merklich zu statten kommen/ also die Farben das Mahl-Werck zur höchsten Vollkommenheit setzen / und nichts minder auch diese gemachte Edelgesteine bißweilen den besten Jubelier betrügen.

Was wollen wir aber von der einzigen Buchdrucker-Kunst sagen? Diese ist ein so Göttliches und unaussprechliches Geschencke für die jetzige Welt/

Welt/ dafür die Alten ihren Jupiter/ Apollo/ und Minerva (daferne GOtt dem Trüffet die Ehre davon gönnen wollen) tausendfältige Hecatomben geopffert/ und einmütig bekandt hätten/ daß ihre sieben Wunder-Wercke/ und andere Kunst-Stücke/ nur für Döcken-Werck dargegen zu schätzen/ und daß dieses unzweiffelhafftig das rechte der Isis angedichtete *Pharmacum immortalitatis*; oder das Mittel wäre / sich bey der Welt unsterblich zu machen. Wer wolte denn nun hierauf so kindisch seyn/ nachdem man in einem Tage mehr drucken kan/ als zehen fertige Schreiber in einem Jahre schreiben/ auch der alten Bibliothecken oder grosse Büchereyen / mit den unsrigen zu vergleichen von denen er in dem Spanischen *Escurial* über hundert tausend vollständige *Authores*./ in der Wienerischen *Bibliotheca* eben so viel/ in der Vaticanischen weit mehr/ und wenn man alle übrige zusammen rechnen wolte/ Millionen Bücher finden würde. Und ob zwar etliche wünschen daß der Bartel Schwarz mit seiner schwärtzen Pulver-Kunst zu Hause geblieben wäre/ so ist doch kein Zweiffel/ daß auch dieses/ vermittelst deß groben Geschützes/ und den von *de Melfi* erfundenen See-Ratten/ die wilden Insulen desto besser zu bezwingen/ und in selbigen den Saamen deß Christenthums auszustreuen/ ein so Göttliches Geschencke sey/ dafür wir ihm Ursache zu dancken haben. Was solten wol die guten Alten gedacht haben / wenn sie nur einen Schuß davon gehöret/ oder auch mit unserm so künstlichen von dem Jacob rob Mato/ einem Brillenmacher zu Alcmar/ erfundenen Fern-Gläsern/ einen so klaren Blick an die Sterne/ ja das innerste Eingeweide deß Göttlichen Atomosen-Meisters der Sonnen/ und Monden/ selbst gethan hätten/ sonder allen Zweiffel würde ein oder dem andern die Narrheit/ daß es fliegende Steine/ oder dergleichen wären/ leichte darmit aus dem Kopffe zu bringen/ und die von dem vortrefflichen Engeländer Robert Hoke/ und mehr ernennten Otho Guerike/ auf höchste gebrachte *Microscopia, Baroscopia, Hygroscopia, Thermometra,* vermittelst welcher man nicht nur die allerkleineste Geschöpffe in verwunderlicher Grösse/ als eine Lauß wie einen grossen Käfer darstellen/ sondern auch die Lufft selbst/ nach allen ihren wässrigen Dünsten/ am Unterschied der Kälte und Wärme ergründen/ mit deß letzten wunderlichen Wetter-Männlein/ denn auch endlich der allererst neulich erfundene *Tubus Acusticus,* mit dem man über eine Meil-Weges mit einem andern/ ohne daß es der dritte höret/ deutlich reden kan/ eine unbegreiffliche höchst wunderbare Sache/ alsdenn ferner auch ihre Wasser-Taucher/ nicht so tief unter dieses Element gekrochen seyn/ daß es die umsrien heute zu Tage/ sonderlich in den Ladronischen Inseln/ ingleichen der Ormischen Perlen-Fischer/ nicht weit besser/ und tauerhaffter nachthun/ unerachtet was man für grosses Wesen darmit macht/ daß die Cleopatra bey ihren Schwelgereyen mit dem Antonio/ etliche dergleichen Leute unter dem Wasser gehalten/

Ccc 4

die dem fischenden Lieblinge gebratene Fische an die Angel gelegt/ swem dergleichen grosse Probe der zwey Griechen zur Zeit Kayser Carl des Fünfften/ in dem Flusse Tagus bey der Stadt Toledo/ und die Historia deß vortrefflichen Sicilianischen Wasser-Tauchers Pescecola bekandt/ der wird von den Alten schlechtes Werck machen/ voraus aber ist Erstaunens-würdig/ was Johann Adrian Leegwater im Jahr 1606. auf der Kirch-Messe zu Amsterdam gethan/ der sich nicht nur eine sehr lange Zeit unter dem Wasser aufgehalten/ sondern auch daselbst auf der Schalluneyen gepfiffen/ daß es die am Rande hören können/ und was das meiste/ diese nachfolgende Worte: Dieses habe ich zu Amsterdam in der Wettering unter dem Wasser geschrieben/ daselbst geschrieben/ und hervor gebracht. Damit wir aber der Alten so hoch heraus gestrichene Kunst-Stücke in kleinen subtilen Sachen nicht gar auf die Seite setzen/ so war voraus berühmet/ die vom Myrmecide gemachte Helffenbeinerne Karosse/ die eine Fliege bedecken kunte/ dann deß Phäetontis mit vier Pferden auf einem in einen Ring versetzten Edelgestein geschnittene Wagen/ und darauf die so zart abgeschriebene Homerische Ilias/ daß man sie in eine Nuß-Schalen bringen können. Alleine dieses sind Brod-lose/ und zu dieser Zeit so gemeine Künste/ daß man zum öfftern die gröbsten Bauer-Kerls damit herummer gehen siehet/ eben dergleichen/ nemlich zu 4. biß 5. Du-

zend

tzend wolgebildete Teller/ und Schüsseln in einem Kirsch-Kern für etliche Groschen zu verkauffen/ so bezeuget der Jesuit *Johann Baptista Ferrarius*, daß er 25. kleine hölzerne Stückgen auf ihren Stellungen/ nebst 30. Bechern in einem Pfeffer-Korn gesehen/ und ein ander Oßwald Nardinger/ auß Schwaben/ 1600. auß Helffenbein gedrehete Schüsseln/ in einem Pfeffer-Korn dem Pabst Paulo dem Fünfften gebracht habe/ solten nun diese auffschneidende Griechen/ auch den Hand-Grieff gewust haben/ einen Floh in eine Ketten zu legen/ so würden sie sonder allen Zweiffel diesen schwartzen Rittern zu ehren/ einen gantzen Roman darvon geschrieben/ und sie bey ihrem Frauen-Zimmer in grössere Gewogenheit/ als bey den unsrigen gesetzt haben. Vielleicht aber wird uns die Säule Memnonis etwas zu schaffen machen? In Warheit so wenig/ als das andere/ denn was ist das für eine so grosse Seltsamkeit/ daß ein Nitrosischer Stein/ die in der Nacht an sich gezogene Feuchtigkeit bey andringender Mittags-Hitze/ wiederum mit einem Geräusche von sich stöst? Das vom Alberto Magno gemachte eherne Haupt/ konte förmliche Wörter reden/ das aber auch gegen diejenige Bilder/ die zum öfftern von den unsrigen verfertiget werden/ und sich nicht nur auß dem darinnen verborgenen Uhrwercke bewegen/ sondern fortgehen/ tantzen/ und ein gantzes Musicalisches Stücke her spielen/ in keine sonderbare Achtung kommet. Wo bleiben nun die unter dem Wasser seglende vom Stevino erfundene Schiffe?

Was wollen wir von dem ſonderbaren Werckzeuge ſagen/ welches der Joh. Alphonſus Borellus vor
etlichen Jahren erſunden/ und damit gewieſen hat/
daß ſich ein Menſch etliche Stunden unter dem
Waſſer halten/ und der Fiſche Schwimmen nach-
arten könne? Was von der überaus nutzbaren
Erfindung/ dem See-Waſſer das Saltz zu beneh-
men/ und es ſo brauchbar als das Süſſe zu machẽ?
Wo bleiben die noch vor kurtzen Jahren in Holland
gemachte Windwagen/ auf welchen man ohne Roſ-
ſe/ nur vermittelſt Wind und Segel/ in höchſter Ge-
ſchwindigkeit/ und zwar in 2. Stunden 17. Meilen
fortfahren kunte? Wo ſo viele 190. artliche Uhr-
Wercke? wo der Jean Roſer ein Frantzoſe/ der aus
natürlicher Kunſt/ Waſſer/ Wein/ Bier/ Brande-
wein/ allerhand Krafft-Waſſer/ brennendes Stein-
Oele/ Blumen/ und Kräuter wie eine Flut aus dem
Leibe ſtieß? Wo die Feuerfreſſer? Oder was wil man
ſagen/ von der gläſernen Kugel des Cornelii Drebbelii von Alckmar/ worinnen wenn er eine reine ſub-
tile Feuchtigkeit hinein gethan/ erſtlich ein vermiſch-
ter Klumpen/ hernach in verſchiedenen Orten/ die
Elementen ſo deutlich und ſichtbarlich erſchienen/
daß ſie die Sonne/ Monden und Sterne mit ſich
führten/ die denn durch keinen äuſerlichen oder innerlichen Werck-Zeuge/ ſondern nur durch den innerlichen wunderbaren Geiſt getrieben worden/
und die gantze Himmels-Bewegungen darſtelle-
ten? Was von der Calcinirten in der Retorta wieder hervor gebrachten Blumen? Voraus aber
machte

machte obertwehnter Cornelius Drebbel dem Kaÿser Rudolph so wunderbare Sachen/ daß er dorüber der Zauberey beschuldiget/ und ins Gefängnuß geworffen ward. So war des Jesuiten Athanasii Kirchers Kunst-Zimmer mit mehr als 100. dergleichen Kunst-Stücken angefüllet/ und darunter ein Musicalisches Instrument/ welches durch ein leichtes anhauchen/ ohne Balgen oder Räder spielete/ ingleichen ein Wunder-Berg/ dessen ausgespritzte Feuchtigkeit sich von Stund an in Lufft verwandelte/ weiter seine Kunst-Kugeln/die von sich selber umliessen/ und des Himmels Lauf darstelleten/ und was kan wol wunderbarer seÿn/ als daß sich dieser Jesuit/ in seiner so genannten *Polygraphia nova*, oder *arte combinatoria*, erbietet/ in kurtzer Zeit einen Menschen alle Sprachen von der Welt zu lehren/ ingleichen eine Kunst/ daß einer dem andern seine Gedancken/ er seÿ so fern er wolle/ zu verstehen geben könne/ ferner von des Menschen *Temperament* genau zu urtheilen/ wie nicht weniger alle Musicalische Stücke leichte und balde zu lernen/ ein vollkommener Mathematicus/ Redner/ Poet/ ꝛc. zu werden/ das aber dannenhero zurücke geblieben/ weil ihm nicht nur der Römische Kaÿser/ sondern auch andere Könige widerrathen/ diese edele Künste nicht zu gemein zu machen.

Damit ich aber meine Herren mit dieser Materie der heutigen Kunst-Griffe/ und worvon gantze Bücher voll geschrieben/ voraus aber allererst neulich ein zwar kurtzer doch sehr guter *Tractat*/
unter

unter dem Titul *de Palmariis Inventis nostri sæculi* herausser kommen / nicht zu lange aufhalte / so wil ich nur noch darvon so viel sagen / daß auch das gröste alte und neue Kunst-Stücke nur Kinder-Spiel / und Schellen-Werck / gegen dem jenigen ist / das uns die Göttliche Allmacht täglich ja stündlich vermittelst der grossen Werck-Meisterin der Natur vorbringet. Ein eintzige Fliege übertrifft alles dieses / derohalben der gelehrte Jesuite *D.* Bartholi in seinem herrlichen Buche / die Belustigung des Weisen / diesen Schluß davon macht: Solte nicht die gantze Welt in Verwunderung gesetzt werden / wenn sich ein solcher Künstler hervor thäte / der mit einem *Spiritu,* oder andern kräfftigen Essentz einen gefeilten Staub dergestalt anfeuchtete / daß in einer Stunde eine völlige Schlag-Uhr mit allen derer Rädern / Federn / und Zugehör daraus verfertiget werde? Und gleichwol sehen wir / daß nemlich ein eintziger von der Sonnen erwarmeter Regen-Tropffen / wenn er auf einen datzu bequemen Staub fällt / einen Frosch / der hundertfältigete Absätze für einer Uhr an allen zu seinem Leibe gehörigen Nerven und Gliedern haben muß / ohne einziges Menschen Verwunderung hervor bringt / und wenn ich noch ein sehr kurtzlich Schelmen-Stücke eines so genannten *Lanfraneh Fohtana* von Mödena angeführet / der / nachdem ihm in einigen widerwärtigen Händeln von seinen Feinden / das gröste Theil seiner Verwandten / auf gut Wälsch niedergemacht / und er selber auch solcher Gestalt seines

Lebens

Lebens nicht mehr sicher war/ sich in einen Thurn verschloß/ und darinnen unterschiedene kleine künstliche Mord-Schachteln außsann/ die er wie ein Gebund Briefe mit Bindfaden wol vermachte/ und hernach seinen Feinden so listig in die Hände spielen ließ/ daß sobald der Bindfadem eröffnet/ etliche Mord-Kugeln herausser flogen/ und in einer Stunde etlichen 20. Personen das Leben außbliessen. An statt des alten Elephanten-Tantzes/ des vor etlichen Jahren von dem Venetianischen Thurn so weit zu Pferde herunter fliegenden Seil-Tänzers/ als einer gemeinen Sache zugeschweigen/ wollen wir mit einem lustigen Ziegen- und Esels-Ballet beschliessen/ worvon zu Rom vor etlichen Jahren die erste/ nemlich die Ziege/ vollkommen auf dem Seile/ der Esel aber auf der Erde/ so anmutig und wol nach der Leyer getantzet/ daß er allen Tact und Wendungen richtig in acht genommen/ und das Schimpf-Wort wider sein Esel-hafftes Geschlechte: *Asinus ad Lyram,* zu Schanden gemacht hat.

Welchen Beschluß die gantze ansehnliche gelehrte Gesellschafft/ mit einem anmuthigen Gelächter beehrten/ und weil nunmehro das Taffel-Tuch zur Abend-Mahlzeit wiederum aufgelegt/ der Herr Obriste Lieutenant auch/ nebenst seiner Frau Schwieger-Mutter/ der Frauen von Kronhof/ und seiner Liebsten/ zurück kamen/ auffs neue zur Abend-Mahlzeit angerichtet ward/ bey der sie denn/ genugsam wissende/ daß den Verliebten/ und sonderlich dem Frauen-Zimmer/ mit dergleichen ernst-

haffte

käfftem Gespräche/ wenig gedienet/ solches aufgaben/ und noch ein par Stunden mit anderwertigen lustigen Unterredungen hinlegten/ biß endlich mit entweichendem Abend/ sowol der Herr Obrist-Lieutenant/ als die Frau von Ruhlnstein/ und ihre Jungfer Töchter/ wie nicht weniger der Herr Doctor/ und Licentiat/ völligen Abschied nahmen/ sich für so überflüssige hohe Bewirtung/ allerseits dinstlich bedanckende/ und deß Morgens darauf bald frühe/ biß auf unsern angenehmsten Holländer abreiseten/ als der auf inständiges Anhalten beyder Herren von Kronhof/ sich noch 14. Tage über/ der angenehmsten Feld-Lust mit Hetzen/ und anderem Weidwerck bediente/ und hernach gleichfalls kaum und kaum seine Erlassung/ um seine Reisen ferner fortzusetzen/ erbitten kunte. Nach welcher er sich dann wiederum zu Belissa im vorigen Wirtshaus einfand/ und von dem Wirthe zur ersten neuen Zeitung verstund/ daß der prächtige Herr von Voglenbach banquerotiret/ und sich deßwegen vor ein par Tagen unsichtbar gemachet hätte.

Dieses erweckte bey unserm Holländer kein geringes Entsetzen/ und zwar nicht so wol wegen gählinger Veränderung dieses prahlenden Pfeffer-Sackes/ als weil er wuste/ daß sein Vatter in der Handlungs-Correspondenz mit ihm begriffen/ und derowegen schwerlich ohne empfindlichen Verlust darbey ausgehen dörffte/ am allermeisten aber/ daß er ihm bey seiner Ankunfft einen Wechsel-Brief auf 1000. Gulden zu seinen benöhtigten Reise Unkosten

(773)

eingehändiget/ der Voglenbach auch solchen ange-
nommen/ und Florisſohn ſich auf die Außzahlung
ſolchen Geldes/ gewiß verlaſſen hatte/ dannenhero
zweiffelnde/ daß er von Beliſſa eher würde abreiſſen
können/ ehe er vorhero wieder ihm nach Holland ge-
ſchrieben/ und von ſeinem Vatter einen andern erwartet hätte/ von welchem Kummer ihn aber des
andern Tages/ ein ehrlicher alter Holländer Curt
Janſen genannt/ der ſich in ſeiner Jugend zu Beliſſa eingelaſſen/ und biß dahero einen ſtillen/ ehrlichen
Handel getrieben/ nachdem er dieſes ſeines Lands-
mannes Anweſenheit verſtanden/ entledigte/ und
ihm zu verſtehen gab/ wie daß er gleichfalls mit deſſen Vatter in gar vertraulicher Handlungs-Corre-
ſpondenz lebte/ und aus ſolcher Freunſchafft ihm/
weil er ſchon längſten dergleichen betrüglichen Ausgang des prahlenden Voglenbachs vermutet/ an
die Hand gegeben/ daß er ſich nicht zu weit mit ihm
in Credit einlaſſen ſollte/ dannenhero zweiffle/ daß
er ihn ſchwerlich über 1000. Gulden in ſeinen Büchern haben/ und ſelbige ohne Zweiffel/ der angewie-
ſene Wechſel ſeyn würden/ dieſe müſte er nun ohne
Zweiffel/ für verlohren ſchätzen/ weil doch nichts
gewiſſers/ als daß die prächtige Frau von Voglen-
bach/ unerachtet ſie ihren Herrn Gemahl alles redlich verfreſſen und verſauffen/ vollends deſſen Gläu-
biger/ und viel ehrliche Leute/ darunter auch arme
Wittwen und Waiſen/beſtehlen helffen/dennoch alſofort zu ihrem eingebrachten Gute greiffen/ und
ihr wegen ſolchen Vorder-Rechts/ was noch von

Hand-

Handlungs-Waaren und guten Schulden übrig/ zueignen würde/ unerachtet es auch ohne diß nicht so genau abgegangen/ daß nicht er/ der Voglenbach/ selber vor seiner Ausweichung ein Stuck bar Geldes auf die Seite gebracht haben solte/ herentgegen wolte er ihm schon mit einem andern Wechsel/ so viel als er verlangte/ versehen/ und nichts unterlassen/ wormit er ihm dienen könte.

Welche unversehene Freundschafft unserm Holländer wiederum seines Kummers benahm/ und weil er Willens war/ künfftigen Tages mit der ordentlichen Post nach Vindabon fortzugehen/ derowegen seine Sachen darnach einrichtete/ vorhero aber/ nachdem er alles bestellet/ von vorernannten Jansen ersucht ward/ ihm die Ehre zu thun/ und weil doch niemals die Post vor 11. Uhren des Nachtes/ abgienge/ er sich aber dessen unerachtet/ mit dem Thor-Schlusse hinaus in die Vorstadt machen müste/ diesen letzten Abend zu gönnen/ also in seinem an eben der Strasse liegenden Gärtlein/ wo die Post vorbey gehen müste/ mit einem Holländischen Abend-Essen/ nebenst dem/ ihm ohne diß wolbekandten Wirthe vorlieb zu nehmen/ wormit auch beide wol zu frieden waren/ und also folgenden Tages gegen Abend/ daselbsten einsprachen/ wo sie denn ihren Wirth/ nebenst einem seiner guten Freunde/ einem sehr gelehrten Manne/ bereits antraffen/ und nachdem sie eine Weile mit allerhand Unterredung sich der angenehmen Abend-Lufft im Garten bedienet/ hierauf zu einem mässigen Tractament/ als einem

nem guten Westphälischen Schincken/und etlichen andern Speisen/ deren letzteres Confect eine Pfeiffe Taback war/ niedersetzten/ ihre meiste Unterhaltung aber mit des entwicheuen Voglenbachs bisheriger Praleren zubrachten/ von dessen LebensLauff denn/ der Jansen/ weil er sahe/ daß der Florissohn ein Belieben daran hatte/ dergestalt anfing: Es sind nunmehro etliche und viertzig Jahr/ daß ich hieher nach Belissa kam/ und mich bey einem längst-verstorbenen wolhabenden ehrlichen Manne/ in Kauffmanns-Diensten einließ. Dieser besaß gleichsals eines von den besten Häusern/ und hatte bey sich in dem OberStocke/ einen gelehrten/ damals genug berühmten Advocaten/ Namens Heinrich Steinfeld/wohnen/ohne daß jemand wissen kunte/ wo er eigentlich her wäre/ oder wem er/ weil er sich niemals verhehratete/ sein gutes Vermögen verlassen würde/ biß er ungefehr seiner Schwester Sohn/ ohne allen Zweiffel aus eigener Beruffung/ zu sich bekam. Dieser war nun unser jetzt entlauffener Herr von Voglenbach/und damals ein Knabe von etwan 14. Jahren/ den zwar anfänglich sein Vetter zur Schulen hielt/ bald aber darauf/nachdem er sahe/ daß er schlechte Lust darzu hatte/ darinnen auch bereits schon weit verabsäumet war/ sich anders bedachte/ und ihn zur Handlung bey einem wolhabenden Seiden-Händler/ Cornelius Fruchtenberg/ anbrachte/ woselbst sich auch der Knabe Anfangs gut anließ/ und wegen seines guten Kopffes/ sowol von der Frauen/

Ddd als

als dem Herrn sehr geliebet war/worüber sich zwar
Anfangs sein Vetter zimlich erfreuete/ bald aber
darauf wunderliche Gedancken faste/ daß/ als er
kaum ein par Jahr in solchen Diensten gewesen/
keinen weitern Vorschub/wie vor diesem verlangte/
sondern sich selber deß Jahres ein par mal wol klei-
dete/ ein eigenes Pferd hielt/ in Sonn= und Feyer=
Tagen spazieren zu reiten/ denn auch mit kostbaren
Schlag-Uhren und Ringen versehen war/ woraus
er ihm denn leichte die Rechnung machen kunte/
daß die Sache nicht recht zugienge/ sondern etwan
Vetter Georg Tran unredlich handeln/ und ihn damit selbst in Schimpff setzen dörffte/ derowegen er
ihn zu ein und andern malen darüber zu rede satzte/
und nachdem es dieser nur mit einem Lachen beant-
wortete/ den Herrn Vetter darbey versichernde/ daß
er sich keines Schimpffes von ihm / sondern alles
Wolverhaltens zu versehen hätte / dessen unerachtet / endlich selber den Fruchtenberg darüber be-
sprach/ ihm solches andeutete/ und dafür hielt / daß
etwan sein Vetter Schulden machen/ oder doch
sonst nicht so aufrichtig / wie es sich gebühret / mit
seinen Sachen umgehen müste/ der aber/ und noch
mehr dessen Liebste/ solches nur mit einem Lachen be-
antwortete/ und ihm so viel zu verstehen gaben/ daß
man es bey dergleichen Handlung mit den Leuten
nicht so genau nehme/ sondern ihnen/ voraus wenn
sie sich sonst redlich und wol verhielten/ und auf der
Herrschafft Nutzen/oder Vermehrung der Narung
Achtung hätten / (welches man denn absonderlich

dem

dem George nachrühmen könte) gerne vergönnete/ von dem übergebliebenem Zeuge ein Kleid machen zu lassen/ auch sonst ohne der Herrschafft Schaden/ ein und andern Groschen neben bey zu verdienen/ derohalben er nur hierinnen keinen Kummer haben/ sondern vielmehr glauben solte/ daß mit der Zeit aus seinem Vetter/ ein rechtschaffener ehrlicher Mann werden würde/ worzu er ihm auch selbst/ nebst den Seinigen/ wenn ihm GOTT das Leben verliehe/ genugsam behülfflich seyn wolte. Mit welchem Troste und Erklärung sich denn auch der Herr Steinfeld gar wol zu frieden gab/ und nach der Zeit innen ward/ wo der Urquell von dieser Gunst/ und täglich zunehmenden Mitteln bey seinem Vetter herkam/ daß er nemlich zwar deß Tages des Herren Angelegenheiten in dem Gewölbe/ deß Nachtes aber/ als ein wolgebildeter frischer Jüngling/ die Frau in der Kammer bedienete/ das auch der alte von Kranckheit abgemergelte Patron/ entweder wissentlich geschehen ließ/ oder doch weil insgemein aus einem verborgenen Trieb der Natur/ dergleichen Schwägerschafft Liebe nach sich ziehet/ oder auch der arme Gichtbrüchtige Fruchtberg seiner Liebsten unabsetzlichen nächtlichen Seufftzen/ Kreissen im Bette/ umwaltzen/ mit einem Worte die Hitze um die Lenden nicht selber abkühlen könte/ seinem lieben Georgen deswegen nicht auffsätzig/ sondern je länger je holder ward/ gleichwol aber wollte solches dem ehrlichen Vetter nicht gefallen/ als der ihn zum öfftern darvon treu-

Ddd 2 lich

lich abmahnete/ und darfür hielt/ daß sich dergleichen Sachen mit keinen Jugend-Fehlern entschuldigen liessen/ sondern sie gewiß die Göttliche Gerechtigkeit/ wo nicht eher/ doch im Alter/ auch wol bißweilen auf Kind und Kindes-Kinder zuzüchtigen pflegte/ das aber Vetter George auf die leichte Achsel nahm/ und endlich/ nachdem ihm sein Patron auf kräfftigste Vorbitte seiner Ehe-Liebsten ein par an den Dienst-Jahren nachgelassen/ und er nunmehr biß zehen Jahr bey ihm gewesen/ Sinnes ward/ daselbst Abschied zu nehmen/ und auch etliche Jahr bey andeꝛwärtigen Diensten in Holl- und Engeland zu versuchen/ das dem guten alten Herren Fruchtberg/ und noch mehr seiner Liebsten eine so unangenehme Zeitung war/ darvon sie ihn auf alle Mittel und Wege abhielten/ endlich aber doch/ weil er versprochen/ sich nach ein par Jahren wiederum einzustellen/ nicht ohne Thränen und austräglichen Beschenckung entliessen.

Wormit also der junge Tran fortzog/ bey Zeiten aber inne ward/ daß weder die Holländische Kuchen/ noch Bette/ so sett und warm/ als zu Belissa bestellet waren/ derowegen sonder Zweiffel bald wiederum dahin umgekehret wäre/ wenn ihn nicht die Schande verhindert/ und erinnert hätte/ aufs wenigste ein par Jahr auszudauern. Nichts destoweniger schrieb er solches an seinen vorigen Patron/ und bot ihm wiederum seine Dienste an/ der sich auch nicht alleine solches wolgefallen ließ/ sondern noch darzu/ als er vor seiner Ankunfft das

Zeit-

Zeitliche geſegnen muſte/die ausdrückliche Verord=
nung in ſeinem letzten Willen machte / daß der zu=
ruck beruffene George Tran / die Handlung fort=
führen/ und darinnen ſeiner verlaſſenen Eh=Liebſten
wie vorhin/ treulich an der Hand ſtehen/ da hinge=
gen aber bey ſeinem ungezweiffelten Wolverhalt=
nis / inskünfftig ſeine anwachſende eintzige Toch=
ter/ daſerne ſie ihn lieben würde/ und es auch der
Mutter nicht mißgefiele/ zum Weibe haben ſolte.
Mit dieſem ſchied der ehrliche Cornelius von der
Welt/ und unſer George Tran nach dreyen Jah=
ren/ aus Holland wieder nach Beliſſa ab/ woſelbſt
er denn von der Wittib wiederum mit allem Ver=
gnügen aufgenommen/ und weil er ihr abſonderlich
in allem wol vorſtund / nicht anders als der Herr
ſelbſt/ ſo lange geehret und gehalten ward/ biß end=
lich auch dieſe gute Frau ſelbſt nach etwan 4. Jah=
ren dieſes Zeitliche geſegnete/ und die gantze Hand=
lung unter des nunmehro Herrn George Trans
völliger Verwaltung ließ / der denn hierauf auch
nicht vergaß/ auf nunmehr erwachſene Jung=
fer Blandinichen/ die Augen zu werffen/ und weil
ſie ihme ohne diß nicht übel gewogen/ und ſo ähnlich war/ als wenn ſie ihm aus den Augen geſchnitten wäre/ ſich der vätterlichen Verordnung in die=
ſem Stücke zu bedienen/ als ſelbige von ihren Vor=
münden zu ſeiner Liebſten auszubitten/ woſelbſt a-
ber der gute Kerl dergleichen Schwürigkeiten be-
fand/ die er ihm Anfangs nicht eingebildet/ und darum ſeines Vettern Rath und Beyſtand genug von

nöthen hatte. Denn ob zwar die Clausul in des Fruchtbergers Testament klar genug/ daß er/ der George Tran/ die Tochter mit ihrem Willen/ und daferne die Mutter nichts darwider sagen würde/ haben sollte/ an der ersten Zuneigung auch kein Zweiffel war/ so wurffen ihm doch die Vormunde entgegen/ daß/ weil die Mutter/ ohne daß sie eine Erklärung von sich gegeben/ gestorben/ die Sache noch nicht so richtig wäre/ angesehen man nicht der Mutter Gedancken/ und ob sie Lust darzu gehabt hätte/ oder nicht/ vor ihrem Ende versichert worden/ wormit sie auch den guten George Tran/ ungeachtet solche Ausflucht in Rechten nicht Stich hält/ dennoch so lange herum trieben/ biß 2. Jahr darüber hingiengen/ und er mittler Zeit bald mit diesem/ bald mit jenem Geschencke/ sich gute Beförderer suchen/ wie nicht weniger auch endlich die Vormünde selbst zu gewinnen/ und weitere Ungelegenheit zu erspahren/ sie mit einem grossen Stücke Geld/ und noch darzu ihre Weiber/ als der Jungfer Blandinichen Anverwandte/ mit vielem kostbaren Silber-Werck/ und seidenen Zeigen/ zur Beystimmung erkauffen muste.

Hierauß nun war die reiche Jungfer Blandinichen zu einer Braut von 24000. Reichsthalern gewonnen/ und eine so prächtige Hochzeit ausgerüstet/ darüber zu beyden Theilen/ wenigstens viertausend Reichsthaler mit benderseits Beschenckung/ Kleidungen und vortrefflichen Tractament darauf giengen/ ehe man das Schätzgen ins Bette/

te/und von den Vormünden die Rechnung bekam/ da sich denn zwar der ausgegebene Reichtum von vier und zwantzig tausend Reichsthalern in der Summa richtig / darunter aber biß sechs tausend Reichsthaler verdorbene Schulden/ und auf drey tausend Reichsthaler an Hausrath/ Kleidern/ Schmuck/ und andern unnutzbaren Sachen be‍sunden/ so daß dem guten George Tran/nach dessen Abzuge/ und was er zur Erkauffung seiner Braut mit der Hochzeit auffwenden müssen/ kaum neun tausend Reichs=Thaler am Vermögen / und der Handlung blieben. Nichts desto weniger muste er seine neue Liebste/ über so völligen Empfang der vier und zwantzig tausend Reichthaler quittiren/ und als einen so reichen Ehegatten nicht zu Fusse gehen lassen/ sondern sie alsobald mit einer verguld‍ten Karrete versehen/ sich ein prächtiges Haus mit einem Garten kauffen/ und alles so kostbar einrich‍ten / wie der Herr Florissohn noch vor wenig Ta‍gen bey ihm gesehen hat / worzu denn in War‍heit das noch übrige Capital bey weitem nicht ge‍reichet hätte/ wenn nicht zu allem Glücke bald dar‍auf obenerwehnter Vetter gestorben / und ihm aus seiner Erbschafft bis vier tausend Reichsthaler zu‍geschantzt hätte / mit denen alleine denn ein ander ehrlicher Mann sich gar wol in einen festen Stand/ und gute Nahrung setzen können/das aber bey dem noch damaligen George Tran/dahero unmöglich war / weil er bald Anfangs seine Haushaltung zu hoch hinaus führete / und seiner Ehe-Liebsten den

Zügel zu übermässigem Prachte zu sehr enthing/ als
der es nicht genug war / in den prächtigsten Kleidern auf ihrer guldenen Karrette her zu stutzen/ sondern es musten auch die Keller mit allerhand kostbaren köstlichen Weinen/und fremden Bieren allemal angefüllet / und derer Schlüssel dem Gesinde
nicht nur zu freuem Truncke / sondern auch zur beliebliche Ausschleppung unverwegert seyn / was
man kostbares und seltsames auf dem Marckte haben kunte/ fand man gewiß am allerersten / und überflüssig auf ihrem Tische / es mogte auch kosten
was es wolte / voraus aber hielt er seine Liebste an/
sich wolgebildeter Mägde zu befleissigen/ und zwar/
wie er sagte / zu diesem Ende / damit er dadurch
Gelegenheit hätte/ sie desto eher zu verehlichen/ und
solcher Gestalt die Grossen der Stadt/ öffter mit
ansehnlichen Gasterenen/ ohne daß man ihm vorwerffen dörffte / er thäte es zu einen andern Ende/
als etwan in den Rath zu rücken / tractiren könte/
wormit es ihm auch allemal so weit gelungen/ daß
weil ohne diß die Frau von Vo,lenbach ihrem Gesinde doppelten Lohn gab / und um die heilige Zeit
mit ungewöhnlichem Uberfluß beschenckte / sie die
feinsten Dirnen zu Diensten/ und zugleich ihr Ehe-Herr damit Gelegenheit zu seiner anderwärtigen
Lust / und obbenennten grossen Gast-Geboten/
wiewol auch bisweilen damit ein und andern
Schand-Fleck bekam / als wenn er etwan zu einem
andern Ende dergleichen seine Leute hielte. Wormit es aber an sich selber so viel nicht zu bedeuten

hat:

hatte / wenn man nur zu Zeiten die Gewiſſens-Richter ſelbſt mit tractirte / und eine anſtändige Chriſtliche Freygebigkeit mit Uberſchickung allerhand Haus-bedürfftigen Annehmligkeiten / als Gewürtze/Wildprät/Wein/und dergleichen/ gegen ſie verſpüren ließ. Solcher Geſtalt nun / war des George Trans Haushaltung ſo reichlich eingerichtet / daß er dem Evangeliſchen reichen Manne darinnen nichts / biß auf den Ehren-Rang bevor gab / das denn / voraus bey der Frau Eh-Liebſten einen Hertz-brennenden Kummer erweckte/ zumalen da zu der Rath-Stelle aus dem / daß ihr Hertz ein Fremder / niemand weiß wo eigentlich her entſproſſener Einkömmling ſchlechte Hoffnung war/ ungeachtet er/wenn er nur darzu gelangen können/ die bedeckte den Verſtand erleuchtende Beförderungs-Taxa von tauſend Ducaten nicht angeſehen/ darauf auch gerne ſein erfolgendes Götter-Mahl ſo prächtig eingerichtet hätte/daß es ihm ſchwerlich ein ander vor-oder nachgethan haben ſolte. Derowegen ſie nur bey denen offentlichen Ehrenverſammlungen/ als Hochzeiten/ Begräbnuſſen/ Kindtauffen/und dergleichen vielen andern weniger Vermögenden/voraus aber/was ſie am meiſten ſchmertzte/ den gelehrten Schreiber-Weibern ( denn ſo nennete ſie ſchimpfflich die Advocaten ) nachtretten muſte/ zu weſſen Vermeidung ſie alſo ſelten erſchien / als nur / wo ſie verſichert war / daß man ihr wegen der Verwandſchaft / oder aus Verſprechen die Stelle erhöhete / biß endlich ihrem Hertzn einfiel / auch

Ddd 5    hier-

hierinnen ein Mittel auszusuchen/ und bey Kayserlichem Hofe um den Adel-Stand einzukommen/ das ihm denn auch ein unschweres Werck/ bey weitem aber nicht der rechte Weg / näher hinter den Quarck zu rucken / sondern endlich das beste Mittel war/daß er sich um eine bürgerliche Capitain-Stelle bey der Stadt bewarb/ und zu derer Erhaltung etliche 100. Ducaten auffuchte / wormit aber die nunmehro Gestrenge Frau auch nur zur Helffte getröstet ward/und derowegen ihrem Herzen Gemahl unabsetzlich in Ohren lag/ die schimpfliche Handlung gar aufzugeben/ und sich auf dem Lande recht ritterlich einzulassen/ das auch darauf vor itzo 10. Jahren/ bald schimpflich genug erfolget wäre/ wenn ihm nicht/als er schon fast hin/ und bey nahe so völlig Banquerot/als itzo/war/ das unversehene Verbot mit der Polnischen Müntze und der darauf erfolgten Land-verderblichen Wipperey / so weit die Hand geboten / daß er sich von solchem Schiffbruche errettet/ und mit Kippen/ Wippen/ und Verschmeltzen des alten guten Kayserlichen Geldes/ dergleichen neues Capital gemacht/ wormit er sich fast prächtiger als zuvor/ in seinem Hause/und als ein Capitain bey denen öfftern offentlichen Friedens-Aufzügen sehen lassen kunte/ biß ihn endlich aus sonderbarem Göttlichen Gerichte/ als das doch unmöglich dergleichen höllen-riechendem Wipper-Gewerbe seinen Segen beyleget/ sondern vielmehr so offentlichen Betrug/und anderwärtige stumme Sünden/ über kurtz oder lang/ entweder

an

an eigener Person / wie an diesem George Tran und andern / oder dero Kindern/ oder Kindes Kinder mit zeitlicher / und wo seine unendliche Barmhertzigkeit nicht ins Mittel tritt/ auch dort mit ewiger Straffe bezüchtiget/ dennoch solcher schimpfliche Ausgang betroffen hat / unerachtet die gute Frau von Voglenbach solches zur Zeit am wenigsten betrachtet/und unangesehen sie zu diesem biß in die 80. tausend Thaler auslauffenden Falliment/ und unverantwortlichen Betrug so vieler ehrlichen Leute/Wittiben/und Waisen/ mit ihrem unersätlichen Pracht/und Prassen/redlich geholffen/ gleichwol itzo dafür hält/daß sie ihr sämtliches Ehe-Gut/ auch über das / was sie würcklich eingebracht / mit gutem Gewissen hinweg zu nehmen / wo! befugt sey/solches auch ohne einziges Menschen Beirrung/ schon davon bringen wird. Hiermit endete der gute alte Holländer / und fragte zu leich den mit sich gebrachten guten Freund / ob denn in den Kayserlichen Rechten alle Straffen wider dieses Wipper Gesindel aufgehoben/ und auch daselbst kein Mittel wider so muthwilliger Banquerottirer Leichtfertigkeit auszufinden wäre? Mehr als genug/antwortete dieser/es heisset aber auch albier:-

Quid valeant Leges ubi sola pecunia
regnat,
Aut ubi paupertas vincere nulla
poteſt?

Was

Was hilfft Gesetz und Recht/ wo Geld den
Zepter führet/
Die Armut unterliegt / und stets den
Sieg verlieret?

Worüber ich mich itzo weiter erklären will/
wenn ich vorhero erzehlet/ daß es damals/ als
sich der gute Herr von Voglenbach um die Haupt=
manns-Stelle bewarb/ nicht so leichte zu ging/ als
er ihm vom Anfang wol hätte eingebildet/ denn ob
zwar die an gehörigen Orte mit Golde gestimme=
ten Stimmen/ mit ihrem Fiat bald fertig waren/ so
widersprach doch anfänglich solchem einer/ der vor
diesem sich des Namen eines Gelehrten nicht geschä=
met hatte / und gleichwol wider das löbliche Her=
kommen/ dergleichen Leute nicht im Regiment ein=
zulassen/ sonder die Amts-Polster von den gelehr=
ten Hinter-Backen rein zu halten/ ich weiß nicht wie
hinauf gerucket war/ vorgebende/ daß man gleich=
wol die bey allen Sitten-liebenden Völckern belieb=
te/ und der Gelehrtheit anverwandte Tugend/ nicht
so gar aus diesem Stadt-Wesen verweisen/ und der
gestalt jedwedes Kramer-Pürschgen einem Tu=
gend ergebenen Gemüte/ das sich manchen gelehr=
ten Schweiß über die Stirne fliessen lassen/ und sei=
ne Mittel daran gewagt/ mit der Zeit einen Ehren=
Vorzug/ als den End-Zweck so vieler Bemühungen
und Reisens / in seinem Vatterlande zu erwerben/
vorziehen solte.   Zumalen man ja die Jugend von
Kind=

Kindheit auf/ mit selbigen in den Schulen darzu anfrischte/ und ausser andern/ der gelehrte Besoldus in seinem herrlichen Tractat *Templum Justitiæ* genannt/ denen graduirten Personen den Verstand ihrer bey solchen Ehren-*Actibus* angelegten Kleinodien/ so auslegte/ daß sie der Ring ihres vor dem Lasterhafften Pöbel erworbenen Adels/ der aufgesetzte Hut aber/ als ein Zeichen der Freyheit so erinnerte/ daß sie keiner Laster Knechte/ und noch weniger der Laster-Knechte Sclaven seyn/ sondern gedencken solten/ daß ihnen diese Freyheits- und Vorzugs-Ehre zum Lohn ihrer Tugend-brünstigen Bemühungen gegeben/ und nichts weniger auch die ungraduirten Rechts-Beflissenen/ sich desjenigen/ was ihnen der berühmte Joseph Scaliger in seinem 378. Send-Schreiben/ mit diesen Worten verspricht/ *Studium Juris malim te persequi, nedum à bono cœpto desistere, scis n. viam esse unicam hodie illis, qui summos honores consequi, & patriæ prodesse volunt,* zu erfreuen haben würden. Was sollten sie aber nun gedencken/ wenn sie sehen/ daß selbiges ihnen so wenig gehalten wird/ daß sie bey allen Ehren-Versammlungen/ einem kaum aus den Dienst-Jahren ausgekrochenen Kramer-Pürschgen/ das nicht aus der Stadt gerochen/ und noch vor ein par Jahren so ehrlichen gelehrten Leuten ein par Stunden mit dem Hute in der Hand auffwarten müssen/ ehe es ihnen gelegen/ etwan ein par Strümpfe oder Handschue abzukauffen/ nachtretten/ ja noch wol darzu sich solche Leute commandiren lassen sollen/ die von

dem

dem Kriege so viel verstehen/ als der Esel vom Harpffenschlagen/ und der Affe von der Laute/ die ihr Lebetage keine Feld-Schlacht als nur in Kupffer gesehen/ und von den Approchen/ Batterien und dergleichen nicht wissen/ ob es Grillen oder Meer-Schweine sind/ die noch wol fragen dörffen/ wieviel man Kupfferschmiede bey einer Campagne haben müsse/ weil sie etwan von denen Kesseln/ die man für die Belagerung macht/ gehöret hatten/ die auf den Paraden mit schwartzen Mänteln/ und Blau-Leinwanden Schürtzen/ oder wenn sie dessen erinnert sind/ solchen Fehler auszubessern/ mit ein par grossen Frantzösischen Reit-Stiefeln/ und einer Spieß-Gerten in der Hand aufgezogen kommen/ und was der unzähligen Thorheiten mehr sind. Kein Schuster/ sagte er/ wird einen Knecht/ der nicht auf dieses Handwerck gewandert/ und schwerlich ein Schneider einen Gesellen setzen/ der nicht weiß/ ob er den Ermel dem Wamste oder Hosen ansetzen solle. Warum lernen wir nun nicht solches von ihnen/ und ziehen uns bey allen rechtschaffenen Soldaten zum Schimpffe/ den Kindern Hercules Schue an/ warum lassen wir diese Fröschlinge nicht auch vorhero auf dieses Handwerck wandern/ und sie lernen Pulver riechen/ oder suchen solche ehrliche Bürger darzu hervor/ die solches Handwerck verstehen/ die eine gute Zeit darinnen herummer gelauffen/ und sich nun solche Elen-Fechter commandiren lassen müssen/ was man auch vorgibet/ das den Gelehrten und andern ehrlichen alten Bürgern/ solche

Char-

Chargen dahero nicht anständig wären/ weil man solche Leute haben müste/ die bey den Freudens-Aufzügen sich besser herausser bersten/ und zu selbigem aus ihren Kram-Laden desto leichter zu rechte kommen könten/ dahingegen einem Gelehrten und andern selbige Unkosten schwerer fallen/ und zu seinem Verderben gereichen würde/ denn gesetzt/ daß es so wäre/ und man endlich ein mehrers Absehen auf solche Aufzüge/ als der Stadt Besten haben müste/ so folget dennoch nicht/ daß dergleichen Lätare-Ritter/ nur deßwegen/ daß er in etlichen Jahren einmal/ mit einem guldenen Kleide/ auf ein par Stunden daher stutzet/ und darauf/ weil er ehrliche Leute mit solcher Prahlerey angesetzet/ vielleichte auch wol dem Beutel so ansehnliche Chargen zu überkommen/ die Ader zu starck geschlagen/ ein par Monate darauf zum Thore hinaus laufft/ alsobald den graduirten und andern in den Rechten mit so edlen Vorzügen versehenen Gelehrtheit vorzuziehen/ und die Eulen über die Falcken zu setzen seyn müssen. Das Bedencken/ daß sie ander Gestalt sich nicht so sehr darnach dringen/ und etwan viel Zugänge an gewissen Orten damit zurücke bleiben dörfften/ legt dieser Sache ein sehr leichtes Gewichte/ sondern vielmehr denen/ die solches Absehen haben/ einen schlechten Nachklang bey/ als die ja wissen sollen/ daß der Eigen-Nutz/ als eine Schabe/ die der Gerechtigkeit reinen Rock zernaget/ ihrem geleisteten Ende und Pflicht nach/ von allen wolbestellten Regimentern/ verwiesen seyn solle ꝛc. Und was der guten

Verfechtungen für die Tugend und Wissenschafften/ die dieser damals aufrichtige Mann hervor suchte/ mehr waren. Die aber nichts mehr verfiengen/ als daß man diesen Schluß für diesesmal auf die Seite setzte/ und inmittelst der Herr von Voglenbach von seinen Patronen erinnert ward/diesen unzeitigen Vertheidiger der Gelehrtheit/ als einen solchen Mann/den er auch sonsten brauchen könte/mit etlichen Dutzend Ducaten den Kopff zu rechte zu rücken/ welches auch dieser so glücklich that/ daß nachdem er so wol ihm/ als seiner vielvermögenden gestrengen Frauen/ seine hohe Geschicklichkeit damit genugsam bekräfftiget/ dieser kaum erwarten konte/ biß diese Materie an gehörigem Orte wieder vorkam/ da er denn die vorigen Segel gantz umschlug/ des Herrn Candidaten von der Hauptmannschafft allererst nach der Hand recht ergründete Martialische Geschicklichkeiten über die massen herausser strich/und im Gegentheil nichts sparete/was zu der Gelehrten Beschimpffung auszufinden/ zumalen da man ihn hernach in so guter Meinung zu erhalten/ in dergleichen Aemter zuzog/ da er seinen Beutel mit solcher Leute Vorzügen weiter ausspicken kunte/ also mit einem Worte/ so viel ihm nur möglich war/ aller Welt vor Augen/ sich aber zum unauslöschlichen Schimpff darstellete/ daß nicht nur die Religion/sondern auch die Tugend und Gelehrtheit/ keine grössere Verfolger/ als ihre Abtrünnige/ oder Uberläuffer habe.

Wollte

Wolte man aber/ was das Kippen/ Wippen/ und Banquerottiren antrifft/wie sichs gehöret/den alten Kayserl. Rechten / und so vielen heilsamen Reichs-Constitutionen / voraus aber Kayser Carl des Fünfften Reichs Abschieden nachleben/ so würde man theils solcher Leute wol schwerlich in so hohen Ehren-Aemtern / sondern vielmehr auf dem Rabenstein sehen/ ungehindert was ein und ander ihnen heutiges Tages für gleicher Züchtigung würdige Schutz- oder Entschuldigungs-Schrifften herausser gibet / die aber in Warheit nicht den geringsten Stich halten/wenn man sie nur mit unpartheischen Augen folgender kurtzen Verführung nach/ansihet. Denn Anfangs ist nach Aussatz der Rechten/ nicht nur dieser ein falscher Müntzer/ der sich erstlich auf verbottene Müntz-Stätte/ oder die keine Gerechtigkeit zu Müntzen haben/ leget/ und *secundum L. si quis, C. de falsi. monetis* deßwegen zu bestraffen.

2. Gold und Silber verarbeitet / das nicht aus selbigem Berg-Wercke ergraben/ sondern sonst erkaufft wird. Reichs-Abschied 1571.

3. Der ohne habende Gerechtigkeit müntzet/ wenn auch gleich die Müntze gut/ und den Reichs-Ordnungen gemäß ist.

4. Der aus Bley/ Zinn/ oder solchen Sachen Müntzen macht/ die zu Müntzen nicht bestimmet sind. *L. lege cor ff. de fals.*

5. Der der Müntze einen höhern Zusatz gibet/

Eee als

als der Müntz=Ordnung zugelassen. *L. eleganter.* 24. *ff. de pign. act.* 6.

6. Der aus gemeinen Sachen / als Kupffer/ Blech/Leder/Müntze macht/und sie versilbert/oder verguldet. *L. quicunque* 8. *ff. ad Corn. de falſ.*

7. Der der Müntze ihre Schwere nicht gibet/ oder sie beschneidet/ oder auf einigerley Weise verringert.

8. Der nicht das rechte Gepräge/wie es in der Müntz=Ordnung benennet/darauf schläget.

9. Der nicht seines / sondern eines andern Wappen betrüglicher Weise darauf präget / und denn auch.

10. Darauf einen höhern Werth setzt / als sie haben soll. Davon alle Reichs=Abschiede als An. 1571. 1566. 1551. 1570. und Müntz=Ordnungen voll sind; sondern auch derjenige / der wie die Wipper/falsche Müntze an sich handelt / dieselbe betrüglicher Weise unter die Leute wieder zu bringen / und so ferne zu dem falschen Müntz=Wesen behülfflich ist/es sey entweder in Aufbringung der Materia/ oder in Arbeiten der Müntze/oder in Ausbringung und Verstechung der gemüntzten Sorten / als auf welche eben sowol die Straffe deß Feuers außgesetzt ist. Und zwar dieses alles nach der Peinlichen Halß=Gerichts=Ordnung Kayser Carls des Fünfften / welche will / daß alle so falsche Müntze auf wechseln / und selbige dem Nechsten zu Nachtheil wissentlich ausgeben / nach Gewonheit/ auch Satzung der Rechte / mit dem Feuer vom Leben zum Tode

Tode gestrafft/ denn auch die Gold-Gulden/ und andere gute Sorten bey höchster Straffe durch niemanden/ er sey hohes oder niedriges Standes/ weder aus den Müntzen gekaufft/ noch verkaufft/ noch aufgewechselt/ sondern alle diejenigen/ so Gold und Silber gemüntzt/ aus dem Lande verführen/ verkauffen/ fremde Müntze einschleiffen/ nach dem Reichs-Abschied 1524. wie nicht weniger diese/ so sich des Granulirens/ Körnens/ Seigens/ und anderer dergleichen betrüglicher/ vernachtheiliger Handlung/ und Verfälschung der Müntze gebrauchen/ mit dem Feuer gestraffet werden sollen.

Ferner soll keine Privat-Person/ geringe und verbottene Müntze auswechseln/ oder fremde einschleiffen/ geschichts/ so soll solche Müntze zu Strafse verfallen/ und der Verbrecher nach dem Reichs-Abschied 2c. Anno 1682. an Leib und Leben gestraffet werden. Die durch Aufwechseln/ oder in andere Weege die Müntzen an sich bringen/ damit gefährlicher Weise handeln/ in fremde Länder auf Gewinn verführen oder practiciren/ solche Ausführer/ Aufwechsler und Fälscher/ sollen gleichfalls nach Aussatz dieser Rechten an Leib und Leben/ oder Gut/ nach Gestalt der Sachen gestraffet/ und niemand hierinnen durchaus verschonet werden.

So ist auch in dem Reichs-Abschiede Anno 1570. silberne und guldene Müntz aufzuwechseln/ und geringe einzuschleiffen/ bey Leibes-Straffe verbotten/ weil nun aber die Kipper und Wipper theils selbst gestehen/ theils nicht laugnen können/

daß sie geringe Müntzen an sich bringen/ mit derselben handeln/ den Leuten für gute geben/ die eingewechselte Müntz-Sorten verkippen/ das ist/ auf Gewinn in die Müntzen verführen/ zu dem falschen Müntz-Wesen behülfflich seyn/ ingleichen die geringere Müntz-Sorten verstechen/ wie sie denn selber meistentheils zu ihrem Behelff anziehen/ daß/ wenn sie nicht wären/ so könten die Müntzen nicht seyn/ noch getrieben werden/ sonderlich aber sich rühmen/ daß sie so und so viel tausend gewonnen. Wer will denn nun/ anderer Ursachen (als daß sie das Reich/ die Müntz-Stände/ die Unterthanen zu Schimpff/ Schaden und Verderb führen) zu geschweigen/ zweiffeln/ daß solche Leute nicht sollten mit der Straffe des Feuers zu belegen seyn/ und hindert nichts/ daß sie heute zu Tage so leer ausgehen/ und nicht gestraffet werden/ denn dadurch ist noch keine verjährte Gewonheit eingeführet/ viel weniger die gemeine Rechte/ und des Heiligen Reichs Müntz-Ordnung und Reichs-Abschiede aufgehoben/ noch auch allerdings Abend mit ihnen worden/ ungeachtet sie auch sagen/ thun es doch die Herren selbst/ warum sollten wir es denn nicht thun? Ich antworte aber darauf: Eben darum weil es die Herren selbst thun/ und nicht sollen/ so gebühret es auch den Kippern nicht/ denn die Obrigkeit der Müntz-Stände soll die Müntz-Sorten von ihren Unterthanen mit deroselben wenigsten Beschwerung/ und ohne ihren eigenen gesuchten Nutz/ wie deroselben rechter Werth/ auswechseln/ nicht die Kipper/ welchen dieses

ses nicht gebühret/ sondern ihnen bey vorgesetzter Straffe verbotten ist.

Vielweniger hindert endlich/ und hilfft die Kipper etwas/ wenn sie etwan ein Privilegium/ daß sie die Müntze auswechseln mögen/ aufweisen/ denn solches Privilegium ist schon in der Müntz-Ordnung mit diesen Worten aufgehoben: Und so einer oder mehr diesem zu entgegen/ einige Gnade/ Freyheit/ *Indult*, oder Vergönstigung erlanget hätten/ oder nachmals erlangen würden/ das alles soll itzo als dann/ und dann als itzo/ krafftloß/ vernichtet/ und unbündig seyn/ und gantz und gar nicht statt haben.

Darzu ist dem Müntz-Stande der solches ertheilet/ niemals die Macht gegeben/ daß er dergleichen Privilegium hätte können ertheilen/ wie hat er denn ein solches einem andern mittheilen können? Was aber ich nicht habe/ das kan ich einem andern nicht geben.

Woraus denn schließlich erscheinet/ daß die Kipper und Wipper gar wol mit allem Fug und Recht/ mit der Straffe des Feuers/ wo nicht beleget werden/ doch beleget werden solten. Und um so vielmehr/ wenn sie noch andere Schelmen darzu werden/ banquerottiren/ und so viel ehrliche Leute damit freventlicher Weise ansetzen/ wie denn ohne ditz kein Segen noch Gedeyen bey dergleichen Hencker-würdigen Nahrung seyn kan. Wer wolte denn nun zweiffeln/ daß man nicht solche Vögel/ wie die andern Diebe/ an den höchsten Galgen kitüpffen solte/

solte / *qui enim non habet in ære, laut in corpore,* sagt der *Text in L. si quis ff. Jurisdict. omn. Jud.* das auch in etlichen wolgestelten Republiquen keine so ungemeine Sache ist/ zumalen da sie *secundum Bald. conf.* 249. Ehren-lose Leute sind/ die zu keinem Ehren-*Actu* gelangen können / und zu Meyland diese ausdrückliche *Constitution* ist / daß sie niemand/ ja so gar weder Vatter noch Kinder/ noch einiger Verwandter aufnehmen / oder beherbergen darff. Zu Florenz verfähret man noch härter wider sie/ und höret sie nicht einmal an / ob sie sich gleich verantworten wollen / da hergegen tretten sie bißweilen bey uns noch wol so trutzig daher/ daß sie sich einbilden / es gehe ihnen an ihrer Ehre nichts ab / und voraus wenn sie mit ihrer Weiber Vermögen durchkriechen / oder vermeinen / sich mit dem *Beneficio cessionis bonorum,* von allem Schimpffe entfreyet zu haben / da doch solches so genandte *stebile beneficium,* sie zwar nur vor dem Gefängnüß / wenn es mit der Glaubiger guten Willen geschiehet / nicht aber von dem Schimpffe befreyet/ darunter ich aber keines weges die armen Leute / so ausser ihrer Schuld vermittelst schwerer Unglücks-Fälle / von ihrem Vermögen kommen sind/ verstanden/ noch mit dieser ohne diß genugsam bekanten Materie mich nicht länger aufhalten/ sondern selbige mit den schönen Worten des vornehmen Juristen/ *Jodoci Dambauderi praxi sua criminali cap.* 106. *n.* 7. beschliessen will/ *Jura, & edicta quoque Imperatoria, & Ecclesiastica, liber-*

*tate*

*tate ejiciendos esse volunt nefandisſimos istos fures, ac raptores clancularios, an violentos dicere malim, nescio, qui quibusvis optimis Mercatoribus patriæ quasi alumnis, callidâ nocturnâque fuga profugientes, omne debitum ipſis Creditoribus eripiunt, auferunt, & nequiter furantur, vulgò bancquerottos vocant; optarem ergo, illos omnes citra ullum principis indultum in ostio suo strangulatos.*

Welches mit einem Worte so viel ist/ daß man dergleichen muthwillige/ leichtfertige/ verschwenderische Bancquerottirer/ Kayser Carl deß Fünfften/ *de Anno* 1540. gemachten Verordnung nach / so gut als andere Diebe auf die Folter spannen/ und hernach vor ihren Hauß-Thüren andern zum Beyspiel aufhencken solte.

Der Herr ist ein gar zu scharffer Criminaliste/ sagte der Wirth / und zu befahren / daß wenn er Stadt-Vogt würde/ und also verführe / man ihm so gut / als den Bartholum zu Tuderto / mit dem Feusterwerffen verehren dörffte; wie machen es aber doch die Herren zu Amsterdam / und sonsten in Holland/ das fast durch und durch mit Kauffleuten angefüllet ist/ und von denen man gleichwol keine so offtere Bancquerotte/ als dieser Landen höret? sonder allen Zweiffel werden sie in ihrem woleingerichteten Stadt-Wesen / wie andern / also auch diesen Muthwillen/ mit guten Policey-Ordnungen eingezäumet haben? Es ist wahr / antwortete Florissohn/ und erinnere ich mich / daß noch vor etwan

zwölff

zwölff Jahren/ als die muthwillige Bancquerotte auch bey uns zimlich gemein werden wolten/ nachfolgender Auszug aus einem heilsamen Rath-Schlusse/wie man die Justitz besser einrichten solte/ abgefasset worden / sonder daß ich noch eigentlich weiß/ob er zu seiner Würckung kommen. Er lautet aber also:

Nach gemeldter vollkommener Freyheit der gemeinen Einwohner / und mehr oder weniger Belästung und Begünstigung der Holländischen Lebens-Mittel / so ist nothwendig/ daß gute Justitz/ wider offentlichen Gewalt/ die in dem Lande geübet werden mögte/gehalten werde/welcher/weil er nicht allein den Kaufleuten unserer Manufacturen / sondern auch den Negotianten mit unsern Holländischen Waaren und den Reedern in Fracht-Schiffen/sondern auch allen andern Einwohnern/ Unterthanen/ und Regenten schädlich seyn würde/ dergestalt/ daß keine menschliche Gesellschafft/ wie dieselbe auch beschaffen seyn mag / nicht bestehen kan/wann derselben nicht gesteuert wird. So ist derentwegen von Alters her/ einige/ wiewol sehr mangelhaffte / Anordnung der Justitz gemachet worden / denn obwol der Betrug/ wodurch man eines andern Gut eben so wol / als durch Gewalt entwenden kan/ auch nicht weniger gestraffet werden solte / weil die Kauffmannschafft / so insonderheit auf (*bona fides*) guten Glauben bestehet/durch (*dolus malus*) falschen Betrug allerdings ruiniret werden kan / so kan man sich nicht genug verwundern/

dern/daß Holland die Kauffmannschafft/ inmassen wie sie hier getrieben werden muß/ mit so vielen von der Krieges-liebenden Römischen Republic herrührenden dienlichen Rechten / oder Rechtens beneficien/ welche den hiesigen Kaufleuten einig und allein dienlich seyn/ mehr mit Betrug/ als mit ehrlichem Kauff-Handel zu gewinnen / hat behalten können.

Andern Theils aber/ hat man sich hier so wenig angelegen seyn lassen/ wie durch gegenseitige Ordnungen und Rechte/ die ehrlichen Kauffleute wider die falsche Betrüger/ so den Namen der Kauffleute führen / beschützet/ und ihnen zu dem Ihrigen geholffen werden mögte/ daß man grosse Ursache zu fragen hat/ warum nicht alle nichts-würdige Leute aus fernen und nahe gelegenen Landen nach Holland kommen / um unter dem Deck-Mantel der Kauffmannschafft/ hier offentlich stehlen zu lernen/ und diesen Weg / den man mit so über die massen grossen Profit/ sicher und ungestrafft gehen kan/ zu gebrauchen?

Dann *oderunt peccare mali (quales omnes es naturâ sumus) formidine pœnæ.*

### Danck habe die Rut/
### Sie machet böse Kinder gut.

Diesem nach um hierinnen einige bessere Anstalt zu machen/ so bedunckt mich dienlich zu seyn/ daß niemand in unserm Holland einige Kauffmannschafft zu treiben/ zugelassen würde / er habe sich denn zuvor allhier als seiner Mahlstatt / in ein öf̅fentliches Register auzeichnen lassen / welches von solcher Krafft seyn würde: Erstlich / daß des gedachten Kauffmanns Eltern / und Bluts-Freunden so innerhalb Jahres-Frist in dasselbe keine Gegen-Auzeichnung haben thun lassen / nicht zugelassen seyn solte / gedachten Kauffmann / als Erben / mit einigen lezten Willen / zum Nachtheil seiner Creditoren / zu bedencken. Uber diß solte einem Kauffmann / wer der auch seyn mögte / sonderlich einem / der sallirt hat / nicht erlaubet seyn / einige einträgliche Erbschafften anzutretten / sich zu verweigern / weil man nicht vermuten kan / daß solches aus einer andern Ursache / als (*in fraudem Creditorum*) die Gläubiger zu bestehlen / geschehe /, wie ihm denn auch verboten werden solte / einige Güter anders als (*titulo lucrativo*) wenn er den Werth darvon empfangen verbündlich zu verdussern / in solchem Verstand / daß wenn er nachgehends banquerott spielen solte / alle seine Begebnüsse / überlassene / zum Heyrats-Gut gegebene / oder seinen Kindern zugewandte Güter / zum Vortheil der Creditoren / angewendet werden solten / weil man hier zum öfftern die Warheit des Englischen Sprich-Worts ersähret: *Happy is that son who's Father goeth to the Devil.* Der Sohn ist glückselig / dessen Vatter zum Teuffel fähret. Und wie einem Kauffmann nit erlaubet werden solte / mit heyrathlichen Vermächtnüssen sein Weib / zum Nachtheil seiner Creditoren / zu begünstigen; also solte auch denen Weibes-Personen

nen verboten werden / bey Scheidung der Ehe/ die Wahl/ einen Theil im Gewinn und Verlust zu haben/ zu bedingen/ weil nichts billigers ist/ als (*quem commoda, eum etiam incommoda sequantur*) daß der / so das Gute genießen will/ auch den Schaden tragen müsse / ja es gebühret sich / daß die Eltern und Bluts-Freunde eines solchen Frauen-Menschens / sich wegen der Erbschafften in allem gleich/ wie der Mann selbst/ verhalten müssen/ und solte eine Gemeinschafft / so sich von der Nutzung deß weiblichen Geschlechtes ausschleusset/ oder ihre Güter anzugreiffen verbieten/ in das gemeine Register aufgezeichnet werden. Die ordinari Bücher eines solchen Kauffmannes / nachdem sie mit Eyd bekräfftiget werden/solten mit eines *Notarii* Hand unterschrieben / und zum Nachtheil dessen/ demselben nichts / als ein *special Hypothec* vorgezogen werden/ dieweil eine gerichtliche/ deß gemeinen Landes/ Waisen/ Kinder/ Haus-Vermietungen/ Ehe-Vermächtnüssen rc. gewißlich den Kaufleuten/ oder dem Kauff-Handel insgemein / so folgendlich dem gantzen Land sehr schädlich ist. Wann aber ein Kauffmann zu einigen Zeiten befunden werden solte / daß er sein Register verfälschet / oder meinediger Weise ergröffert / so solte derselbe wie ein falscher Müntzer / in alle Wege an Leib und Leben gestraffet werden/ damit ein jeder durch diese strenge Straffe abgeschreckt werden möge / sich durch Falschheit und Treulosigkeit von eines andern

Gut/

Gut/zum Nachtheil der gemeinen Wolfart/ zu be=
reichern.

Ja es bedunck̄et mich an der Kauffmannschafft/
und dem Register eines ehrlichen Mannes so viel
gelegen zu seyn / weiles mit der Kauffmannschafft
alhier eine solche Beschaffenheit hat / daß die keinen
andern Beweiß oder Sicherheit erfordert/ oder zu=
lässet/daß man deme zu folge/ auf das Register al=
lein/wenn es zuvor mit einem Eyd bekräfftiget wor=
den / eben so geschwinde Execution / oder eilende
Rechtsforderung/als in den gemeinen Landes-An=
lagen thun solte.  Denn in deme die Kauffmann=
schafft hier ist (*Salus Populi*) des Landes Wolfart/
was solte denn hier für ein Unterschied seyn / daß
man nicht eben diesen Weg gehen solte? Es ist auch
sehr schädlich / daß einiger Kauff auf bar Geld ge=
schehen zu seyn/gerechnet wird/wenn nach gethaner
Lieferung nicht alsobald/ oder würcklich/ das Geld/
oder das gekauffte Gut verfolget wird.  Dann ge=
wißlich / wann der Verkauffer von seinem Recht
weichet/ indem er dem Kauffer borget / so gibt er ei=
nes theils boßhafften Leuten grosse Gelegenheit/daß
sie banquerot spielen können/ jener aber/ so andern=
theils meistens (*in culpa*) unvorsichtig ist/benimmt
hernach mit seiner unbilligen *Vindication* oder
Verfolgung seines Gutes / den andern Creditoren
das ihrige/zum wenigsten gebührete sich in einer je=
den Handels- Stadt eine *particuler* Gerichts-
Banck zu seyn/ welche zwischen Kauffer und Ver=
kauffer das Recht spreche/damit nicht allein gemeld=

te

te Proceß mögten abgethan/ sondern auch die Richter/ wenn sie den Kauffmanns-Styl besser erlernet/ rechtmässigere/ und dem Land heilsamere Urtheil fällen mögten/ da anitzo die Kauffleute im Gegentheil befinden/daß ihre Processen/so aus dem Unterschied der Rechnungen entstehen/ fast niemals/als durch Accord/oder Vertrag der Partheyen/ indem sie des Rechtens müde worden sind/geendiget werden/und solches meistentheils zum Vortheil des allerunbilligsten Zänckers/ nach dem Sprichwort: Wer gerne zanckt/der gewinnet.

Daß auch bey der Verlassenschafft eines Verstorbenen das *Beneficium Inventarii*, Vermögens Beschreibung/wann die gemeinen Creditoren sich als Erben angeben/zugelassen wird/ist sehr unbillig/ und den Kauffleuten schädlich/dieweil *secundùm naturam est, commoda cujusque rei eum sequi, quem sequuntur incommoda*, indem die gemeinen Creditoren den Schaden leiden müssen/ wenn sich das Vermögen nicht so weit erstreckt/ dieselbe auch billig den Vortheil geniessen sollten/ wenn es überschiesset/ da sonst die unbarmhertzige geitzige Erben/ durch dieses Rechts-Mittel im ersten Fall den Schaden von ihrem Hals schieben/ und in dem zweyten Fall/ des Vortheils allein geniessen/ nicht weniger schädlich sind die *Cessions*-oder *Atterminations*-Abstands-und Terminus-Briefe/ denn dieweil niemand um *particulier*-Schulden willen/ von dem gemeinen Wesen/ von häuslicher Nahrung getrieben wird/ so ist in alle Weege zu vermuten

ten/ nicht daß die Creditores sich selbsten durch allzuscharffe Mahnung solten Schaden zufügen wollen, indem sie einem der nicht bezahlen kan/ und im übrigen dessen erbietig ist/ seinen Credit gar benehmen/ und auf den äussersten Grad treiben/ sondern vielmehr/ daß ein boßhafftiger Mensch/ nachdem er sein Gut nach seinem Wolgefallen verborget/ und auf eine Seite geschaffet/ sich selbsten durch solche *Cession*, und einen falschen Eyd/ zu grösserm Reichtum und Vermögen zu bringen/ trachtete. Hingegen würde es dem gemeinen Lande sehr vorträglich seyn/ wenn man auf die geringste Anklage wegen einer Miß-Bezahlung/ den Schuldener würcklich anhielte/ Bürgen zu stellen/ oder denselben in Verweigerung dessen/ mit seinen Büchern in verschlossene Verwahrung setzte/ dann in Fall er alsdenn erweisen könte/ daß er *solvendo* sey/ und zu bezahlen habe/ würde er so dann gegen Bürgschafft leicht wieder loß kommen/ wenn er aber nicht bezahlen kan/ würde man hierdurch den leichtfertigen Diebereyen/ *transporten*, Hinterhaltung der Bücher/ und Güter/ wie auch dem unsichtbar machen/ und falschen Angeben der Schulden beyderseits vorkommen. In allen Fall solte man solche leichtfertige Schuldener/ mit Weib und mündigen Kindern/ beym Kopffe nehmen/ sie in ein gemeines Werck-Haus thun/ und ihre Kost verdienen lassen/ vermöge des Gesetzes des Heiligen Propheten Mosis/ und des Römischen Rechts der 12. Taffeln/ ja gar wenn die Boßheit des vornehmsten Schuldeners mit leichfertigen

Um-

Umständen beschweret wäre / so solte man denselben des Kayser Carls *placat* Anno 1540. zu Folge/ als einen einbrechenden Dieb / an den Galgen hencken / und in keine Wege zulassen / massen itzo vielmals geschiehet / daß solche Banquarottirer hier wohnen bleiben / und in eines andern Namen ihre Kauffmannschafft fort treiben.

Wann aber die gedachte Banquerottirer mit ihren Büchern und Gütern / sich ausserhalb der Holländischen *Jurisdiction* oder Botmässigkeit geflüchtet haben / und daselbst von der weltlichen Obrigkeit in Schutz genommen werden/ so bedunckt mich dem gemeinen Lande nutzlich zu seyn/ wenn man darinnen solcher Gestalt verführe: Vors erste / müste man in Krafft eines allgemeinen Gesetzes/ alle solche für *læsæ Majestatis reos*, und offentliche Landes-Verräther halten / dieselbige auch auf solche Weise verfolgen / und solches um so viel mehr/ dieweil eine Schelmische Banquerot nicht weniger Hülffe vonnöthen hat/ dieselbe auszuführen/ als Landes-Verrätherey. Zum wenigsten kan dieselbe nicht so heimlich gehalten werden / daß nicht die Buchhalter und *Cassier*, Dienst-Knechte/ und Mägde / hiervon einige Wissenschafft erlangen solten/ und solchem nach / solte man alle dieselbe bey dem Kopffe nehmen / und wenn man alsdenn befinden würde/ daß sie zu einer solchen Diebischen Banquerot geholffen / würde nicht undienlich seyn/ dieselbe über alle vermutete Vorfälle/ dißfalls streng mit der Folter/ oder bey einem Eyd/ nach Gelegenheit der

Sach-

Sache zu befragen/ dann in der Warheit/ wann jemals die Folter nützlich gebraucht wird/ so geschicht es in Sachen/ daran des Landes Wohlfart hänget/ und da wissentlich mit dem Schelmen-Stück mehr behafftet seyn müssen.

Unterdessen müste man auch auf frischer That durch das gantze Land ausruffen lassen/ daß alle diejenige/ so einige Güter oder Schulden des Feldflüchtigen in Händen hätten/ dasselbe alsobald zu offenbaren/bey Straffe/daß sie als Landes-Verräther/ und Verhöler dieses Schelmen-Stücks/ gestrafft werden sollen/ gleichsfals solten auf frischer That/ alle diejenige/ auf welche man einigen Verdacht hätte/ an Endesstatt befrägét werden/ mit Versprechen/ und Erklärung/ daß alle die/ so es auffrichtig bekennen würden/ für ehrliche Leute/ wenn sie gleich vorhero zu solchem Schelmen-Stück geholffen/ gehalten/ und hingegen als Meineydige Landes-Verräther gestrafft werden solten/ wenn man durch einen dritten hiervon einige Nachricht erlangen würde.

Und alle die an das Vermögen einige Ansprach zu haben vermeineten/ solten auch schuldig seyn/ dasselbe würcklich und bey grosser Straffe zu erweisen/ wodurch denn zwey sehr nachtheilige Dinge würden verhindert werden/ denn weil (*nemo repente fit pessimus, aut fuit turpissimus*) niemand zugleich und auf einmal zum Schelmen/ oder Ehrloß wird/ so würde jederman/ so sich unlängst deß geflüchteten Gutes angemasset/ und solchem nach

dassel=

daſſelbe noch nicht als eigen gebraucht hat/ ſe bi. es
in der That angeben/ und ſolches um ſo viel deſto
mehr/ weil ſie auf friſcher That/ ſo eigentlich nicht
wiſſen würden/ was man aus des Flüchtigen Büchern und Gütern/ oder durch Erkündigung der
Juſtitz/ würde erlernen können.

Zum Andern/ würden alle die/ ſo da vorgeben/
daß ſie von dem verlaſſenen Gut auch etwas haben
müſſen/ auch nicht wiſſen können/ was es mit dem
Feldflüchtigen für eine Gelegenheit habe/ und ob
einige Hoffnung ſeyn mögte/ zu einiger Zeit/ mit
demſelben zu accordiren/ genöthiget werden/ ihre
Schulden aufrichtig anzugeben/ da man anitzo
täglich ſihet/ daß alles ſolches Gut/ durch boßhäff-
tige Menſchen dergeſtalt geplündert wird/ daß gar
ſelten für die ehrlichſte etwas überbleibet/ weil man
ſo unbekümmert alle Schulden verſchweigen/ und
anderſeits alle Anforderungen vergröſſern kan/
nachdem man die Sachen einen Ausſchlag gewinnen ſihet.

Wann dieſes geſchehen/ ſo ſolte der Feldflüchti-
ge bey Glocken-Schläg/ auf gewiſſe Zeiten beta-
get werden/ innerhalb welcher den Creditoren erlaubet ſeyn ſollte/ mit ihme ſchlechter Dinges zu
accordiren/ und die Terminen zu erlängern. Wenn
aber der Flüchtige nicht erſcheinen und accordiren
wollte/ ſo ſollte er in einem Gemähle an einen Galgen gehangen/ und alle ſeine Kinder/ ſo Mündige
als Unmündige/ ehrlös erkläret werden. Dieſe
Dinge alle nun/ wenn ſie auf friſcher That/ ehe die

Iff Leute

Leute in solchem neuen Schelmen=Stuck die Scham abgelegt/ geschehen solten/ würden meiner Meinung nach/ von sehr grossem Nachdruck seyn/ die Menschen besser zu machen/da sie itzo imGegentheil einig und allein lehren/ daß es besser sey/ eines andern Gut/ als gar keines haben/ und daß man mit viel grösserer Ergetzlichkeit eines andern / als sein selbst-eigen Gut verzehren könne/ beynebens auch/ daß man/ wenn man das Scham=Hüttlein einmal abgelegt/ viel gemächlicher und ruhiger ehrloß leben/als bey Ehren selber darben/ und mit guten Zähnen übel beissen könne. Doch weil bey allen diesen Rechts=Belehrungen auf den meisten Vortheil der Creditoren gesehen werden muß/ als denen es blößlich (*res nummi*) zu thun ist/ wie sie den meisten Profit thun/und dem meisten Schaden vorkommen mögen / so solte ihnen noch allezeit frey stehen/ mit ihren Schuldnern zu accordiren/ und den Richterlichen Außspruch zu vernichten/ dann das Sprichwort: *Fiat Justitia, & pereat mundus,* man solle recht thun/ und solte auch die Welt darüber vergehen/schicket sich sehr wol in der Richter Munde/ dieweil dieselbe/ indem sie nicht souverain sind/Ehr/ Eydes/ und Amts halben verpflicht sind/ zu urtheilen/ nicht von/ sondern nach den Gesetzen/ und wenn sie dieses nicht thun/ so werden sie in allen wolbestellten Republiquen *syndicirt*/ zu gewissen Zeiten angeklagt / und gestrafft. Dieses Sprich=Wort aber reimet sich gantz nicht in dem Munde der weisen Staats=Leute/ bey welchen *Salus*

*lus populi*, und nicht deß Volckes Verderb / das höchste Recht seyn muß. Und demnach eines Theil die flüchtige oder muthwillige Betrüger / mit den saulen und diebischen Hummeln verglichen werden können/ die man in alle wege aus diesem Lande halten/ oder verfolgen und tödten solte / so gebühret sich im Gegentheil mit allen ehrlichen Kauffleuten / die durch menschliche Unvorsichtigkeit/ oder auswärtiger Gewalt/ Unglück/ See-Raubereyen/ Krieg/ ꝛc. ihre eigene Güter / und mehr darzu verlohren haben / und dannenhero ihre Glaubiger nicht bezahlen können/ als gute Honig-Immen mit mitleidigen Augen anzusehen / mit Versprechen / und Erklärung/ daß alle die so ihren Schaden erweisen / und sich der Justitz nicht entziehen werden / den zehenden Theil ihrer Güter / womit sie die Kauffmannschafft angefangen haben / behalten / und hernach auf keinerley Weise von ihren alten Creditoren angefochten werden / und sie samt ihren Kindern / als welche eine rechtmässige Furcht ihrer Aufrichtigkeit / und ein Trost in ihrer Widerwärtigkeit sind / bey gutem Namen / und Gerücht bleiben. Und weil zwischen diesen schädlichen Dieben / und ihren Kindern / und diesen beklaglichen unglückhafften Leuten kein Unterscheid an der Ehrlosigkeit/ und Straffe gemacht wird / so legen sich viel sonst ehrliche Leute aus Noth / auf die schlimme Seite dann *ne nos inducas in tentationem.* Die Gelegenheit macht Diebe / und die Noth noch mehr.

Dieses ist ein so wol abgefastes Consilium/ sagte der Wirth/ daß man billig auch bey uns zu Wercke setzen/ und wo noch etwas daran zu verbessern/ eine Copie von der Paduanischen Schand-Säule mit ihrem Proceß gegen diejenigen/ so muthwilliger Weise *bonis cediren*/ ablehnen solte/ auf die sich denn/ wie mich noch dieser Tagen ein vornehmer dieser Orten kundiger Mann versichert/ alle dergleichen muthwillige *Cedenten* mit entblöstem Hinter-Gestelle setzen/ und darzu ausruffen müsten: *Cedo bonis*. Den Herrn Flörissohn darbey erinnerende/ daß ihn die kommende Postillion mit seinem frischen Hörnlein auffoderte/ der sich auch hierauf nicht säumete/ sondern auf nochmals herum gegangenes Glaß Wein/ auch mit dieser angenehmen Gesellschafft beurlaubete/ und nach dem prächtigen Neste des grossen Römischen Adlers fort-
gieng ꝛc.

Blat-

# Blat-Weiser

Der in diesem Buch enthaltenen fürnehmsten Sachen und Geschichte.

## A.

Aberglauben der Heyden/ haben die Christen in
   unterschiedlichen Stücken behalten    431
                                                432.433
   Acker-Bau der Alten    639
Adel/ gilt nicht ohne Tugend    240
   noch Wissenschafft    242
   wie ihn Aristoteles und Boetius beschrieben    292
   ob er einig und allein vom Geblüt herkomme    293
                                                  seqq.
   wie solcher in Franckreich geschwächt worden    301
   wird/nach seinem Unterschied/ mit Müntzen verglichen    325. 326
Adler deß künstlichen Mathematici Regiomontani    724
Advocaten/worzu sie einige verglichen    256
   werden von zweyen Italiänischen Städten
   verworffen    261
Aerzte/ werden von Weltweisen für falsche und beglückte
   Leute gehalten    246

**Ärtzte/** von Adriano angeklaget 247
   von Pausania schimpfflich abgewiesen ibid.
   sind manchmal stolze/ hochmütige/ geitzige Leute 249.250
   sollen die Armut umsonst curiren 251
   werden/ wann sie gerecht/ gelobt und von andern ungerechten unterschieden 254.seqq.
**Aesopi** Verschwendung 78.752
**Agesilaus** verweist einem stolzen Artzt seine Thorheit artig 249
**Alexander Magnus** ob solcher dem Cäsar vorzuziehen 144. warum selbiger den Clytum erstochen 151. dessen Errettung im Treffen 106
**Alexandri Severi** Urtheil von denen die zum Regiment tüchtig sind 139
**Alexandri VI.** Römischen Pabsts schlimme Thaten 564
**Amebeus** ein theurer und geitziger Sänger 710
**Amitocratis** Begehren vom Antiocho 133
**Antipathia.** S. Feindschafft
**Apffel/** woher man solchen den Schweinen in den Rüssel stecke 430
**Appii** Weg/ den er zu Rom machen lassen 650
**Aristoteles** wird ein undanckbarer Verräther 284
   dessen unterschiedlich mal verlohrne Bücher kommen allemal wieder ans Licht 735
**Artzney-Kunst/** wird von Römern schlecht geachtet 243
   von Avicenna / auf gewisse Weise / vernichtet 244
   vom Galeno sehr schlecht gelobt ibid.
   wie solche vor Alters gewesen und nun sey 734
**Asbest/** wie solchen die Alten gebraucht und zugerichtet 684.685

Atheis

Atheisterey/ wird von dem Teuffel bey den Menschen auf unterschiedliche Weise eingeführet 379.seq.

# B.

Bad Antonini/ dessen Weite und Pracht 649
Banner-Herren/ wie solche ihre Würde erlangen müssen 298
Banquerotten wie solche zu verhüten und zu bestraffen 798.seq.
Banquet Metelli von verwunderlichem Pracht 757
Bau-Kunst der alten und neuen Zeit 644
Baum/ den Turnierenden zu Ehren gemacht 324
Beicht-Pfenning/ ob solcher anzunehmen? 590
Bern-Häuter/ woher dieses Wort komme? 310
Bernabus Grausamkeit bey seiner Jagd-Lust 700
Bienen/ sind in vielen Stücken dem Menschen gleich 356.357
Bier: ein Discurs hiervon 341
Bilder-Säulen der Alten 653
Bock/ theilet den Haureyen seinen Namen mit/ und aus was Ursachen 460.461
    dessen Geilheit 461
    bringt aus Eyfersucht einen Hirten um 463
    wird zu Mendesio abgöttisch verehrt 464
Bretspiel weiß ein Saracenischer Fürst künstlich zu spielen 196
Brief/ um die Wette geschrieben/ bringt einen Secretarium in seines Königs Ungnade 139
Bromium der Griechen/ was es für ein Tranck gewesen 348

Brüste/ woran die Weibs-Leute gern saugen 37
Byssus/ dessen Wachstum und Beschaffenheit 689

# C.

Cabinet eines Hertzogs von Arschot 662
Cäsar/ ob solcher dem Alexandro Magno vorzuziehen 144
    dessen Unkeuschheit 145
        Diebstal im Capitolinischen Tempel 167
Caligula pranget in Alexanders Waffen 147
Carbonis seltsame und letzte Bitte 226
Carolus M. verderbt die Bischöffe durch allzugrosse Indulgenz 556
Carolus V. klaget über den Pabst 566
    dessen Antwort an den Päbstlichen Nuntium wegen der Verhetzung zum Krieg 569
Catechismus der Welt- und Staats-Leute 175
Clyti Ehrsucht 158
Crimen læsæ Majestatis. S. Laster der beleidigten Majestät.

# D.

Demiphontis wundersame Leibes-Beschaffenheit bey Hitze und Schatten 436
Dama/ ein Frantzösischer Barbier/ steigt und fällt 249
    dessen Grab-Schrifft 219

Danck

## Blat-Weiser.

Danck/ der den Turnierenden gegeben worden 323
Demetrius Phalereus verändert sich im Glück und zeigt / welcher Heuchler er zuvor gewesen 287
Dialectica der Alten 703.704
Dienste / den Fürsten erwiesen / werden schlecht erkannt 519
Donner schlägt durch ein Königliches Bett 579
ob selbiger/ wann er Paläste/ Kirchen und Thürne trifft / eine böse Vorbedeutung sey 596

## E.

Eigen-Nutz / eine schädliche Schabe der Gerechtigkeit 789
Eiß-Gruben in Ungarn / wie solche zugerichtet werden 434
Epicteti Rede von gelehrten Leuten 134
Epitaphium. S. Grab-Schrifft.
Erdbeben zu Constantinopel / bey welchem sich eine wunderliche Erhebung eines Knabens ereignet 728
Erd-Messung der Alten 732
Esel lernet geschicklich tantzen 771
Eyer-Schalen / deren abergläubische Zerbrechung 431

## F.

Fabeln der Alten/ woher sie ihren Ursprung genommen
629
Fahnen/ was diese bey den alten Wappen bedeuten
312
Faßnacht/ wie lang solche Pabst Alexander der Sechste zugelassen
564
Fechter brauchten die Römer bey ihren Gastereyen
753
Fecht-Spiel Julii Cäsaris und Neronis von grossem Pracht und Kostbarkeit
754
Feindschafft zwischen Thieren/ woher sie rühre
335
Fern-Gläser durch wen sie erfunden worden  765
Festungen/ was davon zu halten.  162. seq.
  wie sie die Alten gebauet  646
Fieber/ Discurs hievon  437. seq.
Flasche/ vom König Philippo hochgeschätzt  756
Fleisch von Pferden verspeiset  423
  von Schweinen angenehm geachtet  426
Fleisch-Essen/ wann es angefangen  416
  davon enthalten sich etliche aus Aberglauben oder politischen Nutzen  418
  wird von Rhodisern verachtet  422
  von unterschiedlichen unterschiedlich gerühmet  ibid.
Fliege Regiomontani  724
Freunde/ die den Eigen-Nutzen lieben/ wem sie zu vergleichen  37

Freund-

Freundschaffts-Zeichen der alten Thracier und Scythen 338
Freyheiten des Adels 313. seqq.
    der Rechts-Gelehrten 252
    der Ritter 299
Freyherren/ woher sie ihren Namen haben 296
Fürsten/ sollen sich ihre Unterthanen nicht die Kräfften prüfen lassen 474
    müssen mit Respect tractiret werden 518
    erkennen alte Dienste nicht leicht 519

## G.

Garten/ macht dem Valerio Asiatico noch auf dem Tod-Bette Sorg 641
Gedancken sollen Fürsten für sich behalten 136
Geister unterreden sich mit Cardano 374
Geistliche sollen sich nicht durch Geschencke zum Altar dringen 585
    den Geitz hassen 588
    nicht neidisch seyn und exemplarisch leben 593
Geld/ ob solches die Spann-Ader des Kriegs sey 191
    ist kräfftig Gemüter zu gewinnen 192
    auch hohe Personen in Beständigkeit zu erhalten 196
    macht edel 237
Gelehrte mit Melonen verglichen 38
    müssen Ungeschickten in Beförderung offt den Vorzug lassen 41

## Blat-Weiser.

**Gelehrte** schaden manchesmal mehr durch ihre wunderliche Köpffe/ als sie nutzen 260.seqq.
: gelten nichts in zweyen kleinen Städten in Italien 261

**Gelehrtheit/** ob selbige den Waffen vorzuziehen 142 seqq.

**General/** wie er beschaffen seyn soll 143

**Gesänge** der Alten von unterschiedlicher Art 706

**Geschenck der Jesuiten/** welches sie dem General Pourquoi offerirt 573

**Gespenst** dienet als eine Magd 877

**Gicht** wird beschrieben was sie sey 351
: lehret den Ptolemäum Philadelphum sich erkennen 353

**Glückseeligkeit** eines Fürsten / worinnen sie bestehe 134

**Gold/** warum man solches nicht mehr so häuffig / wie zu den Zeiten der Alten/ sehe 755
: was das so genannte Apyron gewesen ibid.

**Goldmachen** war schon den Alten bekannt/ aber nun in grösserer Vollkommenheit vorgestellt 762.763

**Gothen** wollen keinen gelehrten Printzen haben 142
: warum sie die Bücher/bey Eroberungen/ unverbrandt gelassen ibid.

**GOttes-Lehre** der Alten 739

**Grabschrifft** Damä 219
: Diogenis 285
: Sylvii/ eines geitzigen Artzts 250

**Grausamkeit** Dejotari und eines jungen Sultans von Ormus 359. 360.

Gunst

Gunst grosser Herren / mit einem Pferd verglichen
518

## H.

Hanreyen / deren unterschiedliche Namens-Leitung 459. 460

waren Antonius / Claudius / Marius / Mäcenas 462. seq:

werden durch ein gewisses Kraut in Goa darzu gemacht 466

wollen die Römer dem Julio Cäsari zu Gefallen seyn 468

Harpffenist legt eine Prob seiner Gemüts-bewegenden Kunst ab
710. 711

Hasen / deren seltsame Eigenschafft 332

der Rabbinen Meinung hievon 333

Häuser-Bau / was dabey zu bedencken 19

Haus Neronis / nach dessen Pracht und Herrlichkeit beschrieben 645

Heringe einzusaltzen / wer solches erfunden 81

Herings-Fang / was solcher austrage 79

wann er geschehe 80

Heinrich der Dritte / Römischer Kayser / wird übel von Pfaffen tractirt / wie auch Heinrich der Ander König in Engeland
558

Hertzoge / wer solche bey den alten Teutschen gewesen
295

Heuchler waren die grössesten Welt-Weisen 284 seqq.

Hoch-

### Blat-Weiser.

Hochmut eines Spanischen Geistlichen gegen den Herzog von Lerma 552
    der Päbste gegen hohe Häupter 558
Hörner/ deren sonderbare Bedeutungen 459
    nach selbigen wurden Kronen formirt ibid.
    wachsen unterschiedlichen Leuten 460
    künstlen sich etliche von Haaren ibid.
    wachsen in der Insul Goa 466
Hof/ ist eine stete Faßnacht 523
Hof-Narr muß sterben/ weil er den Degen über seinen Herrn gezuckt 156
Hof-Zierrathe der alten und neuen Zeit 649
Hummeln/ wo sie den Bienen dienen sollen 358
Hund von Metall/ im Capitolio 656
Hunde/ warum sie sich gern auf dem Ase herum wältzen 330
    warum sie die Hasen verfolgen/ und die Katzen anfeinden 335
    sind vielen Völckern mit ihrem Fleisch angenehm 423
    deren Gehäul bey etlicher Leute Absterben wird betrachtet 456. 457

### J.

Jägerey ist grosser Herren Lust/ soll aber nicht den Unterthanen zum Schaden geschehen 700
Jesuiten/ werden aus Venedig getrieben 569
    deren Geschenck an dem General Boucquet 573

Irrtümer der Alten / die sie in der Natur-Kunst gehabt.
636

   der Mahler/wann sie geistliche Geschichte vorstellig machen wollen    680.681

Isidori Urtheil von dem Leben ungelehrter Printzen
135

Juncker/ ein Fürsten-Titul      305
Juristen.    S. Rechts-Gelehrten
Jus laxandæ coxæ, was es gewesen    466.
Justiniani Ungeschicklichkeit     138

## K.

Katz säuget bey ihren Jungen einen Ratzen    337
Katzen/ woher sie so begierig auf Fische sind    336
    essen gern Melonen    337
Kette/ welche den Rittern erlaubt worden    219
    von Glas    761
Kinder: warum verständige Eltern offt unverständige Kinder und ungeschickte Eltern geschickte zeugen
108. seq.
Kirchen-Gericht/ wie weit sich selbiges unter Justiniano erstrecket    555
Kleider-Pracht Lolliä Paulinä    752
Kleidung der alten und jetzigen Welt    683
Knechte die zu berühmten Leuten worden    253. seqq.
Koch wird in zwey Jahren sehr reich von seines Herrn Tafel    287.
    beweiset seine Listigkeit mit Abforderung eines Degens    291

**Koch** muß die neuen Ritter erinnern sich rechtschaffen zu verhalten 307
**König** ▓▓▓▓/ wird von seinen Soldaten im Regen ▓▓▓▓▓▓▓ 490
**Krähe**/ ist ein lang-lebender Vogel 355
  Sinn-Bild der Keuschheit 356
**Krebse**/ warum sie bey vollem Mond völliger 364
**Krieg** der alten und jetzigen Zeit 693.seq.
**Krone** von Ringen / wird in einem Turnier gegeben 324
**Kugel** Drebbelii / worinnen sich die Elementen gezeiget 768
**Kunst-Kammer** zu Wien wird beschrieben 663. seqq.
**Kutsche** Kaysers Commodi 652
**Kykeon**/ was dieses für ein Tranck gewesen 421

## L.

**Länder-Durst** ist Printzen angeboren 76
**Lang-Lebende**/ die keinen Artzt gebraucht 246
**Laster** der beleidigten Majestät läst sich nicht mit Verzeyhung auslöschen 521
  wird mit Exempeln erwiesen 521. 522
**Liebste**/ ob solche sehen / und nicht mit ihr reden dörffen/ oder mit ihr reden/ohne daß man sie sehen könne/ annehmlicher sey? 602.seq.
**Lignerol** kommt durch unfürsichtiges Reden ums Leben 535
**Ludwig**/ der letzte Graf von Flandern / bringt sich durch Strengigkeit selbst in Schaden 476

Lysi

Lysimachi Hochmut wird artig bestrafft 492

## M.

Mäuse/ wodurch sie sich vertreiben lassen 332
Magd/ die ein teufflisches Gespenst gewesen/ dienet in einem Wirthshaus 377
Mahler/ begehen viel Fehler/ bey Vorstellung geistlicher Geschichte 680.681
sind schädlich-fürwitzig ihre Kunst hoch zu treiben 682.683
Mahlerey die hoch bezahlet worden 659
Mahlwerck der alten und jetzigen Zeit 653
Mathematica der Alten wird von den heutigen Mathematicis weit übertroffen 723
Marius verachtet die Gelehrsamkeit 131
Medicin. S. Artzney-Kunst
Melonen kühlen sich in der Sonnen 436
Menanders Rede vom Reichtum 238
Menecrates/ ein stoltzer Artzt/ wird von Agesilao schimpflich abgefertiget 249
Metelli prächtiges Banquet 757
Mond/ was er würcke/ wann er neu oder voll 364
wie ihn Plutarchus genennt 367
ist den neu-gebornen Kindern vortheilig 368
wird von unterschiedlichen Völckern/ wann er voll/ sonderlich beobachtet ibid.
warum die Römer dessen Bild auf ihren Schuhen getragen 369
Mond-Flecken: der alten Welt-Weisen Meinung hievon 362

Ggg  Music

Music der alten und heutigen Zeit 705. seq.
Mutter bringt ein schwartzes und weisses Kind zur Welt
111

## N.

Nachtwanderer/ woher ihnen ihre Kranckheit komme?
445
    deren seltsame Verrichtungen 446
Namen auf den Gebäuen bey den alten Römern und Teutschen 519
Napoli Lob-Spruch 647
Natur/ ob diese veralte und abnehme 617
Neid bey Hof/ was er sey 523
Neutralität hat schlechten Nutzen 537
   gibt Chur-Brandenburg Anlaß zu einem Sprich-Wort ibid.
   wird von Solon durch ein Gesetz verworffen 538

## O.

Oraculn/ werden vom Cambyse auf die Prob gesetzet
745

## P.

Päbste sind grausam gegen Kayser und Könige 558
   hochmütig in Tituln 560
   werden wegen ihrer Tyranney bekrieget 562
Papier der Alten/ wie solches von dem heutigen unterschieden 760
Pasquinante wurden vor diesem zu Rom hart gestraffet
575

### Blat-Weiser.

Patritii, wer solche Anfangs gewesen 304
Peters-Kirche zu Rom 643
Petrucci strebt dem Pabst nach dem Leben/ und wird im Gefängnus erwürgt 521
Pfaff hält Messe/ einer Huren Liebe zu wegen zu bringen 573
Pfaltz-Grafen/ deren Amt vor alten Zeiten 296
Pferd-Tantz der Sybariten 699
   am Hof zu Ferrara ibid.
Philosophie bringt Corcutum um Reich und Leben 141
   wird von Platone/ Juliano und andern hoch gehalten 282
   von Tertulliano aber für eitel ausgeruffen 283
Philosophi sind zum Regiment ungeschickt 141
   leben nicht wie sie sollen/ und verstecken ihre Laster unter dem Mantel eines tugendhafften Namens 284. seqq.
Poeten. S. Tichter.
Polignotus/ der Erfinder des Schattens in der Mahlerey 656
Pracht der alten Römer in Speisen und Palästen 752 seqq.
Psalter der Alten/ ob dieses unser heutige Harpffe gewesen 708
Ptolemäus Philadelphus wird durch Kranckheit seiner Menschheit erinnert 353
Purpur-Kleid der Römer/ wie es gemacht gewesen 688

## R.

Rach-List eines Italiäners 770
Ramus/ will des Aristotelis falsche Lehr-Sätze mit seinen Argumenten umstürmen 704
Rechts-Gelehrte der alten und jetzigen Zeit 737
  haben sonderbare Vorzüge und Rechte 251. 252
  werden/ wegen der Geschenck-Liebe/ getadelt 255
  können mit ihren Gesetzen nicht allein die rechte Säulen des Staats seyn 258. seqq.
Rede des Bischoffs von Gneesen/ über seine an die Versammlung zu Schreda abgelassene aufrührische Schreiben wider den König in Polen 477
Regiments-Zerrüttungen/ woher sie entstehen 179 seqq.
Reiche/ will Solon nur allein zu Aemtern lassen 238
Reichs-Cantzlers in Franckreich Würde 133
Reichtum hat grosse Kräffte 237
Reimund/ Graf von Tholosa/ muß sich von Mönchen mit Ruten streichen lassen 558
Reisen/ soll mit Vernunfft geschehen 1
Republiquen gerathen um geringer Sachen willen in Zanck und Verderben 180
Ritter/ wie sie vor diesem zu ihrer Würde gelangen müssen 298
  zu solchem läst sich Graf Wilhelm von Nassau/ bey der Kayserlichen Krönung schlagen 299

**Ritter** haben sonderbare Freyheiten 299
   vermehren und verringern sich durch Caroli V.
   allzugrosse Freygebigkeit mit der Ritters-
   Würde 300
   dorfften in Spanien/ nicht ohne Straffe/ grobe
   Speisen essen 317

**Ritter-Orden** die noch heutiges Tages berühmt sind/
   und welcher dem andern vorgehet 307

**Rom**/ beschreibet artlich nach denen darinn herrschenden
   Lastern/ der berühmte Loredano 570.seq.

**Roß-Ballet.** S. Pferd-Tantz.

## S.

**Sänger** der Alten/ mit sonders beweglichen Stimmen 709

**Saltz**/ wird für ein Sinn-Bild der Freundschafft gehalten 338

**Schiff** der Cleopatra/ worauf sie mit grossem Pracht
   Antonio entgegen gefahren 650
   deß Ptolomäi Philopatris und des Hieronis 697

**Schilde** der alten Soldaten/ wie sie bezeichnet gewesen 311

**Schild-Farben** und deren Bedeutungen 311

**Schlaff**/dessen unterschiedene Gradus 447

**Schüssel** Vitelliani 753

**Schreiben** des Peter Serini/ in seiner Gefängnus/ an
   den Kayser 494

**Schrifft-Stehlung** von vielen alten Scribenten begangen 627

Ggg 3                    Schwal-

Schwalben wurden von den Heyden in Ehren gehalten
433

Schweine/ warum sich die Egypter/ Juden/ Cretenser und andere Völcker mehr davon enthalten 418

wie sie die Römer zugerichtet 427

auf den Tisch gesetzet
430

Schweins-Kopff tödtet einen Jäger, 371

September/ wird von den Alten für unglücklich und fatal gehalten 727.seqq.

Septimii Wunsch/ bey Betrachtung seines Schmied-Handwercks/ und Antrettung der Regierung 241

Serini (Nicolaus) ob er von einem natürlich wilden Schwein umkommen 524

Siebende Zahl wird offt Menschen/ Städten und Königreichen gefährlich angemerckt 729.730

Simon Bischoff von Madruz/ schmeichelt dem Pabst mit unverantwortlichem Titul 562

Simonides ziehet den Reichtum der Gelehrtheit für 131

Simonie/ wie manchesmal sie begangen werde 589. seqq.

Sohn, so der einige ist/ wird gemeiniglich verderbt 30

Solons Gesetz wider die Neutralität 538

Spanier bittet auff seltsame Weise um sein Leben 572

Sprach-Kunst der alten und itzigen Zeit 702

Stern-Kunst der Alten/ wie sie von der itzigen unterschieden 725.seqq.

Stroh/ warum Eiß und Schnee darunter erhalten werde 435

T. Ta=

## T.

Taback/ durch wen er in Teutschland kommen. 350
    war schon bey den alten Scythen und Massage-
        ten bekandt ibid.
Tantz-Ordnung beym Turnier 324
Taube von Holtz/ wird durch Kunst fliegend gemacht
    724
Tempel auf dem Capitolio zu Rom 648
Teuffel betrüget die Menschen auf unterschiedliche Wei-
    se 379. seqq.
Theodosius will keine zancksüchtige Geistliche leiden
    553
Theon stellt sein Gemähl auf sonderbare Weise vor
    682
Thier/ welches sich in einen Fisch verwandelt 333
    welches dem Menschen am ähnlichsten/ grimmig-
    sten und geilsten sey 354. seqq.
Thürne/ Kenn-Zeichen adelicher Häuser 302
Tichter sollen sich der Heydnischen Götter-Namen ent-
    halten 226. seqq.
    übertreffen heutiges Tages die Alten sehr weit
    711. seqq.
Titul-Mißbrauch wird geeyfert 305. 306
Träume: unterschiedliche Meynung hievon 443
    deren seltsame Vorstellungen 449. seqq.
    was davon und für was sie zu halten 454
    seqq.
Trunckenheit/ wodurch sie verursacht werde 339
    seqq.
Tugend gibt den Adel 240

Tugend bringt Geringe zu höchsten Ehren 241
Turnier-Spiele wann sie in Teutschland aufkommen
 und angeordnet worden 319
  wie viel deren gewesen ibid.
  was darzu erfordert worden 320. 321
  322
  wie sich selbige angefangen und geendet
  323

## V.

Vaccari bildet sich ein / er sey ein schwänger Weib.
 445
Vatican/ dessen Auf-und Abnehmen 545. seqq.
Venetianer jagen die Jesuiten aus der Stadt 569
Verliebter / warum er bey seiner Liebsten unverhoffter
 Ankunfft die Sprach zu verlieren pflege 600
Verschwiegenheit wollen grosse Herren bey ihren Rath-
 Schlüssen haben 535
  wider solche sündiget Lignerol und
  muß sein Leben lassen ibid.
Vestungen. S. Festungen.
Ugo fordert die Griechischen Lehrer aus mit ihm zu dispu-
 tiren 704
Vieh-Handel machte sich der Adel in Dänemarck eigen
 303
Vogel in China wird in einen Fisch verwandelt 333
Voll-Mond / wie er in den Meer-Gewächsen würcke
 364. 365

Waf-

## W.

Waffen/ ob ſelbige der Gelehrtheit vorzuziehen 142
seqq.
    deren ſich die Römer bedienet     694.695
Waldemars/ Königs in Dänemarck nachdenckliches
Schreiben an den Pabſt     563
Waldmann von Sattelſtadt ein berühmter und ſon-
derbarer Turnierer     325
Wappen der Bader/ welches ihnen Wenceslaus erthei-
let     313
Wappen-Unterſchied der unehlichen Kinder     312
Wappen-Urſprung/ wird aus dem Altertum hervor
geführt     310. seq.
Wappen-Zierrathen/ wie und von wem zugelaſſen wor-
den     311.312
Waſſer-Speyer beweiſet ſeine Kunſt unterſchiedlich
    768
Waſſer-Taucher der alten und neuen Zeit     765.766
Weeg Appii zu Rom/ deſſen wunderbare Verfertigung
    650
Weiber/ wann ſie böß und ſterben/ ſind zerbrochnen Glä-
ſern gleich zu achten     58
    deren Herrſch- und Regierſucht     580.581
Wein ſoll den Wachstum der Menſchen und das lange
Leben hindern     344
    wie lang ſich die alten Römer hievon enthalten
    ibid.
Wind-Wägen in Holland     768
Wiſſenſchafft der Alten/ ob ſie unſere Zeiten übertreffe
    622

Wol-

Wolfeile Zeiten zu Rom 755
Wurff-Pfeil weiß Totilas im Rennen künstlich auffzuheben 699

## Z.

Zamolxis ein Knecht/ wird ein Gesetz-Geber 254
Semper-Freye/ wer solche bey den alten Teutschen gewesen 297
Ziege tantzt auf dem Seil 771
Zucker/ wie ihn die Alten beschrieben 641

ENDE.